U0510033

〔修訂本〕

胡漢之間

『絲綢之路』與西北歷史考古

BETWEEN HAN AND NON-HAN

The Silk Road and Historical Archaeology of China's Northwestern Regions

羅丰 著

文物出版社

圖書在版編目（CIP）數據

胡漢之間："絲綢之路"與西北歷史考古／羅丰著．--修訂本．-- 北京：文物出版社，2023.9

ISBN 978-7-5010-7810-3

Ⅰ.①胡… Ⅱ.①羅… Ⅲ.①絲綢之路-文集 ②考古-西北地區-文集 Ⅳ.①K928.6-53 ②K872.4-53

中國版本圖書館 CIP 數據核字（2022）第 193540 號

胡漢之間（修訂本）

——"絲綢之路"與西北歷史考古

著　　者 羅　丰

責任編輯 王　戈
封面設計 田之友
責任印製 張　麗

出版發行 文物出版社
社　　址 北京市東城區東直門内北小街 2 號樓
郵　　編 100007
網　　址 http://www.wenwu.com
經　　銷 新華書店
印　　刷 寶蕾元仁浩（天津）印刷有限公司
開　　本 787mm×1092mm 1/16
印　　張 36.75 插頁 2
版　　次 2023 年 9 月第 1 版
印　　次 2023 年 9 月第 1 次印刷
書　　號 ISBN 978-7-5010-7810-3
定　　價 320.00 元

羅丰，寧夏固原人，西北大學文化遺産學院教授。

曾在寧夏固原博物館、寧夏博物館、寧夏文物考古研究所等單位工作，先後任副館長、所長、研究員。

主要從事北朝隋唐考古、絲綢之路和北方民族考古研究，也涉及藝術考古、書法研究等領域。著《固原南郊隋唐墓地》《胡漢之間：絲綢之路與西北歷史考古》《以王羲之的名義：〈集王聖教序碑〉的經典化之路》，隨筆《蒙古國紀行：從烏蘭巴托到阿爾泰山》等。

主編《絲綢之路考古》集刊。

目　録

肆

伍

CONTENTS

插圖目録

表格目録

修訂版序言

將二十年前的舊書呈現在讀者面前，殊有惶恐，如果从最初的發表时間算起，有的已達三十年之久，其内容或多不值一顧。

本書出版距今近二十年，這二十年是中國考古發展進步最快的年代。伴隨著許多令人震驚的新發現，挾媒體傳播之優勢，現在的考古學已經變成一門發現的學問，任何重要或不太重要的考古發現都會引起社會的特别關注。所謂的“絲綢之路”研究在不經意間，已經轉化成一門人人皆知的顯學。雖然這樣，但新發現對學術的刺激仍然不容忽視。

我個人當年的興趣在於觀察考古發現中所遇到的實物，由此而散發出的問題，並且傾向於長時間的思考。這樣並没有系統處理問題的機會，將一個龐大的主題割裂成細小的問題來呈現，當然會影響問題的系統性。考慮到所謂“絲綢之路”考古研究的複雜性，它會涉及考古發現和舊有文獻的重新詮釋，有些議題顯然是我力所不能及的，但仍然勉强爲之。我的所謂研究雖然依靠考古發掘、發現，但並不完全依賴這種新的發現，過去的諸多成果仍然是我們討論、研究的基礎。考古學研究人類遺物常常伴有相當大的偶然性，尤其是奢侈品。它們的存在完全是一種極端不確定的結果，所帶來的後果是衹能在這樣的基礎上推測。總括起來，這些粗看起來或許是毫不相幹的主題卻都是本書的核心議題。胡漢之間，也因以此爲書名。雖然有這樣的懸的，要達到這些目標卻稱得上是困難重重。我們的目標是在想研究這些問題時提供一些多角度的觀察點，也許這些觀察是片面並且不那麽重要。

二十年來，愈來愈多的學術精鋭進入這一領域，他們的到來使原有的領域獲得極大的開拓，新的議題層出不窮，影響力也不斷增强，學術的整體進步，使過去的一些議題獲得極大的推進，甚至被覆蓋，這些都是我們高興看到的。

不過，在這期間我個人的研究興趣點有所轉移，這種轉向主要是自己感覺到研究能力的欠缺，綆短汲深，左支右絀，功力不够處理那麽複雜的材料。當然，偶爾間也在其他朋友的啟發下寫點與之相關的論文。這次拙著的修訂工作，是將原來兩篇與主題相左的論文删去，幾篇主題與之相關的文章納入本書。個人文集的特點就是不便照顧不同層級的讀者閱讀，單純以作者的個人旨趣爲主，缺乏可讀性是難免的。

本書出版以后，曾經得到過幾次不同層級的獎賞，在獲得肯定的同時，也是對作者極大的鼓勵。當然，也有許多朋友以不同的方式指出其中的不足和失誤，甚至錯誤，我把這些都當成真誠的鼓勵，這裏要再次感謝。不過由於種種原因，尤其是出版技術方面的困難，雖稱修訂本，但有相當大的篇幅不便做改動。新增部分由学棣馬强率其團隊及馬偉、曹中俊等核對一些材料避免新的錯誤，並重新製作索引。編輯王戈女史是多年的朋友，不厭其煩地滿足我各種編寫時的無理要求，尤其是繼續使用繁體字出版，僅此一點在許多出版社都是難以承受的，這種容忍是要特别感謝的。

本書能得以修訂出版，要感謝我現在的工作單位西北大學文化遺産學院，出版經費由學院提供。

壬寅暮秋於長安校區

原版致謝

其實，以我積年來所獲得的各類幫助和鼓勵，即使開列出一個很長的致謝名單，都不足以概括給予我諸多幫助的各位師友。當然，要感謝我曾經服務過的單位寧夏固原博物館和現在供職單位寧夏文物考古研究所以及寧夏文化廳、文物局甚至更高一級的領導，這裏雖不能一一舉名，但仍要首先感謝。諸多同仁與我一起度過了風餐露宿的野外歲月，領導們則給予我很多非常現實的幫助，或許他們並不一定希望完全瞭解我所謂研究工作的內容，但獲得的卻是一如既往的支持。一個相對寬鬆的外部環境，可以使人得到更大程度上的自由，有時並不完全是指思想上，也許後者可能更爲寶貴，但實際活動空間的增大也是不可或缺的。由於各種機緣，我與考古、歷史學界的許多先生、朋友發生了聯繫。他們教會我治學的方法，也帶來了重要的學術資訊，使我在中國西北一個資訊不發達的閉塞地方，維持了一種大體瞭解某些學術前沿的狀態。最直截了當的方式是他們寄送了大量的資料、書籍，並幫助我訪問國內外一些重要的學術機構，使我有機會向他們問學。感謝宿白、徐蘋芳、周偉洲、邢義田、楊泓、馬世長、菅谷文則、鍾侃、氣賀澤保規、谷一尚、高濱秀、Emma C. Bunker、韓汝玢、余太山、安家瑶、王子今、榮新江、王小甫、羅新、吴玉貴、陳星燦、蘇哲、齊東方、何永成、耿惠玲、趙超、王欣等先生多年來所給予的無私幫助和鼓勵。另外，多年來受到一位這裏不便具名朋友的極大幫助和啓發，我要再次感謝。

美國羅傑偉（Roger E. Covey）先生的唐研究基金會（The Tang Research Foundation），對本書的出版給予很多幫助。新江兄復校部分墓志，玉貴兄及龍成順先生費神通讀原稿，攻錯糾謬，益我良多。

著名考古學家、中國考古學會理事長徐蘋芳教授，著名美術史家、美國大都會博物館高級顧問屈志仁教授（Prof. James Watt）慨允爲本書賜序。

哈燕翻譯了本書的英文目録，寧夏文物考古研究所柴英等録入文字，黃麗榮繪製線圖，董宏徵、邊東冬拍攝照片，其他照片資料的提供者書中已一一注明，在此一併致謝。

借此機會我仍然要感謝袁伯誠、楊子儀、丁文慶、慕岳、榮茂根和李默安先生這些過去的老師對我中國古典文化方面興趣的培養和教導。

年邁的父母及妻子承擔了多年來的全部家務，使我能安心工作、讀書。文物出版社多年來給予很多關照，也是要特別致謝的。

PART I

一　邦國來朝?

—— 臺北故宫藏《職貢圖》題材的國家排序

南北朝時期政治上權力更迭頻繁，文化上則呈現出多元化的傾向，江左政權與北族南夷的交流並未因政權的更替而出現中斷。相反，他們之間互動頻頻，交往程度超乎想象。最能體現南朝與周邊國家、部族互動關係的形象材料，莫過於《職貢圖》。而最爲著名的《職貢圖》又莫過於傳爲梁元帝蕭繹模本的舊藏南京博物院宋本，此本爲學界所熟知。其實臺北故宫博物院所藏傳爲閻立德《王會圖》和南唐顧德謙摹本《梁元帝蕃客入朝圖》，或許是另外類似的傳摹本，值得進一步關注。它們在國、族名稱方面的一些特徵顯示出與傳爲梁元帝《職貢圖》有某種承襲關係。仔細評判畫面中的人物和代表國順序，有助於我們瞭解繪畫製作時期的國際政治關係，進一步印證繪製者的所謂職貢題材，是現實的描繪，還是其心中的幻象。

（一）臺北故宫藏兩種《職貢圖》

臺北故宫博物院藏傳閻立德繪《王會圖》[1]，紙本，高 28 厘米，横長 238.6 厘米。引首“乾隆御筆”行書題“重譯共球”四字，鈐有“幾暇鑒賞之璽”和“乾隆宸翰”二印。畫幅中有二十四國，第一幅方框榜題殘存“虜國”，依次爲“芮芮國”“波斯國”“百濟國”“胡密丹”“白題國”“靺國”“中天竺”“獅子國”“北天竺”“陽盤陀”“武興國”

〔1〕《故宫書畫圖録》（故宫博物院編輯委員會《故宫書畫圖録》，第十五册，“唐閻立本王會圖卷”條，臺北故宫博物院，1995 年，頁 25～28）記《王會圖》繪者爲閻立本。另據湯開健《唐〈王會圖〉雜考》（《民族研究》，2011 年 1 期，頁 77～85）一文，其繪者應爲閻立德，此處從後者説。此處提示：“虜國”亦作“魯國”；“獅子國”亦作“師子國”；“謁盤陀”亦作“陽（渴）盤陀”“胡密丹”亦作“胡蜜丹”；“狼牙修”亦作“狼牙脩”；“阿跋檀”亦作“呵跋檀國”。

“龜茲國”“倭國”“高麗國”“于闐國”“新羅國”“宕昌國”“狼牙脩”“鄧至國”“周古柯”“阿跋檀”“建平蜑”“女蜑國”。除第一幅“虜國”，有一主二隨從外，其餘諸國爲一人，共有二十六人。榜題爲長方形、紅框、粉紅底，正楷墨書（圖一·1）。

拖尾有一段跋語：

古先哲王，區分中外，重譯來王，厥德乃大。成周之隆，八方會同。各以其職，來獻鎬宫。丕承武王，垂拱而治。爰作王會，貽法厥世。日域月蝟，桂海冰天。踰沙軼幕，叩關請前。火齊錯落，浮琛沉羽。道路如織，歸我天府。春王三朝，九夷賓將，庭燎晣晣，璧玉華光。削衽解辮，十百其耦。象胥舌人，儐相先後。施於後世，爰及有唐。貞觀之治，洽於要荒。朝貢紛紜，服章詭異。惟天可汗，是依是庇。乃詔曲臺，乃命鴻臚，乃命良工，繪《王會圖》。咫尺滇池，跬步瀚海。狼居龍堆，滅没揜靄。丹厓（崖）鑠石，黑水流澌。一幅之間，氣候屢移。龜茲之樂，巴俞之舞，登於縑素，騫其欲舉。昭揭邃宇，以遠休聲，群公縱觀，劍佩鏘鳴。維圖之設，有勸有戒。惇德允元，蠻夷冠帶。聖皇鑒此，無怠無荒。日益月增，山梯海航。《王會》未書，《職會》莫紀。時而颺之，以對嘉祉。右余館試《王會圖贊》，吴君攜此卷請書，聊爲書之。損庵堂。

跋語後有“王宇泰氏”四字印，行草書寫題跋。

臺北故宫博物院藏《梁元帝蕃客入朝圖》〔2〕，紙本，高26.8厘米，横長531.5厘米。白描圖，引首有乾隆御筆“自文其弱”四字，鈐有“八征耄念”印。乾隆題行書二十四行，文云：

梁圖顧倣猶津逮，婆利龜茲務遠奇。

可笑江南安撮土，魯河南竟入諸夷。

是卷宋理宗題爲南唐顧德謙摹《梁元帝蕃客入朝圖》。按《梁書》，武帝時，婆利、龜茲、扶南、高麗等十餘圖（國），有獻方物者，至大同以後全無。且元帝於侯景亂後，已以長江爲限。荆州界，北盡武寧，西拒峽口，嶺南爲蕭勃所據。詔令所行，不過千里，民户著藉，不盈三萬。豈尚有番夷朝貢之事。未幾，魏遣於謹會蕭詧伐梁，如入無人之境。而元帝臨敵聽講，巡城和詩，愚騃之態，可以概見，何暇繪此圖，誇張遠略哉。圖中所列，乃有魯及河南名目，考吐谷渾居赤水，在河之南，𩔖以爲號。其地近在凉州尚可，然並非外域也。至於卷中第一人書“魯”，則《梁書·諸夷傳》，更無假藉此名者。豈以少皞之墟，判爲異國，尤不值一噱

〔2〕故宫博物院編輯委員會《故宫書畫圖録》，第十五册，“五代南唐顧德謙摹梁元帝蕃客入朝圖卷”條，臺北故宫博物院，1995年，頁135～140。

圖一·1　唐閻立德《王會圖》（據注〔1〕，繪者爲閻立德）

矣。因閲是卷，並識詩末。

乾隆癸丑新正御筆。

卷首有楷書“梁元帝蕃客入朝圖”八字。其後白描各國人物，爲首稱“魯國”，二“芮芮國”，三“河南”，四“中天竺”，五“爲國”，六“林邑國”，七“獅子國”，八“北天竺”，九“謁盤陀國”，十“武興國”，十一“宕昌國”，十二“狼牙脩國”，十三“鄧至國”，十四“波斯國”，十五“百濟國”，十六“龜茲國”，十七“倭國”，十八“周古柯國”，十九“呵跋檀國”，二十“胡密丹國”，二十一“白題國”，二十二“臨江蠻”，二十三“高麗國”，二十四“高昌國”，二十五“天門蠻”，二十六“建平蠻”，二十七“滑國”，二十八“于闐”，二十九“新羅”，三十“干陀國”，三十一“扶南國”。

托尾有楷書一行“定爲南唐顧德謙所臨”九字。按照《石渠寶笈》的説法，此卷有“悦生”“長腳封字”，乃賈似道印[3]。托尾下端的小印有點兒模糊。顧德謙爲南唐建康人，宋人稱“工畫人物，風神清勁，舉無與比”。南唐後主李煜非常推崇，稱“古有凱之，今有德謙。二顧相望，繼爲畫絶矣”[4]。

南唐顧德謙白描本爲紙本銜接，共分爲八段，第一段魯國至爲國前，共有七人，分别爲魯國三人，芮芮國一人，河南一人，中天竺國一人，其後一人題名闕佚。第二段中，爲國一人，林邑國一人，獅子國一人，北天竺一人，謁（渴）盤陀國一人，武興番一人，共六人。每段之間銜接處，蓋一長方形小印。第三段很短，衹有宕昌國一人，狼牙脩國一人，鄧至國一人，共三國使臣。第四段同樣爲三國，波斯國一人，百濟國一人，龜茲國一人。第五段，倭國一人，周古柯國一人，呵跋檀國一人，胡密丹國一人，白題國一人，共有五國使者。第六段，臨江蠻一人，後一人題名闕，高麗國一人。第七段，高昌國一人，天門蠻一人，建平蠻一人。第八段，滑國一人，于闐一人，新羅一人，干陀國一人，扶南國一人，共五人。八段紙張颜色深淺稍不一，其中第四段、第六段紙色發白黄，其餘略泛黑色（圖一・2）。

三種《職貢圖》國（族）名見表一・1。

〔3〕《石渠寶笈續編・養心殿二》“顧德謙摹梁元帝蕃客入朝圖一卷”條，薛永年等主編《石渠寶笈》第五册，江西美術出版社、故宫出版社，2014年，頁2168。

〔4〕郭若虚《圖畫見聞志》卷三，黄苗子點校本，人民美術出版社，2005年，頁73。

表一·1　　三種《職貢圖》國（族）名

傳顧德謙本		傳閻立本本		傳宋摹題記本[5]	
1	魯國	1	虜國		
2	芮芮	2	芮芮國		
3	河南				
4	中天竺國	8	中天竺		
5	闕名				
6	爲國				
7	林邑國				
8	獅子國	9	獅子國		
9	北天竺國	10	北天竺		
10	謁（渴）盤陀國	11	渴盤陀		
11	武興番	12	武興國		
12	宕昌國	18	宕昌國		
13	狼牙脩國	19	狼牙脩	6	狼牙脩國使
14	鄧至國	20	鄧至國	7	鄧至國使
15	波斯國	3	波斯國	2	波斯國使
16	百濟國	4	百濟國	3	百濟國使
17	龜茲國	13	龜茲國	4	龜茲國使
18	倭國	14	倭國	5	倭國使
19	周古柯國	21	周古柯	8	周古柯國使
20	呵跋檀國	22	阿跋檀	9	呵跋檀國使
21	胡密丹國	5	胡密丹	10	胡密丹國使
22	白題國	6	百題國	11	白題國使
23	臨江蠻				
24	闕名				
25	高麗國	15	高麗國		
26	高昌國				
27	天門蠻				
28	建平蠻	23	建平蜑		
29	滑國			1	滑國

〔5〕此圖原爲南京博物院舊藏，後歸中國國家博物館收藏。參見中國國家博物館編《中國國家博物館藏文物研究叢書·繪畫卷·風俗畫》，上海古籍出版社，2007年，頁4～13。

武興蕃
宕昌國
狼牙修國
中天竺
天門蠻
倭國
周古柯
呵跋檀國
扶南國
定為南唐顧德謙所臨
建平蠻
滑國

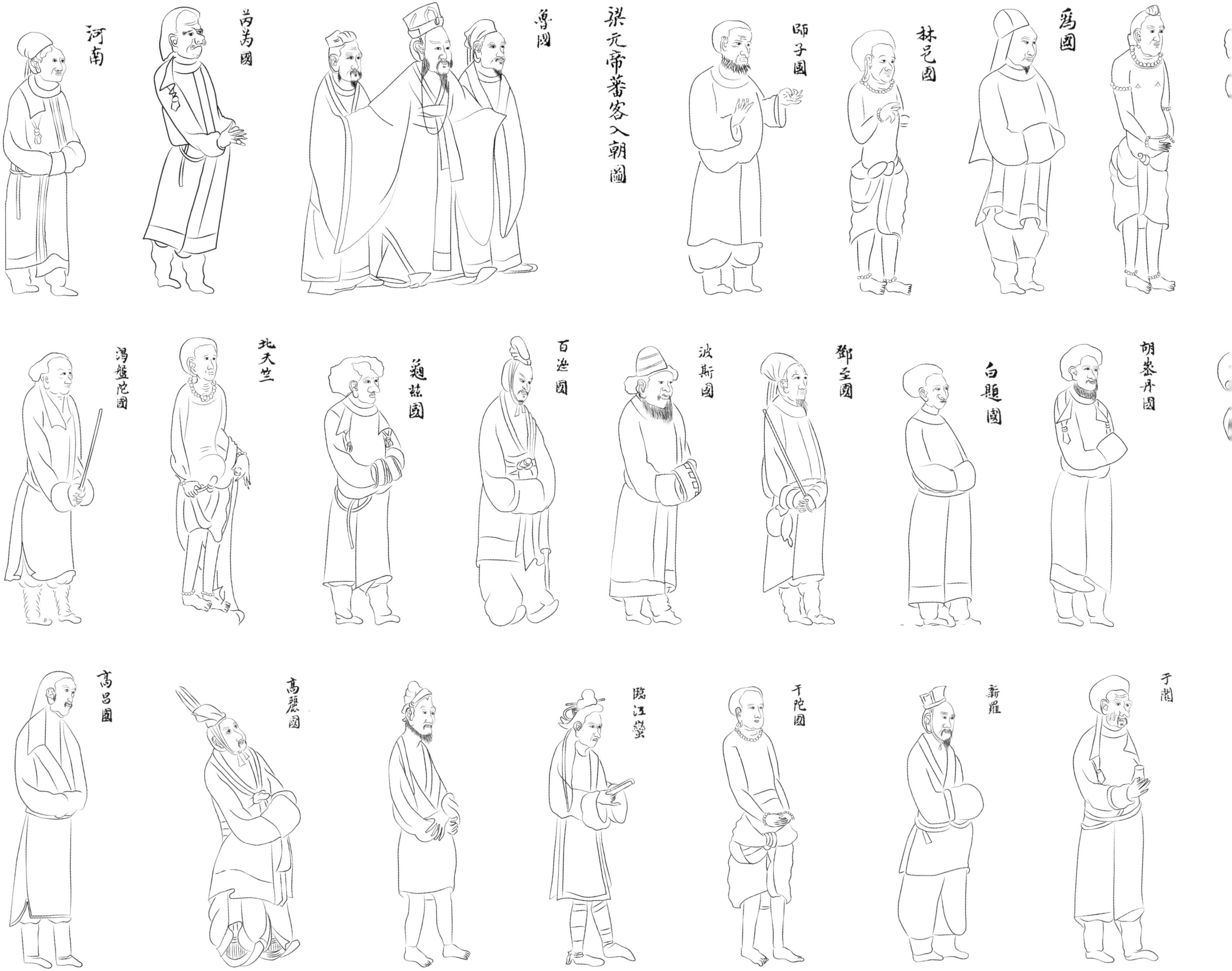

梁元帝蕃客入朝圖

河南

宕昌國

魯國

師子國

林邑國

焉國

渴盤陀國

北天竺

龜茲國

百濟國

波斯國

鄧至國

白題國

胡密丹國

高昌國

高麗國

臨江蠻

干陀國

新羅

于闐

圖一·2 南唐顧德謙模《梁元帝蕃客入朝圖》（臺北故宮博物院藏）

續表一・1

傳顧德謙本		傳閻立本本		傳宋摹題記本	
30	于闐	16	于闐國		
31	新羅	17	新羅國		
32	干陀國				
33	扶南國				
		7	鞂國	12	末國使
		24	女蠻國		

（二）《職貢圖》題材的來源

這兩種以描繪外族人形象爲主的所謂職貢題材畫，雖有設色與白描的差異，但是榜題國名與人物服飾大體相似，應該與原藏南京博物院的《職貢圖》宋摹本是一類祖本的産物（圖一・3）〔6〕。顧德謙白描本有三十三國，閻立本著色本有二十四國，均屬於傳世繪畫和文獻記載中較多者，尤以顧氏白描本爲全。兩者相較，閻立本著色本中没有河南、爲國、林邑、臨江、高昌、天門、滑、干陀、扶南等；顧德謙白描本則少鞂、女蠻二國。除去宋人樓鑰在"跋傳欽甫所藏職貢圖"中所列"婆利國"外〔7〕，故宫兩圖涵蓋了已知《職貢圖》中記録的所有國家。顧氏白描本中，第四國"中天竺"與第五國"爲國"之間，缺少一國名；第二十二國"臨江蠻"與第二十三國"高麗"之間，有人無題或缺一國。《職貢圖》的流傳過程複雜，文獻從唐至清記載紛紜，非短文所能處理。簡而言之，諸多國家如滑國、宕昌、狼牙脩、鄧至、周古柯、呵跋檀、胡密丹、白題、末國等，在《隋書》《舊唐書》的"西域傳"中已無記載，或改用他名，或已改爲州縣，或爲他國所滅，基本上止於南梁〔8〕。因此，他本所依據的祖本當爲梁元帝蕭繹《職貢圖》。對比《梁書・諸夷傳》所見國名，海南諸國有林邑、扶南、干陁利、狼牙脩、婆利、中天竺、師子等國。東夷有"高句驪"、百濟、新羅、倭等國。西北諸戎有河南、高昌、滑、周古柯、呵跋檀、胡蜜丹、白題、龜茲、于闐、渴盤陁、末（鞂）、波斯、宕昌、鄧至、武興、

〔6〕參見〔日〕深津行德《臺灣故宫博物院所藏〈梁職貢図〉模本について》，學習院大學東洋文化研究所調查報告 No. 44，《朝鮮半島に流入した諸文化要素の研究（2）》，1999 年，頁 41～98。

〔7〕樓鑰《攻媿集》卷七五"跋傳欽甫所藏職貢圖"條，《叢書集成初編》，第 443 册，中華書局，2011 年，頁 593。

〔8〕參見金維諾《〈職貢圖〉的時代與作者》，《中國美術史論集》，人民美術出版社，1981 年，頁 107。

有功頂[illegible]
部索虜入居桑乾滑為小國[illegible]始走莫[illegible]而居[illegible]大
征其旁國破波斯槃槃[illegible]賓焉耆龜茲疏勒于闐[illegible]國開地
千里其土溫暖多山川少樹木有五穀國人以麨及羊肉為粮獸有師子兩
脚駱駝野驢有角人善騎射着小袖長身袍金玉為[illegible]如[illegible]
剗[illegible]角長[illegible]尺金銀[illegible]之[illegible]妻[illegible]城[illegible]屋[illegible]東向
[illegible]金床隨太歲[illegible]與妻並坐[illegible]無文字以木為契刻之
約物[illegible]旁國通則使旁國胡[illegible]羊皮為紙無職官所隣小國
其[illegible]神每日則[illegible]祀神[illegible]食其[illegible]一[illegible]而止止即[illegible]
二[illegible]死子截一耳葬已即[illegible]以
木[illegible]國[illegible]監[illegible]國王姓厭帶名夷栗陁始使蒲多達
[illegible]通元年又遣富何了了獻黃師子白貂裘
[illegible]遣[illegible]同貢物其使人[illegible]
着波斯[illegible]皮長[illegible]譯其語言則河南人重譯而通焉

波斯國使
波斯[illegible]波斯匿王之後也王子祇陁之子孫以王父字為氏因為國號
[illegible]通安西城諸國[illegible]東[illegible]西海中有安息國[illegible]南波羅
陁國波羅陁國西有波羅[illegible]城周圍三十二里高四丈[illegible]
城門皆有樓觀城內屋宇數百間城外有[illegible]百[illegible]山
湧泉下流向南山中[illegible]時下地[illegible]有優鉢
曇花出好龍駒馬別[illegible]生珊瑚馬[illegible]珠玟瑰等寶土人不甚
[illegible]用金銀[illegible]禮以金帛奴[illegible]馬為[illegible]為蓋
[illegible]弟把手付度國東方五千里[illegible]西方萬里[illegible]國南方里有
入婆羅門國北方里[illegible]

[illegible]國使
[illegible]所居曰延域[illegible]以[illegible]漢[illegible]獻
[illegible]通[illegible]要其王[illegible]漢[illegible]京[illegible]
[illegible]要以公主之号錫車[illegible]
道[illegible]傳呼頗自強[illegible]歷魏晉至梁歲來獻名馬普通二
年遣使康石憶丘波斯奉表入朝

倭國使
倭國在[illegible]南[illegible]海中依山島居自帶方循海水[illegible]南[illegible]
其北岸歷三十餘國可万餘里倭王所[illegible]在會稽東氣暖地溫
出眞珠青玉無牛[illegible]虎豹羊鵲[illegible]面文身以木綿帖首[illegible]
[illegible]無縫[illegible]

貢方[illegible]
監十年[illegible]表獻[illegible]
護羌校尉河涼二州刺史隴西[illegible]衣服風俗與河南國[illegible]同

狼牙脩國使
狼牙脩[illegible]南海中去廣州二万一千里國界東西三十日行南北二十日行土
[illegible]沈[illegible]女[illegible]被[illegible]
古貝繞身國王以雲霞布覆[illegible]着[illegible]帶金繩耳着
金鐶女子皮布加以瓔絡壘塼為城[illegible]門樓[illegible]閣有三層王行駕[illegible]
[illegible]旄旍鼓罩白蓋兵[illegible]國人說自初立國[illegible]百餘年後[illegible]
衰弱王族有賢者百姓[illegible]王[illegible]自折[illegible]
[illegible]天竺天竺妻以長女[illegible]國[illegible]二十餘年死[illegible]
伽達[illegible]立天監十四年遣使阿撒多奉表貢獻

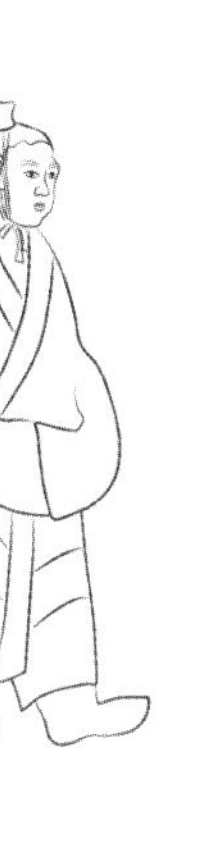

圖一・3　《職貢圖》宋摹本局部（南京博物院旧藏本）

芮芮等國[9]。北天竺、天門蠻、建平蠻、臨江蠻諸蠻在《諸夷傳》中無傳。《梁書·武帝本紀》中有北天竺[10]，《宋書·荆雍州蠻傳》中有天門蠻、建平蠻[11]。盤盤、丹丹、文身、大漢、扶桑五國未見於《職貢圖》而在《梁書》有傳。虜國即魯國，南朝稱拓跋魏爲“索虜”或“魏虜”。“自晉、宋以後，經綸在魏境江、淮以北，南人皆謂爲虜”[12]。隋唐以後，人們的正朔觀念有所變化，並不以胡人建立的北朝爲異已[13]，故將原“虜國”雅化爲“魯國”。閻立本本作“虜國”則屬較早的傳摹本。在中天竺國之後有一國人，上身裸體，腰纏“吉貝”，跣足，明顯爲一熱帶國人，或即《梁書》所載的丹丹或盤盤。“爲國”裝束同漢式，或爲“僞國”或西魏國，南朝稱北朝爲“僞”。“爲”“僞”“魏”在中古音十分接近，差别細微[14]。在臨江蠻之後有一人裝飾與臨江蠻、天門蠻頗類，當是荆州所轄“江北諸郡蠻”之一，這樣顧氏白描圖中當有三十三國。《玉海》卷五六“梁職貢圖”條引：“李公麟有帖云：梁元帝鎮荆州，作《職貢圖》，首虜而終蟸，凡三十餘國，今才二十有二。”[15] 雖數目與閻立本著彩本略有出入，但首“虜”終“蟸”，頗爲吻合。“蟸”即女蜑國。閻立本著色本實際上在明代張丑的《真蹟日録》中已有記載。不過，張丑在録二十四國名後亦録三段題跋，除王宇泰外，尚有康

〔9〕《梁書》卷五十四〈諸夷傳〉，頁783～818。

〔10〕《梁書》卷二〈武帝纪中〉，頁41。

〔11〕《宋書》卷九十七〈荆雍州蠻傳〉，頁2396～2397。

〔12〕《南史》卷九〈陳本紀〉，頁264。

〔13〕關於北朝爲漢唐一系正統觀念的討論參見劉浦江《南北朝的歷史遺産與隋唐時代的正統論》，《文史》，2013年2輯，頁127～151；後收入氏著《正統與華夷：中國傳統政治文化研究》，中華書局，2017年，頁1～34。

〔14〕爲、僞、魏三者中古讀音十分接近。郭錫良依據《廣韻》中“魏”字“魚貴切”的注音，爲“魏”字所注中古音爲：疑母、未韻、合口、三等、去聲，在止攝，擬音爲［ŋĭwəi］。“爲”字注音有二，一是依據《廣韻》“於僞切”注爲：雲母、寘韻、合口、三等、去聲，在止攝，擬音爲［jĭwe］；二是依據《廣韻》“薳支切”注爲：雲母、支韻、合口、三等、平聲，在止攝，擬音爲［jĭwe］（郭錫良《漢字古音手册》，北京大學出版社，1986年，頁138～139）。丁聲樹“魏”“爲”二字中古音注音與郭注完全相同（丁聲樹編録《古今字音對照手册》，中華書局，1981年，頁99～100）。按：“魏”與“爲”同爲止攝合口三等，聲、韻接近。《廣韻》聲母系統中“雲”母歸“匣”，尚未分離出來。“疑”母爲次濁牙音，“匣（雲）”母爲全濁喉音，發音部位、發音方法接近，今統稱舌根音。“爲”字兩讀，“支”“寘”韻表示聲調之别。“爲”字的“支”“寘”韻與“魏”字所屬的“未”韻，韻頭、韻腹相同，僅韻尾略有差異。丁聲樹編録《古今字音對照手册》，中華書局，1981年。爲（作爲）——薳支切，止合三平支雲（頁99）；爲（“助也”）——於僞切，止合三去寘雲（頁100）；魏——魚貴切，止合三去未疑（頁100）。

〔15〕王應麟《玉海》卷五六“梁職貢圖”條，光緒九年浙江書局重印本，浙江古籍出版社、上海書店影印，1987年，頁1060。

里子山、王餘慶二人長跋[16]。康里子山和王餘慶跋，大約在入藏清宫前已被裁去。吴升《大觀録》中記録其所見梁蕉林藏閻立德《王會圖》情況，在“每一番客後，疏其國名，悉録其道里、山川、風土、皆小楷書”，並稱卷首已殘，“第一國前已損失，止存後書十四行”[17]。南京博物院舊藏本，滑國前佚，衹保留十四行文字，相吻合。吴升最後説此圖有“康里子山、王叔善二跋，並精妙”。張丑所見二跋已裁配此卷。

李廌《德隅齋畫品》有一段閻立本《職貢圖》或取自梁元帝蕭繹《職貢圖》原型的討論：

> 梁元帝爲荆州刺史日所畫粉本，魯國而上三十有五國，皆寫其使者。欲見胡越一家，要荒種落。共來王之職，其狀貌各不同，然皆野怪寢陋，無華人之氣韻。如丁簡公家《凌閣功臣》《孔子七十二門人》小樣，亦唐朝粉本。形性態度，人人殊品。畫家蓋以此爲能事也。此圖題字殊妙，高昌等國皆注云：貞觀某年所滅。又，落筆氣韻，閻立本所作《職貢圖》亦相若，得非立本摹元帝舊本乎？或以谓元帝所作，傳至贞观，後人因事記於題下，亦未可知。然畫筆神妙，不必較其名氏，或梁元帝，或閻立本，皆數百年前第一品畫也。紙縫有褚長文審定印章，長文鑒畫有名於古，定然知此不凡也。[18]

李廌大約活動在公元11世紀後半葉，大約與蘇軾同時[19]。李廌所見《職貢圖》曾經唐代大書法家褚長文審定並蓋章。褚長文，盧雋在《臨池妙訣》中歷數書法傳播源流，稱清河崔邈曾傳書於褚長文、韓方明[20]。《新唐書·藝文志》中有褚長文曾著《書指論》一卷[21]。經褚長文審定的《職貢圖》大約是一件流傳有序的唐代繪畫作品。依李廌的意見，大約有這樣五個特徵：第一，以魯國爲首共三十五國；第二，三十五國皆有其國名及使；第三，人物形態與閻立本《凌煙閣功臣圖》和《孔子七十二門人》相類，是件唐代粉本；第四，其榜題國家注有初唐信息，如高昌國，注云貞觀某年所滅；第五，李廌的推測是閻立本得梁元帝舊本摹寫，或者後人因事記於榜題下。

《職貢圖》大體上源於梁元帝蕭繹，或者説傳世或記載的職貢題材都與之有密切聯

---

〔16〕張丑《真蹟日録》“附録”，收入氏著《清河書畫舫》，徐德明點校本，上海古籍出版社，2011年，頁691～692。不過張丑又在同書另一處稱：“閻立本《王會圖》，絹本，大著色，前後凡廿四國，每國標題字頗拙樸，不入真賞，後有康里子山等三跋。”見《清河書畫舫》，頁673。

〔17〕吴升《大觀録》卷十一，盧輔聖主編《中國書畫全書》第八册，上海書畫出版社，1994年，頁373。

〔18〕李廌《德隅齋畫品》“番客入朝圖”條，于安瀾編畫品從書本，上海美術出版社，1982年，頁157。

〔19〕《宋史》卷四百四十四〈李廌傳〉，頁13116～13117。

〔20〕盧雋《臨池妙訣》，陳思《書苑菁華》，崔爾平校注本，上海辭書出版社，2013年，頁287。

〔21〕《新唐書》卷五十七〈藝文一〉，頁1450。

繫。《玉海》中稱唐志地理類梁元帝《職貢圖》一卷[22]。《藝文類聚》卷五十五中則保留《職貢圖》的序文：

> 皇帝君臨天下之四十載，垂衣裳而賴兆民，坐岩廊而彰萬國，梯山航海，交臂屈膝，占雲望日，重譯至焉。（略）尼丘乃聖，猶有圖人之法。晉帝君臨，寔聞樂賢之象，甘泉寫閼氏之形，後宫玩單于之圖。臣以不佞，推轂上游，夷歌成章，胡人遙集，款開蹶角，沿泝荆門，瞻其容貌，訴其風俗。如有來朝京輦，不涉漢南，别加訪采，以廣聞見，名爲《貢職圖》云爾。[23]

蕭繹在序文中歷數梁武帝君臨天下四十年來，垂拱而治，萬國不遠千里，跨越險阻重譯才能抵達。蕭繹本人關心域外問題，早在他執掌荆門之時和回到建康（今南京）之後。蕭繹曾兩次出任荆州刺史，第一次在普通七年（公元526年）至大同五年（公元539元）；第二次在太清元年（公元547年）至承聖元年（公元552元），同年十一月登基稱帝。《南史·梁本紀下》稱其：

> 爲荆州刺史，起州學（,）宣尼廟。（略）帝工書善畫，自圖宣尼像，爲之贊而書之，時人謂之三絶。[24]

蕭繹自幼才華過人，是書畫天才。張彦遠《歷代名畫記》稱：

> 初生便眇一目，聰慧俊朗，博涉技藝，天生善書畫。（略）嘗畫聖僧，武帝親爲贊之。任荆州刺史日，畫《蕃客入朝圖》，帝極稱善（《梁書》俱載）。又畫《職貢圖》並序，善畫外國來獻之事。[25]

雖然他有生理缺陷，但才華過人。梁朝對胡人寬容的態度，促成交通樞紐的荆州“夷歌成章，胡人遥集”。使蕭繹有仔細觀察胡人容貌、瞭解其地理風俗的機會，繪製《蕃客入朝圖》《職貢圖》。蕭繹所繪《職貢圖》在唐時仍有很大影響，除《歷代名畫記》記載外，傳説中蕭繹曾孫蕭翼在向辯才和尚騙購《蘭亭序》時，曾向辯才出示梁元帝自畫《職貢圖》，獲取辯才信任[26]。《舊唐書·經籍志》記載“《職貢圖》一卷，梁元帝撰”[27]。蕭繹《職貢圖》不應理解爲僅有一卷圖，也應記録胡人“訴其風俗”的狀況。

---

〔22〕《玉海》卷一百五十二〈朝貢〉“梁職貢圖”條，頁2800。

〔23〕歐陽詢《藝文類聚》卷五十五“集序”條，汪紹楹點校，上海古籍出版社，1985年，頁996～997。

〔24〕《南史》卷八〈梁本紀下〉，頁243。

〔25〕張彦遠《歷代名畫記》卷七，范祥雍點校本，人民美術出版社，2004年，頁145。

〔26〕何延之《蘭亭記》，張彦遠《法書要録》卷三，范祥雍點校本，人民美術出版社，2004年，頁128。

〔27〕《舊唐書》卷四十六〈經籍上〉，頁2016。

（三）《職貢圖》中的邦國排列

《職貢圖》中國家或部族的排列次序是研究者關心的問題。它們的先後編排有無一定的規律，在殘缺的《職貢圖》中尚不能完全表現，但從臺北故宫所藏《職貢圖》及完整的記載當中，我們仍可看出某種規律。虜（魯）、芮芮、河南排列在最前；波斯、百濟、龜茲、倭多連在一起，有時波斯前有滑國，其後接高句麗。高句麗、于闐、新羅、宕昌相連。宕昌後多接狼牙脩、鄧至、周古柯、呵跋檀、胡蜜丹、白題；白題後是末（靺）、中天竺、獅子國、北天竺、謁盤陀、武興番；武興番之後是高昌、天門蠻、建平蠻及臨江蠻，有時臨江蠻會稍靠前一些；在南唐顧德謙本和宋李公麟本中還有林邑、婆利、爲國等國，他本則無。這樣的排序也許並不能完全反映蕭繹《職貢圖》的原始狀況，但其所隱藏的含義或可得到某種程度的呈現。南梁與周邊國家的利益關係，是國家排序的主要指導原則。

《梁書・諸夷傳》記載的胡夷諸國，依地域分爲海南、東夷、西北諸戎等三大類。重要性卻依次爲西北諸戎、東夷和海南諸國。在正式的國家慶典和朝會中，站位是按照兩例而行的，來國稀少時也是按照西域在東、東夷居西的方位排列。西域是上位，東夷居次位。東夷諸國本以高句麗、百濟、新羅等先後爲序，高句麗居遼東、百濟居遼西。兩國之間的戰争，高句麗先勝，百濟“尋爲高句麗所破，衰弱者累年，遷居南韓地。普通二年，王餘隆始復遣使奉表，稱‘累破句麗，今始與通好’。而百濟更爲强國”[28]。餘隆獲梁武帝册封爲百濟，後其子明得繼百濟，並向梁乞求儒、佛典籍和工匠、畫師等，並獲得許可。在進一步要求軍備著作時，雖然遭到拒絕，但兩國關係密切卻是事實。因此百濟居位亦不難理解。

其實在這三部分中，往來並不平衡，海南諸國，在晉代時通中國者甚少，“及宋、齊，至者有十餘國，始爲之傳。自梁革運，其奉正朔，修貢職，航海歲至，踰於前代矣”[29]。雖然梁通海南並非一定是“踰前代”之事，但無可否認的是海南諸國是江左政權的傳統友好國家，來使通過荆州方可抵達建康（南京）。東夷諸國，世通中國。“自晉過江，泛海東使，有高句麗、百濟，而宋、齊間常通職貢，梁興，又有加

〔28〕《梁書》卷五十四〈諸夷傳〉，頁 804。

〔29〕《梁書》卷五十四〈海南傳〉，頁 783。

焉。”[30] 東夷諸國往來宋、齊、梁諸朝並不途經荆州，蕭繹據荆州時，斷無接見東夷國使的可能。海南諸國尋海路而來，也不一定途經荆州。西北諸戎及西域諸國與南朝的關係更爲複雜，宋、齊、梁諸朝極力維護與西域諸國的關係。

南朝與西域諸國的頻繁往來，實際上與當時整個北方國際形勢有密切的關聯。先從北朝説起，《魏書·西域傳》中有一段話，對北魏經營西域的策略有所總結：

> 太祖初，經營中原，未暇及於四表。既而西戎之貢不至，有司奏依漢氏故事，請通西域，可以振威德於荒外，又可致奇貨於天府。太祖曰：“漢氏不保境安人，乃遠開西域，使海内虚耗，何利之有？今若通之，前弊復加百姓矣。”遂不從。曆太宗世，竟不招納。[31]

有司從專業的角度進行評估，應該依照漢朝慣例，溝通西域，以揚國威於荒外，又可使西域的奇珍異寶款款流入中原。魏太祖拓跋珪則有非常現實的考量。首先，拓跋珪建國之初，北擊高車、柔然，與後燕、後秦争霸中原，無暇顧及遥遠的西域。其次，他本人對於漢朝開疆拓土、鑿空西域的意義另有解讀，認爲這不過是海内虚耗，加弊百姓而已。這種實用主義的西域經營策略，對以後的北魏産生了影響：

> 太延中，魏德益以遠聞，西域龜兹、疏勒、烏孫、悦般、渴槃陀、鄯善、焉耆、車師、粟特諸國王始遣使來獻。世祖以西域漢世雖通，有求則卑辭而來，無欲則驕慢王命，此其自知絶遠，大兵不可至故也。若報使往來，終無所益，欲不遣使。有司奏九國不憚遐嶮，遠貢方物，當與其進，安可豫抑後來，乃從之。[32]

魏世祖對西域諸人的認識還是延續太祖的方針。西域諸國“有求則卑辭而來，無欲則驕慢王命”，利之所在，不遠萬里，不憚遐險。他們已經看到了北魏的實力態勢，所以纔遣使來獻。後來魏世祖也派遣兩批使者出使西域，但王恩生等出流沙之後，就被柔然截獲。第二次派董琬、高明等帶許多錦帛，經鄯善，抵達九國。北魏溝通西域諸國，應始於董琬、高明。他們回來之後纔帶來了有關西域諸國的準確信息，《魏書·西域傳》記録了他們的結論：

> 始琬等使還京師，具言凡所經見及傳聞傍國，云：西域自漢武帝時五十餘國，後稍相並。至太延中，爲十六國，分其地爲四域。自蔥嶺以東，流沙以西爲一域；蔥嶺以西，海曲以東爲一域；者舌以南，月氏以北爲一域；兩海之間，水澤以南爲

---

[30] 《梁書》卷五十四〈東夷傳〉，頁 801。

[31] 《魏書》卷九十〈西域傳〉，頁 2259。《魏書·西域傳》已佚，原文據《北史》而來。

[32] 《魏書》卷九十〈西域傳〉“序”，頁 2259～2260。

一域。内諸小渠長蓋以百數。[33]

這些地理分域是構成北魏瞭解西域諸國的主要知識系統，不過董琬的報告没有提及西域十六國的國名。衹是説："自琬所不傳而更有朝貢者，紀其名，不能具國俗也。"[34]

南朝統治者與西域諸國的往來，卻没有北魏那樣的顧慮。北涼滅亡後，沮渠政權佔據高昌，控制絲綢之路孔道，西連西域諸國，南與劉宋交好。《宋書・大且渠蒙遜傳》載，李涼亡後，"於是鄯善王比龍入朝，西域三十六國皆稱臣貢獻"[35]。鄯善與南朝通好的原因，是其感覺到來自北魏的壓力，《魏書・西域傳》稱："涼州既平，鄯善國以爲脣亡齒寒，自然之道也，今武威爲魏所滅，次及我也。若通其使人，知我國事，取亡必近，不如絶之，可以支久，乃斷塞行路，西域貢獻，歷年不入。後平鄯善，行人復通。"[36] 鄯善採用封鎖近鄰、阻斷北魏與西域交通的策略，遠交劉宋，以求自保。

遣常侍氾儁出使劉宋，貢獻方物。沮渠無諱獲得劉宋封號，元嘉十九年（公元442年）"六月壬午，以大沮渠無諱爲西征大將軍、涼州刺史"[37]。宋文帝在詔書説了一大段表彰沮渠政權的話：

> 往年狡虜縱逸，侵害涼土，西河（河西）王茂虔遂至不守，淪陷寇逆，累世著誠，以爲矜悼。次弟無諱克紹遺業，保據方隅，外結鄰國，内輯民庶，係心闕庭，踐修貢職，宜加朝命，以褒篤勳。

後來的沮渠安周在其兄無諱卒亡後，亦接受劉宋涼州刺史、河西王的封號。[38]

劉宋不僅與沮渠、高昌交好，還試圖聯絡柔然，以期共同對付北魏。《南齊書・芮芮虜傳》載："昇明二年，太祖輔政，遣驍騎將軍王洪軌（範）使芮芮，剋期共伐魏虜。"[39] 蕭齊朝繼承劉宋與西域通好的傳統，益州刺史劉悛曾遣使江景玄出使丁零，宣揚國威，其間曾途經鄯善、于闐[40]。蕭梁建立後，西域諸國與之往來的頻繁程度遠超前朝。據余太山統計，在梁武帝執政的四十多年間，有記載的西域諸國來使多達十七次[41]。

顧氏白描本中第四部分有臨江蠻、天門蠻、建平蠻等，臨江蠻後闕一題名，亦爲一

[33] 《魏書》卷九十〈西域傳〉"序"，頁2261。

[34] 《魏書》卷九十〈西域傳〉"序"，頁2261。

[35] 《宋書》卷九十八〈胡大且蒙遜傳〉，頁2414。

[36] 《魏書》卷九十〈西域傳〉"序"，頁2260～2261。

[37] 《宋書》卷五〈文帝紀〉，頁89。

[38] 《宋書》卷九十八〈胡大且蒙遜傳〉，頁2417～2418。

[39] 《南齊書》卷五十九〈芮芮虜傳〉，頁1023。

[40] 《南齊書》卷五十九〈芮芮虜傳〉，頁1025。

[41] 參見余太山《兩漢魏晉南北朝與西域關係史研究》，中國社會科學出版社，1995年，頁196～197。

蠻。閻氏重彩本中有建平蠻，最後的女蜑國也應當屬於一蠻。蠻是南朝所要面對的諸多少數民族，《南齊書·蠻傳》稱：

蠻，種類繁多，言語不一，咸依山谷，布荊、湘、雍、郢、司等五州界。（略）太祖即位，有司奏蠻封應在解例，參議以“戎夷疏爵，理章列代；酋豪世襲，事炳前葉。今宣曆改物，舊册杓降，而梅生等保落奉政，事須繩總，恩命升贊，有異常品。謂宜存名以訓殊俗。”詔：“特留。”[42]

通過封分的辦法籠絡諸蠻，但諸蠻並不聽命於朝廷，與官軍時有衝突。宋時曾在荆州等置南蠻校尉、雍州置寧蠻校尉以統領諸蠻[43]。由於蠻無徭役之苦，許多不堪重負的百姓也會逃山入蠻。“宜都、天門、巴東、建平、江北諸郡蠻，所居皆深山重阻，人跡罕至焉。”[44] 荆州有所謂巴東、建平、宜都、天門四蠻，使諸郡民户流散，宋朝曾與之多次交戰。“撫蠻”成爲治理地方的一項重要工作，諸蠻據險頑抗，悉力拒戰。官軍曾多次大敗蠻人，俘獲人及牲畜甚多。宋時也採用移民辦法，但南人畏懼蠻夷，不願其徙居内地[45]。荆州是諸蠻最多之地，也是人口最多之處，因而有所謂荆、揚二州户口半天下之説[46]。梁朝時，荆州治下諸蠻可能已向荆州貢獻方物，遂成爲蕭繹統治的重要貢獻。臨江蠻不見記載，或即江北蠻。其後一蠻當爲宜門、巴東二蠻之一。女蜑國或爲諸蠻之中，蜑爲蜒的異體字，《北史·蠻傳》載：天和元年（公元566年）王亮等討蠻，“唯有一小路，緣梯而上，蠻蜒以爲峭絶，非兵衆所行”。《隋書·南蠻傳》則稱“南蠻雜類，與華人錯居”，其一曰蜒，“俱無君長，隨山洞而居”。《通典·州郡典》載，湘州，“齊併因之。州境之内，含帶蠻蜑（音但）。土地遼落，稱爲殷曠。江左大鎮，莫過荆、揚，故謂荆州爲陝西也”[47]。按照這種説法，蠻蜑二者雖在一起，但有區别。

從漢代開始，國家的外交體系就由專門的機構掌管，諸卿之一的大鴻臚寺職掌外交事務。南朝承續晉制，梁武帝時設置鴻臚寺卿，衹是除“大”字，但曰鴻臚卿，位視尚書左丞[48]。朝廷建有專門的館舍以招待各國使節，南齊高帝擬修宣陽門，大臣劉善明建議“開賓館以接鄰國”，高帝答稱：“飾館以待遐荒，皆古之善政，吾所宜勉。”[49]

〔42〕《南齊書》卷五十八〈蠻傳〉，頁1007。

〔43〕《宋書》卷九十七〈夷蠻傳〉，頁2396。

〔44〕《宋書》卷九十七〈夷蠻傳〉，頁2396。

〔45〕參見周一良《南朝境内之各種人民及政府對待之政策》，《“中研院歷史語言研究所”集刊》，第七本第四分，後收入氏著《魏晉南北朝史論集》，中華書局，1963年，頁91。

〔46〕《宋書》卷六十六〈何尚之傳〉，頁1738。

〔47〕杜佑《通典》卷一百八十三〈州郡典十三〉，王文錦等標點本，中華書局，1988年，頁4863。

〔48〕杜佑《通典》卷二十六〈職貢典八〉“鴻臚寺”條，卷724。

〔49〕《南史》卷四十九〈劉善明傳〉，頁1231。

設置賓館以待來賓，是國家的善政之舉。《隋書·百官志》稱隋代設立的四方館，是專門負責來使的國賓館：

初煬帝置四方館於建國門外，以待四方使者。（略）東方曰東夷使者，南方曰南蠻使者，西方曰西戎使者，北方曰北狄使者，各一人，掌其方國及互市事。[50]

並且專門招攬各國君長，"復令聞喜公裴矩於武威、張掖間往來以引致之。其有君長者四十四國。矩因其使者入朝，啖以厚利，令其轉相諷諭。大業年中，相率而來朝者三十餘國，帝因置西域校尉以應接之"[51]。宣揚國威、招攬異邦的國策並不局限於隋朝，南北朝時期類似的策略分别爲南北朝熟練使用，隋朝的統一更使道路暢通無阻。

各國使者一般以朝貢的名義進入中國，所帶來的是各國國王國書及特産。他們代表的是出使國的外交形象，責任重大，權力有限，但依然是千挑萬選的一時之幹才。對象國在接待來使時，絲毫不能馬虎，極力尋找熟悉來使國情況的人員以應對，有時還頗費周折。梁普通三年（公元522年）八月甲子，白題國等遣使貢獻方物，據《梁書·裴子野傳》載"是時西北徼外有白題及滑國，遣使由岷山道入貢"。當時人並不知曉白題與滑國，裴子野引漢朝故事稱"漢潁陰侯斬胡白題將一人。服虔注云：'白題，胡名'。又漢定遠侯擊虜八滑從之，此其後乎"。雖然裴子野的歷史知識並不一定合乎現實，但他的解釋卻赢得時人的尊崇。"時人服其博識，敕仍使撰方國使圖，廣述懷來之盛，自要服至於海表，凡二十國。"[52] 梁武帝敕文裴子野所編撰的《方國使圖》所收録的國家多達二十個，這二十國明顯是與梁朝有使者往來的方國。《方國使圖》的内容現已無從知曉，既然裴子野封敕編撰，那麽應該參考梁諸國來使的官方檔案，對來使國的情況有一定的描述，纔能"廣述懷來之盛"。以此前推裴子野所在的年代，與梁朝有外交關係的國家多達二十國，數量遠多於《梁書》中有關貢使國的記載。邦交國的往來形成了良好外交關係，也給有意願進一步瞭解外國的有識之士提供了全面掌握來使國的機會，裴子野就是其中之一。可靠的官方渠道使人們知道的不僅僅是外國人的形象。依照後世對外邦來人的制度，大體上可以知道官方所瞭解的内容。鴻臚寺收集邦國資料的内容在《唐會要》中有明確的要求：

蕃國朝貢，每使至，鴻臚勘問土地風俗、衣服貢獻、道里遠近，並其主名字報。[53]

鴻臚寺詢問的方式是既有傳統，他們所關心的内容，從領土道里遠近到風俗、服飾及貢獻

〔50〕《隋書》卷二十八〈百官志下〉，頁798。

〔51〕《隋書》卷八十三〈西域傳〉，頁1841。

〔52〕《梁書》卷三十〈裴子野傳〉，頁443。

〔53〕《唐會要》卷六十三〈史館上〉，中華書局，1955年，頁1089。

的物品，涉及方方面面。這些材料都被歸入檔案，成爲官修史書的重要來源。《唐六典》亦載：“其外夷每有番官到京，委鴻臚訊其人本國山川、風土，爲圖以奏焉，副上於省。”〔54〕 直到宋代副録收藏在史館的制度仍被保留。《宋會要輯稿》“四方館”條記載：

（慶曆）六年九月十七日，史館言，每外夷人入見，其管伴所申送國邑風俗、形貌圖軸外，其夏國曩霄人使，每入朝貢，未見引伴官司供到文字。欲乞下四方館，牒報引伴夏國官員，依外夷人見令，詢問國邑風俗、道途遠近，及寫衣冠形貌兩本。一以進呈，一送史館，從之。〔55〕

官方要求外夷入朝，除繪製形象衣冠外，亦詢問其風俗、道途之遠近，並且有文字記録，一份進呈皇帝，另一份則入史館存檔。

在所有國家關係中，梁與北朝的關係是居於首位的。據統計，僅東魏、北齊遣使梁朝就達十七次，多於其他國家〔56〕。鴻臚寺的工作範圍甚廣，本土以外均屬其涉及内容，對南朝來説，尤其以北朝爲工作對象，《梁書・陳昕傳》稱：其“十二隨父入洛，於路遇疾，還京師。詣鴻臚卿朱異，異訪北間形勢，昕聚土畫地，指麾分别，異甚奇之。”〔57〕 鴻臚寺卿朱異向陳昕打探北方形勢，看來北方時局亦是鴻臚寺工作的重點。陳昕通過沙盤推演向朱異詳細彙報他所瞭解的情況。

北朝與南梁朝通使時，雙方使節在出使國都受到熱情禮遇。李業興使梁時，因是大儒徐遵明的弟子，蕭衍親自詢問儒學問題。蕭衍對學問精通者給予特别的尊重，而雙方所遣使節都是一時之良才。“既南北通好，務以俊義相矜，銜命接客，必盡一時之選，無才地者不得與焉。”《北史・李諧傳》載：

梁使每入，鄴下爲之傾動，貴勝子弟盛飾聚觀，禮贈優渥，館門成市。宴日，齊文襄使左右覘之，賓司一言制勝，文襄爲之拊掌。魏使至梁，亦如梁使至魏，梁武親與談説，甚相愛重。〔58〕

梁武帝統治南梁四十多年很難説與外交上的左右逢源没有關聯。《梁書・范岫傳》載：“永明中，魏使至，有詔妙選朝士有詞辯者，接使於界首，以岫兼淮陰長史迎

〔54〕 李林甫《唐六典》卷五“職方郎中”條，陳仲夫點校本，中華書局，1992年，頁162。

〔55〕 徐松輯《宋會要輯稿》第七十七册〈職官三十五〉“四方館”條，中華書局，1957年影印本，第四册，頁3061上欄。

〔56〕〔日〕石見清裕《梁への道》，收入鈴木靖民等編《梁職貢図と東部ユーラシア世界》，東京勉誠出版，2014年，頁74～80。

〔57〕《梁書》卷三十二〈陳昕傳〉，頁465。

〔58〕《北史》卷四十三〈李諧傳〉，頁1604。

焉。"[59] 范岫從有辯詞能力者中遴選勝出，並給予淮陰長史的職位，迎魏使於界首，以示隆重。

諸國使節往來頻繁，但卻都相當在意出使國所給予的禮遇，包括小國尾隨其後都會引發不滿。《南齊書・東南夷傳》中就記載了這樣一個故事：

> 虜置諸國使邸，齊使第一，高麗次之。永明七年，平南參軍顔幼明、冗從僕射劉思斅使虜。虜元會，與高麗使相次。幼明謂僞主客郎裴叔令曰："我等銜命上華，來造卿國。所爲抗敵，在乎一魏。自餘外夷，理不得望我鑣塵。況東夷小貊，臣屬朝廷，今日乃敢與我躡踵。"[60]

雖然出使敵國魏，但南齊使者仍然從當時國際秩序的角度要求，給予其附屬國更低級別的待遇，認爲高麗根本没有資格在正式場合與己爲鄰，接踵其後。

在正式場合，北使地位遠高於他國使節。段成式在《酉陽雜俎》卷一"禮異"篇中描寫梁武帝正旦接受朝賀時的情景：

> 梁正旦，使北使乘車至闕下，入端門。（略）北使入門，擊鐘磬，至馬道北、懸鐘内道西北立。引其宣城王等數人後入，擊磬，道東北面立。其鐘懸外東西廂，皆有陛臣。馬道南、近道東有茹［茹］昆侖客，道西近道有高句麗、百濟客，及其升殿之官三千許人。位定，梁主從東堂中出。（略）初入，二人在前導引，次二人並行，次一人擎牙箱、班劍箱，别二十人具省服，從者百餘人。至宣城王前數步，北面有重席爲位，再拜。[61]

北使先入，擊鐘、磬迎接，宣城王等後入，僅擊磬。北使與宣城王相對而立，梁武帝進入後，移步其前拜見。

值得注意的是接下來的排序，近道東有茹茹、昆侖使者，道西有高句麗、百濟使者。南朝交好西域各國由來已久。劉宋時試圖聯絡柔然（茹茹、芮芮），以期共同對付北魏。蕭齊朝繼承劉宋通好西域的傳統。蕭梁建立後，西域諸國與之往來的頻繁程度，遠超前朝。南北朝對於柔然的稱謂，分别代表了他們的立場。北魏以柔然爲敵，稱其爲"蠕蠕"，加"虫"字旁，示侮辱之意。柔然人自稱"茹茹"，北周、隋與之關係改善，遂從其自述國名。作爲柔然盟友的劉宋、齊、梁都採用"芮芮"這個譯法，是柔然人自稱的音譯[62]，以示友好。因此，芮芮在《職貢圖》中緊隨北朝之

〔59〕《梁書》卷二十六〈范岫傳〉，頁 391～392。

〔60〕《南齊書》卷五十八〈東南夷傳〉，頁 1009～1010。

〔61〕段成式《酉陽雜俎》卷一"禮異"條，方南生點校，中華書局，1981 年，頁 7。

〔62〕參見羅新《茹茹公主》，《文景》2011 年 4 月號（總第 74 期），頁 40～51。後收入氏著《王化與山險——中古邊裔論集》，北京大學出版社，2019 年，頁 79～85。

後，是可以理解的。

顧氏白描本中排在第二的是吐谷渾的河南國，西域使者往來南朝，河南國是其必經之地。《南齊書・州郡志》在説到益州位置重要性時稱："西通芮芮、河南，亦如漢武威、張掖，爲西域之道也。"〔63〕通過吐谷渾北上西域、南下益州的不但有各國使節，還有求法僧人。《高僧傳・法獻傳》記法獻"路出河南，道經芮芮。既到于闐，欲度蔥嶺，值棧道斷絶，遂於于闐而反"〔64〕。在北凉、北魏佔據河西走廊孔道後，南朝衹有依賴河南這一通道纔能抵達西域〔65〕。河南國是與南朝關係最爲密切的鄰邦，僅正史記載的其同南朝之間的往來就有二十八次〔66〕。吐谷渾利用溝通南北之便利左右逢源，在統治的區域内留下很多中西文化交流的實物。如西寧出土的波斯薩珊朝銀幣、都蘭墓中的波斯王名織錦和東羅馬金幣等〔67〕。這些物品都是中西交流道路繁盛的實物證據。南朝在通使西域時多次强調語言不通，需重譯而通。《梁書・諸夷傳》在介紹滑國時稱"其言語待河南人譯然後通"〔68〕。吐谷渾扮演的是往來使者的嚮導加翻譯的角色，對於梁朝而言相當重要（圖一・4）。

接下來閻氏著色本中是波斯、百濟；顧氏白描本中波斯、百濟排位雖不靠前，卻連在一起，後者由數段接成，可能位置錯簡。

波斯是當時西域最有影響的大國，北魏、西魏與之通好，來往次數甚多。然而，其與南朝來使的記録僅有中大通二年（公元 530 年）遣使獻佛牙、中大通五年（公元 533 年）遣使獻方物、大同三年（公元 535 年）獻方物三次。當時江東與西域相去甚遠，阻隔重險，重譯不交。波斯來使是南梁交結西域大國的要事。有人注意到，根據南京博物院舊藏《職貢圖》題記，《職貢圖》中對國家有簡單的分類標準，主要有"大國""小國""旁國""旁小國"四種關於國家的用詞。這實際上代表當時梁朝官方心目中的

〔63〕《南齊書》卷十五〈州郡下〉"益州"，頁 298。

〔64〕釋慧皎《高僧傳》卷十三〈齊上定林寺釋法獻（玄暢）〉，湯用彤校注，中華書局，1992 年，頁 488。

〔65〕參見唐長孺《南北朝期間西域與南朝的陸道交通》，收入氏著《魏晉南北朝史論拾遺》，中華書局，1983 年，頁 168～195。

〔66〕參見周偉洲《吐谷渾史・附録》，寧夏人民出版社，1984 年，頁 214～225。

〔67〕參見趙生琛《青海西寧發現波斯薩珊朝銀幣》，《考古通訊》，1958 年 1 期，頁 64～65；夏鼐《青海西寧出土的波斯薩珊朝銀幣》，《考古學報》，1958 年 1 期，頁 105～110，後收入氏著《考古學論文集》，科學出版社，1961 年，頁 129～142；馮漢鏞《關於〈經西寧通西域路線〉的一些補充》，《考古通訊》，1958 年 7 期，頁 59～64；許新國《都蘭吐蕃墓出土含綬鳥織錦研究》，《中國藏學》，1996 年 1 期，頁 3～26；青海省文物考古研究所《青海烏蘭縣大南灣遺址試掘簡報》，《考古》，2002 年 12 期，頁 49～57。

〔68〕《梁書》卷五十四〈諸夷傳〉"西北諸戎・滑"，頁 812。

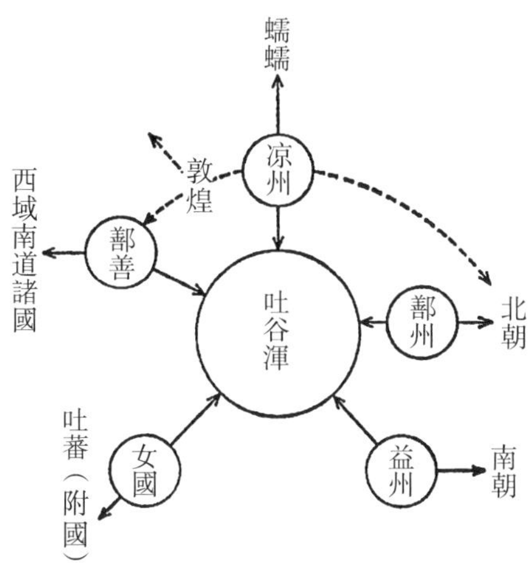

圖一·4　吐谷渾遣使圖

（採自〔日〕松田壽男《吐谷渾遣使考》,《松田壽男著作集》四，六興出版，1987年，頁122）

國際關係概念〔69〕。波斯在此分類體系中屬於大國，所以排位靠前。

這些我們可以從後世的傳閻立德的《王會圖》中獲得印證，董逌在《廣川畫跋》的"《王會圖》叙録"中記録了其中的次序：

> 有司告辦，鴻臚導客，次序而列，凡國之異，各依其方。東首以三韓、百濟、日本、渤海，而扶桑、勿吉、流球、女國、挹婁、沃沮次之。西首以吐番、高昌、月氏、車師、黨項，而軒渠、厭達、疊伏羅、丁令、師子、短人、揮國次之。其南首以交趾、沅谿、哀牢、夜郎，而板楯、尾濮、西僰、附國、筰都等次之。北首以突厥、匈奴、鉄勒、韃靼，而大漠、白霫、室韋〔70〕、結骨後次之。〔71〕

貞觀年間，唐鴻臚寺所列四夷次序，以其在唐時國力及與唐之利害關係遠近爲編排原則。那麼用這樣的思維邏輯重新審視所謂梁元帝蕭繹《職貢圖》的列次，用意大體清晰。

（四）餘論

我們在研究圖像與文獻關係時應當全面地審視所有可能存在的各類關係，既要顧及

〔69〕〔日〕鈴木靖民《東部ユ一ラシア世界史と東アジ世界史——梁の國際関係・國際秩序・國際意識を中心としこ》，收入鈴木靖民等編《梁職貢図と東部ユ一ラシア世界》，東京勉誠出版，2014年，頁20～25。

〔70〕原文爲"室弟"，疑爲筆誤，應爲"室韋"，古族名。

〔71〕董逌《廣川畫跋》"上王會圖叙録"條，于安瀾編畫品叢書本，上海人民美術出版社，1982年，頁255。

圖像生成的背景，又要分析文獻來源的可靠性，制度層面的可操作性也是要關注到的。我們僅討論了幾個排序在前列的國家與南梁的密切關聯，窺視這類排列所隱含的邏輯理念。現實中的諸國使節依其重要性，在正式場合分兩列而立，如唐昭陵的番酋像呈東西兩列而立〔72〕。《職貢圖》中的排列方式變二爲一，貫魚徐進。排位靠前的幾個國家通過以上分析可知，或是重要的鄰國如北朝，或是國家高度依賴的作爲中間人、嚮導和翻譯的吐谷渾人，或是强大的盟友如芮芮，或是世界大國波斯，或是傳統附庸如百濟，都有特别而可靠的理由位居前列。其他國家則基本上按照地域編序，倭、高句麗、新羅先後排列。海南國家林邑、中天竺、師子、北天竺、渴盤陀相對集中。北方民族西域國家等在一起。有的集中地域會摻雜其他區域國家，這顯然是左右穿插的結果。高昌國原本是南朝傳統友好國家，後來因接近北朝而爲梁所棄，降至末位〔73〕。閻氏著色本中排在最後的則是在梁朝範圍内的少數民族、部族，其重要性最低。將其統治範圍内的諸番、蠻也列入職貢圖之内，表明其鬆散的隸屬關係，甚至應該衹有朝貢關係。繪畫所呈現的是實際政治的操作結果，這一點都常常不被後世臨摹者關注，繪畫中出現一些難以解釋的狀況，是可以理解的。

這樣我們基本瞭解了職貢圖題材繪畫中先後順序的邏輯關係與南梁利害程度，傳爲梁元帝蕭繹所繪《職貢圖》或許能代表某個特定時段他對於周圍國家的興趣。梁元帝雖然號稱重視與周圍國家的關係，但在實際操作中卻未能左右逢源，盡善鄰邦。《南史·梁本紀下》“承聖三年秋九月辛卯”條記：“帝於龍光殿述老子義。先是，魏使宇文仁恕來聘，齊使又至江陵，帝接仁恕有闕，魏相安定公憾焉。乙巳，使桂國萬紐於謹來攻”〔74〕。在敵强我弱的情況下，慢待來使，崇尚空談，即使在大軍圍城之時，亦讀講，詔征辯論，置大局於不顧，遂遭殺身亡國之禍。

職貢圖題材繪畫同出一系，形式上有相似之處，但具體到每一個國家的情況並不完全相同。比較正史中的列國傳與這類職貢圖之間的關聯，由於一些新材料的發現而引起學術界的關注。尤以趙燦鵬在清摹本《諸番職貢圖卷》中發現的題記最爲重要〔75〕。不過正史列國傳的史料來源，恐怕更重要的還是官方檔案資料。余太山曾經指出裴子野的《方國使圖》與《梁書·西北諸戎傳》之間的對應關係。鴻臚寺在收集外邦材料方面，

〔72〕參見張建林等《唐昭陵十四國蕃君長石像及題名石像座疏證》，西安碑林博物館編《碑林集刊》，第十集，2004年，頁82～88；沈睿文《唐陵的佈局——空間與秩序》，北京大學出版社，2009年，頁237～246。

〔73〕參見王素《梁元帝〈職貢圖〉新探——兼説滑及高昌國史的幾個問題》，《文物》，1992年2期，頁79。

〔74〕《南史·梁本紀下》卷八〈元帝（繹）〉，頁241。

〔75〕參見余太山《〈梁書·諸夷傳〉與〈梁職貢圖〉》，頁106～107。

可謂是不遺餘力，同時也更專業。而《梁書》的編纂者選擇史料的空間更爲廣大靈活，並稱“今採其風俗粗著者”，綴爲諸夷傳。换言之，並不一定會採用《職貢圖》題記之類的簡單文字作爲基礎史料。另外，《梁書》的編纂者在編纂“諸夷傳”時，特别指出其史料來源。在記述海南諸國往來關係後，特别説明“今採其風俗粗著者，綴爲《海南傳》云”。東夷之國也採用類似方法，特别提出“扶桑國，在昔未聞。普通中，有道人稱自彼而至，其言元本尤悉，故並録焉”。對於没有邦交往來的國家，專門指出其史料來源。西戎諸國也採用類似的方法〔76〕。相反，兩者雖然内容相似，但是《職貢圖》上的題記文字恐怕摘抄官方檔案的可能性要更大一些。至少，官修史書在摘録檔案材料方面的便利性，應當引起研究者的注意。

〔76〕 參見趙燦鵬《南朝梁武帝〈職貢圖〉題記佚文的新發現》，《文史》，2011 年 1 輯，頁 111 ～ 118；氏著《南朝梁元帝〈職貢圖〉題記佚文續拾》，《文史》，2011 年 4 輯，頁 237 ～ 242；《梁書諸夷傳異文比勘》，齊魯出版社，2014 年。

二　從山陵爲貴到不封不樹*

——北朝墓葬封土的轉變

（一）前言

墓葬向來是考古學研究的重點，它們在某種程度上反映不同時期的諸多文化面貌，隨葬品更是當時政治、文化、技術、工藝水準的折射，因而受到研究者的特別重視。不過，相較人們對地下豐富的隨葬品和複雜的墓葬結構瞭解程度而言，關注墓葬的地上部分顯然受到某種程度的制約。千百年的風吹雨淋、人爲破壞，原有的地面建築早已蕩然無存，即使規模宏大的帝王陵墓大約也難逃此厄運，更遑論其他人墓葬。如果地面上能躲過這些自然、人爲破壞，唯一留下的就是封土。換言之，墓葬如不營造高大的封土，那麽它將會失去地面上的唯一標誌。構築明顯高大的封土，便是喪葬文化的重要組成部分。雖然封土的重要性顯而易見，但相較華麗的地下墓葬，人們在地面營造封土的歷史卻要晚一些。

關於封土起源問題，學界尚有不同看法，因本文討論的重點並不在此，衹對涉及的某些觀點略有回溯。殷商時期墓葬上有堆土的痕跡，也許是較早的封土形態〔1〕。最近，甘

---

*　本文曾在2003年韓國釜山大學舉辦的"蓮山洞古墳群國際學術研討會"上宣讀。

〔1〕關於早期封土起源，高去尋引述梁思永在河南安陽殷代西北岡墓葬發掘所得認爲，殷代大墓上大概原來是有墳堆，平面圓形，衹覆蓋墓室而不及墓道。第三期祭祀遺留的灰土坑和灰土堆，緊靠大墓周圍分佈，這種祭典大概是圍著墳腳舉行。高氏並且肯定殷代的大小墓葬都有堆土而成的墓冢（參見氏著《殷代墓葬已有墓冢説》，《臺灣大學考古人類學刊》，第41期，1980年，頁8～11）。

圖二・1　甘肅磨溝齊家文化墓葬封土

肅磨溝新石器遺址墓葬發現較爲完整的封土遺跡（圖二・1）〔2〕。這樣，從新石器晚期開始，墓葬有封土的設計、營造。一般認爲春秋戰國時期纔有相當規模的封土營建〔3〕。

封土所代表的含義亦是研究者關注的重點之一，安陽殷墟婦好墓有小規模建築基址，建築史家對基址進行復原認爲是祭祀享堂，形成對封土功能的解釋“祭祀享堂説”〔4〕。

〔2〕 甘肅文物考古研究等單位在甘南藏族自治州磨溝村發掘一處墓地，有封土遺跡的墓葬亦在其中，共有5座，分别爲M901、M932、M934、M1029、M1031。封土橢圓形，最大者長徑250、短徑90、高50厘米，分兩層構築，上層爲鵝卵石和陶片混堆積，下層爲黄土堆積夯實。其餘幾座一般短徑160～200、長徑190～200、高40～55厘米，皆是分層的踩實地黄土堆積。相對年代爲距今3800～3600年。該墓尚未公開報道，本文所用材料由原甘肅省文物考古研究所所長王輝先生提供，謹表謝意。

〔3〕 參見〔日〕町田章《中國における墳丘の形成》，《歷史教育》，15卷3號，1967年，頁66～74；黄展岳《説墳》，《文物》，1981年2期，頁89～92；王世民《中國春秋戰國時代的冢墓》，《考古》，1981年5期，459～466頁；楊寬《中國古代陵寢制度史研究》，上海古籍出版社，1985年，頁7～17；胡方平《中國封土墓的産生和流行》，《考古》，1994年6期，頁556～558；韓國河《論中國古代墳丘墓的産生與發展》，《文博》，1989年2期，頁32～45；黄曉芬《漢墓的考古學研究》，岳麓書社，2003年，頁167～169。

〔4〕 參見楊鴻勳《戰國中山王陵及兆域圖研究》，《考古學報》，1982年4期，頁119～138；同氏著《關於秦代以前墓上建築的問題》，《考古》，1982年4期，頁402～405；另見巫鴻《從“廟”至“墓”——中國古代宗教美術發展中的一個關鍵問題》，原載俞偉超編《慶祝蘇秉琦考古五十五年論文集》，文物出版社，1989年，頁98～111，後收入鄭岩等編《禮儀中的美術——巫鴻中國古代美術史文編》，生活・讀書・新知三聯書店，2005年，頁549～568。

西漢開始，墓葬制度日臻完備，封土作爲最具象徵意義的地上建築物，外觀的不同形制，明顯會引發人們的興趣。有學者已經注意到封土的外觀可分爲四類：“坊”形，“覆斗”形，“圓丘”形和“山”形[5]。進一步的準確測量，極大地豐富了我們對漢代王陵一級墓葬的認識，他們的封土基本上是覆斗形狀[6]。與漢代墓葬封土研究相對成熟相比，人們關心北朝墓葬封土的程度極爲有限。主要原因也在於北朝的封土形制方面並没有超出漢代，在薄葬風尚的影響下，北周有的王陵甚至都没有封土。儘管這樣，從高大北魏墓葬封土，逐漸向北周遞減的過程，也與北魏政治上的漢化，北周崇尚上古禮制一脈相承。

除去高大的外觀形制，封土内部的構成，或者説封土堆砌的過程，在以往的田野發掘中並未受到重視。這種結論是由考古報告、簡報中反推的，報告中除了提供一些高與直徑的尺寸外，基本看不到任何有關封土的資料資訊，封土的發掘報告更是付闕。本文所要討論的材料之一，主要來自20世紀90年代中期中日聯合原州考古隊發掘的北周田弘墓。另外，本文所採用封土一詞表示地面隆起的土構建築，與使用古文獻時的“墳”“墓”“冢”及“墳丘”“墳墓”“墳冢”等詞大體相當，視文中出現的情況混用，並不專門採用某一特定稱謂，但是在涉及考古材料時，基本上會使用封土一詞，作爲特定術語。

（二）北朝封土的形制

在詳細地觀察北朝墓葬封土之際，我們有必要先瞭解一下北朝時期墓葬埋藏的喪葬思想，尤其是有關封土的内容。從漢代開始封土的高低便受到等級的制約，並且在法律上有明文規定，大家熟知的一條材料是《周禮》鄭玄注引《漢律》：

> 列侯墳高四丈，關内侯以下至庶人各有差。[7]

具體到關内侯下至庶人的等級文獻闕佚，也有人推測以五尺爲一等。2006年，湖北雲夢縣M77號墓出土漢代簡牘，其中就有名曰《葬律》的文獻記録了列侯墓葬的規制：

> 壄、斗、羡深淵上六丈，墳大方十三丈，高三丈。熒（塋）東西四十五丈，南北四十二丈，重園垣之，高丈。[8]

---

〔5〕參見李毓芳《西漢陵墓封土淵源與形制》，《文博》，1987年3期，頁39～41。

〔6〕參見焦南峰《秦、漢帝王陵封土研究的新認識》，《文物》，2012年12期，頁52～58。

〔7〕《周禮·春官·冢人》鄭玄注引《漢律》，《周禮注疏》，彭林整理本，上海古籍出版社，2010年，頁819。

〔8〕湖北省文物考古研究所等《湖北雲夢睡虎地M77發掘簡報》，《江漢考古》，2008年4期，彩版15；彭浩《讀雲夢睡虎地M77漢簡〈葬律〉》，《江漢考古》，2009年4期，頁130～134。《簡報》並無録文，今引録文據彭浩文。

西漢早期大家依律而葬，漢明帝時，桑民摐陽侯坐冢過制曾遭髡削〔9〕，到了東漢時期逾制的行爲屢屢出現。《後漢書·光武帝紀》建武七年（公元31年）詔曰："世以厚葬爲德，薄終爲鄙，至於富者奢僭，貧者單財，法令不能禁，禮義不能止。"〔10〕上古時薄葬，不封不樹，孔子母冢高僅四尺，崩而不修，以及葬子鯉時有棺無槨的情形，被一再提及作爲思想家抨擊奢侈之風俗的依據〔11〕。而薄葬不起墳丘〔12〕，則作爲遵儉的典範，深受好評。

魏晉時期在薄葬思想影響下，修築高墳大冢的風氣明顯有所收斂，東晉的許多皇帝甚至都不起墳丘，隱蔽埋葬。文獻記載中的南朝皇帝也衹有一丈多高的墳丘〔13〕。北方少數民族採用"潛埋"的形式，《宋書·索虜傳》載："死則潛埋，無墳壟處所。"〔14〕

北魏孝文帝時，在思想行爲上崇尚儒家思想，强調漢化，標榜孝道〔15〕。爲先人選擇適當的墳塋，符合靠近漢文化的精神，馮太后與孝文帝共同選擇方山爲塋地，承明六年（公元476年）：

> 太后與高祖游於方山，顧瞻川阜，有終焉之志，因謂羣臣曰："舜葬蒼梧，二妃不從。豈必遠祔山陵，然後爲貴哉！吾百年之後，神其安此。"高祖乃詔有司營建壽陵於方山。〔16〕

方山選塋是鮮卑統治者出於政治上的需要，希望遠祔山陵，然後爲貴的馮太后借此表明實施漢文化的決心與勇氣〔17〕，明顯對於漢文化的肯定。

---

〔9〕汪繼培《潛夫論箋》卷三《浮侈篇》，彭鐸校正本，中華書局，1979年，頁140。

〔10〕《後漢書》卷一〈光武帝紀下〉，頁51。

〔11〕王符嘗云："古者墓而不崇。仲尼喪母，冢高四尺，遇雨而墮，弟子請治之。夫子泣曰：'禮不修墓。'鯉死，有棺無槨。文帝葬於芷陽，明帝葬於洛南，皆不藏珠寶，不造廟，不起山陵。陵墓雖卑而聖高。今京師貴戚，郡縣豪家，生不極養，死乃崇喪。或至刻金鏤玉，檽梓楩柟，良田造塋，黄壤致藏，多埋珍寶、偶人車馬，造起大冢，廣種松柏，廬舍祠堂，崇侈上僭。寵臣貴戚，州郡世家，每有喪葬，都官屬縣，各當遣吏齎奉，車馬帷帳，貸假待客之具，競爲華觀。此無益於奉終，無增於孝行，但作煩攪擾，傷害吏民。"（《潛夫論箋》卷三〈浮侈篇〉，頁137）另《鹽鐵論·散不足篇》賢良舉例奢侈逾制，世風不古時亦云："古者不封不樹，反虞祭於寢，無壇宇之居，廟堂之位。及其後則封之，庶人之墳半仞，其高可隱。今富者積土成山，列樹成林，台榭連閣，集觀增樓。中者祠堂屏閤，垣闕罘罳。"馬非百《鹽鐵論簡注》，中華書局，1984年，頁239。

〔12〕張臨"亦謙儉（略）。且死，分施宗族故舊，薄葬不起墳"（《漢書》卷五十九〈張延壽傳〉，頁2654）。

〔13〕參見楊寬《中國古代陵寢制度史研究》，上海古籍出版社，1985年，頁46。

〔14〕《宋書》卷九十五〈索虜傳〉，頁2322。關於潛埋虛葬亦參見曹永年《説"潛埋虛葬"》，《文史》，第31輯，1989年，頁79～86。

〔15〕參見康樂《孝道與北魏政治》，《歷史語言研究所集刊》，第64本第1分，1993年，頁51～87。

〔16〕《魏書》卷十三〈皇后列傳〉，頁328～329。

〔17〕參見沈睿文《永固陵與北魏政治》，《國學研究》，第22卷，頁57～77，後收入氏著《唐陵的佈局：空間與秩序》，北京大學出版社，2009年，頁307～327。

以孝行天下的孝文帝，在馮太后過世後，正是行孝重要時機。文帝在大同西北的方山營建永固陵。經調查，永固陵建在方山南部山頂上，有高達墳丘。墳丘下方上圓，高28.87米，南北117米，東西124米，規模宏大（圖二・2）〔18〕。據《水經注》記載，永固陵側有永固石室，石室完全仿現實建築製作，並有屏風上雕刻忠臣、孝子等故事内容〔19〕。爲表示對母親的孝順，孝文帝在永固陵傍建壽陵（萬年堂），墳丘規模大約衹有永固陵的一半，封土高13米，基底仍爲方形60米×60米。在中國傳統文化中，人們將高大的墳墓比作山陵，將最高統治者的去世，隱諱地稱爲山陵崩。漢代時最高等級的皇帝墓被稱作“山陵”〔20〕。從形式上來説，所謂的“山陵”有兩類，一類則是在山上營造陵墓，借助上部崇高的山巔，看似形成一個巨大的墳丘，漢文帝的霸陵即屬此類，“因山爲陵”〔21〕。以山爲陵的作法，獲得後世效仿，永城保安山梁孝王陵，就屬於這類情況〔22〕。另一種是在地面建立高大的墳丘，像某某山一樣，是當時最高待遇。即使像

圖二・2　永固陵与萬年堂

〔18〕參見大同市博物館等《大同方山永固陵》，《文物》，1978年7期，頁29～35。

〔19〕陳橋驛《水經注校證》卷十三，中華書局，2007年，頁321～322。

〔20〕參見楊寛《中國古代陵寢制度史研究》，頁16、72。

〔21〕參見徐蘋芳《中國秦漢魏晉南北朝時代的陵園和塋城》，《考古》，1981年6期，522頁。後收入氏著《中國歷史考古學論集》，上海古籍出版社，2012年，頁117。

〔22〕參見劉振東《漢代諸侯、列侯墓的地面建制——漢代王、侯墓制研究之一》，中國社會科學院考古研究所編《漢唐與邊疆考古研究》，第1輯，科學出版社，1994年，頁68～69。

曹丕那樣力主薄葬，葬洛陽東的首陽山上，都依山爲陵，不封不樹，地面不留任何痕跡[23]。多年以後的唐代，高祖李淵遺詔："其園陵制度，務從儉約，斟酌漢魏，以爲規矩。"[24] 漢魏制度相去甚遠，在大臣之間引起爭議。虞世南的意見是"以爲漢文霸陵，既因山勢，雖不起墳，自然高敞"[25]。遠祔山陵，雖不起墳，自然顯示高貴的思想，流傳甚廣，爲擇塋者所熟知。

遷都洛陽之後，意在擺脱舊有貴族對其政治意圖的干預。北邙山上高冢大墳累累，是陵墓制度進一步完善的結果。不過，孝文帝遷都洛陽後，在北邙山上另建長陵，有兩座墳丘，大冢是孝文帝陵寢，圓形，高 21 米，直徑 103 米；小冢是皇后陵寢，現存直徑 42 米，高約 15 米[26]。

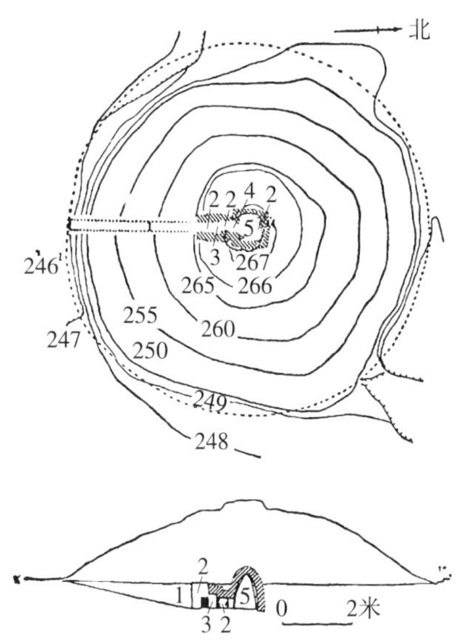

圖二・3　北魏景陵墓冢及墓葬平、剖面圖
（虛線以内爲墓冢夯土實測範圍）
1. 墓道　2. 封門墻　3. 前甬道
4. 後甬道　5. 墓室

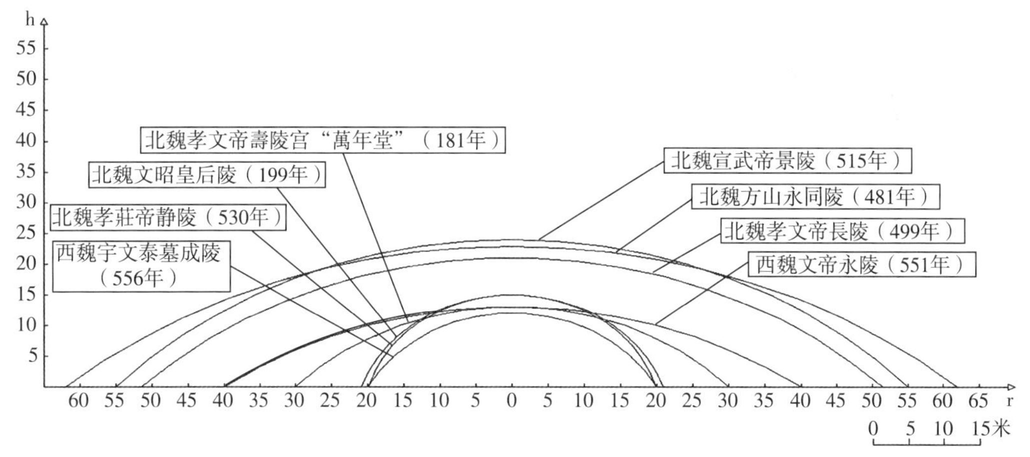

圖二・4　北朝帝后陵墓封土對比示意圖

〔23〕《三國志》卷二〈魏書・文帝紀〉載，曹丕選在首陽山東爲壽陵，作終制，歷數種種薄葬之優勝，頁 81～82。

〔24〕宋敏求《唐大詔令集》卷十一，商務印書館，1959 年，頁 67。

〔25〕杜佑《通典》卷七十九〈禮・凶禮〉王文錦等點校本，中華書局，1988 年，頁 2146。

〔26〕參見洛陽市第二文物工作隊《北魏孝文帝長陵的調查與鑽探——"洛陽邙山陵墓群考古調查與勘探"專案工作報告》，《文物》，2005 年 7 期，頁 57。

稍後的北魏宣武帝景陵，營建了高大的墳丘。封土呈圓形，直徑 105～110 米，高 25 米，平頂，墓室及墓道全部覆蓋在高大的封土之下（圖二・3、4）[27]。次一級的封王墓葬，墳丘亦相當高大，清河王元懌墓封土直徑 30 米，高約 15 米[28]；江陽王元乂墓，封土直徑 35 米，高約 20 米[29]（圖二・5）。

東魏、北齊墓葬繼承北魏墓葬墳丘高大的傳統，可能屬於北齊高洋武陵的北朝灣漳壁畫墓。墳丘雖已夷爲平地，據鑽探，墳丘底部直徑 100～110 米[30]。神武帝高歡墓現存墳丘南北 79 米，東西 77 米，高 24 米。另外一個當地人稱“天子冢”的墓葬，墳丘直徑 121.5 米 × 118 米，高 21.3 米[31]。

北魏、東魏、北齊帝王陵墓墳丘基本上一脈相承，都營建高大雄偉的墳丘。北魏平城時期形制上圓下方，遷都洛陽後大體上都是圓形封土或以此爲主。直徑多在百米以上，高度在 20 米以上，墳丘覆蓋整個墓葬（圖二・6）。北齊高洋墓没有發表完整的平面圖，是否墳丘全面覆蓋墓室尚不知，從已知墓道甬道、墓室資料，應該會覆蓋。

西魏文帝永陵的封土呈圓丘形，直經約 80 米，高有 13 米，陵前神道亦有石人、石刻等[32]，承接北魏大體上延續北魏墓葬的基本形制，並未在形式上有大的改變。另外，其他等級西魏墓發現者尚不多，不太方便與同等級的東魏墓相比較，略顯簡陋卻是事實。雖然在埋葬思想上北魏至北周變化頗大，但從附表可以看出，北朝高等級墓葬基本都有封土卻是事實，由高大逐漸轉向低矮，也符合北魏至北周喪葬思想軌跡（見表二・1）。

北周墓葬與北齊墓葬相比，後者規模宏大、奢侈豪華（圖二・7）。有學者傾向於從二者上層的喪葬思想入手來解釋兩者的明顯不同[33]，顯然是一個不錯的切入點。北周明帝，臨終前有遺言，喪事從儉，勿用金玉，若禮不可闕可用瓦。“葬日，選擇不毛之地，因地勢爲墳，勿封勿樹。”[34] 尋著皇帝薄葬思想，一些大臣是這種思想的實踐者，韋敻恐臨終恍惚，故清醒時韋敻對自己身後的事也有交代：“吾死之日，可斂舊衣，勿更新造。使棺足

〔27〕 參見中國社會科學院考古研究所洛陽漢魏城隊、洛陽古墓博物館《北魏宣武帝景陵發掘報告》，《考古》，1994 年 9 期，頁 802。

〔28〕 參見徐嬋菲《洛陽北魏元懌墓壁畫》，《文物》，1974 年 12 期，頁 53。

〔29〕 參見洛陽博物館《河南洛陽北魏元乂墓》，《文物》，1974 年 12 期，頁 53。

〔30〕 參見中國社會科學院考古研究所等《磁縣灣漳北魏壁畫墓》，科學出版社，2003 年，頁 11。

〔31〕 參見中國社會科學院考古研究所等《磁縣灣漳北魏壁畫墓》，頁 1。

〔32〕 參見國家文物局主編《中國文物地圖集・陝西分册（下）》，西安地圖出版社，1998 年，頁 604。

〔33〕 參見鄭如珀《墓葬、美術與政治——寧夏固原北周李賢墓再思考》，《藝術與科學》卷五，清華大學出版社，2007 年，頁 1223。

〔34〕《周書》卷四〈明帝紀〉，頁 60。

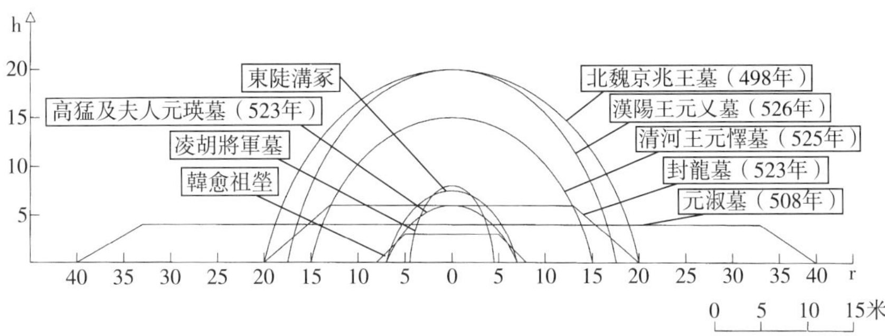

圖二・5　北魏墓葬封土對比示意圖

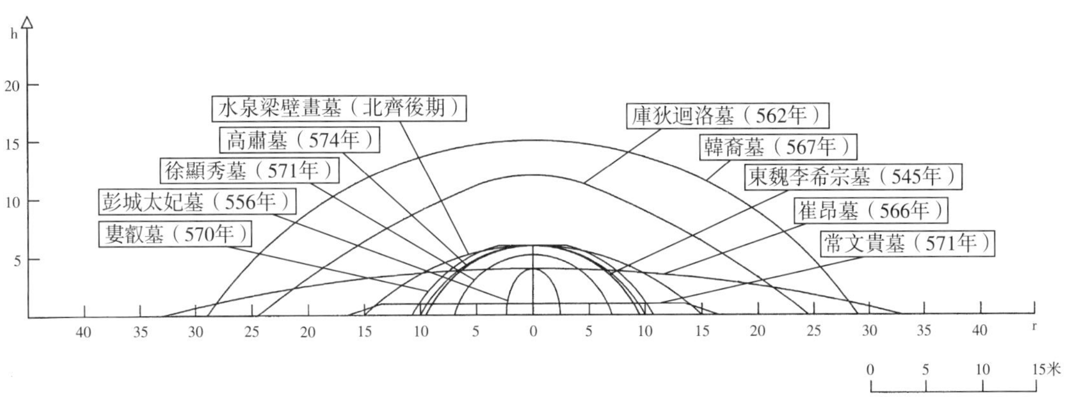

圖二・6　東魏、北齊墓葬封土對比示意圖

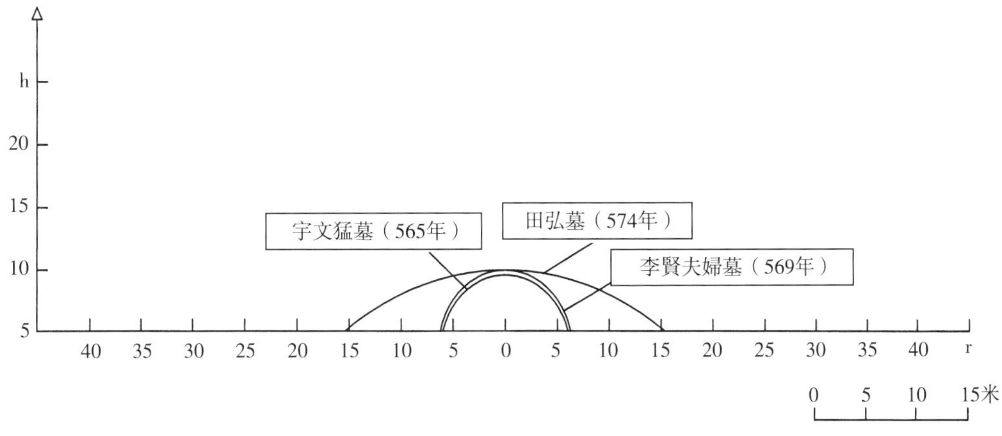

圖二・7　北周墓葬封土對比示意圖

周屍，牛車載柩，墳高四尺，壙深一丈。"[35] 宇文廣也"每言及終始，尤存簡素"[36]。

有學者研究，北周初期，皇帝的此類思想還衹是宣導和自律，建德後期至宣政年初期（公元576～578年），纔有實例出現[37]。北周一代喪事從儉思想雖然在理論上貫穿始終，但在實際操作層面卻一直是個體差異相當明顯。經濟實力遠遠弱於强敵北齊，省吃儉用，縮衣節食，增强軍事力量，全力伐齊，恐怕屬於優先考慮。真正意義上的"不封不樹"實行的範圍是很有限的，一但時機成熟，"封樹"之舉很快恢復[38]。

北周宣導薄葬，帝陵中僅有北周武帝孝陵被發掘，在地面上不但没有高大的墳丘，甚至無任何與墓葬關聯的標誌。一般貴族大臣墓葬墳丘的規模也相比東魏北齊要小得多，衹有4～5米，直徑不超過30米，與後者動輒高達10米以上、直徑幾十米情況大爲不同。雖然，北周提倡"勿封勿樹"，甚至"墓而不墳"，下面對於這一政策有明顯的變通，普通民衆由於孝行需要營建高大墳丘，甚至得到社會的鼓勵，行爲被記載在《孝義傳》中：

> （皇甫遐）保定末，又遭母喪，乃廬於墓側，負土爲墳。（略）積以歲年，墳高數丈，周回五十餘步。[39]

雖然我們不必得出薄葬制度未必獲得民衆響應的結論，但就一般社會觀感而言，修築高大的墳丘，顯然是尊敬先人踐行孝道的具體而可見的行動，並且有著墳丘愈高大，愈能迎合民衆的期望。構築墳丘的土，僅靠墓室挖土，並不充盈，而要從他處"負土爲墳"，並以一人之力需經年累月。

（三）封土下的房屋

寧夏彭陽新集北魏早期墓葬，有高6.2米的封土，封土下埋藏著一長方形土壙，土壙的前端夯築一房屋模型，簡單粗糙，衹有用土剔出的前高後低的瓦壟。中央有一天井，天井後方是一土築房屋模型，模型門窗、椽、瓦背，邊仿磚砌，一應俱全，雖爲夯築卻體量不小，4.8米×2.9米（圖二·8）[40]。

---

〔35〕《周書》卷三十一〈韋敻傳〉，頁546。

〔36〕《周書》卷十〈宇文廣傳〉，頁157。

〔37〕參見倪潤安《北周"不封不樹"辨析》，《中國典籍與文化》，2006年2期，頁101。

〔38〕參見倪潤安《北周"不封不樹"辨析》，頁104。

〔39〕《周書》卷四十六〈孝義傳·皇甫遐傳〉，頁832。

〔40〕參見寧夏固原博物館《彭陽新集北魏墓》，《文物》，1988年9期，頁26～27。

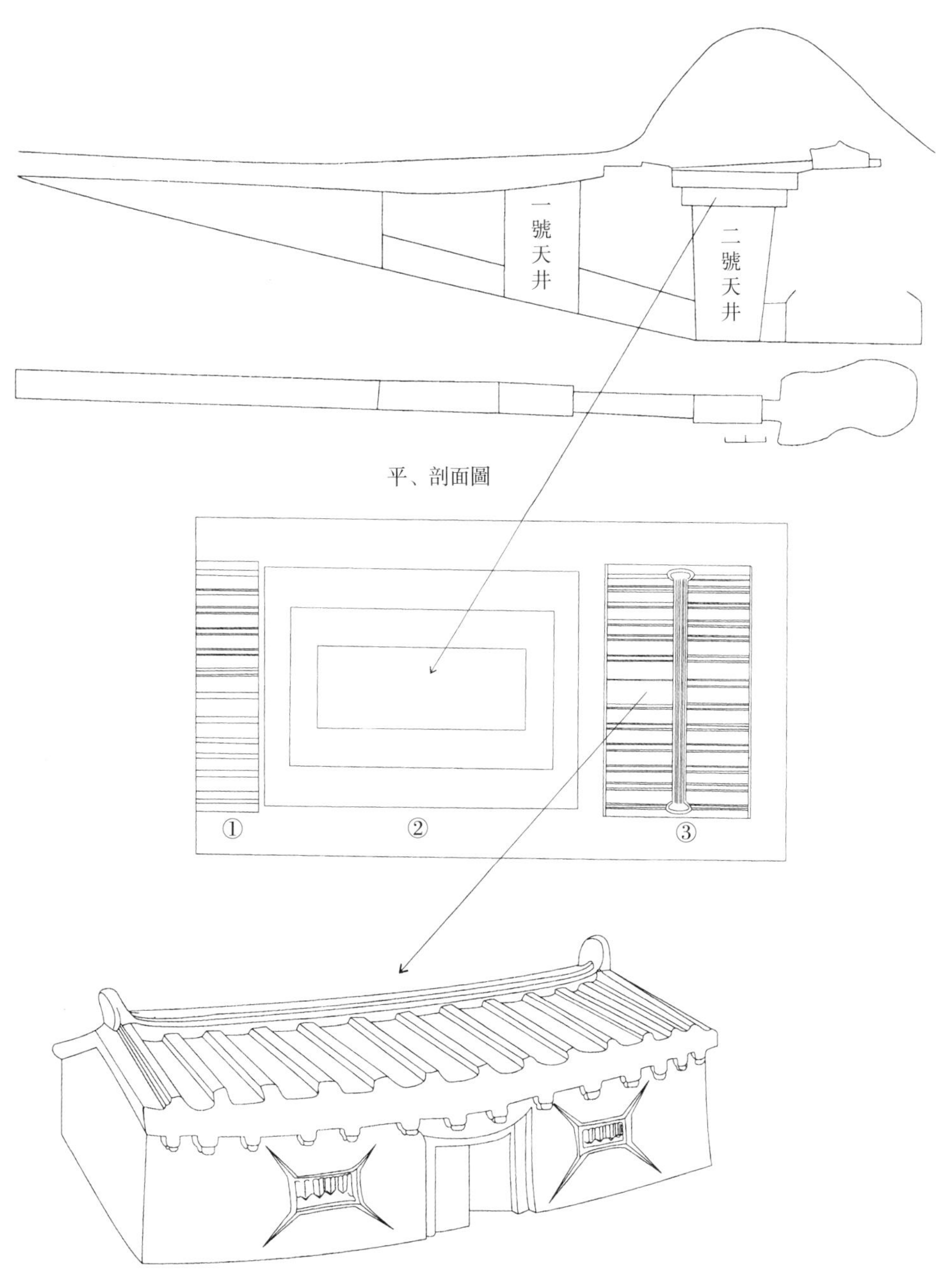

圖二·8　彭陽新集北魏墓1號墓封土下土壙平面圖

① 前端土築房屋模型　② 天井　③ 後端土築房屋模型

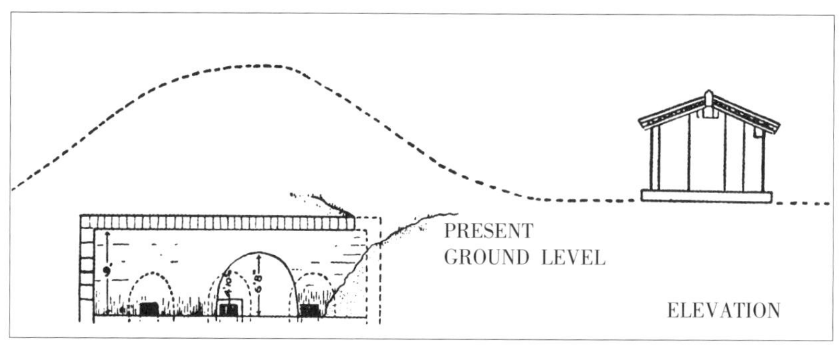

圖二・9　山東朱鮪祠堂平面圖

類似的房屋模型，雖爲罕見，細究起來卻是某種傳統的沿續。中國墓葬傳統總是包括地上和地下兩個空間和建築單位〔41〕。漢代起墓葬園陵的地上設施部分逐漸完善，大體上可以包括封土、墓碑、祠堂、墓闕，人物與動物立體雕像和種植樹木等部分〔42〕。當然，重要的墓葬還要包括墳垣、陪葬墓、園邑等〔43〕，墓垣或許在某些時候由圍溝構成〔44〕。在地下墓室封閉之後，人們主要通過地上建築部分來滿足禮儀功能的需要，祠堂是一處重要場所。祠堂距封土之間有相當的距離，費慰梅曾經調查漢代“朱鮪石室”時，繪製祠堂與墓葬之間的平、剖面復原關係圖（圖二・9），成爲學者們研究墓室與封土兩者關聯性時經常引述的物件。著名的武梁祠，依據以往學者復原，其屋頂前後兩面坡都刻劃有瓦壟，前後簷都刻有瓦當、椽頭，外形裝飾有花紋。這樣，石室祠堂獨立中央，與封土保持間距，可供觀者四周繞行瞻仰〔45〕。

另外一類石室祠堂，前面部分與一般建築無異，都雕刻瓦壟、簷板、椽頭等，後面則没有這些，製作非常粗糙，僅將原石打下，毛坯，連最簡單的找平程式都被省略。鄭岩推測這些祠堂的後壁及左右兩壁大部分都被封土掩埋，其頂部以屋脊爲界限，後坡也埋在封土中，衹有祠堂的正面和前坡暴露在外。他畫出這種復原封土與祠堂組合的關係

〔41〕關於中國古代墓所表達出的空間概念參見巫鴻《黄泉下的美術——宏觀中國古代墓葬》，施傑中譯本，生活・讀書・新知三聯書店，2010年，頁2。

〔42〕參見李如森《漢代家族墓地與塋域上設施的興起》，《史學集刊》，1996年1期，頁20～24。

〔43〕參見劉振東《漢代諸侯王、列侯墓的地面建制——漢代王、侯墓制研究之一》，頁67～75。

〔44〕陝西考古研究院《西安鳳棲原西漢墓地田野考古發掘收穫》，《考古與文物》，2009年5期，頁111。西漢富平侯張安世墓地的墓園呈長方形，四面有四條不連通的壕溝爲界，南北長159米，東西寬約195米。

〔45〕參見鄭岩《山東臨淄東漢王阿命刻石的形式及其他》，《藝術史研究》，第10輯，中山大學出版社，2008年，頁275～297。後收入氏著《逝者的面具——漢唐墓葬藝術研究》，北京大學出版社，2013年，頁107～108。下引均據此。

圖二・10　山東嘉祥東漢武氏祠左石室與封土組合示意圖（鄭岩繪製）

圖二・11　山東嘉祥宋山東漢1號小祠堂與封土組合示意圖（鄭岩繪製）

圖（圖二・10、11），使我們原本難以解釋的現象一目了然地呈現在面前，並且找到能明確證明這種關係的一件石刻。山東臨淄石刻藝術館藏有東漢王阿命刻石，石刻前低後高，前方後圓，鄭岩認爲正是表現祠堂一半在封土中的情況，以"具體而微"方式再現漢代祠堂和封土一種常見的組合關係狀態（圖二・12）〔46〕。類似的變化研究者從東漢末年政治和社會風氣變化的角度，來詮釋這種現象。孝子們關注的重點，已從對已故親人的孝行，轉移到修建祠堂辛勞的過程，並且在叙述中强調自身在這一舞臺上的作用，成爲

〔46〕參見鄭岩《山東臨淄東漢王阿命刻石的形式及其他》，頁98～112。

邁向仕途的第一步資本[47]。

漢代墓上的祠堂源於漢惠帝所創始的高祖長陵陵寢制度，漢武帝以後普及於中下層。現存的石祠年代從西漢晚期到東漢早期，畫像內容及佈局都固定化，也說明是模仿土木結構的祠堂而來[48]。隨著時間的推移，原本獨立的單體建築，被更堅固持久的石頭祠堂所替代。當然，取代木構建築的祠堂不僅僅是變得更加堅固，犧牲的也有空間。石質材料使祠堂面積縮小，進而位置也向後推移，直到變成封土的一部分。這時的石祠根本不能進入，禮儀功能完全呈現。

圖二・12　山東臨淄東漢王阿命刻石側面

圖二・13　大同湖東北魏 1 號墓漆棺後擋板

〔47〕參見鄭岩《山東臨淄東漢王阿命刻石的形式及其他》，頁 117～118。

〔48〕參見信立祥《論漢代的墓上祠堂及其畫像》，南陽漢代畫像石學術討論會辦公室編《漢代畫像石研究》，文物出版社，1987 年，頁 180～184。

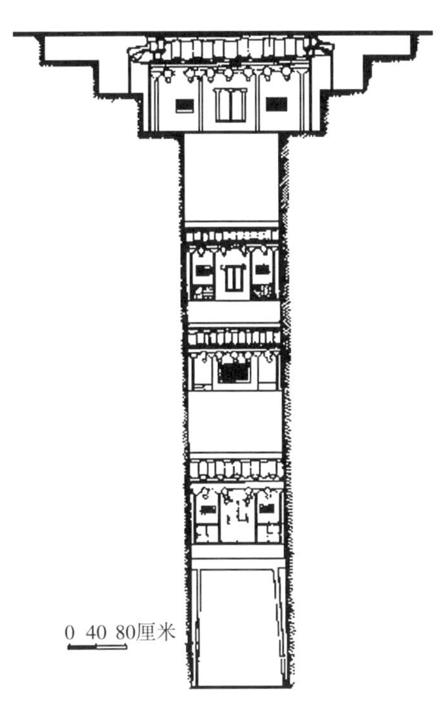

圖二・14　長安地區北魏墓墓道横剖面圖

這樣説來，新集北魏墓中的土築房屋模型，基本上是承襲了東漢石質祠堂的傳統，完全埋藏於封土之下。同時，土築房屋模型伴著時代進程，有了更進一步内涵或象徵意義。

當然，新集土築房屋模型雖然與東漢末年漸入封土的祠堂有關，但也不僅僅是縮入封土之内的祠堂。封土下前後各有一土築房屋模型，前者簡單，後面較複雜，有兩扇窗户，中間有兩扇門扉，一扇稍開。門户稍開的狀況，使我們很容易地聯想到從漢代以來直到宋金流行的一個著名題材"婦人啓門圖"〔49〕。僅有一條門縫的門扉，大約是表達生前死後的世界界限，暗示由此可以進入，顯然在古人的思想中這條門逢已經足以讓某種東西自由出入。大同湖東北魏1號墓漆棺的後擋上，朱紅門扉錯開一條縫，門内探出一人（圖二・13）〔50〕，看的出漢代"婦人啓門"的題材，北魏時期也繼承下來。

兩個房屋中央是一方形天井，有人覺得這是將地面上的宅院結構與墓葬的地下空間，物質與空間的概念聯繫在一起，表明墓上建築與墓室建築有關〔51〕。封土之下的埋藏，開啓新興的墓葬結構的先河。時代稍晚的陝西長安縣北朝墓的過洞頂部也有一生土台剔刻成的房屋模型，過洞壁上由上下依次剔刻著三座房屋，甬道的頂部亦爲一座土房屋模型（圖二・14）〔52〕。這些在形式上是新集土築房屋的模型的延續。北周李賢墓過洞上方的繪畫門樓〔53〕，完全是北朝土房屋模型的翻版。

新集北魏墓封土之内的土築房屋模型，雖不必一定看作是漢代祠堂的某種獨特的承襲，但確實有著非同一般的含義。因爲墓葬發展過程中每種新興的形式背後，都被一套複雜的喪葬思想支配。

〔49〕關於婦人啓門的題材最新的論述及文獻綜述，參見鄭岩《論半啓門》，《故宫博物院院刊》，2012年3期，頁16～36。後收入鄭氏《逝者的面具——漢唐墓葬藝術研究》，頁378～419。

〔50〕參見大同市考古研究所《大同湖東北魏一號墓》，《文物》，2004年12期，頁33，圖10。

〔51〕參見鄭如珀《墓葬、美術與政治——寧夏固原北周李賢墓再思考》，頁20。

〔52〕參見陝西省考古研究所《長安縣北朝墓葬清理簡報》，《考古與文物》，1990年5期，頁57～62。

〔53〕參見寧夏回族自治區博物館等《寧夏固原北周李賢夫婦墓發掘簡報》，《文物》，1985年11期，頁1～20。

（四）封土的發掘與封土的復原

封土的發掘工作在中國大陸田野考古中幾乎是被忽略的，雖然封土之下可能埋藏不爲人們所知的重要資訊。

原州聯合考古隊發掘北周田弘墓時，注意到封土的重要性，並且依照嚴格的田野工作方法對封土進行解剖發掘。原封土周圍，經 20 世紀 70 年代的農村平田整地已被移

圖二・15　田弘墓封土（由西向东摄）

圖二・16　田弘墓封土剖面（由南向北摄）

圖二・17　田弘墓封土及墓道（由南向北攝）

平，變爲農田。這一整理過程也影響到封土的完整性，祇在南側的部分地區保留了原封土的大體形狀，其餘部分受到不同程度的侵削。現存封土東西長 12、南北寬 20、高 3.5 米，從封土的現狀不能確定其原來的高度。測繪者以封土頂部最高點的標高（海拔 1814.102 米）作爲 0 米，在東西約 95、南北約 120 米的範圍内測定高差 25 厘米的等高線。以封土和墓葬爲中心製作了東西 64、南北 95 米範圍的實測圖〔54〕。從圖上顯示的-4 米處東側可以看到弧線地形，這以下的等高線在東西向上均爲直線，封土南部底緣至-3.25 米及-3.5 米處等高線均不閉合。從南側的等高線來看，封土爲圓形。從封土向南約 40 米附近爲邊界，南側地形逐漸昇高，北側地形逐漸下降。發掘者由此推測，可能是將這樣的緩斜面修整水準以後建造墓葬。

爲了瞭解封土的構築過程，在封土的東、西、北、南側均佈置了探方進行發掘，通過封土地層瞭解封土構築的過程及規模（圖二・15～17）〔55〕。

〔54〕 原州聯合考古隊《北周田弘墓》，文物出版社，2009 年，頁 39，圖四〇。

〔55〕 原州聯合考古隊《北周田弘墓》，圖三九、四一。

1. 東發掘區

將南發掘區北壁向東延長線上東西長 6.35、寬 1 米的範圍，設定爲東發掘區。

由於後期破壞，這一區域保存狀況較差，但可以大致推測，東發掘區從東端略向區外延伸的附近是封土邊緣。原地表土（第 5 層）上的高度爲-4.5～4.6 米左右，在原地表土上直接堆積褐色土層，現在可以看到東西約 5 米、高約 0.6 米的山狀堆積地層。在原地表土及其上褐色土中發現夾雜部分黑色的炭狀堆積。在西側呈山狀堆積的褐色土層中，大約-4.2～4 米高度處，有變硬的灰色土層。該土層與東側的山狀堆積邊緣相疊壓。推測-4 米的高度曾經是堆築山狀土的高度。

2. 西發掘區

在南發掘區北壁向西的延長線上 6.8、寬 1 米的範圍内，設定爲西發掘區。這一區域封土保存較好，在距離主軸 15.3 米處確定了封土邊緣。原地表的高度在封土邊緣附近爲-4.2 厘米，在西發掘區東端爲-4.4 厘米，所以可知原地表在西側較高。原地表上堆積有黄色土和褐色土交織的土層，這是由於以地勢偏低的的東側爲主，在-4 米的高度建造一水平面，並以此爲基準面堆築封土。基準面上從内側向外側有四個大的堆築封土單元，表明封土在構築時經歷了四個階段。特别是第三次的堆築，黄土層（生土）與褐色土（表土）相互交織，夯打堆築。最後第四次的堆築則以較厚的褐色土層爲主，可能起著裝飾封土的作用。

3. 北發掘區

沿主軸線在封土北側南北長 5.8 米、寬 1 米的範圍内，設定爲北發掘區。這一區域封土的地層堆積保存狀況良好，封土邊緣被擾亂，推測在距離墓室中心約 15.4 米的附近。

原地表的高度在封土邊緣附近爲-4.4 厘米，在北發掘區南端爲-4.5 厘米，所以得知南側稍低。與西側封土相同，這裡從内向外分爲四個大的堆築單元，説明封土的構築經歷了四個階段。最後的第四次堆築也是由很厚的褐色土構成。

4. 南發掘區

最後打掉探方隔梁，在南發掘區主軸線和東壁、西壁觀察到南北方向的封土地層，同時觀察到 T4（第四天井）南北兩壁上東西方向封土地層，可以幫助瞭解天井和封土層位關係。第三、四天井是從原地表開始下挖，其上部斜向發生了崩落。原地表上面的高度大約在-4.4 米。回填第三、四天井時，首先以 0.3 米左右純净黄土（生土）填埋，然後再以褐色土填至-4 米的高度，與當時地表形成一個水平面。再向上爲黄色土層、褐色土層相互交替、水準堆築。由於從後室中心向南 15.4 米處，封土的堆積土層消失，所以推測這裡已到封土的邊緣。

通過對南發掘區東、西壁上南北方向封土堆積的觀察可知，原地表上用黄色土平整

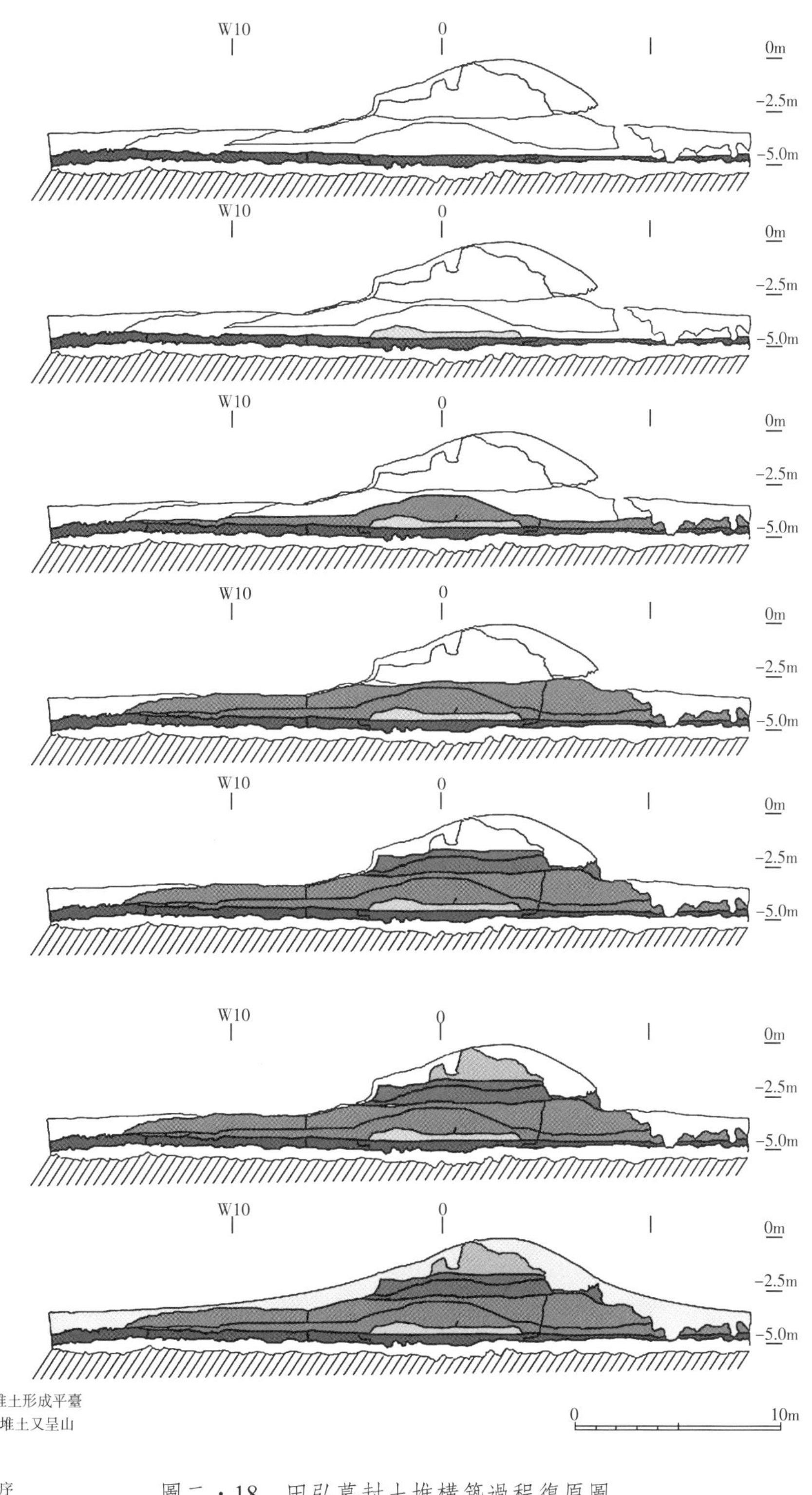

圖二·18　田弘墓封土堆構築過程復原圖

地面之後，在南側堆築了一道南北長約 7、高 0.7～1.2 米的山狀堆積。它與墓室、甬道處於大致相對應的南北位置上，所以推測，當時堆築的是連接東西方向的堤狀土堆。該堤狀土堆的地層顯示出基本呈水準，其上進行了第一次中央山狀的堆積，所以，堤狀土堆可能是在堆築封土時採用的其中一個建造工序。在南發掘區的西壁，第二次的堤狀土堆直接疊壓在其下面，東、西壁之間有水準方向的地層，並且延伸到封土南端。封土南側不見北、西發掘區的第四道堆築工序，因此推測封土是從南側開始堆築的。第二次堤狀土堆與第一次中央的山狀土堆的高度基本一致，所以將這二者之間的填土平整好之後，結束了第一道工序。

通過對北壁東西方向上的封土進行觀察，可以初步復原構築封土的方法（圖二・18）。

首先，在封土中央附近的原地表上，用黄色土（邊緣用褐色土）平整土地，在-4厘米的高度處形成水平面，作爲構築封土的基準面。

然後，在基準面上堆築高度爲 1.3 米的山狀土堆，並以此爲中心，向外緣建造封土，堆土高度爲 1.1～1.3 米。整理表面，完成第一工序。

然後，在其上面進行高度爲 0.8 米的第二次中央山狀堆積，並以此爲中心，向外緣堆土，至此封土高度約 2.7 米。整理封土表面，結束第二道工序。第二道工序的堆土高度在 0.9～1 米。

然後進行第三次堆土，高度約 1.1 米。

由於在北、西發掘區發現封土週邊有四個堆土單元，推測這四個單元是與封土的構築工序相對應的，所以封土也是經過了四道工序構築而成。

根據調查結果，可以將封土復原爲一個直徑約 30.8、高 5 米的圓形土丘。封土中心點正好位於田弘棺的中心。

墓室雖已圮塌，但依照復原推算，挖出的土方量大約在 450～550 立方米，而封土堆埋所需的土方量則高達 2000 立方米以上，其中 1500 立方米以上的土方需要從其他地方運來。發掘結果亦表明，封土的客土從幾個不同的方向運達，然後堆埋。

中央土堆在東西方向上，幾乎與墓室中央相對應。在南北方向上，其位置偏於墓室北側，中心可能位於後室内壁偏北處，即封土在築造時的中心比復原的封土中心向北偏移了 2 米。這可能是與位於墓室南側的天井有關。通過發掘可知，封土覆蓋的第三、四天井在二次葬時被再次挖開，由於事先預定要在南側進行二次葬，所以會儘量避免在南側堆土，這可能是封土頂部向北偏離的主要原因。另一方面，田弘墓的墓室由主室、側室和後室組成，可能是將放置田弘棺的後室視作整個墓葬的中心，所以封土的正中心與之對應。封土的這一位置顯示了建墓者的嚴密設計（圖二・19）。

史射勿和史訶耽等墓也曾作過封土測繪，測繪者在討論這些墓葬的封土構築方法

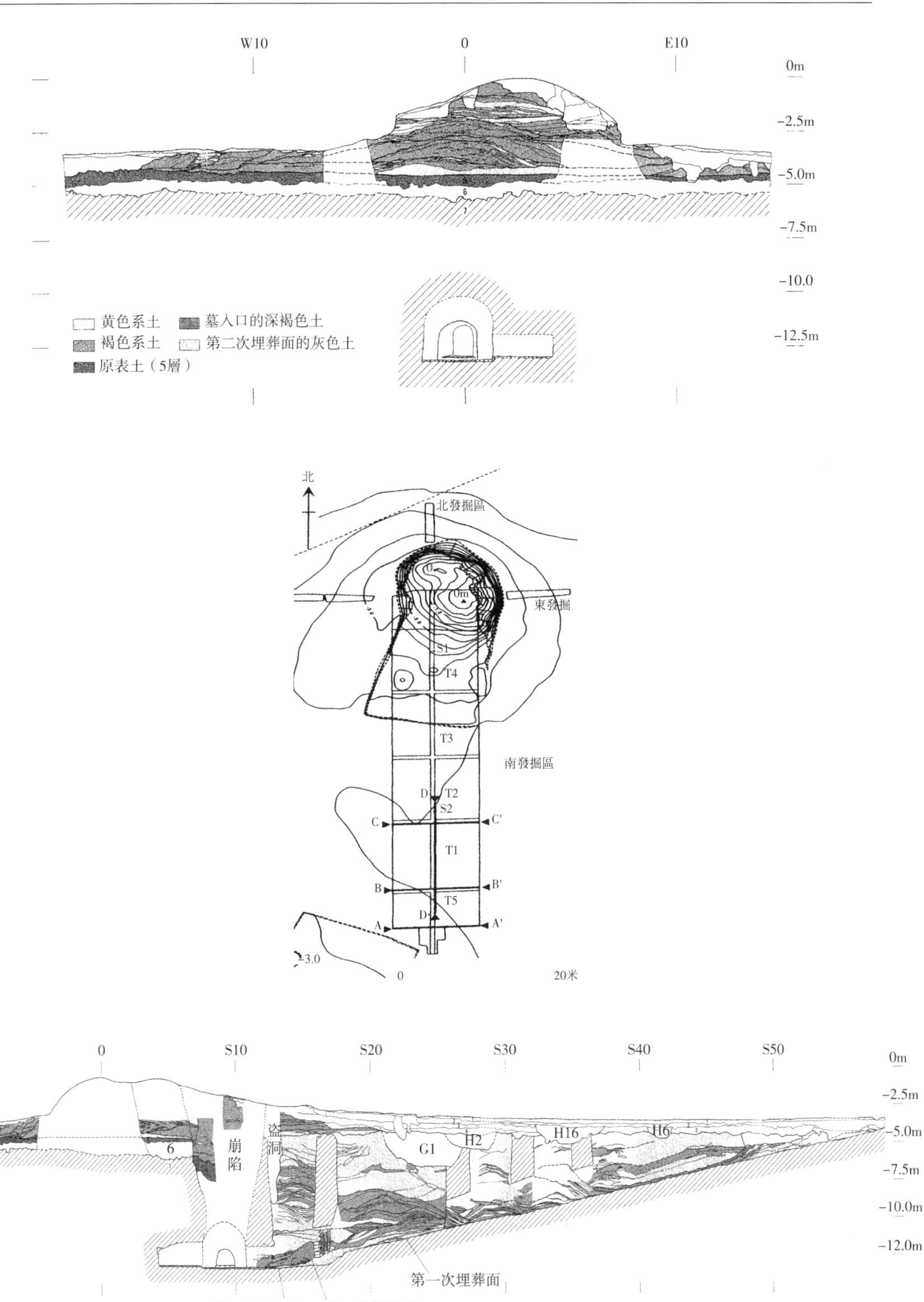

圖二・19　田弘墓封土測量圖、封土堆及發掘區地層剖面圖

時，認爲它們的封土並没有進行真正的夯築，而是爲了防止沙土流失而最大限度的謀求了堆積的合理化[56]。史訶耽墓封土中央曾樹立起一標杆，作爲封土的中心，以便圍繞木杆堆土[57]。

田弘墓發掘報告介紹了封土的堆積和整理封土表面，但没有談到對封土進行夯築。整理封土表面是否可以理解爲祇是對封土表面進行了適度的拍打，並没有充分的夯築。

（五）結語

以上我們粗略地討論了北朝墓葬中從帝陵到高等級墓上的封土問題。由於選擇問題本身的局限性，無法更進一步地研究整個北朝墓葬封土。因爲，祇有高等級的墓葬上雄偉的封土，纔能歷經千年保存至今，而中下等級墓上那些不太高大的封土，在人爲或自然因素影響和幫助下，早已夷爲平地。或許這些等級較高的墓葬大體上反映了北朝時期墓葬封土的一般情況。那麼現就其中引人注意的部分，再略加總結。

第一，北魏孝文帝漢化改革，使得原本不太注重墓葬地面建築的鮮卑人，不但注重隨葬奢華的隨葬品，同時也關注地面封土，建築的外在形式。以孝的名義推動皇帝所需要的政治革新，反過來會影響到墓葬的地面封土。

第二，漢代以來流行的祠堂建築，逐漸地向著封土方向遷移，北朝新集墓封土下的土築房屋模型、長安北朝墓葬的生土房屋模型，顯然是這種移動的結果。這類房屋模型漸漸被賦予新興内容，繼而影響墓葬地下部分的建築形式。北周時期開始逐漸在關中地區流行多天井墓葬，天井的過洞上用壁畫的形式描繪出單層、多層門樓。隋唐時，門樓建築成爲壁畫中的一個重要題材。

第三，墓葬封土的堆砌，從北周田弘墓發掘情況看，是經過大體測量程式，按照一個基準，由四周向中央堆砌。堆成後的封土最高點與墓室中後室田弘棺，保持一條垂線，這顯然是墓葬設計者精心設計準確測量的結果。由於墓葬中挖出的土方量不能够滿足封土建設的需要，要從不同方向運來客土。田弘墓封土經過四次逐層平整加高，最後形成完整的規模與高度。

第四，已經發掘的北周墓葬，在規格上差異較大，既有完全没有封土的武帝孝陵，

〔56〕 原州聯合考古隊編《唐史道洛墓》，勉誠出版社，2000年，頁34～35。

〔57〕 羅丰《固原南郊隋唐墓地》，文物出版社，1996年，頁55，圖版三四。

亦存在有封土但不太高大的高級官吏墓葬。因此難以肯定他們有著較完善的墓葬規制，尤其在封土上。地面上封土規模的縮小，當然是朝廷所宣導薄葬思想“不封不樹”影響的結果。不過，從長墓道、多天井、單室或多室墓普遍出現的情況來看，顯然上層人士在地上部分被迫選擇前者的同時，地下不易爲人所知的地方，採用新興形制，以滿足他們某些特殊功能的需要，從而開啓隋唐時期以關中地區爲中心長墓道、多天井墓葬的先河。

表二·1　　　　北朝墓葬封土情況統計表

墓葬	時代	位置	形制	封土情況	資料來源
彭陽新集北魏墓	北魏初期	寧夏固原彭陽西南新集鄉石窪村	磚室墓	墓葬地處山坡中央，坐北朝南，兩墓封土東西間距約 8 米。西側 M1 封土周長 69 米，殘高 6.2 米，爲積土夯築，形似覆鍋	寧夏固原博物館《彭陽新集北魏墓》，《文物》1988 年 9 期，頁 26
文明皇后方山永固陵	北魏（始建於北魏太和五年（公元 481 年）	山西大同城北 25 公里	磚砌多室墓	墓葬建造在方山南部山頂玄武巖層之上，有高大的封土堆。封土堆存高 22.87 米，呈圓形，基底爲方形，南北長 117 米，東西寬 124 米。墓室建造於封土堆的中心之下	大同市博物館等《大同方山北魏永固陵》，《文物》1978 年 7 期，頁 29
孝文帝壽陵宮“萬年堂”	北魏，與永固陵同期建造，稍晚	山西大同城北 25 公里	磚砌多室墓	封土堆高約 13 米，呈圓形，基底爲方形，邊長約 60 米	同上
京兆王墓	北魏太和二十二年（公元 498 年）	河南鄭州夾津口鄉墓坡村南		墓依山勢而建，冢高 20 米，周長約 128 米	國家文物局主編《中國文物地圖集·河南分册》（以下簡稱《河南分册》），中國地圖出版社，1991 年，頁 37，64-B14 條

續表二·1

墓葬	時代	位置	形制	封土情况	資料來源
北魏孝文帝長陵	北魏太和二十三年（公元499年）	河南洛阳孟津縣朝陽鄉官莊村東約0.8公里		陵園内現存封土2處。大冢封土（孝文帝陵寢）位於陵園中部偏北，平面圓形。現存最大直徑103米，高約21米。夯土築成，夯層厚度10厘米左右。封土外側發現一條環形夯土溝，外緣最大直徑111.5、寬1.5～3.5、口深0.2～0.8、底深0.3～1.2、深0.1～0.4米。環溝與現存封土之間的間距爲0～4.5米，東北面的一段直接疊壓在現存封土之下。小冢封土（文昭皇后陵寢）位於孝文帝陵的西北約106米處，平面圓形，現存直徑42、高約15米。夯土築成，夯層厚度約10厘米。大冢墓道完全疊壓在封土之下。小冢墓道一部分疊壓在封土下，一部分伸出封土之外	洛陽市第二文物工作隊《北魏孝文帝長陵的調查和鑽探——“洛陽邙山陵墓群考古調查與勘測”專案工作報告》，《文物》2005年7期，頁50
平北將軍平城鎮將元淑墓	北魏永平元年（公元508年）	山西大同小南頭鄉東王莊村西北1.5公里		墓葬有較大的封土，封土底部平面呈長方形，南北長79、東西寬63米。現存最高點在封土中部偏北處，封土未經夯打	大同市博物館《大同市東郊北魏元淑墓》，《文物》1989年8期，頁57
豫州刺史司馬悦墓	北魏孟縣永平四年（公元511年）	河南洛陽市孟縣城關公社門雞台大隊	磚室墓	據説1949年以前是土冢，高兩丈餘，因群衆不明來歷，逐年削小，發掘前高出地面已不足3米了	孟縣人民文化館《孟縣出土北魏司馬悦墓誌》，《文物》1981年12期，頁40
北魏宣武帝景陵	北魏延昌四年（公元515年）	河南洛陽北郊邙山鄉冢頭村	磚室墓	北魏宣武帝景陵墓冢平面略呈圓形，直徑105～110米，四周稍有殘損，現存高度24米，平頂。墓冢採用黄土夯築而成，夯層厚度一般爲10～15厘米，也有厚至20厘米以上者。陵墓的墓道及墓室全部覆蓋在這一高大墓冢之下	中國社會科學院考古所洛陽漢魏城隊、洛陽古墓博物館《北魏宣武帝景陵發掘報告》，《考古》1994年9期，頁801

續表二・1

墓葬	時代	位置	形制	封土情況	資料來源
高猛及夫人元瑛墓	北魏正光四年（公元523年）	河南洛陽老城東北約2公里小李村西	磚室墓	封土高約7米，直徑約12米，下圓上尖，故當地人稱爲“尖冢”	黄吉軍、黄吉博《北魏高猛及夫人元瑛墓誌淺釋》，《中原文物》1996年1期，頁94
封龍墓	北魏正光四年（公元523年）	河北吴橋縣新鎮店村南約1公里處	磚室墓	封土呈方形，邊長40米，高6米	盧瑞芳，劉漢芹《河北吴橋北魏封龍墓及其相關問題》，《文物春秋》2005年3期，頁27
清河王元懌墓	北魏正光六年（公元525年）	河南洛陽老城北2公里	磚室墓	墓上有冢，高約15、直徑30米，舊時俗稱“青菜冢”	徐嬋菲《洛陽北魏元懌墓壁畫》，《文物》1974年12期，頁89
江陽王元乂墓	北魏孝昌二年（公元526年）	河南洛陽朝陽公社向陽大隊	磚室墓	墓冢系夯築，呈圓形，高約20米，直徑35米。冢的北面發現一長方形盜坑	洛陽博物館《河南洛陽北魏元乂墓調查》，《文物》1974年12期，頁53
北魏孝莊帝静陵	北魏永安三年（公元530年）	河南洛陽邙山鄉上寨村南		墓冢殘高15米，直徑約40米，推定此冢爲北魏孝莊帝静陵	《中国文物地图集・河南分册》（以下简称《河南分册》），中国地图出版社，1991年，106頁，88-B40條
山東淄博北魏傅豎眼墓	北魏孝昌三年卒（公元527年），永熙三年（公元534年）遷葬	山東淄博		墓葬原有高約8米的封土，至1982年清理時已被夷爲平地	張光明《山東淄博市發現北魏傅豎眼墓誌》，《考古》1987年2期，頁109
河北景縣北魏高氏墓	北魏天平四年（公元537年）、武定五年（公元548年）、隋開皇三年（公元582年）	河北景縣城南15公里	磚室墓	景縣高氏墓群位於城南15公里的野林莊和北屯公社一帶。20世紀70年代仍存大封土墓16座，其中最大的封土高30米，直徑130米，規模大大超過鄰近的封氏墓	河北省文物管理處《河北景縣北魏高氏墓發掘簡報》，《文物》1979年3期，頁17

續表二·1

墓葬	時代	位置	形制	封土情况	資料來源
東陡溝冢	北魏	河南洛陽邙山鄉東陡村中溝西		封土殘高約7米，直徑約15米。有人考證爲北魏馮邕妻元氏墓	《河南分册》，頁106，87-B39條
凌、胡將軍墓	北魏	河南焦作東小仇鄉胡村北		縣誌記載爲北魏凌、胡二將軍墓。墓冢呈圓錐形，高4.5米，周長50米	《河南分册》，頁186，43-B12條
韓愈祖塋	北魏	河南焦作趙和鄉蘇莊村南		墓冢呈長方形，長16米，寬14米，高3米	《河南分册》，頁186，45-B14條
黑土口墓群	北魏	山西大同左雲管家堡鄉黑土口村		面積約3.2萬平方米，地表存圓形封土4座，底徑20～36米，殘高2～4米。封土夯築，夯層厚0.15～0.2米	國家文物局主編《中國文物地圖集·山西分册》（以下簡稱《山西分册》）（中），中國地圖出版社，2006年，頁134，34-B4條
磁縣元祜墓	東魏天平四年（公元537年）	河北磁縣縣城南約9公里	磚室墓	此墓在地表上尚殘存少量封土，高約1.8米。封土被大量現代墓葬疊壓	中國社會科學院考古所河北工作隊《河北磁縣北朝墓群發現東魏皇族元祜墓》，《考古》2007年11期，頁3
高唐東魏房悦墓	東魏興和三年（公元541年）	山東高唐		封土高2.5米	山東省博物館文物組《山東高唐東魏房悦墓清理紀要》，《文物資料叢刊》（二），文物出版社，1978年，頁105

續表二·1

墓葬	時代	位置	形制	封土情況	資料來源
贊皇東魏李希宗墓	東魏武定二年（公元545年）	河北贊皇南邢郭公社南邢郭大隊	磚室墓	墓葬所在地原有5座封土丘，是北朝趙郡李氏的一處族葬地。墓地南鄰洨河，西距五馬山5公里，周圍是廣闊的平地。原5座封土丘高5～12米，底圍60多米。李希宗墓在清理前尚有高5～6米的封土，經過夯打，比較堅實	石家莊地區革委會文化局發掘組《河北贊皇東魏李希宗墓》，《考古》1977年6期，頁382
縣東陳村東魏墓堯氏家族墓地	東魏［堯趙氏武定三年卒，武定五年（公元547年）］入葬	河北磁縣城南申東公社東陳村東北	磚室墓	四個緊相毗鄰的土冢，俗稱“四美冢”。南面一座經過清理證明是東魏武定五年堯趙氏墓。北冢爲北齊堯俊墓。四美冢應當是堯氏家族墓地，堯趙氏爲堯俊母親	磁縣文化館《河北磁縣東陳村東魏墓》，《考古》1977年6期，頁39
磁縣東魏茹茹公主墓	東魏武定八年（公元550年）	河北磁縣城南2公里大冢營村北	磚室墓	墓封土較高大，早年已被鏟平。墓西南相去約300米處封土巍峨的大冢推測爲齊獻武王高歡義平陵	磁縣文化館《河北磁縣東魏茹茹公主墓發掘簡報》，《文物》1984年4期，頁1
永陵	西魏大統十七年（公元551年）	陝西渭南富平留古鄉何家村		西魏文帝元寶炬（507～551）與帝后乙弗氏、郁久閭氏的合葬墓。陵封土呈圓丘形，底徑約80米，高13米	國家文物局主編《中國文物地圖集·陝西分册》（以下簡稱《陝西分册》）（下），西安地圖出版社，《陝西分册（下）》，頁604，81-B56條
成陵	西魏（公元556年）	陝西渭南富平宮里鄉宮里橋村		追尊北周文帝宇文泰（507～556）的陵墓圓丘形封土，底徑約40米，殘高12米	同上《陝西分册》（下），西安地圖出版社，頁604，82-B57條
彭城太妃墓	北齊天寶七年（公元556年）	山西太原萬柏林區小井峪鄉黄坡村		地表存圓形封土1座，底徑約4.78米，殘高約3米	《山西分册（中）》，頁18，4-B3條

續表二·1

墓葬	時代	位置	形制	封土情況	資料來源
講武城古墓	北齊 M1（公元 562 年）；M56 未見墓誌	河北磁縣講武城北垣外	磚室墓 1、洞室墓 1	M1 和 M56 爲北齊墓，這兩座墓地面都存有夯築封土，方圓約 20 米，高約 4 米	河北省文物管理委員會《河北磁縣講武城古墓清理簡報》，《考古》1959 年第 1 期，頁 24
庫狄回洛墓	北齊太寧二年（公元 562 年）	山西壽陽縣西南賈家莊		封土頂部圓平，四周斜坡，呈饅首狀。存高 12、頂寬 4～5、底徑 49、周長 120 米。緩坡呈 31 度。自上而下均由夯土築成，土質純凈，取自墓壙和周圍之馬蘭、離石黃土，分層夯實，共十四五層。每層厚約 80 厘米，夯土堅硬無夯窩	王克林《北齊庫狄迴洛墓》，《考古學報》1979 年第 3 期，頁 377
北齊崔昂墓	北齊天統二年（公元 566 年）；鄭仲華墓，隋開皇八年（公元 588 年）	河北平山縣城北約 6 公里	磚室墓	墓頂上有 4 米多高的圓形封土，面積 4～5 畝	河北省博物館等《河北平山北齊崔昂墓調查報告》，《文物》1973 年 11 期，頁 27
白圭北齊韓裔墓	北齊天統三年（公元 567 年）	山西祁縣東觀公社白圭鎮的東南	磚室墓	地表存封土 1 座，底徑約 58 米，殘高約 15 米	《山西分册》（下），頁 775，32-B 條
北齊婁叡墓	北齊武平元年（公元 570 年）	山西太原南郊晉祠公社王郭村西南 1 公里	磚室墓	封土在地面上積土夯築，殘存高 6 米餘，頂部面積 5 米×6 米，底部東西長約 17.5、南北長約 21.5 米。從發掘封土情況看，當年修建時並没有認真夯築，僅僅是堆積泥土和沙石混合在一起的混合土而已，差不多每堆積 3～4 厘米或 5～6 厘米後，纔隨意夯打几下，夯窩很不清楚	山西省考古所等《太原市北齊婁叡墓發掘簡報》，《文物》1983 年 10 期，頁 1

續表二・1

墓葬	時代	位置	形制	封土情況	資料來源
北齊常文貴墓	北齊武平二年（公元571年）	河北黄驊西才園村	磚室墓	墓地原爲高約1米的土台，東西27、南北33米。墓室位於土台西端	王敏之《黄驊縣北齊常文貴墓清理簡報》，《文物》1984年9期，頁39
北齊徐顯秀墓	北齊武平二年（公元571年）	山西太原迎澤區郝莊鄉王家峰村東	磚室墓	地表殘存長方形封土1座，底邊長約13.9米，寬約7米，殘高約5.2米	《山西分册》（中），頁9，11-B條
蘭陵王高肅墓	北齊武平四年卒，次年入葬（公元574年）	河北邯鄲正南偏西60公里、磁縣城南5公里處	磚室墓	封土堆爲不規則圓錐狀，俗稱“尖冢”。封土被砍削、侵蝕嚴重。陵墓封土殘高6米多，南北15米，東西20米	劉毅《蘭陵王與蘭陵王墓》，《中國文物報》1989年11月17日3版；馬忠理《北齊蘭陵王高肅墓及碑文述略》，《中原文物》1988年2期，頁21
文宣帝高陽妃顏玉光墓	北齊武平七年（公元576年）	河南安陽水冶鎮西北清峪村西	洞室墓	土冢呈饅頭狀，用黄土築成，頂部高出地表約8米	安陽縣文教局《河南安陽縣清理一座北齊墓》，《考古》1973年2期，頁90
灣漳北朝墓	北朝推測爲北齊文宣帝高陽之陵（公元576年）	河北磁縣灣漳村	磚室墓	灣漳村位於滏陽河南岸。墓葬原有高大的墳丘，已被取用殆盡。經鑽探，墳丘占地面積爲8000餘平方米	中國社會科學院考古所等《河北磁縣灣漳北朝墓》，《考古》1990年7期，頁601
水泉梁北齊壁畫墓	北齊後期	山西朔州朔城區窑子頭鄉水泉梁村西約1.5公里處	磚室墓	封土已坍塌成坡度較緩的土丘，高約6米，大致呈圓形，占地面積約700平方米。封土經過簡單夯築，夯層厚10.3～11.3厘米	山西省考古所等《山西朔州水泉梁北齊壁畫墓發掘簡報》，《文物》2010年12期，頁27
北周李賢夫婦墓	北周天和四年（公元569年）	寧夏固原南郊鄉深溝村	磚室墓	至發掘時封土堆殘存底徑12.5、高5米，頂部呈不規則的圓形，南半部已被削去三分之一。封土堆爲逐層夯築，夯層厚8～12厘米	寧夏回族自治區博物館等《寧夏固原北周李賢夫婦墓發掘簡報》，《文物》1985年11期，頁1

續表二・1

墓葬	時代	位置	形制	封土情況	資料來源
北周田弘墓	北周建德三年（公元574年）	寧夏固原		至發掘時殘存封土東西長12米、南北寬20、高3.5米。推測封土爲直徑30.8米、高約5米的圓形墳丘，分層夯築，封土中心點位於田弘棺正中	原州聯合考古隊《北周田弘墓》，文物出版社，2008年，頁38～42
叱羅協墓	北周建德三年（公元574年）	陝西咸陽國際機場北部	磚室墓	墓葬所在區域原有五個較大的封土冢，以叱羅協封土最大，高20余米，當地老鄉稱之爲“大冢”，1961年當地群衆農田基建時將封土鏟平	負安志《中國北周珍貴文物——北周、初唐、盛唐、中晚唐考古發掘報告系列之一》，陝西人民美術出版社，1993年，頁10

三　北朝、隋唐時期的原州墓葬

固原位於寧夏南部，三面與甘肅接壤，東連慶陽，南接平凉，西與隴西地區相毗鄰(圖三・1)。其南北長約 220 公里，東西寬約 150 公里，總面積約爲 16783 平方公里[1]，以覆蓋着深厚黄土的丘陵爲主，屬典型的黄土高原地貌，海拔高度 1500～2000 米。境内主要山脉有六盤山、月亮山、雲霧山、南華山等，其中以六盤山最爲著名。六盤山大致呈南北走向，跨陜（西）、甘（肅）、寧（夏）三省區，綿延 240 公里，海拔在 2000 米以上，主峰是位於固原境内的米缸山，高度爲 2924 米，是黄河支流涇河與渭河的分水嶺，也是清水河、涇河、渭河的主要發源地。黄土高度由於受河流的切割、冲擊，形成許多川、塬、臺、梁、峁等特有地貌，其中冲積平原上的臺地是人類祖先活動的地方。清水河、葫蘆河、茹河流域是固原現代人類居住密集地區。固原地處中緯度内陸，屬暖温帶半乾旱氣候區，冬季漫長寒冷，夏季短暫凉爽。該地年平均降雨量爲 450 毫米[2]，但雨量分佈不均，主要集中 7、8、9 月，且以暴雨爲主。六盤山地是該地區的集中降水地，年降水量在 600 毫米以上，最多年份曾達 1117.3 毫米，有黄土高原“濕島”之稱。該地區的經濟格局是以旱作農業爲主體。

（一）歷史沿革

西周時，最直接的與西北强族玁狁發生關係的地名是大原。《詩經》中關於玁狁、大原的詩很多。《小雅・採薇》曰：“靡室靡家，玁狁之故，不遑啓居，玁狁之故”。《小雅・六月》記：“薄伐玁狁，至於大原。”[3] 有人以爲此大原在今寧夏固原、甘肅平凉、

[1] 固原地區地方志編纂委員會《固原地區志》，寧夏人民出版社，1994 年，頁 83～85。

[2] 寧夏回族自治區氣象局《寧夏氣象志》，氣象出版社，1995 年，頁 69～114。

[3] 朱熹《詩集傳》卷九，上海古籍出版社，1980 年，頁 105；卷十，頁 115。

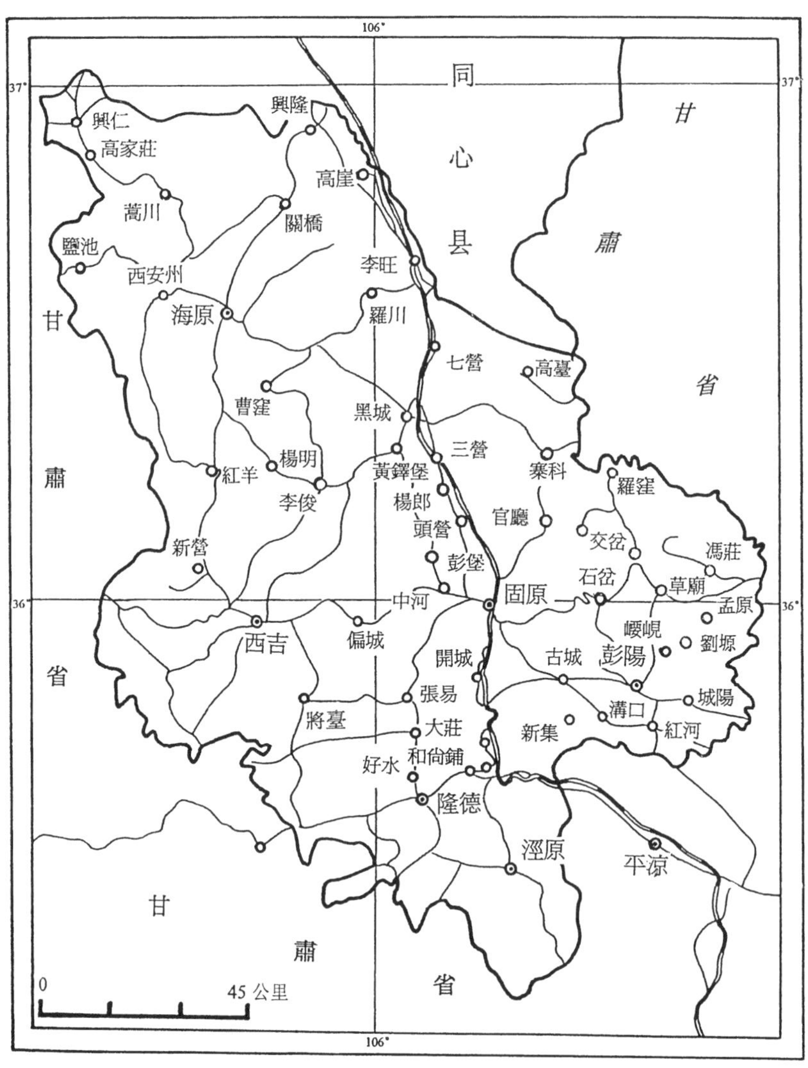

圖三·1　固原地區行政區劃圖

慶陽一帶〔4〕。春秋時期，固原是義渠、烏氏等少數民族聚集地。《史記》稱：“岐、梁山、涇、漆之北有義渠、大荔、烏氏、朐衍之戎。”〔5〕秦惠文王時置烏氏縣，亦有朝那這一地名。

西漢初年，匈奴不斷南侵，騷擾中原。固原是匈奴南下的重要通道。武帝元鼎三年

〔4〕顧炎武《日知録》卷三“大原”條。顧氏云：求大原，“必先求涇陽所在”，“周人之禦玁狁，必在涇、原之間”（黄汝成《日知録集釋》卷三，秦克誠點校本，岳麓書社，1994 年，頁 94）。

〔5〕《史記》卷一百一十〈匈奴列傳〉，頁 2883。

(公元前 114 年),析北地郡西北另置安定郡,轄二十一縣,郡治高平(今寧夏固原),其中另有烏氏、朝那、三水及月氏道全部或部分在固原境内。東漢安帝時,羌族起義,迫使安定等三郡内遷。永初五年(公元 111 年)安定移治武功。順帝永建四年(公元 129 年)三郡復歸,安定治臨涇(今甘肅鎮原)。三國時,固原爲匈奴餘部所據,主要是“高平屠各”。十六國時,前後趙、前後秦、赫連夏等國均於此治平涼郡、高平城等。北魏太延二年(公元 436 年)置高平鎮,正光五年(公元 524 年)改其爲原州,治高平城。對於取名原州,宋人樂史在《太平寰宇記·關西道》有過這樣的解釋:“蓋取高平曰原爲名”[6]。《釋名·釋地》云:“廣平曰原,原,元也,如元氣廣大也,高平曰陸。”[7]高平便是高原,以原州爲名顯然來源於此。原州所屬有高平、長城二郡。高平郡轄二縣即高平、默亭。長城郡屬縣有黄石、白池。其中黄石縣名源於匈奴一部。《後漢書·任延傳》記:任延在武威“令將雜種胡騎休屠黄石屯據要害”。李賢注曰:“黄石,雜種號也。”[8]《晉書·劉曜載記》亦云:“黄石屠各路松多起兵於新平、扶風,聚衆數千”,“秦隴氐羌多歸之。”[9]西魏恭帝年間,改高平爲平高。北周時於原州置總管府。建德元年(公元 572 年)李穆出任原州總管[10]。隋開皇三年(公元 583 年)廢諸郡,置州縣,時爲原州。大業元年(公元 605 年)曾置他樓縣。大業三年(公元 607 年),又改原州爲平涼郡,屬縣有高平、百泉、平涼等。

李唐王朝建立之後,“高祖受命之初,改郡爲州”,在邊地“置總管府,以統軍戎”。武德元年(公元 618 年)改平涼郡爲原州,屬關内道。貞觀五年(公元 631 年)置原州都督府,管轄原、慶、會、銀、亭、達、要等七州。十年省亭、達、要三州,唯督四州[11]。天寶元年(公元 742 年),又改原州爲平涼郡。乾元元年(公元 758 年)又復稱原州。安史之亂後,秦隴之地盡爲吐蕃佔據。元和三年(公元 808 年)在涇州臨涇(今甘肅鎮原)置行原州。大中三年(公元 849 年),涇源節度使康季榮等人收復原州及原州七關,即石門、驛藏、木峽、制勝、六盤、石峽和蕭關。大中五年,賜名蕭關爲武州[12]。唐末黄巢起義後,再移原州於臨涇。

宋於今固原等置有鎮戎軍(今寧夏固原城)、懷德軍(今寧夏固原西北黄鐸堡)、德

[6] 樂史《太平寰宇記》卷三十三〈關西道〉,金陵書局,光緒八年,頁 1。
[7] 王先謙《釋名疏證補》卷一,上海古籍出版社影印本,1984 年,頁 53。
[8]《後漢書》卷七十六〈循吏傳·任延傳〉,頁 2463,上海古籍出版社,1984 年。
[9]《晉書》卷一百零三〈劉曜載記〉,頁 2685。
[10]《周書》卷三十〈于翼傳附李穆傳〉,李穆“建德元年,遷太保。尋出爲原州總管”。頁 528。
[11]《舊唐書》卷三十八〈地理志〉,頁 1407~1408。
[12]《舊唐書》卷一十八〈宣宗本紀〉,頁 622。

順軍（今寧夏隆德）、金升軍爲州。元置開成路、府、州（今寧夏固原開城），封忙哥喇爲安西王，以開成爲其行都，分治陜西、四川及西域。明景泰二年（公元 1451 年）修固原城，置固原守禦千户所。成化四年（公元 1468 年）陞爲固原衛，成化六年置固原兵備道。成化十年置延綏（今陜西榆林）、甘肅、寧夏三邊總制府於固原，總理陜西三邊軍務。弘治十四年（公元 1501 年）設固原鎮（又稱陜西鎮）。固原是明代著名的九邊重鎮之一。固原之名含義，當源於原州。有人稱是從故原州或古原州得，亦有人稱北魏治原州，明以其地險固因名，是爲固原〔13〕。

（二）途經固原的“絲綢之路”

“絲綢之路”爲世人熟知，幾乎成爲東西方文化交流的代名詞。在德國地理學家李希霍芬（F. V. Richthofen）提出“絲綢之路”這一概念的一百二十年間，世界上衆多的學者以此爲課題進行了深入而又廣泛的討論，研究的結果並没有使人們的認識日趨統一，相反，“絲綢之路”概念的不斷外延，使“絲綢之路”擴大爲古代歐亞大陸交通貿易路線。但是一些嚴謹的學者更願意採用所謂狹義“絲綢之路”，因爲這當中路的概念是清晰的，而廣義的“絲綢之路”實際上在歐亞大陸古代交通中呈網狀分佈。東西文化交流從公元前 1000 年左右就已經開始。公元前 5 世紀，通過東西方奢侈品貿易，絲綢已經傳到希臘等地中海沿岸國家，西亞的一些動物紋樣也隨着游牧民族流入中國北方。成書於戰國時期的《穆天子傳》，記録了周穆王向西旅行的故事。一些學者認爲，其實際上是記載了春秋、戰國時期中原商團西行貿易的情景。從其中一些地名判斷，最後抵達的是中亞的吉爾吉斯〔14〕。《穆天子傳》云：“天子北征，乃絶漳水”，“至於鈃山之下”，“北循虖沱之陽”，“乃絶隃之關隥”〔15〕。其中鈃山在今寧夏固原地區的涇源，應當是隴山（今六盤山）。“絲綢之路”的正式形成是在公元前 2 世紀張騫出使西域之後。長安（今陜西西安）是這條道路的起點，沿涇河、渭河尋西而去，經原州，穿河西走廊是一條道路。對此，居延甲渠候官漢簡上有詳細的記載。編號破城子 EPT59.582 簡記：

長安至茂林七十里，茂林至茯置卅五里。

茯置至好止七十里，好止至義置七十五里。

〔13〕羅丰《固原地區歷代建置沿革考述》，《固原史地文集》，寧夏人民出版社，1990 年，頁 20。

〔14〕莫任南《從〈穆天子傳〉和希羅多德〈歷史〉看春秋戰國時期的中西交通》，《西北史地》，1984 年 4 期，頁 50～58。

〔15〕顧實《穆天子傳西征講疏證》卷一，中國書店，1990 年，頁 3～13。

月氏至烏氏五十里，烏氏至涇陽五十里。

涇陽至平林置六十里，平林置至高平八十里。……

媪圍至居延置九十裏，居延置至觻裏九十里。

觻裏至㣊次九十里，㣊次至小張掖六十里。

删丹至日勒八十七里，日勒至鈞著置五十里。

鈞著置至屋蘭五十里，屋蘭至坠池五十里。[16]

這枚漢簡上的文字雖有缺失，但所描述的驛道線路是清晰可辨的。這是一條關於國道最重要的材料。

永嘉之亂以後，中國北方許多地方小國都謀求向西發展，河西諸國顯然有地利之便。鮮卑拓跋以平城（今山西大同）爲中心，沿鄂爾多斯南緣路緩慢地向高平一帶推進。匈奴劉衛辰部爲北魏所破，衛辰死後，其子赫連勃勃退守高平，依附没奕于，後召其部衆僞獵高平川（今寧夏固原清水河一帶）襲殺没奕于，建立大夏國，曾議定都高平。始光四年（公元427年），北魏乘夏王赫連勃勃新亡，攻破統萬城，赫連定收其餘部衆奔平凉（今寧夏彭陽南）。神䴥三年（公元430年），魏太武帝拓跋燾親征平凉，平凉軍民舉城投降。北魏遷都洛陽以前，首都平城與高平之間的聯繫，有賴於這條鄂爾多斯南緣路[17]。以後的十餘年，北魏窺視河西，設立高平、薄骨律二軍鎮拱衛道路暢通，接着消滅北凉，攻佔姑臧城（今甘肅武威）。北魏先後六次派使者出使中亞，並與中亞、西亞的三十六國取得聯繫，商團結隊而至，使“絲綢之路”出現一個繼漢代之後新的繁榮期。

唐時，長安通往西域的驛道有兩條，匯合點均在凉州。其中途經原州的路線，經依《元和郡縣圖志》等書整理，爲出長安西北行，經邠州（今陜西彬縣）、涇州（今甘肅涇川）過隴山關至原州，再向西北途經石門關（今寧夏固原須彌山附近），在會寧關（今甘肅靖遠）渡黄河到達凉州（今甘肅武威），全程約一千六十里[18]。途經原州的部分，又稱蕭關道。王昌齡、岑參等人均有吟咏蕭關道的詩篇。太和五年（公元831年），吐蕃維州副使請降，宰相牛僧孺言：“中國禦戎，守信爲上。彼若來責曰：‘何事失信?’

〔16〕甘肅省文物考古研究所等《居延新簡·甲渠候官》，中華書局，1994年，上册，頁174上欄，下册圖版，頁389。

〔17〕前田正名《北魏平城時代鄂爾多斯沙漠南緣路》，《東洋史研究》，31卷2號（胡戟中譯本載《西北歷史資料》，1980年3期、1981年1期），後收入《平城の歷史地理學的研究》，風間書房，1979年，頁154～184；李憑等中譯本，書目文獻出版社，1994年，頁115～156。

〔18〕嚴耕望《唐代長安西通凉州兩道驛程考》，香港中文大學《中國文化研究所學報》，4卷1期，1971年；後收入氏著《唐代交通圖考》第二卷〈河隴磧西區〉十一篇，“中研院歷史語言研究所”專刊，第八十三本，1985年，頁341～419。

養馬蔚茹川，上平凉阪，萬騎綴回中，怒氣直辭，不三日至咸陽橋。”[19] 蔚茹川即今固原清水河，牛氏所擔心的吐蕃人的進軍路線，正是唐前期的“驛道”。隴山關是唐代六個上關之一，原州木峽關爲中關[20]，會寧關則有渡船五十隻[21]，日渡千人，往來商旅之多可見一斑。唐時一些著名詩人、赴任官員、求法高僧多由此路抵達西域。當然最繁忙者，是奔波於東、西方之間的商團，其核心人物是中亞粟特人。

（三）北朝、隋唐時期的原州墓葬

1. 北朝墓葬

固原範圍内的北朝、隋唐墓葬，主要是圍繞着當時重要的城池而營造的（圖三·2）。北朝原州城建立在漢高平城的故址之上，《水經注·河水注》載：高平川水（今清水河）“東北流逕高平縣故城東，漢武帝元鼎三年置，安定郡治也”[22]。北朝晚期，原州城得以修繕。《周書·武帝紀》記：天和四年“六月，築原州城”[23]。隋唐沿用。大曆年間，原州城爲吐蕃所佔，史載曾議修原州城，未果。貞元間，吐蕃曾修原州城[24]。漢代墓葬分佈在城的東南部，主要在城北塬之上[25]。北魏漆棺墓則位於城東郊，彭陽新集鄉北魏墓與平凉城相去不遠[26]。從西魏、北周開始，當地上層高級官員開始在原州城南塬西緣營造墓葬。以埋葬年代而言，北周宇文猛居中，李賢在其西南，田弘則居北，三者相距百米至千米不等。墓志中稱其地爲“原州西南隴山之足”[27]。隋唐時，該

〔19〕《資治通鑒》卷二百四十四〈唐紀〉，中華書局標點本，頁 7878。

〔20〕《唐六典》卷六“刑部”條：“凡關二十有六，而爲上、中、下之差。京城四面有驛道者爲上關，上關六（略）原州隴山關。餘關有驛道及四面關無驛道者爲中關，中關十一（略）原州木峽。”陳仲夫點校本，中華書局，1992 年，頁 195。

〔21〕伯 2507 號文書《水部式》載：“會寧關有船伍拾，使宜令所官差强了官檢校，著兵防守，勿令北岸停泊”。鄭炳林《敦煌地理文書彙輯校注》，甘肅教育出版社，1989 年，頁 103。

〔22〕酈道元《水經注》卷二，陳橋驛點校本，上海古籍出版社，1990 年，頁 42。

〔23〕《周書》卷五〈武帝紀上〉，頁 76。

〔24〕參見《舊唐書》卷一百一十八〈元載傳〉，頁 3411～3414；《舊唐書·楊炎傳》同上卷及《舊唐書》卷一十二〈德宗本紀〉等。

〔25〕張寧夫《固原縣漢墓》，《中國考古學年鑒·1984 年》，文物出版社，1984 年，頁 173；寧夏固原博物館《寧夏固原漢墓發掘簡報》，《華夏考古》，1995 年 2 期，頁 28～40。

〔26〕寧夏固原博物館《彭陽新集北魏墓》，《文物》，1988 年 9 期，頁 26～42。

〔27〕寧夏回族自治區博物館等《寧夏固原北周李賢夫婦墓發掘簡報》附李賢墓志録文，《文物》，1985 年 11 期，頁 19。

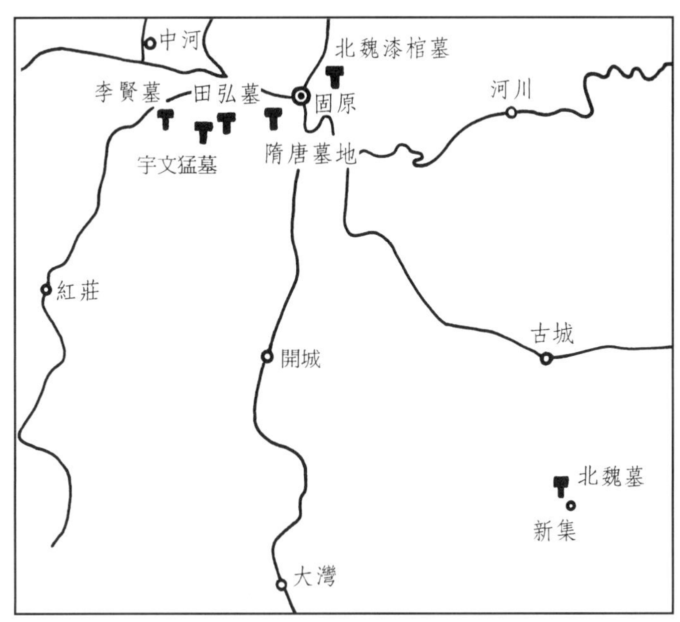

圖三·2　固原地區北朝、隋唐墓葬位置分佈示意圖

塬稱“百達原”〔28〕。墓葬群基本位於此塬南緣，塬下是清水河支流河谷，墓群中央有一條現代簡易公路穿過。除兩座墓位於公路左側外，其餘皆在公路右側。墓葬間距百米至數百米不等〔29〕。

① 彭陽新集鄉北魏墓

墓葬位於彭陽新集鄉石窪村（發掘時屬固原縣轄），有兩座，均坐北朝南〔30〕。1984年，考古工作者對墓葬進行發掘。新集墓最引人注目的是封土之下有一個土築房屋模型(圖三·3)，在同期考古發現中屬首例。其先用夯土築成長方形，然後再剔刻成房屋模樣，上塗白灰，門窗及檐頭塗成朱紅色。漢唐墓葬多仿照墓主人生前居所，並隨葬種種生活用具類的明器，意在使墓葬成爲死者靈魂飲食起居之處。朱鮪石室、寧懋石室等房屋建築，新集土築房屋模型等，無疑具有同樣的性質。新集墓出土的房屋模型放置在過洞上方與地面平行處，意類比門樓。在兩個房屋模型之間有第二個天井，構成一完整的院落。在陶俑組合上，西晉已形成若干定式，衹是由於晉滅亡後，五胡入主中原，西晉時形成的墓葬規則，十六國時被摧毁殆盡，僅西安草廠坡十六國晚期墓延續了西晉陶

〔28〕寧夏固原博物館《寧夏固原唐史道德墓清理簡報》附史道德墓志録文，《文物》，1985年11期；羅丰《固原南郊隋唐墓地》，文物出版社，1996年，頁96。

〔29〕羅丰《固原南郊隋唐墓地》，頁3、136。

〔30〕寧夏固原博物館《彭陽新集北魏墓》，頁26～28。

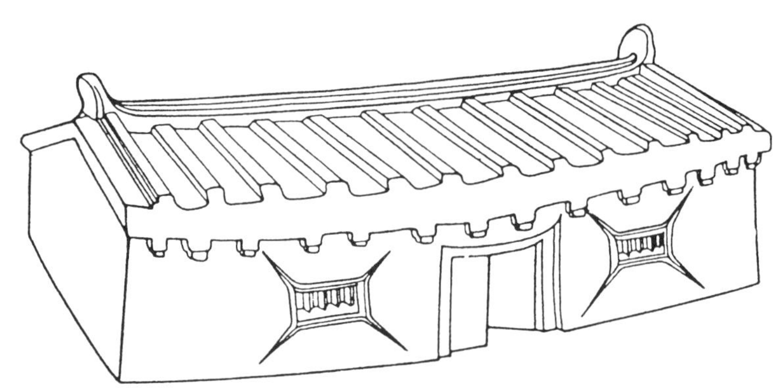

圖三·3　彭陽新集北魏1號墓後端土築房屋模型示意圖

俑制度〔31〕。新集俑群明顯地承襲草廠坡十六國墓的一些基本特徵。在特徵性的四組内容中，没有第一組鎮墓獸。第二組爲出行儀仗，以牛車爲中心隨葬武士俑、甲騎具裝俑、文吏俑、女侍俑。其中甲騎具裝俑是新品種，以草廠坡墓爲初見。在第三組樂舞俑中，有八件吹角俑、三件擊鼓俑、一件撫琴俑、一件吹竽俑，形成一組鼓吹俑。這種以鼓角爲主的軍樂，當時謂之“横吹”。《宋書·樂志》云：“西戎有吹金者，銅角，長可二尺，形如牛角，書記所不載。或云出羌胡，以驚中國馬。或云出吴越。”〔32〕第四組是庖厨明器，有陶磨、陶竈、陶倉、陶井及陶雞、陶狗等模型，基本上都是兩兩組合。隨葬數量衆多的陶俑，遂成爲北朝大型墓葬的重要特點之一。

② 固原東郊鄉北魏漆棺墓

該墓位於固原東郊鄉雷祖廟村，1981年發掘〔33〕。封土早年被挖平，東西方向，斜坡墓道，長16米。墓室爲磚砌，平面呈正方形，穹隆頂。

該墓爲夫婦合葬墓，雖未遭盜掘，但70年代鐵路勘探部門鑽探時大量灌水，致使棺木散毁，隨葬品移位。墓室内有兩具木棺，男性居左，女性居右。女性棺木無髹漆，木板朽毁，兩側各有一帶座鎏金銅環。男性棺具爲漆棺，木板亦朽。其上留有精美漆畫，經仔細拼合，大致可看出漆棺形式。墓主人骨架已腐朽，爲黄色粉末，僅頭髮尚存。隨葬品集中置放在墓主人周圍，有銅鐎斗、銅鈁、銅壺、銅竈、鐵刀、鐵劍、馬鐙、鎏金銅鋪首、鎏金銅牌、薩珊銀幣及陶盆、陶罐等六十餘件。

〔31〕楊泓《北朝陶俑的淵源、演變及其影響》，《中國考古學研究——夏鼐先生考古五十年紀念文集》，文物出版社，1986年，頁268～276。

〔32〕《宋書》卷一十九〈樂志〉，頁559。此段原有脱文，今據《太平御覽》卷五百八十四引《宋書·樂志》補，中華書局影印本，頁2633。

〔33〕寧夏固原博物館《固原北魏墓漆棺畫》，寧夏人民出版社，1988年，頁1～19。

漆棺後擋被鑽機打穿，完全殘毁，蓋板、前擋及左、右側板部分漆畫可大致復原。漆棺形制爲前高寬、後低窄。棺蓋爲兩面坡式，有 140 度交角。棺蓋漆畫前端呈圭形，前寬後窄，平面展開寬處爲 105 厘米，殘長 180 厘米，佔全棺漆畫面積的三分之二以上。正中上方有兩座懸垂帷幔的屋宇，鴟尾翹起，有人字形斗栱。左側繪一紅色太陽，中有三足烏，右有一白色月亮，中有黑線，當繪蟾蜍之類。屋内分坐一對中年男女，左右立有侍者。屋室左側墨書榜題“東王父”。棺蓋正中自頂而下繪一金色長河，呈波狀直貫尾部。河中點綴有白鶴、游魚等。兩側繪纏枝雙結卷草圖案，中有珍禽、怪獸、仙人等（圖三・4）。漆棺前擋繪墓主人生前飲宴圖，人物皆爲鮮卑貴族的裝束。

漆棺側板依内容可分爲上、中、下三欄。上欄爲孝子故事（圖三・5）；中欄爲裝飾性圖案聯珠龜甲紋，中間是繪有侍從的直欞窗；下欄是狩獵圖。孝子故事在上層，以横卷的方式展開，畫幅以三角狀火焰紋圖案相間，故事情節的發展及主要人物行動方向，右側是由前向後發展，左側則恰好相反。孝子故事由數幅具有連續性的單幅畫面構成。右側有蔡順、丁蘭、尹伯奇等孝子故事，其中以尹吉甫之子尹伯奇的故事最爲少見。左側是郭巨與舜的故事，以舜的故事最爲有趣。值得我們特别關注的是，表現舜的故事共有十一則，榜題有八幅，畫面構成一連環故事畫。關於舜的故事，《孟子・萬章》[34]《史記・五帝本紀》[35]均有記載。自孟子將舜的事蹟經過一個倫理化的過程之後，舜的故事便以兩個系統傳承。《史記・五帝本紀》所代表的是官方記載。在民間，舜的故事也廣爲流傳。比較兩種通行的故事，可以發現漆棺上舜的故事與《史記・五帝本紀》中的記載並不一致，而其大致内容與後世敦煌文書載録，尤其是與《舜至孝變文》中的情節卻極爲近似[36]。敦煌變文中的舜的故事無疑是以民間流傳爲藍本加以改編、增補，其源流當溯至北魏。此外，在北魏司馬金龍墓漆屏風、寧懋石室、孝子石棺上也有舜的故事内容。所不同的是，舜出現時，皆爲高冠博帶，並有娥皇、女英侍立兩側。與道貌岸然的舜判然有别的是漆棺畫上的舜，曾兩次出現裸體形象，似一頑童，完全是對正統的“帝舜”思想的挑戰。表現内容上也較同期所見豐富，從謀害舜開始，至舜父子和好，完整地表現了故事的全過程。故事畫在北魏時日趨成熟，由過去的單幅，發展成數十幅有統一格局的連環形式。每幅距離大體相等，都有用於説明畫面内容的邊框榜題，無論情節繁簡，形式上整齊劃一。由原來表現片斷情節，發展爲首尾俱全的完整連環故事，無疑是一種進步。

〔34〕焦循《孟子正義》卷十八，沈文倬點校本，中華書局，1987 年，頁 608～629。

〔35〕《史記》卷一〈五帝本紀〉，頁 31～34。

〔36〕王重民等《敦煌變文集》，人民文學出版社，1984 年；較新的録文見黄征、張湧泉《敦煌變文注》卷二，中華書局，1997 年，頁 200～204。

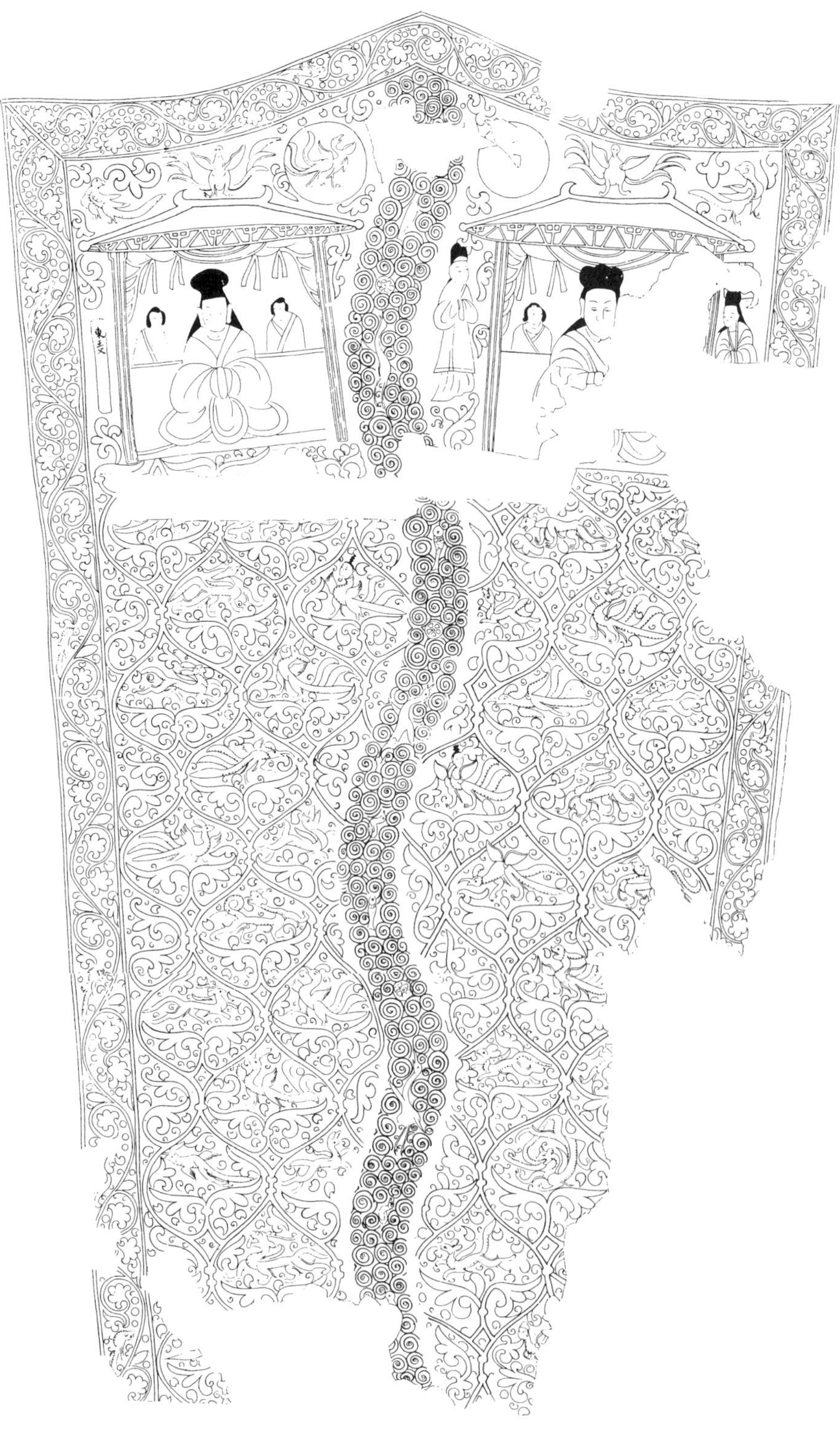

圖三·4　固原北魏墓出土漆棺棺蓋圖案

圖三·5　漆棺右側孝子故事圖（局部）

拓跋鮮卑入主中原以後，深感統治中國需有漢文化基礎，孝文帝開始推行旨在建立漢式家庭秩序的活動。推廣孝道思想是其漢化的主要內容。《隋書·經籍志》記："魏氏遷洛，未達華語，孝文帝命侯伏侯可悉陵，以夷言譯《孝經》之旨，教於國人，謂之《國語孝經》。"〔37〕河間王元琛也曾向孝明帝"獻金字《孝經》"〔38〕。《孝經》成爲北魏社會最主要的思想啓蒙讀物。北魏漆棺産生的確切年代當在太和十年左右，正是馮太后推行孝悌思想之初，貫徹中國倫理思想之時。漆棺畫上的人物皆穿夾領小袖衣，當是對《孝經》鮮卑化的圖解，與鮮卑語《孝經》可相互補充。應當引起注意的是，經過對漆棺孝子故事内容的仔細考察，發現創作者是依據一種有着深刻歷史傳統背景的孝悌故事模式繪製的。而這些是粗通漢文化的鮮卑工匠很難瞭解的，其製作者有可能是漢人工匠。

隨着發掘、整理工作的深入，一件殘破的銀杯引起了人們的注意。銀杯出土時已殘，而墓葬又未遭盗掘，可知隨葬時已經損壞。其兩端高，中間略低，通體呈舟形，平面爲橢圓形。橢圓底周圍有一周十二枚方形凸起的聯珠組成底座。中凹，内似有填充物。兩耳爲銅鎏金，似爲後配。這件粗看起來與中國傳統風格類似的銀耳杯，實際上是由一薩珊式舟杯改造而成的。薩珊王朝上層貴族生活奢靡，宴飲規模宏大，有時多達幾百人。圖案複雜的金銀器，有時不足以應付衆多的來賓，在很多時候，普通賓客衹能用大衆化的舟形杯來飲酒，當然大衆化並不是低級品的代名詞。國外博物館等公私機構收藏的此類舟形杯甚多，大同北魏封突和墓也有銀舟形杯出土〔39〕。

〔37〕《隋書》卷三十二〈經籍志〉，頁935。

〔38〕《魏書》卷二十〈河間王元琛傳〉，頁529。

〔39〕羅丰《北魏漆棺墓出土的舟形杯》，待刊稿。

③ 固原寨科鄉北魏墓

1987年夏，固原寨科鄉農民發現一座古墓。據當事人所述，墓葬爲長方形土坑墓。該墓出土嵌石金耳環、金項圈、銅鏡及灰質陶罐等物。從銅鏡、陶罐的形制判斷，該墓葬的年代屬北魏時期。

④ 固原南郊鄉北周宇文猛墓

該墓位於固原南郊鄉王涝壩村[40]。墓葬封土殘高4.6米，直徑12米，坐北向南，斜坡墓道，共有五個天井。墓室呈方形，南北寬3.5米，東西長3.6米。對全長達53米的墓葬來説，墓室不能不説有點小。墓室西北有一用磚鋪設的棺床，長3.2米，寬1.8米，厚度僅爲一磚，上置棺槨。棺經髹漆，外有黄色漆皮。底部爲1.5厘米厚的木炭層，上鋪石灰，其上再填木炭。墓主人足東頭西。

其墓道、天井、過洞、甬道及墓室均有壁畫，多已漫漶不清。目前僅存第五天井東壁一幅，高90厘米。其中人物側身站立，頭戴小冠，有一横簪穿過，穿紅色交領長袍，雙手拄一儀刀。

該墓出土遺物一百多件。陶俑的基本組合爲鎮墓獸、鎮墓武士俑、甲騎具裝俑、騎馬俑、吹奏樂俑、風帽俑、籠冠俑、胡俑、文吏俑、執盾武士俑、執箕俑等。其中後兩者曾出現在北周叱羅協、若干雲等墓中[41]。除此之外，該墓還出土了陶馬、駱駝、狗、雞、雞舍以及陶竈、井、磨、碓等屋厨用具。北周陶俑多採用半模製成，背部扁平，經焙燒後彩繪，做工粗糙，遠不及北齊陶俑精美。除地域風格外，北齊、北周經濟實力方面的差異，也應成爲我們要考慮的因素之一。

該墓出土墓志一合，志蓋盝頂，四面斜殺，素面無紋無字。墓志全文五百一十六字(圖三·6)：

1. 周故大將軍、大都督，原、鹽、靈、會、交五州諸軍事，原州刺史、槃頭郡開國襄公墓志銘。
2. 公諱猛，字虎仁，平高人，其先帝顓頊之苗裔。長瀾不竭，世濟其真，備詳
3. 典册，可略言也。惟祖惟父世爲民酋。公幼表令望，長而雄烈。出忠
4. 入孝，志夷國難。永安元［年］任都將，二年補都督。普太中，除襄威將軍，奉
5. 朝請。太昌元年，除鎮遠將軍、步兵校尉，除龍驤將軍，員外諫議大［夫］。後至
6. 永熙三年，大駕西遷，封長安縣開國侯，食邑八百户。大統二年加平東

〔40〕寧夏文物考古所固原工作站《固原北周宇文猛墓發掘簡報》，《寧夏考古文集》，寧夏人民出版社，1994年，頁134～147。該文没有墓志録文，現據原石過録。

〔41〕負安志編著《中國北周珍貴文物——北周墓葬發掘報告》，陝西人民出版社，1992年，頁27、65、83。

圖三·6 北周宇文猛墓志（搨本）

7. 將軍、大中大夫。四年，除安南［將］軍、銀青光祿大夫，又除通直散騎常侍，加

8. 安西將軍，增邑八百户，通前一千六百户，進爵爲公。十三年加持節□軍

9. 將軍，右光祿大夫，除長樂郡守。十四年，授大都［督］、原州諸軍事、原州刺

10. 史。十五［年］，授使持節、車騎大將軍、儀同三司，尋加驃騎大將軍，開府乃屬。

11. 寶曆歸周，以公先朝勳舊，賜姓宇文氏。改封槃頭郡開國公，增邑一

12. 千户，通前二千九百户。即授左武伯，三年，轉授左宫伯。以公宗室勳舊，
13. 授汾州諸軍事、汾州刺史。保定四年，以公秉德貞固，操識淵遠，授大將軍。
14. 餘官封依舊。公勇同衛、霍，兵合孫、吴。東西戰敵，無陣不經。當鋒履刃，
15. 臨方謂應玆多福，降此永年，豈期霜霧，倏隨冥古。春秋六十有九，保定
16. 五年歲次乙酉七月十五日，遘疾薨於長安縣鴻固鄉永貴里。親朋號
17. 慕，朝野悽愕，皇上聞而悼焉，詔贈原、鹽、［靈］、會、交五州諸軍事、原州刺
18. 史，謚曰襄，禮也。即其年十月廿三日葬於斯原。公子等恐川移谷徙，
19. 無聞聲烈，託石式銘，以傳永久。
20. 夫人新平郡君馮
21. 世子儀同永
22. 次子元貴
23. 次子興貴
24. 次子右仁

宇文猛未見史傳，其姓宇文氏，爲北周初年所贈，其祖、父世爲領民酋長，宇文猛爲少數民族無疑。不過，對其姓氏墓志銘中没有記載，這類情況在北朝墓志中極爲罕見。

⑤ 固原西郊鄉北周李賢墓

據墓志銘記載，北周大將軍李賢卒於北周天和四年（公元569年）。墓葬位於固原西郊鄉深溝村南側，雖遭盜擾，但仍出土三百多件隨葬品[42]。

李賢墓是一座夫婦合葬墓，地面原有高大的封土，坐北向南，長斜坡墓道，多天井、過洞。墓室長4米，寬3.85米，基本是正方形土洞墓。壁面稍弧、鋪有地磚的土洞墓，在以後的隋唐墓中頗爲流行。

墓道、天井、過洞、甬道及墓室均有壁畫，内容主要以身穿大口袴褶服、手拄或肩扛環首儀刀的侍衛爲主。壁畫原有二十幅，現存十八幅。第一過洞繪雙層門樓，第二、三過洞分别繪單層門樓。墓室四壁原有十八幅壁畫，現僅存五幅。每幅用紅色邊框分隔，屬於較早的屏風畫。大約在同時，北齊亦流行人物屏風畫。北魏儀衛中一項很重要

〔42〕寧夏回族自治區博物館等《寧夏固原北周李賢夫婦墓發掘簡報》，頁1～20。

的内容便是門吏拄刀侍立左右，寧懋石室門左右分立拄刀武士。李賢墓道儀衛所沿襲的是北魏舊制〔43〕，隋代史射勿墓壁畫中手拄環首刀侍立的武士亦可看作是這種制度的延續。類似李賢墓壁畫的佈局，對以後的隋唐墓室壁畫風格的形成有着重要的影響。

李賢墓隨葬品中以陶俑爲大宗，共二百六十多件。根據以往學者對北朝時期陶俑的分類，成組的陶俑、用具模型等應包括四組内容，即鎮墓獸俑、出行儀仗、侍僕舞樂、屋厨用具等。除去第三組中的侍僕舞樂外，其餘三組李賢墓基本上都具備，並以第二組出行儀仗俑數量最多，占總數的百分之八十以上。俑群中置放的陶驢，具有明顯的時代特徵〔44〕(見表三·1)。

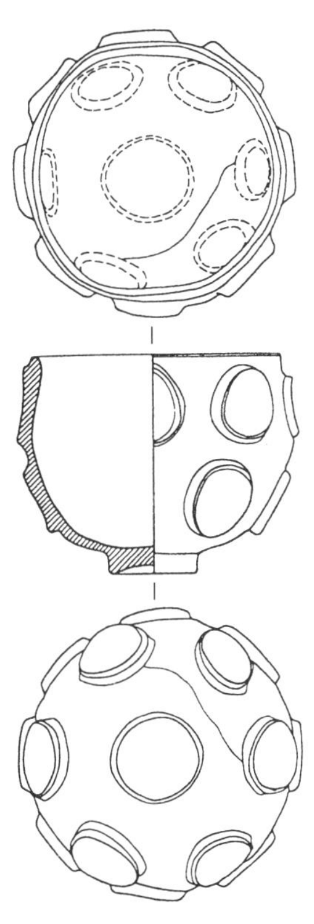

圖三·7　北周李賢墓出土玻璃碗

李賢墓中最引人注目的是幾件由中亞、西亞傳入我國的舶來品。凸釘裝飾玻璃碗，是典型的薩珊朝製品〔45〕(圖三·7)。自20世紀50年代末以來，在伊朗高原西北部吉蘭省古墓中，出土了大量此類碗及殘片。中國新疆巴楚脱庫孜薩來遺址及最近發掘的北周田弘墓，日本冲之島祭祀遺址、京都上賀茂神社遺址中亦有殘片出土。玻璃碗經科學檢測屬鈣鈉玻璃，與薩珊玻璃成分一致。吉蘭省等處出土的凸釘裝飾玻璃碗或殘片，由於土壤腐蝕的關係，表面有一層厚厚的風化層，使玻璃失去了原有的光澤。而李賢墓出土的這件玻璃碗則呈緑黄色，風化層很薄，基本上保留了原有玻璃的色澤和光亮度。吉蘭省有出土品的年代原報告，推測爲薩珊王朝末期，即公元6世紀〔46〕。李賢墓玻璃碗紀年明確，對確定此類玻璃製品的年代具有標尺作用。

李賢墓出土的鎏金銀壺完全沿襲薩珊王朝金銀器的風格。值得注意的是壺柄上端所鑄的高鼻深目、頭戴貼髮軟冠的胡人形象。此類形象與薩珊波斯人形象不同，屬中亞巴克特利亞人。腹部打押出的三組六人圖像，據B. I. 馬爾薩克（B. I. Marshak）考證，表現

〔43〕宿白《寧夏固原北周李賢墓劄記》，《寧夏文物》，1989年總3期，頁1～9。

〔44〕楊泓《略論北周李賢墓的陶俑和鐵刀》，《寧夏文物》，1989年總3期，頁10～14。

〔45〕安家瑶《北周李賢墓出土的玻璃碗》，《考古》，1986年2期，頁173～181；齊東方、張静《中國出土的波斯薩珊凸出圓紋切子裝飾玻璃器》，《創價大學アシア研究》，16號，1995年，頁53～61。

〔46〕深井晉司《ギラーン州出土の二重圓形切子裝飾瑠璃碗に關する一考察——京都上賀茂出土の瑠璃碗斷片に對する私見》，《ペルシァ古美術研究》，第二卷，吉川弘文館，1980年，頁193～205。

表三·1　　北周墓葬出土陶俑、明器比較一覽表

分類／時代／墓葬	年代	第一組		第二組							
		鎮墓獸	鎮墓武士俑	甲騎具裝俑	騎馬俑	騎馬儀仗俑	風帽俑	武士俑	文吏俑	文官俑	胡俑
拓跋虎*	保定四年（公元 564 年）		2	2	1			2			
宇文猛	保定五年（公元 565 年）	2	2	7	9		9	9	10		64
李賢妻吳輝	天和四年（公元 569 年）	2	2	6	11		43	32	44		38
叱羅協*	建德四年（公元 575 年）	4	4	14	12	13	10	16		49	束髻男騎俑 5
田　弘	建德四年（公元 575 年）			6							
王德衡*	建德五年（公元 576 年）	2	2	7		8	13		16	18	
若干雲*	建德六年（公元 577 年）或 宣政元年（公元 578 年）	2	2	10	21	6			8	8	
獨孤藏*	宣政元年（公元 578 年）	2	1	11		13	10		11	9	
尉遲運 賀拔氏*	大成元年（公元 579 年） 仁壽元年（公元 601 年）祔葬		1				1				
王士良 董榮暉*	開皇三年（公元 583 年）	1				1					
侯子欽*	開皇六年（公元 586 年）					5	8	4		12	3
咸陽機場 3 號墓											
咸陽機場 4 號墓							2				
咸陽機場 5 號墓											
咸陽機場 14 號墓		2			7		5	2		4	2

有＊號者内容出處見注〔41〕。

第三組								第四組														
儀仗俑	籠冠俑	吹奏騎俑	舞樂俑	女侍俑	男侍俑	持鼓女立俑	帷帽男立俑	跪俑	執箕俑	馬	驢	駱駝	雞	雞舍	狗	羊	井	磨	碓	竈	倉	屋
3				5	4																	
	8	3							1	4		1	1	2	2		1	1	1	1		
	25	9		28		騎馬女官俑				5	2	2	4	1	1		2	2	2	2		3
風帽男騎俑 4	8	3	1	16	3	1	39	2	2	1	1		2		4		2	2	1	2	1	2
													1		2							
57	13	4	1		8					1	1	1	2		2		1	1	1	1	2	
26	8	5	1		9			2	1	2		1	1		2		1	1	1	1	2	
		1	1	1	6			1	1	1	1	1	1		2		1		1	1	2	
1										1							1					
5				1	2			1										1	1	1		
17			7	3	6					1							1	1				2
										青瓷牛 1												
										瓷牛 1												
7	4														1	1				1		

的内容是希臘神話“帕里斯（Paris）裁判”[47]，而O. 内耶摩洛夫（O. Neyemerov）則認爲第二組手舉盒子的女性是厄里費勒（Eriphyle），裝在盒子裏的是波吕克斯（Polynicus）賄賂她們的哈耳摩尼亞（Hermonia）項鏈。關於故事内容還有一些其他的説法。總之，這是一件具有薩珊風格的中亞製品，是希臘化對巴克特利亞地區影響的產物。

李賢夫人吴輝棺中出土了一枚金戒指，戒面上雕一裸體人物手執弧形花環。戒面寶石原認爲是青金石（Lazurite）。青金石是一種藍色基調的寶石，常在拋光面上伴有金色的星點，但這枚戒面並無青金石特徵，表面爲一天藍色的表層，而微雕人物即是在這一層面上。美國富蘭克林博物館收藏的一件薩珊銀盤中央，有一舞動花環的裸體女神，形象與此戒指表面的人物非常相似，説明内容來自同一母題。由此可見，這枚鑲寶石金戒指的原產地是薩珊或中亞某地。

李賢棺槨間出土的一件銀裝鐵刀，爲李賢生前佩刀，是目前所發現的北朝墓中唯一保存完整的鐵刀。與傳統環首長刀“璲式佩繫法”不同，刀鞘一側有上下兩個縱裝附耳，耳上有凸釘。先固定刀帶，然後將兩根短刀帶掛於腰帶之上，這種懸刀方式最早是公元5世紀時由西土耳其斯坦發明，然後向東、西方傳播[48]。向西通過薩珊王朝傳入歐洲，向東先傳入中國，後傳到日本。李賢墓出土的長刀，爲簡單的環首，並無有關文獻記載中的儀刀那樣繁多的形式，那麽鐵刀來自遥遠的中亞、西亞是我們首先應考慮到的因素。

李賢墓志的發現對於釐清史書中關於其族屬的記載很有幫助（圖三·8）。志稱：李賢“本姓李，漢將陵之後也。十世祖俟地歸，聰明仁智，有則哲之監。知魏聖帝齊聖廣淵，奄有天下，乃率諸國定扶戴之議。鑿石開路，南越陰山，竭手爪之功，成股肱之任，建國擒拔，因以爲氏”。南北朝時，冒姓攀附名門之後的鮮卑人屢見不鮮。因漢將李陵投降匈奴後，有妻子留於匈奴，所以攀附者甚衆。《宋書·索虜傳》載：“索頭虜姓託跋氏，其先漢將李陵後也，陵降匈奴，有數百千種，各立名號，索頭亦其一也。”[49]《南齊書·魏虜傳》云：“魏虜，匈奴種也。姓托跋氏。（略）初，匈奴女名托跋，妻李陵，胡俗以母名爲姓，故虜爲李陵之後”[50]。李賢十世祖名俟地歸，而與此相似的鮮卑

〔47〕B. I. マルシヤク、穴沢咊光《北周李賢夫妻墓とその銀製水瓶子について》，《古代文化》，41卷4號，京都，1989年，頁154。

〔48〕參見田辺勝美《シルクロードの貴金屬工芸》，有限會社シマプレス，1981年，頁5；孫機《玉具劍與璏式佩劍法》，《考古》，1985年1期；楊泓《略論北周李賢墓的陶俑和鐵刀》，頁10～14。

〔49〕《宋書》卷九十五〈索虜傳〉，頁2321。

〔50〕《南齊書》卷五十七〈魏虜傳〉，頁983、993。

圖三·8　北周李賢墓志（搨本）

人，亦可找出其他例證。《隋書·宇文述傳》云：宇文述“代郡武川人也。本姓破野頭，役屬鮮卑俟豆歸，後從其主爲宇文氏。”[51]《周書·文帝紀》也稱：“九世至俟豆歸，爲慕容晃所滅。其子陵仕燕。”[52]《廣韻》曰：“鮮卑呼草爲俟汾，遂號俟汾氏。後世通稱宇文，蓋音訛也。”其含義與“草”有關[53]。俟豆歸即俟地歸，名字僅一字之差，時代

〔51〕《隋書》卷六十一〈宇文述傳〉，頁1463。

〔52〕《周書》卷一〈文帝紀〉，頁1。

〔53〕周一良《論宇文周之種族》，中研院《歷史語言研究所集刊》，第七本第四分，1938年，後收入其著《魏晉南北朝論集》，中華書局，1963年；亦收入《魏晉南北朝史學論集》，北京大學出版社，1997年，頁239～255。

圖三·9　北周田弘夫婦墓墓室内景

接近，估計含義相當，亦同屬鮮卑。俟地歸參加鮮卑所謂“第二次推寅”，“建國擒拔，因以爲氏”。李穆字顯敬，平江陵後，“尋進位大將軍，賜姓擒跋氏”〔54〕。《北齊書·斛律光傳》有“申國公擒跋顯敬”〔55〕，當爲李穆。拓跋、擒拔似不通，西魏末賜姓，當爲複姓李氏。北周武成年《合方邑百數十人造像記》題名中有姓擒拔者十一人〔56〕。

⑥ 固原西郊鄉北周田弘墓

1996年，此墓由原州聯合考古隊發掘〔57〕（圖三·9）。墓葬由封土、墓道、天井、過洞、甬道、墓室組成，全長50餘米。封土殘高4米左右，直徑約20米。爲斜坡墓道，有五個天井，每個天井長、寬均有差別。第三天井被宋代灰坑和溝打破，第三、四天井間過洞早塌陷，第四、五天井過洞内有四層封門磚，内外兩層爲斜人字狀鋪砌，中間兩層爲橫立磚鋪砌。斜坡墓道至第五天井變爲平底。由於早年盜掘，墓室和甬道大面積塌陷，墓室頂部結構不清。甬道中央有木質封門，門立框嵌於兩壁内，用磚加固穩定，門已不存。甬道和墓室内鋪有地磚，封門外側有兩層鋪地磚，内側一層與墓室鋪地磚處於同一平面。墓室由主室、後室和側室三部分組成，主室平面基本呈正方形，後室和側室爲長方形，鋪地磚高於主室。後室有木質封門。

這是一座夫婦合葬墓，在後室和主室西北角處各有木棺一具，後室棺較大，均爲雙重棺，榫卯結構，不見棺釘。骨骼被盜墓者所擾，主室棺内骨骼大多置於棺外，後室棺内骨骼下鋪有較厚的石灰。根據人骨和隨葬品出土情況分析，後室内爲墓主人，主室内爲其夫人。從墓道至墓室的縱向剖面看，第三天井内填土剖面出現二次堆積的打破現象，而且過洞封門鋪砌雜亂，表明夫人是二次葬於墓室内的。夫人棺側殉葬有狗骨骸。

〔54〕《周書》卷三十〈于翼傳附李穆傳〉，頁528，標點本改爲拓跋氏，頁534。

〔55〕《北齊書》卷十七〈斛律光傳〉，頁224。

〔56〕馬長壽《碑銘所見前秦至隋初的關中部族》，中華書局，1985年，頁57～59。

〔57〕谷一尚《中國·北周と唐の壁画墓》，《季刊考古學——日本·オリエント＝シルクロード特集》，61號，1997年，頁29～32。

在第五天井上距地表4米左右處的盜洞内發現墓志，爲《大周少師柱國大將軍雁門襄公墓志銘》，記載了墓主人田弘的生平事迹。建德四年（公元575年）田弘死於襄州（今湖北襄樊），同年四月歸葬原籍原州。

田弘墓在規模、形制、天井數目上都有别於鄰近的李賢墓，其規模僅次於咸陽地區叱羅協墓。由主室、後室、側室組成的墓室結構在固原地區發掘的北周墓中爲第一次發現。田弘，原州人，歷經北魏、西魏、北周三朝，戰功卓著，是北周時期較爲重要的人物，最後官至大司空、少師。

此墓儘管早期盜掘嚴重，仍出土大量珍貴遺物。墓主人棺内出土有玉環、玉佩、東羅馬金幣及五銖錢、玻璃、瑪瑙、水晶飾珠和絲質品殘跡等。夫人棺内出土有玉釵、五銖錢、玻璃串珠、泥質串珠等。主室西南角均匀擺置有十餘件陶罐，大多盛有糜子等糧食。另外，主室内還散置有鎏金銅花飾件、木器、漆器等物。東側室内出土有騎馬俑、武士俑等。第五天井内出土有較多的陶罐、陶盆、玉璜、玉環、鐵鉤、鐵釘、玻璃器及漆器、絲質品和大量的木構件。一些木器貼附有雲母片，其上用金粉繪幾何紋、勾連紋、蓮花紋等，十分精美。

田弘墓墓道、天井、過洞兩壁没有壁畫，從甬道開始，墓室四壁及後室、側室均繪製壁畫。甬道與主室頂部壁畫内容不詳。從保存情况看，甬道與主室四壁爲人物形象。東、西壁僅存人物下肢部分。北壁後室兩側保存有兩幅較爲完整的壁畫，後室與側室兩壁及後壁僅飾紅白兩色，没有其他圖案。田弘墓是繼李賢墓之後壁畫保存較好的一座北周墓。從壁畫的構圖、繪製手法看，二者有所不同。李賢墓從墓道至墓室均繪有壁畫，内容爲單幅人物，色彩有一個漸變的過程；田弘墓爲成組人物或群體人物，顏色以紅、黑爲主，色彩鮮艷。不過，二者的人物雖都是繪在屏風框中，但明顯出自兩類工匠集團之手。

2. 隋唐墓地

從1982年至1995年，在距固原西南5公里的羊坊村、小馬莊村、王涝壩村發掘出隋墓一座、唐墓八座[58]。其中屬羊坊村四座、小馬莊村三座、王涝壩村兩座。七座出

〔58〕羅丰《固原南郊隋唐墓地》，文物出版社，1996年，頁7～135。

土有墓志銘，除一座爲梁元珍墓外，其餘六座均爲史姓墓。唐史道洛墓是由原州聯合考古隊共同發掘。另外兩座雖没有墓志出土，但也極有可能同屬史氏家族。根據墓志記載可知，此史姓即是北朝以來由烏兹别克沙赫里夏勃兹地區東遷，後定居於原州（今寧夏固原）的"昭武九姓"中的史國人。這一墓葬群的發現，使原州與西域的密切關係獲得了證實。隋唐間，活動於中亞地區阿姆河與錫爾河之間索格底亞那（Sogdiana）的粟特人，中國史籍稱之爲"昭武九姓"，主要爲康國、米國、何國、史國、曹國、石國、安國、火尋、戊地等九國。九國均爲康居之後，其祖先温王舊居祁連山北昭武城，爲匈奴所破，西逾葱嶺至兩河流域，子孫繁衍，分王九國，並以昭武爲姓，示不忘本。粟特人以擅長經商而聞名於世。自北朝初以來，通過漫長的"絲綢之路"，他們來往於中亞與中國之間，操縱着國際商貿活動，對於中西文化的溝通、交流，起過至關重要的作用。

墓葬都坐北朝南，每座墓葬之間距離數百米不等，從東向西呈一字形排列，依次爲史索巖墓、史鐵棒墓、87M1 墓、史訶耽墓、史道洛墓、史射勿墓、史道德墓、82M2 墓。僅就有墓志出土的六座史姓墓分析，史射勿、史訶耽、史道洛、史鐵棒之間是互爲子孫的關係，而史索巖和史道德之間則爲叔侄關係。但根據墓志所顯示出的史姓譜系，兩支史氏並不屬於同一史姓，卻同葬一處墓地，很可能是在某種密切認同關係之下聚族而葬的。

墓葬形制爲封土、斜坡長墓道、多天井、單室墓葬。除一座墓外，八座墓都有封土。唐代對品官、庶人埋葬時的封土高度有明確規定。與之相對照，除去自然和人爲因素不計，史道洛墓没有封土。以現存封土高度看，衹有史索巖一人的封土在唐制規定標準以下，其他六座墓葬封土高度均大大超過了唐制的規定，或是因在京城以外遵制方面不太嚴格的緣故。

固原南郊隋唐墓葬盛行長墓道、多天井的做法，九座墓葬均有天井，數量爲二至七個不等。它們與官品的高下並無直接關係，而與地質條件有相當大的關係。西北地區多爲失陷性黄土，結構極差，易塌陷，不適宜構築長坡洞墓道，故而纔在長斜坡墓道上鑿天井，以滿足人們在構建大規模墓葬上的禮儀需要。

墓室分爲磚室墓和土洞墓兩類。史訶耽墓爲磚室墓，規模較大，營造較爲考究，有石門、石棺牀等。其餘六座爲土洞墓，其中僅史索巖墓有石門。一些學者通過大量分析石棺床使用者的身份，認爲石棺牀的使用是特殊的榮譽，而使用石門的亦爲三品以上的貴族和官吏。

這些墓葬雖然均遭盜掘，但仍然出土了一批珍貴的壁畫和器物。這些實物對研究當時的社會生活及中外文化交流均極爲重要。

隋代史射勿墓甬道、天井處繪有武士、侍從壁畫十幅，過洞處繪有門樓、蓮花各一幅，墓室内繪侍女，是一座壁畫墓，爲隋代考古中所稀見，藝術價值頗高。已知隋代墓葬壁畫爲數不多，且僅山東嘉祥滿硐楊樓村開皇四年（公元584年）徐敏行墓壁畫保存較好。史射勿墓道兩壁所繪侍衛形象，表現的是北魏舊制，武士執儀刀的做法，也明顯承襲自北周。這類執刀形象在隋唐有着廣泛的影響，成爲最常見的武士形象。執笏板武士在漢代畫像中是表現最多的題材之一，後漸衰，降至隋唐又重新盛行，在唐墓壁畫中是常見的内容，但似以史射勿墓爲初見。

史索巖墓原有壁畫，由於後世大量進水，墓道、天井之上的壁畫基本與填土黏合在一起，完全不可剥離。墓室壁畫則因墓室被盗後進水塌毁，現亦無存，祇有墓道第五過洞上方的一幅朱雀圖保存完整。在唐代，朱雀作爲一種常見的題材大量出現在石刻、金銀器上，而出現於墓葬壁畫中則多是盛唐以後，且僅集中在西安地區。史索巖墓過洞上方出現的朱雀圖，應該被看作是北朝傳統的延續，與長樂公主墓中朱雀圖具有相同的意義。其目的主要是導引墓主人的靈魂。此墓朱雀一腿下垂、一腿呈凌空飛翔狀的造型，在段簡璧墓、李仁墓的石門上也可看到。

固原南郊隋唐墓中共出土六枚外國金銀幣，有明確紀年的墓葬除梁元珍墓外，另外六座史姓墓葬中均出有外國金銀幣。史道德墓金幣是含在墓主人口中，其餘五座墓的金銀幣均出土於棺床處，可能是墓主人上肢的部位。這些外國金銀幣經過初步研究，有一枚屬薩珊卑路斯（Peroz）朝銀幣，一枚是薩珊阿爾達希爾三世（Ardashir Ⅲ）金幣的仿製品。阿爾達希爾三世金幣或銀幣及其仿製品在中國境内屬首次發現，具有極爲重要的意義。除史道洛墓金幣外，其餘三枚則基本可以確定是東羅馬拜占庭金幣的仿製品。死者口手中含握金幣，無論在中亞、新疆吐魯番或中國内地，其所能得到合理的解釋應該祇有一個，他們或同爲中亞人，因此共同信仰一種宗教的可能性是存在的。總之，雖然死者口手含握錢幣的習俗起源於古代希臘，中亞地區的這種習俗與古希臘習俗也有着某種淵源的關係，但就其深刻含義而言，二者顯然是有一定的差異。據推測，其與中亞地區流行的某一宗教，或與拜火教信仰有一定的聯繫。中國吐魯番、固原、洛陽、西安等地死者含幣習俗與中亞地區是一脉相承的。中亞、中國的發現表明，雖然古希臘習俗對其有一定的影響，但並不是嚴格意義上的，其主要是因傳統不同。

史訶耽墓中出土有一枚藍色寶石印章（圖三·10）。類似的寶石印章是薩珊印章系統常見形式，其上有銘文，筆者在原報告中經比較推測屬於波斯帕勒維（Pahlavi）銘

〔59〕林梅村《固原粟特墓所出中古波斯文印章及其相關問題》，《考古與文物》，1997年1期。後收入氏著《漢唐西域與中國文明》，文物出版社，1998年，頁198～208。

文。根據林梅村的解讀報告，銘文屬中古波斯文，轉寫應爲 z tyh b tyhs tyh，讀作 azadihabadih sadih，譯爲“自由、繁榮、幸福”[59]。最近，伊朗德黑蘭大學伊朗學博士山内和也對這枚印章進行了研究。依照他的解讀，該枚印章銘文屬帕勒維銘文，拉丁文轉寫爲 axwrad axwa [n] r [a] d axwa [n] rad，可譯爲“世界寬容！世界寬容！世界寬容！”前者 axwrad 是其單數，axwa [n] rad 則是其複數形式。銘文是薩珊王朝一種禱文[60]。由於古伊朗語銘文系統的複雜性，語言學家之間常常對同一銘文有着不同的解讀和理解。除去語彙範式比較外，國外公私機構類似收藏品也是我們用於衡定這枚印章的基礎。

覆面的習俗可追溯到公元前許多世紀以前，東、西方都有非常相似的覆面。絲織物綴金屬在表達埋葬思想時有着特別的意義。與這種習俗相配合的是在死者眼部蓋上金、銀等貴金屬硬幣，金、銀光澤分别表示太陽、月亮的解釋有着古老的傳統，貧窮者則以青銅代替。這一習俗的傳播與波斯安息帝國有着非常密切的關係。蒙古高原的 Kazakhs 人是這種信仰的忠實信徒，中亞甚至在遥遠的匈牙利都發現有覆面的習俗[61]。史道德墓中的金覆面、新月托金球圖案的金幣可能和中亞的拜火教有一定的聯繫。這種有祆教色彩的覆面習俗可能是由粟特人傳播至内地的。

圖三·10　唐史訶耽墓出土藍寶石印章

梁元珍墓雖然同處於固原南郊隋唐墓地，但與史氏墓群並無關聯。據墓志記載，其爲安定朝那人，終身不仕，死於聖曆二年（公元 699 年），終年七十二歲，其先夫人爲弘農楊氏，後夫人爲范陽盧氏，均屬當時大姓望族。雖然梁氏僅爲一隱士，但在婚姻關係上卻表現出與望姓大族聯姻的特徵。梁氏墓葬因被盗所留遺物甚少，壁畫内容則較爲有趣，天井、甬道兩壁皆繪有牽馬圖，不同於同時期其他墓葬繪儀衛、侍騎、列戟等内容，當與其未仕有關。墓室壁畫除侍者圖外，圍繞棺牀還有十扇屏風畫。結合梁元珍經歷中崇尚玄學的思想，屏風畫所表現的内容當是魏晉名士“竹林七賢與榮啓期”的故事，其年代在唐代墓葬屏風畫中屬較早者。

〔60〕承山内和也博士教示，並蒙使用其結果，謹表謝意。山内君的詳細解讀報告亦即將發表。

〔61〕Mihaly Benko, Burial masks of Eurasian mounted Nomad Peoples in the migration Period (lst Millenium A. D), *Acta Orientalia Hung*, XLVI. 2～3, 1992～1993, pp.127～128.

對於北朝、隋唐歷史來説，原州是一個不可忽視的地方，這一點已經被來自固原的諸多考古發現所證實。原州是西魏、北周統治者的根據地，在北周、隋、唐時期，由於距離首都長安較近，並且是漢唐國道的必經之地，東西方商人往來不絶，其中的中亞粟特移民值得我們特别關注。史姓墓地是我們在中國首次發現的粟特人墓群，而出土的遺物豐富了我們對流寓中國的中亞粟特人的認識。遥遠而漫長的“絲綢之路”聯繫了東西方文明，使遠隔萬水千山的人們相互瞭解，雖然距離其鼎盛時已經過去一千多年，先輩們對待文化傳播中寬容性的一面仍然值得後人深思。

PART II

四　北魏漆棺畫中的波斯風格

1981 年冬季，寧夏固原東郊北魏墓中出土一具漆棺，其上精美的漆畫引起中外考古、美術史界的廣泛興趣，一些外來風格的内容尤其引人注目。本文加以討論的主要是兩個問題，一個是漆棺畫中有關波斯藝術風格的内容；另一個是這類風格的藝術品在北朝時期高平（今寧夏固原）至平城（今山西大同）一段的傳播路線。

（一）漆棺前擋的宴飲圖

首先涉及的是漆棺前擋中一幅十分有趣的宴飲圖。1985 年，筆者在編寫墓葬報告時作了以下描述：

“漆棺前擋的畫面是墓主人生前生活圖”，“屋内長方形榻上屈膝斜坐一中年男子，其背後爲一網狀物。頭戴高冠，身穿窄袖圓領長袍，窄口褲，腰束帶，足蹬尖頭烏靴，是鮮卑民族的裝飾。右手執耳杯小指翹起，左手握麈尾。手執麈尾的畫面常見於同期繪畫中，但身穿鮮卑服裝而持麈尾者則少見，墓主人顯示出一種高雅的貴族身份。侍者的形象較小，左邊僕從頭戴黑高冠，巾角披於肩上，上身著交領寬袖大衣，下身穿寬腿褲，足蹬烏靴，一手執耳杯，一手下垂，站立於旁。另一似女性，一長頸壺狀器置於身旁。右邊兩侍，一大一小，頭部均殘，也交手而立，不同的是束腰帶、束腿”。其認爲，“墓主人呈這種姿態，在國内同期繪畫中少見，是十分耐人尋味的”。“圖中出現的長頸瓶，具有濃郁的西方色彩。”[1]（圖四・1）

1987 年 10 月在北京舉行的“寧夏文物展覽”座談會上，孫機曾特别指出，這幅起居圖與中亞烏兹别克巴拉雷克遺址中的壁畫——嚈噠貴族飲宴圖十分相似，反映出當時

〔1〕固原博物館《固原北魏墓漆棺畫》，寧夏人民出版社，1988 年，頁 1～19。

圖四·1　漆棺前擋墓主人宴飲圖

鮮卑貴族與嚈噠人之間的關係。最近，孫機又撰文《固原北魏漆棺畫研究》，對漆棺可能製作的確切年代，漆畫所表現的內容，尤其是前擋中的宴飲圖及墓中出土的薩珊卑路斯銀幣，都作了十分全面而又精湛的研究，特别指出了後者與嚈噠人之間的密切聯繫〔2〕。其觀點無疑使我們的思路多有拓展，祇是在檢閱有關資料之後略有一點看法與之不盡相同，現借機進一步詳述。

漆棺上的宴飲圖與中亞巴拉雷克（Balalyktepe）壁畫中的嚈噠貴族宴飲圖，是非常相似的。詳細地追究起來這類宴飲圖，大約都與波斯王朝有關。在波斯薩珊王朝石刻、繪畫以及數量衆多的金銀器中，有兩種題材曾經得到過特别的表現，一種是狩獵，另外一種則是宴飲〔3〕。狩獵活動表現的是薩珊帝王、貴族，勇敢頑强，無所畏懼以及好戰成性的内在心理品格，而宴飲則旨在突出帝王、貴族們豪華、奢侈的生活。在這種活動

〔2〕孫機《固原北魏漆棺畫研究》，《文物》，1989年9期，頁38～44、12。

〔3〕A. U. Pope, *A Survey of Persian Art*, Vol.Ⅱ, J. Orbel, Sasanian and Early Islamic Metalwork, 1981, Japan, pp.716～770.

中，他們競相誇耀自己的富有。

波斯人過分地追求豪華的宴飲生活，與他們的文化傳統有着密切的關係。他們向往的是空中花園般的樂園，認爲那纔是拜火教徒們所希望達到的境地。而在整個追求快樂的過程中，酒所起的作用，是其他任何東西也代替不了的。正如大家所十分熟悉的那樣，葡萄是一種原産於波斯地區的植物，張騫鑿空西域，纔將這種東西帶到中國[4]。波斯人非常喜愛喝酒，國王在進餐時都選用最精美的葡萄酒佐餐。古希臘歷史學家希羅多德這樣寫道：

> 他們通常都是在飲酒正酣的時候纔談論最重大的事件的。而在第二天當他們酒醒的時候，他們聚議所在的那家的主人便把前夜所作的決定在他們面前提出來；如果這個決定仍得到同意，他們就採用這個決定；如果不同意，就把這個決定放到一旁。但他們在清醒的時候談的事情，卻總是在酒酣時纔重新加以考慮的。[5]

很顯然，這樣反復的利用酒，是因爲他們覺得酒是波斯人保持其辦事公正合理的唯一保證。波斯王朝的貴族酒宴上用的完全是葡萄酒。大英博物館就收藏有一件公元前7世紀時，亞述帝國國王及王妃在葡萄園中舉行酒宴時的浮雕。國王執杯卧於高榻之上，王妃舉杯坐高椅。其兩側均有侍從侍立，有的捧果盤，有的拿樂器，兩端的葡萄架繞頂而過（圖四・2）。薩珊王朝時期，這種以飲葡萄酒爲主要内容的宴飲活動更爲普遍。大量的薩珊金銀酒具的出現，就是最好的例證。莫斯科歷史博物館收藏有一件宴飲圖的銀盤。圖中的貴族坐在一個方榻之上，周圍没有依托物，右手拿一酒杯，左右各有兩名相對的舞女和侍從，榻下有兩童子，再下爲一個舞獅場面。值得注意的是主人頭上有一株葡萄樹繞過（圖四・3）。艾爾米塔什博物館收藏有一件也是薩珊王朝時期的帝王宴飲圖銀盤，頭戴雉堞狀（Merlon）王冠的薩珊王坐在一個有靠背的椅子上，左手端一碗，右手執一高足酒杯在飲酒，右側有兩個樂伎在演奏，一個吹長管樂，另一個彈的是弦樂，左側有一位侍從交手侍立，上下還各有一人侍立（圖四・4）。薩珊王朝的宴飲風尚，無論在規模上，還是在内容的豪華上都是無與倫比的，成爲後世詩人所歌詠的對象[6]，對

〔4〕近年來有學者撰文指出，葡萄傳入中國的年代，當早於張騫通西域的年代，詳參見胡澍《葡萄引種内地時間考》，《新疆社會科學》，1986年5期。

〔5〕希羅多德《歷史》第1卷133節，商務印書館，王以鑄中譯本，1997年，頁69。

〔6〕參見菲爾多西《列王記全集》，張鴻年、宋丕方中譯本，湖南文藝出版社，2001年。《列王傳》中有大量這類詩歌。“人們把黄金寶座安放在王宫大殿，在殿上還佈置好皇家宫廷的酒盞。席面上放着一支支翻飛的利箭，箭上的美味是羊肉串。略進面餅飲食之後開始上酒，各種佳餚美味一一伺候。伴着主客歡飲響起高雅的清音，大廳之上到處是高唱低吟。侍從們躬身侍立在旁，皇家的酒宴簡直就是天堂。席上是一色的水晶酒盞，廳内是描金的陳設和赤金的托盤。侍酒人頭上戴的都是金冠，足下的靴子都是繡金的錦緞”。“這伊朗處處是果園，簡直是天堂”（第五册，頁247）。

圖四·2　亞述國王宴飲圖石刻（局部）
（採自 *Asian Art*，1988，Vol.Ⅰ，No.2，pp.20～21，Fig.8）

後來的波斯地區產生了深遠的影響。另外一件銀盤的年代可能晚至公元 9 世紀初，同樣收藏於艾爾米塔什博物館，其上也有類似内容的宴飲圖。一蓄鬚的帝王（?）盤腿坐在一方形花地毯上，左手拿一三角狀物，右手兩指執一個舟形杯。上面有二侍從站立各舉一物。下面有二樂伎演奏，左側一個吹長笛或角，右側一位在彈琵琶。前面是兩隻背向對立的蹲着的雄獅[7]（圖四・5）。其説明宴飲内容在中亞、西亞一帶持續了很長的一段時間。在屬於烏兹別克斯坦共和國南部的巴拉雷克遺址中，有一幅宴飲場面的壁畫，就是孫機所指的那幅。壁畫中表現的宴飲内容[8]，是宗教題材，還是反映的世俗生活，研究者們之間尚有不同的看法，這裏姑且以爲是嚈噠貴族的宴飲場面。其人物衆多，一般是兩人或三人一組在交談，後面有侍從站立，主人盤腿而坐，身着交領大衣，腰束帶。所拿的酒杯有大有小，一般是一種飾聯珠紋樣的金屬碗，這種碗帶有很高的底座（圖四・6、7）。值得注意的是他們右手的執杯姿勢，與固原漆棺前擋飲酒圖中的主人執杯姿勢，幾乎完全一樣，有的翹起的小指上還戴一指環。這裏的侍者形象與薩珊銀器上的一樣，一般都較小，和漆棺前擋中的侍者形象一致。據色諾芬（Xenophon）説，波斯人有個規矩："不能把大酒杯帶到酒宴上來，顯然他們覺得有節制地不過度飲酒可使

〔7〕B. Gyllensvard，*T'ang Gold and Silver*，No.29，1957，Stockholm，Fig.73d.

〔8〕A. M. Belenitskii, B. I. Marshak, *The Paintings of Sogdiana*, in G. Azarpay, *Sogdian Painting*, *The Pictorial Epic in Oriental Art*, Berkeley, Los Angeles and London, 1981, pp. 11～77.

圖四·3　俄羅斯莫斯科歷史博物館藏宴飲圖銀盤線描圖
（據古代オリエント博物館《シルクロード貴金屬工芸》，頁70，圖12繪）

圖四·4　艾爾米塔什博物館藏帝王宴飲圖銀盤線描圖
（據A．U．Pope，*A Survey of Persian Art New Edition*，Vol．Ⅶ，p.230a繪）

圖四·5　艾爾米塔什博物館藏帝王宴飲圖銀盤線描圖

（據 A. U. Pope，*A Survey of Persian Art New Edition*，Vol. Ⅶ，p.230b 繪）

圖四·6　烏兹别克斯坦巴拉雷克遺址壁畫嚈噠貴族宴飲圖

（據 A. M. Belenitskii 等，*Sogdian Painting*，1981 年，p.88 繪）

圖四·7　巴拉雷克遺址壁畫嚈噠貴族宴飲圖（局部）

身心少受損害。現在這禁用大酒杯的習慣還繼續存在。"[9] 但是，他們縱酒過度，即使不用大酒杯也可以照樣喝得爛醉。處於"游軍而治""隨逐水草"的游牧民族嚈噠人，是没有這種傳統習慣的，所以嚈噠人在這幅宴飲圖中一般使用的是大杯，很可能是一種有底座的金屬碗，這當然與波斯傳統無關。而漆棺前擋中的人物卻使用的是一種小耳杯，顯然他所模仿的物件應當是波斯薩珊王朝的貴族形象。在該墓中出土一件飾有一周聯珠紋樣的銀杯，這件銀杯是諸多薩珊器中常見的舟形杯，墓主人和身邊的侍者拿的就是這類杯。波斯王朝的宫中，捧酒杯是一項很重要的職務，常立於主人身邊[10]。漆畫主人右側執酒杯的侍者，明顯是一個很重要的角色，不但服飾異於其他侍者，而且形象也高於其他侍者。侍者身邊有一個長頭、圓鼓腹的瓶，瓶的下部已經殘缺不全，但從

〔9〕Xenophon，*Cyropaedia*，Ⅷ，Ⅷ 9－10，轉引自勞費爾《中國伊朗編》，林筠因中譯本，商務印書館，1964年，頁48～49。

〔10〕Xenophon，*Cyropaedia*，Ⅰ，iii 8－9，《中國伊朗編》，頁47。

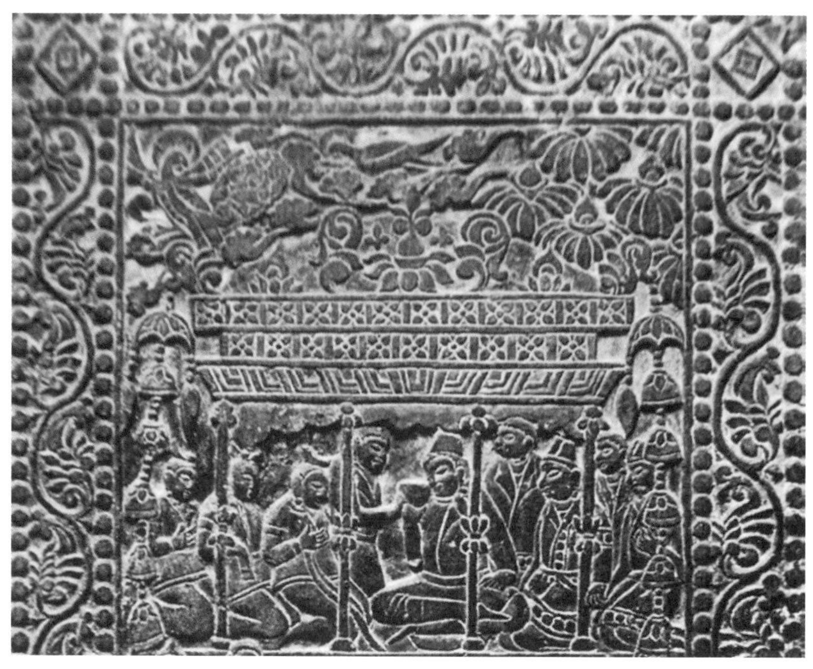

圖四·8　美國波士頓藝術博物館藏傳河南安陽出土北齊畫像石屏右側宴飲圖（局部）
（採自 J. J. Lally 等 *Chinese Archaic Bronzes, Sculpture and Works of Art*, 1992, New York, pl.6）

其置放位置看，下部距地仍有一段距離，或許有一個較高的臺座。總之，這是一件帶有西方風格的胡瓶。這類胡瓶多具有薩珊王朝風格，已經發現的這種胡瓶大多爲金屬製品，一般是銀瓶，用於宴飲時盛裝葡萄酒。

這樣的宴飲風尚，對於整個北朝時期的上層貴族生活産生過重要影響。美國波士頓藝術博物館、法國集美博物館收藏幾件傳出土於河南安陽地區的畫像石屏〔11〕，這幾件畫像石屏，被認爲同出於一座石棺牀，屬公元6世紀北齊時期。石呈長方形，右面邊框是由雙行聯珠紋構成，中間加飾忍冬紋。從右向左由三組畫面組成，畫面之間的間隔亦是用三行聯珠紋加飾忍冬紋樣。右圖下面是一種蓋有遮沿的圍墻，墻外站着許多衛士，有的行進，有的騎鎧馬，還有一頂華蓋。墻内爲一組侍從站立，在上方有一正面長亭。亭由六根長柱支撑着，裏面中央屈膝盤腿坐着一位貴族模樣的人。頭戴高冠，側向左面，好像是席地而坐。他右手舉着一高足酒杯正在飲酒，前後都有侍從恭立或跪着侍候。其神情與前述幾幅宴飲圖非常相似（圖四·8）。中間爲一組主人出行圖。主人在一些執旗士兵的簇擁下，騎馬行進，有一侍從執撑一華蓋在主人頭頂。左邊也是一幅宴飲

〔11〕 O. Siren, *Chinese Sculpture from the Fifth to the Fourteenth Century*, London, 1925, pp.120～122, pl.s, pp.444～450.

圖四·9　波士頓藝術博物館藏傳河南安陽出土北齊畫像石屏右側宴飲圖（局部）
（採自 J. J. Lally 等 *Chinese Archaic Bronzes, Sculpture and Works of Art*, 1992, NewYork, pl.6）

圖四·10　波士頓藝術博物館藏傳河南安陽出土北齊畫像石屏左側宴飲圖（局部）
（採自 J. J. Lally 等 *Chinese Archaic Bronzes, Sculpture and Works of Art*, 1992, New York, pl.7）

圖。下部是帶圍墻的門亭，大門似閉，門兩側對稱站立門衛，臺階下左右也各立有兩名侍從。院内則正舉行飲宴活動，有一組樂隊正在主人宴前演奏，有彈箏的，有彈琵琶的，還有奏豎琴的。上面的一群人正在舉杯歡飲，爲首的一位坐在中間，形象也較其他人大些。其姿勢也是側坐，面朝左側，左腿屈膝盤坐，右脚踏地。大約是坐得時間較長，右腿有點不適，或爲一種固定的坐姿也未可知。主人身穿一飾有聯珠紋樣的翻領大衣，右手高舉一角形杯（圖四·9）。角形杯是典型的波斯製品，從亞述王朝至安息、薩珊王朝都曾流行使用這種角形杯〔12〕。它們一般是由獸頭構成下半部分，而上半部分敞開着，飾有各種圖案，基本上是利用了角的彎曲形狀。主人舉的似一種角形牛頭杯。其他人似乎都圍繞着主人跪坐，手裏拿的是一種較小的舟形杯或小碗，可以看出角形杯在當時是一種名貴的酒具，衹有具有相當高身份的人纔可以享用。他們都席地而坐，地上似乎鋪有一塊地毯。引起我們注意的是和前幾幅宴飲圖一樣，他們也是在葡萄園内飲酒，頭頂上有許多葡萄架，並且碩果纍纍。其他人物衣服邊沿都飾有一周聯珠紋。另外的石刻上也有數幅主人在僕從的侍擁下進行宴飲的場景（圖四·10～12）。這幾幅北齊時期的石刻宴飲圖，從内容到形式，都完全模仿了薩珊貴族的宴飲場面。有人説，這幾幅石刻反映的是北齊粟特人活動的内容〔13〕。實際上，這種以宴飲爲内容的享樂主義文化生活，甚至在距北魏百年之後的隋朝仍然餘音繞梁。

1982 年 6 月，甘肅天水石馬坪文山頂發掘一座隋墓，墓室中石棺牀上有十曲石屏風〔14〕。屏風畫面分别由墓主人諸多生活場景構成，狩獵、宴飲是其主要内容。其中描繪宴飲畫面有兩屏。右側第一屏，在單層塔式建築中有一身穿緊身衣的男子，坐在一束腰圓凳上，手舉一角形杯正在飲酒，前跪一侍從則雙手舉杯（圖四·13）。正面中間一屏也爲建築物。主人盤膝坐於屋内的長方形壺門榻上，右手上舉執一圓形酒杯。其後榻旁站一女侍，右手舉於胸前，左手提一執壺。主人對面榻上端坐的女主人也作舉杯飲酒狀（圖四·14）。該墓的年代，發掘者雖然推測爲隋代至初唐，但是很明顯其畫面與前述波士頓藝術博物館所藏北齊畫像石内容非常相似。考慮其地域因素，該墓的上限也有可能上溯至北周時期。1976 年 2 月，在山東嘉祥發現隋開皇四年（公元 584 年）埋葬的駕部侍郎徐敏行墓。該墓壁畫中最重要的是一幅所謂徐侍郎夫婦宴享行樂圖，實際上也是一幅墓主人宴飲圖（圖四·15）。據《簡報》描述：

畫上絳帳開啓，懸垂於榻兩旁。男左女右，正襟端坐木榻，手中各執一高足

〔12〕參見弗魯姆金《蘇聯中亞考古》，黄振華中譯本，新疆維吾爾自治區博物館，1981 年，頁 67。

〔13〕G. Scaglia, Central Asians on a Northern Chi Gate Shrine, *Artibus Asiae*, *Institute of Fine Arts*, Vol. XXI, 1958, pp.9～28.

〔14〕天水市博物館《天水市發現隋唐屏風石棺牀墓》，《考古》，1992 年 1 期，頁 46～54。

圖四·11　波士頓藝術博物館藏傳河南安陽出土北齊畫像石屏左側宴飲圖（局部）

（採自 J. J. Lally 等 *Chinese Archaic Bronzes*, *Sculpture and Works of Art*, 1992, New York, pl.7）

圖四·12　法國集美博物館藏傳河南出土安陽北齊畫像石屏宴飲圖（局部）

（採自《シルクロード大美術展》，1996年，東京國立博物館，頁39，圖24）

圖四·13　天水石馬坪出土彩繪宴飲石屏風線描圖

（採自《考古》，1992年1期，頁47，圖2）

圖四·14　天水石馬坪出土彩繪宴飲石屏風線描圖

（採自《考古》，1992年1期，頁48，圖3）

> 透明杯，面前擺滿果蔬食品，背後設一山水屏風。木榻兩邊各站兩侍女，前一人腰束皮帶，帶上繫一球狀物，正以舞蹈姿勢作盤足踢跳狀。圓球躍起，飄然欲動，爲早期的蹴鞠之戲。榻左還有三人奏樂，持横笛等樂器。[15]

首先需要指出的是，宴前人物不是在踢球，而是在跳一種西域舞蹈。飛起的圓形物並不是一球，它與舞者之間有一條細繩連接，應該是舞者佩於腰間的一個囊袋。奏樂者形象由於發表的壁畫照片衹是局部，而且不清晰，使我們無法進一步判斷，除横笛之外是否尚有其他西域樂器。男女主人所執透明酒杯，無疑就是玻璃杯了。與此杯形狀相似的銀製酒杯，在中國多有發現，如山西大同南郊遺址出土的酒杯，據研究是西亞薩珊朝製品[16]。這件高足玻璃酒杯明顯也是外來品，很可能是薩珊系玻璃。通過以上分析，很

〔15〕山東省博物館《山東嘉祥英山一號隋墓清理簡報》，《文物》，1981年4期，頁28～33。

〔16〕孫培良《略談大同市南郊出土的幾件銀器和銅器》，《文物》，1977年9期，頁68～75。

圖四·15　嘉祥出土隋徐侍郎夫婦墓壁畫宴飲圖
（採自臨朐縣博物館《北齊崔芬壁畫墓》，文物出版社，2002年，頁25）

圖四·16　品治肯特城遺址壁畫中的粟特貴族形象
（採自A. M. Belenitskii等，*Sogdian Painting*，1981年，p.121，Fig.53）

難説天水石屏風宴飲圖和徐敏行宴飲圖中所表現的内容是地道的中國中原風尚，但可以較爲肯定地説它是受到中亞風格影響的結果。類似風格的場面，我們在同期繪畫中很難找出大致相同的例子，它們所受到的共同影響大約是風靡中亞、西亞地區的薩珊貴族宴飲風尚。

另外，漆畫中人物的坐姿爲脚掌相對而坐，經孫機指出，這是一種從中亞傳入的流行坐姿。20 世紀中葉，考古學家在今塔吉克斯坦品治肯特城（Pendzhikent）發現的壁畫中，也發現一幅粟特貴族宴飲圖，其中幾位粟特貴族的坐姿與固原漆畫中的完全相同[17]（圖四・16）。該遺址的年代，學術界一般認爲是公元 7～8 世紀。可以得知，這種坐姿在中亞地區流行了很長時間。

（二）薩珊卑路斯銀幣的來源

認爲固原北魏漆畫上的宴飲圖受嚈噠風格的影響和稱該墓中出土的那枚薩珊卑路斯(Peroz)B 式銀幣可能是通過易手嚈噠人，最後纔得以傳入中國的觀點，大約有以下幾處不妥：

首先，嚈噠人在藝術風格上主要來源有兩種。一是巴克特利和亞述地區古代的，也就是希臘—大夏的文化傳統。另外所能接受的就是與之毗鄰的波斯薩珊文化對它的影響。基於對上述內容的討論，我們可以清楚看出，波斯人嗜酒如命的宴飲傳統由來已久，薩珊時期肯定對嚈噠人産生了很大吸引力，壁畫中嚈噠貴族所模仿的對象衹能是波斯人。而固原漆棺在一些富有特徵的内容上，表現形式則更接近波斯傳統文化的内涵。再者，巴拉雷克遺址壁畫的年代，根據學術界的研究，年代當在公元 5 世紀末至 6 世紀初。漆棺畫的確切年代，我們與孫機的觀點完全一致，認爲應在太和十年（公元 486 年）左右。換句話說，漆畫的年代與巴拉雷克遺址年代的上限接近，或許還要早一些，如此，當然談不上前者受後者的影響，衹可能這兩者共同受一種風格的影響，那麼它們所依據的藍本淵源衹能是波斯的傳統文化。

嚈噠與波斯之間多有戰争發生，卑路斯時代規模最大的有三次，卑路斯被俘的那次發生在公元 480 年。在此以前，卑路斯曾在嚈噠軍隊的幫助下奪取王位，後來衹是由於卑路斯不甘於嚈噠人的保護纔發動了對嚈噠戰争，並且在公元 480 年以前，曾取得過一些勝利[18]。第二次戰敗後據説由於無法交納三十頭騾子馱滿的銀子，而將自己年幼的兒子居和多（Kavadh）作人質，自己又在公元 484 年的第三次對嚈噠戰争中和七個兒子一起喪生。我們不厭其煩地叙述這一過程，是因爲它與流入中國的波斯銀幣之間可能

〔17〕 M．M 梯亞闊諾夫《邊吉坎特的壁畫和中亞的繪畫》，《美術研究》，1958 年 2 期，頁 77～102。

〔18〕 宋峴譯、余太山箋證《〈太伯里史〉所載嚈噠史料箋證》，《中亞學刊》，第 2 輯，中華書局，1987 年，頁 51～64。

圖四·17　定縣北魏塔基下出土有嚈噠文戳記的耶斯提澤德二世銀幣（正、反面）

（採自《考古》，1966年5期，圖版6）

産生的關係。在中國境内，目前大約發現近一千二百枚波斯薩珊銀幣，夏鼐對此曾有過深入的研究。他在談及這些銀幣流入中國的途徑時曾推測："卑路斯和他的前王的銀幣所以能大量地傳播到中國，可能是由於嚈噠人以所獲的波斯賠款轉向東方購買貨物。"[19] 後來一些學者轉述夏鼐的這段話時，總要與河北定縣北魏塔基下出土的那枚耶斯提澤德二世（YazdegerdⅡ，公元438～457年）有嚈噠文戳記的銀幣（圖四·17）聯繫起來，認爲那枚銀幣就是卑路斯賠款的結果，通過嚈噠人傳入中國。這似乎對夏鼐的話有些誤解，因爲夏鼐好像並没有那樣的主張。

夏鼐在研究河北定縣那枚押有嚈噠文戳記的銀幣中，引述了摩根（J.De Morgan）在研究嚈噠錢幣時的一些觀點，認爲嚈噠錢幣一種是模仿波斯薩珊銀幣，衹是王像與文字不同。"另一種是在波斯的鑄幣上打上了嚈噠文字的戳記，表示可以在他們的國境内流通作法幣。我們這一枚便屬於這一種。"[20] 因爲這枚銀幣的確切埋藏年代是公元481年，也就是卑路斯被俘賠款的第二年，不可能是賠款銀幣易手嚈噠人流入中國。需要提起注意的是，固原漆棺墓出土的那枚卑路斯B式銀幣，也存在類似的問題。這枚銀幣的確切埋藏時間在太和八年至太和十年左右，與卑路斯的喪生時間大致相當，其埋藏年代當然應早於這一年代。按照夏鼐的統計結果表明，薩珊銀幣在中國的埋藏時間距銀幣的鑄造年代，一般爲數十年至百餘年不等[21]。卑路斯銀幣在卑路斯在位期間如此短的時間傳入中國，似乎也表明没有經過嚈噠人這一中間環節。

〔19〕夏鼐《綜述中國出土的波斯薩珊朝銀幣》，《考古學報》，1974年1期，頁97。

〔20〕夏鼐《河北定縣塔基舍利函中波斯薩珊朝銀幣》，《考古》1966年5期，頁267～270。

〔21〕夏鼐《綜述中國出土的波斯薩珊朝銀幣》，頁99～100。

（三）漆棺畫中的波斯風格

現在讓我們再來看其他部分所受到同樣風格的影響，漆棺的正面、側面邊框完全是用各種忍冬紋樣組成（圖四·18），有的是單層忍冬紋；有的是組成環形紋飾，中間加飾不知名的奇禽怪獸。正面的大型圖案，則是用纏枝雙結的忍冬紋構成環狀圖形，裏面加飾飛禽走獸或人面鳥狀身軀的仙人。這樣典型的植物紋樣，起源於西方。據説葡萄藤枝即是這種紋飾，古希臘人和埃及人後裔科普特（Coptic）人的物品上就裝飾有這種圖案。波斯地區所採用的是葡萄藤紋飾的變體紋樣，一般用作邊沿裝飾，形成波浪狀，循環往復〔22〕。收藏於艾爾米塔什博物館的一件銀盤的邊沿就採用類似的植物紋樣（圖四·19）〔23〕。在以後的粟特藝術中也很普遍地承襲這種傳統，傳入中國之後稱之爲“忍冬紋”。這種紋樣較波斯的葡萄藤枝紋，無疑有一些變形，但大致形制則仍十分相似，廣泛地流行於北朝到隋唐時期。當然僅僅依據這種紋樣來判斷其藝術風格是相當困難的，但如果將其他部分聯繫起來無疑是有一定道理的。

以聯珠紋爲邊框的圖案，也是一種典型的波斯紋樣，被薩珊王朝大量使用在建築和其他實用品上，受到人們普遍喜愛。薩珊織錦是採用聯珠紋樣最普遍的物品，主要由帝王狩獵圖、禽獸圖等圖案組成。獵狩的對象是獅子、羚羊、鹿等。禽獸是大尾長翼的怪獸，和漆畫中的禽獸有相似之處。這些大體上都是對稱的。影響範圍很廣，在埃及、印度諸地類似的圖案亦有發現〔24〕，傳入中國後有人也稱之爲球路紋〔25〕。

聯珠紋樣以往在中國境内的發現，大致有兩類。一類在有波斯風格或波斯傳入的絲棉織品上。如新疆吐魯番阿斯塔那墓地302號墓中，就出土有聯珠紋對馬紋絲織品，303號墓出土有聯珠對獸紋和對鳥紋錦〔26〕；另一類則是在石窟的壁畫中，新疆克孜爾石窟、敦煌莫高窟壁畫上就有很多這樣的圖案〔27〕。新疆克孜爾石窟壁畫有一幅聯珠對鳥紋圖（圖四·20·①），聯珠紋邊框内相對站着一對短尾鳥。鳥口啣一串有聯珠紋的

〔22〕 A.U.Pope, *A Survey of Persian Art*, pp.742～743.

〔23〕 A.U.Pope, *A Survey of Persian Art*, p.743.

〔24〕 樋口隆康《巴米羊石窟》，中譯文載《敦煌研究》，創刊號，1983年，頁234。

〔25〕 據夏鼐稱，陶宗儀《輟耕録》卷二十三中所謂的“球路”紋就是指此，參見《新疆新發現的古代絲織品——綺、錦和刺繡》，《考古學報》，1963年1期，頁67～74。

〔26〕 武敏《新疆出土漢—唐絲織品初探》，《文物》，1962年7、8期，頁64～69。

〔27〕 關友惠《莫高窟隋代圖案初探》，《敦煌研究》創刊號，1983年，頁26～38。

①

②

③

圖四·18　漆棺忍冬紋樣

① 邊框正面忍冬紋樣　② 忍冬紋樣　③ 纏枝雙結忍冬紋樣

圖四·19　艾爾米塔什博物館藏薩珊銀盤邊沿花紋

(採自 A. U. Pope, *A Survey of Persian Art New Edition* Vol.II, p.743. Fig.a)

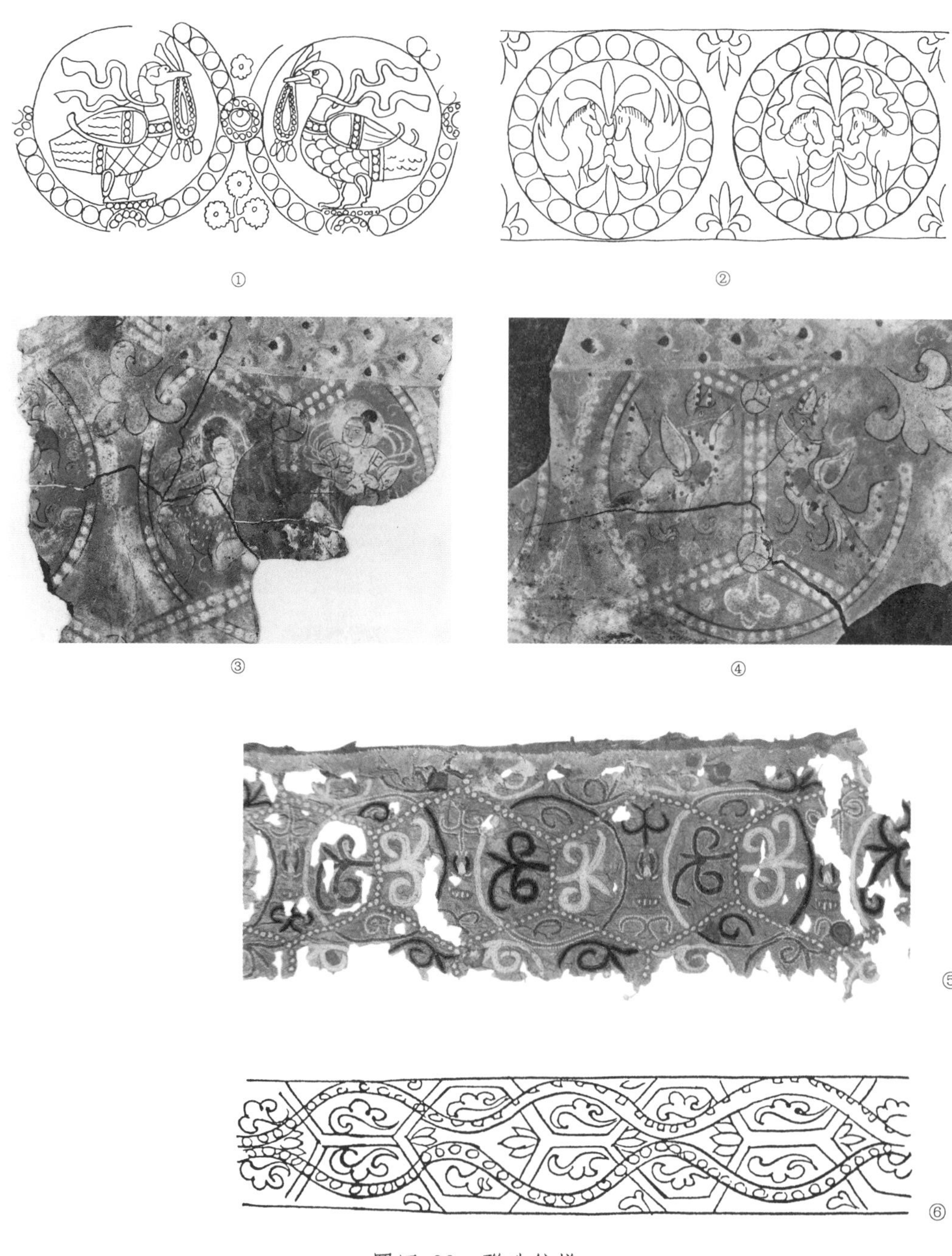

圖四·20　聯珠紋樣

① 拜城克孜爾石窟壁畫中的聯珠對鳥紋　② 敦煌莫高窟 277 窟窟口邊沿的聯珠對馬紋　③、④ 固原北魏漆棺墓側板上的聯珠對人、對獸紋　⑤ 敦煌出土北魏太和十一年題記的刺繡花邊　⑥ 敦煌莫高窟北魏 259 窟的聯珠忍冬紋

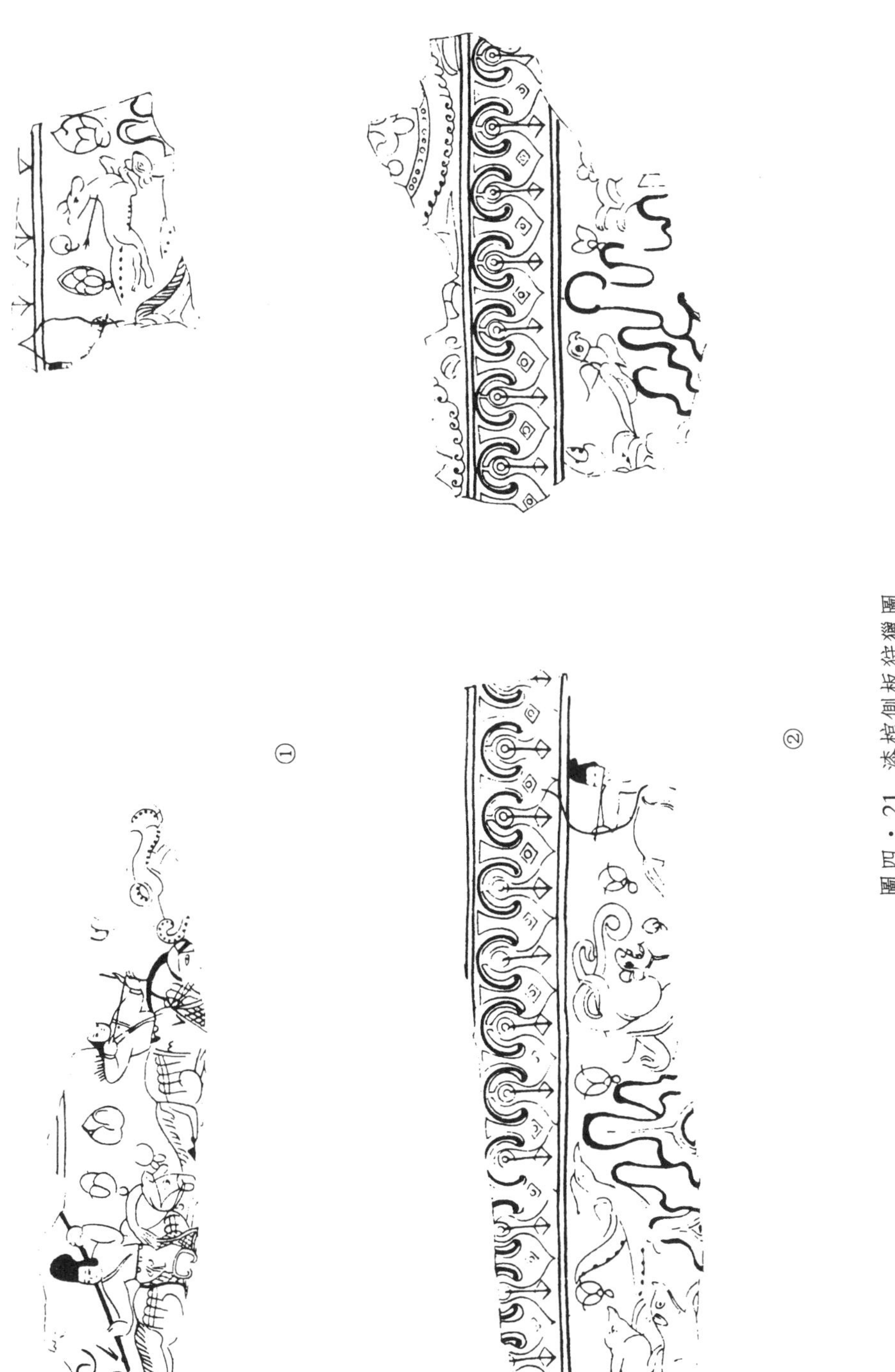

圖四・21　漆棺側板狩獵圖

圈形物，下有三垂物。鳥的頸部、翅膀和尾部都飾有一周聯珠紋，腳站立的地方也有聯珠紋。敦煌莫高窟277窟龕口邊沿上有一幅聯珠對馬紋圖（圖四・20・②），聯珠邊框内兩匹翼馬相對而立，邊框中飾有忍冬紋樣。在題材上除去有上述對鳥、對馬、對獸等對稱内容外，還有對鴨、字紋、騎士紋、猪頭紋等諸多圖案。從年代上來看，除去個别年代稍早一些（如阿斯塔那303號墓爲北朝時期），其他的大量發現大都集中在隋唐時期。固原漆棺畫側板中部圖案所表現的内容是十分豐富的。聯珠紋圖環内有三種圖樣，一爲兩個對稱的人物，裸體，圓臉，眉目清秀，肩臂上繞着飄帶，頭部有背光，作翩翩起舞狀；另一圓環内爲兩個相對的有翼長尾的怪獸；還有一種是長尾飛禽（圖四・20・③、④）。每兩個聯珠圓環之間由雙行聯珠龜背形連接，中間加飾聯珠紋，其連結點爲圓環，十分華麗。這種聯珠龜背紋與忍冬紋相叠的圖案，多用作物品的邊飾。在敦煌曾出一件有太和十一年題記的北魏刺繡[28]，太和十一年即公元487年，其花邊圖案與之十分相似（圖四・20・⑤）。在敦煌莫高窟259窟中也可找出這種忍冬紋樣（圖四・20・⑥），259窟的年代亦屬北魏時期[29]。值得注意的是這類圖案在以往中國傳統内容中找不出所能承襲的例子，聯珠圓環内的類似舞伎的人物形象尤爲鮮見。有翼和長尾的獸或禽在中亞、西亞的發現被認爲與瑣羅亞斯德教（Zoroastrianism）（或稱傳入中亞者爲拜火教，中國文獻中亦稱祆教，這幾者之間實質上略有差異）有某種關係。這些有裝飾性圖案中的禽獸與宗教的關聯問題，有待於人們作進一步的探討，但其在中國内地的傳播應引起注意。漆畫的内容風格肯定是受到薩珊風格的强烈影響，而在一些細部特徵上都表現出相當程度的變異性，筆者的意思是摻進了某些中國傳統的東西。以聯珠紋樣爲形式的圖案，已知的在年代上一般都晚於固原漆畫，説明這種風格在中國的傳播發端於北魏時期，盛行於隋、初唐。敦煌石窟中聯珠紋圖案大都集中發現於隋代或初唐，而不是在北魏，有太和十一年題記的刺繡被認爲是從當時北魏首都平城（今山西大同）帶到敦煌去的。就傳播上的優先性而言，應先傳入首都和進入首都的必經之路和重鎮高平（今寧夏固原），再在若干年之後，由内地回傳敦煌，這樣也就不難理解爲甚麽敦煌的聯珠紋樣主要集中在隋代的洞窟壁畫之中了。

漆棺側板下部的狩獵場面，無疑是激動人心的。一匹甲馬飛奔向前，騎士手執長矛反身回刺一動物，另一位騎士也控馬追射一野獸，但圖像均不完整（圖四・21・①）。這幅圖中的武士僅剩下頭的一小部分，可以看出是彎弓射箭，馬也衹留下後腿及尾巴。騎士當是翻身回射。山巒間有兩隻鹿在奔逃，上面的一隻頭部已中了一箭(圖四・21・②)。

〔28〕敦煌文物研究所《新發現的北魏刺繡》，《文物》，1972年2期，頁54～60。

〔29〕敦煌文物研究所《敦煌莫高窟内容總録》，文物出版社，1982年，頁92～93。

圖四·22　漆棺側板狩獵圖（局部）

左側騎手已經不存，衹留下兩隻飛奔的馬蹄。在馬蹄的反方向有兩隻野猪奔逃。其前的山峰之上站立着一隻展翅欲飛的大鳥，山的另一邊似有一猛虎張着大口，一騎士飛馬翻身回射猛虎（圖四·22）。另外一小幅衹剩下一山峰，上立一鳥。整個畫面看起來是用山巒分隔並作爲騎射狩獵的背景，在每一單元之中騎士們狩獵的對象亦不相同。由於過分殘破，我們已經無法看出所描繪的內容，是一般傳統意義上的狩獵，還是表現以墓主人爲中心的狩獵活動，對這一點的瞭解無疑是十分重要的。狩獵活動是薩珊帝王、貴族的另一項重要生活內容。薩珊帝王的狩獵圖除去一幅是描寫在石刻之上以外，絶大部分是反映在金銀器皿上，主要是在銀盤上，這在現存的薩珊金銀器中銀盤是佔大宗的。薩珊王一般騎馬或徒步，手握長矛、刀或弓箭，與獵物進行搏鬥。獵物多爲獅、虎或野猪，在晚期主要是羚羊，大多爲雙數。像漆畫中的狩獵圖一樣，表現馬上功夫的場面不斷出現，背景主要是山或巖石、植物叢。銀盤由於受形制的限制，其背景的表現形式是十分簡單的。帝王們首先飛馬前進，然後像漆畫中所描繪的那樣側身回射獵物。嚴格地説，銀盤上所經常表現的這種側身回射的形象，並不是典型的薩珊風格，實際上是沿襲一種古典模式〔30〕，即所謂“安息射法”（Parthian shot）。像漆畫第一幅中那樣使用長矛的方法，在薩珊朝則是常常出現的，一手握長矛的前部，另一手握後部，大部分是一手高舉，一手起穩定作用，作刺物狀。薩珊王實際生活中的狩獵活動是非常盛

〔30〕 A. U. Pope, *A Survey of Persian Art*, pp.722～725.

圖四·23　彩繪狩獵石屏風線描圖
（採自《考古》，1992年1期，
頁48，圖3）

大而豪華的，需要大量的朝臣陪獵、侍從簇擁，並有牲畜馱載着大量的物品〔31〕，不像銀盤中描繪的那樣單槍匹馬。帝王狩獵形象的描繪，與其説是表現薩珊王勇猛頑强、無所畏懼的個人品格，倒不如説是顯示出薩珊王朝興盛時期好戰成性、所向披靡的王朝權威形象〔32〕。北魏時期，隨着與薩珊王朝交往的增多，這種風格流傳至中國後一定對鮮卑上層貴族産生了强烈的影響。鮮卑民族雖然以"射獵爲業"，但是像漆畫中的野猪等，並不是傳統的狩獵對象。其與薩珊銀盤中的野猪非常近似。天水石馬坪屏風左側也有一幅表現墓主人生活的畫面〔33〕。據簡報描述，屏風以山林溝壑爲背景，上首一人身穿甲胄，外穿披風，頭戴盔，手執一長矛（?），騎馬在山林中尋覓獵物，似爲主人。中部右側一虎張口猛撲，左側一人正彎弓射擊猛虎。下端左側有一鹿在山谷下逃竄，右側一男子張弓射箭，追趕逃跑的鹿（圖四·23）。這些都表明了波斯獵狩活動對鮮卑上層貴族生活具有相當大的吸引力，成爲其模仿的對象。雖然我們不能完全肯定，漆畫中的狩獵場面是模仿照搬了波斯王朝帝王獵狩圖，但其在形象、動作方面有相當大的一致性和共同之處，卻是毋庸置疑的，很難將兩者之間的風格聯繫截然分開。

（四）外來物品的傳播路線

最後，我們來討論一下北朝時期有關中亞風格的遺物，通過固原向平城（今山西大同）一帶的傳播渠道。

漆棺中的孝子故事連環畫中的人物形象，與敦煌發現的北魏太和十一年（公元487

〔31〕據《列王傳》記載，薩珊王的狩獵活動有時在獵場持續一個多月，從軍中挑選一千精兵，隨身帶上獵犬獵鷹，還要帶上捕獲禽類的鶻鷹（參見《列王記全集》第五册，頁106～107）。

〔32〕參見J. Orbel，Sasanian and Early Islamic Metalwork，pp.716～770。

〔33〕天水市博物館《天水市發現隋唐屏風石棺床墓》，頁46～54。

年）刺繡中的供養人裝束一致。據研究認爲，這樣的服飾形象在敦煌的同期壁畫中找不到相同的例子，但與雲岡石窟太和時期及太和以前的供養人服裝相同。漆畫中的忍冬紋花邊和敦煌刺繡的花邊相類似，與之相同的還有開鑿於太和八年至太和十三年（公元484～489年）雲岡9、10雙窟中的花邊〔34〕。刺繡的研究者提出一個十分有趣的問題，説刺繡"應該是從平城一帶被人帶到敦煌來的"〔35〕。這就涉及這類藝術風格的相互傳播渠道問題。敦煌所在的河西地區、西北東部、平城時代的雁北地區三者之間的關係，以及它們之間的内在聯繫，便成了我們主要探討的内容。

首先需要注意的是，連接這三者之間的道路，應當是北朝時期的"絲綢之路"，具有中亞風格的各種藝術品和遺物，是通過這條道路傳播到平城的。河西地區是"絲路"孔道，歷來受到國内外中西交通史研究者重視，而將固原地區也納入"絲路"的研究範圍則是近年間事。基於一些學者的研究成果，固原至河西"絲路"的走向大致有以下幾種：第一，出固原，過海原，到達靖遠西北渡黄河、抵景泰至河西走廊；第二，在固原沿涇河，過六盤山，經隆德、静寧、會寧、定西、榆中，在蘭州附近渡黄河，到達河西走廊；第三，出固原，過六盤山，經隆德、莊浪、秦安、天水通渭，在蘭州地區渡黄河〔36〕。另外，還有一些幹道以外的支道。總之，通過近來一些學者的潛心研究，固原至河西一線的"絲綢之路"已基本清晰，爲歷史地理學界所熟知。

而固原至大同之間的道路則令人感到陌生。但如果我們注意以下幾處中亞風格遺物的發現地點，並將它們連接起來，就不會無視這條道路的存在了。

1959年夏，在呼和浩特市以西土默特左旗畢克齊鎮，發現一具人骨架，伴出的有鑲嵌寶石的金戒指、銀杯以及東羅馬列奧一世（Loe Ⅰ，公元457～474年）金幣等遺物〔37〕。金戒指與銀杯都是波斯薩珊王朝製品〔38〕。

〔34〕宿白《〈大金西京武州山重修大石窟寺碑〉的發現與研究》，《北京大學學報》，1982年2期，後收入氏著《中國石窟寺研究》，文物出版社，1996年，頁102～104。

〔35〕敦煌文物研究所《新發現的北魏刺繡》，《文物》，1972年2期，頁58。

〔36〕有關以上各條道路的研究，請參閲楊建新《絲綢之路東段述略》，《西北史地》，1981年1期；鮮肖威《甘肅境内的絲綢之路》，《蘭州大學學報》，1980年2期，頁14～21；吴礽驤《兩關以東的"絲綢之路"》，《蘭州大學學報》，1980年4期，頁44～51；魯人勇《寧夏境内的"絲綢之路"》，《寧夏社會科學》，1983年2期，頁50～57。

〔37〕内蒙古文物工作隊、内蒙古博物館《呼和浩特市附近出土的外國金銀幣》，《考古》，1975年3期，頁182～185。

〔38〕這枚金戒指與河北贊皇李希宗夫婦墓出土的鑲青金石戒指（見石家莊地區革委會文化局文物發掘組《河北贊皇東魏李希宗墓》，《考古》，1977年6期，頁382～390），以及寧夏固原北周李賢夫婦墓中出土的鑲青金石戒指均相類似，可能是薩珊或羅馬製品；兩件高足銀杯則與西安李静訓墓出土的金銀杯（見唐金裕《西安西郊隋李静訓墓發掘簡報》，《考古》，1959年9期，頁471～472）相類似，是薩珊朝製品。

1965年，呼和浩特西北壩口子村，發現四枚波斯薩珊王朝銀幣[39]。

1970年，大同市南郊發現一處北魏窖藏，共出土五件具有中亞風格的銀器、銅器[40]。經有的學者研究，全部是波斯薩珊王朝製品[41]，另有學者則認爲其中兩件是嚈噠遺物[42]。

1981年，大同市西郊出土封和突墓，墓中出土波斯狩獵紋鎏金銀盤、舟形杯等器物[43]。1981年冬，固原東部發現上述北魏漆棺、波斯薩珊朝卑路斯銀幣等。

1983年秋，固原南部發現北周李賢夫婦合葬墓，出土有鎏金銀瓶、玻璃碗、環首刀等中亞遺物[44]。

1984年，内蒙古武川縣西烏蘭不浪鄉頭號村出土一枚金幣，可能是東羅馬狄奥多西斯二世（公元408～450年）金幣[45]。

1984年，彭陽縣發現一座北魏早期墓葬，出土一百多件陶俑，爲胡人造型，身披魚鱗甲，帶有波斯風格[46]。

將以上發現地點有機地連接起來，就會發現有一條從山西大同出發，沿着内蒙古邊緣地帶，最後到達固原的道路。其兩端爲各自的中心地點。雖然將這些發現地點完全連

〔39〕内蒙古文物工作隊、内蒙古博物館《呼和浩特市附近出土的外國金銀幣》，頁182～185。

〔40〕《大同南郊北魏遺址》，《文物》，1972年1期，頁83～84。又載《文化大革命期間出土文物》第一輯，文物出版社，1973年，頁149～152。

〔41〕孫培良《略談大同市南郊出土的幾件銀器和銅器》，《文物》，1977年9期，頁68～75。

〔42〕見孫機前揭文。

〔43〕大同市博物館馬玉基《大同市小站村花圪塔臺北魏墓清理簡報》，《文物》，1983年8期，頁1～5。關於鎏金銀盤的製作年代，夏鼐認爲“作於四世紀後半葉至五世紀，或可定爲五世紀作品”（參見《北魏封和突墓出土薩珊銀盤考》，《文物》，1983年8期，頁5～7）；馬雍則認爲應製造於薩珊第四代國王巴赫拉姆一世（公元273～276年）時期（參見《北魏封和突墓及其出土的波斯銀盤》，《文物》，1983年8期，頁8～11）。在研究薩珊銀器上的人物時，金銀器專家們採用一種非常謹慎的比定方法，主要以人物的王冠作爲比定的依據或基礎，不戴城齒王冠的人物一般被認爲是王侯或貴族，而這些人物形象的銀盤在薩珊金銀器中仍然佔有一定的比例。同墓出土的銀杯，《簡報》以爲“此杯是在漢耳杯基礎上的創新之作”，馬雍則以爲“其裝飾稍爲特殊，究竟受何種影響未敢遽言”（見馬雍上揭文）。實際上這種銀杯與固原北魏漆棺墓中出土的銀杯十分相似，應屬於薩珊王朝的舟形杯。這種舟形杯在世界許多地方均有收藏，衹是上述兩件時間偏早，基本上屬素面而已。

〔44〕寧夏博物館、寧夏固原博物館《寧夏固原北周李賢夫婦墓發掘簡報》，《文物》，1985年11期，頁1～20。鎏金銀瓶是嚈噠遺物（見吴焯《北周李賢墓出土鎏金銀壺考》，《文物》，1987年5期，頁66～69及孫機前揭文），玻璃碗是薩珊遺物（見安家瑶《北周李賢墓出土的玻璃碗——薩珊玻璃器的發現與研究》，《考古》，1986年2期，頁173～181），環首刀亦是薩珊遺物（見楊泓《略論北周李賢墓的陶俑和鐵刀》，《寧夏文物》，1989年總3期，頁10～14）。

〔45〕内蒙古呼和浩特市文物事業管理處《呼和浩特是草原絲路的中轉站——畢克旗水磨溝又出土東羅馬金幣》，《内蒙古金融》，1987年8期，頁58～60。

〔46〕固原博物館《彭陽新集北魏墓》，《文物》，1988年9期，頁26～42。

起來，尚有許多缺環，但如果結合文獻記載，則可以肯定這條道路是非常清晰的。

鮮卑拓跋部在第二次推寅之後，便來到了内蒙古草原陰山一帶，並在這裏度過了百年之久。公元4世紀末以前的發展是緩慢的，拓跋部强盛起來之後，開始了它的擴張生涯。登國六年（公元391年），魏太祖率軍攻佔了悦跋城。

> 太祖乃以車爲方營，並戰並前，大破之於鐵岐山南，直力鞮單騎而走，獲牛羊二十餘萬。乘勝追之，自五原金津南渡，徑入其國，居民駭亂，部落奔潰，遂至衛辰所居悦跋城。[47]

從其進軍路線來看，首先在五原的金津渡黄河，直插悦跋城（代來城）。悦跋城大約位於内蒙古鄂爾多斯臺地的伊金霍洛旗境内。劉衛辰爲部下所殺以後，其子赫連勃勃便輾轉投奔遠在高平川（今固原清水河）一帶的岳父没奕于。魏天興五年（公元402年）拓跋珪注意到居於高平川的没奕于、赫連勃勃，命常山王元遵等領兵五萬餘人攻佔這一地區，没奕于、赫連勃勃等領千餘人亡命秦州（今甘肅天水），魏軍掠牛、馬、羊、駱駝等十幾萬頭，並徙其民於平城[48]。關於赫連勃勃從鄂爾多斯亡命高平的具體路線，史籍缺乏詳細的記載，但是這條道路的存在卻是毋庸置疑的，後來的魏軍可能就是沿着這條路追到了高平川，佔領了這個國際商道要塞，顯示出魏軍對於交通要塞的重視。但這一佔領是短暫的，魏軍沿着這條商道的推進是十分困難的，由於各種地方勢力交錯縱横盤踞在這一帶，以後幾十年中，魏軍始終未能有效地控制這條通道。赫連勃勃則在高平川襲殺没奕于，併其部衆自稱大夏王。天賜四年（公元407年），赫連勃勃在今陝西靖邊縣境内建立了著名的統萬城。始光二年（公元425年）赫連勃勃死了。第二年，魏太武帝拓跋燾率軍西征統萬城，獲勝後離去。始光四年（公元427年）六月，攻陷統萬城。據載，統萬城在陷落後，魏獲府庫珍寶、器物不可計數，馬、牛、羊幾百萬頭[49]，徙民萬餘家於平城。赫連昌被迫逃往上邽（今甘肅天水），後又回到高平一帶進行抵抗。魏軍也沿這條路追至隴東。同年九月，安定（今甘肅涇川）軍民舉城投降。赫連昌被擒後，衆又推赫連定爲夏王，退守平涼。神䴥四年（公元431年）十二月，魏世祖率兵親征平涼。守將社于等在大勢已去時，舉城投降，赫連定則單騎逃往上邽。平涼城的地理位置史籍多失載，從一些史實推斷，其地當距高平不遠[50]。據《舊唐書·地理志》稱：平涼，隋縣，治陽晉川[51]。隋之平涼縣與北朝平涼縣同爲一地。陽晉川，《元和郡縣圖

---

〔47〕《魏書》卷九十五〈劉衛辰傳〉，頁2055。

〔48〕《魏書》卷二〈太祖紀〉，頁39。

〔49〕《魏書》卷四〈世祖紀〉，頁72～73。

〔50〕居於高平的没奕于與居平涼的金熙經常聯合行動，相去當不遠。

〔51〕《舊唐書》卷三十八〈地理志〉，頁1407。

志》“原州”條稱：百泉縣西去原州（今寧夏固原）九十里[52]。該縣西南有陽晉川，以此推知陽晉川當是今涇水支流紅河，平涼應位於紅河流域，前述的新集北魏墓即在平涼附近。至此，魏軍已經完全控制了從平城到寧夏南部一線的全部地區。太延二年（公元436年）在今固原置高平鎮。太延年間所建立的著名北方六軍鎮，則完全保證這條道路在北方的安全。這條路是從平城出發，經呼和浩特附近的盛樂城，然後渡黃河，沿鄂爾多斯臺地，西抵統萬城，再從陝北南下隴東，最後到達高平。控制這條路的目的，是想溝通與西域諸國的交通貿易，得到中亞的奇珍異寶。從以後的事實可以清楚地印證這一目的。魏軍在佔據平涼、高平後，便窺視河西走廊。首先與盤踞姑臧（今甘肅武威）的北涼政權通好，再派使者出使西域。太延元年（公元435年），首次派王恩生、許綱等人出使西域，但中途受阻而還。太延三年（公元437年），又先後派遣侍郎董琬、高明等六批使節，携帶大量財物出使西域。這次出使大獲成功，不僅到達了烏孫，還到了費爾干一帶的破洛郡、者舌。待董琬、高明返回國内時，西域遣使“來貢獻者十有六國”[53]。《魏書·西域傳》載：

太延中，魏德益以遠聞，西域龜兹、疏勒、烏孫、悦般、渴槃陀、鄯善、焉耆、車師、粟特諸國王遣使來獻。

河西走廊中的沮渠北涼政權，受魏州封爲涼王，也嫁女和親。《魏書·西域傳》曰：

世祖每遣使西域，常詔河西王沮渠牧犍令護送，至姑臧，牧犍恒發使導路出於流沙。[54]

但其仍是北魏向西擴張勢力的一大障礙。太延五年（公元439年）魏公主中毒，北魏遣西域使者回經姑臧又聞沮渠牧犍有輕魏之意，這都成爲魏討伐北涼的借口，在宣佈的十二條罪狀中第四條是“知朝廷志在懷遠，固違聖略，切税商胡，以斷行旅”[55]。

太武帝率大軍從平城出發，御駕親征。攻破姑臧後，不但掃清通往西域的一大障礙，還得到了大量西域珍寶，整個“絲路”完全暢通起來。大月氏商人傳來了玻璃的製造方法，“自此中國琉璃遂賤，人不復珍之”[56]。《南齊書·魏虜傳》在描寫北魏平城宫殿的陳設用具時稱：

坐設氍毹褥，前施金香爐，琉璃鉢，金椀，盛雜食器，設客長盤一尺，御饌

〔52〕李吉甫《元和郡縣圖志》卷三，賀次君點校本，中華書局，1983年，頁58～60。

〔53〕《魏書》卷一百零二〈西域傳〉，頁2259～2260。

〔54〕《魏書》卷一百零二〈西域傳〉，頁2260。

〔55〕《魏書》卷九十九〈沮渠蒙遜傳〉，頁2207。

〔56〕《魏書》卷一百零二〈西域傳〉，頁2275。

圓盤廣一丈。[57]

其中有波斯的毛製品、羅馬或薩珊的玻璃器及薩珊或嚈噠金銀器皿。前述的考古發現已經證實了這些物品廣泛流傳於“絲綢之路”沿線。

北魏遷都洛陽後，高平至平城的這段道路便日漸衰落。但是高平仍然是西域通往洛陽的一個交通要塞。正光末年高平起義後，嚈噠國曾向魏貢獻一頭獅子，路經高平，爲起義首領万俟醜奴所扣押，並改年號爲神獸。後來起義被鎮壓，這頭獅子纔被送到洛陽[58]。這樣看來即便是高平地區發生了大規模的動亂，但是來往中原地區的西域使節，仍然是通過這一商道要塞到達洛陽，顯示出其不同凡響的重要性。

綜合以上的分析可以得知，北魏平城時期有一條商道貫通高平至平城之間，很可能在整個北朝時期這條道路都是暢通的。這條道路開通以後，北魏與西域諸國的交通貿易大大地加强了，西域使節不斷地湧入平城，使之盛況空前。中亞商人的各種奢侈品也源源不斷地運來，並且在沿途經過之處留下了衆多的遺蹟、遺物，甚至這種中亞風格也影響到了當地貴族的世俗生活，對中西文化交流産生了重要的影響。

〔57〕《南齊書》卷五十七〈魏虜傳〉，頁986。

〔58〕《魏書》卷一百零二〈西域傳〉，頁2279；《北史》卷四十八〈爾朱天光傳〉及《洛陽伽藍記》卷四等書亦載。

五　北周李賢墓中亞風格的鎏金銀瓶

從俄國大實業家史特洛格諾夫（Stroganov）在自己烏拉爾領地内發現第一件薩珊銀壺起，在以後的二百四十年間，世界發生了巨大的變化，特别是隨着百餘年來近代考古學的長足發展，新的薩珊銀器不斷問世。薩珊銀器的發現地點也不僅僅局限於烏拉爾地區或者中亞地區，在遥遠的中國大陸也陸續地出土這類物品，使世界波斯美術史家對薩珊銀器的内涵有了更深刻的認識。1983年深秋時節，考古工作者在寧夏固原南郊鄉深溝村，發掘了北周大將軍李賢夫婦合葬墓。這座墓葬雖經盗掘，但仍然出土各類遺物七百餘件。墓葬中發現的一批來自中亞、西亞的遺物，如鑲藍色寶石的金戒指、凸釘裝飾玻璃碗、中亞式環首刀和鎏金銀瓶等，引起中外考古、美術史學界的廣泛關注。其中有人物故事内容的鎏金銀瓶更是令人興奮，人們以異乎尋常的熱情談論着它的發現給研究薩珊系統金屬器所帶來的巨大貢獻。北周李賢墓的簡要報告已經發表〔1〕，雖然關於該墓的詳細報告仍然在撰寫之中，但是，一些學者仍然根據簡報撰寫了一批有相當分量的論文〔2〕。

（一）歷史文獻中有關“胡瓶”的記載

像北周李賢墓銀瓶這樣帶柄的瓶（ewer）（圖五·1），在中國古代史籍中稱作“胡瓶”。在中國古代文獻中，“胡”是一個相當廣泛的概念，一般泛指漢族以外的周邊民族。但是，這裏所稱“胡瓶”的“胡”字，顯然没有一般意義上“胡”字那樣廣泛，而是具

〔1〕寧夏回族自治區博物館、寧夏固原博物館《寧夏固原北周李賢夫婦墓發掘簡報》，《文物》，1985年11期，頁1～22。

〔2〕吴焯《北周李賢墓出土鎏金銀壺考》，《文物》，1987年5期，頁66～67；孫機《固原北魏漆棺畫研究》，《文物》，1989年9期，頁42～44；齊東方《中國古代的金銀器皿與波斯薩珊王朝》，葉奕良編《伊朗學在中國論文集》，北京大學出版社，1993年，頁51～55。

圖五·1　北周李賢墓出土鎏金銀瓶

體有所指。它實際指西域，包括今中亞和西亞的地區，甚至包含有遥遠的歐洲大陸。總之，在當時中國人的概念中，這是一種從西方傳過來的瓶。

中國人知道“胡瓶”有確切記載的年代大約是在西晉時期（公元265～318年）。《太平御覽》引《前凉録》曰：

張軌時，西胡致金胡缾（瓶），皆拂菻（原注：力禁切）作，奇狀，並人高，二枚。〔3〕

崔鴻《十六國春秋》卷七十二也有相類似的記載：

是時西胡致金胡缾（瓶），皆拂菻作，奇狀，並人高，二枚。

張軌統治河西地區大約從晉惠帝永寧元年（公元301年）開始，他所管轄的地區正是“絲綢之路”通往内地的咽喉要地，西方商團要想同中原地區進行貿易活動，必須經過張軌統轄的地區。“西胡”大約是中亞粟特人將“金胡瓶”作爲禮品貢獻給張軌，以求能够安全地經過這一地區。值得注意的是，“西胡”獻給張軌金胡瓶時，明確地告訴張軌這二枚金胡瓶的産地是在“拂菻”。有關東羅馬帝國開始年代，學術界争議很多，但更多的史書則以東西羅馬的分治爲東羅馬的開端。换言之，在張軌接受“拂菻”“金胡瓶”時，羅馬帝國尚未分裂爲東西羅馬。“拂菻”是羅馬帝國名稱的意見應該獲得支持〔4〕。當然，前提應該是《前凉録》的這條史料是可靠的。總之，羅馬帝國“金胡瓶”在公元4世紀初便沿着“絲綢之路”傳入中國。

十六國以後，東西方奢侈品貿易逐漸加大，中亞、西亞的金銀器作爲這種貿易活動的主要代表，連續不斷地出現在漢文史籍的記録之中。在相互戰争中，西域珍品實物一

〔3〕《太平御覽》卷七百五十八〈器物部三〉，中華書局影印本，1985年，頁3365上欄。

〔4〕關於“拂菻”原音及位置所在，東西方著名學者從20世紀以來便争論不休，使人們莫衷一是。基本的看法主要傾向於是東羅馬，他們認爲“拂菻”之名最早出現在《隋書·裴矩傳》《鐵勒傳》和《波斯傳》中。《隋書》卷六十七〈裴矩傳〉記載，隋煬帝時，西域胡商在張掖等地與中國進行貿易，裴矩掌管此事，“矩知帝方勤遠略，諸商胡至者，矩誘令言其國俗山川險易，撰《西域圖記》三卷，入朝奏之。其序曰：（略）發自敦煌，至於西海，凡爲三道，各有襟帶。北道從伊吾經蒲類海鐵勒部，突厥可汗庭，度北流河水，至拂菻國，達於西海”（頁1578～1579）。西海略相當於今之地中海。這樣的記載顯然較過去的史書更能提供詳盡的資料，研究者們主要是根據“拂菻”出現於《隋書》之中這一時間來確認，其名屬東羅馬。而我們所引《前凉録》在時間上早於《隋書》許多年，所記述張軌時代更要比裴矩時代早出三百年，如果這一記録可信的話，那麽中國人在西晉時就知道“拂菻”這一名稱，至遲在十六國時期。這一載録的發現無疑把“拂菻”一詞出現的年代提前了許多，也有助於搞清“拂菻”國的具體所指。將“拂菻”僅僅局限於是東羅馬的君士坦丁堡的名稱，有明確的不妥之處。公元330年，羅馬帝國皇帝君士坦丁把京都由羅馬城東遷到拜占庭，並將新首都改名爲君士坦丁堡（今土耳其伊斯坦布爾），這纔是東羅馬帝國的開始。也有人稱東羅馬爲後羅馬帝國或次羅馬帝國，主要意思是指晚於羅馬帝國或影響小一些。另外，林梅村亦發表了相同的意見，參見林梅村《洛陽出土唐代猶太僑民阿羅憾墓志跋》，氏著《西域文明——考古、民族、語言和宗教新論》，文物出版社，1995年，頁102。

再成爲掠奪的對象。魏始光四年（公元427年）六月，北魏大軍攻陷大夏都城統萬城，獲得府庫珍寶器物不可勝數，後又在討伐北凉的戰争中得到許多西域物品。征服龜兹等國時大量的西域珍玩流入内地〔5〕。西域小國也不斷向中原王朝進貢，《太平御覽》引《西域記》曰：

疏勒王致魏文帝金胡缾（瓶）二枚，銀胡缾（瓶）二枚。〔6〕

封疆大員也經常利用職務上的便利條件，來搜刮包括"胡瓶"在内的西域珍奇。據《洛陽伽藍記》記載，河間王元琛爲秦州刺史（今甘肅天水）時，曾"遣使向西域求名馬，遠至波斯國，（略）琛常會宗室，陳諸寶器，金瓶銀甕百餘口，甌檠盤盒稱是。自餘酒器，有水晶鉢、瑪瑙（杯）、琉璃碗、赤玉巵數十枚。作工奇妙，中土所無，皆從西域而來"〔7〕。

元琛所擁有的中亞、西亞金瓶、銀甕竟達百餘口之多。沿着這一思路，我們可以設想北周時期大將軍李賢所擁有鎏金銀瓶等諸多西域物品的來源。李賢曾長期控制敦煌一線"絲綢之路"要塞的大權，他本人亦不難通過商人獲得鎏金銀瓶這樣珍貴的薩珊系統金銀器。另外，在靠近北魏首都平城（今山西大同）附近一些中小型墓葬中也不時出土一些西域金銀器〔8〕，這表明薩珊系統金屬器在當時貴族階層中佔有相當重要的地位，擁有這類金屬器皿成爲當時一種流行的時尚。"高僑爲妻王江妃造木版"記，齊武平四年（公元573年）"故金胡甁□一量"〔9〕。

隋唐時期，金銀胡瓶作爲一種珍貴的物品，依舊是朝廷賞賜各類有功人員的物品。隋開皇年間，因大臣楊素有功，《隋書·楊素傳》記載：

拜（楊）素子玄奬爲儀同，賜黄金四十斤，加銀瓶，以實金錢。

後又多次受贈金銀器和珍寶等。

---

〔5〕參見前田正名《北魏平城時代鄂爾多斯沙漠南緣路》，《東洋史研究》31卷（胡戟中譯本載《西北歷史資料》，1980年3期、1981年1期），後收入氏著《平城の歷史地理學的研究》，風間書房，1979年，頁154～184；李憑等同名中譯本，書目文獻出版社，1994年，頁115～156。

〔6〕《太平御覽》卷七百五十八，頁3365。

〔7〕《洛陽伽藍記校注》卷四〈城西〉，范祥雍校注本，上海古籍出版社，1982年，頁207。

〔8〕《無産階級文化大革命期間出土文物簡介·大同南郊北魏遺址》，《文物》，1972年1期，頁83～84，圖十、二十八；出土文物展覽工作組編《文化大革命期間出土文物》第一輯，文物出版社，1972年，頁149～152；孫培良《略談大同市南郊出土的幾件銀器和銅器》，《文物》，1977年9期，頁68～75；馬玉基《大同市小站村花圪塔臺北魏墓發掘簡報》，《文物》，1983年8期，頁1～4；夏鼐《北魏封和突墓出土薩珊銀盤考》，《文物》，1983年8期，頁5～7；馬雍《北魏封和突墓及其出土的波斯銀盤》，《文物》，1983年8期，頁8～12，後收入氏著《西域史地文物叢考》，文物出版社，1990年，頁138～145；山西省考古研究所、大同市博物館《大同市郊北魏墓群發掘簡報》，《文物》，1992年8期，頁1～11。

〔9〕端方《陶齋藏石記》卷十三，宣統元年印本，頁6。

上賜王公以下射，素箭爲第一，上手以外國所獻金精盤，價值鉅萬，以賜之。[10]

初唐大將秦叔寶追隨李淵征戰多年，據《舊唐書·秦叔寶傳》載：

破尉遲敬德，功居最多。高祖遣使賜以金瓶。[11]

《舊唐書·李大亮傳》記載，李大亮出任涼州（今甘肅武威）都督時，治地有方，政績突出，唐太宗李世民下詔書褒揚。詔書最後寫道：

今賜卿胡瓶一枚，雖無千鎰之重，是朕自用之物。[12]

唐姚汝能《安禄山事迹》卷上載，唐玄宗賜安禄山“莊宅各一所，雜綵綾羅、金銀器物及聲音口等”。其中金銀器有“金鞍花大銀胡餅（瓶）四、大銀魁二併蓋、金花大銀盤四”。“考課之日，上考，禄山又自獻金銀器物、婢及駝馬等。金窑細胡瓶二、銀平脱胡平牀子二”。他又自獻“金窑細胡瓶”[13]。在外交活動中“胡瓶”則是向對方贈送時最好的禮品。《舊唐書·吐蕃傳》上載，開元十七年（公元729年）吐蕃國贊普向李唐王朝請和的上表中稱：

謹奉金胡瓶一、金盤一、金椀一、馬腦杯一、零羊衫段一，謹充微國之禮。金城公主又别進金鵝盤盞雜器物等。十八年十月，名悉獵等至京師，上御宣政殿，（略）及是上引入内宴，與語，甚禮之，賜紫袍金帶及魚袋，並時服、繒綵、銀盤、胡瓶，仍於别館供擬甚厚。[14]

太和中，尚書左丞王起進亡兄播銀胡瓶二百枚，玉及通犀帶、刀劍、器仗等[15]。元和十五年（公元820年）唐憲宗以李光顔功冠諸將之上。《册府元龜》記：

賜錦綵五百匹，銀瓶、盤等五事。[16]

唐代“胡瓶”也曾經進入一般的家庭生活之中，在阿斯塔那墓地150號墓中曾出土一批文書，有紀年的是貞觀十九年（公元645年）。有一件文書是西域人白某所記的雜器物名帳，即“唐白夜默等雜器物帳”，其中第十五行記有：

目張□胡瓶一枚。[17]

這種情況甚至一直持續至五代時期，敦煌文書P.2583“申年比丘尼修德等施捨疏”

〔10〕《隋書》卷四十八〈楊素傳〉，頁1285、1287、1288。

〔11〕《舊唐書》卷六十八〈秦叔寶傳〉，頁2502。

〔12〕《舊唐書》卷六十二〈李大亮傳〉，頁2388。

〔13〕姚汝能《安禄山事迹》卷上，曾貽芬點校本，上海古籍出版社，1983年，頁9。此“金鞍花大銀胡餅”中“餅”當爲“缾”字，即“瓶”之誤。

〔14〕《舊唐書》卷一百九十六上〈吐蕃傳〉，頁5231。

〔15〕《太平御覽》卷八百一十二，頁1739。

〔16〕《册府元龜》卷一百二十八，中華書局影印本，1982年，頁1541。

〔17〕國家文物局古文獻研究室等《吐魯番出土文書》第六册，文物出版社，1985年，頁50。

圖五·2　日本奈良正倉院藏漆胡瓶
（採自《正倉院寶物特別展》，1981年，頁29）

記：

二月五日，宰相上乞心兒福田入僧壹拾伍兩金花［銀瓶壹］、拾兩銀瓶壹、上錦壹張。[18]

"胡瓶"的質地一般爲銀，也有一些認爲是金質、銅質，極個別的是漆之類質地，日本奈良正倉院收藏的"東大寺獻物賬""國家珍寶賬"（公元750年）記有：

漆胡瓶一口，銀平脱花鳥形銀細鏁連繫鳥頭蓋受三升半。[19]

這件漆胡瓶現爲正倉院所收藏（圖五·2）。

突厥等騎馬民族也十分喜愛來自薩珊系統的金銀器。根據彌南（Menandre）的《希臘史殘卷》記録，公元5世紀中葉東羅馬使臣贊馬爾克（Zemarque）拜見突厥可汗室點密（Dizaboul）時，看見可汗卧室之中就陳設有金瓶等大量金銀器[20]。

歷史文獻記載中給我們所提供的有關"胡瓶"的材料是令人興奮的。它清晰地表明，這種珍貴的金銀器在西方傳入中國的整個奢侈品中佔據十分重要的地位。上至皇家宫廷，下到貴族大臣，乃至平民百姓都非常喜歡這類"胡瓶"，以至於産生像元琛那樣不遠萬里前去本土求購的收藏家。從這個意義上去看待北周李賢墓出土鎏金銀瓶可以發現，它的出土絶不是偶然的，與當時崇尚薩珊系統金銀器的社會風尚有着密切的關聯。

〔18〕張亞萍、娜閣《唐五代敦煌的計量單位與價格换算》，《敦煌學輯刊》，1996年2期，頁40～44。其他敦煌文書，如《王昭君變文》中有"一百里鋪氍毹毛毯，踏上而行，五百（里）鋪金銀胡瓶，下腳無處"（王重民等《敦煌變文集》上册，人民文學出版社，1984年，頁104）。

〔19〕東京國立博物館《正倉院寶物特別展》，便利堂，1981年，頁29～30。

〔20〕Menardre《希臘史殘卷》，轉引自沙畹《西突厥史略》，《西突厥史料》，中華書局，1957年，頁212～213。

（二）鎏金銀瓶圖像解説

銀瓶通高 37 厘米，細長頸，鴨嘴狀流，腹部圓鼓，環形單把，高圈足，銀質地表面鎏金（圖五・3），現將其細部一一描述如下。

（1）銀瓶口緣

和其他銀瓶一樣，這件銀瓶也有一個鴨嘴狀的流，俯視時呈桃形，上圓下尖，長徑 8.97 厘米，短徑爲 3.96 厘米，口邊沿呈方形，側視時可看見 0.27 厘米的窄邊。

（2）銀瓶頸部

頸部上細下漸大，頸高 6.45 厘米。頸部共有二十一條凹槽，凹槽並不是全部鎏金，而是有規律地間隔鎏金。頸部與腹部連接處有十三顆凸起的聯珠。聯珠本身似乎没有經過鎏金，每顆聯珠的直徑約爲 1.5 厘米。

（3）銀瓶腹部

腹部上細下逐漸加大呈圓鼓狀，然後再内收，與臺座相連，最大腹徑爲 12.8 厘米。頸、腹相連的聯珠紋下飾有一周三角狀的葉紋，葉紋共有十四片，每片三角形上都刻有四條弧形竪線，以三角形尖爲軸線，每兩條方向相反。葉片之間有一凹點，葉片之上未鎏金。

瓶腹部打押着六個人物，人物爲半浮雕狀，明顯具有故事情節，每兩人爲一組。以瓶的柄手爲界限，可以分爲 A、B、C 三組。柄部左起爲 A 組，中間爲 B 組，靠右爲 C 組（圖五・4）。

A 組人物爲一男一女相對而立（圖五・5）。左側是一女子，面向朝左，側身頭微低，右脚着地，腿略彎，背景似有石塊。右腿也彎曲，似踩踏於一石頭之上。左手曲指搭在右腿之上，右臂前伸，被男子從腕部握住，拇指稍下曲，其餘指也略彎。頭髮較長，呈波狀曲卷，後梳至腦際有一髮髻，有一縷長髮搭在頸部。前額之上束有一髮帶，髮帶從腦後髮髻中穿過。從髮帶扣髮髻的弧度來看，髮帶似乎由金屬製成。其前有五枚圓環狀物作爲裝飾品。頷首，眼睛圓睁，蠶眉，鼻高而直，雙唇微合，神態十分安詳。上身着披肩，披肩的一端從前胸飄下，質地非常柔軟，而且很薄，透過披肩可見身體；另一端從身後搭下，右肩上有衣褶，腹部似裸露。臀部略上似繫一腰帶。其下身穿一長裙，裙褶從腿部依形體緩緩而下，雙腿清晰可見。足蹬一雙軟靴，脚腕部束一道皮帶，另一道皮帶從靴底繞過，在踝部打有一圓形帶結。右側爲一青年男子，面朝左，側身與女子相對，似作行進狀。頭戴一硬盔帽，盔帽頂爲圓形，上飾有葉狀紋飾，可看

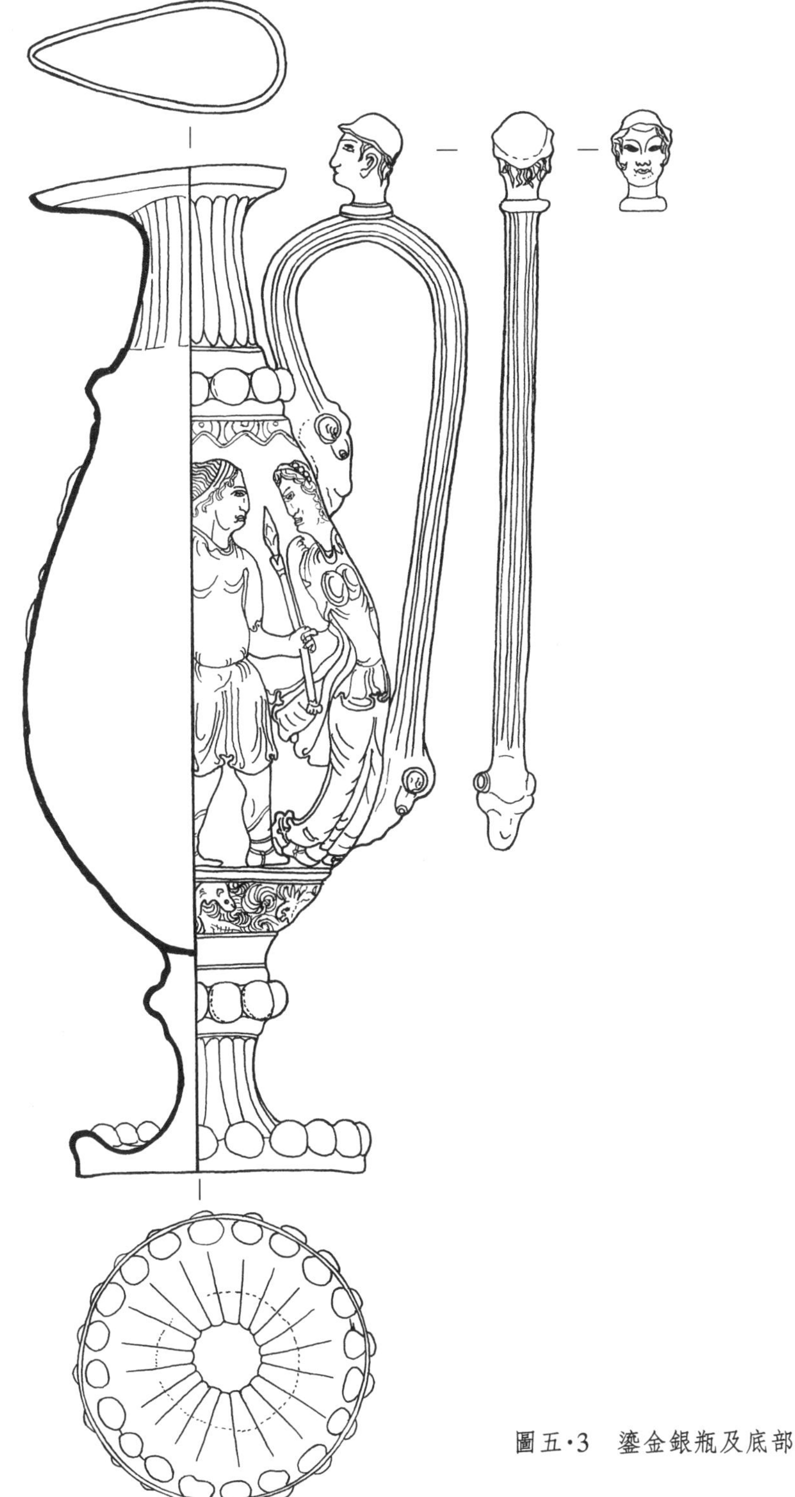

圖五·3　鎏金銀瓶及底部線描圖

圖五·4　鎏金銀瓶腹部圖案展開圖

圖五·5　鎏金銀瓶腹部A組人物圖案

圖五·6　鎏金銀瓶腹部B組人物圖案

見的有兩片。帽有較寬的邊沿，前沿齊平一折，後沿同前沿亦垂折。頭髮卷曲，盔帽後沿下露出披髮。左耳外露，圓眼，高鼻，鼻梁略呈弧形，雙唇閉合，表情自然。身穿披風，下襬垂至臀部，前面在頸部有一圓形結扣。頭雖側向左面，但身體卻呈正面狀，裸體。右手上曲，食指、中指平直托在女子的下頜部，無名指與小指後曲，左手稍前彎伸，握女子右手腕部，小指在握時並不很緊，稍上翹，兩臂的肌肉發達。前胸略凸，露出右側乳頭。腹部凸起十分明顯，呈鼓圓形，肚臍凹下，上下左右有十字狀凹槽。生殖器外露，上刻陰毛。左腿彎曲抬起，腳尖着地，右腿雖也腳尖着地，但似乎支撑着全身。腿部肌肉飽滿，每個關節部位皆雕刻得非常明顯，顯示出粗壯有力的樣子。足蹬靴，皮靴爲半高筒，靴筒上有花邊，前高後低，靴底平，無跟。男子的背後也有一塊石頭作爲背景。

B組亦爲一女一男相對而立（圖五·6）。左側爲一青年女子側身站立，頭髮梳成波浪狀大卷。前戴一花冠，頂呈三角形並向上後翹，似爲金屬製成。腦後有一髮帶將頭髮束起。耳朵上帶有一耳環。耳環由三部分組成，上兩節爲環形，下爲圓片。大眼圓睜，直視對方。蠶眉，高鼻，雙唇微合，神情安詳。身穿一件小領或圓領的套衫，套衫很薄，可以看見前胸凸起的乳房，圓乳上刻有圓形弦紋。下繫一帶，帶上有圓形扣。除去兩條帶向兩側束外，還有兩條帶向下斜束。套衫是短袖，袖襬沒有超過上臂。她右手上屈前伸，拇指與食指拿一小圓球，小指翹起。左手則上彎，用食指指着自己下頜，似在訴說。下身穿一貼身長裙，裙襬至腳腕部，裙子很薄，故人物的臀部顯得非常豐滿。足部也穿軟鞋，三條皮帶在踝部打一圓形扣結。右腿略彎，足尖着地。左腿較直，踩地，是重力的支撑點。

右側爲一青年男子，他的髮型是由頭頂向下梳理，至前額，耳際向腦後有一卷髮盤繞。圓眼前視，寬眉，高直鼻梁，鼻尖略向下弧，雙唇緊閉合。右手前伸，緊握一物品。物品上圓下尖，上刻弦紋。右手與女子左手緊靠，好像準備將所執之物遞給女子。左手也上曲緊握一物，物品形狀同右手所執物大致相同，可能是同一種物品。上身穿圓領套衫，套衫亦爲半袖，不過後披很長，似從後背繞下，飄至身前。腰束一帶，下身似着一短裙，腳上則與A組男子一樣穿一半筒皮靴，靴筒上仍有花瓣狀裝飾，衹是左腳靴後花瓣凸起更爲明顯。右腳前着地，左腳在後，脚尖觸地，呈行走狀，背景亦有一塊大石頭。

C組也是一男一女相對站立（圖五·7）。右側爲一青年男子，身體呈正側面，頭向左呈完全側面狀。頭髮的梳法與B組男子非常相似，也是由頂部向四面分梳，前額向後留一周卷髮，卷髮將耳部完全掩蓋起來。所不同的是他的頭上束有一條髮帶，髮帶前寬後稍窄，上有弦紋，從腦後頭髮中穿過。眼睛睜得較大，鼻高而直，鼻孔似可見，神情

圖五·7　鎏金銀瓶腹部C組人物圖案

圖五·8　鎏金銀瓶腹底圖案（局部）

嚴肅。身穿圓領套衫，與B組男子服裝很相似，套衫很薄，亦爲半袖，領口稍翻，胸部肌肉可通過衣服看出。這種衣服上衣與褲連在一起，較爲寬鬆。腰間束一條腰帶，很容易使人産生誤會，如原報告作者觀察爲一條短褲，其實是和上衣連在一起。他右手下有一塊盾牌，盾牌上大下小，上部圓，下略呈弧形，盾上沿刻有一周波紋，中刻一橢圓形，中央的紋飾爲上下均呈楔形，中間細長，兩邊刻有牙狀紋。令人奇怪的是從圖形上看他是在拄着盾牌，但是盾牌之下並没有其他支撑物，也就是説盾牌是懸空的，他應該在握着盾牌。左手前屈執一矛。矛應該屬一中型矛，矛鋒呈三角形，柲與矛葉連接處凸起，矛葉應是插在柲之上，而不是渾體鑄成，柲的下端有一圓形柄，是典型的西方式矛。其左腳在前，右腳在後，呈行走狀。腳上穿的是軟皮靴，這時我們纔看清楚這種皮靴的式樣，半高筒靴，筒前高後低，邊沿有一條寬邊，中部亦有一條帶飾，腳腕下有兩條皮帶，另一條皮帶從腳底穿過，腳踝部有一圓形扣節。右側爲一青年女子，整個身體呈向側面前行狀，上身扭腰作正面，作回首談話狀。頭梳波狀卷髮，腦後有三個小髮髻。頂戴一個花冠，花冠的葉瓣不像B組女子那樣翹起，而是緊貼頭髮，冠帶由腦後髮髻中穿過。蠶眉，竪目，直鼻梁，雙唇微合，下頜尖圓。右手上彎用食指指着自己，左手端着一個盒子。盒子上爲三角形，下爲方形，上面飾有幾條竪道。上身穿圓領緊身服，乳房圓而凸起，刻有兩道圓圈。細腰，似束一帶。服裝雖爲半袖，但是卻有一個很長的披風，並由身後向前飄。下身穿一長裙，裙身較寬，但很薄，兩腿的輪廓可明顯看出。裙上有很多皺褶，下襬垂至腳腕部。與男子一樣，足穿繫有皮帶，並在踝部打結扣的軟靴。

（4）銀瓶腹底部

銀瓶腹部人物腳下有一條寬約 4.5 厘米的弦紋，弦紋下有一周雕刻出的圖案，寬 2.75 厘米（圖五・8）。圖案主要由兩隻似虎的怪獸組成。怪獸衹有頭部較爲清晰，圓眼怒睜，嘴吻部短而粗，兩隻耳朵大且直竪，前腿僵伏在地。整個身體已經完全變形，由渦紋和波紋構成。另一隻怪獸與之情况基本相同。它們中間有幾個大小不等的圓形渦團紋，在渦團紋中有一條翻身躍起的魚。這條魚表現得較爲寫實。圖案完全由剔刀刻畫而成，没有鎏金。圖案下面是一條素面帶，也未鎏金。

（5）銀瓶臺座

銀瓶的臺座是一個高圈足，瓶腹與臺座連接處先有一周鎏金，然後飾一周聯珠紋。凸起的聯珠有十枚，表面没有鎏金。聯珠下的頸部爲凹槽，凹槽上細下隨臺座逐漸變寬，有二十條凹槽。鎏金也很有規律，不是全部鎏金，而是每隔兩條鎏金兩條。臺座的底面上也是一周聯珠紋，凸起的聯珠共有二十枚。臺座的直徑爲 8 厘米，高爲 6.6 厘米。

圖五・9　鎏金銀瓶把手上的人物形象

（6）銀瓶把手

銀瓶把手高 22.5 厘米，上端焊在銀瓶的上腹部，下端焊在銀瓶的下腹部（圖五・9）。有人認爲腹部人物故事的連續性並没有考慮到把手的存在[21]，但實際情況並非這樣，把手的位置巧妙地避開了畫面，没有破壞畫面的完整性。上端爲一羊頭，圓耳，眼垂視，神態安詳；下端也是一羊頭，衹是較上端稍短一些。把手基本上彎曲成桃圓形狀，上大下小，便於持握。把手亦鑄有凹槽，共有八條，鎏金是每隔一條鎏金，每條寬 0.4～0.55 厘米不等。把手的頂端有一人頭像，爲渾體押成。頭戴圓形帽子，帽基本貼髮，邊沿部分爲一周花牙。帽下露出頭髮，頭髮卷曲，未梳任何髮式。有五條卷髮，貼在雙鬢及腦後。雙眼很大

〔21〕 A. Cavpino and M. James, Commentary on the Li Xian Silver Ewer , *Bulletin of the Asia Institute* Vol.3, 1989, pp.71～75.

且外凸，眼珠尤其明顯。高鼻梁，鼻準較厚。雙唇豐厚。沿部有花楞，沿楞有六瓣，後片較長，貼於腦後。耳朵較大，顯得有些不合比例，人頭高 3 厘米，寬 2 厘米。頸下置有一圓形小平臺座托起人頭，平臺直徑 1.6 厘米，高 0.5 厘米。

（三）鎏金銀瓶人物故事所表現的内容及藝術風格

1. 鎏金銀瓶人物故事内容的辨釋

關於鎏金銀瓶上的人物故事畫内容的辨釋工作經歷了一個相對漫長的階段。實際上，最初研究銀瓶上人物故事内容的是吴焯，他在題爲《北周李賢墓出土鎏金銀壺考》一文中，對畫面可能存在的内容進行若干推測。這篇文章最初用中文發表在 1987 年第 5 期的《文物》月刊上，以後又被譯成英文〔22〕。結論簡而言之是認爲此係一幅希臘或羅馬連續描寫情人送别戰士出征的畫面。這裏採用筆者的分組辦法説明。A 組似是出征前夜閨房情戀的場面。B 組當爲次晨的明誓告别。C 組男子已經穿戴整齊，束好髮帶，手中持矛和盾，準備出發。此時女子手托象徵愛情和勝利的碗（或木盒），向他祝福。應當承認，雖然吴焯進行了有益的考釋，但在詮釋畫面内容時並没有達到理想的程度。他顯然認定三組人物實際上是同一對男女情人，不過是在不同場景下的不同表現。但是，通過仔細地觀察實物，似乎並不能得出三組人物屬於同一對青年男女的結論。B 組中的男子與 C 組中的男子裝束相同，形象近似，但鞋卻不一樣。A、B 兩組男子裝束不同，卻穿有相同的鞋。但這兩組中的女子形象明顯是兩個人。A 組中的男子又與 B、C 組中的男子顯然不屬於同一個人，有趣的是 A 組中的女子與 C 組中的女子似乎同屬一人。總之，吴焯的考慮僅此一點也難以令人信服。此後，另外一些學者也有文章涉及此鎏金銀瓶〔23〕，令人遺憾的是他們並没有再涉及畫面的故事内容。吴焯文章發表不久，卡卜奥（A. Carpino）、詹姆斯（M. James）共同發表一篇論文，對吴氏結論進行駁難〔24〕。他們的結論是，吴焯的解釋實際上爲得出確切答案增加了更多的問題。銀瓶故事所表達的思想是混合了羅馬與薩珊王朝思想形成的，畫面中的每一組人物可能與其他兩組並没有特殊的聯繫。其没有對故事的内容有準確的解讀，衹是對一些物品提出看法，如認爲 C 組女子所持的盒子大約是一個聖餅盒（Pyxis）；B 組中男子所持的兩個水果大概是石

〔22〕 Wu Zhuo，Notes on the Silver Ewer from the Tomb of Li Xian，*Bulletin of the Asia Institute*，Vol.3，1989，pp.61～70.

〔23〕 孫機《固原北魏漆棺畫研究》，頁 38～44。

〔24〕 A. Carpino and M. James，Commentary on the Li Xian Silver Ewer，pp.71～75.

榴（Pomegranate），男子以石榴向女子求愛，可能是當時的一種時尚或儀式。

1989 年，俄羅斯聖彼德堡艾爾米塔什博物館傑出的金銀器專家 B. I. 馬爾薩克（B. I. Marshak），在日本京都《古代文化》第 41 卷第 4 號上發表一篇研究鎏金銀瓶的論文[25]。在這篇論文中，馬爾薩克充分地論述了銀瓶上三組人物所代表的内容。文章雖然非常簡短，但畫面内涵都獲得了有力的解釋。B 組人物中女子爲愛神阿芙羅狄蒂（Aphrodite），她面前站着的青年男子是帕里斯（Paris），所表現的内容是希臘神話中著名的“帕里斯裁判”。阿芙羅狄蒂手中没有拿東西，是因爲她還没有最後拿到“金蘋果”，那麽帕里斯手中的東西就是金蘋果了。畫面中用一位女神代替了三位女神。C 組是表現帕里斯劫持美女海倫（Helena）時的情景，海倫正準備擡脚上船，而工匠們省略了帕里斯的船。A 組的情節可能是海倫回到其丈夫墨涅拉俄斯（Menelaus）身邊的場景。對於銀瓶中間畫面並没有多少異議，其餘兩幅畫面馬爾薩克轉述了艾爾米塔什博物館另外一名研究希臘羅馬寶石的專家 O. 内季摩洛夫（O. Negemerov）的意見。他認爲 C 組中那位舉盒子的女性可能是厄里費勒（Eriphyle），盒子裏裝的是波里尼克斯（Polyicus）賄賂厄里費勒的哈耳摩尼亞項鏈。這一故事在古代西方藝術中多有記述，那麽持矛和盾的男子應當是波里尼斯或者安菲阿喇俄斯（Amphiraus）。圖爲後者的妻子厄里費勒送丈夫出發參加著名的七將攻忒拜（Seven against Thebes）戰争時場景。也有人認爲持盾和矛的男子是阿芙羅狄蒂的情人阿瑞斯（Ares），但他對面的女子却無論如何不像阿芙羅狄蒂，而且手中舉着一個盒子也得不到充分的解釋。另一種説法認爲 C 組人物中的那名男子與其説是帕里斯倒不如説是阿芙羅狄蒂的另一位情人赫耳墨斯（Hermes）更典型。阿芙羅狄蒂曾指望赫耳墨斯追回被宙斯（Zeus）的鷹偷去的一隻金鞋子。有許多雕像表現阿芙羅狄蒂手提一隻金鞋，很可惜在 C 組畫面中並不存在這樣的細節。那位女子並没有在繫鞋子，而是手扶着膝蓋。因此，筆者感覺到在以上所有對銀瓶故事畫面的解釋中，馬爾薩克的説法最具有合理性。

2. 鎏金銀瓶人物故事所表現的藝術風格

西方人大多數美好的情趣，都是希臘化時期的産物。現代人類尤其在東方對於希臘化影響世界的瞭解和理解，不僅不够而且也十分有限。鎏金銀瓶上的人物故事實際上表現了中世紀早期西方古代藝術在東方地區的滲透傳播。其故事内容取材於古希臘神話，在藝術風格上明顯帶有希臘、羅馬烙印。仔細地觀察鎏金銀瓶上的人物服裝可以發現，他們基本上是希臘式的。希臘、羅馬時期，服飾大多採用亞麻布，少數使用毛料及後來

〔25〕B.I.マルシヤク、穴沢咊光《北周李賢墓とその銀製水瓶について》，《古代文化》，41 卷 4 號，1989 年，頁 49～57。

由東方傳入的絲綢。銀瓶上婦女穿的希臘風格的服裝稱之爲“希通”（Xijwv），僅穿這種衣服的人被稱之爲 uovoneyot[26]。服裝的褶紋流暢、明快，應該是亞麻布製品。不過希臘女神所穿衣服的質地，除去亞麻製品，還應受到注意的是絲綢製品。西方在公元紀年以前就獲得了由東方傳入的絲綢。克里米亞半島庫羅巴（Kuloba）出土公元前 3 世紀希臘象牙板上的繪畫“帕里斯裁判”中，透明的絲綢織物將女神的乳房、肚臍完全顯示出來。銀瓶上的人物服裝質地當然也不能排除絲綢製品的可能。希臘婦女一般是束腰的，她們認爲這樣可以使自己的身體苗條勻稱，保持優美的體形。所使用的束腰一般都很高，在乳房以下的地方，荷馬（Homer）史詩中稱之爲“高繫腰帶者”，這成了希臘婦女的別號。銀瓶 B 組中阿芙羅狄蒂的胸部即束有這樣一條腰帶，中間有一圓扣，圓扣下有兩條小斜帶，起固定作用。阿芙羅狄蒂右手擡起，拿一小圓球，這樣的動作擋住了視線，使我們無法瞭解其腰部的情況。筆者的意思是一般希臘羅馬時期的阿芙羅狄蒂（羅馬稱維納斯 Venus）像，都繫有兩根腰帶，一根在乳房以下，而另一根則在腹部下面。後一條腰帶一般繫得很低，是維納斯所獨有的繫法，繫的位置在臀部或略上一點，被詩人們稱作“維納斯腰帶（yirdle Venus）”。維納斯頭上戴的是她自己的那頂著名的花冠。其他人物身上穿一種套衫，希臘人稱之爲“彼普隆”[27]。這種衣服最重要的特點之一，是在下垂時形成許多波形衣褶。領部一般是圓形的，短袖，人穿上之後，有半截胳膊是裸露在外的，前後襟片垂感很好，十分寬鬆。

銀瓶人物腳上所穿的鞋子，也值得注意，可以分爲兩種式樣。A 組中的墨涅拉俄斯與 B 組中的帕里斯均穿花腰短靴，靴筒呈前高後低的花瓣狀。A 組墨涅拉俄斯的靴筒前部顯然被誇張了許多。第二種鞋的式樣不分男女都穿，也是平底。女性的鞋由於裙下襬遮住看不見其全部結構，但根據 C 組的帕里斯我們瞭解了全部。這也是一種短筒靴，靴筒中勒有一條皮帶，靴底和腳腕部有三條皮帶相勒，在踝部有一個圓形扣結。這種鞋的繫法早在古希臘時期就有，爲後世所承襲，並且很早就傳入中亞地區。

阿富汗發現的受希臘化影響的貴霜國王閻膏珍（Kushāṇa）（公元 125～129 年）石刻像上就見有這種皮靴[28]（圖五・10）。薩珊時的王室，貴族也穿用這種風格的皮靴。收藏於艾爾米塔什博物館（Hermitage Museum）的一些銀盤上的薩珊王、王子形象，如獵羊卑路斯（Peroz）銀盤（圖五・11）、沙普爾三世（Shapar）獵豹銀盤

〔26〕温克爾曼《論希臘人的藝術》，邵大箴譯，《世界藝術與美學》第三輯，1984 年，文化藝術出版社，頁 344～363。

〔27〕温克爾曼《論希臘人的藝術》，頁 344～363；另參見荷馬《伊利亞特》，陳中梅中譯本，花城出版社，1994 年，頁 18。

〔28〕參見樋口隆康《ティラ テペの遺寶》，《仏教芸術》，137 號，1981 年，頁 128，圖 21。

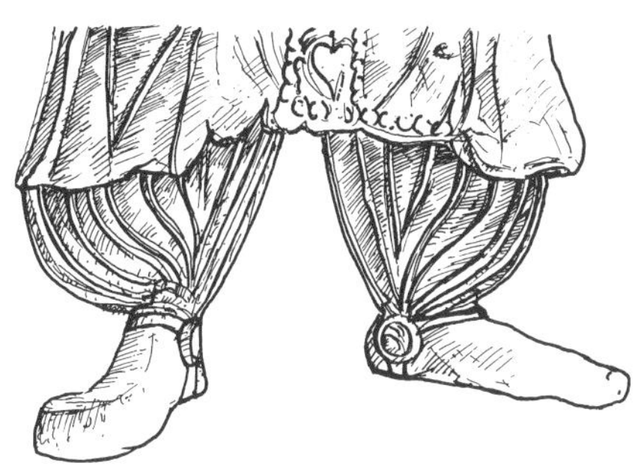

圖五·10　貴霜王閻膏珍石像（局部）
（據《仏教芸術》137號，1981年，頁128，圖21繪）

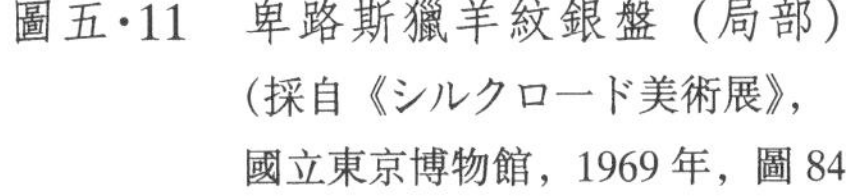

圖五·11　卑路斯獵羊紋銀盤（局部）
（採自《シルクロード美術展》，
國立東京博物館，1969年，圖84）

及王子狩獵銀盤〔29〕中的人物均穿這種扣有皮帶的靴子。總之，這是一種不分男女都可以穿的皮靴。

現在讓我們再來看一下人物手中所拿的東西。B組中帕里斯雙手各拿一個鱗片狀的物體，明顯就是引起“特洛伊之戰”的金蘋果，但形狀已經在傳播過程中產生巨大的變異，没有蘋果的形象，而且由原來希臘時期的一個變爲兩個，多出來的一個毫無疑問是傳到東方以後，東方的工匠們由於不大懂得希臘、羅馬神話的真正含義而隨意添加上去的。傳出伊朗吉蘭省的鎏金銀瓶上有一周人物，據認爲是阿那希塔女神〔30〕（圖五·12）。女神C像的右手拿有與固原鎏金銀瓶上帕里斯金蘋果很相似的東西，表明東方工匠在處理相似物品時具有某種程序化的習慣。C組中海倫左手托着一個盒子，這個盒子中盛裝着海倫隨身携帶的珠寶之類。盒子的上部呈三角形，下面是長方形，其形制也與前阿那希塔女神瓶上的女神C像左手托的盒子及女神I像右手舉的盒子非常相似，表明它們是受同一風格的影響。

這件銀瓶雖然表現題材完全是古希臘神話内容，但在一些藝術細節上似乎缺少古希臘浮雕、雕塑中那些强健的體魄、温和的目光、優美的曲線。在希臘人的審美中，成年人的力量與優美的青春期温柔在形式上結合在一起。帕里斯往往被描繪得十分年輕，

〔29〕參見A．U．Pope，*A Survey of Persian Art New Edition* Vol. II Chapter 33，J．Orbeli，Sasanian and Earlg Lslamic Metalwork，Tokyo，1981，pp.716～770；ibid，Plates，Vol. VII.

〔30〕參見深井晉司《アナーヒター女神裝飾鍍金銀製把手付水瓶——所謂‘胡瓶’の源流問題について》，氏著《ペルシア古美術研究·ガラス器·金屬器》，吉川弘文館，1968年，頁145～166。

圖五·12　德黑蘭考古博物館藏鎏金銀瓶腹部阿那希塔女神像

（據《ペルシア古美術研究·ガラス器·金屬器》，吉川弘文館，1968 年，黑白圖版 61 、62 繪）

而不像阿波羅之神那樣成熟，銀瓶上的帕里斯年齡似乎大一些。希臘、羅馬雕刻中一再被表現的唯美傾向，如筆直的鼻子也被淡化了許多。總之在這件銀瓶上，許多希臘化的風格都被淡淡地温柔化了，男人似乎缺少陽剛激情，女人則少那麼點嫵媚妖嬈。由於銀瓶本身視覺上的差異，身體甚至有許多變形，即使經驗豐富的美術專家在繪製它的線圖時，也難免會留下一些遺憾。當然我們不能完全採用希臘、羅馬的雕刻標準去苛求這件作品，因爲它畢竟是一件東方的產品，在表現人物時有的部分已經東方化了。如 B 組中阿芙羅狄蒂和 C 組中的海倫的乳房凸起呈半球形，上面有兩道圓圈，這種處理方法完全是印度雕刻藝術的表現手法。類似的表現形式對於中亞、西亞的雕刻藝術產生重要影響，前述阿娜希塔女神瓶上的女神乳房也被處理成同樣的形式。當然我們在這件銀瓶上首先看到的應該是希臘文化對於世界所產生的巨大影響，東方藝術品中反映出希臘化影響的無疑首推這件獨一無二的藝術珍品。

（四）鎏金銀瓶的形制及產地

鎏金銀瓶從外觀上來看是一件十分典型的具有薩珊王朝金屬器風格的器物。這種高圈足帶有流線形把手的容器，嚴格追究起來是典型的希臘、羅馬風格的製品。羅馬式樣的這種“梨”式（Pear-shaped）壺身、高圈足、拱形手柄的壺，最初產生於公元 1 世紀，有陶、玻璃製品[31]。例如容器流口被稱爲“流頓”，是從希臘語“流出”派生出來的。注水口的造型據認爲在模仿動物的上半身形象[32]。羅馬帝國時代的陶器、玻璃器較多採用了這種形式。公元4世紀以後，巴克特里亞（即後來的Tokharistan）地區出現帶把高圈足銀瓶，所以在馬爾薩克的眼中，這件銀瓶實際上被看成希臘或羅馬銀瓶的復製品。

下面讓我們分别來看一下鎏金銀瓶的各個部分。金屬容器頸部帶凹槽，被認爲是薩珊系統的特徵之一。艾爾米塔什博物館收藏有一個雙嘴水罐，通體均飾有凹槽[33]。日本美穗博物館（Miho Museum）收藏有一件青銅質地的鎏金瓶[34]（圖五・13），細頸，僅就造型而言，與固原鎏金銀瓶完全相似。頸部與腹部連接處也有一周凸起的聯珠紋樣，腹部也完全由凹槽構成，在外觀上構成一種纖細流暢的感覺，這也許正是薩珊系統金屬瓶運用凹槽作爲裝飾的目的所在。類似的遺物還有很多，日本岡山東方美術館中亦收藏有一件薩珊白銅長頸瓶[35]，也是採用凹槽裝飾。這種凹槽裝飾使人們很容易聯想起古希臘建築中使用凹槽作爲圓柱柱身的裝飾。吴焯甚至認爲，“整個銀壺可以看作一個變化了的愛奥尼亞式圓柱”[36]。這實際上是對愛奥尼亞（Ionic）柱式理解上産生某種誤會所造成的。衆所周知，古希臘神廟建築藝術中，一種主要的營造形式是使用列柱來構成大殿内的走廊。列柱主要有三種形式，除去愛奥尼亞柱式外，較普遍的是陶立安（Doric）式，還有一種稱科林斯（Corinthian）式，後者是由前一種發展而來。三類柱式風格的主要區别在於柱頭的裝飾風格不一以及處理過梁的方法不同[37]，柱身都由凹槽構成。如果説銀瓶吸收希臘柱式風格，那麽也不是單純的愛奥尼亞柱式。希臘凹槽柱式風格早在公元前5世紀的阿黑門尼德王朝時期就傳入波斯地區。大流士一世在帕賽波里斯王宫的圓柱就採用這種柱式。鎏金銀瓶上的凹槽毫無疑問是受希臘柱式風格影響的結果，瓶頸、臺座以及把手上凹槽形式是相同的。希臘柱式凹槽一般都有一定數量規定，根據建築時代的不同變化也不一致，大多在十六條至二十四條之間。銀瓶上最多的爲二十一條，把手上僅有八條。銀瓶頸、腹部及臺座的連接處，都飾有一周凸起聯珠紋，這種情況廣泛地存在於薩珊系統的金屬瓶上。艾爾米塔什博物館收藏有一件薩珊銀瓶[38]，

〔31〕田辺勝美《シルクロードの貴金屬工芸》，有限會社シマブレス，1981年，頁34。
〔32〕A. Carpino, M. James, Commentary on the Li Xian Silver Ewer, p.72.
〔33〕A. U. Pope, *A Survey of Persian Art New Edition*, Vol.VII, p.244.
〔34〕Miho Museum編《Miho Museum・南館目録》圖版54，1997，滋賀，頁116、117。
〔35〕田辺勝美《シルクロードの貴金屬工芸》，頁48，圖34。
〔36〕吴焯《北周李賢墓出土鎏金銀壺考》，頁66～67。
〔37〕參見譲瑞斯・佰腊《古典希臘》，紐約時代公司，1979，頁58。
〔38〕A. U. Pope, *A Survey of Persian Art New Edition*, Vol.VII, p.216B.

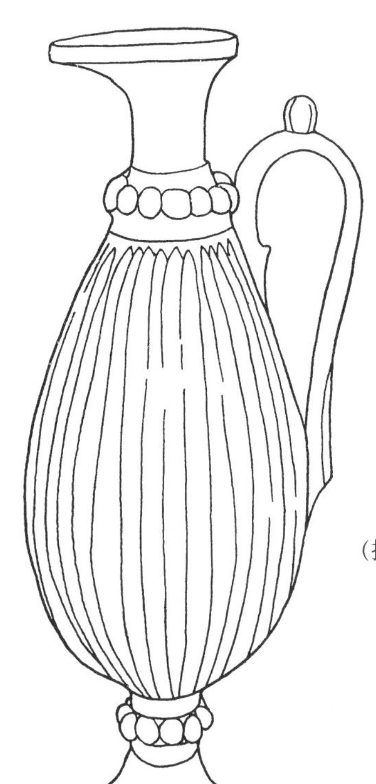

圖五·14 艾爾米塔什博物館藏薩珊宴飲圖銀盤（局部）
（採自 A．U．Pope，*A Survey of Persian Art New Edition* Vol.VII，p.230B）

圖五·13 日本美穗博物館藏薩珊鎏金銅瓶線描圖
（據 Miho 博物館《南館圖録》，1997 年，圖版 54 繪）

其頸、腹交接處有一周聯珠紋。與之形狀完全相同，收藏於日内瓦歷史美術博物館的銀瓶頸、腹處亦有一周聯珠紋〔39〕，不過銀瓶的主要圖案是半裸的女神。日本石黑夫婦亦藏有一薩珊時期的鎏金葡萄紋銀瓶〔40〕，其頸、腹連接處也是一周聯珠紋。由於銀瓶的臺座已殘，估計腹部與臺座連接處也是聯珠紋樣。雖然固原出土的這一鎏金銀瓶某些局部特點在其他薩珊系統金屬器中可以找出相同的例子，但在造型上與之完全相同的銀瓶並未見於著録。深井晉司在討論薩珊銀瓶的論文中列舉了十一件類似的銀瓶，大部分銀瓶上有典型的薩珊繁縟紋飾。艾爾米塔什博物館藏有一件薩珊帝王宴飲圖的銀盤〔41〕（圖五·14），圖中薩珊帝王在宴飲時有樂隊伴奏，前有一侍者袖手而立。侍者旁有一銀瓶，造型與我們這一銀瓶基本一致。由於太小，其細部不是很清楚。值得注意的是在銀瓶的把手上也有人頭或圓飾。遼寧李家營子也曾出土一件把手頂部帶人頭的銀

〔39〕田辺勝美《シルクロードの貴金屬工芸》，頁 29，圖 2。
〔40〕田辺勝美《シルクロードの貴金屬工芸》，頁 49，圖 35。
〔41〕A. U. Pope，*A Survey of Persian Art New Edition*，Vol.VII，p.230B.

圖五·15　渦波紋樣

① 鎏金銀瓶腹底展開的渦波紋　② 薩珊銀盤上的水波紋　③ 薩珊銀盤上的水波紋　④ 敦煌莫高窟隋303窟壁畫中的渦紋　⑤ 固原北魏墓出土漆棺蓋圖案　⑥ 青海波紋（採自田辺勝美《古代オリエント博物館》，1992年，頁2）　⑦ 西藏銀碗底部圖案　⑧ 薩珊銀碗水波紋（採自《シルクロードの遺寶》，1985年，黑白圖）

瓶〔42〕，後者人頭像明顯帶有索格地亞那（Sogdiana）人修鬢的習慣髮式，屬於粟特地區

〔42〕敖漢旗文化館《敖漢旗李家營子出土的金銀器》，《考古》，1978年2期，頁117；齊東方《李家營子出土的粟特銀器與草原絲綢之路》，《北京大學學報》，1992年2期，頁35～41。

的產品。瓶上裝飾人頭的習俗由來已久，古希臘製造的瓶上常常飾有人面或獸面，據説其目的是爲了保護瓶裏的水不受惡魔玷污〔43〕。薩珊時期，這種人面圖案不斷地被裝飾在陶瓶、金屬瓶上，中國出土的這兩件把手上有人頭的銀瓶，也許正是這種思想的産物。銀瓶的腹底部的主體圖案除去魚、怪獸外是渦波紋（圖五・15・①）。薩珊銀器中水波紋圖案較爲流行，在一些銀盤碗上常可見到〔44〕(圖五・15・②、③、⑧)。西藏銀碗底圖案（圖五・15・⑦）與之完全相同。難怪有人説，這件銀瓶的底部圖案是從銀碗移植而來〔45〕。這種魚鱗狀的渦紋，日本學者稱之爲“青海波”紋〔46〕(圖五・15・⑥)。這類圖案也流入中國，固原北魏漆棺棺蓋〔47〕（圖五・15・⑤），敦煌莫高窟西魏285窟、隋代303窟壁畫中〔48〕(圖五・15・④）均發現有相似的圖案。

鎏金銀瓶雖屬於薩珊金屬器系統，但是在表現内容及其他細節上與已知的薩珊金銀器存在着明顯的差異。研究者們都指出是薩珊本土以外的産物，理想的製造地便是中亞的巴克特里亞地區。大夏帝國建立後，大量希臘風格的藝術品乘機湧入，使該地區迅速進入一個希臘化（Hellenization）時代。雖然當地土著居民對於這種希臘藝術理解有限，並不真正理解其深刻内涵，但不可否認希臘化的藝術風格已經完全進入了人們的日常生活，尤其是格調高雅的希臘藝術品給上層人士留下了不可磨滅的印象。大部分希臘化時期的藝術珍品，在後來貴霜帝國興起以後流入民間。貴霜帝國在藝術風格上受到印度佛教藝術的影響，但從中可以明顯看出那些源於希臘化的作風。薩珊王朝興起以後，便對希臘藝術風格進行了徹底的清算，視其爲薩珊藝術的異端。公元4世紀，嚈噠（Ephthalite）人佔領了巴克特里亞地區，軍事上南征北戰，並在公元5世紀以後多次迫使薩珊王朝稱臣納貢，薩珊奢侈品隨即流入嚈噠帝國，對嚈噠藝術産生重要影響。嚈噠藝術品表現在風格上有兩種，一種是薩珊風格，另一種便是巴克特里亞地區古代也就是希臘化風格。我們所看到的嚈噠藝術品實際上是一種合成體，在薩珊系統金屬器的歸屬中獨立成爲所謂的“巴克特里亞製品”。

---

〔43〕田辺勝美《シルクロードの貴金屬工芸》，頁8。

〔44〕*A Survey of Persian Art New Edition* , p.232AB.

〔45〕B. I. マルシャク等《北周李賢墓とその銀製水瓶について》，頁49～57。

〔46〕田辺勝美《チベットー出土ギリシア銀製碗》，《古代オリエント博物館》，頁1～3。

〔47〕固原博物館《固原北魏墓漆棺畫》，寧夏人民出版社，1988年，線圖1。

〔48〕劉孝慶編繪《敦煌裝飾圖案》，臺北丹青圖書有限公司，1982年，頁22、37。

（五）巴克特里亞金屬製品

過去可以斷爲巴克特里亞製品的金屬器不是很多，較著名的有艾爾米塔什博物館收藏的出土於克斯塔奈（Kustanai）銀碗（圖五·16、17）。同樣收藏於艾爾米塔什博物館的另一件銀碗亦很引人注目，這件銀碗主要是描寫歐里庇得斯悲劇情節〔49〕（圖五·18、19）。劇情的内容主要通過四個場景來展現，劇中人物被刻畫成裸體或者半裸體。碗底有一個圓框，是巴克特里亞金屬碗的主要特徵之一。前一碗底有獸面，後者圓框内則是一位年輕女子與僕人相對而坐。其年代大約相當於公元4～6世紀。

曲柄的金屬瓶在薩珊時代較爲流行，根據深井晉司過去的討論，曲柄的演化具有一定的時代特徵，早期曲柄由腹部向上屈伸，晚期則移至頸部〔50〕。薩珊或巴克特里亞銀器上出現過這種金屬瓶，艾爾米塔什藏的一件公元5世紀後半葉的銀盤上，有一人用手提着兩件這樣的銀瓶〔51〕。該館收藏的另外一件薩珊晚期銀盤上的主體圖案是一幅貴族飲宴圖，前有侍從侍立，腳邊有一銀瓶。類似的金屬瓶在世界許多博物館均有收藏〔52〕，其流入中國後，對唐代三彩器有着重要的影響，所謂的鳳頭壺便是受此影響的産物。20世紀40年代初，日人鳥居龍藏已經注意到所謂“薩珊式胡瓶”在中國的流傳〔53〕。

艾爾米塔什博物館藏公元5世紀的銀碗（圖五·20），底部有一半身胸像，外壁是狩獵圖案。與之相類似的是一件收藏於大英博物館的銀瓶〔54〕，底部有一貴族半身胸像，腹部是描繪嚈噠貴族騎馬射獵的連續圖像，獵取的對象有獅子、老虎、野豬、山羊，將四種動物置於同一畫面，在薩珊朝銀器中還找不出相同的例子〔55〕。撒馬爾罕近郊出土一銀碗（圖五·21、22），碗底亦有一半身胸像。這個圓環拉丁語中稱clipus，在希臘、

---

〔49〕K. Wezmann, Three Bactrian Silver Vessels With Illustrations from Euripides , *The Art Bulletin*, 1943, XXV, pp.289～324.

〔50〕參見深井晉司《アナーヒター女神裝飾鍍金銀製把手付水瓶——所謂‘胡瓶’の源流問題について》，頁142～166。

〔51〕東京國立博物館《シルクロードの遺寶——古代中世の東西文化交流》，日本經濟新聞社，1985年，圖127。

〔52〕*A Survey of Persian Art New Edition* , p.223、224、226、234, O. Grabar, *Sasanian Silver*, *Late Antique and Early Mediaeval Arts of Luxury From Iran*, Michigan, 1967, pp.105～109、138.

〔53〕參見鳥居龍藏《石面雕刻之渤海人風俗與薩珊式胡瓶》，《燕京學報》，30期，1941年，頁51～61。

〔54〕參見田辺勝美《シルクロードの貴金屬工芸》，頁59，圖30。

〔55〕根據P. O. 哈玻（Prudence . Oliver . Harper）的意見，在一件公元7世紀的薩珊風格的銀瓶上出現了畫面四等分拱門，拱門中爲一男子與獅子、虎、野猪、山羊（*The Royal Hunter*, *Art of the Sasanian Empire*, New York, 1978, p.13）。

圖五·16　艾爾米塔什博物館藏銀碗

（採自《シルクロードの遺寶》，1985 年，彩色圖版 127）

圖五·17　艾爾米塔什博物館藏銀碗線描圖

（據《シルクロードの遺寶》，1985 年，彩色圖版 127 繪）

圖五·18　艾爾米塔什博物館藏銀碗

（採自《シルクロードの遺寶》，1985 年，黑白圖版 75）

圖五·19　艾爾米塔什博物館藏銀碗線描圖

（據《シルクロードの遺寶》，1985 年，黑白圖版 75 繪）

羅馬傳統中凡表示與星星、月亮處於同等地位的死者復活時，其肖像纔置放在這個圓環中。碗的腹部有六個裸體女人，畫面突出表現了女人隆起的乳房、肥圓豐滿的臀部。據認爲，這些是印度美術中理想女性的典型特徵[56]。

〔56〕田辺勝美《シルクロードの貴金屬工芸》，頁 59，圖 31。亦參見東京國立博物館《シルクロードの遺寶——古代・中世の東西文化交流》，日本經濟新聞社，1985 年，頁 77。

圖五·20　艾爾米塔什博物館藏嚈噠銀碗線描圖

（據《シルクロードの遺寶》，1985年，黑白圖版78繪）

中國也曾發現和出土了若干巴克特里亞式的銀碗、銀盤。1961年D. L. 斯奈爾格洛伍（D. L. Snellgrove）博士，在倫敦從一名西藏貴族手中獲得一件希臘風格的銀碗[57]（圖五·23）。銀碗是這名西藏貴族的傳家寶，後爲一家日本建設公司購得[58]，現寄藏於東京古代東方博物館。P. 丹伍德（P. Denwood）研究了畫面的内容[59]，認爲可以在荷馬史詩《伊利亞特》中找出相似的情節，畫面内容表現的是希臘神話故事，但希臘風格中卻混雜着許多波斯風格的細節，其結論是這件來自西藏的銀碗與艾爾米塔什博物館所藏的巴克特里亞銀碗有許多共同之處。西藏與中亞的關係，是近來引起學界注意的問題。根據文獻記載，大約從公元7世紀開始，吐蕃王國開始向中亞擴張，並且與薩珊帝國發生了聯繫[60]。值得我們注意的是，在漢文史籍記載中，吐蕃有大量精美的貴

〔57〕P. Denwood, A Greek Bulletin from Tibet, *Iran*, Vol.XI, 1973, p.121.

〔58〕田辺勝美等《古代オリエント博物館——文明の起源を探淵る》，東京，1992，頁39。Martha L. Carter, The Ancient Orient Museum, *Bulletin*, *of the Asia Institute*, Vol.9, 1992, pp.229～238.

〔59〕P. Denwood, A Greek Bulletin from Tibet, *Iran*, pp.121～127.

〔60〕參見王小甫《唐吐蕃大食政治關係史》，北京大學出版社，1995年，頁88～109。另外，在粟特銘文中也有來自撒馬爾罕的粟特人前往晉見吐蕃可汗的記載。1925年，德國人繆勒發表《拉達克之粟特文銘文》，漢譯爲："210年，余來自内陸。僕人、薩末鞬人諾喜芬往謁吐蕃可汗。"（參見龔方震《西域宗教雜考》，《中華文史論叢》，1986年2輯，頁267）。

圖五·21　撒馬爾罕出土女神像銀碗

(採自《シルクロードの遺寶》, 1985 年, 彩色圖版 77)

圖五·22　撒馬爾罕出土女神像銀碗線描圖

(據《シルクロードの遺寶》,1985 年, 彩色圖版 77 繪)

圖五·23　西藏發現的大夏銀碗

（採自《古代オリエント博物館》，1992年，頁39）

圖五·24　大同北魏墓出土銀碗線描圖

（採自《文物》，1992年8期，頁9）

金屬製品。薛愛華（E. H. Shafer）甚至認爲：“吐蕃的金飾工藝是中世紀的一大奇跡。讓我們來看看這些大量流入唐朝的吐蕃金製品的記載，同時也希望考古學家能够在中國發現吐蕃製造的，或者是受到了吐蕃影響的唐朝黄金製品。”〔61〕不過，我們對於吐蕃擁有大量貴金屬製品的真實情況缺乏瞭解，筆者的意思是這些金銀器是吐蕃製造，抑或是由中亞、西亞流入或二者兼有，這一細節我們暫無從而知〔62〕。除去這件銀碗之外，宿白先生曾在50年代的拉薩，見到過一件中亞、西亞製造的大型鎏金銀壺，約是公元6～9世紀，阿姆河流域南迄呼羅珊以西地區所製〔63〕。與前述銀碗一樣，有可能是通過中亞人直接流入西藏。

1970年，山西大同南郊一座北魏遺址中出土長八曲銀杯、刻花銀碗和三件鎏金高足銅杯〔64〕。長八曲銀杯的形制明顯具有薩珊銀器的特徵。刻花銀碗、鎏金高足銅杯明顯存在希臘化的風格。因此，孫培良主張其産地在伊朗東北部的呼羅珊〔65〕，年代大約不會晚於公元5世紀末，我們應當考慮北魏太和年間魏遷都洛陽等因素。宿白、林梅村都傾向於埋藏時間是公元5世紀末或6世紀初〔66〕。孫機以爲銀碗爲嚈噠銀碗〔67〕。1988年大同市南郊107號北魏墓，亦出土一件同樣風格的銀碗（圖五·24），碗的腹壁以四束阿堪突斯（Acanthus）葉紋連成，每束之間的圓環内有一深目高鼻男子頭像。發掘者推定，其年代爲公元5世紀後半葉〔68〕。

1988年，甘肅靖遠出土一件鎏金銀盤（圖五·25、26），銀盤的鎏金部分幾乎完全脱落，主體花紋是纏枝葡萄加飾小鳥，中心外層分爲十二等分，有飾物和人像，是希

〔61〕謝弗《唐代外來文明》（*The Golden Peaches of Samarkand , A Study of Tang Exotics*），吴玉貴中譯本，中國社會科學出版社，1995年，頁552。

〔62〕在已經發掘的吐蕃墓中發現的明確屬於吐蕃的金銀器爲數甚少，尤其是在西藏本土（參見霍巍《西藏古代墓葬制度史》，四川人民出版社，頁200～224）。在青海吐蕃墓中出土的金銀器，一些明顯帶有粟特風格，有人甚至認爲就是粟特地區的舶來品（參見許新國《都蘭吐蕃墓中鍍金銀器屬粟特系統的推定》，《中國藏學》，1994年4期，頁31～45；同著者《都蘭熱水血渭吐蕃大墓殉馬坑出土的舍利容器推定及相關問題》，《中國歷史博物館館刊》，總24期，1995年，頁95～109）。這些都需要仔細研究。

〔63〕宿白《西藏發現的兩件有關古代中外文化交流的重要文物》，《十世紀前的絲綢之路和東西文化交流》（*Land Rute of the Silk Roads and the Cultural Exchanges Between the East and West Before the 10th Century*），新世界出版社，1996年，頁405～411。

〔64〕出土文物展覽工作組編《文化大革命期間出土文物》，頁149～152。

〔65〕孫培良《略談大同市南郊出土的幾件銀器和銅器》，頁68～75。

〔66〕宿白《中國境内發現的中亞、西亞遺物》，《中國大百科全書·考古學》，中國大百科全書出版社，1986年，頁679；林梅村《中國境内出土帶銘文的波斯和中亞銀器》，《文物》，1997年9期，頁55～65，後收入氏著《漢唐西域與中國文明》，文物出版社，1998年，頁157～177。

〔67〕孫機《固原北魏漆棺畫研究》，頁42～44。

〔68〕山西省考古研究所、大同市博物館《大同市郊北魏墓群發掘簡報》，頁1～11。

圖五·25 靖遠出土的大夏鎏金銀盤線描圖

（採自《文物》，1990 年 5 期，頁 2）

圖五·26 大夏鎏金銀盤（局部）

（採自《絲綢之路甘肅文物精華》，1994 年，圖版 114）

臘神話中的宙斯等十二神。盤中央有一青年男子，初仕賓以爲是阿波羅或巴卡斯或希臘神話中別的人物[69]。石渡美江、米歇爾·琵若茹麗（M. P. T′. sersteven）認爲盤中心人物爲酒神巴卡斯（Bacchus）[70]，即希臘神話中的狄俄尼索斯（Dionysus），林梅村亦持相同的意見[71]。希臘神話中的狄俄尼索斯，最常見的形象是頭戴用葡萄藤蔓製成的花冠，手執苔瑟杖（Thyrsus），杖端有一松球，是古代豐收的象徵。人們獻給酒神的常青藤（Ivy），有時纏繞在手指上。他倚坐的動物，初仕賓認爲是一頭雄獅，林梅村指出是一頭頸佩花環的花豹。後者的辨釋顯然是正確的，酒神乘坐的不是習見的虎豹拉車，而是豹子本身。因爲豹子經常覺得口渴，生性喜酒，亞歷山大東征以後，酒神崇拜在東方非常流行[72]。酒神的凱旋是一個常見的題材。一具羅馬時代的大理石華麗石棺上，刻着四位輕鬆站立的美少年，各自展示着他們手中代表着每一季節的象徵物，中間是酒神征服印度的圖案，酒神巴卡斯得意洋洋地坐在一隻豹上，隨侍的森林之神和酒神的女祭司們歡欣鼓舞，慶祝葡萄成熟結果。雖然圖案的形式是古典的，其年代則在戈連諾斯（Gallienus，公元254～268年）皇帝在位的公元3世紀（圖五·27）[73]。銀盤中心酒神圖案是經打押呈高浮雕，然後嵌入盤心，主體的葡萄藤蔓圖案亦是沿盤邊鑲嵌。由於對銀盤没有進行成分測定，其中金屬含量暫不得知。據筆者數次目驗印象，盤體是鑄造而成，内壁圖案打押，與其他金銀器通器打押的情况有别。盤圈足是焊上去的，中央有虚點鑿上的半周銘文（圖五·28）。根據薩珊系統金屬器的銘刻習慣，一般表示的是金銀器的自重或收藏、擁有者的姓名[74]。石渡美江已經準確地判斷出銘文屬於大夏文（Bak-trisch），並且根據C.D.戴維禮（Davary）的《大夏銘文辭典》進行轉寫，是擁有者的姓名[75]。林梅村則認爲，石渡美江的解讀有誤，是由於她倒讀緣故。林氏解讀稱銘文應讀作stader400 90，意爲“價值490斯塔特”或“價值490金幣”，並繼續推

---

〔69〕初仕賓《甘肅靖遠新出土東羅馬鎏金銀盤略考》，《文物》，1990年5期，頁1～6。

〔70〕M．P．T史蒂文森（Michele Pirazzoli T'serstevens）《外部世界文化對中國的貢獻——交流與融合》，北京大學賽克勒博物館《迎接二十一世紀的中國考古學國際學術討論會論文集》，北京大學出版社，1998年，頁403～431。Pour une archeologie des echnges，Apports etrangers en Chine－transmission，reception，assimilation，*Arts Asiatiques*，Tome XLIX，1994，pp.21～33.

〔71〕林梅村《中國境内出土帶銘文的波斯和中亞銀器》，《漢唐西域與中國文明》，頁157～177。

〔72〕A. U. Pope，*A Survey of Persian Art New Edition*，p.794.

〔73〕參見大都會博物館《美術全集·希臘和羅馬》第二卷，國巨出版社，1991年，頁156～157。

〔74〕R. N. Frye，Sasanian Numbers and Silver Weights，*Journal of the Royal Asiatic Society*，1973，pp.2～11；C. J. Brunner，Middle Persian Inscriptions on Sasamian Silverware，*Freer Gallery fo Art*，Vol.9，1974，pp.109～121.

〔75〕石渡美江《甘肅省靖遠出土鎏金銀盤図像せの年代》，《古代オリエント博物館紀要》，Vol. XIII，1992，頁147～165。

圖五·27　“酒神巴卡斯征服印度”羅馬石棺（公元3世紀）

（採自《希臘和羅馬》第二卷，1991年，頁156，圖122）

測這件鎏金銀盤的價格中203金幣當是材料費，餘下的287金幣大概是加工銀盤的手工費[76]。林氏的推算已經盡可能詳盡了，但我們應當注意到，依據這種推算，這件銀盤的價格已經是一個天文數字，僅以每斯塔特等於15.56克推算，490斯塔特等於7624.4克，已經是銀盤重量的一倍半，更何況是金幣，中亞金幣的價值如此之低是不可想象的。另外，西姆斯－威廉姆斯（Nicholas Sims－Williams）有着與上述不同的轉寫。不過，他的讀法順序則與石渡美江一致。這行大夏銘文轉寫爲uasapo κ'，uasapo即uapob-so的减寫形式，意爲1000，κ'＝20，這種形式即1000＋20[77]，是表示銀盤的自身重量。銀盤的實測重量爲3180克，依據當時流行的重量單位，銀盤每德拉克瑪（Drachma）等於3.12克。古希臘銀幣每德拉克瑪等於3.411克[78]，薩珊朝標準的德拉克瑪應等於4克。銀盤的自銘重量當代表了德拉克瑪的一種地方計量制單位，和希臘標準較爲接近。這樣的解釋顯然較林氏解説更有説服力。首次介紹者實際上未注意到在這行虛點鏨銘下，另外還有一行刻劃銘文（圖五·29），應當是第二次銘刻。

對銀盤的産地、時代的認識分歧較大，初仕賓以爲是公元4～6世紀意大利、希臘

〔76〕林梅村《中國境内出土帶銘文的波斯和中亞銀器》，《漢唐西域與中國文明》，頁157～177。

〔77〕Nicholas Sims－Williams，A Bactrian Inscription on a Silver Vessel from China，*Bulletin of the Asia Institute*，Vol.9，1995，p.225.

〔78〕謝大任主編《拉丁語漢語詞典》，商務印書館，1988年，頁179。

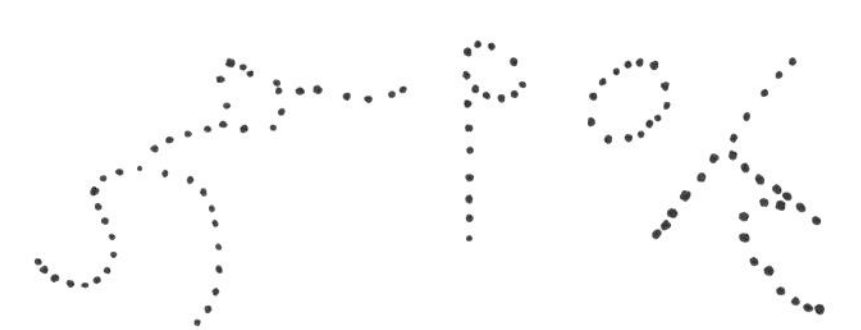

圖五·28　大夏鎏金銀盤底部鏨刻的大夏銘文

圖五·29　大夏鎏金銀盤底部刻劃的銘文

或土耳其的產品〔79〕，米歇爾·琵若茹麗認爲是公元3～4世紀東羅馬的作品〔80〕。齊東方認爲是公元6世紀以後帶有羅馬風格的薩珊銀器〔81〕。石渡美江認爲其原產地在羅馬的東方行省或西亞，時代爲公元2～3世紀，然後流入巴克特里亞，公元3～4世紀被刻上大夏文〔82〕。林梅村則認爲，銀盤即爲大夏製品，時代爲公元5世紀末至6世紀初〔83〕。我們基本傾向林梅村的觀點，雖然這枚銀盤上表現了諸多羅馬銀器的風格，但銀盤的自銘重量應是在原產地被鏨刻上去的。希臘神話在當地有着悠久的歷史，荷馬史詩在亞歷山大東征時期，被當成是啓蒙讀物〔84〕。甘肅靖遠銀盤和北周李賢墓鎏金銀瓶一樣，同屬公元4～5世紀的巴克特里亞製品。K. B. 托波（к. в. треБе）博士强調巴克特里亞製造了許多希臘風格的金屬製品〔85〕。E. E. 克基米那（к. уэьмин）則通過研究得出，巴克特里亞地區自古就擅長製造金屬工藝品，並將其產品銷往其他國家〔86〕。

〔79〕初仕賓《甘肅靖遠新出土東羅馬鎏金銀盤略考》，頁1～6。

〔80〕M. P. T. 史蒂文森（Michele Pirazzoli T'serstevens）《外部世界文化對中國的貢獻——交流與融合》，頁403～431。

〔81〕齊東方《中國古代的金銀器皿與波斯薩珊王朝》，葉奕良編《伊朗學在中國論文集》，北京大學出版社，1993年，頁51～55。

〔82〕石渡美江《甘肅省靖遠出土鎏金銀盤図像せの年代》，頁147～165。

〔83〕林梅村《中國境内出土帶銘文的波斯和中亞銀器》，《漢唐西域與中國文明》，頁157～177。

〔84〕參見K. Wezmann，Three Bactrian Silver Vessels With Illustrations from Euripides ，Plutarch 的記載，pp. 289～324.

〔85〕轉引田辺勝美《シルクローのド貴金屬工芸》，頁40。

〔86〕轉引田辺勝美《シルクローのド貴金屬工芸》，頁40。

(六) 鎏金銀瓶的製作工藝

最後，我們所要討論的是有關鎏金銀瓶的製作技術問題。

薩珊系統金銀器，一般所採用的是打押技術，這與中國人所熟知的鑄造法有着明顯的不同，即用鏨子在金屬面上打出凹凸形狀的方法，英文中稱作 drawihy。

中國社會科學院考古研究所李虎侯等人，曾經對這件鎏金銀瓶進行 X 射線熒光分析[87]，結果爲器物使用的是銀和銅的合金，而並不是純銀製品。因爲純銀製品質地很軟，採用銀銅合金以後，不但器物的强度增加，不易變形，而且熔點也降低。純銀的熔點高達 960.5 攝氏度，顯然合金更便於加工。經過測定的分別有五個不同位置點，含量以百分比計算結果如下：

① 瓶口邊緣	Ag 85.41%	Cu 13.59%
② 瓶身上腹，把手左側	Ag 82.13%	Cu 16.87%
③ 瓶身中腹，把手左側	Ag 69.90%	Cu 29.10%
④ 圈足下邊口，聯珠上	Ag 60.61%	Cu 38.39%
⑤ 把手下與瓶身焊接處	Ag 78.89%	Cu 20.11%

以上分析結果表明，鎏金銀瓶的口緣頸部、瓶身腹部、圈足和把手等採用含量不同的材料，使用不同的工藝加工而成，然後再加以組合。

銀瓶最先是採用一塊銀板加工，銀板要先進行加熱。加熱後的銀板變軟，稱作退火。加熱後的銀板失去原有的金屬光澤，出現紅色的退火色。趁着銀板退火進行彎曲敲打，加工成銀瓶的不同部分，如口緣、頸、腹、臺座等的雛形。經過反復退火加工，銀瓶的主要部分基本成形。其主要形狀是用毛坯鍛打，而細部是採用另外一塊銀板打押，這塊銀板押出的是銀瓶上的主要圖案。

銀瓶的底坯經過鍛打成形後，首先要用銼刀銼平一些需要修整的地方，然後使用刮刀，刮除留在銀瓶表面上的銼刀痕跡，使之光滑。最後一道工序是擂，即用一種匙棒，在經過刮削的瓶表面用較大的力量擂過，擂過以後的銀瓶纔會産生閃閃發光的銀色光澤。瓶身的外形或主要圖案主要靠敲擊，敲擊時需要不同形狀的模具，打押工具也很重要，如使銀板延展時用金屬錘，如押出銀瓶上的凹槽用木槌可能會較好一些。薩珊系統金銀器中，一些重要的或者圖案比較複雜的銀器多採用雙層復合製成，即底坯用一塊銀

〔87〕 李虎侯等《幾種古代銀器的 X 射線熒光分析》，《考古》，1988 年 1 期，頁 85～88。

板製成，主要圖案如人物形象等用另一塊銀板敲成，然後合成一銀器。較典型的如前述甘肅靖遠出土的那件酒神鎏金銀盤，通體十分厚重。圖案的敲押是製成銀器最主要的一個環節。先要起稿，將圖案描繪在一張很薄的織物或羊皮上〔88〕，再將織物或羊皮圖案翻過以顯作面，粘貼在銀板的表面上，用尖鏨衝子輕輕沿着圖案敲擊，形成人物圖案的輪廓。如果是反面，要將銀板固定在一個臺面上，固定銀板的黏合物不要太硬，多用樹脂之類的東西，敲打凹面，形成圖案的雛形。然後對銀板加以退火，再敲押器物的表面。這時的敲押要非常仔細，完全依靠工匠的感覺，用各種類型的鏨衝打敲。凹下的地方重押，凸起的地方留下。隨着人物造型的不斷完成，雕鏨工具也愈加精細。大致完成後要仔細修整、研磨，將不需要的部分剔除，整個人物圖案纔算基本完成。銀瓶上人物形象的把握是這件器物的一個難點。

下一步的工作便是將瓶腹部人物浮雕焊接在銀瓶腹部，經這樣復合的瓶身出現了理想的人物圖案，而瓶内壁則完全没有打押時的凹凸不平，十分光滑。

銀瓶腹下部的虎、魚形象圖案，使用的是陰線雕刻。圖案起稿的方法也是先將虎、魚圖形描繪在織物或羊皮上，再將其粘貼在瓶的下腹一周，用鏨子衝出圖案。要使線條非常流暢則必須具有熟練的技巧，最後纔能獲得完整而精彩的圖案。

焊接技術是銀瓶製作技術中關鍵性的一環，焊接技術的好壞，直接影響到銀瓶的質量。這件銀瓶除去瓶腹圖案與瓶身的焊接外，還可分爲以下諸多部分，口緣頸部與腹部焊接，腹部與臺座焊接，三周聯珠紋的分别焊接，把手上的圓雕人物與把手的焊接，最後將把手與瓶身焊接起來。除去大的焊接外，還有一些小的焊接，較大的當在十道以上。焊接中主要使用的是焊材和焊錫，焊材用的是銀粉或薄銀片、銅片。將表面加熱後塗上厚厚的銀粉或貼上剪成小塊的薄銀片，用熱焊具把焊錫熔解，用焊材將要焊的器物連接起來。焊成以後的結合部粗糙不平，要銼平，一直銼修至看不出焊接的痕跡爲止。銀瓶出土時在焊接部位，焊料出現緑鏽，由此銅亦被作爲焊料的結論可以得到肯定〔89〕。這件銀瓶焊接技術非常好，除把手與瓶身連接處的焊痕較明顯外，全身其他地方焊縫基本上看不出來。

鎏金銀瓶製作的最後一道工序就是鎏金，焊接全部完成以後要進行表面鎏金處理以後銀瓶纔算完工。這件銀瓶經過選擇肉眼可見的含金點，進行X—衍射測定，結果表明在射線熒光圖譜中出現金峰，AuLa，AuLb，能量分别爲 47.7KeVo 和 11.9 KeVo，但

〔88〕田辺勝美《シルクロードの貴金屬工芸》，頁 32。

〔89〕參見中野徹《唐代金銀器形式的變遷和製作方法》，《中國藝術文物討論會論文集》下册，臺北故宫博物院，1993 年，頁 591～606。

是其含量值都很低，表明金層很薄。金的兩個熒光峰出現了不對稱，是汞峰疊加的結果。殘存的汞證明，鎏金是用汞金法工藝鍍上去的。其方法爲用金粉與汞混合成泥金，將泥金在需要的部位加以塗抹，然後加熱，汞便隨着加熱而蒸發，金便鎏在器物的表面，鎏金以後的銀瓶顯得富麗堂皇。工匠在鎏金時充分考慮了銀瓶的器形特徵，並不是普遍鎏金，而是有選擇的。例如在頸部的凹槽上，每隔一條鎏金兩條，而臺座的凹槽則每隔一條鎏金一條，把手的凹槽與後者相同。腹部人物採用銀原色而背景部分則鎏金。經過這樣的處理，將銀白色的神話故事人物置身於金色的背景之下，非常醒目，獨具匠心，不愧爲薩珊系統金銀器中的上品。

附記　靖遠銀盤的第二次刻銘與圓點鏨刻銘不同，該銘文經西姆斯·威廉姆斯（N. Sims-Williams）考釋，應爲一粟特人名，或許就是銀盤的拥有者，他的名字是Šyr。關於西姆斯·威廉姆斯的這個釐定，是通过馬尔沙克（B. I. Marshak）轉述的，參見B. I. Marshak, *Plate with figne of Dionysus*, James C. Y. Watt, etc, China: Dawn of a Golden Age, 200～750 A.D., New York: New Haven, Metropolitan Museum of Art, 2004, pp.184～185.

六　中國境内發現的東羅馬金幣

（一）以往研究的簡述

從漢代開始，由於帝國的强盛，便對周邊事務産生了瞭解的需要，有時所獲得的情報，不僅限於與漢朝有聯繫的地區。遥遠的羅馬帝國的情况這時便被一些漢朝探險家探得，東西方兩個强大的帝國開始産生直接或間接的聯繫。這種東西方交流使一些學者興奮不已，欲想憑藉漢文或西文資料直接證明漢朝與羅馬帝國的密切聯繫，嚴謹的學者則希望有更多或可信的實物材料來説明這種密切聯繫的客觀存在〔1〕。事實上，考古學上所能提供的證據十分有限，或者説尚不足以支持前者的看法，雖然文獻的載録使中國人對西方的這個羅馬帝國所知甚多。漢以後，中國與羅馬尤其是與東羅馬的往來日漸頻繁，東羅馬金幣在中國的頻頻發現便是這種聯繫密切的標志之一。

既然中國古代在很早以前就對羅馬及後來的東羅馬有了相當的瞭解，當然也對它的貨幣情况有所注意。《後漢書·西域傳》載：大秦國（羅馬）“以金銀爲錢，銀錢十當金錢一。與安息、天竺交市於海中，利有十倍。其人質直，市無二價”〔2〕。《三國志·魏書·東夷傳》裴

〔1〕參見楊希枚《評德效騫著〈古中國境内一個羅馬人城市〉——兼論所謂羅馬人的幾種文化成分》，《書目季刊》（臺北），3卷4期，1969年，頁3～24，後收入氏著《先秦文化史論集》，中國社會科學出版社，1995年，頁870～902；莫任南《漢代有羅馬人遷來河西嗎？——驪軒縣的起源問題》，《中外關係史論叢》第三輯，1991年，世界知識出版社，頁231～238；邢義田《漢代中國與羅馬關係的再省察——拉西克著〈羅馬東方貿易新探〉讀記》，《漢學研究》，3卷1期，1985年，頁331～341，後收入氏著《秦漢史論稿》，東大圖書公司，1987年，頁531～544；《漢與羅馬帝國關係的再檢討（1985～1995）》，《漢學研究》，15卷1期，1996年，頁1～31。

〔2〕《後漢書》卷八十八〈西域傳〉，頁2919。

松之注引《魏略·西戎傳》略同，“作金銀錢，金錢一當銀錢十”[3]。北朝至隋唐，中國人對東羅馬帝國的知識日漸豐富，但對於該國的貨幣並無更多的瞭解，也許當時人們覺得並不需要更多的載録。有關東羅馬錢稍爲正確的記録來自宋代。《宋史·拂菻國傳》載：拂菻國（東羅馬）“鑄金銀爲錢，無穿孔。面鑿彌勒佛，背爲王名，禁民私造”[4]。

雖然中國在清代末年已經有發現羅馬錢幣的報道[5]，但經過夏鼐的分析，山西的發現顯得極不可靠[6]。

從20世紀初開始，西方探險家斯文·赫定（Sver Hedin）、A. 斯坦因（A. Stein）等人在新疆考察時發現零星東羅馬金幣及其仿製品[7]，這些西方的貴金屬貨幣很快引起人們的注意。由於發現者的經驗豐富，金幣的歸屬問題獲得了準確的判定。50年代，中國内陸開展了大規模的考古發掘，這類金幣的出土數量逐漸增加。1953年，陝西咸陽底張灣隋代獨孤羅墓出土一枚東羅馬查斯丁二世（Justin Ⅱ）鑄造的金幣。不久，夏鼐以自己精深的西學造詣發表了中國關於東羅馬金幣的第一篇論文[8]。這篇文章被譯成俄文在1962年的《拜占庭雜志》上發表[9]，引起國際拜占庭學界的關注。60年代初，西安土門村出土一枚希拉克略（Heraclius）金幣的仿製品[10]。70年代，河北贊皇李希宗墓出土一枚狄奥多西斯二世（Theodosius Ⅱ）、二枚查士丁一世舅甥共治（Justi Ⅰet Justinian Ⅰ）金幣[11]。夏鼐都寫文章發表了自己對這些金幣的判定見解[12]。1995

〔3〕《三國志》卷三十〈魏書〉，頁861。

〔4〕《宋史》卷四百九十〈拂菻國傳〉，頁14125。《宋會要輯稿》蕃夷四之十九“拂菻國”條，中華書局影印本，1987年，頁7723。直到明代，嚴從簡《殊域周咨録》卷十一亦沿載：拂菻“鑄金銀爲錢，無穿孔，面鑿彌勒佛，皆爲國主名，禁民私造”。余恩黎點校本，中華書局，1993年，頁385。

〔5〕清末西方人在山西霍州靈石縣獲得羅馬銅錢十六枚，爲羅馬皇帝梯拜流斯（Tiberius）至安敦皇帝時代所鑄[布歇爾《山西之羅馬古錢》，北京東方學會（Bushell, *Ancient Roman Coins from Shanxi*, Peking Oriental Society），1895，轉引自張星烺《中西交通史料彙編》第一册，中華書局，1977年，頁27～28]。

〔6〕夏鼐檢討了Bushell的法文原著，發現其可疑之處甚多，這批包括二百六十餘年中十三位羅馬皇帝的錢幣分明是一位嗜古之士的藏品，漢晉間流傳入山西令人難以置信，可能是明末清初由西洋傳教士帶入（《咸陽底張灣隋墓出土的東羅馬金幣》，《考古學報》，1959年3期，後收入氏著《考古學論文集》，科學出版社，1961年，下同，頁135～142）。

〔7〕A. Stein, *Innermost Asia*, *Detailed Report of Explorations in Central Asia Kan Su and Eastern Iran*, London, 1928, Vol.Ⅱ, pp.646～648, Vol.Ⅳ, pp.993～994.

〔8〕張鐵弦《談全國出土文物展覽中的北方發現品》，《文物參考資料》，1954年10期，頁54；夏鼐《考古學論文集》，頁135～142。

〔9〕參見《夏鼐先生論著目録》第82及198條，《中國考古學研究》編委會《中國考古學研究——夏鼐先生考古五十年紀念論文集》，文物出版社，1986年，頁16～22。

〔10〕夏鼐《西安土門村唐墓出土的拜占庭式金幣》，《考古》，1961年8期，頁446～447。

〔11〕石家莊文物辦公室考古隊《河北贊皇東魏李希宗墓》，《考古》，1977年6期，頁382～390。

〔12〕夏鼐《贊皇李希宗墓出土的拜占庭金幣》，《考古》，1977年6期，頁403～406。

年，徐蘋芳以《考古學上所見中國境内的絲綢之路》爲題[13]，將中國境内兩京至西域、北方草原及海上絲綢之路三條“絲綢之路”上發現的外國製品作通盤性探討。其中雖然没有對東羅馬金幣本身進行研究，但對發現地點背景的討論則很具啓發性。陳志强的《咸陽底張灣隋墓出土拜占庭金幣的兩個問題》一文[14]，對夏鼐50年代關於咸陽底張灣隋墓出土的東羅馬金幣的研究提出質疑。其中有如圖像特徵及背面立像的解釋，顯然是對夏文的重要補充。但是關於金幣上拉丁銘文釋讀的責難，卻是忽略學術史進程所致。正面銘文PPAVI是Perpetuus Augustus的縮寫，夏鼐根據漢弗萊（Humphrey）1897年的一本著作將其譯爲“祖國的父親奥古斯都”，陳氏稱其誤，在皇帝名字之後PERPET（Perpetuus）意爲“萬歲”“長生”，所言確實不錯，但他没有注意到東羅馬錢幣研究的進步。夏氏曾在後來的文章中糾正了他過去所引漢弗萊的説法，指出“PP二字母是Perpetuus的縮寫，是長生不死的意思”[15]。“夏文誤以爲金幣最下方的符號OB=Signata意爲‘印鑄於某地’。事實上，OB=OBRYZUM意爲‘優質金’或‘足赤金’”。事實上，CONOB夏氏後來已按拜占庭錢幣學界慣例譯爲“君士坦丁堡的標準（黄金）”，並稱：“從前認爲是鑄造地點，現下則一致認識是指黄金的純度相當於京都君士坦丁堡的標準，有點像我國清代的‘京錢’、‘京秤’一類名稱。”[16]另外，陳氏批評了夏鼐分析銘文AVCCC，三個相同字母CCC代表三位皇帝的觀點，並稱爲慶賀阿納斯塔修斯一世（Anastasios Ⅰ）新婚，並表示不忘先帝。他在新發行的金幣上印鑄CCC，以此代表皇帝、皇后和先帝[17]。其實，AVGGG也並非像陳文所描述的那樣，按照一般拜占庭錢幣界流行的觀點，表示奥古斯都以來的羅馬皇帝們，三個G字母表示其複數形式[18]。90年代，中國羅馬金幣的仿製品問題也得到一些討論[19]。最近，法國學者F. 蒂埃里、C. 莫里森和日本谷一尚發表了研究中國東羅馬金幣及其仿製品的報告[20]。

〔13〕徐蘋芳《考古學上所見中國境内的絲綢之路》，《燕京學報》，新一期，1995年，後收入氏著《中國歷史考古學論叢》，允晨文化實業有限公司，1995年，頁361～414。

〔14〕陳志强《咸陽底張灣隋墓出土拜占庭金幣的兩個問題》，《考古》，1996年6期，頁78～80。

〔15〕夏鼐《贊皇李希宗墓出土的拜占庭金幣》，頁404。

〔16〕夏鼐《贊皇李希宗墓出土的拜占庭金幣》，頁404。

〔17〕陳志强《咸陽底張灣隋墓出土拜占庭金幣的兩個問題》，頁78～80。

〔18〕P. D. Whitting, *Byzantine Coins*, London, 1973, p.14.

〔19〕參見羅丰《關於西安所出東羅馬金幣仿製品的討論》，《中國錢幣》，1993年4期，頁17～19；《寧夏固原出土的外國金銀幣考述》，《故宫學術季刊》，12卷4期，1995年，頁33～66。

〔20〕F. 蒂埃里、C. 莫里森《簡述在中國發現的拜占庭帝國金幣及其仿製品》，《中國錢幣》，2001年4期，頁10～13；谷一尚所討論的中國境内東羅馬金幣有三十枚，雖不全面，但已經概括絶大部分出土品（參見氏著《原州遺蹟出土東ローマ金貨》，《共立國際文化》，1997年12號，頁1～10，後收入《北周田弘墓》）。另外，康柳碩亦有以《中國境内出土發現的拜占庭金幣綜述》爲題的論述，《中國錢幣》，2001年4期，頁3～9。

報告内容雖衹涉及三十六枚金幣，但已經代表了國外拜占庭錢幣界對中國出土品的關注。有一些信息來源不甚準確，尚不能完全涵蓋近年來中國境内東羅馬金幣的出土情況。現在，確有將中國新發現東羅馬金幣全面梳理的客觀需要，有的國内外研究顯然已經爲此提供了良好的條件。

（二）東羅馬金幣的發現

東羅馬又稱拜占庭，或稱後羅馬、次羅馬，主要意思是區别於以前羅馬帝國。學術界對於東羅馬是否完全等於拜占庭看法尚有不一，爲方便行文，本文中將以東羅馬與拜占庭混稱，並不選擇其中之一作爲固定稱呼。拜占庭（Byzantine）帝國建立的問題在西方學界有嚴重分歧，一般傾向以公元 330 年羅馬帝國移居君士坦丁堡爲開始，至公元 1453 年滅亡，共存在了一千一百二十三年。拜占庭經過了十個王朝，共有一百零七位皇帝被加冕〔21〕。由於時間很長，錢幣的種類異常繁多，硬幣有金、銀、銅以及銅與金銀的合金等數種。中國境内發現的東羅馬錢幣爲金幣，均屬於較早者，其他幣種如銀、銅等則未見出土。君士坦丁大帝主持幣制改革，用一種新的硬幣來替代愷撒（Caesar）時期的奥勒斯（Aurers）稱爲索里得（Solidus），英文作 Bezant。在拜占庭著述中通常稱作 Nomisma，也就是中世紀所謂的“拜占庭金幣”。其他幣制較小的單位在公元 10 世紀已經開始停止發行。索里得是一種早期標準的計量單位，在帝國形成的初期其重量爲 68 格令（G），即 4.55 克，大約折合六分之一衡量黄金單位，但稍後變得略輕一點〔22〕。中國出土的金幣基本上是索里得幣制單位的金幣。

中國境内發現的東羅馬金幣及其仿製品，大體上可以分爲兩類，一類在墓葬中出土，其次則爲徵集品。從發表公佈情況來看，後者亦有兩類，一類是博物館等機構徵集，另外是個人收藏品。其他一些明顯由國外現代流入中國的東羅馬錢幣則不在我們討論範圍之列。我們根據以往公佈的東羅馬金幣的材料編製出金幣發現地點一覽表（見表六·1）。

〔21〕本文東羅馬與拜占庭混合使用，其中王名的拼寫方法及在位年代均採用 P. D. Whitting 方法（P. D. Whitting, *Byzantine Coins*, pp.302～303）。拜占庭帝國共有十個王朝，我們所涉及的衹有前四個王朝中的三個：狄奥多西斯王朝（Dynasty of Thecdosius，公元 379～518 年）、查士丁尼王朝（Dynasty of Justin，公元 518～610 年）、赫拉克利留斯王朝（Dynasty of Heraclius，公元 610～717 年），其中第一個君士坦丁王朝（Dynasty of Constantine，公元 323～378 年）。

〔22〕H. Goodacre, *A Handbook of the Byzantine Empire*, London, 1960, p.12.

表六·1　　中國發現東羅馬金幣一覽表

序號	發現時間	出土（發現）地點	金幣時代	埋藏時間	數量（枚）	出土情況	資料來源
1	1897年	新疆于闐	君士坦丁五世		1		注〔20〕
2	1905年	新疆于闐	仿製品		1		同　上
3	1905年	新疆于闐	仿製品		1		同　上
4	1905年	新疆于闐	查士丁尼一世仿製品		1		同　上
5	1915年	新疆吐魯番3號墓	查士丁尼一世仿製品		1	同出有兩枚薩珊銀幣	同　上
6	1915年	阿斯塔那16號墓	仿製品	公元632年	1	薩珊圖案物品	同　上
7	1915年	阿斯塔那15號墓	查士丁尼一世仿製品		1		同　上
8	1966～1969年	阿斯塔那92號墓	不詳	唐	1		同　上
9	1966～1969年	阿斯塔那墓138號墓	莫里斯仿製品	公元7世紀中葉	1		同　上
10	1972年	阿斯塔那188號墓	仿製品	唐	1		同　上
11	1975年	新疆高昌102號墓	仿製品	唐	1	開元通寶乾元重寶	同　上
12	1945年	甘肅武威康阿達墓	不詳		1		注〔6〕
13	1990年	甘肅清水	佛卡斯		1		注〔23〕
14	1998年	甘肅隴西縣城	狄奥多西斯二世		1		注〔24〕

〔23〕劉大有《甘肅天水新發現一枚東羅馬福卡斯金幣》，《第三次絲綢之路貨幣暨少數民族錢幣研討論文》，蘭州，1994年，頁1～5。

〔24〕牟世雄《甘肅隴西縣發現一枚拜占庭帝國金幣》，《考古》，2001年12期，頁88。

續表六·1

序號	發現時間	出土（發現）地點	金幣時代	埋藏時間	數量（枚）	出土情況	資料來源
15	2000年	青海烏蘭遺址	查士丁一世	隋唐	1		注〔25〕
16	2002年	青海都蘭吐谷渾墓	狄奥多西斯二世	北朝	1		注〔26〕
17	1981年	寧夏史道德墓	差諾仿製品	公元678年	1	含在口中	注〔27〕
18	1985年	寧夏史索巖墓	仿製品	公元661年	1		注〔28〕
19	1986年	寧夏史訶耽墓	仿製品	公元669年	1		注〔29〕
20	1995年	寧夏史道洛墓	查士丁二世	公元658年	1		注〔30〕
21	1996年	寧夏田弘墓	列奥一世	公元575年	1		注〔31〕
22	1996年	寧夏田弘墓	查士丁一世	公元575年	1		同　上
23	1996年	寧夏田弘墓	查士丁與查士丁尼一世共治	公元575年	2		同　上
24	1996年	寧夏田弘墓	查士丁尼一世	公元575年	1		同上
25	1998年	寧夏固原	安那斯塔修斯一世		1		注〔32〕
26	1953年	陜西獨孤羅墓	查士丁二世	公元600年	1		注〔33〕

〔25〕閻璘《青海烏蘭縣出土東羅馬金幣》，《中國錢幣》，2001年4期，頁40。

〔26〕《青海都蘭出土拜占庭金幣》，《中國文物報》，2002年7月24日第1版。據稱，這枚金幣出土於都蘭縣香日德鎮以東3公里的一座北朝吐谷渾人墓中。

〔27〕寧夏固原博物館《寧夏固原唐史道德墓清理簡報》，《文物》，1985年11期，頁21～26；羅丰《固原南郊隋唐墓地》，文物出版社，1996年，頁92，圖版73、74。

〔28〕羅丰《固原南郊隋唐墓地》，頁37，圖版16、28。

〔29〕羅丰《固原南郊隋唐墓地》，頁59～61，圖版17、48。

〔30〕原州聯合考古隊《唐史道洛墓》，圖版25，東京勉誠出版，2000年，頁202～203。

〔31〕原州聯合考古隊《北周田弘墓》，東京勉誠出版，2000年，頁46，圖版29。

〔32〕樊軍《寧夏固原發現東羅馬金幣》，《中國錢幣》，2000年1期，頁58。

〔33〕夏鼐《考古學論文集》，頁135～142，圖版32。

續表六·1

序號	發現時間	出土（發現）地點	金幣時代	埋藏時間	數量（枚）	出土情況	資料來源
27	1956 年	陝西土門村 2 號墓	赫拉克利留斯一世仿製品	唐	1		注〔34〕
28	1966 年	陝西何家村	赫拉克利留斯一世	公元 756 年	1		注〔35〕
29	1969 年	陝西何家村	安那斯塔修斯一世		1		注〔36〕
30	1979 年	陝西西安西郊飛機場	查士丁一世		1		同　上
31	1979 年	陝西西安東郊	安那斯塔修斯一世		1	同出開元通寶	同　上
32	1988 年	陝西賀若厥墓	查士丁尼二世	公元 621 年	1	含在口中	注〔37〕
33	1989 年	陝西西安唐墓	仿製品	公元 9 世紀中葉	1		注〔38〕
34	1993 年	陝西商洛隋墓	狄奥多西斯二世	公元 6 世紀末公元 7 世紀初	1		注〔39〕
35	1998 年	陝西定邊安邊鎮	差諾		1		注〔40〕
36	2000 年	陝西西安	查士丁尼二世		1		注〔41〕
37	1981 年	河南安菩墓	佛卡斯	公元 709 年	1	握於手中	注〔42〕

〔34〕夏鼐《西安土門村唐墓出土的拜占庭式金幣》，《考古》，1961 年 8 期，頁 446～447。

〔35〕陝西省博物館等《西安南郊何家村發現唐代窖藏文物》，《文物》，1972 年 1 期，頁 30～42，圖 9～10。較好的圖版參見陝西省博物館《漢唐絲綢之路文物精華》，龍出版有限公司（香港），1990 年，頁 122，圖版 157，頁 162 圖版解説。

〔36〕王長啓、高曼《西安新發現的東羅馬金幣》，《文博》，1991 年 1 期，頁 38～39。

〔37〕負安志《陝西長安縣南里王村與咸陽飛機場出土大量珍貴文物》，《考古與文物》，1993 年 6 期，頁 45～52，圖 5:12。

〔38〕張全民、王自力《西安東郊清理的兩座唐墓》，《考古與文物》，1992 年 5 期，頁 51～57。

〔39〕王昌富《陝西商州市隋墓出土東羅馬金幣》，《考古與文物》，1997 年 4 期，頁 7。

〔40〕李生程《陝西定邊縣發現東羅馬金幣》，《中國錢幣》，2000 年 2 期，頁 44；關於這枚金幣的研究另參見羽離子《對定邊縣發現的東羅馬金幣的研究》，《中國錢幣》，2001 年 4 期，頁 15～18。

〔41〕党順民《西安發現東羅馬金幣》，《中國錢幣》，2001 年 4 期，頁 14。

〔42〕洛陽市文物工作隊《洛陽龍門唐安菩夫婦墓》，《中原文物》，1982 年 3 期，頁 24～26，圖 7:2、3。

續表六·1

序號	發現時間	出土（發現）地點	金幣時代	埋藏時間	數量（枚）	出土情况	資料來源
38	1959年	内蒙古土默特旗墓	列奥一世	公元6世紀	1		注〔43〕
39	1980年	内蒙古武川縣	狄奥多西斯二世		1		注〔44〕
40	1973年	河北李希宗墓	狄奥多西斯二世	公元576年	1		注〔45〕
41	1973年	河北李希宗墓	查士丁與查士丁尼一世共治	公元576年	2		同　上
42	1973年	河北閆氏墓	查士丁與查士丁尼一世共治	東魏	1		注〔46〕
43	1978年	河北鄰和公主墓	安那斯塔修斯一世	公元550年	1		注〔47〕
44	1978年	河北鄰和公主墓	查士丁一世	公元550年	1		同　上
45	1989年	遼寧朝陽唐墓	赫拉克利留斯一世	唐	1		注〔48〕
46	1994年	浙江杭州徵集	列奥一世	隋唐	1		注〔49〕

備注：表中所列東羅馬金幣各皇帝名的辨釋取原公佈者結果，衹有王名統一於本文通行譯名，筆者的另行釋讀結果將在下文中指出，代之以序號，不再一一列舉發現地點之全稱。

〔43〕内蒙古文物工作隊《呼和浩特市附近出土的外國金銀幣》，《考古》，1975年3期，頁182～185，圖2。

〔44〕内蒙古呼和浩特市文物事業管理處《呼和浩特是草原絲路的中轉達站——畢克旗水磨溝又出土東羅馬金幣》，《内蒙古金融研究》，1987年8期，頁58～60。

〔45〕石家莊文物發掘組《河北贊皇東魏李希宗墓》，《考古》，1977年6期，頁382～390；關於這三枚金幣的詳盡研究參見夏鼐《贊皇李希宗墓出土的拜占庭金幣》，《考古》1977年6期，頁403～404，圖版6；有關這幾枚金幣較好的圖版參見河北省博物館等編《河北省出土文物選集》，文物出版社，1980年，頁177，圖版309。

〔46〕關於這枚金幣的詳盡材料至今尚未見公佈，僅見宿白《中國境内發現的東羅馬遺物》列表，《中國大百科全書·考古學》，中國大百科全書出版社，1986年，頁676～677。

〔47〕磁縣文化館《河北磁縣東魏茹茹公主墓發掘簡報》，《文物》，1984年4期，頁1～9。

〔48〕遼寧省文物考古研究所等《朝陽雙塔區唐墓》，《文物》，1997年11期，頁51～56。

〔49〕屠燕治《東羅馬立奥一世金幣考釋》，《中國錢幣》，1995年1期，頁35，圖版見該期封底。

（三）幣面觀察

墓葬中出土的金幣所提供的信息最爲豐富，窖藏、遺址中的金幣則最具偶然性，數量較少，另外一些金幣出土之後與之相關的材料損失殆盡，有的則落入收藏者之手，給驗證性研究帶來許多不便。中國境内發現的五十餘枚東羅馬金幣，筆者衹有緣目睹其中不足二分之一，其餘衹能借助印刷品或照片觀察，另有個别的則連這種機會都没有，僅能憑藉他人文章轉述。由於發現者對東羅馬金幣的認知程度有很大的差異，有時手頭缺乏可靠的比對材料，不一定能够觀察到其中的細微區别，所以這些材料的可信度並不一致。加之金幣材料的獨特性，這些發現幾乎都可以看作是一個相對獨立的個體，雖然有時它們同屬一個皇帝，甚至同一皇帝的幾枚金幣同出在一座墓葬之中，在其他資料無法再次確認的情况下，衹有採信首次發表者提供的數字（見表六·2）。

據以上有數據的三十六枚金幣中僅有八枚的重量在 4 克以上，占 22%。假設 4 克左右符合原幣重量，那麼不合規定的金幣則多達 78%，其中仿製品有五枚，4 克的仿製品衹有兩枚，這樣約二十五枚的真品金幣中，衹有四分之一左右的金幣合乎真品重量，其餘近 80%的金幣都與真品的重量相去甚遠。45 號金幣最重 4.4 克，38 號則最輕衹有 2 克，重量資料齊全真品平均重 3.15 克，有五枚金幣的外觀明顯改變。改變外觀的方式是剪邊，剪邊時或許存在某種標準，即以不傷害金幣圖案正中的王像爲原則，但是周邊的拉丁字母，顯然不是持剪者所顧忌的内容，有的金幣邊被全部剪去。金幣左邊剪去的機會大於右邊，故往往右邊的銘文遺留下的情况多於左邊。影響金幣重量的因素不但有剪邊，幣面上打孔也會使金幣的分量減輕。金幣上的穿孔從一個到兩個、三個，最多的 23A 號金幣上有四個穿孔。一個穿孔或像 35 號金幣焊有一小圓環，明顯是爲了防止遺失，用於懸挂時穿線；但三個甚至四個穿孔很可能是爲了綴合在某種物品、物件之上，衣物或許是應首先想到的對象。相當一些金幣被剪邊，幣面上仍有穿孔，很可能經過這樣的工序：在某一地區金幣先被剪去周邊，流傳至最後擁有者的手中又被打上穿孔，以防遺失或便於綴合。仿製品的重量較輕，最少的兩枚衹有 0.8 克，單面打押圖案是仿製品常見的形態。金幣没有遭到改造的情况比較少，似乎與埋藏年代的早晚之間並無明顯的關係，亦與擁有者身份不相關，其中的規律尚需進一步研究。表面磨損對金幣來説最爲常見，磨損的程度當然與流傳的時間長短有關。金幣在打造後相當長的一段時間是作爲貨幣參與流通環節，磨損是必然的。流入中國的外國金銀幣在退出流通後被擁有者收藏，埋入墓葬是一個普遍的選擇。以同時流行的薩珊銀幣爲例可以觀察到，薩珊銀幣在

表六·2　　**東羅馬金幣有關資料一覽表**

序號	直徑（厘米）	重量（克）	改造情况	真品	仿製品
8	2.47×1.78				√
13	2.1、厚0.1	4.5	三個穿孔	√	
14	1.8			√	
15	1.2、厚0.05	2.31	剪邊	√	
16	1.4	2.36	剪邊	√	
17	2.2	4	一個穿孔		√
18	1.9	0.8	剪邊		√
19	2.3	2			√
20	2.1、厚0.095		兩個穿孔	√	
21	1.54	2.6	剪邊兩個穿孔	√	
22	1.67	2.9	剪邊三個穿孔	√	
23A	1.62	2.6	剪邊四個穿孔	√	
23B	1.62、厚0.095	3.3	剪邊三個穿孔	√	
24	1.65	2.5	剪邊	√	
25	1.76、厚0.54	3.1	剪邊	√	
26	2.1	4.4	一個穿孔	√	
27	2.1	4.1			√
28	2	4.1		√	
29	1.8		剪邊	√	
30	1.8	2.3	上部缺口	√	
31	1.7	2.4	剪邊	√	
32	2	4.1	兩個穿孔	√	
33	2.1	0.8			√
34	1.8	2.8	一個穿孔	√	
35			剪邊	√	
36	1.74、厚0.5	3.25	上焊一圓環	√	
37	2.2	4.3		√	
38	1.4	2	剪邊	√	
39	1.2	2.3	剪邊	√	
40	2.1	3.6	兩個穿孔	√	
41A	1.68	2.49	剪邊	√	
41B	1.7	2.6	剪邊	√	
43	1.6	2.7	剪邊	√	
44	1.8	3.2	剪邊	√	
45	2	4.4		√	
46	1.7	28	剪邊	√	

外觀改造上遠不如東羅馬金幣，幣面打孔的現象已經十分少見[50]，剪邊的情况甚至稱得上罕見。當然對於薩珊銀幣的剪邊，薩珊王朝曾經採取過一些防範措施，如在銀幣周邊打上某些符記以防剪邊[51]。我們尚不知在拜占庭帝國有無類似的防止剪邊的方法，不過從拜占庭金幣的直徑看，同樣的方法可能没有，但用薩珊銀幣的例子可反推出貴金屬貨幣被剪邊是一個普遍的現象，對於數量衆多的金幣實施剪邊，當然可以得到相當可觀的黄金，拜占庭本土、薩珊地區及中亞是金幣大量流通地區，金幣剪邊的可能性最大。相反，流入中國的金幣數量十分稀少，即使剪邊意義也不大。擁有者爲防止遺失或綴合在他物之上，對金幣採取了打孔的辦法，使金幣的形態、分量都大爲減少，表明擁有者並不關心其中的分量，這樣的推論使我們清晰地排除拜占庭金幣在流傳過程中幣面被改造的程式。

中國境内出土的金幣由於品種單一，基本上與東羅馬本土的幣制變革情况關係不大。索里得在重量、直徑上的減少，不是幣制改革的結果。公元5世紀末徹底完成的幣制改革，有一個新的結果，是一套新的銅幣單位，並圍繞此有一系列變化，有一些特殊的符號，銀幣也有一些變革，但金幣的變化卻没有那樣劇烈[52]。索里得從公元72年被鑄造，到新的幣制單位磅（Pound）的出現，一直是東羅馬帝國整個經濟活動所依賴的主要幣制單位。其純度和重量一直保持到公元11世紀中葉，此後在國際貿易中的地位下降，形狀上也有變化，成爲所謂的杯形金幣[53]。中國境内出土索里得金幣都屬早期。

（四）圖案

雖然拜占庭帝國建立可以從公元330年算起，拜占庭錢幣卻並未從這一年份計起。最初一些時間的拜占庭錢幣看起來更像羅馬帝國錢幣，而尚未看到拜占庭帝國的特徵，所以拜占庭錢幣專家薩倍提（Sabatier）和托斯道爾（Tolstoi）提出拜占庭錢幣應以公

〔50〕雖然在流入中國的薩珊銀幣中有一些被打上一個或幾個小孔，但總的數量似乎不多。大多數情况下，薩珊銀幣是作爲流通貨幣而存在的，打孔的銀幣則作爲裝飾品之用（參見夏鼐《綜述中國出土波斯薩珊朝銀幣》，《考古學報》，1974年1期，頁90～110）。

〔51〕參見孫莉《中國發現的薩珊銀幣研究》，北京大學碩士論文，2000年，北京，頁11。但是薩珊銀幣中確實存在着因爲剪邊而使德拉克瑪分量減至3克以下的現象（參見J. Walker，*A Catalogue of the Arab～Sassanian Coins*，1941，London，pp.cxlvii～cxlix）。

〔52〕D. R. Sear，*Byzantine Coins and their values*，London，1974，p.23.

〔53〕D. R. Sear，*Byzantine Coins and their values*，pp.25～26.

元4世紀末作爲起點進行研究[54]。這種倡議的出發點當然是錢幣上的圖案。貴金屬貨幣在貿易領域内充當主要交换角色時，政治格局、經濟環境的風雲變幻直接體現在貨幣上。帝國統治的不穩定性，一些皇帝像走馬燈一樣輪换，由於擴張、侵略、篡權、内戰等使他們隨時都會陷於某種危機之中。當然我們所討論的並不是拜占庭帝國錢幣的全部，而衹是最初的幾百年錢幣中的一種金幣。

拜占庭鑄幣在千年的發展中，經歷了許多變化，雖然這些變革在後人看來是突然，實際情況卻是逐漸演變的，或者説表現在金屬鑄幣上是極其緩慢的。早期的拜占庭錢幣基本上沿用羅馬帝國錢幣的舊制，正面爲拜占庭皇帝的半身像，先是頭向右側的側面像，後來側向四分之三的正側面像流行，再以後完全正面的皇帝像出現在金幣上。銅幣也很快跟進，但輔助金幣卻直到公元7世紀末纔不曾再見到那種側像[55]。金幣正面的拜占庭皇帝戴着聯珠紋樣組成的王冠，真正的王冠則綴滿各色寶石[56]。肩扛着象徵權杖的中型矛，使人想起刺向敵人的長矛。據説，拜占庭皇帝權杖上的矛是以黄金製成，並裝飾有各種寶石[57]。從查士丁一世開始金幣的背面發生了一個重要變化，過去常見的勝利女神維克特麗（Victoria），即Vica Pota，被男性天使所取代，天使圖案變得非常普及。這種圖案持續近一個世紀[58]。據説，天使像後來演變成爲君士坦丁堡的城標，名爲安淑莎（Anthousa）[59]。但是在拉丁銘文則仍然作Victoria。莫里斯（Maurice，公元582～602年）執政時，又將索里得背面的圖案恢復爲天使（守護神），而在塞姆西斯（Semissis）上他使用了一個新的維克特麗形象。查士丁尼二世（公元685～695年）執政期在拜占庭金幣肖像學上是一個轉折點，公元692年，查士丁尼二世首次把基督半身像安置在金幣上[60]。

---

〔54〕P. D. Whitting, *Byzantine Coins*, p.16.

〔55〕D. R. Sear, *Byzantine Coins and their values*, p.12.

〔56〕東羅馬皇帝的王冠是半球形，閃閃發光，用布或絲綢製成，上面幾乎綴滿了各種珠寶。帽頂上有一個平放的圓圈和兩個黄金的拱門，最上面的拱門相接的地方是一個圓球或十字架（參見愛德華·吉本《羅馬帝國衰亡史》下册，D. M. 洛節編本，黄宜恩等中譯本，1997年，頁416）。

〔57〕關於拜占庭帝國皇帝的權杖上的長矛有這樣的傳説，在君士坦丁大帝决定信仰基督教之時，“他在夢中看到一些裝飾有織物片的旗幟和有十字架的長矛自天而降，這些長矛中一部分是黄金的，其餘是白銀、鐵、銅質的，並裝飾以各種寶石。同時，一種聲音向他呼唤：‘帶走這些矛槍並進攻你的敵人，你將會取得勝利’。他覺得在夢中確實使用這些武器進攻過敵人，由於他獲得了這種幫助，他擊敗了敵人並迫使之潰散。當他一夢醒來之後，君士坦丁便命令在一些矛槍的頂端安裝他在夢中看到的那種標志，並令人將之帶到其軍隊前列”（參見馬蘇第《黄金草原》第二卷，耿昇中譯本，青海人民出版社，1998年，頁397～398）。

〔58〕參見D. R. Sear, *Byzantine Coins and their values*, p.13.

〔59〕參見陳志强《咸陽底張灣隋墓出土拜占庭金幣的兩個問題》，頁78～80。

〔60〕D. R. Sear, *Byzantine Coins and their values*, pp.13～14.

① 狄奧多西斯二世（Theodosius Ⅱ，公元408～450年）金幣

39號金幣爲狄奧多西斯二世的半身胸像，他是拜占庭帝國的第八位皇帝，在位的年代正是帝國希望上昇的年代。正面皇帝半身胸像，頭有三分之一側向。頭戴盔，盔額飾有兩周聯珠紋，頂部兩根翎羽飾被穿孔打破。腦後有兩股冠纓翹起，冠下兩側珠子垂於雙耳之下。身穿無領皮革戰袍，外飾鎧甲。鎧甲呈橫豎條狀，飾有甲片。右手舉起，握一中型矛柄，扛於右肩上，矛尖露於左耳際，是權杖的象徵。左手持一盾牌，盾牌上部呈圓三角形，擋住左肩，盾上有圖，但並不清晰，一般認爲是作戰圖之類。金幣正面與背面圖案打押正好相反，有人以爲這是拜占庭金幣印模排列的常例〔61〕，也有人說工匠心不在焉，轉動上模，打出的幣兩面的圖文就不都順着一個方向〔62〕。後者顯然有些想當然成分的推測，在一般研究東羅馬金幣的印刷品中，這一現象顯然不易獲得觀察。因爲它們的排列是按照圖案調整，以正面爲主調節背面圖案，除非觀摩實物。流入中國的金幣有些打有穿孔，則有助於正背圖案相關察看。除這枚金幣外，13、16、20、21、22、23A、23B、26、30、32、34、35號金幣都是正背面圖案相反排列，顯然可以看作是拜占庭金幣在印模排列上的一種慣例，例外的情況十分少見。背面爲勝利女神，側身向右作佇立狀，頭側向右而身子呈正側，右手執一長十字架，頭部與十字架間有一顆八芒的星，女神左側有長翼，周有拉丁銘文。

② 列奧一世（Leo Ⅰ，公元457～474年）金幣

列奧一世在位的時期是拜占庭帝國空前繁榮階段。他利用自己非凡的政治手段登上並鞏固帝位，是一個虔誠的基督教徒。列奧一世的加冕禮由安納托利亞（Antolius）主教主持授予。他是拜占庭第一位從神父手中接過王冠的君主〔63〕。21號金幣的正面是列奧一世的半身胸像，頭亦轉向三分之一。金幣被小心地剪去一周，傷及個別字母。表面磨損較甚，王像的面部已經不清晰，眉目卻有大體的位置。頭戴王冠，冠中央嵌一圓形寶石，冠下有一周聯珠，冠頂翎羽聳立，右耳際兩條飄帶飄起，下有卷髮。右手握矛，矛尖露於左耳際。左手執盾牌，上飾花紋。身穿鎧甲，甲片由聯珠紋構成。背面中央側立一勝利女神，有磨損，側身佇立。右手執一長形十字架，左手下垂，側有翼狀物。與該枚金幣同爲列奧一世金幣者另有45號金幣。1959年，內蒙古默特旗畢克鎮出土的一枚金幣，被鑒定爲列奧一世金幣。但最近有人對此產生懷疑，認爲有再次確認的必

〔61〕參見夏鼐《贊皇李希宗墓出土的拜占庭金幣》，頁403。

〔62〕參見羽離子《對定邊縣發現的東羅馬金幣的研究》，頁18。該文用了一定篇幅來討論工匠在打押金幣時的方法。

〔63〕H. Goodacre，*A Handbook of the Byzantine Empire*，p.40.

要[64]。雖然没有機會再次觀察原幣，但獲得了非常清晰的照片。根據金幣殘存的銘文判斷，我們認爲這枚金幣應屬列奥一世。谷一尚的判斷有誤，但這一錯誤的判斷可能事出有因。

③ 差諾（Zeno，公元 474～491 年）金幣

列奥一世没有兒子，公元 473 年，當他感覺自己不行的時候，决心讓自己的外孫即位。列奥二世（Leo Ⅱ）是差諾與列奥一世女兒阿里亞埃（Arialne）的兒子，即位的時候還很小，不幸的是不到六個月他就死了[65]。差諾便登上王位。他的原名叫 Trascslisseus，同列奥一世女兒結婚後改名 Zeno。差諾上臺後受到他岳母維思（Verina）的挑戰，很快王冠落到了巴西利古斯（Basiliscus）的頭上，差諾被迫逃離，但第二年巴西利古斯就被廢黜，差諾回國。差諾所面臨的是不斷的暴動、動亂，對於這一切他顯得束手無策，統治十七年後在四月的一天他病死了[66]。35 號金幣，上部焊一金環，幣面磨損較甚，正面亦爲半身胸像，形式、裝束亦同前。原報告此枚金幣的發現者，没有辨認金幣所屬皇帝，羽離子鑒定此幣屬差諾[67]。不過，這一結果是根據原報告者的銘文識讀推測而來，並非由觀察幣面銘文獲得，或許值得進一步確認。17 號金幣曾被認爲是差諾金幣的仿製品，它的幣面上有十分粗俗的拉丁銘文，有仿製品的特徵[68]。

④ 安那斯塔修斯（Anastasias，公元 491～518 年）金幣

安那斯塔修斯上臺後實行嚴格的金融政策，整頓國家税收，使帝國的財政收入增加。在宗教鬥争中，他公開支援耶穌單性派，比起差諾暗中支援單性派來有明顯的變化。差諾没有兒子，帝國在没有男性繼承人的情况下，皇帝的遺孀、女兒都可成爲合法的繼承者。列奥之女先嫁給差諾，後來又嫁給安那斯塔修斯，皇帝是東羅馬連貫性的代表人。安那斯塔修斯改革貨幣政策，發行新的銅幣，改革金幣、銀幣與銅幣之間的兑换比例，使拜占庭貨幣在平穩狀態下運行。但金幣本身的變化不大，銘文中個別字母有一些變更。該王金幣是在中國境内發現最多的金幣之一。

⑤ 查士丁（Justin，公元 518～527 年）金幣

查士丁是位目不識丁的元老，但他很有心計。雖然篡得了王位，但他執政的年代卻是拜占庭帝國最混亂的時期之一。查士丁執政的時間雖然不算短暫，但他的金幣上也没

〔64〕谷一尚認爲依照殘存銘文判斷，這枚金幣不屬於列奥一世，而屬於安那斯塔修斯一世（參見《北周田弘墓》，頁 126、234）。

〔65〕H. Goodacre，*A Handbook of the Byzantine Empire*，p.44.

〔66〕H. Goodacre，*A Handbook of the Byzantine Empire*，p.45.

〔67〕羽離子《對定邊縣發現的東羅馬金幣的研究》，頁 16～17。

〔68〕羅丰《固原南郊隋唐墓地》，頁 151。

有變化。除去王名之外，看不出與以前皇帝有多大的區别。人們對他的關注也少一些。但是金幣的背面有一個重要的變化就是天使像的出現。

⑥ 查士丁與查士丁尼一世共治（Justin and Justinian Ⅰ，公元 527 年）金幣

雖然查士丁是一個平庸的皇帝，但他卻有一個聰明的侄子，並由查士丁帶到君士坦丁堡接受了良好的教育，留在身邊擔任副官長達九年之久〔69〕。在查士丁臨終前的幾個月，他提拔查士丁尼一世作爲聯合執政的國王，以確保繼承權力的平穩過渡。短暫的聯合執政的局面被固定在金幣的圖案上，是非常吸引人的。正面是兩個並肩坐立的皇帝〔70〕，查士丁在左，查士丁尼一世居右，他們都有光環，兩人雙手都屈握於胸前。查士丁左膝在前，查士丁尼一世則右膝向前。雖然他們共同執政的時間衹有短短的幾個月，但流入中國的金幣仍然是最多的。

⑦ 查士丁尼一世（Justinian Ⅰ，公元 527～565 年）金幣

查士丁尼一世在整個拜占庭歷史上是一位重要的人物，正如歷史學家所描述的那樣，即使歷史忘記了查士丁尼的戰績，都不會忘記《查士丁尼法典》〔71〕。這部整體性很强的法律，給帝國帶來經久不衰的影響。隨着對意大利、北非和西班牙的征服，地中海沿岸、巴爾干半島的大片土地成了帝國的領土，必須用更多的錢幣來滿足日漸增加的新需要，查士丁尼一世時期有十多個鑄幣廠在不停地生產。值得注意的是拜占庭錢幣上的一個重要轉折性的變化發生在查士丁尼一世時期，即正面皇帝像由過去的四分之三側面，轉爲完全正面形象。

⑧ 查士丁尼二世（Justin Ⅱ，公元 565～578 年）金幣

查士丁尼一世以後的拜占庭帝國迎來的大多是一些平庸之主，在政治上基本都没有太大的作爲。金幣上是查士丁尼二世的正面半身像，和以前肩扛矛的拜占庭皇帝不一樣，他右手托着地球，左手握盾牌，背面的天使呈坐姿，手握地球，地球上有一十字架，是基督教統治世界的標志。這種 Constantinopolis 坐式圖像是查士丁尼二世創造的，以後再也没有被採用過〔72〕。

⑨ 佛卡斯（Phocas，公元 602～610 年）金幣

---

〔69〕參見威爾·杜蘭《世界文明史》第四卷《拜占庭伊斯蘭猶太文明》，幼獅文化事業公司編譯，幼獅文化事業公司，1995 年，頁 158～159。

〔70〕D. R. Sear, *Byzantine Coins and their values*, p.13、48；H. Goodacre, *A Handbook of the Byzantine Empire*, p.67.

〔71〕威爾·杜蘭《拜占庭伊斯蘭猶太文明》，頁 170～180。

〔72〕D. R. Sear, *Byzantine Coins and their values*, p.13. 不過，最近有人説這一變化是在查士丁尼一世時期完成的（參見 Michael Alram, Coins and the Silk Road, Monks and Merchants, *Silk Road Treasures from Northwest China*, New York, p.285）。

佛卡斯是一個凶殘的皇帝。他是通過政變上臺的，國家在他的統治下很快陷入一個無政府狀態，斯拉夫人、匈奴人和波斯乘機佔領了帝國大片土地。拜占庭金幣從莫里斯（Maurice，公元582～602年）開始將金幣的背面恢復爲天使形象，而在賽米塞斯（Semisses）鑄幣上使用了一個新維克特麗（Victoria）。銀幣上形成一個新的類型“Ceremonial”。

⑩ 赫拉克利留斯（Heraclius，公元610～641年）金幣

公元610年，一個非洲總督的兒子赫拉克利留斯推翻了佛卡斯的統治，一度收復了巴爾干地區，使國人精神振奮。但是好景不長，阿拉伯半島的伊斯蘭教崛起，使拜占庭帝國的疆域受到極大的威脅，北非及美索不達米亞的省區在他手裏丢失。金幣卻在赫拉克利留斯中留下了可以延續至下世紀的樣本，階梯上竪着十字架，皇帝手中所執的地球上也有十字架。鑄幣上開始出現兩個或三個的人像替代單身的帝王肖像[73]。

以上在中國出土拜占庭金幣莫里斯仿製品及我們未見到的君士坦丁五世（Constantine Ⅴ，公元741～775年）鑄幣，並不在我們討論範圍之内。

（五）銘文

拜占庭錢幣上的銘文，是一個非常複雜的問題，我們首先要瞭解帝國範圍内的語言使用情況。羅馬與東方和各省複雜的關係在語言方面表現得最爲明顯。東部各省機關政府使用拉丁語，希臘傳統的名人講希臘語，而老百姓則繼續使用祖先的語言——亞美尼亞語、古敘利亞語、希伯來語、阿拉伯語和科普特語。帝國中心轉移到君士坦丁堡後原則上使這個問題變得簡單了。從公元5世紀起，衹有部分官方文書及教會使用拉丁文，希臘語上昇爲商業交往中的通用語言，但仍然被看作外族語言。帝國把全體人民引入對主的信仰看成是自己絶對的責任，大多數東方信徒不懂希臘語，東正教教會則鼓勵用當地語言佈道。因此，東羅馬的基督教化導致了一場地方語言的復興運動。希臘語成爲公元535年第一批查士丁尼新法頒佈時唯一的正式語言[74]。這位講拉丁語的皇帝承認了一種不可逆轉的事實。拜占庭金幣銘文早期使用拉丁文，我們必須知道其字母系統，由字母組成的數字、縮寫、稱謂等以及一些經常出現的辭彙，這樣可以解決發行者名字、錢幣單位、時代、造幣發行所等具體問題。拉丁銘文中慢慢地摻入一些希臘文，先是個别字母，後來一些單詞被譯成希臘文，這成爲拜占庭錢幣中一個普遍現象。從列奥三世

〔73〕 D. R. Sear, *Byzantine Coins and their values*, p.13.

〔74〕 P. A. Ducellier《拜占庭帝國與東正教世界》，劉增泉中譯本，國立編譯館，1995年，頁109。

（Leo Ⅲ，公元717～741年）這種現象變得突出起來。從公元11世紀開始，銘文全部變成希臘文，這實際上是一個希臘轉變成統治地位的過程。中國發現的金幣屬早期，希臘文滲入的情況亦不明顯，銘文的内容一般是祝辭性質。例如：

D［ominus］N［oster］IVSTINIANVS　P［er］P［etuus］AVG［ustus］

我們的主上查士丁尼［,］我們永恒的皇帝

(Ourl ord Justinian forever Emperor)

到了列奥三世時則已演變爲：

S［omino］N［ostr］O LCON P［erpetuo］A［uyusto］MHL［tos Annos］

［願上帝］讓我們的列奥皇帝永恒

(［May the Lord give］many years to our Lord Leo forever Emperor)!

DN已被SN所替代，變成祝福辭彙，“願上帝幫助某某吧”[75]。拜占庭帝國的錢幣上的拉丁、希臘字母和後來人感到十分陌生的形式經常混合出現。經過幾代拜占庭錢幣學家的精心辨認，現在學術界已經可以正確地釋讀銘文。

在拉丁字母、希臘字母中經常出現相互使用的情況，如U被刻成V，R刻成P，N H被刻成Ч，幾乎大部分字母都有異體[76]。由於鎸版的工匠並不能够正確地理解拉丁文中摻雜希臘語彙變化的意義，或粗心大意，所以常有刻錯的現象。縮寫（Abreviations）、省略（Omissions）是其最常見的銘文形式。背面維克特麗（Victoria）爲勝利女神，是基督教成爲國教的象徵。但到後來圖像的内容已發生變化，由女神變成天使，但銘文的内容卻没有任何變化仍爲Victoria，衹取勝利的意思，可以説維克特麗所代表的是勝利的化身。右側AVGGG是Augustus的縮寫。奥古斯都是屋大維掌握羅馬帝國大權後元老院授予他的一個稱號，意思是“神所讚揚的”，給予元首政權某種宗教上的認可，以後奥古斯都又獲得“祖國之父”（Pater Patriac）的稱號。羅馬皇帝是元首即公民之首，但到東羅馬卻稱爲“主宰、主上”（Dominus Noster），背面銘文通常可譯爲“帝國的勝利”。GGG代表了奥古斯都以來的羅馬皇帝們，他們常常以複數的形式出現。

中國境内發現的拜占庭金幣，由於流傳時間普遍較長，大部分金幣被改造過，如剪邊、打孔等，傷及幣面的完整性，當然最受到影響的就是幣面一周的銘文，有的甚至被全部剪去。流行時間長，磨損就比較嚴重，有的銘文大部分已磨損，衹能根據殘存字母、圖案等判讀。公佈形式的缺陷，也是影響研究工作的因素之一。國外刊佈這類照片，多採用原大和放大對比的形式，甚至衹採用放大照片，使人們可以清晰地看到實

〔75〕參見P. D. Whitting, *Byzantine Coins*, pp.18～25.

〔76〕參見H. Goodacre, *A Handbook of the Byzantine Empire*, pp.15～16所列拉丁字母表。

①

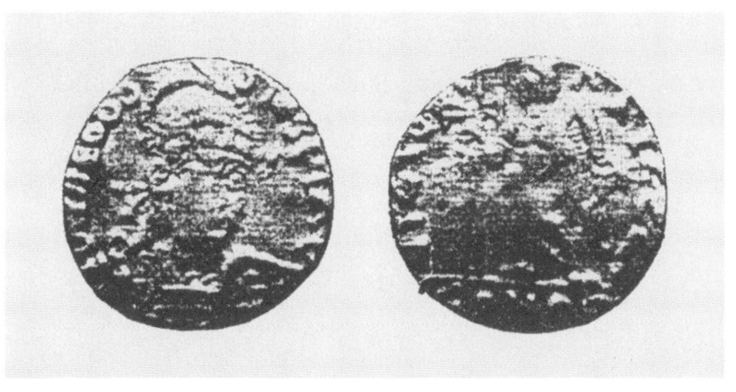

②

圖六·1 東羅馬狄奥多西斯二世金幣（正、反面）

① 贊皇東魏李希宗墓出土（張獻中提供） ② 隴西縣城發現（採自《考古》，2001年12期，頁88）

物的全部。而中國目前大部分出版品，祗恪守照片不能超過實物原大的原則，刊佈一個很小的照片，有的採用搨本的方法，這一方法其實並不適用於磨損較甚的金幣，這些或許應引起出版者重視，以利於中國拜占庭錢幣研究整體水平的提高。筆者在一些機構、朋友的幫助下，有機會觀察到一些金幣實物，並有一些不同於原刊佈者的發現。

40號金幣，正面銘文DN（Dominus Noster，我們的主上）THODO/SIVS（Theodosius，狄奥多西斯）PFAVG（Pirs Fius Augustus，虔敬、幸福的尊者、皇帝），背面銘文VOTXX（Vota XX，宣誓典禮二十年）MVLTXXX（Multiplica XXX，增加至三十年），中央CON（Constantinople，君士坦丁堡）OB（Obryzum，印記）（圖六·1·①）。

14號金幣，正面銘文DN（Dominus Noster，我們的主上）THODO/SIVS（Theodosius，狄奥多西斯）PFAVG（Pirs Fins Augustus，虔敬、幸福的尊者、皇帝），背面銘文VIC-

TORI A/ (Victoria，勝利女神) AVGGG (Augustus，皇帝們)，⊖，第9發行所，中央銘文C ON (Constantinople，君士坦丁堡) OB (obrysum，印記) (圖六·1·②)。

21號金幣，正面銘文DN (Dominus Noster，我們的主上) LEO (Leo，列奧) PE/RPETAV G (Perpetuus Augustus，永恒的皇帝)，背面銘文VICTOR □ (Victoria，勝利女神) /AVGGG (Augustus，皇帝們)，Ⅰ，第10發行所，中央銘文CON (Con-stantinople，君士坦丁堡) O B (obryzum，印記) (圖六·2·①)。

38號金幣，正面銘文DN (Dominus Noster，我們的主上) LEO (Leo，列奧) PE/RPETAVG (Perpetuus Augustus，永恒的皇帝)。背面銘文VITORA (Victoria，勝利女神) /AVGGG (Augustus，皇帝們)，Ⅰ，第10發行所。中央銘文CON (Constantino-ple，君士坦丁堡) OB (obryzum，印記) (圖六·2·②)。

46號金幣，正面銘文DN (Dominus Noster，我們的主上) LEO (Leo，列奧) PE/RPETVG (Perpetuus Augustorum，永恒的皇帝)，背面銘文VICTORA (Victoria，勝利女神) /AVGGG (Augustus，皇帝們)，⊖，第9發行所標記，中央C ON (Con-stantinople，君士坦丁堡) OB兩個字母已缺 (圖六·2·③)。

16號金幣，正面銘文DN (Dominus Noster，我們的主上) ZENO (Zeno，差諾)，P E RPAVG (Perpetuus Augustus，永恒的皇帝)。背面銘文VICTO R A (Victoria，勝利女神) /A VGGG (Augustus，皇帝們)，Ⅰ，第10發行所。中央銘文CO N (Constantinople，君士坦丁堡) OB (Obryzum，印記)[77] (圖六·3·①)。

35號金幣，正面銘文DN (Dominus Noster，我們的主上) ZENO (Zeno，差諾) / PERPAVG (Perpetuus Augustus，永恒的皇帝)，背面VICTOR/A (Victoria，勝利女神) AVGGG (Augustus，皇帝們)，Γ，第3發行所，CON (Constantinople，君士坦丁堡)，OB (Obryzum，印記)[78] (圖六·3·②)。

---

〔77〕青海都蘭北朝吐谷渾墓出土的這枚金幣。據發掘者稱，正面有十七個字母，復原爲狄奥多西斯，並以爲是狄奥多西斯二世金幣（《中國文物報》，2002年7月24日第1版）。但根據已發表的照片觀察，幣面的拉丁字母不超過十三個，是Zeno金幣，背面銘文的辨釋有錯誤。

〔78〕該枚金幣原報告者曾對其中的銘文有誤識，如王名原識爲“LENO”（參見李生程《陝西定邊縣發現東羅馬金幣》，《中國錢幣》，2000年2期，頁44），後經羽離子辨正爲“ZENO”即差諾，但羽文亦有武斷之處，明顯的例子是背面右側最後一個原文釋T，羽文則以爲“我查看了還算清楚的照片，未能看出此段銘文末尾有甚麼T字母。末尾是有一個並不在獨立字母位置上的似爲突出的歪斜的竪痕。但它可能是因壓模開裂所致或某種其他的原因所造成”（羽離子《對定邊縣發現的東羅馬金幣的研究》，《中國錢幣》，2001年4期，頁17）。其實，拜占庭早期金幣的這一位置多爲造幣所符記。T字母的辨識雖然有誤，因爲在十個發行所符記中並沒有T，但也很有可能屬於Γ字母，它在符記中代表了第3發行所（參見H. Goodacre, *A Handbook of the Byzantine Empire*, p.13. P. D. Whitting, *Byzantine Coins*, p.68)。

①

②

③

圖六·2　東羅馬列奥一世金幣（正、反面）

①　固原北周田弘墓出土　②　土默特旗畢克鎮出土（黄雪寅提供）　③ 杭州徵集（採自《中國錢幣》，1995 年 1 期封底）

圖六·3　東羅馬差諾金幣（正、反面）

① 都蘭北朝吐谷渾墓出土（採自《考古》，2002 年 12 期，圖版 8）　② 定邊安邊鎮發現（採自《中國錢幣》，2000 年 2 期，頁 44）

25 號金幣，正面銘文 DN（Dominus Noster，我們的主上）ANASIA/SIVS（Anastasius，安那斯塔修斯）PPAVC G（Perpetuus Augustus，永恒的皇帝）。背面銘文 VICTORI/A（Victoria，勝利女神）AVGGG（Auggg，皇帝們），I，第 10 發行所。中央銘文C ON（Constantinople，君士坦丁堡）OB（Obryzum，印記）（圖六·4·①）。

30 號金幣，正面有一缺口銘文 DN（Domirus Noster，我們的主上）ΛNASTA/□IVS（Anastasius，安那斯塔修斯）PPAVIC G（Perpetuus Augustus，永恒的皇帝）。背面 VICTORI/A（Victoria，勝利女神），AVGGG（Auggg，皇帝們），A，第 1 發行所標記。中央 CON（Constainople，君士坦丁堡）OB（Obryzum，印記）（圖六·4·②）。

31 號金幣，正面由於剪邊銘文的字母上半部分缺少，不過根據殘存字母仍可補全 DN（Dominus Noster，我們的主上）ANAST □/□ S VS（Anastasius，安那斯塔修斯）PPAVC（G）（Perpetuus Augustus，永恒的皇帝），背面銘文 VICTORI/A（Victoria，勝

①

②

③

④

圖六·4　東羅馬安那斯塔修斯金幣（正、反面）

① 固原發現（採自《中國錢幣》，2000 年 1 期，圖 2）　② 西安西郊飛機場發現（採自《天可汗的世界——唐代文物大展》，臺北故宫博物院，2002 年，頁 78）　③ 西安東郊堡子村（同前）　④ 武川發現（黄雪寅提供）

利女神）AVGGG（Auggg，皇帝們），Z，第 7 發行所標記，中央 CON（Constantinople，君士坦丁堡）OB（Obryzum 印記）[79]（圖六·4·③）。

39 號金幣，正面亦由於剪邊銘文字母被剪去大半，殘存的一小半字母亦可復原部分字母 DN（Dominus Noster，我們的主上）[A] [N] [S] □/□[S] □（很可能是 Anastasius，安那斯塔修斯）PP 祇有下面一點。背面銘文[V] [I] [C] [T] [O] [R] □（Victoria，勝利女神），其餘銘文多已不存[80]。（圖六·4·④）

22 號金幣，正面銘文 DN（Dominus Noster，我們的主上）IVST □/□ □ □（Justin，查士丁）其餘的銘文全部被剪去。背面銘文 VICTO [R] [I]/（Victoria，勝利）[P] PAVGGG（Auggg，皇帝們），Ⅰ，第 10 發行所。中央銘文 CO [N]（Constantinople，君士坦丁堡）□ B（Obryzum，印記）（圖六·5·①）。

32 號金幣，正面銘文 DN（Dominus Noster，我們的主上）IVST [I]/NVS（Justin，查士丁）PPSVG（Perpetuus Augustus，永恒的皇帝），背面 Victori/□（Victoria，勝利）□□ GGG（Auggg，皇帝們），B，即第 2 發行所標記。中央 CON（Constantinople，君士坦丁堡）OB（Obryzum，印記）[81]（圖六·5·②）。

44 號金幣，正面銘文 DN（Dominus Noster，我們的主上）IVVSTI/NVS（Tustin，查士丁）PPAVG（Perpetuus Augustus，永恒的皇帝）。背面銘文 Victor/□（Victoria，勝利）PPAVGGG（Auggg，皇帝們），Γ，第 3 發行所。中央銘文 CON（Constantino-

〔79〕31 號金幣報道者判讀其銘文爲 DNAHASTAVSIRSPPARG（參見王長啓等《西安新發現的東羅馬金幣》，《文博》，漢唐絲綢之路專號，1991 年 1 期，頁 39）。其中一些字母釋讀有誤。1992 年，該幣參加日本舉辦的《中國的金銀玻璃器展》，《圖録》的解説中判讀爲 DNTIIEDOSIVSPFAVG（參見《中國の金銀玻璃器展——正倉院の故鄉》，1992 年，NHK 大阪放送局，頁 128）。這一判讀結果遭到谷一尚的批評，認爲“這完全是一個錯誤”（參見《北周田弘墓》，頁 126）。谷一尚的釋讀基本正確，但發行所符記則釋爲不明。筆者曾於 1998 年 10 月在西安文物庫房目驗三枚金幣，現在公佈的是筆者的校正結果。

〔80〕原報告者稱這枚金幣爲狄奥多西斯二世。由於發表照片非常模糊不清，我們無法判斷其推測的可靠性，僅從其辨釋的拉丁字母則不能證實這種推斷（報道見《内蒙古金融·錢幣增刊》，1988 年 8 期，頁 58～60）。谷一尚從殘存銘文判定，内蒙古出土的原定爲列奥一世金幣爲安那斯塔修斯一世金幣。因爲没有與谷一氏交换過他對這枚金幣判定依據的來源，如果是其親自目驗結果，那麽很有可能提供者將内蒙古收藏的兩枚金幣弄反了，誤將武川金幣當成土默特左旗金幣。其實，兩枚金幣都出土於畢克旗一個名叫水磨溝的地方，兩地點南北相距 30 公里，很容易相混淆。

〔81〕原報告稱金幣爲查士丁尼二世，有誤，其實他的原意是查士丁二世（Justin Ⅱ，公元 565～578 年），查士丁尼二世（Justinian Ⅱ，公元 685～695 年）金幣在中國境内並没有發現。這枚金幣實際上是查士丁一世（Justin Ⅰ，公元 518～527 年）。但比較奇怪的是與此完全相同的一枚金幣發表在《中華文明傳真·隋唐》一書中卻稱“發現於唐長安城的何家村窖藏”［尹夏清著，上海辭書出版社、商務印書館（香港），2001 年，頁 38］。不過，非常遺憾的是在這本印刷非常精美的畫册中，這枚金幣卻被印刷者置放成反面。發表者中應有人將金幣的地點搞錯。

①

②

③

圖六·5　東羅馬查士丁金幣（正、反面）

① 固原北周田弘墓出土　② 咸陽唐賀若厥墓出土（尹申平提供）　③ 磁縣東魏茹茹族鄰和公主墓出土（採自《文物》，1984 年 4 期，頁 7，圖 11）

ple，君士坦丁堡）OB（Obryzum，印記）（圖六·5·③）。

23 號 A 金幣，由於金幣被剪邊，有一些字母剪去上半部分，正面銘文 DN（Dominus Noster，我們的主上）IVS/TINVS □ TIVS/TINIANVS（Justin Ⅰ et Justinian，查士丁一世與查士丁尼一世）PPAVG（Perpetuus Augustus，永恒的皇帝），背面銘文

VICTRI（Victoria，勝利）AAVGGG（Augustus，皇帝們）。Ⅰ，第10造幣發行所標記。正面背面中央均有銘文CON（Constantinople，君士坦丁堡）OB（Obryzum，印記）（圖六·6·①）。

23號B金幣，正面銘文DNIV這幾個字母已經磨損STIN□TIVSTINAN（Justin Ⅰet Justinian Ⅰ，查士丁一世與查士丁尼一世）PPAVG（Perpetuus Augustus，永恒的皇帝），背面銘文VICTO R I/A（Victoria，勝利）AVGGG（Augustus，皇帝們）。S，第6造幣發行標記。正面背面中央均有銘文CON（Constantinople，君士坦丁堡）OB（Obryzum，印記）（圖六·6·②）。

41號A、B金幣，正面銘文DN（Dominus Noster，我們的主上）IVSTINETIVAN（Justin Ⅰ et Justinian I，查士丁一世與查士丁尼一世）PPAVG（Perpetuus Augustorum，永恒的皇帝），背面銘文VICTORI（Victoria，勝利）AAVGGG（Augustus，皇帝們）。Δ，第4發行所標記。正面、背面中央均有銘文CON（Constantinople，君士坦丁堡）OB（Obryzum，印記），兩枚金幣發行所相同（圖六·6·③、④）。

24號金幣，正面銘文DN（Dominus Noster，我們的主上）EVSTIVI/ANVS（Justinian Ⅰ，查士丁尼一世）PPAVG（Perpetuus Augustus，永恒的皇帝），背面左側由於剪邊VICTORI（維克特麗）被全部剪去，右側銘文AAVGGG（Augustus，皇帝們）。A，是第1造幣所的符號。中央CON（Constantinople，君士坦丁堡）OB（Obryzum，印記）（圖六·7·①）。

15號金幣，由於金幣剪邊，正面左側銘文被剪去，右側銘文AVVS可推知其前爲Justinian一世的金幣，PPAVG(perpetuu Augustus，永恒的皇帝)。背面左側銘文被剪去，右側AAVGGG(Augustus，皇帝們)。⊖，是第9造幣所符記，中央的銘文已被磨去[82]（圖六·7·②）。

20號金幣，表面磨損甚重，左側的字母已經完全看不清楚，右側銘文NVS推知其爲Justin王像，亦爲查士丁尼二世，PPA V G（Perpetuus Augustus，永恒的皇帝）。背面左側銘文亦已磨去，僅留下右邊一部分A VGGG（Augustus，皇帝們）。H，是第8造幣所的符記。中央銘文也基本上看不清[83]。雖然這枚金幣的重量與真幣相差無幾，但表面的磨損程度卻超出同出金幣許多，筆者懷疑有可能屬仿製品（圖六·8·①）。

26號金幣，正面銘文DN（Dominus Noster，我們的主上）IVSTE/NVS（Justinus

〔82〕原報道者所辨釋發行所符記有誤，稱其爲8，並説"8或許代表東羅馬帝國君士坦丁堡第8製幣局"（參見閻璘《青海烏蘭縣出土東羅馬金幣》，《中國錢幣》，2001年4期，頁40）。

〔83〕原報告所辨釋銘文中有OB字母，但實際上已不清楚（參見原州聯合考古隊編《唐史道洛墓》，東京勉誠出版，2000年，頁202，圖版25）。

圖六·6　東羅馬查士丁與查士丁尼一世共治金幣（正、反面）

①、② 固原北周田弘墓出土　③、④ 贊皇東魏李希宗墓出土（張獻中提供）

①

②

圖六·7　東羅馬查士丁尼一世金幣（正、反面）

① 固原北周田弘墓出土　② 烏蘭縣烏蘭遺址發現（採自《中國錢幣》，2001年4期，頁40）

Ⅱ，查士丁二世）PPAVG（Perpetuus Augustus，永恒的皇帝）。背面銘文VECTOR I /A（Victoria，勝利）AVGGG（Augustus，皇帝們）。ε，第5發行所符記。中央銘文CDN（Constantinople，君士坦丁堡）O字母被穿孔打破B（Obrysum，印記）（圖六·8·②）。

36號金幣，左右邊有兩穿孔，正面左側DN字母被打穿，唯餘I VSTI/NVS（Justinus，即查士丁二世）P（Perpetuas，永恒開頭字母），背面銘文VIC後幾個字母被打穿，右側AA V GGG（Augustus，皇帝們）。⊖，第9發行所符記。中央銘文CON（Constantinople，君士坦丁堡）OB（Obryzum，印記）（圖六·8·③）。

9號金幣，這枚金幣被F.蒂埃里確定爲莫里斯（公元582～602年）的仿製品[84]。

〔84〕參見F.蒂埃里等上揭文，頁10。不過，在譯文中他列舉的文獻裏關於這枚金幣的情況參閱夏鼐《贊皇李希宗墓出土的拜占庭金幣》，而夏氏在此文中並未涉及新疆吐魯番出土的這枚金幣，或許譯文有誤。

①

②

③

圖六·8　東羅馬查士丁尼二世金幣（正、反面）

① 固原唐史道洛墓出土　② 咸陽隋獨孤羅墓出土（採自《華夏之路》第三册，昭華出版社，1997 年，頁 65，圖版 57）　③ 西安發現（搨本，採自《中國錢幣》，2001 年 4 期，頁 14）

筆者没有機會目驗原幣，不過從已發表的搨本來看，幣面上的銘文似尚清晰[85]，完整的銘文應該是 DNMAVRCTIBPPAVG[86]，背面銘文 F. 蒂埃里釋爲 ΛHΛHDΛVU。真幣背面似乎也無類似銘文（圖六·9）。

〔85〕新疆維吾爾自治區博物館《吐魯番縣阿斯塔那—哈拉和卓古墓群清理簡報》，《文物》，1972 年 1 期，頁 11，圖 7。

〔86〕參見 H. Goodacre，*A Handbook of the Byzantine Empire*，pp.83～85.

圖六·9　東羅馬莫里斯金幣仿製品（正面）

（採自《文物》，1972年1期，頁11，圖7）

①

②

圖六·10　東羅馬佛卡斯金幣（正、反面）

① 清水縣發現（搨本，採自劉大有1994年文，頁1）　② 洛陽唐安菩墓出土（採自《洛陽龍門唐安菩墓》，科學出版社，頁139

圖六·11　瀋陽唐墓出土赫拉克利留斯金幣（正、反面）

（搨本，採自《文物》，1997 年 11 期，頁 53，圖 5）

①

②

圖六·12　赫拉克利留斯金幣仿製品（正、反面）

① 西安土門村 2 號唐墓出土（搨本，採自《考古》，1961 年 8 期，圖版 8）　② 西安何家村出土（馬振智提供）

13 號金幣，正面銘文 DN（Dominus Noster，我們的主上）F OCAS（Focas，亦作 Phocas 佛卡斯）/AεRPAVG（Perpetuus Augustus，永恒的皇帝），背面銘文 V ICTOR（Victoria，勝利）/AVGG（Augustus，皇帝們）。Ⅰ，是第 10 造幣所符記。中央銘文 CON（Constantinople，君士坦丁堡）OB（Obryzum，印記）（圖六·10·①）。

37 號金幣，正面銘文 DN（Dominus Noster，我們的主上）FOCAS/（Focas 亦作

Phocas，佛卡斯）PεRAVG（Perpetuus Augustus，永恒的皇帝），背面銘文 VICTORI（Victoria，勝利）/A VGG（Augustus，皇帝們）。Ɛ，第 5 造幣所符記。中央銘文 CON（Constantinople，君士坦丁堡）OB（Obryzum，印記）（圖六·10·②）。

45 號金幣，赫拉克利留斯一世（Heraclius Ⅰ，公元 610～641 年），正面是他與其子君士坦丁二世（Constantine Ⅱ），銘文已經不清。背面銘文 VICTORIA（Victoria，勝利）/AVSVΛ（Augustus，皇帝們）是經常性的跟隨式銘文。⊖，第 9 發行所符記。CON（Constantinople，君士坦丁堡）OB（Obryzum，印記）（圖六·11）。另外，27、28 號金幣被認爲是赫拉克利留斯金幣的仿製品（圖六·12·①、②）。

另外，還有 34 號金幣的製造者被推定爲狄奥多西斯二世，其實這一推測顯得非常不可靠，兩面的銘文中衹有極個别字母可以看，而且並不屬於關鍵性字母，對確定王名並無幫助，圖案磨損也非常嚴重，現有的證據不能支持這種判斷。

（六）製造所符記

羅馬帝國的造幣廠曾經是一個龐大的體系，但後來已經完全崩潰。安那斯塔修斯一世幣制改革後，造幣廠增加。到了查士丁尼一世時，由於帝國的擴張十分活躍，錢幣需求量大幅增加，至少有十四個鑄幣廠在生産[87]。金幣的製造地點是我們關心的一個重要問題，金幣背面銘文的最後一個字母是用來表示金幣發行所的符記（officinae marks），但並不是全部都有，字母用希臘字母來表示。儘管東羅馬從西羅馬中分裂出來，阿卡狄亞（Arcadius）造幣廠以及他的直接繼承者仍然在東羅馬帝國發行西部造幣廠的錢幣。錢幣來源於不同的工廠，又缺少特别的標記，因而形成許多細微的差别，當然這是通過比較不同工廠鑄造的錢幣而獲得的結論[88]。拜占庭帝國君士坦丁堡的製造工廠不同，使用造幣代碼希臘字母也不同。它們有五個銅幣發行所，符記爲 A，B，Γ，Δ，Ɛ[89]，有十個金幣發行所，符記是 A，B，Γ，Δ，Ɛ，S，Z，H，⊖，I[90]。拜占庭金幣的背面中央有銘文 CONOB，其中 CON 是 Constantinople 的縮寫，OB 即 Obryzum，Obryzum 是

〔87〕參見 D. R. Sear 上揭書 p.18。拜占庭當時貴金屬造幣活動是在財政大臣 Sacraum Largitonum 主持下進行的。其中 Jmoneta Auri 是一個特殊的造幣廠，地點在君士坦丁堡的皇宫中，可分爲十個小的作坊，稱作 officinae（參見 M. Alram，*Monks and Merchants*，p.285）。

〔88〕參見 H. Goodacre，*A Handbook of the Byzatine Empire*，p.12。

〔89〕參見 P. D. Whitting，*Byzantine Coins*，p.68。

〔90〕P. D. Whitting，*Byzantine Coins*，p.74.

純金、足金的意思，連起來可譯爲“君士坦丁堡純金印記（標準）”[91]。這代表君士坦丁堡金本的制度，而並非其製造地點（mint）。實際上，君士坦丁堡以外製造的金幣也常被打押上 CONOB，如羅馬（Rome）、迦太基（Carthage）、拉韋納（Ravenna）等地製造的金幣上[92]。中國境内出土的東羅馬金幣上的發行所符記有：

A，24 30

B，32

Γ，35 44

Δ，37 41

Ɛ，26 37

S，23B

Z，31

H，20

Θ，14 15 36 46

I，13 16 21 22 23A 25 38

全部十個發行所符記都有，當然有的缺乏實物觀察，可能有誤判。儘管這樣，也可以肯定地説，絶大部分發行所符記都在流入中國的拜占庭金幣上出現，這是觀察幣面銘文所取得的一個重要結果。

（七）金幣的流入

對於流入中國的拜占庭金幣，我們首先作流入地統計，列表於下。其中的順序從西至東。

金幣的發現地點基本上都在長江以北的地區，長江以南的地區衹在杭州市發現一枚。僅此一枚也並非本地出土，發現者稱由外地流入，並没有統計學上的意義，可以剔除。十枚以上的有三者，新疆、寧夏、陝西共有三十二枚，佔全部發現金幣的百分之七十左右，其餘六省區僅占百分之三十七。在已經發現拜占庭金幣的仿製品中，最多的三省區完全佔有，在陝西以東的地區則暫没有出現仿製品，並且呈現愈往西仿製品愈多的

〔91〕根據 M. Alram 最近的説法 Obryzum 除去在金幣技術語彙中表示足量金以外，在希臘數位中代表 72，這個正好在羅馬重量單位磅（Pound）中表示 4.55 克（grams），與索里德重量一致（參見 Monks and Merchants，p.285）。

〔92〕參見 H. Goodacre，*A Handbook of the Byzantine Empire*，p.13.

趨勢。新疆的仿製品竟有十枚之多，真品衹有一枚，是一個值得關注的現象。從新疆到遼寧所涵蓋的省區中，衹有山西没有發現拜占庭金幣的公開報道。我們之所以强調公開報道，因爲這並非事實的全部，山西亦發現過拜占庭金幣[93]。根據北方地區發現的拜占庭金幣及仿製品，基本可以得出由陸路經西亞、中亞流入中國的結論（圖六·13）。

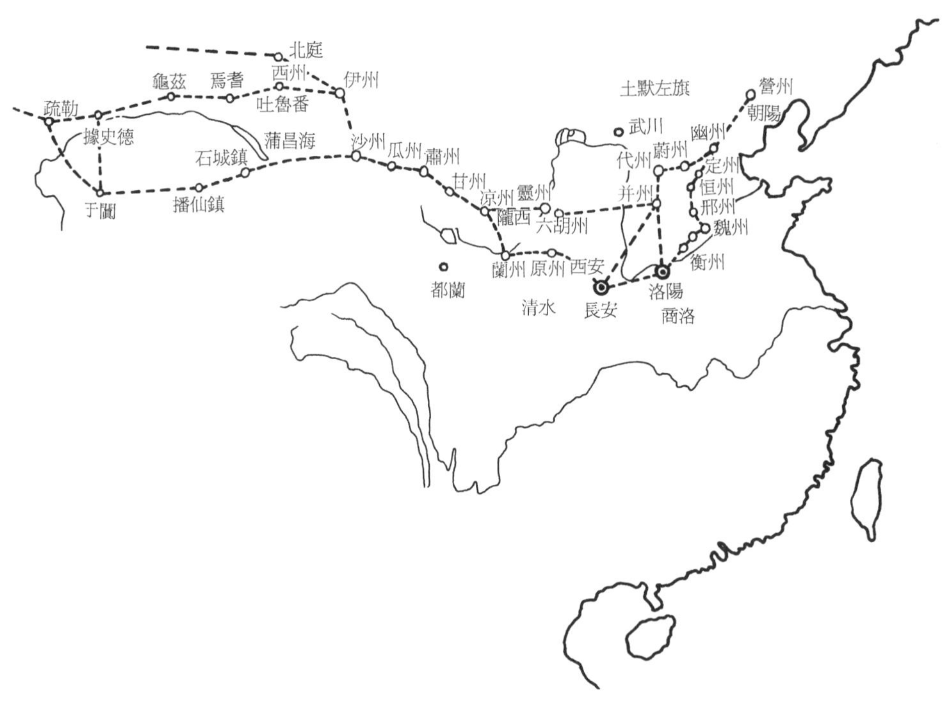

圖六·13　粟特人聚落與東羅馬金幣在中國發現地點分佈示意圖

（據《國學研究》6卷，1999年榮新江文圖一改繪）

流入中國的拜占庭金幣根據我們統計大部分是拜占庭前四個王朝中的後三個，即狄奥多西斯、查士丁尼、赫拉克利留斯，僅在于闐發現的一枚據稱是君士坦丁五世(Constantine V，公元741～775年)，我們未觀察，不便進行討論。即便是在那三個王朝也不是

〔93〕筆者手頭即有若干未曾公開發表過的金幣照片，如山西芮城1989年出土的金幣。類似的發現在西安、洛陽、固原等地均有。

所有皇帝的金幣都有發現，狄奥多西斯王朝中狄奥多西斯一世（Theodosius Ⅰ，公元379～395年）、阿卡迪奥斯（Arcadios，公元395～408年）、馬西恩（Marcian，公元450～457年）、列奥二世（Leo Ⅱ，公元474年）四位皇帝的金幣就未曾發現。列奥二世是差諾與列奥一世女兒Ariaelne所生的兒子，是列奥一世的外孫，僅在位一年的時間，並且金幣正面没有自己的名字，十分珍貴。查士丁尼王朝中提比里烏斯（Tiberius，公元578～582年）、莫里斯（Mauerce，公元582～602年）金幣真品亦没有發現，而在赫拉克利留斯王朝中衹有赫拉克利留斯（公元610～641年）金幣有出土，其餘十一個皇帝金幣都没有。從下面表中我們可看到拜占庭帝國各王金幣的流入情況（見表六·3、4）。

表六·3　　**東羅馬金幣流入統計表**

發現地點	可以確定王名者（枚）	仿製品（枚）	不詳（枚）	合計（枚）
新　疆	1	10		11
甘　肅	2		1	3
青　海	2			1
寧　夏	7	3		10
陝　西	9	2		11
河　南	1			1
内蒙古	2			2
河　北	6			6
遼　寧	1			1
浙　江	1			1
合　計	32	15	1	48

雖然流入中國的拜占庭金幣跨度達三百多年之久，但最後一百年的意義卻並不顯著。在二百多年的時間中，以安那斯塔修斯至查士丁二世之間八十多年的金幣最爲集中，佔多一半。有人推測，流入中國的金幣數量並不一定和東羅馬的金幣發行數量一致，而可能是受到了位於中國和東羅馬之間的薩珊國與這兩國關係的影響〔94〕。公元4世紀中葉以後，東羅馬帝國與中國正式有往來關係。《晉起居注》載：

興寧元年閏月，蒲林王國新開通，前所奉表詣先帝，今遣使到其國慰諭。〔95〕

晉興寧元年是公元363年，蒲林即拂菻，是羅馬（Roma）的轉譯〔96〕。其實在此之前前

〔94〕參見谷一尚《北周田弘墓》，頁128、238。

〔95〕《太平御覽》卷七百八十七〈四夷部〉引《晉起居注》，中華書局影印本，1960年下同，頁3485～3486。

〔96〕參見張星烺《中西交通史料彙編》第一册，《拂菻原音考》，中華書局，1977年，頁79～85。

表六·4　　流入中國的東羅馬各皇帝金幣數量一覽表（枚）

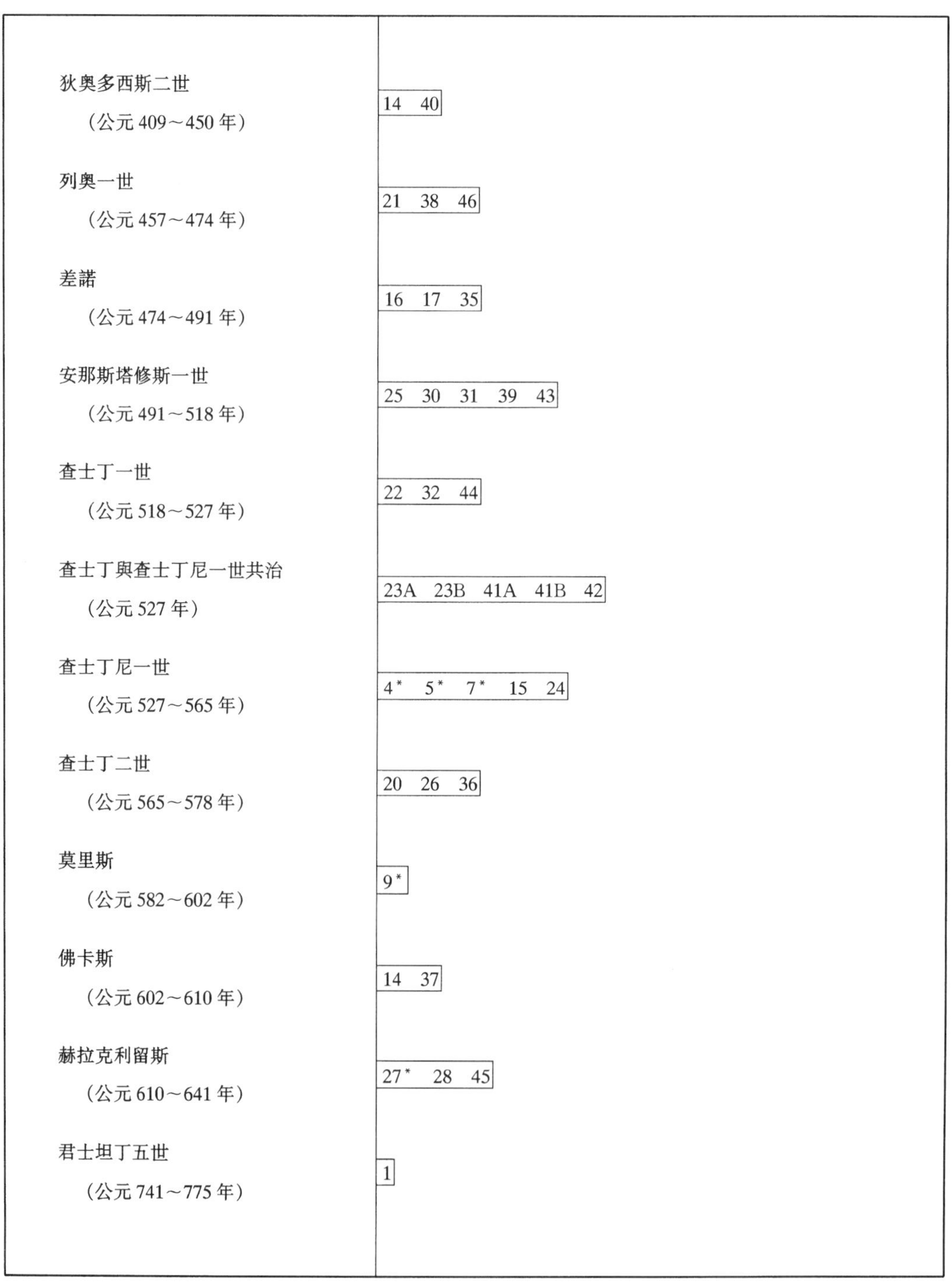

皇帝	金幣編號
狄奥多西斯二世（公元 409～450 年）	14 40
列奥一世（公元 457～474 年）	21 38 46
差諾（公元 474～491 年）	16 17 35
安那斯塔修斯一世（公元 491～518 年）	25 30 31 39 43
查士丁一世（公元 518～527 年）	22 32 44
查士丁與查士丁尼一世共治（公元 527 年）	23A 23B 41A 41B 42
查士丁尼一世（公元 527～565 年）	4* 5* 7* 15 24
查士丁二世（公元 565～578 年）	20 26 36
莫里斯（公元 582～602 年）	9*
佛卡斯（公元 602～610 年）	14 37
赫拉克利留斯（公元 610～641 年）	27* 28 45
君士坦丁五世（公元 741～775 年）	1

注：以上表柱中可以確定王名的仿製品亦計算在內，用 * 表示。

凉張軌與東羅馬已經有過接觸，並接受過其贈品金胡瓶[97]。北魏至唐朝，東羅馬先後與中國有過以下幾次往來：

北魏時期三次，其中普嵐即拂菻。

太安二年（公元456年）十一月，嚈噠、普嵐國各遣使朝貢。[98]

和平六年（公元465年）四月，普嵐國獻寶劍。[99]

皇興元年（公元467年）九月壬子，高麗、于闐、普嵐、粟特國各遣使朝獻。[100]

唐朝時有七次：

貞觀十七年（公元643年），拂菻王波多力遣使獻赤玻璃、緑金精等物。

乾封二年（公元667年），遣使獻底也伽。

大足元年（公元701年），復遣使來朝。[101]

景雲二年（公元711年）十二月，拂菻國獻方物。[102]

開元七年（公元719年）正月，其主（拂菻）遣吐火羅大首領獻師子、羚羊各二；不數月，又遣大德僧來朝。[103]

天寶元年（公元742年），拂菻國王遣大德僧來朝。[104]

雖然有官方往來的正式記載，但依然不能表明唐與拜占庭這兩帝國之間有着密切的往來，從中祇能得出其關係疏遠的結論。北魏的三次遣使中有兩次是和嚈噠、粟特國使一併出現，結伴同行可能是一種重要的選擇。唐代的七次中，第一次是用教皇的名義[105]，一次是用大德僧爲使。大德是景教教職，景教士俱簡稱僧，大德爲主教（Bishop）之職[106]。另外，亦有人説吐火羅大首領和景教教徒有關係[107]。東羅馬與中國都有官方瞭解的渴望，“隋煬帝常將通拂菻，竟不能致”[108]，是一種一般形態，雖然在中

〔97〕《前凉録》，《太平御覽》卷七百五十八〈器物部〉，頁3365。

〔98〕《魏書》卷五〈高宗紀〉，頁115。

〔99〕《魏書》卷五〈高宗紀〉，頁123。

〔100〕《魏書》卷六〈顯祖紀〉，頁128。

〔101〕《舊唐書》卷一百九十八〈拂菻傳〉，頁5314～5315。

〔102〕《册府元龜》卷九百七十〈外臣部〉，中華書局影印本，1982年，頁11404。

〔103〕《舊唐書》卷一百九十八〈拂菻傳〉，頁5315。

〔104〕《册府元龜》卷九百七十一〈外臣部〉，頁11411。

〔105〕玉爾《古代中國聞見録》第一卷，頁55，轉引自張星烺《中西交通史料彙編》第一册，頁97～98；另張星烺亦稱大德僧，今多譯作總主教（Archbish），頁99～100。

〔106〕《景教碑》中景教教士俱簡稱僧，有稱“上德”及“大德”之阿羅本，有稱“大德”之及烈與僧佶及大德曜輪。參見朱謙之《中國景教》，東方出版社，1993年，頁154。

〔107〕參見方豪《中西交通史》（二），華岡出版有限公司，1967年，頁227。

〔108〕《舊唐書》卷一百九十八〈拂菻傳〉，頁5314。

國的《西域圖記》中已稱“發自敦煌，至於西海，凡爲三道，各有襟帶”[109]。山川險要已掌握清楚，但民間往來或遠比官方正式交往要來得活躍，利益的驅使同樣是促使往來的主要動機。“絲綢之路”的利益成分幾乎超過其他，如果我們設想拜占庭金幣流入中國有着深刻的商業目標，那一定不會使我們感到失望。奢侈品貿易中分段進行是一種基本形態，能在中國至羅馬之間漫長的“絲綢之路”上走完全程的商隊寥寥無幾，排除政治或宗教的因素，僅站在經濟貿易立場來看，也並没有太大的必要和可能。拜占庭商人雖然希望繞過薩珊王朝直達中國，但從拜占庭使節千辛萬苦到達突厥可汗王庭的故事[110]，我們也許看到這種希望的渺茫性，帶入拜占庭金幣者當另有其人。

粟特商隊在這其中扮演了中間環節這一重要角色，北朝、隋唐間粟特人在中國活動情况深受學術界關注，對於粟特人在進入中國以後的聚落有所討論，粟特人聚落大體上也與“絲綢之路”上重要城市重合[111]。而拜占庭金幣的發現地點，基本上都落在這些粟特人聚集的城市，如果我們將這一現象與薩珊銀幣在中國發現地點相比，由此可構建出金幣流入的脉絡。在北方地區，拜占庭金幣和薩珊銀幣共同的區域地點在百分之八十以上，南方亦有薩珊銀幣發現，但卻不能確定有拜占庭金幣出土。廣東地區薩珊銀幣的出現可能與從海上來的薩珊商人有關[112]，當然也不能排除粟特商人。北方發現的拜占庭金幣中至少有一枚，即内蒙古土默特旗發現的那枚可能與粟特商人有關。流入中國的拜占庭金幣實際上與拜占庭商人的關係不如想象得那樣緊密，東西方爲起點、終點之間的瞭解是有限的。當然，這也並不足以構成奢侈物品之間交流的障礙，因爲拜占庭帝國與唐帝國之間有波斯商人、粟特商人這一重要媒介，尤其是後者，或許活動在唐朝範圍内的時間多於活躍在西方的時間。波斯商人文獻記載與目前研究狀况之間尚有矛盾之處，但其作用仍不容忽視。

---

〔109〕“北道從伊吾，經蒲類海鐵勒部，突厥可汗庭，度北流河水，至拂菻國，達於西海。其中道，從高昌、焉耆、龜兹、疏勒、度葱嶺，又經鏺汗、蘇對沙那國、康國、曹國、何國、大小安國、穆國至波斯，達於西海。其南道從鄯善、于闐、朱俱波、渴槃陀、度葱嶺，又經護密、吐火羅、挹怛、忛延、漕國，至北婆羅門，達於西海。其三道諸國，亦各自有路，南北交通。”(《隋書》卷六十七〈裴矩傳〉，頁1579～1580)

〔110〕參見沙畹《西突厥史料》，馮承鈞中譯本，中華書局，1958年，頁208～216。

〔111〕對於粟特人在中國的聚落，近年來學術界有許多討論，其中較爲重要的成果參見榮新江《北朝隋唐粟特人之遷徙及其聚落》，《國學研究》，6卷，1999年，北京大學出版社，頁27～85。

〔112〕參見姜伯勤《廣州與海上絲綢之路上的伊蘭人：論遂溪的考古新發現》，《廣州與海上絲綢之路》，廣東省社會科學院，1991年，頁21～33。

（八）拜占庭金幣在中國

中國古代文獻中也有關於金銀錢在河西地區作爲流通貨幣的記載〔113〕。現實的發現亦表明文獻載録是可以採信的。在中國，金幣自公元6世紀初開始出現，在以後的三百多年間不斷有發現，公元8世紀中葉以後拜占庭金幣在中國完全消失。這其中金幣的存在方式有着甚麽樣的規律，我們應從金幣的埋藏年代分析（見表六·5）。

表六·5　　**拜占庭金幣在中國埋藏年代及數量一覽表**

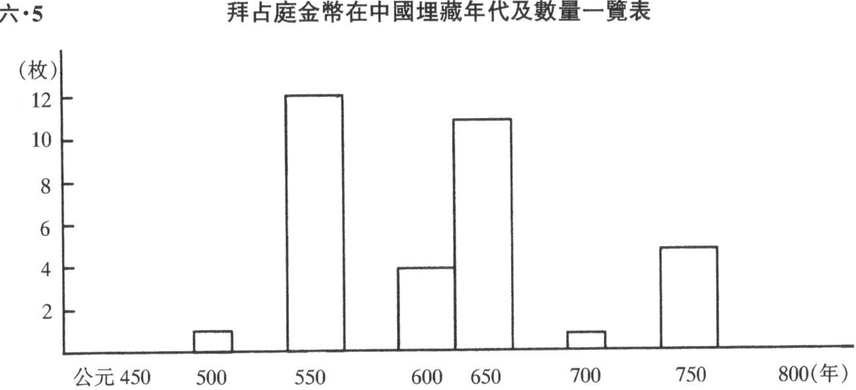

金幣從公元6世紀初傳入中國以來，很快在公元6世紀中葉形成一個高潮。在以後一百年間，金幣的流行雖暫時未呈一個上昇的趨勢，但公元7世紀中葉以前無疑已佔發現金幣的絶大多數。拜占庭金幣被有規模地帶入顯然是正常貿易的結果，這種貿易持續了相當長的時間，來到中國之後，貴金屬金幣衹有大量存在時纔能作爲通貨使用。雖然在新疆吐魯番地區文書中有關於銀錢使用的記載〔114〕，但依然缺少金幣的記録。金幣與

〔113〕《隋書》卷二十四〈食貨志〉載：北周“河西諸郡或用西域金銀之錢，而官不禁”（頁691）。桑原騭藏、夏鼐已分别指出其中的金錢或指羅馬系統金幣（參見桑原騭藏《隋唐時代に支那に來往した西域人に就て》，《桑原騭藏全集》第二卷，岩波書店，1968年，頁311～312；夏鼐《咸陽底張灣隋唐墓出土的東羅馬金幣》，頁138）。河西地區西域金銀幣的使用是一個值得討論的問題，雖然我們没有關於該地區金銀使用的詳盡材料，但已經有了一些文獻積纍（參見羅丰《固原南郊隋唐墓地》，頁163）。商業活動中的奢侈品貿易受到付款方式的限制，由於貨幣制度的不完善，大部分時間需要硬通貨幣金銀來支付貨款，而中國較爲完備的是銅錢系統，顯然不適合大宗交易。銅錢與金銀幣比值也缺乏一個法定比值，傳統的中國貴金幣貨幣處於稱量狀態。

〔114〕這方面最新研究參見斯加夫《吐魯番發現的薩珊銀幣和阿拉伯—薩珊銀幣——它們與國際貿易和地方經濟的關係》，《敦煌吐魯番研究》，第4卷，1999年，北京大學出版社，頁419～463。同著者英文版 Sasanian and Arab－Sasanian Silver Coins from Turfan: Their Relationship to International Trade and the Local Economy, *Asia Major*, Vol.Ⅱ, No.2, 2001, pp.67～116.

其他幣種間的兑换比率衹有在大量使用時纔會産生，没有這樣的基礎，拜占庭金幣作爲硬通貨的機會就很小。儘管有這樣的可能，金幣作爲貴金屬的價值卻不容懷疑。那麼哪些人是金幣的獲得者，根據金幣出土墓葬的一些信息，我們對金幣擁有者的身份進行了簡單的統計（見表六·6）。

表六·6　東羅馬金幣擁有者身份一覽表

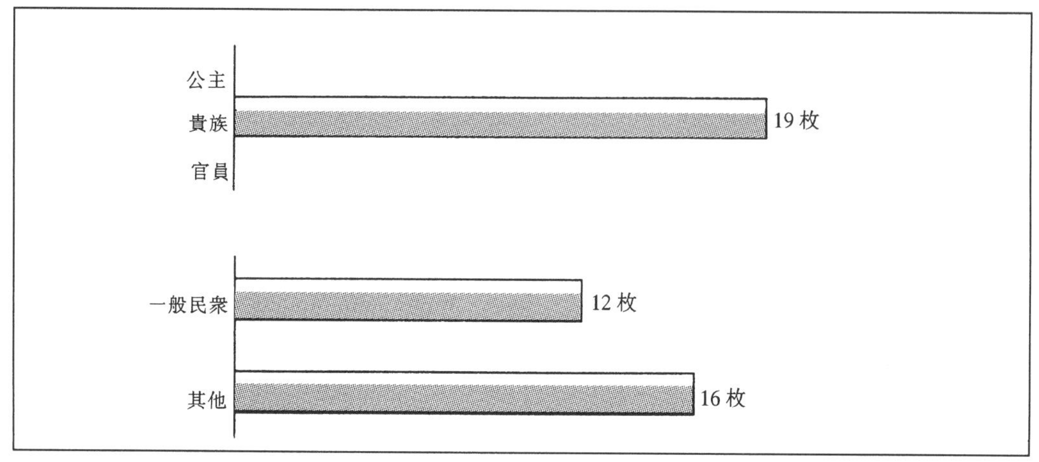

公主、貴族、官員等社會中上層是金幣擁有者的主體，一般民衆中應當包括商人等，其他來源中有相當數量金幣應出土於墓葬中。這些墓葬中由於所能提供資料不够完整，使我們不能獲得埋藏狀況，但有些出自官員等中上層人的墓葬卻是幾乎可以肯定的。這樣，中上層人士金幣擁有者的比例還會上昇。中國人亦有在墓内隨葬金銀幣的習俗[115]。在這些人群中，固原史氏、洛陽安菩、河北的茹茹公主或來自中亞[116]，或來自與西域關係密切的柔然民族[117]；田弘曾官拜北周岷、洮二州五防諸軍事、岷州刺史[118]；獨孤羅與賀若厥同爲夫婦。其中獨孤羅任北周涼州總管府總管、涼州刺史[119]，

〔115〕南北朝、唐朝以前就有在墓葬中埋藏金銀錢的習俗，戴孚《廣異志》載：“乾寧三年丙辰，蜀州刺史節度參謀李思恭，埋弟於成都錦浦里北門内西回第一宅，西與李冰祠鄰。距宅之北，地形漸高，岡走西南，與祠相接。於其堂北，鑿地五六尺，得大塚。甎甓其固，於甎外得金錢數十枚，各重十七八銖，徑寸七八分，圓而無孔，去緣二分，有隱起規，規内兩面，各有書二十一字，其緣甚薄，有刃焉。督役者馳其二以白，思恭命使者入青城雲溪山居以示道士杜光庭，云：‘此錢得有石餘’。思恭命併金錢復瘞之，但不知誰氏之墓也。”（戴孚《廣異志》附録“李思恭”條，方銘詩輯校本，中華書局，1992年，頁241）

〔116〕參見羅丰《固原南郊隋唐墓地》，頁185～220；趙振華、朱亮《安菩墓志初探》，《中原文物》，1982年3期，頁37～40。

〔117〕參見周偉洲《河北磁縣出土的有關柔然吐谷渾等族文物考釋》，《文物》，1985年5期，後收入氏著《西北民族史研究》，中州出版社，1994年，頁445～449。

〔118〕《北周田弘墓》，頁110～111。

〔119〕參見夏鼐《考古學論文集》，圖版32所載獨孤羅墓志搨片。

所盤踞的州均是"絲綢之路"的孔道重鎮，有獲得外國物品的地緣優勢。新疆吐魯番、和田地區則優先權更爲明顯。從時代上來説，内地墓葬中金幣的時代偏早，新疆地區金幣所在的墓葬時代稍晚，並以仿製品居多，且多出土於小墓葬中。人們對金幣的製造年代與埋藏年代關係進行了統計[120]（見表六·7）。

表六·7　　流入中國的東羅馬金幣製造、埋藏年代關係一覽表

序號	王　名	製造年代	埋藏年代	相距年代
20	查士丁尼二世	公元 565～578 年	公元 658 年	90～103
21	列奥一世	公元 457～474 年	公元 575 年	101～118
22	查士丁一世	公元 518～527 年	公元 575 年	48～67
23A	查士丁與查士丁尼一世	公元 527 年	公元 575 年	48
23B	查士丁與查士丁尼一世	公元 527 年	公元 575 年	48
24	查士丁尼一世*	公元 527～565 年	公元 575 年	20～35*
26	查士丁尼二世	公元 565～578 年	公元 600 年	22～35
28	赫拉克利留斯一世	公元 610～641 年	公元 756 年	115～146
32	查士丁一世	公元 518～527 年	公元 621 年	94～103
37	佛卡斯	公元 602～610 年	公元 709 年	99～107
38	安那斯塔修斯一世	公元 491～518 年	公元 6 世紀初	20～30
40	狄奥多西斯二世	公元 408～450 年	公元 576 年	126～168
41A	查士丁與查士丁尼一世	公元 527 年	公元 576 年	49
41B	查士丁與查士丁尼一世	公元 527 年	公元 576 年	49
42	查士丁與查士丁尼一世	公元 527 年	公元 533～550 年	6～23
43	安那斯塔修斯一世	公元 491～518 年	公元 550 年	32～59
44	查士丁與查士丁尼一世	公元 527 年	公元 550 年	23～32
45	赫拉克利留斯一世	公元 610～641 年	唐	

*查士丁尼一世的金幣據認爲共分三期，田弘墓出土的金幣屬二期，谷一尚假設其爲公元 540～555 年（參見《北周田弘墓》頁 128）。

根據上表分析，拜占庭金幣從製造到流入中國被埋藏其間最晚的有一百七十餘年，最快的衹有二三十年，其結果大體與薩珊銀幣製造至埋藏年代相當[121]，多數在一百年以内。不過，另外有一些金幣没有埋藏年代，統計學上的意義不甚完整。與薩珊銀幣相比，拜占庭金幣流入中國邊疆的時間大約晚一個世紀，前者大約從公元 4 世紀末、5 世

〔120〕 參見《北周田弘墓》，頁 128。

〔121〕 參見夏鼐《綜述中國出土的波斯薩珊朝銀幣》，《考古學報》，1974 年 1 期，頁 99～100。

紀初開始流入中國境内[122]。其結果的時間差異，當表明薩珊、拜占庭帝國與中國之間的地理距離遠近，薩珊帝國位於東西兩大帝國中間，使拜占庭、中國兩國不能直接聯繫。據認爲，絲綢是一種西方世界非常需要的商品，拜占庭金幣在多數情況下是用於向東方支付購買絲綢所需經費，薩珊商人獲得了向西經營絲綢的控制權，組織嚴密的商隊活躍在西亞與中國之間。後來粟特商人漸漸地超過了波斯商人，後者可能是在按部就班地從事奢侈品貿易，粟特商人則在兩極之間建立許多緑洲城市的聚落，成爲巨大商業交換網的一部分。在規模上超越波斯商人，採用更先進的通商技術，是其獲勝的要素。差不多同時，一個關於中國養蠶技術向西傳播的故事，常見於中西文獻中[123]。儘管這種保密的養蠶技術，在查士丁尼時代傳入拜占庭帝國，絲綢貿易在相當長的時間仍然是主要支柱商品。查士丁尼二世以前金幣佔據主要地位原因或許就是爲支付高額貿易費用。

拜占庭金幣在流入中國後是作爲商品，還是貨幣，類似的討論已經在吐魯番發現的薩珊銀幣中展開過，由於拜占庭金幣和薩珊銀幣在中國境内發現的數量不同，完全相同的討論，恐怕不能找出相似的分析材料而顯得意義不大。斯加夫（J. Skaff）關於薩珊銀幣磨損程度觀察的結論值得注意[124]。金幣與銀幣價值方面的因素也不易被確定，即使薩珊銀幣在西域地區參與流通，充任硬通貨的角色，我們仍然不能類推拜占庭金幣具有這種功能。從大部分金幣被加工過的情況來説，它們當作珍貴商品的機會要大於作爲貨幣的功用。至今爲止拜占庭金幣最多的一次是發現在北周田弘墓中的五枚，與薩珊銀幣動輒數百枚甚至上千枚的情況大不相同。中國内部金質錢用於皇室賜予的情況，或

〔122〕 參見孫莉《中國發現的薩珊銀幣研究》，頁17所列表。

〔123〕 根據記載，在查士丁尼時代蠶種的孵化技術通過中亞傳入拜占庭帝國。希臘歷史學家普羅可比（Procopius）記載，蠶種是由印度僧人帶入拜占庭帝國的，然後東羅馬人知道製絲的方法（H. 裕爾《東域紀程録叢》，張緒山中譯本，雲南人民出版社，2002年，頁171）；拜占庭人塞奥凡尼斯（Theophanes）則記載，查士丁尼時，波斯人從中國歸來時將蠶藏於行路杖中，後携至拜占庭（H. 裕爾《東域紀程録叢》，頁171～172）；而在漢文史料中亦有類似的載録，玄奘《大唐西域記》卷一十二“麻射僧伽藍及蠶種之傳入”條載：瞿薩旦那國“王城東南五六里，有麻射僧伽藍，此國先王妃所立也。昔者此國未知桑蠶，聞東國有也，命使以求。時東國君秘而不賜，嚴敕關防，無令蠶桑種出也。瞿薩旦那王乃卑辭下禮，求婚東國。國君有懷遠之志，遂允其請。瞿薩旦那王命使迎婦，而誡曰：‘爾致辭東國君女，我國素無絲綿桑蠶之種，可以持來，自爲裳服。’女聞其言，密求其種，以桑蠶之子，置帽絮中。既至關防，主者遍索，唯王女帽不敢以驗。遂入瞿薩旦那國，止麻射伽藍故地。方備禮儀，奉迎入宫，以桑蠶種留於此地。陽春告始，乃植其桑，蠶月既臨，復事採養。初至也，尚以雜葉飼之。自時厥後，桑樹連蔭，王妃乃刻石爲制，不令傷殺。蠶蛾飛盡，乃得治繭。敢有犯違，明神不祐。遂爲先蠶建此伽藍。數株枯桑，云是本種之樹也。故今此國有蠶不殺。竊有取絲者，來年輒不宜蠶”（季羨林等《大唐西域記校注》，中華書局，1985年，頁1021～1022）。

〔124〕 斯加夫《吐魯番發現的薩珊銀幣和阿拉伯—薩珊銀幣——它們與國際貿易和地方經濟的關係》，頁448～489。

許對説明其功能有啓發。《資治通鑒·唐紀》載：

(安)禄山生日，上及貴妃，賜衣服、寶器、酒饌甚厚。(略)上自往觀之，喜，賜貴妃洗兒金銀錢，復厚賜禄山，盡歡而罷。[125]

唐姚汝能《安禄山事迹》亦載：

貴妃賜洗兒金錢物。[126]

安禄山生日以後，唐玄宗曾賜給楊貴妃洗兒金錢。唐時亦有在宫樓上向民衆撒金錢的記載。開元二十九年（公元741年）於陝西得寶符，迎入京内，唐玄宗於丹鳳樓上"今亂撒金錢於樓下，縱令士庶分取，以爲歡樂"[127]。顧況的《宫詞》云：

九重天樂降神仙，步舞分行踏錦筵。

嘈讚一聲鐘鼓歇，萬人樓下拾金錢。[128]

記録的就是這種萬人樓下拾金錢的熱鬧場景。這種金錢、銀錢可以推測主要是開元通寶之類，西安何家村窖藏中曾經出土金銀質地的開元通寶，其埋藏年代雖在中唐時期[129]，但"開元通寶"四字風格卻表現出濃厚的初唐開元通寶錢的特徵[130]，宫中也許收藏有初唐鑄錢原範，或許就藏有金質開元通寶用於隨時賞賜。西方流入中國的東羅馬金幣，形制大異於中國制錢，上有西人夷文並非於皇室没有吸引力，亦可將此類金銀錢用於賞賜。何家村窖藏中出現拜占庭赫拉克利留斯金幣、薩珊庫斯老二世（Khosro Ⅱ，公元591～628年）銀幣及日本和同開珎銀幣證實這一推測的合理性。黄金作爲貴金屬的珍貴性一直被人們所重視，即使在同樣不流行金幣的薩珊王朝，在一些重要的慶典和紀念活動時仍然要製造金幣作爲賞賜之用，這一點在東西方都有一致性。

當我們談及拜占庭金幣在中國的流行時，首先應該認識到並非都是在一個層面上討論問題。在一些情况下，人們有計劃地使貴金屬金幣流動，而其獲得者的動機卻是千差

〔125〕《資治通鑒·唐紀》卷二百一十六"唐紀天寶十載（公元751年）正月甲辰"條，中華書局標點本，頁6903。

〔126〕姚汝能《安禄山事迹》卷上，曾貽芬點校本，上海古籍出版社，1983年，頁11。另外，唐時宫中嬪妃侍唐明皇寢亦有投金錢游戲。五代王仁裕《開元天寶遺事》"投錢賭寢"條載："明皇未得妃子，宫中嬪妃輩投金錢賭侍帝寢，以親者爲勝。召入妃子，遂罷此戲。"（《開元天寶遺事十種》，丁如明輯校本，上海古籍出版社，1985年，頁92）此亦由原有戲擲金錢游戲發展而來。"内庭嬪妃，每至春時，各於禁中結伴三人至五人，擲金錢爲戲，蓋孤悶無所遣也。"（同上，頁83）

〔127〕杜光庭《歷代崇道記》，《全唐文》卷九百三十三，中華書局影印本，頁9713。

〔128〕《全唐詩》卷二百六十七，中華書局點校本，1992年，頁2966。

〔129〕陝西省博物館等《西安南郊何家村發現唐代文物》，頁36。

〔130〕參見羅丰《寧夏固原唐墓出土的唐初開元通寶錢》（中國錢幣學會編《中國錢幣論文集》第三輯，中國金融出版社，1998年，頁271～280）一文中所列"開元通寶"四字初唐"開元"與何家村金質開元通寶比較表。

萬別的。正確地認識這些差異，纔不會過分地强調某一特定人群的自主權。

從整個中國歷史上的對外貿易的整體經驗來看，大航海以前拜占庭、薩珊帝國向遠東地區奢侈品的輸入，代表了東西方相互需要的一個總體水平。公元4～8世紀流入中國的拜占庭金幣和薩珊銀幣，是這種需求的高峰狀態的一個集中體現。考古學的進步令我們能從其主要側面來瞭解“絲綢之路”兩極貿易的特徵性内容，用於彌補僅僅依賴文獻史料研究這一問題的不足，或許這衹是一個大致不錯的開端。

七　西安唐墓出土的東羅馬金幣仿製品

（一）金幣的發現

1989年夏，西安東郊發現一座唐代墓葬。根據遺物推斷，大約屬高宗前後的初唐時期。墓中出土的一枚東羅馬金幣仿製品，與中西文化交流有關，十分引人注目，值得進一步討論。

對於這枚金幣（圖七·1），《考古與文物》1992年第5期發表的簡報作了以下簡述："東羅馬金幣仿製品1枚。圓形略扁，剪輪，上下徑2厘米，左右徑2.15厘米，薄如紙，重0.8克。兩面圖案相同，係模壓而成，一面外凸，一面内凹。正中是王者的半身像，頭戴盔，微向左轉，身穿交領鎧甲，依稀可辨露於左側髯邊的標槍頭及左肩上的盾牌表面一個騎士以矛刺敵的圖案。盔和甲的輪廓及金幣的周邊都用聯珠紋表示。頭的兩側有拉丁字母的銘文，個别字母模糊不可分辨，銘文爲：DNAN ⊔……⊔ VSAVG（?）。"並且在以後小結時對該幣又進行了進一步推測："再補上省略的拉丁文字母，銘文可復原如下：D（omihus）N（osten），Ana□……⊔ us，⊔⊔ AVG（ustus）"，"查閱公元498年以前東羅馬皇帝的世系，發現唯有阿納斯塔修斯一世（公元491～518年在位）的拉丁字母Anastasius與此銘文吻合，故推測它是從阿納斯塔修斯一世金幣仿製而來"。

圖七·1　西安東郊唐墓出土東羅馬金幣仿製品

發掘者將這枚金幣鑒定爲東羅馬金幣的仿製品，無疑是正確的。

（二）金幣在墓葬中的位置及含義

首先，我們要談的是金幣在墓葬中的位置以及它所具有的特殊含義。

金幣在墓葬中所處的位置，從其發表的墓葬平面圖來看應在墓葬的西部。根據發掘者描述，金幣顯然處於一獨立位置，和"絶大部分隨葬品置於棺的東部和南部"的情況並不相同。可以肯定，金幣所在的位置是没有經過移動的，如盗墓者發現金幣這樣貴重的東西一定會帶走。它的存在實際上與墓主人有着密切的關係，很可能是墓主人手中所握或者口中所含，搞清這一點通過發掘者的仔細查看記録似乎並不困難。

口含或者手握金銀幣的習俗，在中國大陸多有發現。早在20世紀初，斯坦因（A. Stein）便在新疆吐魯番阿斯塔那墓中發現幾例這種葬俗。墓地第1區死者手中或口中均握、含有東羅馬金幣的仿製品和薩珊銀幣的情況，約有四例〔1〕。在内地，這類實例也有發現。寧夏固原唐史道德墓〔2〕中，墓主人口含東羅馬金幣的仿製品〔3〕。河南洛陽唐安菩墓中墓主人右手握有一枚東羅馬金幣〔4〕。西安地區隋唐墓葬中死者口中或手中含握錢幣的現象也很多〔5〕，但絶大部分是中國錢幣。如果上述推測不誤的話，那麽最近西安東郊發現的這枚金幣無疑是内地發現的爲數不多的幾例死者口含或手握外國金幣現象之一，且在該地區是首次出現，具有十分重要的意義。

有關口含金銀幣的現象自出現以後，在中外學者之間便産生嚴重分歧。斯坦因認爲，是否與希臘神話中卡戎（Charon）的擺渡錢有關。但以後經博學的法國漢學家沙畹（E. Chavannes）指點説，在佛經中也有口中含錢類似的記載，他便採用了一種慎重的態度，提議留給後人去研究〔6〕。斯坦因的推測受到了我國著名考古學家夏鼐的强烈批評，認爲這實際上是"中國文化西來説"流毒的影響，並將其源淵追溯至殷周時代死者口中有含貝的風俗，秦漢時期亦有含錢現象〔7〕。夏鼐的研究雖然具有一定的説服力，

〔1〕A. Stein, *Innermost Asia*, *Detailed Report of Explorations in Central Asia Kan Su and Eastern Iran*, London, 1928, Vol.Ⅱ, pp.646～648.

〔2〕寧夏固原博物館《寧夏固原唐史道德墓清理簡報》，《文物》，1985年11期，頁21～27。

〔3〕羅丰《固原出土的外國金銀幣考述》，《故宫學術季刊》，12卷4期，1995年，頁33～66。

〔4〕洛陽市文物工作隊《洛陽龍門唐安菩夫婦墓》，《中原文物》，1982年3期，頁24～26。

〔5〕參見中國科學院考古研究所《西安郊區隋唐墓》，科學出版社，1966年，頁22。

〔6〕A. Stein, *Innermost Asia*, *Detailed Report of Explorations in Central Asia KanSu and Eastern Iran*, pp.646～648.

〔7〕夏鼐《綜述中國出土的波斯薩珊朝銀幣》，《考古學報》，1974年1期，頁90～100。

但問題本身似乎並没有得到徹底的解決。最近，小谷仲男對這一文化現象進行了十分細緻的研究〔8〕。小谷的研究結果表明，中亞地區發現大量的墓葬中有相當多的一部分墓主人口中或手中含、握有金銀幣，時間從公元一世紀至七八世紀，前後跨度相當長。而佛經《六度集經》和《大莊嚴論》中所講述死者口含金幣的故事，受中亞貴霜王朝與希臘帝國的影響是顯而易見的。亞歷山大東征以後，這類習俗便隨着希臘文化傳至中亞的巴克特里亞地區。中國境内的這種習俗，時間上一般都晚於中亞地區，很大程度上是中亞地區這種現象的繼續東漸。當然，我們在談口含金銀幣習俗本身時，應該考慮到這種習俗流傳過程中的變異性。希臘神話中，卡戎在渡過斯蒂克斯（Styx）河到達地獄世界（Hades）時，需要一種很小單位的貨幣奥博爾（Obol），而中亞、新疆及中國内地發現的外國金銀幣顯然都大於這一單位。許多在中國境内出土的這類金銀幣上面都有一小孔，很難説它們具有付給擺渡人渡資的含義。傳入中國後口含金幣遵循者有某種很大程度的相似性。新疆吐魯番是這種風俗的主要發現地，其居民情况十分複雜，但其中的中亞粟特人佔有相當大的比例。他們採用這一習俗的可能性很大。這有待全部阿斯塔那墓地材料的公佈，問題纔能得以解決。寧夏固原史道德的族屬，約屬於中亞史國人；河南洛陽安菩則有明確記載屬中亞安國人。我們在這些現象中唯一可找出的共同點就是他們都是中亞粟特人。如果這一相似性能再被以後衆多的考古發現所證實的話，那麽可以獲得這樣的印象，口含金幣在中國内地的傳播，是以民族爲基點而加以延續的，這種習俗似乎没有拓展到其他民族之中。粟特人在流寓中國以後，各方面已發生巨大的變化，與中國漢族没有太大的區别，當然，主要是指葬俗。唯有保留在葬俗中的口含手握金幣的現象，或多或少是繼承了中亞地區的傳統。而人骨已朽，没有人種鑒定報告，其族屬問題不大容易判斷。但應與前幾例一樣，他們之間當有某種聯繫，除去族屬上可能有共同點以外，也不能排除其在宗教信仰方面的一致性，例如或許共同信奉同一宗教。總之，它的出土爲我們討論有關口含金幣或手握金幣的習俗提供了更進一步的幫助。

（三）金幣仿製的原型

另外一個需要討論的問題涉及金幣本身。非常感謝發掘者和刊物給我們提供了比

〔8〕小谷仲男《死者の口に貨幣を含ませる習俗——漢唐墓葬における西方の要素》，《富山大學人文學部紀要》，13卷，1988年，後收入富山大學人文學部《東アジア史における文化伝播と地方差の諸相》一書，1988年，頁17～18。

較清晰的照片。

衆所周知，東羅馬金幣的研究工作是錢幣界的一個難點，即使在西方學者、收藏家的眼中，也遠没有希臘和羅馬錢幣那樣引人注目。儘管東羅馬是後者的繼續，但衹有爲數不多的西方專家在從事這方面的工作。因爲，它所涉及的範圍很廣，依照西方學者的分期，拜占庭（東羅馬）開始於公元 330 年，到公元 1453 年被替代，共存在了一千一百二十三年。錢幣的種類也非常繁多，由於語種和文化背景方面的原因，其複雜性使我們深感困惑。我國極個别學者如夏鼐曾借助西方學者的成果，對中國地區出土的若干枚拜占庭金幣進行了成功的考釋，引起國際學界的廣泛注意。對拜占庭金幣仿製品的研究除夏鼐有過一篇短文外[9]，很少出現具有一定深度的涉獵。

中國出土的東羅馬金幣仿製品大約有以下幾批：

1915 年，斯坦因在新疆吐魯番阿斯塔那墓地發現三枚東羅馬金幣仿製品。

1956 年，西安市郊土門村出土一枚東羅馬金幣的仿製品。

1966 年至 1969 年期間，新疆吐魯番阿斯塔那墓地亦有東羅馬金幣仿製品出土[10]。已知的有兩枚或三枚，但恐怕不止這個數。由於該墓地材料没有完全公佈，詳細情況暫不清楚。

1982 年，寧夏固原南郊史道德墓出土一枚東羅馬金幣的仿製品。另外，該墓地還出有兩枚東羅馬金幣的仿製品。

以上數例東羅馬金幣仿製品的情況大致可分爲兩類。

一類是可判定其仿製原型的。尤其是像斯坦因發現三枚中的一枚，圖案十分清晰，字母也基本可以辨認，又通過斯坦因這樣經驗豐富的西方學者辨釋，其結論是可靠的，爲查士丁尼一世（Justinian I，公元 527～565 年）金幣仿製品。西安土門村出土的那枚金幣，情況稍複雜一些。經過夏鼐先生的謹慎研究，而得出是赫拉克利留斯（Heraclius，公元 610～641 年）金幣的仿製品，其結論也是正確的。

另外一類則如新疆博物館在吐魯番阿斯塔墓地發現的金幣那樣，其本身爲單面打押，而且圖案模糊，銘文已經變形。除去極個别字母外，總體上來説已經距原型銘文相去甚遠，不大容易辨認出其仿造的原型金幣。寧夏固原唐墓出土的三枚金幣中，有兩枚便屬於後一種情況。

現在我們再來看西安最近出土的這枚金幣。金幣爲單面打押，本身很薄，衹有正面

〔9〕夏鼐《西安土門村唐墓出土的拜占庭式金幣》，《考古》，1961 年 8 期，頁 446～447。

〔10〕新疆維吾爾自治區博物館《吐魯番阿斯塔那—哈拉和卓古墓群清理簡報》，《文物》，1972 年 1 期，頁 11。

圖案。圖案本身也十分模糊，磨損太甚，王冠上衹有一些聯珠紋樣，面部五官略顯，右耳很大，在左耳際露出肩扛矛的矛頭。簡報作者所述的左肩上的盾牌也基本上看不見，更不用説像發掘者描述的那些“盾牌表面一個騎士以矛刺敵的圖案”等細節了。實際上，在研究東羅馬金幣的一些書籍、圖譜中，一般收藏者所擁有的皇帝肩扛盾牌的東羅馬金幣上，盾牌上的圖案並不是很清楚。人們往往需要放大圖形，纔能看見盾牌上以矛刺敵的騎士形象，而這一細節在該枚仿製品上是根本不存在的。

研討東羅馬錢幣時，一個根本無法回避的問題，就是頻頻出現在錢幣上的拉丁文和與之混用的希臘文，這是一個連西方學者也感到棘手的問題〔11〕。瞭解銘文内容可以解決像發行人的名字、發行人地位、貨幣單位、時代和造幣廠址這類具體的問題〔12〕。這枚仿製品上的銘文是變形的而且不清楚。换句話説，根據這枚金幣上的字母，是判定不出其原型屬安那斯坦西斯一世（AnastasiusⅠ，公元491～518年）金幣。即便是清楚的原件金幣上，所採用的縮寫也給研究者帶來很大的困難。這類縮寫一般要經過經驗豐富的權威專家補充完善，纔能被衆多的研究者加以利用，借助這些成果我們方有可能讀懂一些銘文的内容。

那麽這枚金幣所仿製的原型真正情况如何呢？羅馬帝國錢幣正面一般爲皇帝的肖像，多採用側面肖像。這種情况一直持續到東羅馬君士坦丁幣制改革以後，例如在君士坦丁一世（ConstantioeⅠ，公元324～337年）金幣上仍採用半身側面像。這種皇帝肩扛中型矛的正側面形象，似乎從君士坦丁二世（ConstantineⅡ，公元337～361年）開始在錢幣上使用。以後在錢幣正面採用過這種形式的皇帝很多，如狄奥多西斯二世（TheodosiusⅡ，公元408～450年）、馬西恩（Marcian，公元450～457年）、列奥一世（LeoⅠ，公元457～474年）、差諾（Zeno，公元476～491年）查士丁一世（JustinⅠ，公元518～527年），以及查士丁尼一世（JustinianⅠ，公元527～565年）等，長達兩個多世紀之久。這些王像的細部有一些差異，不大容易再現在粗糙的仿製品上，所以辨釋工作存在一定的困難。

（四）金幣來源及仿造地點的推測

最後，我們討論一下這枚金幣的來源和仿造地點問題。

〔11〕P. D. Whitting, *Byzantine Coins*, 1973, London, p.24.

〔12〕P. D. Whitting, *Byzantine Coins*, pp.25～26.

東羅馬金幣的仿製品，在全世界不少地區都有發現。依照西方學者的意見，公元7世紀以後的東羅馬仿製品的製造地點，大部分集中在阿拉伯地區。東方發現的公元7世紀以前的金幣仿製品，大約是在中亞的某一地區完成的。對於中國出土的類似仿製品，德國學者G. 考尼格（Gerd G.Koenig）認爲，這是在人們缺乏流通錢幣樣本的情況下，出於競争目的而製造的〔13〕。中亞史上有一段重要史實需引起注意，薩珊王朝曾經壟斷了對東方奢侈品的貿易權，並以拜占庭帝國戰敗而宣告結束。直到查士丁尼二世（Justin Ⅱ，公元565～578年）時，拜占庭纔有使臣與東方的突厥汗國取得聯繫〔14〕，但對整個局勢的影響並不是很大，没有得到根本改觀。這段時間控制連接東西方“絲綢之路”的實際上是中亞粟特人，也就是中國文獻記載中的“昭武九姓”人。粟特商團不斷往來於中亞與中國之間，巧妙地周旋在薩珊人與突厥人之中。出於貿易周轉的需要，粟特商團使用當時國際硬通貨作爲支付手段，東羅馬金幣和薩珊銀幣等貴金屬錢幣就是這種硬通貨。粟特人在貨幣方面需求量很大，爲適應這一局面，粟特地區在公元5世紀初葉開始仿製薩珊銀幣，以後又仿造了大量的方孔圓錢，即所謂“突騎施錢”。由於薩珊人的成功封鎖，粟特人也仿製東羅馬錢幣。有關粟特地區仿製東羅馬金幣的資料我們所知甚少，但該地區無疑是理想的製造地點，流通中國的若干東羅馬金幣仿製品，被推測爲與粟特地區有關〔15〕。由於種種原因，我們對中亞粟特地區考古工作，尤其是對金幣的仿製情況知道不多，給研究工作帶來一些遺憾。這枚金幣很可能是當時的中亞商團在進行貿易時帶到中國首都長安來的，其擁有者是處於某種共同性而獲得的。

---

〔13〕Gerd. G. Koenig, Frühbyzantinische und sassanidische Münzen in China, *Geld aus China*, 1982, Bonn, pp. 92～93.

〔14〕參見沙畹《西突厥史料》，馮承鈞中譯本，中華書局，1958年，頁208。

〔15〕據M. Alram稱，與寧夏固原南郊唐史索巖墓出土金幣十分相似的拜占庭金幣仿製品，最近也在中亞品治肯特城發現（參見*Coins and Silk Road*, Monks and Merchants, 2001, New York, p.287）。

八　固原隋唐墓中出土的外國金銀幣

固原南郊隋唐墓中共出土五枚外國金銀幣，其中一個值得注意的現象是，固原南郊墓葬中有明確紀年的墓葬除梁元珍墓外，另外五座史姓墓葬中均出有外國金銀幣。史道德墓金幣是含在墓主人口中，其餘四座墓的金銀幣均出土於棺床可能是墓主人上肢的部位。雖然這些墓葬均遭盜掘，但是可以肯定金銀幣的位置大體上没有被移動，因爲盜墓者如發現這樣貴重的金銀幣一定會被帶走。它們原處的位置應當不被注意，如含於死者口中或握於死者手中這些隱蔽部位。這五枚外國金銀幣經過初步研究，有一枚屬薩珊卑路斯（Peroz）朝銀幣，一枚屬薩珊阿爾達希爾三世（Ardashir Ⅲ）金幣的仿製品。阿爾達希爾三世金幣或銀幣及其仿製品在中國境内均没有出土，屬首次發現，具有特别重要的意義。其餘三枚則基本可以確定是東羅馬拜占庭金幣的仿製品。爲了使人們對於北朝至隋唐時期途經原州的“絲綢之路”有更進一步的認識，我們特地將1981年冬固原東郊雷祖廟村北魏漆棺畫墓出土的另一枚薩珊卑路斯銀幣〔1〕，一併納入本文進行討論。

（一）薩珊卑路斯銀幣

① 北魏漆棺墓銀幣一枚，直徑爲2.7厘米，重3.5克。

銀幣外輪廓不甚規則，正面有一周聯珠紋邊框，中爲薩珊王側面肖像，王冠下部有一周聯珠紋邊飾，中部與後部有雉堞（mevlon）裝飾物，前部有一新月（圖八・1）。冠頂上有一雙翼狀物翹起，再上有一新月，新月托一圓球。肖像前部自下而上有半周銘文。從王冠形制及飾物來看，可以肯定這是薩珊朝卑路斯（Peroz，公元459～484年）銀幣。銘文是用古波斯帕勒維文（Pahlavi，另一譯作鉢羅婆文）寫成，但多已模糊不清。這是一種草體文字，辨認起來非常困難，所以一般的辨釋後都採用拉丁文轉寫。

〔1〕參見固原博物館《固原北魏墓漆棺畫》，寧夏人民出版社，1988年，頁1～19。

圖八·1　北魏漆棺墓出土薩珊卑路斯銀幣（正、反面）

圖八·2　薩珊卑路斯銀幣及銘文（摹寫）

（採自 *Manuel de Numismatique Orientale*，1923～1936，p.319，Fig.400）

參照摩根（J. de Morgan）的《東方古錢幣手册》可以知道完整的銘文轉寫是"KaDI PiRUCI MaKA"（圖八·2），一般可譯作"主上，卑路斯，王"[2]。背面亦有一周聯珠紋邊框，中央爲拜火教祭壇。祭壇下部爲兩級臺座，臺上立一圓柱，柱繫緞帶，緞帶兩端下垂。祭壇上燃有火焰。火焰由小圓點組成三角狀，可以看出火焰右側有一新月，左側有一五角星。祭壇兩面相對站着兩個祭司，作拱手狀。右側祭司背後有一行帕勒維文銘文"[illegible]"，應當是鑄幣地點的縮寫，轉寫爲拉丁文是"AB"。其全稱是阿巴爾沙爾（Abarshahr），是薩珊東部呼羅珊省所轄的四府之一，今地爲 Nishapur。依照馮承鈞的考訂，即《西使記》中的納商城。《元史》中的乃沙不耳、你沙不兒等，在今伊朗東北境之尼沙普爾[3]。這一地名起源於 Ner－shapur（公正的沙普爾王）。但是在帕勒維文中"AB"這一縮寫與另一縮寫"[illegible]"非常容易混淆，而後者的轉寫則爲"SR"，其全稱爲西雅埃牙恩（Sirayan），屬薩珊中部的基爾曼省所轄。左側祭司後一般是鑄造年代，雖有字母，但多數已模糊不清，不大容易辨認。

〔2〕J. de Morgan，*Manuel de Numismatique Orientale*，La Perse 2，1923～1936，Raris，p.319，Fig.400.

〔3〕馮承鈞原編、陸峻嶺增訂《西域地名》（增訂本），中華書局，1980年，頁69。

圖八·3　隋史射勿墓出土薩珊卑路斯銀幣（正、反面）

② 隋代史射勿墓銀幣一枚。這座墓的確切紀年爲隋大業五年（公元609年）。直徑2.7厘米，重3.3克。

銀幣正面爲一聯珠紋邊框，框中爲薩珊王肖像（圖八·3）。肖像呈側面，中部與後部有雉堞狀物，前部有一新月，冠頂上有一雙翼狀飾物，再上爲新月，新月托一圓球，與前述卑路斯銀幣完全一致。銘文内容不可完全辨認，應該和前述銀幣一樣。銀幣邊有兩個穿孔。背面聯珠紋邊框中是拜火教祭壇，壇座有兩級，中間爲圓柱，柱中央繫有下垂綬帶，柱上仍有兩級，其上燃燒着火焰，火焰呈三角形，火焰兩側爲五星和新月，一般所看到的是新月在右而五角星在左，如北魏漆棺墓中的那枚，而這枚卻是新月在左、五角星在右，在已經發現的薩珊卑路斯銀幣中屬少見。祭壇有兩個祭司，拱手相對而立。右側祭司背後是帕勒維銘文“ɔ∩∩”，這一名稱是何鑄造地的縮寫，目前很難斷定，祇能有以下幾種推測。第一種可能，很可能是“»«”這一縮寫地點的減寫或異寫。這一縮寫一般轉 寫爲“S”，也就是“SM”。該地點的縮寫在薩珊錢幣的研究中屬於不可以確認確切地點的縮寫，哪怕是大致的確定目前也尚不可能達到。第二種可能，應是某個有“∩”這種字母地點的減寫。帕勒維文中有這一字母，但不經常出現，一般摻雜在其他字母中使用，不大單獨使用，如在“MRWV ”這個縮寫地點中就曾出現。該地點被確認是Merv。這一地名的古名稱Muru亦作Maru，即《後漢書·安息傳》中的木鹿城，《隋書》中的穆國，《新唐書》中的木鹿，《元史》中的麻里兀，即蘇聯的馬里城[4]。第三種可能，則是另外没有見到過的縮寫。薩珊錢幣造地很多，現在知道的大約有二百多處，目前可以基本確認的地點約有四十四個縮寫，共包括四十二個地點。另

〔4〕馮承鈞原編、陸峻嶺增訂《西域地名》（增訂本），頁65。

外，仍有五十個左右的常見地點的縮寫被認爲是不能確定的[5]。左邊祭司後僅有個別字母可以看清，但正巧有一穿孔打過，其鑄造年代不可知。

從這枚銀幣兩側的穿孔來看，顯然不是實用流通貨幣，當係墓主人生前飾物，發現時位於墓主頭部，可能是含在口中的。北魏漆棺墓中的那枚卻沒有穿孔，可能用於收藏。

據不完全統計（見表八·1），目前在中國境内發現薩珊卑路斯銀幣共約四百枚（圖八·4）。薩珊朝諸王每位一般衹鑄有一式銀幣，但也有少數國王鑄有一種以上的式樣，卑路斯王就屬於後者。在以往對卑路斯銀幣的研究中，大多數學者都認爲卑路斯銀幣衹有兩種式樣。在中國發現的卑路斯銀幣，夏鼐便將其分爲兩式，即A式與B式。其實根據以後學者的研究，卑路斯即位之後就鑄有銀幣，這就是所謂的Ⅰ式銀幣，Ⅰ式銀幣王冠與耶斯提澤德一世（Yazdgard Ⅰ，公元399～420年）王冠相似，下部有一圈聯珠紋，王冠中央凸起一雉堞，前部有一新月，頂部有兩條細小的飄帶，上部托一圓球，衹是在冠頂與圓球之間加一新月（圖八·5·①）。冠頂與圓球之間加一新月的做法從巴赫拉姆五世（Varhran V，公元420～438年）開始，後爲耶斯提澤德二世（Yazdgard Ⅱ，公元438～457年）所沿用，關於加飾新月這種變化的原因人們尚不清楚，但估計和拜火教有關則似無大錯。卑路斯的這頂王冠衹存在了兩年，即公元459～461年，因爲卑路斯二年的數字被打在一枚銀幣上。儘管如此，卑路斯也成爲薩珊諸王中唯一一個連續擁有三種不同王冠的國王。從卑路斯三年開始存在於銀幣上的便是Ⅱ式王冠，也就是所謂A式銀幣上的王冠（圖八·5·②）。那種帶翼翅的王冠B式銀幣，實際上應當是卑路斯Ⅲ式銀幣（圖八·5、③）。夏鼐在談到A式與B式的區別時指出：“B式的特點是王冠的後部没有雉堞形飾物，卻换上一對翼翅，冠頂後面没有兩條細飄帶，而在前面卻增加一條由肩上飄起的帶形物，和髻後的一條相對稱。”[6]（圖八·6）冠後没有兩條細飄帶是區分Ⅱ式與Ⅲ式的重要特點。而Ⅲ式王冠後部没有雉堞形，卻换上一雙翼翅的説法則不大準確，Ⅱ式、Ⅲ式銀幣的王冠後部、中部都有雉堞凸起，Ⅲ式銀幣在雉堞之上纔加飾雙翼狀物。肩部飄起的帶形物似乎没有，如有也並非王冠本身的飾物。加飾這雙翼翅飾物的準確原因人們並不知道，波普（A. U. Pope）認爲這雙鳥翅可能代表太陽，與波斯的宗教觀念有關。夏鼐贊成這種觀點[7]。R. 戈培爾（Robert Gobl）認爲，這是

〔5〕Robert Gobl, *Sasanian Numismatics*, 1971, Klinkardt & Biermann, Braunschweig, pp.82～83.

〔6〕夏鼐《青海西寧出土的波斯薩珊朝銀幣》，《考古學報》，1958年1期，後收入氏著《考古學論文集》，科學出版社，1961年，頁130。

〔7〕夏鼐《青海西寧出土的波斯薩珊朝銀幣》，《考古學論文集》，頁130～131。

表八·1　　波斯薩珊朝卑路斯銀幣在中國發現地點及情况統計表

出土地點	出土時間	埋葬時間	數量（枚）	型式	資料來源	備注
河南洛陽北邙山唐30號墓	1955年	公元7世紀	2	A式1枚 B式1枚	夏鼐《考古學論集》	
青海西寧内城城隍廟	1956年	約公元5世紀	77	A式16枚 B式61枚	同　上	
陝西西安張家坡隋410號墓	1957年	約公元6世紀	1	A式	同　上	
陝西西安隋李静訓墓	1957年	公元608年	1	B式	《唐長安城郊隋唐墓》	
廣東英德南朝8號墓	1964年	公元497年	3		《考古》1961年3期	
河北定縣北魏塔基	1964年	公元481年	37	A式31枚 B式6枚	《考古》1966年5期	
陝西耀縣寺坪隋舍利塔基	1970年	公元604年	1		《考古》1974年2期	
新疆吐魯番阿斯塔那115號墓	1973年	約公元7世紀初	1	B式	《考古學報》1974年2期	蓋於左眼上
湖北安陸吴王妃墓	1979年	約公元7世紀初	15	不詳	《文物》1985年2期	
寧夏固原西郊北魏墓	1981年	約公元488年	1	B式	《文物》1985年5期	
甘肅天水	1983年	不詳	1	A式	《内蒙古金融》1987年7期	徵　集
廣東曲江南華東3號墓	1984年	約公元5世紀	9枚殘， 1枚可綴合	不詳	《考古》1983年7期	
廣東遂溪近灣村窖藏	1984年	約公元五六世紀	13	A式1枚 B式12枚	《考古》1986年3期	
甘肅張掖大佛寺	1970年	明正統年間（公元15世紀）	5	不詳	《甘肅金融》1990年增刊	
河南洛陽郊區窖藏	1991年	約公元5世紀末*	200餘枚		《新疆金融》1991年增刊	

洛陽郊區出土的二百餘枚薩珊銀幣，詳細的報告没有發表，僅在個别文章中有所涉及。據稱，其中有庫思老（Khusrau）一世、二世銀幣，但由於所附照片十分模糊，不能看出其屬庫思老銀幣，另外一文所附較清晰的揭本中衹有卑路斯銀幣。這些銀幣很可能均屬卑路斯一個時代的銀幣，由於某種偶然急變的原因被主人埋藏起來，其埋藏年代或距卑路斯不遠。

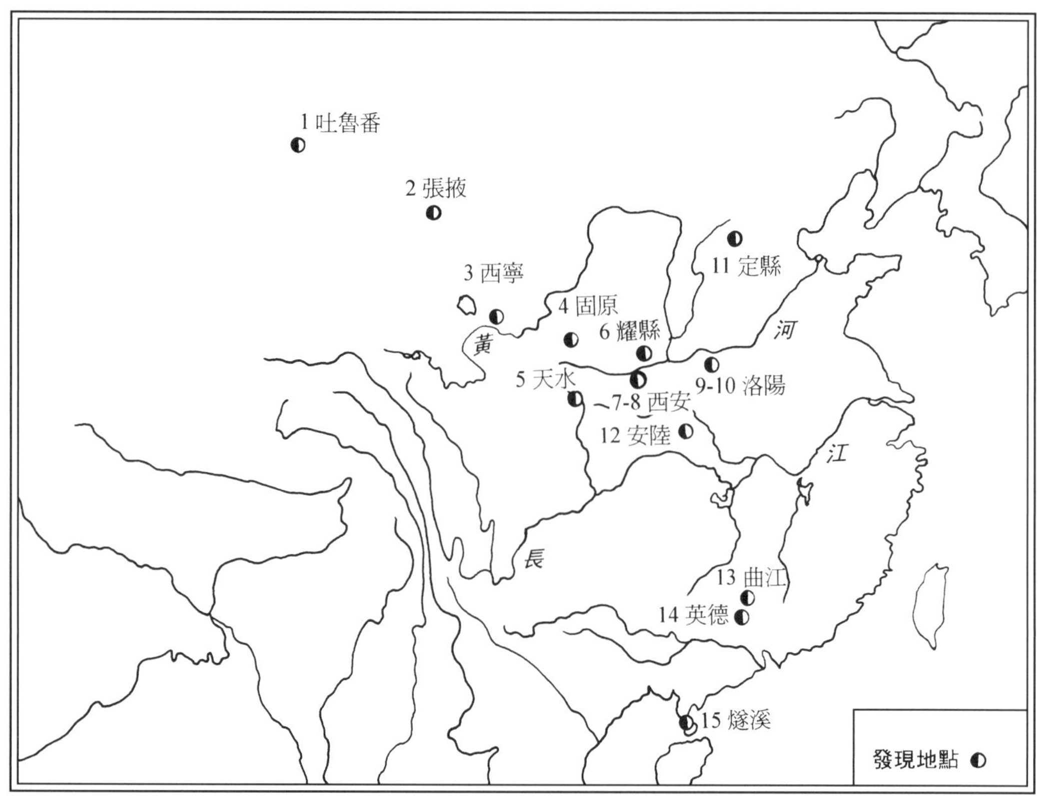

圖八·4　薩珊卑路斯銀幣在中國發現地點分佈示意圖

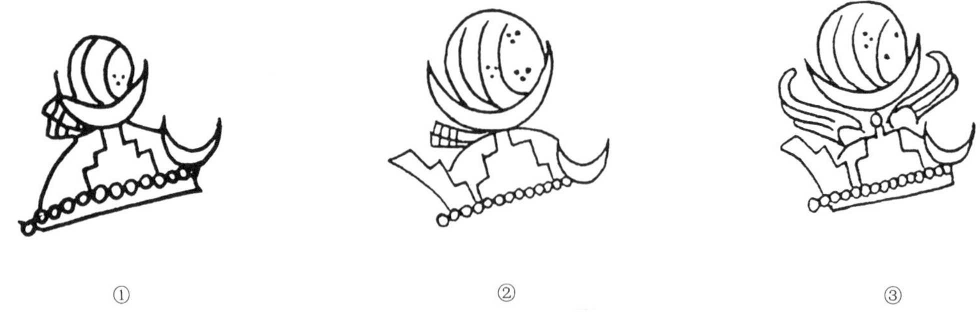

圖八·5　薩珊卑路斯銀幣上的王冠樣式

① 薩珊卑路斯Ⅰ式王冠（採自 R.Gobl，*Sasanian Numismatics*，1971，*Table* Ⅸ）　② 薩珊卑路斯Ⅱ式王冠（同前）　③ 薩珊卑路斯Ⅲ式王冠（同前）

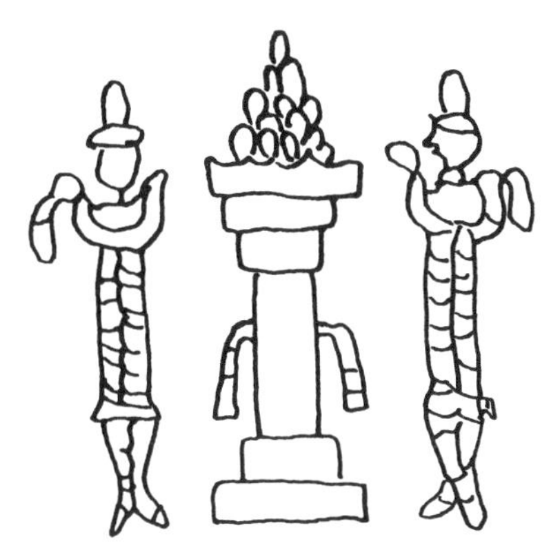

圖八·6　薩珊卑路斯銀幣背面圖案

（採自 R. Gobl, *Sasanian Numismatics*, 1971, *Table* Ⅸ）

勝利之神的雙翼被加在王冠的頂端，有重要的象徵意義，可能與卑路斯被俘事件有關[8]。卑路斯與嚈噠人作戰被俘事件，發生在公元469年左右，而目前中國境内發現的卑路斯Ⅲ式銀幣的鑄造年代大都不很清楚，不能證明這種推測。陝西耀縣寺坪村塔基下石函中出土一枚卑路斯Ⅲ式銀幣，是在中國出土的卑路斯Ⅲ式銀幣中，唯一一枚經過鑄造年代鑒定的銀幣。據夏鼐鑒定的年份爲“TRIN”，也就是卑路斯二年，即公元460年[9]。這一年代的斷定是非常可疑的，因爲Ⅲ式銀幣上的王冠出現時間不大可能會這樣早。該年代大約正是卑路斯使用Ⅰ式王冠的年代，流行的應該是Ⅰ式銀幣。

卑路斯時代流行三種貨幣計量單位，奥博爾（Obol），第納爾（Dinar）和德拉克瑪（Dranchma），前兩種單位很小，是輔幣，德拉克瑪的重量一般在4克左右，我們發現的這兩枚Ⅲ式銀幣屬德拉克瑪，衹是重量略輕一點而已。

（二）東羅馬金幣的仿製品

金幣，共四枚。爲叙述方便起見，我們逐一編號。

① 1號金幣，唐儀鳳三年（公元678年）史道德墓出土。

金幣直徑2厘米，重4克，正面是一東羅馬皇帝的正側面肖像（圖八·7）。其頭戴盔，頭盔由小聯珠組成，耳際有垂索。身穿鎧甲，甲的邊緣也由小聯珠紋組成，肩扛一短矛或標槍。銘文已經由於磨損而模糊不清。其正面頂部有一小穿孔。背面爲一勝利女神像，十分模糊，大概爲手中握一長十字架，另一手執一小金球，基本局限於一個長方框中，周圍爲一圈銘文。銘文是拉丁文，一般採用省略的縮寫。左側銘文前幾個字中有一個完全不清，另一個字母好像是“E”，其餘幾個是清楚的“NO”，接下來是“KI”。

〔8〕Robert Gobl, *Sasanian Numismatics*, p.50.

〔9〕見朱捷元、秦波《陝西長安和耀縣發現的波斯薩珊朝銀幣》一文中夏鼐補充考釋，《考古》，1974年2期，頁132。

圖八·7　唐史道德墓出土東羅馬金幣仿製品(正、反面)

圖八·8　唐史索巖墓出土東羅馬金幣仿製品(正、反面)

圖八·9　唐史訶耽墓出土東羅馬金幣仿製品(正、反面)

圖八·10　唐史鐵棒墓出土薩珊金幣仿製品(正、反面)

右側有兩個字母可以看清“DN”，其餘的銘文均已不清。

這枚金幣和東羅馬差諾皇帝（Zeno，公元 474～491 年）的金幣較爲相似，但銘文多已看不清。差諾皇帝金幣正面銘文“DNZENOPEPAVG”，參照以往學者對省略字母的補充可知完整的銘文爲 D（ominus）N（oster）ZENOPE P（er）P（etuus）AVG（us-tus），可以譯作“我們的主宰差諾永遠是我們的皇帝”〔10〕。背面有一勝利女神像，稱作維克特麗〔11〕，靠左邊附有其名字，字體較粗。右邊的銘文爲“AAVGGG”，譯爲“帝國的勝利”。GGG 代表着奥古斯都時期的羅馬帝王們，他們常以複數形式出現。錢幣廠編號和代表君士坦丁堡金本位制字母，已經完全看不清了。就其所看見的拉丁字母而言，完全是較爲粗俗的字體，非常不正規。雖然這枚金幣的直徑和重量都與真幣相差無幾，但很可能是東羅馬金幣的仿製品。整個打押的王像等圖案很不清楚，字母也並非像真正的東羅馬金幣那樣採用規則的拉丁文，而是有些變形。它所依據的原型應當是公元 5 世紀的拜占庭的差諾金幣。在晚期的拜占庭金幣背面都有十字架，是基督教作爲國教的標志，而勝利女神手中拿的小金球則是君主權力的象徵。金幣表面紋飾磨損得非常嚴重，説明距鑄造年代已經很遠，傳過許多人之手。和前述的卑路斯銀幣一樣，金幣上有一個穿孔，應是爲了防止遺失，最後的擁有者可能將其作爲裝飾品。

② 2 號金幣，唐麟德元年（公元 664 年）史索巖墓出土。

金幣直徑 1.9 厘米，重 0.8 克，已經被剪過邊，僅餘中間部分（圖八・8）。很薄，單面花紋，上下均有一個穿孔。正面爲一東羅馬皇帝半身肖像。其頭戴盔，身穿甲鎧，肩扛一短矛，耳際似有飄帶。頭盔完全由小聯珠紋組成。雖有銘文,但大都已經模糊不清,難以辨識。

③ 3 號金幣，唐咸亨元年（公元 670 年）史訶耽墓出土。

金幣直徑 2.3 厘米，重 2 克，有一周弦紋形成邊框，外邊較寬，單面花紋（圖八・9）。正中爲一東羅馬皇帝肖像。其頭戴盔，身穿鎧甲，肩扛一短矛。有一周銘文，銘文大多已經變形，除去個别字母之外，很難辨認。

真正的東羅馬金幣一般由正反兩面組成，但 2、3 號金幣，僅有一面，而且圖案不清。真品的面目清晰，耳、目等部位比例適度，而這兩枚金幣上的王像，眼睛、耳朵都很大，不合比例。真品的矛頭很小，而這裏的矛頭很大，並成圓三角形。鎧甲的紋路也較紛亂，銘文的字母則都難以辨認，顯然是兩枚東羅馬金幣的仿製品，而且這兩枚金幣所使用的模具是經過兩次以上的翻刻，所以其準確性很差。早期的東羅馬金幣正面有許

〔10〕 H. Goodacre，*A Handbook of the Coinage of the Byzantine Empire*，1960，London，p.45.

〔11〕 通常真幣中的維克特麗形象側向左邊，而這枚金幣中卻恰恰相反（參見 M. Alram，*Coins and Silk Road*，Monks and Merchants，2001，New York，p.287）。

多皇帝是採用這種頭戴盔、身穿鎧甲、肩扛短矛的正面肖像，判斷其確切年代衹能憑藉銘文。這兩枚仿製品的仿製準確性很差，很難具體地斷定其類比的原型，衹可判定爲是仿照公元5世紀或6世紀某一皇帝的金幣製造的。

④ 4號金幣，唐咸亨元年（公元670年）史鐵棒墓出土。

金幣直徑2. 5厘米，重7克（圖八·10）。單面壓花紋，正面上方有一小穿孔，穿孔口有打磨過的痕跡。中爲一國王側面肖像，頭戴王冠，腦後飄髮，眼睛較大，鼻子凸尖。身穿鎧甲，頭部有項圈，周有一圈銘文。銘文除去個别字母以外，大都不可辨識。

（三）東羅馬金幣仿製品的傳入

拜占庭東羅馬帝國自南北朝時期就與中國發生了頻繁的交往。中國境内發現的東羅馬帝國的遺物，以東羅馬金幣爲最多，據現在已經公佈的有十幾處發現地點（圖八·11），共二十多枚。

根據以上十幾個發現地點來看，基本上可以確定是東羅馬金幣仿製品的有十餘枚之多。

1915年英國探險家斯坦因（A. Stein），在新疆吐魯番阿斯塔那地區斯坦因編號的第一區3、5、6號墓中發現三枚金幣。墓地的年代一般定爲公元6～7世紀。這幾枚金幣的質地薄而輕，均爲單面打押花紋。依照斯坦因的鑒定結果，這些金幣都是東羅馬查士丁尼一世（JustinianⅠ，公元527～565年）金幣的仿製品[12]。

1956年，西安市西郊土門村M2號墓中出土一枚金幣，該墓的年代屬於盛唐時期約相當於公元7世紀後半葉。據夏鼐研究可以斷定它是希拉克略（Heracliusi另譯赫拉克利留斯，公元610～641年）一世金幣的仿製品[13]。

1966年至1969年期間，在新疆吐魯番阿斯塔那地區發掘的墓群中亦有東羅馬金幣出土。TAM92號墓，TAM38號墓均有東羅馬金幣出土。其中92號墓的金幣明顯是仿製品，正面爲一皇帝肖像，銘文模糊，邊緣較寬，很可能是單面打押花紋。有關這一墓地的詳細情況我們還不太瞭解，但很可能不止這兩枚金幣。從已經發表的TAM48號墓的平面圖來看，墓主人口中含有金幣片。這幾座墓葬的時代大約爲盛唐時期[14]。

〔12〕A. Stein, *Innermost Asia, detailed report of explorations in Central Asia, Kan Su and Eastern Iran*, 4Vols, 1928, London, p.993.

〔13〕夏鼐《西安土門村唐墓出土的拜占庭式金幣》，《考古》，1961年8期，頁446～447。

〔14〕新疆維吾爾自治區博物館《吐魯番阿斯塔那—哈拉和卓古墓群清理簡報》，《文物》，1972年1期，頁11。

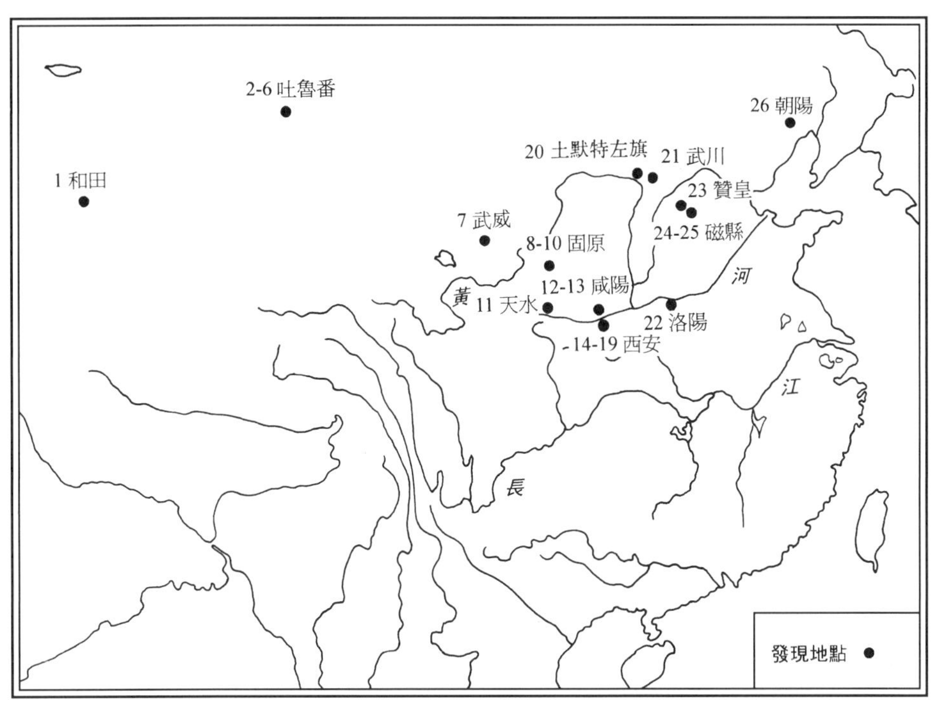

圖八·11　東羅馬金幣及其仿製品在中國發現地點分佈示意圖

在公元 4 世紀時，由君士坦丁（Constantinople）大帝主持進行了羅馬金幣的幣制改革，將過去較重的金幣，改爲“索里德”（Solidus），每枚的重量在 4.5 克左右。中國目前發現的東羅馬金幣的仿製品所依據的原型，應當是這種“索里德”。有關東羅馬金幣仿製品的研究，中國學術界除去夏鼐對於 1956 年西安土門村唐墓出土地的那枚希拉克略仿製品有所涉及以外，其他仿製品很少有人涉獵。夏鼐指出：“我們知道希拉克略在位（公元610～641年）的後期，正是阿拉伯帝國崛起時期，阿拉伯人爲了維持新征服地區的經濟制度，並且大約從公元 635 年起便開始仿製拜占庭的金幣和銅幣。”〔15〕對於其他仿製品的仿造地點我們並不十分清楚，不過，與新疆吐魯番、寧夏固原等地出土的這類仿製品相類似的東西，在世界其他地方也有發現。例如在德國漢諾威下薩克遜州博物館，就收藏一枚出土於不論瑞克城附近的 offleben 地區墓葬的東羅馬金幣。金幣也是仿造差諾時期錢幣，除去拉丁文字母不大規範外，還帶有一個小柄〔16〕，這和斯坦因在

〔15〕夏鼐《西安土門村唐墓出土的拜占庭式金幣》，《考古》，1961 年 8 期，頁 446～447。

〔16〕Volker Zedelius，Alte und neue Funde von Goldmunze aus Niederschsen ，Nachrichten aus Niedersachchisens Urgeschte ，Band ，Bband46，1977 ，Hildesheim Verl ag August Lax，pp.353～361．本文德文文獻承樊修章教授中譯，謹此致謝。

新疆吐魯番發現的那枚帶小柄的仿製品在造型上非常相似。對於新疆地區出土的仿製品，G. 科尼格認爲，那是由於人們在缺乏拜占庭錢幣樣本的情況下，出於競爭的目的而製造的〔17〕。從其所暗示的原因來説，大約是指公元 6 世紀中薩珊王朝對於拜占庭帝國的成功封鎖。按照 19 世紀以前西方人的觀點，東西方交流的遠途貿易主要是由波斯人和羅馬人組織進行。中亞奢侈品貿易，曾經給東方帶來了動蕩不安。波斯人很早就活躍在這條東西方國際商道上，壟斷着這條道路上的貿易權，並對拜占庭帝國實行禁運。拜占庭出於對東方絲綢的需要，迫使它急於要打破波斯人對中國貿易的封鎖。公元 6 世紀中，東羅馬與波斯薩珊之間屢有戰争發生，最後以東羅馬戰敗告終。直到查士丁尼二世（Justinian Ⅱ，公元 565～578 年）時，東羅馬纔與東方的突厥取得聯繫〔18〕，但對整個貿易制控權影響不大。公元 6 世紀中後期，實際操縱中亞“絲綢之路”的不是别人，正是中國史籍中一再提及的“昭武九姓”人，也就是粟特人。粟特人充分發揮地利之便，成功地利用突厥人與波斯人的矛盾，掌握了對中國貿易的主權。由於貿易的需要，公元 5 世紀初，粟特地區開始仿造銀幣，主要是模仿製造薩珊王朝巴赫蘭拉姆五世銀幣，以後也仿造了大量中國方孔圓錢，上面有粟特銘文，一些學者稱之爲突騎施圓錢。這種錢在我國的新疆、甘肅地區皆有發現。但是關於該地是否仿造東羅馬金幣我們所知甚少，不能排除粟特地區仿造的可能性。這些仿製金幣的祖型一般都很早，説明仿製者所能得到的金幣樣本是公元 6 世紀以前的。由於薩珊人的封鎖，仿造者得到的不大可能是同時代的金幣，而衹能是較早的。那麽其仿製者應當是薩珊王朝以外的人，這樣中亞粟特地區便是理想的仿製地點。

19 世紀以後，隨着東方學的深入，西方學者纔開始注意到中亞粟特人的作用。我們所看到的大量出土的唐三彩駱駝上騎的胡人就是粟特人。渴望着同東羅馬人進行貿易往來，很可能是刺激這種仿製的直接原因，後來他們甚至同東羅馬人也發生了關係。根據一些國外學者的推斷，東羅馬金幣的仿製地點，公元 7 世紀以後主要是在阿拉伯地區，而在此之前的仿製地點，大約在東方中亞的某一地區。流傳於世界各地的這種金幣，從那裏通過漫長的“絲綢之路”運往各地，當然也流行於中國。這與我們推測的粟特地區亦相吻合。固原、洛陽“昭武九姓”人後裔的墓中發現東羅馬金幣仿製品，應當是情理之中的事。

---

〔17〕 Gerd. G. Koenig, Frühbyzantinische und sassanidishe Münzen in China , *Geld aus China* , 1982, Bonn, pp.90～109.

〔18〕 參見 L. 布林努瓦《絲綢之路》，耿昇中譯本，新疆人民出版社，1982 年，頁 164～168。

（四）薩珊阿爾達希爾三世金幣的仿製品

值得我們特別注意的是固原南郊唐墓出土的 4 號金幣。頭像完全呈側面，不大可能是東羅馬金幣或其仿製品。東羅馬金幣一般從公元 6 世紀初便完全採用正面肖像，在此以前的羅馬金幣多採用側面像。東羅馬金幣的側面像，有的戴王冠，有的不戴王冠，有的僅戴頭飾。表現在金幣上王冠一般是軟冠，或貼髪冠，而這枚金幣上的王冠卻是帶城齒的。這種雉堞狀王冠，一般多見於薩珊錢幣王像。東羅馬金幣另外一個重要特點是，如王像是正面肖像，身體也是正面；如是側面肖像，身體也呈側面。而這枚頭側身正的形象，則見於薩珊錢幣。因此，這枚金幣肯定與薩珊錢幣有關。薩珊金幣在全世界發現得很少，中國境内則尚無發現。雖然這枚金幣上的國王名字的字母已完全不清，但是比照以往發現的薩珊銀幣，可以肯定地説，金幣與阿爾達希爾三世（Ardashir Ⅲ，公元 628～630 年）國王有着密切的關係。薩珊金幣的鑄造，本來並没有一個嚴格的計劃，完全是表現薩珊王朝的顯赫，是一種紀念性質的錢幣。與銀幣相比也没有一個法定的比價，實際上祇能是銀幣的一種輔幣。僅在沙普爾二世（Shapur Ⅱ，公元 310～379 年）時，由於東方戰爭的需要，起過重要的作用，其他國王祇是遇到節日纔發行金幣〔19〕。阿爾達希爾三世時，有没有發行過這種金幣，我們不得而知，但通過與該王銀幣的比較，我們仍然可以深入研究 4 號金幣。

阿爾達希爾三世銀幣共有二式，目前在中國境内均未發現。這二式銀幣的主要區别仍然在王冠以上的部位。Ⅰ式銀幣王冠上祇有一新月托球，Ⅱ式銀幣王冠卻在冠頂之上加一雙翼狀物，然後纔是新月托球，但是這些細節對我們研究 4 號金幣卻幫助不大，因爲在 4 號金幣的冠頂上這些特徵性的裝飾已經被省略，但從王像上依然能看出一些阿爾達希爾三世的特點。一般的波斯銀幣，由於在位的國王大多數爲成年人，所以大部分都有連腮鬍鬚，而阿爾達希爾三世的即位，實際上是由於居和多二世（Karadh Ⅱ）病死的結果，他即位時實際上還是一個孩子，借用摩根的描述“這是一張年青而缺少經驗的臉”〔20〕，這從銀幣的王像上是可以看出的。阿爾達希爾三世肖像頭側向右，頭戴雉堞狀王冠，眼瞼較大，高鼻，無鬍鬚。瓔珞從肩斜垂繞至胸前，佩項鏈，項鏈連接處有一圓形飾物，下垂三個棒狀飾件。銘文從眼前一直繞至頭後。

〔19〕參見 Robert Gobl，*Sasanian Numismatics*，pp.27～28。

〔20〕參見 J. de Morgan，*Monuel de Numismatique Orientale*，p.328。

圖八·12 薩珊阿爾達希爾三世銀幣及銘文（摹寫）

（採自 *Manrel de Numismatique Orientale*，1923～1936，p.328，Fig.416）

阿爾達希爾三世銀幣上正面銘文參照摩根的轉寫爲“AFZUNARTAŠaTR”（圖八·12），其意譯爲“昌盛的阿爾達希爾”。值得更進一步注意的是，除了冠前有一新月托一五角外，在其右肩上部，無論Ⅰ式銀幣，還是Ⅱ式銀幣都有一個新月，以上這些特徵4號金幣上完全具有。依照薩珊錢幣學家摩根、沃爾克（J. Walker）的看法，阿爾達希爾三世的銀幣已經屬於一種非常少見的錢幣。

4號金幣重量達7克之多，似乎已經超過了東羅馬金幣“索里德”許多。薩珊金幣的重量單位沿襲的是羅馬舊制，在阿爾達希爾一世（Ardashir Ⅰ）和沙普爾三世期間，標準的金幣單位第納爾重量在7～7.4克之間，大致相當於流通的羅馬錢幣“奥勒斯”（Aureus）的重量。第納爾在沙普爾二世時重量減少已經引起人們的注意，後來一直下跌。卑路斯即位後，由於他們金幣鑄造政策極不明確，而使他的第納爾重量祇有3.5克。卑路斯以後的薩珊王曾努力使第納爾的重量回昇到4.2克，從而與東羅馬“索里德”相當。巴赫拉姆六世（Varhran Ⅵ，公元590～591年）的新制表明，過去那種7克左右的第納爾没有被廢棄，與新的第納爾並存，大約相當新第納爾價值的1.5倍[21]，這種政策一直持續到下去。4號金幣的重量應該是以那種7克左右老式第納爾爲單位的産物。金幣僅有單面花紋，省去了背面及前面一些特徵性的地方，明顯不是薩珊金幣的真品，但從重量上來看很有可能是按照阿爾達希爾三世金幣所仿造的。

那麽仿造這種金幣的真正背景如何，以及仿造人、地點都是我們需要探討的問題。阿爾達希爾三世在位年代，是一個非常混亂的年代。薩珊帝國國内外矛盾日趨突出，自公元628年庫思老二世（Chosroes Ⅱ，公元590～628年）去世以後，國内局勢逐漸惡

〔21〕參見 Robert Gobl，*Sasanian Numismatics*，p.29。

化，到耶斯提澤德三世（Yazdagird Ⅲ，公元632～651年）即位短短的四年時間，據認爲被加冕爲薩珊王的不下十二人[22]。這使薩珊帝國完全陷入一種無政府狀態，阿爾達希爾三世在位僅一年多便被部將所殺。與此同時阿拉伯帝國迅速崛起。公元632年穆罕默德去世，年高資深的艾卜·伯克爾成爲第一位哈里發，在短時間内發動一次又一次的統一戰争，阿拉伯半島很快便統一在穆斯林的旗幟之下。出於宗教、經濟的原因，哈里發的寶劍指向了東羅馬拜占庭帝國和波斯薩珊帝國。叙利亞、伊拉克被征服。從公元7世紀30年代中期開始，阿拉伯人與薩珊人之間進行了一系列惡戰，新興的阿拉伯人不但戰勝了薩珊人，而且奪取了包括首都泰西封（Tesiphon）在内的大片領土。阿拉伯史學家對薩珊王棄城而逃和在首都奪取的大量戰利品、財寶進行了大肆渲染。由於受到了耶斯提澤德三世所組織的頑强抵抗，阿拉伯人在薩珊領土上取得的初步征服，大約花費了十幾年工夫。第二任哈里發歐麥爾時，持續了一千二百多年的波斯帝國，終於在“真主的寶劍”之下悲慘地結束了。與此同時，拜占庭帝國東部最富饒的幾個省區，也被納入了阿拉伯人的版圖[23]。早期的征服者由於來自沙漠，經濟上不得不依附於被征服地區的留用人員。貨幣制度上，早期幾位哈里發歐麥爾、穆阿威等人在征服地區都流通外國錢幣。東羅馬金幣和波斯薩珊銀幣，衹有在某種可能情況下，纔會在這些外國金幣上打押某些《古蘭經》内容的銘文。新疆烏恰山中就發現數量很多的庫思老二世銀幣，銀幣正面的空白邊緣處打押有阿拉伯銘文[24]。這時期也鑄造少量的金銀幣，但這些金銀幣完全是仿照拜占庭金幣和薩珊銀幣的式樣鑄造的。前述西安土門村出土的那枚希拉克略金幣的仿製品，就是在這種背景下製造的。波斯銀幣的仿製品在中國也有發現，西安郊區30號唐墓中出土一枚仿製品，單面打押花紋，圖案粗糙，肖像模糊不清，邊框不是由聯珠紋組成，代之以平滑的線條。夏鼐推測其仿造年代時説：“因它所仿的祖型是庫思老二世或更晚的薩珊朝銀幣，所以最早也不會超過第七世紀前半期。”[25]雖然夏鼐没有明説製造者是誰，但實際上他仍然認爲是阿拉伯人仿造的。直到公元695年，阿卜杜勒·麥立克纔在大馬士革鑄造出了純粹的阿拉伯式金幣第納爾和銀幣第爾汗。

一般認爲在仿製的拜占庭錢幣中没有銀幣，在仿製的薩珊錢幣中，没有金幣[26]，但凡事情總是有例外的，4號金幣無疑是按照薩珊錢幣仿造的。但是爲甚麽在很厚的金

〔22〕 Clement Huart，*Ancient Persia and lranian Civilization*，1927，London，p.135.

〔23〕 參見希提《阿拉伯通史》上册，馬堅中譯本，商務印書館，1979年；卡爾·布羅克爾曼《伊斯蘭教各民族與國家史》，孫碩人等中譯本，商務印書館，1985年。

〔24〕 李遇春《新疆烏恰縣發現金條和大批波斯銀幣》，《考古通訊》，1959年9期，頁482～483。

〔25〕 夏鼐《中國最近發現波斯薩珊朝銀幣》，《考古學報》，1957年2期，後收入《考古學論文集》，頁123。

〔26〕 J. Walker，*A Catalogue of the Muhammadan Coins in the British Museum introduction II*，1956，London.

幣上衹正面有王像而背面没有呢？我以爲這應與仿造者的宗教信仰有關。薩珊錢幣的背面中間一般是拜火教祭壇，祭壇兩邊立着拜火教祭司，正面王冠的頂部有新月托球，在拜火教教義中是崇拜天體的象徵，這一切都不合乎伊斯蘭教教規。而在阿拉伯人征服的領土上伊斯蘭神權高於一切，歐麥爾所採用的最主要理論便是：阿拉伯半島上衹允許伊斯蘭教存在。其他異教徒如果改信伊斯蘭教，那麽他將得到特別的照顧，從而使拜火教遭受最沉重的打擊，這樣也就不難理解這枚金幣上爲甚麽衹有單面，且要省去王冠上裝飾物的原因。其製造者衹能是阿拉伯人，仿造時間應當在阿拉伯人部分地佔領了薩珊地區以後，其確切的時間爲公元7世紀30年代中期至40年代末期。這一年代與4號金幣的埋藏年代——公元670年，僅相隔幾十年。

（五）死者口含或手握金銀幣的若干含義

固原南郊隋唐墓出土的這幾枚仿製金幣及波斯銀幣，發現時均放置於墓主人頭部，由於這些墓葬均遭盜掘，可能原來是含在墓主人口中，如1號金幣就含在主人口中，是一種葬俗。關於死者口中含金幣的習俗，在中外東西方文化研究者中産生十分嚴重的分歧。這種分歧開始於20世紀初。斯坦因在新疆吐魯番阿斯塔那墓地，發現三枚東羅馬金幣仿製品和一枚薩珊銀幣，且這些金銀幣都含在死者的口中，故此他非常容易將這一習俗與古希臘神話聯繫起來。依照希臘神話，人死去以後要到非常遥遠的地獄世界（Hades），人的亡靈要由赫爾墨斯（Hermes）領至冥國的門口，再由卡戎（Charon）用渡船將其靈魂運過斯蒂克斯河（Styx）。人們爲使靈魂能平安到達，要付給卡戎擺渡錢，所以希臘人一般要在死者的口中放置一枚錢幣作爲渡河之用，多放一枚奥博爾（Obal），後來的羅馬人也沿襲了這種習慣。受西方文化背景影響的斯坦因首先想到的當然是這一習俗，但是斯坦因接着又寫道，1916年博學的沙畹（E. Chavannes）告訴他一本漢譯佛經中也有這樣的故事，即便是在東方，人們也知道這一習俗。由於中國没有鑄造金銀幣的習慣，斯坦因亦將故事與阿斯塔那墓地金幣聯繫起來。但其究竟與中西方金幣習俗之間有何關係，限於手頭資料，他提議留給以後的學者去研究[27]。

許多年以後，夏鼐在研究薩珊銀幣時又涉及這一問題，這時的吐魯番阿斯塔那地區類似的新發現又有許多。夏鼐指出：“這種説法（指金幣與古希臘之間的關係）最近仍

〔27〕參見A. Stein, *Innermost Asia*, *detailed report of explorations in Central Asia Kan Su and Eastern Iran*, 4Vols, p.993.

有人附和。實際上它是受了中國文化西來説的流毒的影響，事實證明它是錯誤的。我國在殷周時代便已有死者含貝的習俗，考古學上和文獻上都有很多證據。當時貝是作爲貨幣的。秦漢時代，貝被銅錢所取代，將銅錢和飯珠玉一起含在死者口中，成爲秦漢及以後的習俗”。接着，他又列舉了廣州、遼陽及安陽的漢和隋唐墓中一些銅錢的情況，説明“高昌這種死者口中含錢的習俗當溯原於我國的内地”[28]。夏鼐的觀點無疑有非常可取的一面，但是死者口中金幣的問題似乎仍然没有獲得解決，有人依舊不以爲然或堅持斯坦因的觀點。

近年來，小谷仲男在這一問題上投入了很大的精力，他以《有關死者口中含貨幣的習俗——漢唐墓葬中的西方要素》爲題，發表了他研究這一問題的全部成果[29]。小谷在考察中國近年間吐魯番和其他地區死者口中含幣習俗以後，對於夏鼐的觀點提出質疑：“從中國埋葬制度的變遷中，雖不能排除含玉（蟬形）、握玉（豚形）會被貨幣所替代，但是，人們相信具有神秘靈力的玉，和作爲交易媒介貨幣的機能，大致上還是有區别的，這兩種隨葬品在漢唐墓中是並存的，基本上存在於同時代，口中、手中含握貨幣的葬法，不屬於以上情況，應該考慮是在另外思想背景下的産物。”接着，小谷又以相當的篇幅介紹了中亞地區墓葬中死者含握金幣情況。1969 年至 1979 年，蘇聯、阿富汗聯合考古隊在阿北部提利亞泰培（Tilya Tepe）發掘成果，即著名的“大夏黄金遺寶”(Bactrian Gold)[30]。其墓葬被推測是貴霜時代某位翕侯或大月氏王。第 3 號墓死者脚下有羅馬皇帝提比留（Tibeias）金幣，手中握有帕爾提亞（Parthia）銀幣。第 4 號墓死者胸部有佉盧文金幣。第 6 號墓死者口中含帕爾提亞銀幣，左手中握帕爾提亞金幣。其發掘者 V. 沙里阿尼迪（V. Sarianidi）氏的報告亦將此和古希臘渡河冥資聯繫起來。另外，在中亞的過去發現中亦有許多墓葬中的死者口含金銀幣。

1948 年至 1949 年在今塔吉克斯坦首都杜尚西北吐普哈納（Tup－Khona）墓葬的死者口中發現兩枚銀幣，另兩枚出現在死者身上。

1960 年、1961 年、1971 年在同一地點的一百四十六座小型墓中，有八枚發現在死

---

〔28〕夏鼐《綜述中國出土的波斯薩珊朝銀幣》，《考古學報》，1974 年 1 期，頁 91。

〔29〕小谷仲男《死者の口に貨幣を含ませる習俗——漢唐墓葬における西方の要素》，《富山大學人文學部紀要》，13 卷，1988 年。後收入富山大學人文學部《東アジア史における文化伝播と地方差の諸相》一書，1988 年，頁 17～35。

〔30〕參見樋口隆康《テイラ.テペの遺寶》，《仏教芸術——中央アジアの仏教美術》，137 號，1981 年，頁 115～136；梅村《大夏黄金寶藏的發現》，《文物天地》，1991 年 6 期，頁 44～48；1992 年 1 期，頁40～43；吴焯《西伯爾罕的寶藏及其在中亞史研究中的地位》，《考古與文物》，1987 年 4 期，頁 90～95；較爲全面的報告是 V. Sarianidi, *Bactran Gold*, *from the Excavations of the Tillya - Tepe Necropolis in Northern Afghanistan*, Leningrad, 1985。

者口中，四枚在胸上，盆骨處有兩枚。

1955至1959年在卡非爾尼河中游西側吐爾哈爾（Tulkhar）墓葬中，發現死者口含金錢的有兩例，頭部上方發現有一枚。另外，身體上發現錢幣的有一例。1972年，該河下游亦在死者頭骨上發現十二枚錢幣。

另外，在今烏兹别克斯坦蘇爾汗河流域比特泰培（Bit－Tepe）墓地，幾乎所有的死者口中都含錢幣，有一例還含兩枚。時代爲公元7～8世紀。

總之，中亞地區從公元1～8世紀墓葬中都有死者含錢的習俗，但是古希臘墓中發現口中含幣習俗則從公元前5～4世紀開始，顯然比中亞的這類習俗爲早。當然並不是所有的中亞墓中都有這種含錢的習俗，但是它們無疑代表了一種特殊類型。

那麽，沙畹告訴斯坦因佛經中的是一個甚麽樣的故事。三國時，中亞康居人康僧會編譯的一部佛經《六度集經》第六十八品中這樣寫道：

> 昔者菩薩，爲獨母子，朝詣佛廟，捐邪崇真。（略）所處之國，其王無道，貪財重色，薄賢賤民，王念無常，自惟曰：“吾爲不善死將入太山乎，何不金聚以貢太山王耶。”於是，斂民金，設重令曰：“若有匿銖兩之金，其罪至死”。如斯三年，民金都盡。王訛募曰：“有獲少金貢王者，妻以季女，賜之上爵。”童子啓母曰：“昔以金錢一枚，著亡父口，欲以賂太山王，今必存矣，可取以獻王也。”母曰：“可。”兒取獻焉。王令録問所由獲金，對曰：“父喪之時，以金著口，欲賂太山王。實聞大王設爵求金。始者掘塚發木求金”。王曰：“父喪來有年乎?”對曰：“十有一年。”曰：“爾父不賂太山王邪?”對曰：“衆聖之書，唯佛教真。佛經曰，爲善福追，作惡禍隨，禍之與福，猶影響焉。走身以避影，撫山以關響，其可獲乎?”王曰：“不可!”曰：“夫身即四大也。命終四大離靈逝變化，隨行而亡，何賂之有。大王前世佈施爲德，今獲爲王，又崇仁愛，澤及遐邇，雖未得道，後世必復爲王。”王心歡喜，大赦獄囚，還所奪金。〔31〕

小谷考慮到編譯者祖先是康居人，這個故事很可能首先流傳於中亞地區。鳩摩羅什（公元344～413年）所譯的另一部佛經似乎比前者更忠實於原著。《大莊嚴論》第十五品云：

> 有一國王，名曰難陀。是時此王聚積珍寶，規至後世，（略）貪聚一國之財，故以自己女置淫女樓上。（略）唯有一子，心甚敬愛，（略）遂往發父塚，開口取錢，（略）王聞是已而自忖，我先聚一切寶物，望持此寶於後世，彼父一錢尚不能

〔31〕《六度集經》卷六第六十八品，《大正藏》，第三册，頁36。

得齊持而去，况復多也。[32]

其梵文原著由德國人發現於新疆克孜爾，文中顯然不是以中國爲背景的，應當是産生於中亞貴霜地區，佛經故事的編寫也應是以貴霜人爲傳播對象，主要是適應貴霜人的口味。

亞歷山大東征以後，帶來希臘許多東西，在東方建立殖民統治，其藝術、習俗也應隨之傳播。前述的"大夏黄金遺寶"和20世紀初"烏滸河（Oxusriver）遺寶"[33]中有許多希臘羅馬式藝術品。口中含幣的習俗也隨之傳播，但是到了後來，我們不能説中亞含幣習俗完全是希臘"冥國渡資"的翻版，這樣的理解顯然是不够確切的。波斯瑣羅亞斯德教（祆教）在中亞的傳播亦獲得了空前的成功，"大夏黄金遺寶"中翼獸、翼人明顯受到這種影響。公元7～8世紀，索格底亞那地區墓中口含錢幣較前期多起來，不能説完全與宗教無關。

中國古代史籍中雖没有死者口含錢幣的記載，但是與之相似的載録卻也能説明很多問題。《太平廣記》引《獨異志》"李灌"條云：

> 李灌者，不知何許人也。性孤静，常次洪州建昌縣，倚舟於岸。岸有小蓬室，下有一病波斯。灌憫其將盡，以湯粥給之。數日而卒。臨絶，指所卧黑氈曰："中有一珠，可徑寸，將酬其惠"。及死，氈有微光溢耀，灌取視得珠。買棺葬之，密以珠内胡口中。植木志墓。其後十年，復過舊邑，時楊憑爲觀察使，有外國符牒，以胡人死於建昌逆旅，其粥食之家，皆被梏訊經年。灌因問其罪，囚具言本末。灌告縣寮，偕往郭墦伐樹。樹已合拱矣。發棺視死胡，貌如生，乃於口中探得一珠還之。其夕棹舟而去，不知所在。[34]

李灌所葬之人爲波斯人，尚有可疑之處，但其爲胡人則正確。胡人有一珠，本是送給李灌的。但是李灌卻在埋葬胡人時將珠放置於胡人口中，顯然這並非胡人生前遺願。李灌這樣做的原因，似乎衹有這樣的解釋，他比較熟悉西域胡人的埋葬習俗。具體地説，他知道胡人死後葬時口中當含有珠寶之類的物品，口中含寶珠的功能，主要是爲防腐。十多年以後，挖掘胡人墓後，由於口中含珠，其貌如生前一樣。胡人葬時口中含珠的記載，在"李勉"條亦有記載。一波斯胡人，其本王種，亡國後商販睢陽，於人體肉中藏價值百萬的寶珠，其死前將珠贈於李勉。"勉遂資其衣衾，瘞於淮上，掩坎之際，因密以珠含之而去"[35]。其後人詢及葬地，發墓取之而去。《太平廣記》同卷亦載："又《尚

〔32〕《大莊嚴論》卷三第十五品，《大正藏》，第四册，頁272～273。

〔33〕參見O. M. Dalton，*The Treasure of the Oxus*，1905，London。

〔34〕《太平廣記》卷四百零二引《獨異志》，中華書局，1960年，頁3240～3441。

〔35〕《太平廣記》卷四百零二引《集異志》，頁3240。

書故實》載兵部員外郎李約，葬一商胡，得珠以含之，與此二事略同。”〔36〕可知類似的記載表明，西域胡葬含珠是一種特有的習俗，並爲世人所熟知。大家都遵守這種習慣，即便是胡人已在生前將寶珠贈人，受贈人亦恪守其俗。當然這裏的波斯胡人，是否真正的波斯人尚有疑問，或許爲中亞粟特人。但是這種含珠習俗，當與口含金銀幣的習俗無疑具有同樣的意義。至於西域胡人口中含珠，葬十多年掘出之後仍面如生，顯然是按照中國傳統觀念進行加工過的，是否胡人具有不腐如生的思想，我們不得而知，但聯繫爲受一種宗教影響則是很有可能的。

除吐魯番阿斯塔那地區外，中國內地所發現的中亞粟特人墓葬很少，而經科學發掘的更少，但從中仍不難看出其習俗。固原南郊粟特人墓地中出土薩珊銀幣、薩珊金幣和東羅馬金幣仿製品亦表明，口中含金銀幣的習俗是這些人從中亞帶過來的習俗，並傳至其後裔。1981 年，在河南洛陽發現安菩墓〔37〕。據墓志記載，安氏係中亞安國人後裔。他手中握有一枚東羅馬佛卡斯（Focas）金幣，與前述中亞人口中、手中含握錢幣習俗完全相同。

1981 年，西安曹家堡村發現一座初唐墓葬〔38〕。從發掘者繪製的平面圖看，可能在墓主人頭部地方出土一枚圓形金飾。由於屍骨已經化爲粉灰，很可能原來是含在口中。發掘者曾將這枚圓金飾的搨片送給夏鼐。據稱，夏鼐曾復信云：“搨片正背兩面相同，僅一面凸出，一面凹入，不是貨幣，當是飾物。”金片很薄，直徑 2 厘米，重 0.97 克，上單面打押一深目高鼻、多鬚胡人頭像，邊有一周聯珠紋樣，頭冠上也飾一周聯珠紋，極有可能是某一西方貨幣的仿製品。在仿製幣中單面打押的情況常常出現。

1989 年，西安東郊發現一座唐高宗前後的墓葬〔39〕。在有可能是墓主人頭部的地方發現一枚東羅馬金幣的仿製品〔40〕，直徑 2.15 厘米，重 0.8 克，也是單面打押花紋。

1988 年，咸陽國際機場發現賀若厥墓葬〔41〕。賀若氏葬於唐武德四年（公元 621 年），其口中含有一枚東羅馬查士丁尼二世（Justinian Ⅱ，公元 565～578 年）金幣，直徑 2 厘米，重 4.1 克。非常有趣的是賀若氏是隋代大將軍獨孤羅的妻子，獨孤羅的墓葬在 20 世紀 50 年代初被發掘，墓中也出土一枚查士丁尼二世的金幣。夏鼐曾經對此進行

〔36〕《太平廣記》卷四百零二引《獨異志》，頁 3441。

〔37〕洛陽市文物工作隊《洛陽龍門安菩夫婦墓》，《中原文物》，1982 年 3 期，頁 24～26。

〔38〕張海雲、廖彩梁、張銘惠《西安市西郊曹家堡唐墓清理簡報》,《考古與文物》,1986 年 2 期,頁 22～26。

〔39〕張全民、王自力《西安東郊清理的兩座唐墓》，《考古與文物》，1992 年 5 期，頁 51～57。

〔40〕羅丰《關於西安唐墓所出東羅馬金幣仿製品的討論》，《中國錢幣》，1993 年 4 期，頁 17～19。亦刊《內蒙古金融研究·錢幣專刊》，1994 年 1 期。

〔41〕負安志《陝西長安縣南里王村與咸陽飛機場出土大量隋唐珍貴文物》，《考古與文物》，1993 年 6 期，頁 45～52。

過深入的研究[42]。以此推斷，獨孤羅的那枚金幣原來含在口中的可能性很大，可惜現在已無從得知。獨孤羅曾在隋開皇十三年（公元593年）爲“使持節，管涼、甘、瓜三州諸軍事、涼州刺史，（略）此蕃路出玉門，山連梓嶺。地多關塞，俗雜華戎”[43]。他們長期生活在涼州，肯定深受“俗雜華戎”的影響，死後行口含外國金幣的習俗，當是情理之中的事情。應當指出，内地口手中含握金銀幣（主要是指外國錢幣）的現象，絶不是孤立的幾例。隨着考古發掘工作的不斷開展，内地中亞後裔墓中將亦會有不斷的發現，其宗教原因當大於其他因素。中國内地漢唐間除了以上兩處墓地有墓志文記載屬於中亞“昭武九姓”人後裔，其口手中含握金幣的現象可與吐魯番乃至中亞墓葬中的習俗同等看待外，像小谷在所列舉的那些漢至隋唐時期死者口手中含握錢幣的情況，似乎暫不能視作是受西方因素影響的結果。因爲從其分佈範圍而言，有華東、西南、華北、中原和西北，幾乎包括大半個中國。換句話説，這樣的分佈不像小谷所説的那樣具有某種規律，所謂“半月狀”分佈當概括不了。死者的情況則更複雜一些，没有更多的材料能證明除史氏墓和安菩、獨孤羅夫婦等墓外，其他人與中亞之間的關係，哪怕是很小的一些。總之，死者口手中含握金幣，無論在中亞、新疆吐魯番或中國内地，其所得到合理的解釋應該衹有一個：他們或同爲中亞人，因此共同信仰一種宗教。另外一點也較重要，他們口手中含握的一般是一種價值昂貴的外國金銀幣，其他人則使用的是低廉的銅幣，除去社會經濟地位外，也許内含着其他因素。總之，雖然在死者口手中含握錢幣的習俗，起源於古代希臘，他們使用的奥博爾（Obol）幣制單位，中亞地區的這種習俗顯然與古希臘習俗有某種淵源關係，但就其深刻含義而言，明顯與前者不可同日而語。後者目前推測爲與中亞地區流行的某一宗教或爲拜火教信仰有點聯繫。中國吐魯番和固原、洛陽、西安等地死者含幣習慣與中亞地區是一脉相承的，表現出一種淵源關係。中亞、中國内地的發現表明，雖然古希臘習俗對其有所影響，但並不是嚴格意義上的，主要原因是傳統不同。古希臘死者口中含奥博爾，這是一種很小單位的貨幣，大約衹相當六分之一德拉克麥，主要用作輔幣。薩珊王朝就流行這種幣制，如前述卑路斯朝就有。中亞地區的發現我們不清楚，但在中國境内截至目前還没有發現一枚奥博爾。而在中亞、中國的發現中，死者一般使用較奥博爾大許多的錢幣。還有像冥國買路錢的習俗中，是否使用像中國發現的鑽過眼的金銀幣這些細節，我們就更不知道了。

波斯銀幣和東羅馬金幣是北朝、隋唐間具有國際貨幣地位的通用貨幣，即便是其仿

〔42〕夏鼐《咸陽底張灣隋墓出土的東羅馬金幣》，《考古學報》，1959年3期。後收入《考古學論文集》，科學出版社，1961年，頁153～142。

〔43〕此據《獨孤羅墓志》搨片，見夏鼐《咸陽底張灣隋墓出土的東羅馬金幣》，圖版叁拾貳。

製品依然具有同樣的地位。因爲使用貴金屬仿造錢幣，其流通價值是相當的。在中國境内發現的薩珊銀幣和東羅馬金幣及仿造品，一部分是由商賈們作爲購貨的貨幣帶入，另一部分則是由一些私人如使節等作爲紀念品帶入，並且都在中國部分地區流通。《隋書·食貨志》稱，北周時“河西諸郡或用西域金銀之錢，而官不禁”〔44〕。桑原騭藏針對這種情况指出，東至中國，西到羅馬，所有國家貿易，多使用羅馬貨幣。因此，認爲河西地區所流通的金銀錢爲羅馬貨幣，較爲妥當〔45〕。夏鼐補充指出，其中的銀錢應當是指波斯銀幣〔46〕。唐代初年，高僧玄奘赴西域取經，途經河西地區，也注意到了當地使用金、銀錢的情况：

> 凉州爲河西都會，襟帶西蕃。葱右諸國，（略）皆施珍寶，（略）散會之日，珍施豐厚，金錢、銀錢，口馬無數，法師受一半燃燈，餘外並施諸寺〔47〕。

實際上，這些所謂“西域金銀之錢”中的相當一部分是中亞仿製品。在目前發現的二十幾枚東羅馬金幣中，仿製品大約佔三分之一。總之，出土於中國的金銀幣都是國際貿易的産物。换言之，也就是説這些金銀幣，大多是商賈們從西域帶來的。這些商賈中有我們一再提及的中亞粟特人。從整個薩珊銀幣和拜占庭金幣及仿製品的流向來看，較早的遺物一般出現在新疆吐魯番盆地的緑洲上，所埋藏的墓葬是一般的中小型墓。而隨着時間的推移，出現金銀幣的墓葬大多是内地的大中型墓葬。這種流向所顯示出的規律可能是，在靠近西域的地區，所能接觸到這些東西的人中有下層人員，可能從中亞商人手中直接得到。在中國腹地能够得到這類錢幣人員的成分則發生了變化，一般是中上層官員纔有可能從商人手中换取，或接受饋贈。愈往後發現的錢幣愈多，這種情况一直持續到公元7世紀末，與當時東西方整個國際貿易形勢是基本相吻合的。

（六）北朝至隋唐間途經原州的“絲綢之路”

無論其真正來源如何，這些薩珊銀幣、東羅馬金幣及仿製品的發現地點，大都應被

〔44〕《隋書》卷二十四〈食貨志〉，頁691。

〔45〕桑原騭藏《隋唐時代に支那に來往した西域人に就て》，《桑原騭藏全集》第二卷，岩波書店，1968年，頁311。

〔46〕夏鼐《咸陽底張灣隋墓出土的東羅馬金幣》，頁138～139。

〔47〕慧立、彦悰《大慈恩寺三藏法師傳》，孫毓棠等標點本，中華書局，1983年，頁11～12。此條材料最先由池田温在《8世紀中葉における敦煌のソグド人聚落》一文注中指出（《ユーラシア文化研究》，1期，1965年，頁81，注6），最近衛月望也注意到這條材料（參見《凉州金銀錢和沙州玉錢》，《全國第二次絲綢之路貨幣研討會文集》，1991年）。

視爲與國際貿易通道“絲綢之路”有着密切的關係。儘管我們在“絲綢之路”研究方面取得了相當大的進展，但實際上由於這條道路的構成情況十分複雜，由許多條幹線和很多條支幹線組成，尤其是中國境内的許多條支幹線，因不同時代所能提供材料所限制，研究工作能達到的深度實際上十分有限。我們以下所討論的“絲綢之路”與固原的關係就屬於這種情況。

首先應當談及的是北朝時期高平（今寧夏固原）至平城（今山西大同）一線的交通情況。北朝初期中國北方的政治中心是平城，平城與“絲綢之路”的關係變得至關重要，過去的一般論著大多未涉及，有所涉及的有兩條路線。夏鼐的一篇文章中有一幅《中國出土的波斯薩珊朝銀幣地點分佈圖（附交通路線）》，在這幅圖中的交通路線上的太原是從西安到達，而平城則是由西安轉道洛陽再抵河北定縣，最後到達大同。這樣的標法顯然夏鼐以爲“絲綢之路”通往雁北高原的道路是經中原轉道，甚至是由洛陽繞河北而抵達大同的。所以，夏鼐説：“在中國境内這些薩珊銀幣大部分出土於‘絲綢之綢之路’沿線，其東端終點應該是河南洛陽”[48]。既然是大部分出土於“絲綢之路”沿線，那麽對於出土地點較遠的銀幣，當然應是例外於“絲綢之路”了。由於當時材料的局限，夏鼐實際上没有注意到河西走廊通往晉北高原的一條直達路線的存在。另外一種觀點倒是注意到這條道路的存在。一位學者在研究外國金銀幣在中國的傳播路線時，也繪有一幅交通路線地圖[49]。這幅地圖所標出的是兩條由大同通往西域的交通路線，依照第一條路線實際上主要在漠北今蒙古國境内通行的，要在途中經過許多沙漠、戈壁，不容易行通，人們在這方面的研究取得的成果甚少；第二條路線是沿着河套平原進入河西走廊，其主要障礙應是穿越以騰格里沙漠爲代表的沙漠、戈壁，有關這一問題的討論也没有獲得實質性的進展。那麽真正可行的平城通往西域的第三條道路在哪裏呢？

我們非常想設法重現北朝至隋唐時這一線的“絲綢之路”交通情況。首先我們需要知道有關中亞、西亞文物在這一線的分佈情況。當然個别孤立的這類文物發現，本身並不能使我們得出任何可靠的結論，錢幣的出現尤其是這樣。但是如果這類發現的地點在分佈空間上形成某種固定的格局，情況就大不相同了，有理由使人們相信，這些外來遺物與活躍於“絲綢之路”上的中外商團有着密切的關係。我們在研究這些遺物在中國的傳播路線時，已經注意到了以下一些事實。1959 年以來，考古工作者先後在山西大同近郊，内蒙古土默特左旗、武川縣頭號村、呼和浩特市壩口村，寧夏固原近郊的一些地方，發掘出土了許多與中亞、西亞有關的遺物，主要有東羅馬列奥一世金幣，薩珊朝卡

〔48〕夏鼐《綜述中國出土的波斯薩珊朝銀幣》，《考古學報》，1974 年 1 期，頁 93。

〔49〕G. Koenig, *Geld aus China*, p.98.

瓦德一世，庫思老一世銀幣，嚈噠或波斯風格的銀杯、舟形杯、銀碗、鑲寶石金戒指、鎏金銀盤、鎏金銀瓶、玻璃碗等數量衆多的外國製品〔50〕。如果將以上地點有機地聯繫起來，人們就不會無視山西大同至寧夏固原道路的存在了，會看到一條從山西大同出發，沿着内蒙古鄂爾多斯臺地邊緣，最後抵達寧夏固原的道路，其兩端爲各自的中心。雖然將以上發現地點完全連接起來，尚有許多缺環，但如果結合文獻記載，就可以肯定這條道路是非常清晰的。前田正名首先從文獻上注意到了這條道路的存在〔51〕。

公元4世紀末、5世紀初，久居陰山脚下的鮮卑拓跋部，開始了它的擴張活動。首先登國六年（公元391年）魏太祖率軍在五原的金津渡河，攻佔了匈奴劉衛辰所居的悦跋城，並且大獲全勝。悦跋城（即代來城）位於内蒙古伊金霍洛旗境内。劉衛辰爲部下所殺以後，其子赫連勃勃便投奔了遠在高平川（今寧夏固原清水河）一帶的岳父没奕于。拓跋珪很快注意到了盤踞在高平川的没奕于、赫連勃勃。天興五年（公元402年）便命常山王元遵等人領兵五萬餘人〔52〕，攻佔了這一地區，没奕于、赫連勃勃等人率千餘人亡命秦州（今甘肅天水）。有關赫連勃勃從鄂爾多斯逃往高平的路線，史籍缺乏詳細的記載，但是這條道路的存在卻是毋庸置疑的。後來，魏軍可能也是沿着這條路追到高平川，顯示出魏軍對於交通要道不同凡響的重視。雖然這一佔領是十分短暫的，魏軍要想沿着這條“絲綢之路”全面推進，那是十分困難的。由於各種勢力交錯盤踞，以後的幾十年魏軍始終未能有效地控制這條通路。其間赫連勃勃的勢力則不斷壯大，並建立了著名的大夏國。公元425年，赫連勃勃去世。不久，拓跋燾便親率大軍攻陷著名的統萬城，據記載，統萬城陷落以後，魏獲府庫珍寶、器物不可數計〔53〕。十六國時期，由於河隴地區所受到的戰爭影響不大，又居地利之便，獲得了大量的西域奇珍異寶。赫連勃勃長期盤踞高平一線，統萬城中的許多奇珍，當然也是這一時期搜刮而來。統萬城淪陷以後，其殘部在赫連勃勃之弟赫連昌、赫連定的統率下又回到高平一線，魏軍追踪而來。始光四年（公元427年）九月，安定（今甘肅涇川）軍民舉城投降。赫連昌被俘後，餘部又推赫連定爲王退守平凉（今寧夏彭陽縣境内）。神䴥四年（公元431年）十二月，魏世祖率大軍親征平凉，守將社于等見大勢已去，舉城降魏，赫連定單騎逃往上邽（今甘肅天水）。至此，高平一帶完全被控制。太延二年（公元436年），在固原又置

〔50〕參見羅丰《固原北魏漆棺画に見えるペルシャの風格》，《古代文化》，44卷8號，1992年，頁40～52，中文本載《寧夏文物》，1994年總7期。

〔51〕參見前田正名《北魏平城時代的鄂爾多斯沙漠南緣路》，《東洋史研究》，31卷第2號，胡戟譯文載《西北歷史資料》，1980年3期、1981年1期。

〔52〕《魏書》卷二〈太祖紀〉，頁39。

〔53〕《魏書》卷四〈太祖紀〉，頁72。

高平鎮[54]，加强對該地區的保護。這樣可以看出，從固原出發，經過隴東轉道陝北，沿無定河再經鄂爾多斯臺地至平城有一條暢通無阻的大道。與高平鎮同時設置的武川等著名北方六軍鎮，阻止了柔然等少數民族南侵，完全保證了這條路線的安全。然後，其再向高平以西發展，窺視河西走廊，先與沮渠北凉政權通好，後又伺機吞併北凉，攻佔姑臧城（今甘肅武威），得西域珍寶無數。通過這樣的經營，北魏與西域的聯繫也建立起來，首先是派使前往西域諸國，終於在太延二年獲得成功。董琬、高明等六批使節，携大量財物到達西域十幾個國家。《魏書·西域傳》記載：

太延中，魏德益以遠聞，西域龜兹、疏勒、烏孫、悦般、渴槃陀、鄯善、焉耆、車師、粟特諸國王遣使來獻。[55]

其盛况空前。北魏遷都洛陽以前和西域的貿易、互使基本上就是仰仗着這條道路進行的，其中當然也包括同波斯薩珊王朝的聯繫。以《魏書》本紀統計，北魏遷都洛陽以前波斯遣使與魏者共有五次：

魏文成帝太安元年（公元455年）；

魏文成帝和平二年（公元461年）；

魏獻文帝天安元年（公元466年）；

魏獻文帝皇興二年（公元468年）；

魏孝文帝承明元年（公元476年）[56]。

當然正史記録的僅僅是正式使節，民間的各種交往就更多了。值得注意的是，這五次朝貢有四次是在薩珊卑路斯在位期間完成的，這也就不難理解爲甚麽卑路斯銀幣在鑄成後短短的十幾年中迅速地傳入固原，即當時的高平鎮。

敦煌莫高窟中出土一件北魏刺繡，發願文紀年爲太和十一年（公元487年），其中的供養人服飾形象在同期壁畫中找不到相同的例子，但與大同雲岡石窟太和時期及其以前的供養人服飾相同。與兩者完全相同的還有處於敦煌、大同之間的固原北魏漆畫中的孝子故事連環畫中的人物形象。他們均穿夾領小袖的鮮卑人裝束。刺繡的研究者説，這件刺繡應該是從平城一帶被人帶到敦煌來的[57]，從而也就揭示出敦煌、高平、平城之間這類藝術品的内在傳播渠道（圖八·13）。

北魏遷都洛陽以後，高平仍然是西域通往洛陽的一個交通要塞，甚至在大動亂的年

〔54〕《魏書》卷一百零六〈地形志〉，頁2622。

〔55〕《魏書》卷一百零二〈西域傳〉，頁2259～2260。

〔56〕根據《魏書》卷五〈高祖紀〉，頁115、120，卷六〈顯祖記〉，頁126、128，卷七上，頁142等合計。

〔57〕敦煌文物研究所《新發現的北魏刺繡》，《文物》，1972年2期，頁54～60。

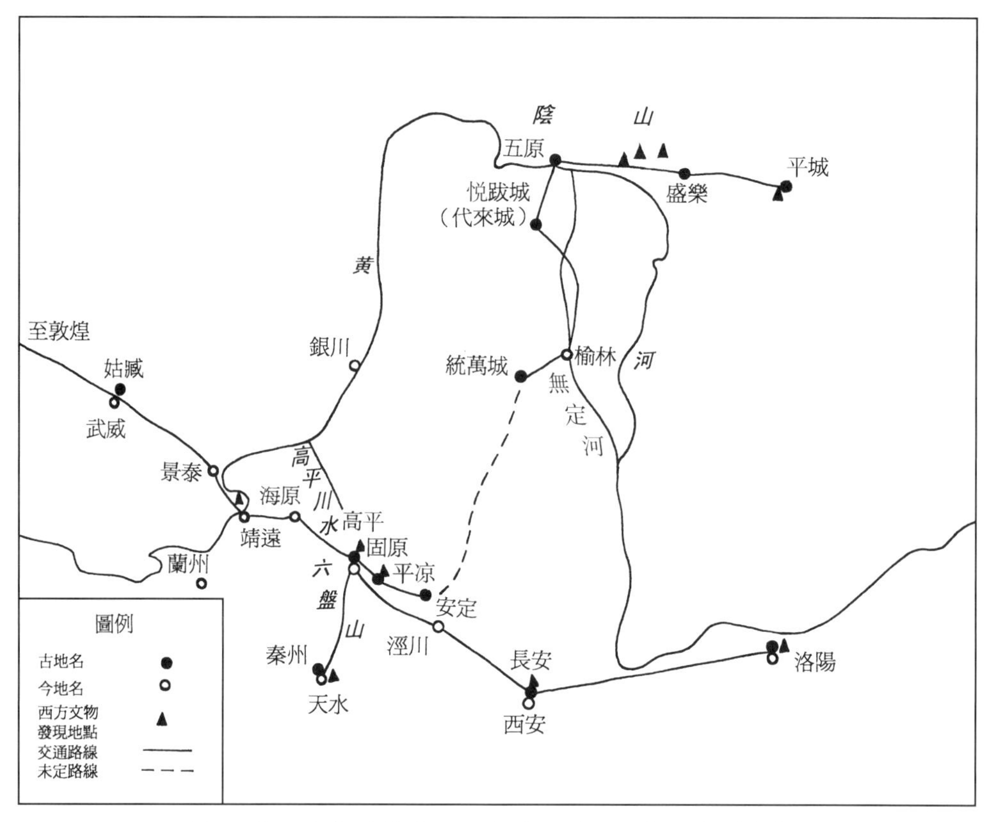

圖八·13　北朝時期平城、高平、姑臧一線交通示意圖

代，這種聯繫仍未停止。正光末年，高平地區發生了大規模的農民起義。這時嚈噠國向北魏貢獻一頭獅子，路經高平時，爲起義軍首領万俟醜奴所扣押，並改年號爲“神獸”。後來起義被北魏大軍鎮壓，這頭獅子纔被送到洛陽，並在宫廷之中引起一系列十分有趣的故事〔58〕。以此看來，北朝時期，來往中原地區的西域使節基本上是通過固原這一商道要塞到達洛陽，即使在動蕩不安的年代也不例外，顯示出其地不同凡響的重要性。

隋唐間首都轉移長安，當時的原州（今寧夏固原）更是長安通往西域的重要門户。《元和郡縣圖志》“凉州”條記：

東北至上都，取秦州路二千里，取皋蘭路一千六十里。〔59〕

其中所謂的皋蘭路，是從烏蘭縣烏蘭關渡黄河，至會州（今甘肅靖遠）的會寧關，經今寧夏海原，再到原州，經涇州（今甘肅涇川）、豳州（今陝西彬縣）至長安。道路上置

〔58〕《魏書》卷一百零二〈西域傳〉，2279 頁。

〔59〕《元和郡縣圖志》卷四十〈隴右道〉，頁 1019。

有許多驛站，在吐蕃佔領河隴地區之前，西域通往長安的道路大都取道原州，秦州路使用較少，大約是由於路途遥遠之故。《元和郡縣圖志》中稱，取道原州的皋蘭路爲“一千六十里”，實際上根據《元和郡縣圖志》、新舊《唐書·地理志》提供給我們的各州之間里距推算，這一數字大約爲一千六百里之誤[60]。

總之，公元5～8世紀，隨着中國與西域文化交流的不斷加强，固原在這條國際商道“絲綢之路”上的地位日趨重要，西亞、中亞的各種奢侈品也源源不斷地運來，衆多的遺物、遺蹟也留在固原這個“絲綢之路”要塞上。公元8世紀以後，中國與西方尤其是拜占庭帝國的聯繫，由於阿拉伯地區的關係，幾乎完全中斷。由於宗教信仰的緣故，東西方商人没有可能順利通過該地區，所以中國境内發現的東羅馬金幣也就逐漸稀少。

〔60〕參見嚴耕望《唐代長安西通凉州兩道驛程考》，香港中文大學《中國文化研究所學報》，4卷1期，1971年9月，後收入氏著《唐代交通圖考》第二卷《河隴磧西區》十一篇，中研院歷史語言研究所專刊八十三，1985年，頁344～354。

九　唐墓中出土的初唐“開元通寶”錢

固原南郊唐墓群中有六座墓葬出土有唐“開元通寶”錢，其中五座爲紀年墓（圖九・1～3）。

麟德元年（公元 664 年），史索巖墓出土一枚，史氏葬於顯慶三年（公元 658 年 ），其妻安娘祔葬於麟德元年。

顯慶三年（公元 658 年）史道洛墓出土十五枚。

圖九・1　唐史訶耽墓出土“開元通寶”錢

咸亨元年（公元 670 年）史訶耽墓出土兩枚，殘片十餘枚。

咸亨元年（公元 670 年）史鐵棒墓出土一枚，殘片三枚。

聖曆二年（公元 699 年）梁元珍墓出土一百零四枚。

82M2 初唐墓中出土五枚。

這批“開元通寶”錢形制較爲劃一，具有明確的出土地點和埋藏時間，間隔較短，前後祇有三十五年時間，出土數量較大，尤其是梁元珍墓出土“開元通寶”百枚以上，這在初唐有紀年墓葬中極爲罕見，是初唐“開元通寶”錢最重要的一批發現，因而具有十分特殊的意義。

“開元通寶”的頒行一向被看作是中國貨幣史上一次重大的幣制改革，改制的原因是隋末大混亂引起的。杜佑《通典》“錢幣”條載：“隋文帝開皇元年，以天下錢貨輕重不一，乃更鑄新錢，背面肉好，皆有周郭，文曰：‘五銖’，而重如其文。每錢一千，重四斤二兩”。“大業以後，王綱弛紊，巨奸大猾，遂多私鑄，錢轉薄惡，初每千猶重二斤。後漸輕至一斤。或剪鐵葉、裁皮糊紙以爲錢，相雜用之。貨賤物貴，以至於亡。”〔1〕朝政失控，波及錢貨，混亂異常，至無以復加的地步。李唐初起沿用隋錢，馬端臨《文

〔1〕杜佑《通典》卷九“錢幣”條，頁 198～199。

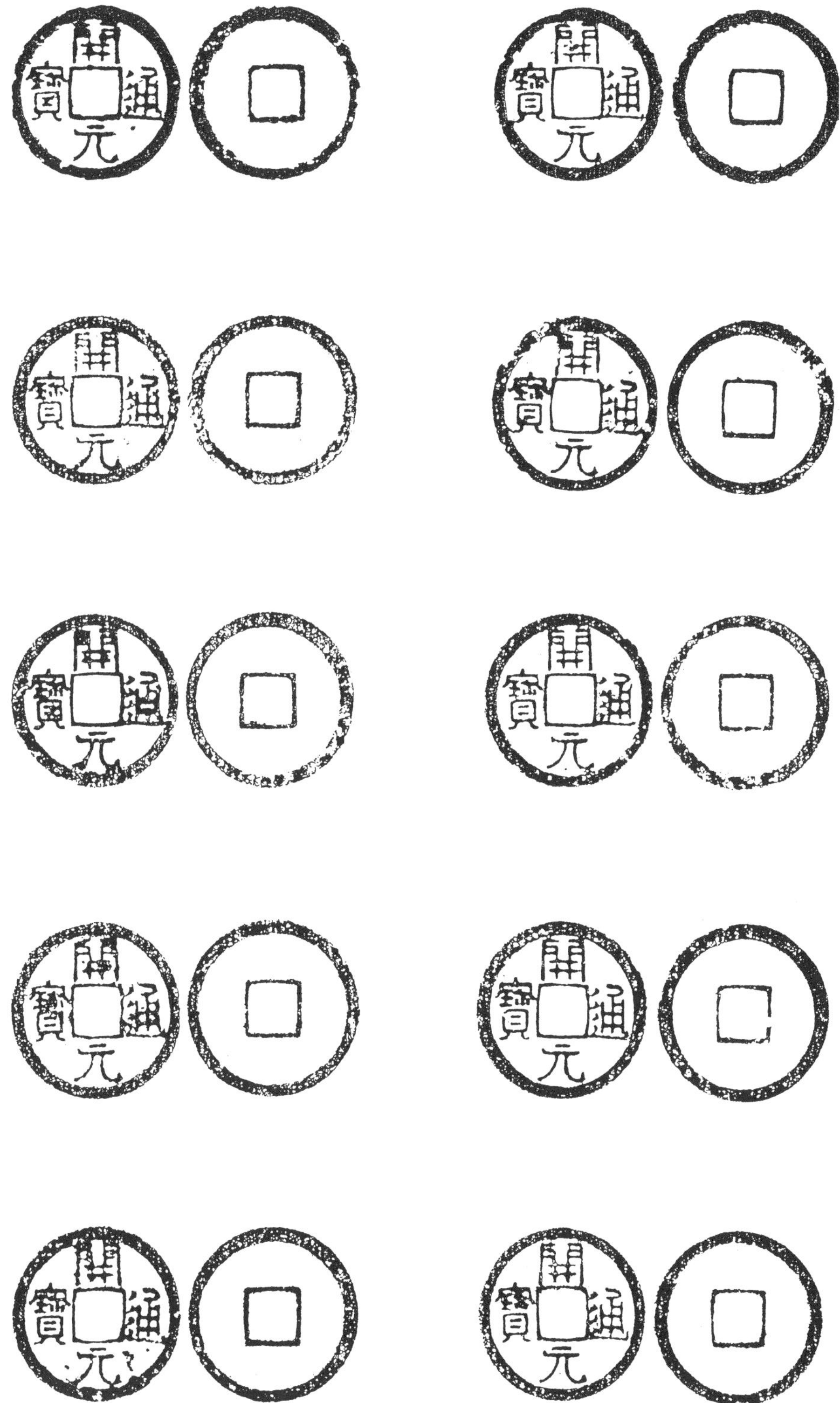
開
通
元
寶

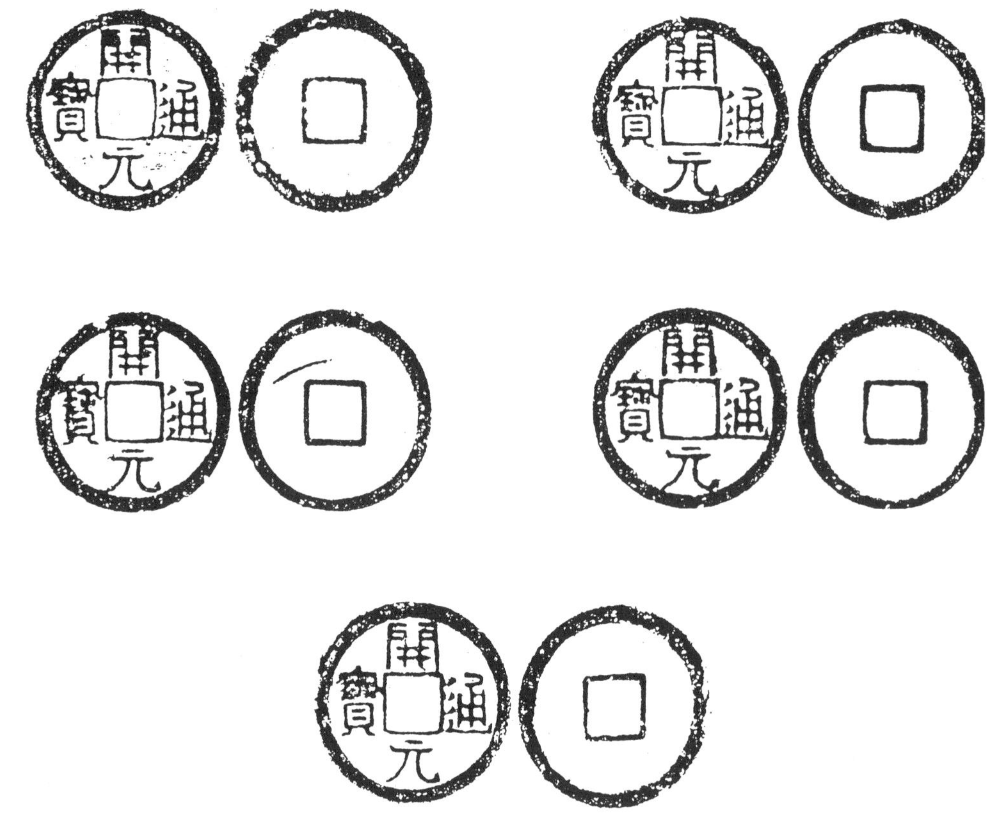

圖九·2 唐史道洛墓出土“開元通寶”錢（搨本）
（採自《唐史道洛墓》，東京勉誠出版，2000年，頁210）

獻通考》“錢幣考”云：“高祖初入關，民間生綫環錢，其制輕小，凡八九萬纔滿半斛，乃鑄開元通寶。”〔2〕《舊唐書·食貨志》亦云：“高祖即位，仍用隋之五銖錢。武德四年七月，廢五銖錢，行開元通寶錢，徑八分，重二銖四絫，積十文重一兩，一千文重六斤四兩。”〔3〕錢幣的重量被看作是幣制改革的頭等大事。隋代《夏侯陽算經》卷上“辨度量衡”條記載：“金曹云：稱之所起，起於黍，十二黍爲一絫，十絫爲一銖，廿四銖爲一兩，十六兩爲一斤。”〔4〕《舊唐書·職官志》“户部金部郎中”條亦云：“凡權衡，以秬黍中者百黍之重爲銖，二十四銖爲兩，三兩爲大兩，十六兩爲斤。”〔5〕唐代所使用銖、兩、斤、石等計量單位與前代無異，開元通寶的鑄行即在斤、兩之後加一錢作爲計

〔2〕《文獻通考》卷八〈錢幣考〉，中華書局影印本，1986年，頁90。

〔3〕《舊唐書》卷四十八〈食貨志〉，頁2094。

〔4〕《夏侯陽算經》卷上，聚珍版叢書本。

〔5〕《舊唐書》卷四十三〈職官志〉“户部金部郎中”條，頁1827。

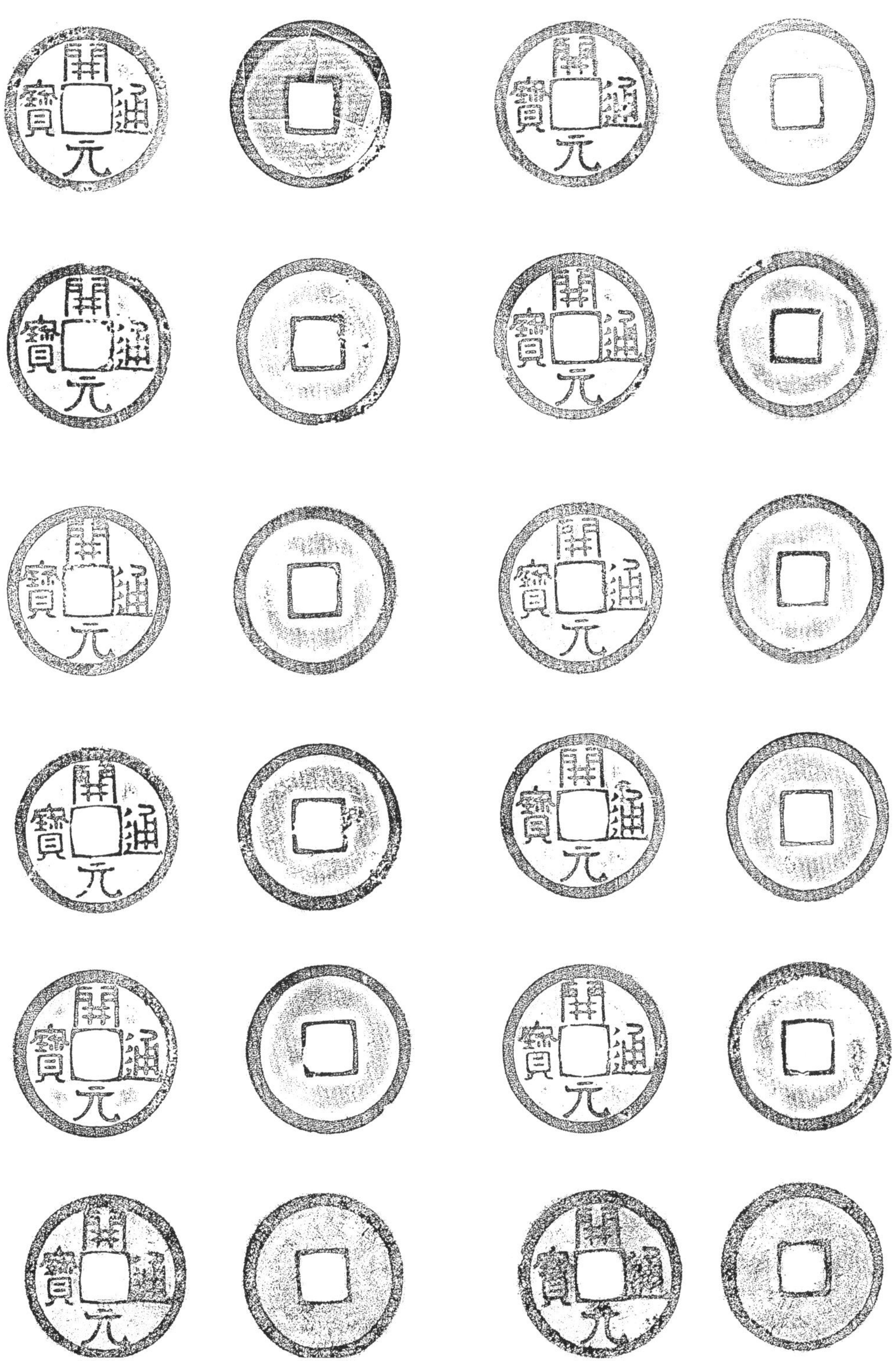

圖九·3　唐梁元珍墓出土“開元通寶”錢（搨本）

重量單位，一些唐代銀器的自銘中出現“五十二兩四錢”“拾兩捌錢”“九兩五錢”“十四兩三錢”“九兩三錢”等記載〔6〕。每枚“開元通寶”重二銖四，十枚重二十四銖爲一兩，百枚“開元通寶”便重一斤（見表九·1）。史道洛墓“開元通寶”大體相當（見表九·2）。

表九·1　固原南郊唐墓出土“開元通寶”錢一覽表

編　號	名　稱	直徑(厘米)	穿徑(厘米)	厚度(厘米)	重量(克)	備　注
1	史索巖墓	2.4	0.65		4.1	
2	史訶耽墓	2.4	0.7		4.5	
7	同　上	2.4	0.7		3.7	
8	同　上	2.4	0.7		4.8	表面有鏽
9	史鐵棒墓	2.45	0.7		4.2	
10	梁元珍墓	2.4	0.7		4.2	
11	同　上	2.45	0.7		4.6	
12	同　上	2.45	0.65		4.1	
25	同　上	2.45	0.65		4.0	
26	同　上	2.5	0.7		4.7	
30	同　上	2.5	0.75	0.15	4.3	
31	同　上	2.5	0.7	0.15	4.6	
32	同　上	2.5	0.7	0.15	4.3	
33	同　上	2.4	0.7	0.15	4.15	
34	同　上	2.5	0.7	0.15	4.2	
35	同　上	2.5	0.7	0.15	4.35	
36	同　上	2.5	0.7	0.15	4.1	
37	同　上	2.5	0.7	0.15	4.2	
38	同　上	2.5	0.7	0.15	4.55	
39	同　上	2.5	0.7	0.15	4.25	

過去一些學者在推算唐代一兩的重量時，除去根據一些金屬器自銘折合外，便挑選製作精良的“開元通寶”錢十枚，測出重量約爲42.5克〔7〕。但由於條件所限，所選用

〔6〕朱捷元《唐代金銀器、銀鋌與衡量制度的關係問題》，《文博》，1986年2期；韓偉《法門寺地宫唐代隨真身衣物賬考》，《文物》，1991年5期，頁27～37。

〔7〕胡戟《唐代度量衡與畝里制度》，《西北大學學報》，1980年4期，頁34～40。王國維曾亦以“開元通寶”錢實測唐尺之長度，“今纍開元通寶錢十二有半，即唐之一尺。此較六尺（正倉院所藏唐尺）中最長者，僅長二分許。而寸寸而纍之，又不能無稍贏餘，其相去實屬無幾”。《日本奈良正倉院藏六唐尺摹本跋》，《觀堂集林》卷十九，中華書局影印本，1985年，頁2。

表九·2　　**唐史道洛墓出土“開元通寶”錢一覽表**　　單位：毫米/克

序號	出土位置	原編號	直　徑		厚　度				廓　寬		孔　徑		背面特徵	重量	金屬顏色	備考
			上	下	上	下	右	左	上	下	上	下				
1	墓室	502	2.51	2.53	0.18	0.17	0.16	0.18	0.21	0.22	0.65	0.64	光背	4.15	青灰	元字起翹上
2	墓室	508	2.50	2.51	0.20	0.18	0.17	0.17	0.22	0.22	0.65	0.66	光背	4.05	青灰	
3	墓室	508	2.49	2.50	0.15	0.16	0.16	0.16	0.20	0.20	0.69	0.69	光背	4.00	青灰	
4	墓室	508	2.45	2.49	0.18	0.20	0.19	0.17	0.20	0.20	0.63	0.65	光背	4.40	青灰	
5	墓室	687	2.51	2.49	0.20	0.16	0.16	0.15	0.20	0.18	0.65	0.67	光背	4.10	青灰	
6	墓室	687	2.52	2.50	0.17	0.16	0.16	0.17	0.20	0.23	0.61	0.63	月痕 0.82長	4.0	青灰	
7	墓室	687	2.51	2.48	0.17	0.15	0.19	0.19	0.19	0.22	0.61	0.65	光背	4.10	青灰	開字門連在起
8	墓室	687	2.50	2.50	0.16	0.18	0.18	0.17	0.20	0.23	0.61	0.64	光背	4.10	青泛黄	
9	墓室	687	2.49	2.53	0.15	0.15	0.16	0.18	0.21	0.20	0.65	0.66	光背	3.50	青灰	郭稍淺
10	墓室	705	2.50	2.50	0.18	0.16	0.16	0.17	0.24	0.20	0.63	0.64	光背	3.60	青灰	
11	墓室	676	2.53	2.54	0.16	0.16	0.16	0.16	0.23	0.22	0.65	0.67	光背	4.15	青灰	
12	墓室	676	2.50	2.50	0.19	0.19	0.17	0.17	0.22	0.20	0.57	0.61	光背	4.10	青灰	
13	墓室	676	2.50	2.50	0.18	0.18	0.19	0.18	0.22	0.23	0.65	0.65	光背	4.35	青泛黄	
14	墓室	577	2.53	2.53	0.16	0.16	0.15	0.17	0.25	0.21	0.65	0.65	光背	3.60	青泛黄	
15	墓室	577	2.45	2.47	0.16	0.16	0.17	0.17	0.20	0.21	0.65	0.66	光背	3.70	青泛黄	

的“開元通寶”不是紀年墓葬的出土品。而我們所測“開元通寶”錢除去有明確紀年以外，另外一個特點就是所測品的選擇完全是隨機狀態，並没有特選質地精良者，因而有更大的準確性。前十枚的總重量爲 42.9 克，後十枚的總重量爲 43.2 克，平均重量爲 43.05 克，基本上略大於以前的各種測定。據胡戟推算：“唐黍一石合今 84 斤，唐一大斤爲 1.344 市斤或 672 克。”〔8〕一千枚“開元通寶”重六斤四兩，基本上折合今 4200

〔8〕胡戟《唐代度量衡與畝里制度》，頁 34～40。

克。

“開元通寶”每枚錢直徑爲八分。《舊唐書·職官志》“户部金部郎中”條載：“凡度，以北方秬黍中者，一黍之廣爲分，十分爲寸，十寸爲尺，一尺二寸爲大尺，十尺爲丈。”〔9〕唐墓中出土唐尺基本上每尺在29～31厘米之間〔10〕，固原唐墓出土的“開元通寶”直徑在2.4～2.5厘米之間，折合爲八分亦與唐尺相吻合。由此可知，初唐時“開元通寶”的重量、尺寸嚴格按照規定鑄造。

以“錢”代“銖”是在衡量進程中的一個重要進步，顧炎武《日知録》“以錢代銖”條論證了這一過程〔11〕。不過，稱“錢”“兩”制起於宋朝，現在看來也有不妥之處。

最近，有的學者在談及波斯薩珊和阿拉伯帝國錢幣對中國錢幣文化的影響時，提出一個非常有趣的問題。北齊、北周的五銖、布泉均有4.2克、4.3克，新疆高昌出土的薩珊銀幣八枚均爲4.2克，二者關係密切；其次是唐開元錢與阿拉伯金幣重量相比，一枚標準的“開元通寶”重4.25克，一枚阿拉伯金幣法定重量也是4.25克。一系列如此驚人的一致並非巧合，北朝、唐錢幣重量均是受波斯、拜占庭、阿拉伯等國影響的結果〔12〕。問題雖然是有趣，其中的關鍵卻是由於某些誤會造成的。首先，薩珊銀幣中標準的“德拉克瑪”（drachma）重量爲4克左右。早期在沙普爾二世（Shapur II，公元310～379年）、阿爾達希爾二世（Ardaser II，379～383年）時，德拉克瑪的重量在4.2～4.3克左右。隨着時間的推移，4克以上的德拉克瑪逐漸減少。公元6～7世紀，該單位的銀幣多在3.9～4克之間，並且以3.9克的最爲常見。經過諸多薩珊銀幣專家實測，多維繫在這一範圍之内〔13〕，這是西方貨幣的傳統，高昌出土的恰爲早期銀幣重量稍重一點。我國的方孔圓錢，從漢代開始重量雖號“五銖”，但並不穩定。漢武帝五銖有4克多重，到了北朝晚期的4.2～4.3克是自然選擇的結果。唐開元通寶鑄行之始，準確地説是穆罕默德在世年代，阿拉伯帝國尚未崛起，而法定的金幣第納爾則打造於公元695年，當然説不上在七十多年以前曾影響過“開元通寶”錢重量的確定。貴金屬與

〔9〕《舊唐書》卷四十三〈職官志〉“户部金部郎中”條，頁1827。

〔10〕參見國家計量局等主編《中國古代度量衡圖集》，該書中所收録的八枚有明確出土地點唐尺均在此範圍之内（文物出版社，1984年，頁20～28）。

〔11〕黄汝成《日知録集釋》卷十一，秦克誠點校本，岳麓書社，1994年，頁386～389。

〔12〕宋峴、周素珍《阿拉伯文古錢及其在中國的流傳》，《西域研究》，1993年3期。過去也有人提及“開元通寶”錢上星、月之類圖案，可能是受波斯薩珊錢幣的影響。參見彭信威《中國貨幣史》，群聯出版社，1954年，頁180～181。

〔13〕關於薩珊銀幣的重量，根據莫德姆（Mordtmann）依照阿爾達希爾一世（Ardashir Ⅰ，公元211～214年）到耶斯提德澤三世（Yezdigird Ⅲ，公元632～651年）兩千餘枚德拉克瑪的統計，平均重量爲3.906克（參見J. Walker, *A Catalogue of the Arab～Sassanian Coins*, 1941, London, pp.cxlvi－cxlvii）。

一般金屬之間衡量關係的類比，本身在方法上存在重大的缺陷，唐“開元通寶”的頒行，使衡量單位“錢”獨立起源於中國的觀點，應獲肯定。

《舊唐書·食貨志》云：“初，開元錢之文，給事中歐陽詢製詞及書，時稱其工。其字含八分及隸體，其詞先上後下，次左後右讀之。自上及左回環讀之，其義亦通，流俗謂之開通元寶錢。”〔14〕大書法家歐陽詢製詞並書寫的“開元通寶”四字，雖流行於整個唐代，但早晚有別，字體風格成爲泉界判定其先後早晚的唯一依據。徐殿魁最近對於開元通寶的系統整理研究〔15〕，使人們對一些傳統問題有了新的認識。據徐殿魁統計，以景龍二年（公元 708 年）爲界，約有十二批，實際上仍稍有疏漏（見表九·3）。

表九·3　　初唐紀年墓中出土“開元通寶”錢一覽表

地　點	墓主人	年　　代	數量（枚）	資 料 來 源
湖北安陸	吴王妃楊氏	貞觀十一年（公元 637 年）	6	《文物》1985 年 2 期
陝西長安	韋　幾	貞觀二十一年（公元 647 年）	1	《陝西金融》增刊 9
陝西昭陵	長樂公主	貞觀十七年（公元 643 年）	5	《文博》1988 年 3 期
四川萬縣	冉仁才	永徽五年（公元 654 年）	1	《考古學報》1980 年 4 期
陝西禮泉	鄭仁泰	麟德元年（公元 664 年）	3	《文物》1972 年 7 期
湖北鄖縣	李　徽	嗣聖元年（公元 684 年）	4	《文物》1987 年 8 期
河南偃師	李守一	長壽三年（公元 694 年）	10	《考古》1986 年 5 期、《考古》1991 年 6 期
西安郊區	郭　暠	證聖元年（公元 695 年）	3	《西安郊區隋唐墓》，1966 年
河南偃師	張思忠	長安三年（公元 703 年）	25	《考古》1986 年 11 期、《中國錢幣》1992 年 3 期
陝西乾縣	永泰公主	神龍二年（公元 706 年）	92	《文物》1964 年 1 期、1965 年 1 期
河南偃師	宋　禎	神龍二年（公元 706 年）	10	《考古》1986 年 5 期
河南偃師	宋　祐	神龍二年（公元 706 年）	9	《考古》1986 年 5 期
西安郊區	郭　恒	景龍二年（公元 708 年）	7	《西安郊區隋唐墓》，1966 年

歐陽詢所書錢文《舊唐書·食貨志》云：“其字含八分及隸體。”《唐會要》“泉貨”條則稱：“其字含八分及篆隸三體。”〔16〕張懷瓘《書斷》中載：“歐陽詢字信本，博覽今古，官至銀青光禄大夫率更令。書則八體盡能，筆力勁險。”〔17〕八體，《書斷》亦云：“篆、籀、八分、隸書、章草、草書、飛白、行書，通謂八體。”〔18〕在上述初唐墓葬中，

〔14〕《舊唐書》卷四十八〈食貨志〉，頁 2095。

〔15〕徐殿魁《試論唐開元通寶的分期》，《考古》，1991 年 6 期，頁 555～560；《唐代開元通寶的主要品類和分期》，《中國錢幣》，1992 年 3 期，頁 6。

〔16〕《唐會要》卷八十九“泉貨”條，中華書局，1990 年，頁 1622。

〔17〕《太平廣記》卷二百零八引《書斷》，中華書局，1960 年，下同，頁 1592。

〔18〕《太平廣記》卷二百零九引《書斷》，頁 1602。

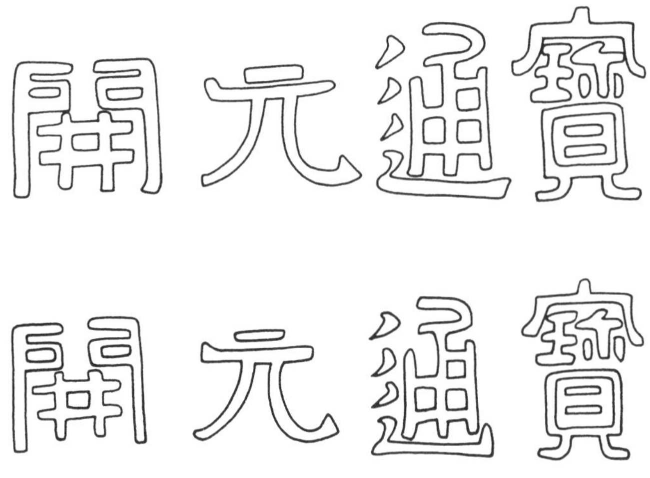

圖九·4　“開元通寶”四字放大示意圖

均未發現隸篆二書體“開元通寶”，那麽祇有所謂的“八分體”。關於“八分”書體，歷代書家均持有不同見解。《書斷》寫道：“八分者，秦時人上谷王次仲所作。以古字形少波勢，乃作八分楷書。字方八分，言有楷模。其後師宜官、梁鵠、蔡邕善之。王次仲即八分之祖也。”〔19〕早期規整的隸書亦可稱八分，後來實際上專指楷書。歐字的楷書結構嚴謹工整，平中有險，字形稍長，多向右取勢，用筆刻厲，法度森嚴。他綜合漢隸魏碑，博採衆家之長，在書界獨秀一枝。歐陽詢終於貞觀十五年（公元 641 年），年八十五歲。以此前推，武德四年（公元 621 年）書寫“開元通寶”時已經六十五歲，進入老年階段。傳世的典型歐書作品，多在此後。《化度寺塔銘》作於七十五歲，《九成宫醴泉銘》作於七十六歲，八十一歲時還有《温彦博碑》問世。現存的歐書中缺少與“開元通寶”四字相同或近似的碑刻。

“開元通寶”上的四字（圖九・4），有的十分傳神，深得原書之神韻，有的則由於多次翻刻的關係，筆觸之處多有走樣，即便是在初唐墓葬中的錢也在所難免。經過仔細比較，我們發現固原南郊唐墓出土的這批“開元通寶”，很得原書之精髓，是武德開元錢中的上品。首先來看字體特徵，“開元”兩字扁平，“通寶”二字縱長，以適合方孔圓錢在字體要求上的局限。“開”字上下方整，上稍小，横畫略弧，緊貼錢郭。下豎畫稍外撇，右側稍甚，較穿徑小一點，中間“开”字穩健。“元”字上横細纖，下筆略上，次畫除去左挑之外，右末筆也略頓。值得注意的是有的上畫重心偏向右邊，幾乎祇比次畫右側稍短一點。第三畫撇下端呈尖狀，四筆彎鈎重心下沉上挑，與外郭緊連。“通”

〔19〕《太平廣記》卷二百零六所引《書斷》略有不同，頁 1571。

字縱長與穿徑相同，走之三筆不相連接，基本呈三個逗點，不但十分平直，且向上挑形成一小縱三角。“甬”字上筆開口略大，兩邊豎筆左邊上短下長，右邊則上長下短並略弧外撇。“寶”字外形基本上稍大於穿徑，起點在穿之外，如不這樣處理會給人以小的感覺。其輪廓略呈方圓，寶蓋橫畫與穿齊平。“貝”字内部兩橫筆居中，不與豎筆相接。

歐書“開元通寶”四字雖然在現存的碑帖中很難找到與之完全相同者，但是在一些筆畫的處理上仍顯示出歐字所獨有的特點。如“通”字走之三筆不相連，在隸書《房彦謙碑》中可看到相類似的“通”字。歐字鈎法多用隸筆，竪彎鈎以轉法爲多，但元字的彎鈎較圓，與其他彎鈎略顯不同，僅在出鈎較短一點和類似筆法相同。四個字均十分穩健，四邊俱備，中宫嚴謹，和其他歐書險勁峻拔筆法不同，表現出歐陽詢書法的另一種風格。

從初唐紀年墓葬中“開元通寶”四字列表即可看出其中的變異情況（見表九·4）。

表九·4　“開元通寶”四字比較表

地　點	開	元	通	寶
韋 幾 墓				
長樂公主墓				
冉仁才墓				
鄭仁泰墓				
李 徽 墓				
李 徽 墓				
李守一墓				
永泰公主墓				
宋 禎 墓				
宋 祐 墓				
郭 暠 墓				
何家村窖藏				
何家村窖藏				

在以上開元通寶中，大多數字體差異較小，基本上屬一類，衹有永徽五年（公元654年）冉仁才墓出土的一枚字體呈現不同之處。其字體纖細，結構疏鬆，“元”字竪彎鈎上挑太長，不合法度；“寶”字中上下組合距離過巨。僅就字體而言，不屬好錢範圍，有可能是四川地方所鑄，字體上有較大的變異。論者多以爲初唐武德開元製工精良，品質上好。實際上據《舊唐書·食貨志》載：武德年間，初鑄時“議者以新錢輕重大小最爲折中，遠近甚便之。後盜鑄漸起，而所在用錢濫惡。顯慶五年九月，敕以惡錢轉多，令所在官私爲市取，以五惡錢酬一好錢。百姓以惡錢價賤，私自藏之，以候官禁之弛。高宗又令以好錢一文買惡錢兩文，弊仍不息”[20]，不得已纔改鑄乾封泉寶，行之不通仍然改用舊錢，幣制改革宣告破產。盛唐以後，普通的開元錢字體發生嚴重變化，有人以爲應出自其他名家之手[21]，這種推斷當有不確。從字體來看，後期開元錢仍然沿用了武德開元的基本模式，没有創新之處，字體所産生的嚴重變異，應該是經過多次模刻走樣的結果。原來斷的地方被人爲連起來，如走之三筆，刻意追求，“元”字次書上挑，原書韻味俱失。這種推測可以從中期屬皇家鑄造的金質開元通寶上獲得證實。西安何家村窖藏中出有三十枚金質“開元通寶”錢[22]。對於何家村窖藏的年代，學術界存在分歧，多數人主張在唐德宗時期爲宜[23]。金質開元通寶（圖九·5·①）的字體保持了武德開元的全部特徵，包括我們前文所指出的走之末筆上挑形成一個小三角這一細節。能在武德開元頒行近二百年後鑄出與前者同出一模的開元錢，在諸多的答案中，皇家宫廷之中仍保存着歐書的原刻模具，應該成爲我們首先要考慮的原因。同出的銀質“開元通寶”錢（圖九·5·②）的字體似乎也如金質“開元通寶”錢一樣嚴謹，没有質地間的差異，受到重視的程度應一致。

歐陽詢製詞的“開元通寶”錢文，今有學者力主讀作“開通元寶”[24]。實際上，“開元通寶”錢文的讀法從一開始便有兩種。以唐代文獻爲例，杜佑《通典》讀爲“開通元寶”[25]，李林甫《唐六典》也讀作“開通元寶”[26]。《舊唐書·食貨志》對這一點説

〔20〕《舊唐書》卷四十八〈食貨志〉，頁2094～2095。

〔21〕徐殿魁《試論唐開元通寶的分期》，頁555～560；《唐代開元通寶的主要品類和分期》，頁6。

〔22〕參見 *The Silk Road*, *Treasures of Tang China*, 1991, Singapore, p.44。

〔23〕段鵬琦《西安南郊何家村唐代金銀器小議》，《考古》，1980年6期，頁536～541。

〔24〕關於“開元通寶”錢文的讀法，最早日本錢幣學家三上香哉主張讀“開通元寶”，爲其他日本人所採用（參見彭信威《中國貨幣史》，群聯出版社，1954年，頁181～182注）。今國内錢幣學家亦持類似主張，參見唐石父《武德錢文製詞的考察》，《中國錢幣論文集》第二輯，中國金融出版社，1992年，頁205～213。

〔25〕杜佑《通典》卷九“錢幣”條，頁199。

〔26〕《唐六典》卷二十二“少府諸鑄錢監”條，陳仲夫標點本，中華書局，1992年，頁579。

①

②

圖九·5　西安何家村唐代窖藏出土“開元通寶”錢

① 金質（採自《陝西歷史博物館》，陝西旅游出版社，2001 年，頁 153）　② 銀質（同前）

得很清楚，歐陽詢製詞之初“其詞先上後下，次左後右讀之”〔27〕。後來由於“自上及左回環讀之，其義亦通，流俗謂之開通元寶錢”。官方在製詞之初爲“開元通寶”，但讀作“開通元寶”，意思也頗通暢，便普遍爲之。這一點亦可在當時人著述中獲以印證。《太平廣記》引《國史異纂》〔28〕《譚賓録》〔29〕及《書斷》等俱爲“開通元寶”。敦煌文書中所謂王梵志詩《奉使親監鑄》云：“奉使親監鑄，改故造新光。開通萬里達，元寶中青黄。”〔30〕中嵌“開通元寶”四字。但也有一些唐人著作則稱作“開元通寶”，如劉餗的《隋唐嘉話》〔31〕，這些均不一而足，不能肯定唐時衹流行一種讀法“開通元寶”，進而推知歐陽詢製詞之初本旨爲此，那顯然是有失公允的。不過，我們應當看到流俗的“開通元寶”讀法有着異常的廣泛性，甚至影響到新頒錢文的制定。高宗時惡錢泛濫，乾封元年（公元 666 年）又造新錢乾封泉寶。《舊唐書·食貨志》稱：“及鑄新錢，仍同流俗，‘乾’字直上，‘封’字在左。尋寤錢文之誤，又緣改鑄，商賈不通，米帛增價，乃議卻用舊錢。”〔32〕儘管如此，在歐陽詢製詞之初，李唐王朝的建立畢竟是一個非同小可的事件，以開元爲記亦屬順理成章，流俗之讀法本非李唐王朝之初衷，這一點是毋庸

〔27〕《舊唐書》卷四十八〈食貨志〉，頁 2095。

〔28〕《太平廣記》卷二百零八引《國史異纂》云：“今開通元寶，武德四年鑄，其文乃歐陽率更書也。”頁 1592。

〔29〕《太平廣記》卷四百零五引《譚賓録》云：“武德中，廢五銖錢，行開通元寶錢，此四字及書，皆歐陽詢所爲也。”頁 3263。

〔30〕項楚《王梵志詩校注》，《敦煌吐魯番研究文集》第四輯，北京大學出版社，1987 年，頁 283。

〔31〕劉餗《隋唐嘉話》卷中，陶宗儀《説郛》本引，上海古籍出版社影印本。

〔32〕《舊唐書》卷四十八〈食貨志〉，頁 2095、2100。

置疑的。《舊唐書·食貨志》引高宗乾封二年（公元667年）正月詔曰：“高祖撥亂反正，爰創軌模。太宗立極承天，無所改作。今廢舊造新，恐乖先旨。其開元通寶，宜依舊施行，爲萬代之法。”“仍令天下置爐之處，併鑄開元通寶錢。”唐肅宗乾元元年（公元758年）鑄行“乾元重寶”詔文中亦云：“宜聽於諸監別鑄一當十錢，文曰乾元重寶。其開元通寶者依舊行用。”〔33〕這些皇帝詔書表明，有唐一代就官方而言所流行的是“開元通寶”順讀法。初唐鑄錢控制甚嚴，明令官鑄。《舊唐書·食貨志》載：“仍置錢監於洛、并、幽、益等州。秦王、齊王各賜三爐鑄錢，右僕射裴寂賜一爐。敢有盜鑄者身死，家口配没。”〔34〕後又於桂州置錢監。《唐六典》“少府諸鑄錢監”條云：“皇朝少府置十爐，諸州亦皆屬焉。及少府罷鑄錢，諸州遂别。”〔35〕《資治通鑒·唐紀》乾元二年（公元759年）胡三省注：“唐世鑄錢，大凡天下諸爐九十九，而绛州之爐三十，其餘諸爐，或隔江嶺，或没寇虜，故當時鑄錢率倚绛州。”〔36〕具體的分配是：绛州三十爐、揚州、宣州、鄂州、蔚州各十爐，益州、鄧州、郴州各五爐，洋州三爐、定州一爐〔37〕。上述初唐紀年墓葬中所出之“開元通寶”，或爲少府官爐所鑄。

唐代的採礦、冶煉、鑄造工藝技術都有了長足的進步，金屬鑄幣所長期採用的疊範鑄，似乎在唐代突然消失，由此而引起人們對於“開元通寶”鑄造工藝的種種猜測。諸多的考古發現中至今没有出土用於澆鑄的硬範和泥範，因此我們基本上同意鄭家相關於“開元通寶”錢應是採用母錢翻砂鑄錢法製成〔38〕的觀點。宋代的鑄錢工藝根據現代學者研究可能已經使用了十分純熟的濕型工藝，造型方法上已和砂型鑄造相近〔39〕。宋代鑄造技術是在唐代基礎上發展起來，雖然在文獻記載中没有發現與宋代相類似的載録，但我們已經在唐梁元珍墓出土的一枚“開元通寶”上看出了砂型鑄造的痕跡。標本46，直徑2.4厘米，穿徑0.7厘米，郭寬0.2厘米，重4.2克，字體風格同其他無異。所不同的是錢的表面不光潔，不平整，有砂眼等孔洞性的鑄造缺陷。經仔細觀察，類似的鑄造缺陷易在使用砂型翻鑄時産生，很可能是使用砂型翻鑄的結果。

金屬鑄幣的成分決定着錢幣質量的好壞，唐代製造貨幣的金屬是按照一定比例投放，較之以前明顯是一個不小的進步。《通典》記載：“每鑄約用銅二萬一千二百一十

〔33〕《舊唐書》卷四十八〈食貨志〉，頁2095、2100。
〔34〕《舊唐書》卷四十八〈食貨志〉，頁2094。
〔35〕《唐六典》卷二十二“少府諸鑄錢監”條，頁579。
〔36〕《資治通鑒》卷二百二十一〈唐紀〉“乾元二年”，頁7081。
〔37〕《唐六典》卷二十二“少府諸鑄錢監”條，頁579。
〔38〕鄭家相《歷代銅質貨幣冶鑄法簡説》，《文物》，1959年4期，頁68～70。
〔39〕華覺明等《宋代鑄錢工藝研究》，《自然科學史研究》，7卷1期，1988年，頁38～47。

斤，白鑞三千九百九斤，黑錫五百四十斤。”〔40〕《新唐書·食貨志》載：盛唐玄宗時，每爐每年鑄錢三千三百，用銅二萬一千二百斤，鑞三千七百斤，錫三百斤〔41〕。據戴志强等推算，開元通寶錢的合金成分當爲銅83%，鉛錫17%〔42〕。基本上和彭信威早年間的推算略同：銅83.32%，白鑞14.56%，黑錫2.12%〔43〕。由於古人的金屬學知識與現代相比有着很大的差異，記載又不甚全面，類似的載録僅具有一定的參考價值。

過去一般認爲開元錢的成色並不十分的好〔44〕，水上正勝利用現代實驗技術測定的開元通寶合金成分主要有兩批（見表九·5、6）。

表九·5　　水上正勝“開元通寶”錢成分測定結果一覽表

編　號	Cu	Pb	Sn	Zn
1	71.1	11.5	7.0	0.0143
2	71.9	9.9	7.5	0.0612
3	66.8	22.4	9.0	0.0042
4	57.1	22.0	9.5	0.0071
5	56.5	34.4	5.2	0.0044
6	65.3	12.2	15.3	0.0051
7	65.2	22.4	10.8	
8	69.7	20.4	8.8	0.0087
9	66.9	20.1	9.0	0.0090
10	60.4	22.4	8.4	0.0077

〔40〕《通典》卷九，頁204。

〔41〕《新唐書》卷五十四〈食貨志〉，頁1383。

〔42〕戴志强、周衛榮《中國歷代銅鑄幣合金成分探討》，《中國錢幣學會成立十周年紀念文集》，中國金融出版社，1992年，頁158。

〔43〕彭信威《中國貨幣史》，群聯出版社，1954年，頁181。

〔44〕彭信威《中國貨幣史》，頁190～192。

表九·6　　戴志强等“開元通寶”錢成分測定結果一覽表

編號	Cu	Pb	Sn	Fe
1	61.02	29.43	7.08	0.048
2	72.76	14.50	9.46	2.40
3	79.92	10.16	8.30	0.36
4	64.87	26.36	6.88	1.76
5	68.16	22.33	6.28	1.58
6	80.82	10.86	7.46	0.58
7	70.24	23.19	3.72	1.64
8	68.90	18.16	9.02	1.12
9	65.34	27.01	4.01	2.36
10	57.44	34.38	5.45	1.95

以上兩批開元錢樣品的選定，報告中均沒有描述其年代特徵，水上正勝衹説他所選擇的樣品，並不包括一望便知的惡錢〔45〕。戴志强等人的樣品從測獲的成分來看，應該是比較規整的“開元通寶”。分析結果顯示，前者銅57%～72%，鉛含量在30%以下，錫在5%～15%，成分變化大，雜質多。後者銅60%～75%、鉛30%以下、錫4%～9%，合金的比例仍有較大的波動〔46〕。據認爲，類似的跡象表明，在金屬組成比例的掌握上有欠缺的地方，與北宋錢相比不那麽穩定。至少説明，由於技術或其他方面的原因，控制得不嚴，優質的北宋錢合金成分的配比爲銅62%～68%、鉛20%～29%、錫6%～10%，這和當時政府的規定相吻合，合金的比例又恰恰控制在Cu－Pb－Sn三元合金的最低熔點區〔47〕。至此，我們已經獲得這樣的印象，一般的開元通寶在合金成分的配比上與宋錢相比有一定的差距，冶鑄技術在其中起了重要的作用。由此而獲得開元錢成色不大好的結論顯然是片面的，實際上，對於外觀規整、肉郭俱好的武德開元錢，尤其是紀年墓葬的出土品缺乏全面的成分測試工作。帶着這一問題，我們在中國錢幣博物館和北京科技大學冶金史研究室的幫助下對固原史索巖、史訶耽、史鐵棒和梁元珍墓出土的“開元通寶”及其碎片進行了成分分析（表九·7～9）。

〔45〕水上正勝《志海苔出土古錢的金屬成分》原載《函館志海苔古錢——北海道中世紀窖藏古錢的報告》，中譯本，《中國錢幣》，1985年3期，頁18。

〔46〕戴志强、周衛榮《中國歷代銅鑄幣合金成分探討》，頁165。

〔47〕戴志强等《北宋銅錢金屬成分試析》，《中國錢幣》，1985年3期，頁7～16。

表九·7　“開元通寶”錢光譜半定量檢測表（%）

編號	Cu	Pb	Sn	Fe	Zn	Ag	Cd	As	Mg	Mn	Bi	Co	Ni	Si	Au	Sb	備注
1	>20	>10	>3	0.3	0.01	0.001	/	0.01	0.01	0.001	0.1	0.03	0.03	0.001	/	0.03	
2	>20	>10	>3	0.3	0.01	0.001	/	0.01	0.01	0.001	0.1	0.01	0.01	0.001	/	0.01	
3	>20	>10	>3	0.1	0.03	0.001	/	0.003	0.01	0.001	0.03	0.01	0.01	0.001	/	0.01	
4	>20	>10	>3	0.1	0.01	0.003	/	0.01	0.01	0.001	0.03	0.01	0.01	0.001	/	0.001	
5	>20	>10	>3	0.1	0.01	0.003	/	0.003	0.01	0.001	0.01	0.01	0.01	0.001	/	0.01	
6	>20	>10	>3	0.1	0.01	0.003	/	0.003	0.01	0.001	0.01	0.01	0.01	0.001	/	0.01	
7	>20	>10	>3	0.1	0.01	0.001	/	0.01	0.01	0.001	0.01	0.01	0.01	0.001	/	0.01	
8	>20	>10	>3	0.1	0.01	0.001	/	0.01	0.01	0.001	0.03	0.01	0.01	0.001	/	0.01	
9	>20	>10	>3	0.1	0.01	0.01	/	0.01	0.01	0.001	0.1	0.01	0.01	0.001	/	0.01	
10	>20	>10	>3	0.1	0.01	0.01	/	0.01	0.01	0.001	0.03	0.01	0.01	0.001	/	0.01	

表九·8　“開元通寶”錢化學成分表（一）

編號	名　稱	化學成分（%）										備　注
		Cu	Pb	Sn	Fe	Cd	Zn	Ag	Co	Ni	合計	原編號
1	史訶耽墓	62.91	18.94	15.50	1.63	未見	0.05	0.005	0.125	0.12		(1)
2	史訶耽墓	62.11	26.20	10.17	1.26	未見	0.02	0.006	0.03	0.05		(2)
3	梁元珍墓	71.18	14.70	11.28	0.44	未見	0.04	0.006	0.02	0.06		(7)
4	梁元珍墓	64.41	13.37	18.94	0.65	未見	0.04	0.015	0.01	0.03		(8)
5	梁元珍墓	66.15	21.21	11.53	0.34	未見	0.02	0.009	0.02	0.05		(9)
6	梁元珍墓	58.95	25.61	14.92	0.67	未見	0.05	0.010	0.03	0.05		(10)
7	梁元珍墓	70.16	12.87	16.38	0.35	未見	0.01	0.007	0.01	0.03		(11)
8	梁元珍墓	67.11	20.34	12.01	0.39	未見	0.01	0.006	0.01	0.03		(12)
9	梁元珍墓	75.53	11.03	15.48	0.43	未見	0.01	0.034	0.007	0.04		(25)
10	梁元珍墓	69.71	17.02	9.94	0.46	未見	0.02	0.017	0.01	0.07		(26)

表九·9　　"開元通寶"錢化學成分表（二）

編號	名　稱	化學成分（%）										備　注
		Cu	Pb	Sn	Fe	Cd	Zn	Ag	Co	Ni	合計	
1	梁元珍墓	69.51	11.36	20.90	1.78							
2	史索巖墓	73.60	6.44	18.57								
3	史鐵棒墓	70.26	10.59	17.41	0.60							
4	史訶耽墓	63.52	15.01	19.73	0.75							
5	史訶耽墓	70.08	8.86	19.28	0.50							碎片
6	史訶耽墓	65.69	11.05	21.19	0.72							碎片
7	史訶耽墓	62.40	8.93	27.49	/							碎片
8	史訶耽墓	61.89	19.14	17.22	0.65							碎片
9	史訶耽墓	75.31	4.87	18.61	/							碎片

* 表九·7、8由中國錢幣博物館周衛榮分析，表九·9由北京科技大學冶金史研究室韓汝玢分析。

初唐"開元通寶"錢，銅含量在59%～75%，鉛從6.4%～26%不等，錫爲10%～27%，銅、鉛、錫主要成分平均量爲98.38%，其中最高爲表九·1，6號，爲99.84%，最低的一枚爲表九·1，10號，96.67%，微量元素除鐵以外絶大多數在0.01%以下。其雜質很少，主要成分含量超過北宋銅錢的96.6%。換言之，也就是説優質的初唐"開元通寶"就成分配比而言，已經遠遠超過了一向稱之優良的北宋錢的標準。近年來的研究成果亦表明，引起銅合金中鐵成分昇高的原因，可能是採用了先進的冶煉工藝〔48〕。鉛加入銅合金中可以降低熔點，現代工藝認爲超過7%可以看作屬替代性的原料，用量的極限在36%〔49〕，所測樣品鉛含量多在20%以下，十九枚樣品中衹有三枚超21%。大約在唐代人們已經認識到，鉛在鑄幣時摻入量的多少會影響到錢幣的質量，過量的鉛便形成所謂的"惡錢"。唐開元年間，左監門録事參軍上議中寫道："夫鑄錢不雜以鉛鐵則無利，雜以鉛鐵則惡，惡不重禁之，不足以懲息。"〔50〕樣品中鉛的含量較水上正勝、戴志强等所見樣品爲低。含錫量高是這批樣品的一個重要特點，含錫量平均爲16.66%，基本上多爲高錫青銅，最高的一枚高達27.49%，最低一枚也在9.94%。銅錫合金中，錫的作用是增加鑄件的硬度、强度、光潔度。現代測試結果告訴我們，錫的含量直接影響到鑄幣的質量，錫含量較高則鑄幣優質，反之則品質下降。北

〔48〕參見韓汝玢《寧夏固原隋唐墓出土金屬器物的鑒定》，《固原南郊隋唐墓地》，文物出版社，1996年，頁260～261。

〔49〕戴志强、周衛榮《中國歷代銅鑄幣合金成分探討》，頁165。

〔50〕《舊唐書》卷四十八〈食貨志〉，頁2098。

宋錢錫含量6%～10%，405個樣品的平均值爲87%[51]，從而保證北宋錢非常優秀的品質。以前所測水上正勝樣品的含錫量較高，戴志强等樣品含錫量較低。但是像這批樣品如此之高的含錫量，在已分析的歷代錢幣中實屬罕見，就連號稱鑄幣巔峰的北宋錢也未曾達到。那麽這批精美的“開元通寶”在金屬成分上所表現出優秀品質，是代表着初唐優質“開元通寶”錢的一般水平，還是處於一個孤立無援的地位，則是一個需要討論的問題。

首先，這批“開元通寶”不屬於同一個墓葬，而是分别出土於六座，年代跨度有三十五年，正處在唐代第一次錢幣改革時期。墓主人不是中高級官吏（如史氏），便是士族大家（如梁元珍），錢幣作爲一種隨葬品所選取的當然應是較優質的開元通寶。另外，我們在選擇樣品時完全處於隨機狀態，從外觀形象上看既有字跡清晰、肉郭俱好，没有鏽蝕的完整銅錢，又有滿佈緑鏽殘存一二字的殘片，保證樣品的公允性。前述的公元708年以前十三批開元通寶錢，以筆者目前所見實物和清晰度較好的彩色照片、印刷品數枚而言，在外觀形象與測試樣品相差無幾，以理揆度内在成分也應大體相同。作爲隨葬品在埋葬前經過選擇，雖然不能完全肯定是代表着唐“開元通寶”的一般水平，那麽也應表現出初唐官爐優製品具有的特徵。結論是固原唐代紀年墓出土的初唐“開元通寶”錢製作規整劃一，合金成分基本穩定，代表唐代鑄造技術的最高水平，可與中國歷史上最優秀的鑄幣相媲美，給人一種耳目一新的感覺，大大地豐富了我們對於唐“開元通寶”的知識。隨着今後考古發現的不斷增多，相信類似的“開元通寶”會逐漸被認識。

〔51〕戴志强、周衛榮《中國歷代銅鑄幣合金成分探討》，頁159。

十　北周史君墓出土的拜占庭金幣仿製品

與近年頻頻被發現的中亞粟特人遺物相比，西安北周史君墓的發掘無疑使學術界的關注達到一個空前的高潮。最爲引人注意的是彩色貼金石槨和漢語與粟特語雙語石刻題銘，給學術界帶來了關於粟特人流寓中國的前所未知的資訊和知識[1]。此外，墓中出土的一些小件物品如嵌寶石的金戒指、耳墜等也很重要，本文所要討論的，便是其中唯一的一枚金幣。

根據發掘者的描述，這枚金幣直徑 1. 7、厚 0. 05 厘米，重 1. 75 克[2]。金幣出土在石槨内人骨的中部，大體與金戒指、耳墜在同一部位，而後者顯然都是死者身體佩帶之物，金幣被推測爲與墓主有關聯並不顯得過分唐突。

一般的拜占庭金幣仿製品都是按照拜占庭金幣真品仿造的，雙面打押，有正面和背面圖案。正面圖案爲拜占庭某位皇帝像，有一周拉丁銘文。也有一部分東方仿製品是單面打押，衹有拜占庭金幣的正面，没有金幣的背面。西安史君墓出土的這枚金幣雖然是雙面打押，兩面圖案也各不相同，卻不能明確地分辨出金幣的正面和背面。以下分别用 A、B 表示史君墓這枚金幣的兩面。

A 面（圖十・1），幣面圖像較模糊，仔細辨認，似有一人面向左，側身，手執一地球，地球上有一十字架。周圍有一周銘文，銘文從左起至右結束，左側上部銘文已完全不清，殘存：“VOT□□□”；右側自上而下爲“HVL □X□XX”；人物足下銘文是“ONOB”。

簡單地説，這枚金幣仿造的物件是拜占庭金幣的背面，圖像與拉丁銘文都與狄奥多

〔1〕參見楊軍凱《北周史君墓石槨東壁浮雕圖像初探》，《藝術史研究》第 5 輯，中山大學出版社，2003 年，頁 189～197；同著者《關於祆教的第三次重大發現——西安北周薩保史君墓》，《文物天地》，2003 年 11 期，頁 26～29；吉田豐《關於新出粟特文・漢文雙語墓誌的粟特文部分》，《粟特人在中國———歷史、考古、語言的新探索學術研討會文集》，北京，2004 年，頁 30～38；西安市文物保護考古所《西安市北周史君石槨墓》，《考古》，2004 年 7 期，頁 38～49。

〔2〕參見西安文物保護考古所《西安市北周史君石槨墓》，頁 40。但該文並没有配發相應的照片，僅稱“製作較粗，兩面均有紋飾，但上面圖案多模糊不清”。後來發掘者楊軍凱先生提供了金幣清晰的照片，使我們纔有可能進行該項研究。

西斯二世（Theodosius Ⅱ，公元408～450年）金幣比較近似。狄奥多西斯二世是拜占庭狄奥多西斯王朝（Dynasty of Theodosius）中第二位皇帝，也是東羅馬第八位皇帝。他在位的期間帝國的地位逐漸上升，他執掌政權長達四十多年，發行了大量種類繁多的貨幣。金幣的正面均爲狄奥多西斯二世三分之二正側面肖像，其中一種爲所謂“宣誓典禮”。1975～1976年，河北贊皇縣發掘了北齊李希宗夫婦合葬墓，在其夫人崔氏屍骨旁發現三枚金幣[3]，其中之一爲狄奥多西斯二世金幣。它背面兩側完整的銘文爲“VOTXX”，“MVLTXXX”（圖十·3），夏鼐譯文“宣誓典禮二十年增加到了三十年”[4]。羅馬皇帝們從奥古斯都開始每十年都要舉行一次宣誓，後改爲五年，並且出現在錢幣的銘文中。拜占庭帝國沿襲了這種習慣。狄奥多西斯二世金幣背面有宣誓典禮的銘文，除上引外另有：“VOTXXX MVLTXXXX”、“VOT MVLT XXXX”。意思是宣誓典禮三十年增加到四十年[5]。從狄奥多西斯二世即位的公元408年算起，四十年約在公元438年。史君墓仿製品左側銘文“MVL□X□XX”，最後能補充復原爲“MVL［T］XX［X］XX”，與宣誓典禮增加到四十年的銘文完全一致，可以基本上判定A面仿製了狄奥多西斯宣誓典禮金幣的背面。在金幣背面下部横杠下有銘文“CONOB”，復原爲Con［statinople］Ob［rysum］，譯爲“君士坦丁堡印記”，意思代表君士坦丁堡的黄金標準。仿製品中衹缺少字母“C”，字母“B”打押得似像字母“D”。

B面（圖十·2），中央似爲一站立人像，頭部呈不規則三角狀，面目不清。身左側有長羽，羽上有芒星，左手舉一長十字架，腳下有一横杠。周圍有拉丁字母，大體能分

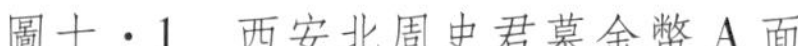
圖十·1　西安北周史君墓金幣A面

圖十·2　西安北周史君墓金幣B面

〔3〕參見石家莊文物發掘組《河北贊皇東魏李希宗墓》，《考古》，1977年6期，頁388。

〔4〕參見夏鼐《贊皇李希宗墓出土的拜占庭金幣》，《考古》，1977年6期，頁403～404。

〔5〕參見H. Goodacre，*A Handbook of the ByzantineEmpire*，London 1960，p. 30。

辨的右側“VI”不多的二三個字母，左側字母爲“VGGG”。右側字母多表示“Victoria”，“AUGGG”則表示衆多的羅馬皇帝們。

狄奧多西斯二世金幣的背面除上述宣誓典禮銘文外，也有用維克特麗（Victoria）勝利女神來表示勝利的銘文，兩側銘文連起來是帝國勝利的含義。這種形式在拜占庭錢幣中使用了很長的時間。史君墓金幣A面無疑是採用狄奧多西斯二世宣誓典禮金幣背面。B面的圖案雖然存在相當長的時間，金幣的埋葬年代是在北周大象二年（公元580年），考慮到金幣製成以後有一個過程，根據我們以往對製造時間與埋葬時間的綜合統計，其中有十數年至百年不等的時間。如果上面推測不誤的話，金幣A面所模仿的樣本當在公元448年左右製成。從拜占庭流入仿製品製造地有一定時間。B面金幣仿製樣本大約與A面同時或稍晚一點的馬西恩（Marcian，公元450～457年）、列奥一世（Leo I，公元457～474年）（圖十・4），公元5世紀下半葉金幣被仿造的可能性很大。從幣面磨損情況分析，金幣製成以後經過較長時間的流傳，磨損較甚，最後落入史君手中並被隨葬。當然較大的可能是在仿造地史氏家族已獲得金幣，並在家族内部流傳。值得注意的是和多數流入中國的拜占庭金幣及其仿製品不同，這枚金幣的幣面並没有受到改造，尤其没有被打上穿孔。流入中國拜占庭金幣及其仿製品70%以上都有剪邊的現象，也有一些幣面上有穿孔，穿孔的數量從一個到四個不等[6]。雖然金幣的幣面没有受到擁有者的改造，但從金幣的重量來看依然達不到被模仿樣本原有的重量。真幣索里德（Solidus）的標準重量是4.4～4.5克，史君墓金幣的重量衹有1.75克，不及標準重量的二分之一。

圖十・3　拜占庭狄奧多西斯二世金幣（反面）

圖十・4　拜占庭列奥一世金幣（反面）

〔6〕參見羅丰《中國境内發現的東羅馬金幣》，榮新江等主編《中外關係史：新史料、新觀點》，科學出版社，2004年，頁55～56。

據墓誌，史君大象元年（公元579年）去世時已經八十六歲，他來中國前是粟特地區顯貴，其父 Wanuk 是薩保之子[7]，史君本人是移居中國後被授涼州薩保[8]。史君出生年代當在公元495年，這枚金幣基本上可以推測系他由粟特地區帶到中國，也許是其妻子帶來。總之，金幣在他們身邊保存了很長時間，最終進入墓中隨葬。如果類似推測不致大謬的話，我們已經有了東羅馬金幣仿製品由粟特地區製造，然後流入中國的直接證據。金幣在粟特本土深受重視的文獻材料受到現代學者的關注。韋節《西番記》載康國：

以六月一日爲歲首，至此日，王及人庶並服新衣，剪髮鬚。在國城東林下七日馬射，至欲罷日，置一金錢於帖上，射中者則得一日爲王。[9]

蔡鴻生注意到節日與軍事民主體制的關係[10]，林英則關心金幣在拜占庭帝國是皇權象徵，儘管在康國衹是遊戲，卻引起金錢與王位關係的思考[11]。康國流行射金錢的遊戲或稱比賽，折射出的是粟特地區並不流行金幣制，金幣並没有進入當地的貨幣流通體系中，衹是一種珍貴的物品。A. 奈馬克（A. Naymark）發現在穆格山粟特文書中並没有提及金幣，穆格山文書是記録商業流通情况的文書，並引述西姆斯·威廉姆斯（Sims-Williams）的研究。粟特語中有可能指金幣的詞彙，一是 *qysr'n*，來自 *qysr*，是愷撒（Caesar）的意思，即羅馬皇帝稱號；二是 *S-st'yr*（stater）這個單詞，屬黄金計量單位，是標準的拜占庭索裡德4.5克。150stater 大約相當於675克黄金，也約等於3000德拉克瑪（drachms）銀幣。粟特文中還有一個表示金幣的單詞 *dyn'r*（dinar）[12]。這些情況大體與粟特本土金幣存在情形相符。

20世紀初年，中國境内最早發現的外國金幣就是東羅馬金幣仿製品。仿製品的情况可分爲三類，一種是可以辨别出仿製原型的金幣；另一類則是不可分辨出仿造樣本的具體原型，衹可以大體識辨出屬仿東羅馬金幣；第三種是不可能分出模仿者的原型，衹有一個模糊王像，並且重量很輕。史君墓金幣並不屬於以上三類情況，仿製物件不但是兩枚金幣，而且都僅是背面，使人感到意外。黄金在世界的任何地方都是珍貴的，産量

〔7〕參見吉田丰《關於新出粟特·漢文雙語墓誌的粟特文部分》，頁30～32。

〔8〕參見西安市文物保護所《西安市北周史君石槨墓》，石槨中央中文題刻稱史君“史國人，本居西土。（略）遷居長安，（略）授涼州薩保”。頁39。

〔9〕杜佑《通典》卷一九三〈邊防典〉引韋節《西蕃記》，王文錦等點校本，中華書局，1988年，頁5256。

〔10〕參見蔡鴻生《唐代九姓胡與突厥文化》，中華書局，1998年，頁33～34。

〔11〕參見林英《九姓胡與中原地區出土的仿製拜占庭金幣》，余太山主編《歐亞學刊》第四輯，中華書局，2004年，頁124～125。

〔12〕參見 A. Naymark，Sogdiana，*Its Christians and Byzantium*：*A Study of Artistic and Cultural Connections in Late Antiquity and Early Middle Ages*，Dissertation in Indiana University，2001，pp. 136～138.

也有限，所以在大部分地方採用的銀本位制是較好的選擇，拜占庭金幣則是一個異例。傳入中國的金幣，阿拉伯帝國替代薩珊王朝以後出現拜占庭金幣仿製品，被推測爲阿拉伯地區仿造〔13〕，在固原粟特墓地出土公元7世紀之前拜占庭金幣仿製品有粟特地區製造的可能性推論〔14〕。現在從A. 奈馬克的編目來看，過去的推測已變成了可能，他研究6～8世紀粟特本土墓葬、神廟中的41枚錢幣，其中有22枚是拜占庭索里德的仿製品，1枚是拜占庭銅幣的仿製品。真幣和辨別出原型的仿製品共有34枚，這其中有金幣28枚，大部分衹有1毫米厚，重量也在1克以下。其中被判定爲真品索裡德中尚包括著一些與真品相差無幾的仿製品〔15〕。這幾十枚金幣衹有3枚是貼身的隨葬品，出土於納骨器（Ossuary，Ossuarium）中和死者的手臂下，其餘衹是在墓葬中，有的在神廟裡，當然也有民居中出土。不同的發現地點，有可能顯示出粟特人將金幣不衹作爲貿易的貨幣看待，而是珍寶、財富和地位的象徵〔16〕。

雖然我們對於流入中國境内的拜占庭金幣和其仿製品已經進行了分類研究〔17〕。但是林英提醒我們，必須關注拜占庭與西突厥以及薩珊帝國之間的互動關聯，尤其是在公元6世紀中葉拜占庭人與西突厥人取得直接關係之後〔18〕。她所建構的金幣流傳過程並不是一個東西貿易體系，而是拜占庭與西突厥和粟特地區的尚金傳統，以及由此而產生的金錢霸權，這無疑是以往東羅馬金幣研究中所忽視的内容，極具啓發性。不過我們還是回過頭來看研究物件粟特民族，作爲一個橫亘在歐亞大陸長達數世紀之久的通商民

〔13〕參見夏鼐《西安土門村唐墓出土的拜占庭金幣》，《考古》，1961年第8期，頁446～447。夏鼐在推定鑄造地點時曾稱：“至於鑄造地點，還不能確定，大概是在中亞細亞的國家仿製的”。我們過去認爲夏鼐所未説明的大約是指阿拉伯國家（羅丰《關於西安出土東羅馬金幣的討論》，《中國錢幣》，1993年4期，頁19）。現在看來這樣理解有誤，類似的赫拉克裡留斯（Heraclius，公元610～641年）式金幣有可能是在粟特地區仿造的。因爲在粟特地區出土的金幣中也有仿拜占庭赫拉克裡留斯金幣，參見A. Naymark，Sogdiana，*Its Christians and Byzantinm*：*A Study of Artistic and Cultura Connections in Late Antiquity and Early Middle Ages*，p. 116.

〔14〕參見羅丰《寧夏固原出土的外國金銀幣考述》，《故宫學術季刊》第12卷第4期，1995年，頁39～52。

〔15〕參見A. Naymark，Sogdiana，*Its Christians and Byzantinm*：*A Study of Artistic and Cultura Connections in Late Antiquity and Early Middle Ages*，pp. 99～127；林英《九姓胡與中原地區出土的仿製拜占庭金幣》，頁123～126。

〔16〕參見林英《九姓胡與中原地區出土的仿製拜占庭金幣》，頁122。

〔17〕關於東羅馬金幣在中國的發現及流布，最近幾年有相當集中的討論，具體問題的研究參見張緒山《我國境内發現的拜占庭金幣及其相關問題》，《西學研究》第一輯，商務印書館，2003年，頁54～82；羅丰《中國境内發現的東羅馬金幣》，頁49～78；陳志强《我國所見拜占庭鑄幣相關問題研究》，《考古學報》，2004年第3期，頁295～316。

〔18〕參見林英《西突厥與拜占庭金幣的東來》，林中澤主編《華夏文明與西方世界》，香港博士苑出版社，2003年，頁21～37；林英《九姓胡與中原地區出土的仿製拜占庭金幣》，頁119～129。

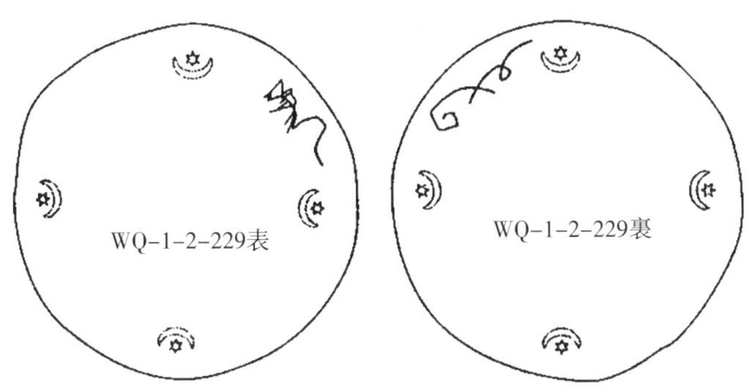

圖十・5　新疆烏恰出土薩珊銀幣上的粟特文

（採自《新疆出土のサーサーン式銀貨》，頁97）

族，他們貿易的物品不是一般民衆的生活必需品，而是以奢侈品爲主體。奢侈品交易從根本決定了貨幣的大宗性，適應於交易流通環節的衹能是黄金、白銀等硬通貨幣。1959年新疆維吾爾自治區烏恰發現1000多枚薩珊銀幣、16條金條，大致可以提供一個從事奢侈品貿易商隊的資金儲備。據分析這是一個商人在緊急情況下匆忙之中埋下的[19]，現在看理解爲一個商隊的行爲更合情理。銀幣在重新整理後包括印記在内有許多新的發現，7枚銀幣上有刻劃粟特文，其中的一枚上刻有粟特文 *prn*，意譯繁榮、吉祥（圖十・5）[20]。粟特地區是這個商隊最後籌集資金的地方，刻劃粟特文的薩珊銀幣被商人們集中起來，或者從根本上説這就是一個以粟特商人爲主的商團。粟特人在本土仿製拜占庭金幣的意圖僅僅以權力、地位崇尚的政治層面考慮，將有一個非中立的結論在等待我們。假如考慮到粟特人是一個以追逐商業利益爲終極目標的人群，設想粟特本土仿製拜占庭金幣有深刻的商業目的，或許更爲周全一些。史君墓金幣的A、B兩面均仿拜占庭金幣的背面，或表明最能傳達王權思想的金幣正面，在一些特定時候往往被粟特民族所忽視。至於那些衹有單面和模糊王像的金幣，明顯仿造者缺乏足夠的樣本真品，模具又經

〔19〕有關新疆烏恰薩珊式銀幣最早見於李遇春《新疆烏恰縣發現金條和大批波斯銀幣》，《考古通訊》，1959年9期，頁482～484。後來夏鼐研究了其中一些銀幣（參見氏著《綜述中國出土的波斯薩珊銀幣》，《考古學報》，1974年1期，頁92～105）。最近菅谷文則、津村真輝子等日本學者系統地發表了全部的材料，内容不但有每枚銀幣的重量、大小、線圖、照片等，還有帕拉維銘文轉寫、符記等過去不爲人所知的細節（奈良絲綢之路研究中心編《シルクロード學研究》卷19《新疆出土のサーサーソ式銀貨——新疆ウイゲル自治區博物館藏のサーサーソ式銀貨》，2003年，奈良）極方便使用。除銀幣數量增加外，金條也由原來的13條追加爲16條（參見奈良絲綢之路研究中心編《シルクロード學研究》卷19，頁330～335，圖320～321-3）。

〔20〕參見《新疆出土のサーサーソ式銀貨》，頁94～95。

過多次翻刻，也許從另外層面上可以解釋粟特民族政治上模糊的傾向。我們已經看到仿製品流傳中國的時代特徵，集中出現在公元7世紀，也就是初唐的一百多年間[21]。流入中國以後的金幣則未必當成貨幣使用，幣面被改造現象説明擁有者用於寶藏，最終使用於隨葬。

金幣隨葬習俗是我們討論的另一個重點，20世紀80年代以降的考古發現喚起了人們對中古時期這一習俗的注意。小谷仲男的研究總結了20世紀初至80年代中亞至中國地區口含或手握錢幣習俗[22]。由於涉及範圍寬泛並摻入内地銅錢的口含手握習俗，使問題稍變複雜。有些學者試圖全面梳理[23]，但有關這種埋葬習俗非常繁蕪的細部特徵，並没有在解釋時獲得充分考慮，衹是一般從簡單流傳的角度導入，不是研究全部材料尤其是一些關鍵性材料的結果，恐不能令人信服。

中亞地區公元1世紀至7、8世紀間的墓葬中墓主口中含有、手中握有金銀幣，一般的看法受貴霜王朝影響很深[24]，貴霜王朝則與希臘化影響有密切關聯。希臘神話中所謂“卡戎的奥博爾”（Charon's obol），是卡戎渡過斯蒂克斯（Styx）河抵達地獄世界（Hades）必不可少的攜帶物，中亞類似埋葬風俗使人們很容易將前者聯繫起來。中國境内含玲習俗起源甚早，或演變成後世口含、手握銅錢。不過我們在討論這一習俗時應該有一些限定，首先，貼身隨葬的是外國金銀幣，第二，墓主人是移居中國的中亞民族或確知與西域有密切關係者。純粹的漢式手握、口含銅錢則不在我們討論的範圍之内。我們依照這一標準將中國境内墓葬中貼身出土的金、銀幣進行了統計（見表十・1）。

---

〔21〕參見羅丰《中國境内發現的東羅馬金幣》頁74，表五；林英《九姓胡與中原地區出土的仿製拜占庭金幣》，頁121。

〔22〕參見小谷仲男《死者の口に貨幣を含ませる習俗——漢唐墓葬における西方的要素》，《富山大學人文學部紀要》13卷，1988年，後收入《東アジア史における文化伝播と地方差の諸相》，富山大學文學部，1988年，頁17～35。

〔23〕較爲典型的可參見王維坤《隋唐墓葬死者口中含幣習俗溯源》，《考古與文物》，2001年5期，頁76～88；同著者《絲綢之路沿線發現的死者口中含幣習俗研究》，《考古學報》，2003年2期，頁219～240。

〔24〕參見小谷仲男《死者の口に貨幣を含ませる習俗》，頁24～27。

表十·1　　中國境内出土的貼身隨葬外國金銀幣統計表[*]

出土地點	序號	墓號	同出文字	口含	銀幣	金幣	仿製品
新疆阿斯塔那—哈拉和卓墓地	1	Ⅰ區 3 號		√		√	√
	2	Ⅰ區 5 號		√		√	√
	3	Ⅰ區 6 號		√		√	√
	4	Ⅴ區 2 號		√	√		√
	5	吐魯番古墓	開元通寶	√	√		
	6	TAM302 墓	唐永徽四年（公元 653 年）墓誌	√	√		
	7	TAM319 墓	高昌年間（公元 531 ~ 640 年）墓磚	√	√		
	8	TAM322 墓	唐龍朔三年（公元 663 年）墓誌	√	√		
	9	TAM325 墓	唐龍朔三年（公元 663 年）文書	√	√		
	10	TAM332 墓	唐麟德二年（公元 665 年）文書	√	√		
	11	TAM337 墓	唐顯慶二年（公元 657 年）墓誌	不明	√		
	12	TAM338 墓	唐乾封二年（公元 667 年）墓誌	不明	√		
	13	TAM339 墓	高昌延壽三年（公元 626 年）墓表	不明	√		
	14	TAM30 墓	唐神龍二年（公元 706 年）文書	√	√		
	15	TAM29 墓	唐垂拱元年（公元 685 年）文書	√	√		
	16	TAM8 墓	唐	√	√		
	17	TAM48 墓	高昌義和四年（公元 617 年）衣物疏	√	√		
	18	TAM73 墓	唐	√	√		
	19	TAM363 墓	唐朝景龍四年（公元 710 年）寫本	√	√		
	20	TAM77 墓	唐	√	√		
	21	TAM78 墓	唐貞觀十六年（公元 642 年）墓誌	√	√		
	22	TAM92 墓	高昌延壽十六年（公元 639 年）墓誌	√	√		
	23	TAM39 墓	高昌年間（公元 531 ~ 640 年）	√	√		
	24	TAM118 墓	唐	√	√		
	25	TAM149 墓	麴氏高昌時期	√	√		
	26	TAM206 墓	唐垂拱四年（公元 688 年）墓誌	?	√		
	27	TAM115 墓	高昌年間（公元 531 ~ 640 年）墓誌	不明	√		
	28	TAM92 墓	唐	√		√	√
	29	TAM105 墓	唐貞觀十九年（公元 645 年）文書	√		√	√
	30	TAM138 墓	高昌重光四年（公元 623 年）文書	√		√	√
	31	TAM118 墓	唐	√		√	√
	32	69TKM36 墓	唐	√		√	√

續表十・1

出土地點	序號	墓號	同出文字	口含	銀幣	金幣	仿製品
新疆阿斯塔那—哈拉和卓墓地	33	66TAM48 墓	高昌延昌三十六年（公元 596 年）文書	√		√	√
	34	72TAM150 墓	唐貞觀十九年（公元 645 年）文書	√		√	√
	35	72TAM153 墓	麴氏高昌時期	√		√	√
	36	72TAM188 墓	唐開元三年（公元 751 年）墓誌	√		√	√
	37	72TAM191 墓	唐永隆元年（公元 680 年）文書	√		√	√
	38	73TAM116 墓	高昌義和元年（公元 614 年）墓誌	√		√	√
	39	73TAM213 墓	唐	√		√	√
	40	73TAM214 墓	唐麟德二年（公元 660 年）墓誌	√		√	√
	41	73TAM222 墓	唐鹹亨二年（公元 671 年）文書	√		√	√
	42	75TKM87 墓	唐	√		√	√
	43	75TKM105 墓	唐	√		√	√
	44	76TCM1 墓	公元 5～6 世紀	頭部	√	√	√
	45	76TCM3 墓	公元 5～6 世紀			√	
	46	76TCM4 墓	公元 5～6 世紀	不明	√		√
寧夏	47	隋史射勿墓	隋大業六年（公元 610 年）	頭部	√		
	48	唐史索岩墓	唐麟德六年（公元 664 年）	棺床		√	√
	49	唐史訶耽墓	唐咸亨元年（公元 670 年）	棺床		√	√
	50	唐史鐵棒墓	唐咸亨元年（公元 670 年）	棺床		√	√
	51	唐史道德墓	唐儀鳳三年（公元 678 年）	口中?		√	√
	52	唐史道洛墓	唐顯慶三年（公元 658 年）	棺床		√	√
陝西	53	隋獨孤羅墓	隋開皇二十年（公元 600 年）				
	54	西安土門村墓	唐			√	√
	55	西安曹家堡墓	唐			√	√
	56	西安東郊墓	唐	棺床		√	√
	57	唐賀若厥墓	唐武德四年（公元 621 年）	√		√	
	58	北周史君墓	北周大象二年（公元 580 年）	棺床		√	√
	59	商州市墓	隋	不明		√	√
其他地區	60	内蒙古水磨溝墓	北朝	屍骨		√	
	61	洛陽 30 號墓	唐	頭部	√		
	62	洛陽安菩墓	唐景龍三年（公元 709 年）	手握		√	√
	63	遼寧朝陽墓	唐	屍骨處		√	

* 本文的資料來源統計除參見羅丰《中國境内發現的東羅馬金幣》表一外，吐魯番地區的資料主要依據《新疆出土薩珊式銀幣》表 6,《新疆文物》, 1990 年 3 期，頁 5～7;《新疆文物》, 2000 年 2～3 期，頁 97～240，吐魯番哈拉和卓墓葬表及侯燦《吐魯番出土磚志集注》（巴蜀書社，2003 年）中統計。由於吐魯番材料没有完全刊佈，其中或有重復統計。一墓中出土 1 枚以上者，或許有其他動因隨葬，不在統計之例。

從死者口含、手握外國金銀幣習俗的總體分佈情况看，新疆吐魯番是這種葬俗的集中分佈區，進入内地則與粟特人的具體流向有關，固原、西安、洛陽、内蒙古水磨溝和朝陽地區都有明確的粟特人指向。葬儀是古代中國人生活的重要組成部分，流寓中國的粟特人在入鄉隨俗方面有著相當程度的妥協。當然這種妥協的基礎，是漢地葬儀形式代表了潮流化的方向，使每個生活在中國的粟特人不能不考慮接受。長墓道、多天井的土葬形式，記載自身生平事蹟、家庭來源的墓誌均爲粟特人所接受並使用。但在一些具體葬俗方面粟特人卻有著與衆不同的舉動：

1. 採用石刻棺床，用屏風形式描述粟特人生活或拜火教神的場面。姜伯勤引述《新唐書・安金藏傳》云：安金藏“神龍初，母喪，葬南闕口，營石墳，晝夜不息”。將此“石墳”與安菩墓石棺床聯繫起來[25]，很有見地。新見北周史君墓中石槨正中雙語銘文稱“大周［涼］州［薩］保史君石堂”。其中“石堂”一詞是粟特人對石槨的自稱。已發現多座石棺床、石槨等石製品遺物，結合文獻記載中的“石墳”，自銘“石堂”，表明粟特人對於石製品的鍾愛。《北史・西域傳》“嚈噠國”條中的一段記載，加深了我們對中亞人鍾情石製品意義的理解。嚈噠人：

死者，富家累石爲藏，貧者掘地而埋，隨身諸物，皆置冢内[26]。

嚈噠强大時，昭武諸國的粟特人盡役屬其國。用石棺床、石槨的風俗，很可能是中亞富人“累石爲藏”傳統的延續。

2. 至今發現流寓中國的粟特人墓葬，多數並未採用漢式棺木來置放屍體。固原南郊史射勿墓、史索岩墓、史訶耽墓、史鐵棒墓、史道德墓、史道洛墓、鹽池窨子梁何氏墓地、西安安伽墓和史君墓等，均未清理出棺木痕跡。處理屍體方面或許他們沿用粟特本土方法，將屍體直接置放在棺床上，讓其自然腐化。吐魯番地區口含金幣的墓葬中除蘆席外，亦没有使用棺木[27]。

3. 口含、手握金、銀幣雖然顯得較爲普遍，但並不是每個粟特人墓葬中都有，尤其是那些被盜掘的墓。葬俗流行過程中不僅要受本身傳統制約，現實環境，尤其是主持葬儀的葬師在其中也摻雜有個人經驗，都可以成爲影響最終結果的要素。

經過二十多年粟特人墓葬在中國的發掘經驗，口含、手握金銀幣理應被看作是粟特

〔25〕參見姜伯勤《中國祆教藝術史研究》，生活・讀書・新知三聯書店，2004年，頁25～26。

〔26〕《北史》卷九十七〈西域傳〉，頁3231。

〔27〕這一印象的獲得主要依據魯禮鵬編制的《吐魯番阿斯塔那古墓群墓葬登記表》，《新疆文物》，2000年2～3期，頁215～243。不過榮新江指出，現在吐魯番阿斯塔那墓地中表明墓主是粟特人的很少，多爲漢人。粟特人另有自己的墓地和葬俗（參見氏著《歷史時期的胡漢葬俗：吐魯番的例證》，《歐亞學刊》，第四輯，頁180～181）。榮氏的觀點值得進一步關注。

人流寓中國後演進出的一種重要葬俗。史君墓發現的金幣再次表明這一葬俗是特定人群的習俗，或與文獻中“隨身諸物，皆置昉内”的記録頗相吻合。吐魯番地區居民構成複雜，墓葬材料没有完全公佈，現有資料展現出這種習俗有向非粟特人群拓展的傾向。西安獨孤羅、賀若厥夫婦墓口含金幣則屬一個異例，恐怕我們不能不注意他們在河西胡人聚集區長期生活的背景。内地有無向非粟特人群傳播則是一個需要繼續觀察的課題。口含、手握金銀幣的習俗由於葬儀的私密性，其深刻的含義並不爲普通中國民衆所瞭解，文獻中所見胡人與珍寶的故事可看作當時普通民衆對這一習俗一般性的解讀。既然已經有諸多材料證明，流寓中國的粟特人有自身獨立的信仰系統，那麽對於口含或手握外國金銀幣的現象，我們爲什麽一定要用漢文化西傳來詮釋呢?

胡漢之間

「絲綢之路」與西北歷史考古

BETWEEN HAN AND NON-HAN

The Silk Road and Historical Archaeology of China's Northwestern Regions

PART Ⅲ

十一　流寓中國的中亞史國人[1]

中亞粟特人流寓中國以後，在所經過的地區建立了一些粟特人聚落，吐魯番、敦煌和所謂唐“六胡州”地區的聚落明顯具有普遍性，即使内地粟特人也表現出聚族而居的特徵。20世紀初葉以來，中外學者對於流寓中國的粟特人及其聚落有着較爲深刻的研究，需要提及的是桑原騭藏[2]、馮承鈞[3]、向達[4]、小野川秀美[5]、蒲立本（E. Pulleyblank）[6]、前田正名[7]、池田温[8]、陳連慶[9]、姜伯勤[10]、張廣達[11]、章群[12]、

〔1〕本文係筆者1996年10月在“中研院歷史語言研究所”舉辦的“長城内外民族與文化關係綜合研討會”專題講演稿，承與會諸先生多方教示，謹表謝意。

〔2〕桑原騭藏《隋唐時代に支那に來往した西域人に就こ》，原載《内藤博士還歷祝賀支那學論叢》，後收入《桑原騭藏全集》第二卷，岩波書店，1968年，頁270～360。

〔3〕馮承鈞《唐代華人化蕃胡考》，原載《東方雜志》，28卷17號，後收入《西域南海史地考證論著彙輯》，中華書局，1957年，頁129～157。

〔4〕向達《唐代長安與西域文明》，生活·讀書·知新三聯書店，1957年，頁1～154。

〔5〕小野川秀美《河曲六胡州の沿革》，京都帝國大學人文科學研究所《東亞人文學報》，1卷4號，1942年，頁194～226。

〔6〕E. G. Pulleyblank, A Sogdian Colony in Inlner Mongolia, *T'uang Pao* XLI, 1952, pp.317～356.

〔7〕前田正名《河西の歷史地理學的研究》，吉川弘文館，1964年，頁15～86。

〔8〕池田温《8世紀中葉における敦煌のソグド人聚落》,《ユ〜ラシア文化研究》,1965年1期,頁49～92;辛德勇中譯文,載劉俊文主編《日本學者研究中國史論著選譯·民族交通》第九卷,中華書局,1993年,頁140～220,《トウルァン漢文文書に見えゐ外族》,《月刊シルクード》,1978年2、3合併號,頁14～16。

〔9〕陳連慶《漢唐之際的西域賈胡》,《1983年全國敦煌學術討論會論文集·文史遺書編》上册,甘肅人民出版社,1987年,頁78～108。

〔10〕姜伯勤《敦煌·吐魯番とシルクード上のソグド人》,《季刊東西交涉》,5卷1號,頁30～39,1986年3月;2號,頁26～33;6月,3號,頁28～36,9月;《敦煌吐魯番文書與絲綢之路》,文物出版社,1994年。

〔11〕張廣達《唐代六胡州等地的昭武九姓》,《北京大學學報》,1986年2期,頁71～82,後收入氏著《西域史地叢稿初編》,上海古籍出版社,1995年,頁249～280。

〔12〕章群《唐代蕃將研究》,聯經出版公司,1986年,頁187～277。

陳國燦[13]、盧兆蔭[14]、蔡鴻生[15]以及馬小鶴[16]、榮新江[17]、吴玉貴[18]、程越[19]等人研究成果。借助這些卓有成效的研究，擴大了我們對於流寓中國粟特人及其後裔的視野或某一特殊方面的深刻認識。這裏僅揀出流寓中國的諸多粟特人的一支史姓人加以討論。

（一）Sogdiana 地區的史國

在中亞烏滸河（Oxus，即阿姆河）和藥殺水（Yaxartes，即錫爾河）之間的索格底亞那（Sogdiana）地區，聚集着一些小的城邦國家，隋唐時期的中國史料稱之爲“昭武”諸國。這些以粟特人爲主體的城邦小國，著名的有六國或九國，所活動的地區在兩河之間的忸密水（Namik，即今澤拉夫珊河）與獨莫水（疑今爲之 Kashka 河）流域。漢文史籍中的史國就是其中之一，隋唐間與中國有着廣泛的聯繫，進行過多次以朝貢爲名的貿易活動。

實際上，中國人對於這個中亞小國的瞭解或許還要早一些，可以上溯至北魏時期。自北魏太延年間（公元 435～440 年）開始，北魏朝廷多次派使者出使西域諸國，通過使節們對西域地區的報告，人們對該地區的瞭解增加了，以悉萬斤國爲首的粟特地區諸國，與中國政權之間發生了往來關係。《北史·西域傳》云：

> 伽色尼國，都伽色尼城，在悉萬斤南，去代一萬二千九百里。出土赤鹽，多五果。[20]

伽色尼國，法國學者施貝歇特（Specht）認爲就是後來的史國[21]。伽色尼國與薄知國相鄰，《北史·西域傳》同卷亦載：“薄知國，都薄知城，在伽色尼南，去代一萬三

---

〔13〕陳國燦《魏晉至隋唐河西人的聚落與火祆教》，《西北民族研究》，1988 年 1 期，頁 198～209、278。

〔14〕盧兆蔭《何文哲墓志考釋——兼談隋唐時期在中國的中亞何國人》，《考古》，1986 年 9 期，頁 841～848。

〔15〕蔡鴻生《唐代九姓胡禮俗叢考》，《文史》，第 35 輯，中華書局，1992 年，頁 109～125。

〔16〕馬小鶴《米國鉢息德城考》，《中亞學刊》，第 2 輯，中華書局，1987 年，頁 65～75。

〔17〕榮新江《古代塔里木盆地周邊的粟特人移民》，《西域研究》，1993 年 2 期，修訂稿《西域粟特移民考》，載馬大正等主編《西域考察與研究》，新疆人民出版社，1994 年，頁 157～172。

〔18〕吴玉貴《涼州粟特胡人安氏族研究》，《唐研究》，第 3 卷，北京大學出版社，1997 年，頁 295～339。

〔19〕程越《從石刻史料看入華粟特人漢化》，《史學月刊》，1994 年 1 期，頁 22～27。

〔20〕《北史》卷九十七〈西域傳〉，頁 3224。

〔21〕白鳥庫吉《康居粟特考》，傅家勤中譯本，商務印書館，1936 年，頁 60。

千三百二十里”，白鳥庫吉也傾向於北魏伽色尼國即後來的史國的觀點[22]。

史國在撒馬爾罕（Samarkand）之南，《隋書·西域傳》載：

史國，都獨莫水南十里，舊康居之地也。其王姓昭武，字逖遮，亦康國王之支庶也。都城方二里，勝兵千餘人。俗同康國。北去康國二百四十里，南去吐火羅五百里，西去那色波國二百里，東北去米國二百里，東去瓜州六千五百里。大業中，遣使貢方物。[23]

隋代時韋節、杜行滿曾經訪問過史國，《隋書·西域傳》亦載：

煬帝時，遣侍御史韋節、司隸從事杜行滿使於西蕃諸國。至罽賓，得瑪瑙杯；王舍城，得佛經；史國，得十舞女、師子皮、火鼠毛而還。[24]

唐代隨着昭武諸國與中國内地往來頻繁加劇，人們對史國的知識瞭解就更多了。《新唐書·西域傳》載：

史，或曰佉沙，曰羯霜那，居獨莫水南康居小王蘇薤城故地。西百五十里距那色波，北二百里屬米，南四百里吐火羅地也。[25]

唐代高僧玄奘曾路經史國，《大唐西域記》載：

從颯秣建國西南行三百餘里，至羯霜那國（唐言史國）。竭霜那國周千四五百里。土宜風俗同颯秣建國。[26]

慧超在《往五天竺國傳》中對史國等亦作了簡單介紹，稱史、康等國“雖各有王，並屬大寔所管，爲國狹小，兵馬不多，不能自護”[27]。

成書於公元10世紀的阿拉伯地理書《道里邦國志》在記述撒馬爾罕領屬時說：

撒馬爾罕城中有一堡城（Qahandaz），它領有代步西亞（東安國）、艾爾賓兼（Arbinjan）、庫沙尼亞（Kushāniyah）、伊什替罕（Ishtīkhan）、渴石（Kiss）、奈塞夫（Nasaf）、呼兼德（Khujandah）諸城。[28]

首先，應當談及的是史國國名問題。史國又名竭霜那，在梵文中作Kasanna或者Kusana，馬迦特認爲這是阿拉伯—波斯語Kašš、Kišš的對音[29]，但也有人認爲Kašš實

[22] 白鳥庫吉《康居粟特考》，頁60，據白鳥氏注稱Specht說法見*Die Centralasiatische Studien*（《中亞細亞研究》第一章，頁15、180）。

[23] 《隋書》卷八十三〈西域傳〉，頁1855。

[24] 《隋書》卷八十三〈西域傳〉，頁1841。

[25] 《新唐書》卷二百二十一下〈西域傳〉，頁6247～6248。

[26] 季羨林等《大唐西域記校注》卷一，中華書局，1985年，頁97。

[27] 慧超原著、張毅箋釋《往五天竺國傳箋釋》，中華書局，1994年，頁118。

[28] 伊本·胡爾達兹比赫《道里邦國志》“東方的情形”，宋峴中譯本，中華書局，1991年，頁29。

[29] 馬迦特《古突厥碑銘年代考》，頁56、57，轉引自季羨林等《大唐西域記校注》卷一，頁98。

際上是突厥語，是"冬天"的意思[30]。佉沙或者乞史城之乞史都是 Kešš 之音的轉寫，那麽所謂史國的"史"，顯然是漢文佉沙、乞史的簡寫或縮寫，所取的其末尾字音，佉沙或史，均爲地名的譯音，當取自伊朗語系的粟特語。英譯作 Kushana 源於梵文，Kāshsh 或者 Kishsh，是今之碣石城（Kash）最常見的稱謂，譯作 Shahr，現代地圖上標爲沙赫里夏伯玆，湯馬斯撒克（Tomachek）認爲 Kāšānī 有"冬居"的意思[31]。

史國所處的具體地理位置，《隋書》稱其"都獨莫水南十里"。《新唐書》僅稱"居獨莫水南"。《隋書》在論及史國四至時稱"北去康國二百四十里，南去吐火羅五百里，西去那色波國二百里"。《新唐書》亦稱"西百五十里距那色波，北二百里屬米，南四百里吐火羅"。基本相同，衹是至那色波的距離有五十里之差。《大唐西域記》載："從颯秣建西南行三百餘里，至羯霜那國"，較《隋書》所言多出約六十里。《唐會要》"雜録"條載：

> 天寶二年四月二十五日，上因問諸蕃諸國遠近，鴻臚卿王忠嗣上言：臣謹按《西域圖》（略）史國在疏勒西四千里，東至俱密國一千里，西至大食國二千里，南至吐火羅國一百里，西北至康國七百里。[32]

康國所處的位置，據許多學者研究，大約在今澤拉夫珊河南岸之撒馬爾罕（Samar－kand）。米國的首都據馬小鶴考證是在澤拉夫珊河南岸撒馬爾罕以東約 7 公里的品治肯特城（Pyandji Kent），亦稱噴赤干（Panfikand）[33]，也就是《新唐書·西域傳》上所説的"鉢息德城"。情況已基本清楚，獨莫水應是今之 Kaska－rud 河。該河發源於 Sultan Hazret Tagh，向西流 Karsi，與 Khazar 河匯合而流入沙漠之中。該地區因爲這條河流而繁榮。《新唐書·西域傳》説，史國是"康居小王蘇薤城故地"。《漢書·西域傳》云：

> 康居有小王五，一曰蘇薤王，治蘇薤王城，去都護五千七百七十六里，去陽關八千二十五里。[34]

法國學者沙畹（Chavannes）稱："蘇薤似爲 Soghd 之對音，《新書》以爲其爲佉沙（Kesch）城之説，業爲馬迦特《古突厥碑年代考》所引大食文證實，據云，有一時代佉沙曾爲 Soghd 之都城。"[35] 白鳥庫吉對此説提出批判，並引證《史記·大宛列傳》等史料認爲，那完全是由於《新唐書》作者杜撰，西方學者均誤傳造成的[36]，榎一雄也有

---

〔30〕筆者訪問史語所時蒙陳慶隆教授教示，謹表謝意。

〔31〕轉引自白鳥庫吉《康居粟特考》，頁 57。

〔32〕王溥《唐會要》卷一百"雜録"條，中華書局本，1990 年，頁 1797。

〔33〕馬小鶴《米國鉢息德城考》，《中亞學刊》，第 2 輯，頁 66～70。

〔34〕《漢書》卷九十六上〈西域傳〉，頁 3894。

〔35〕沙畹《西突厥史料》，馮承鈞中譯本，中華書局，1958 年，頁 135 注。

〔36〕白鳥庫吉《康居粟特考》，頁 59～60。

與之相類似的觀點[37]。

據成書於公元10世紀的《世界境域志》在第二十五章中稱：渴（碣）石“這是熱帶地方的一個村鎮，下雨很多”[38]。W. 巴爾托里德（W.Barthold）也説，碣石地區的人們認爲這裏的氣候狀况不利於身體健康[39]。

《道里邦國志》則稱：

一座叫欽斯（即渴石）的城市，距撒馬爾罕有二日行程。這兩城之間有一高大的屏障。欽斯城外有幾座雪山，其上每年的積雪能清楚地辨認出來。倘若某人有鋭利的目光，他就能從每年的積雪中數出過去共積了多少年的雪。在各年的積雪層之間有一條灰塵形成的紅線。這紅綫是每年夏季消暑的日子裏形成的。（略）由於積雪消融而使水漫延、上漲到山地，這山地被稱作……（原文此處漏字）（在）山地中有眼很大的泉源，名叫海什塔當、代爾（Hashtādan dar），從中流出很多的水，這水流至撒馬爾罕被叫作“吉爾特”（Jīrt）河，它就是“布哈拉”河。[40]

這也就是澤拉夫珊河。

史國境内最重要的河流是喀什卡（Kashka）河，連接撒馬爾罕的道路由喀什卡河谷穿過。該河谷對於澤拉夫珊河同名的澤拉夫珊（Zarafshan）山來説，地理位置是相當重要的。喀什卡河名字的産生很明顯與現在河流名稱有聯繫，河流流經碣石城南面的大門，通過其北門又流入另一條支流阿斯入（Asnud）。這兩條途經城門的河流被用於灌溉該地區的農田[41]。

L. 哈魁爾（Lbr. Hawqal）列舉了屬於碣石（Kish）地區的十六個地方：

① 米史—渴石（Miyan-Kish）

② 魯德（Rudh）

③ 巴倫德朗（Balandarar）

④ 雷什梅英（Rasmayin）

⑤ 卡什喀（Kashk）

⑥ 安魯（Anu）

⑦ 布藥瑪恩（Buzmajan）

〔37〕K. Enoki, Sogdiana and the Hsiung－nu, *Central Asiatic Journal*, Vol.I, No.1, 1956, p. 51, note33.

〔38〕王治來、周錫娟譯《世界境域志》第二十五章“關於河中地區及其諸城鎮”，新疆社會科學院中亞研究所鉛印本，1983年，下同，頁76。

〔39〕參見W.Barthold, *Turkestan*, *down to the Mongol invasion*, Fourth Edition, 1997（英譯本），pp.135～137。

〔40〕伊本·胡爾達兹比赫《道里邦國志》，頁193～194。

〔41〕參見W. Barthold, *Turkestan*, *down to the Mongol invasion*, pp.135～137。

⑧ 斯芽姆（Siyam）或斯南姆（Sinam）

⑨ 阿爾干（Arghan）

⑩ 傑魯德（Jaj－rud）

⑪ 庫扎爾—魯德（Khuzar－rud）

⑫ 庫扎爾（Khuzar）

⑬ 索魯達（Suaruda）

⑭ 内桑加爾達克（Inner Sang－gardak）

⑮ 外桑加爾達克（Outer Sang－gardak）

⑯ 瑪伊姆爾格（Maymurgh）〔42〕

以上地名的排列顯然不是按照地理位置順序，有某種隨意性，在這一名單上包括了很大範圍的地區。

碣石城，在粟特地區被認爲是最重要的城鎮，其結構由“内城、城堡和城郊”等三部分組成，是一種較理想的構造。據説有四個較重要的門：

① 鐵門（Iron Gate）

② Vbaydallah 門

③ 屠夫之門（Gate of the Butchers 或屠殺之門）

④ 内城城門

城門的具體位置，已經没有更多的資料來説明。人們僅僅根據河流流過情况推測，所謂的屠殺之門在南邊。

碣石地區以其具有鐵門關而著稱，鐵門是粟特地區與吐火羅地區的一個重要的分界線，其南便是巴克特利亞地區（即吐火羅）。鐵門，經湯姆森（V. Thomsen）考證，“拜松山嶺（Байсун－тау）中的布兹加勒（Бузгал）隘口，位於從撒馬爾罕至巴里黑（Балх）的通道上，在沙赫里夏勃兹（Шахрисябз）以南九十公里”〔43〕。鐵門在魯尼文碑文中多次出現，拉丁文轉寫爲 Tamir qapyr。最初的一種叫法見於雅忽比在公元 9 世紀的一部地理著作《諸國志》。據該書記載，其波斯名稱是 дар－иаха нин，爲鐵門之意〔44〕。《大唐西域記》有較詳細的記載：

〔42〕這些地名的轉寫，參見 W. Barthtold, *Turkestan, down to the Mongol invasion*, Fourth Edition, p.137。

〔43〕湯姆森《鄂爾渾碑銘考》137 頁，轉引自克利亞什托爾内《古代突厥魯尼文碑銘——中亞細亞原始文獻》，李佩娟中譯本，黑龍江教育出版社，1991 年，頁 78。

〔44〕雅忽比《諸國志》，頁 290，轉引自克利亞什托爾内《古代突厥魯尼文碑銘——中亞細亞原始文獻》，頁 78。

從此（指羯霜那），西南行二百餘里入山。山路崎嶇，谿徑危險，既絶人里，又少水草。東南山行三百餘里，入鐵門。鐵門者，左右帶山，山極峭峻。雖有狹徑，加之險阻，兩傍石壁，其色如鐵。既設門扉，又以鐵錮，多有鐵鈴，懸諸户扇，因其險固，遂以爲名。[45]

《新唐書·西域傳》亦云：

有鐵門山，左右巉峭，石色如鐵，爲關以限二國，以金錮闔城。[46]

《大慈恩寺三藏法師傳》載：羯霜那國

又西南二百里入山，山路深險，纔通人步，復無水草。山行三百餘里，入鐵門，峰壁狹峭而崖石多鐵礦。依之爲門，扉又鍱鐵，又鑄鐵爲鈴，多懸於上，故以爲名。即突厥之關塞地。出鐵門至睹貨羅國。[47]

《法苑珠林》亦引《西域傳》云：

其鐵門者，即是漢之西屏。鐵門之關，見漢門扇，一竪一卧，外鐵里木，加懸諸鈴。必掩此關，實唯天固。南出斯門，千餘里，東據葱嶺，西接波斯南，大雪山北據，鐵門縛芻、大河中境西流，即經所謂博義河。[48]

一些著名旅行家曾經經過鐵門關，公元15世紀初葉，克拉維約（Klaviyo）在其《東使記》中記載了他奉命出使中亞途經鐵門時的情景：

所經過的山峽，極爲狹隘，其窄處，似乎人之兩手可觸到，而兩邊巉巖峭直，不可攀援。不過路面尚爲平坦，巖頂上有一座村落，此處名爲鐵門，乃東西方往來上必經之咽喉要道，他處並無通路。因之，此處山嶺，爲薩馬爾罕最堅固的屏障。（略）同時自伊朗來撒馬爾罕，亦必須經過該處。[49]

史國的物產據《世界境域志》載：

渴石山中發現有藥物的礦藏。其地生産好騾、嗎哪和紅鹽，輸往各地。[50]

其中出産紅鹽的記録與《魏書·西域傳》有"赤鹽"記載十分一致。其餘物産與其他粟特國家近似，《慧超往五天竺國傳》中說：

土地出駝、騾、羊、馬、疊布之類。衣著疊衫、袴等，及皮毬（裘）。[51]

鹽礦是史國的主要經濟來源，在總收入中佔有很大的比重，這種情況一直持續至公元

[45] 季羨林等《大唐西域記校注》卷一，頁98。

[46]《新唐書》卷二百二十一下〈西域傳〉，頁6248。

[47] 慧立、彦悰《大慈恩寺三藏法師傳》卷二，孫毓棠等標點本，中華書局，1983年，頁30。

[48] 釋道世《法苑珠林》卷二十九，中國書店，海王邨古籍叢刊本，1991年，下同，頁426，

[49] 克拉維約（Klaviyo）《克拉維約東使記》，楊兆鈞中譯本，商務印書館，1997年，頁116。

[50] 王治來、周錫娟譯《世界境域志》，頁76～77。

[51] 慧超原著、張毅箋釋《往五天竺國傳箋釋》，中華書局，1994年，頁118。

10世紀時。“粟特、‘布苔姆’礦、‘渴石’鹽礦、渴石、奈塞夫、布苔姆以及粟特的其他諸地區年收入共計1,089,000‘穆罕默德’迪爾汗”。其中“欽斯（渴石）年收入爲111,500迪爾汗”[52]。

在風俗信仰方面，《新唐書·西域傳》載：“城有神祠，每祭必千羊。用兵類先禱乃行”[53]。《慧超往五天竺國傳》云：

> 又此六國總事火祆，不識佛法。（略）並剪鬢髮，愛著白氎帽子。極惡風格，婚姻交雜，納母及姉（姊）妹爲妻。（略）兄弟十人、五人、三人、兩人，共娶一妻，不許各娶一婦，恐破壞家計。[54]

《隋書·西域傳》云：

> 康國、米國、史國……皆歸附之，有胡律，置於祆祠，將決罰則取而斷之，重罪者族，次罪者死，賊盜截其足。[55]

《新唐書·西域傳》載：史國

> 國有城五百。隋大業中，其君狄遮始通中國，號最强盛。築乞史城，地方數千里。（略）天寶中，詔改史爲來威國。[56]

史國從隋代大業年間（公元605～618年）開始便與中國有官方往來，唐時逐漸密切。根據《册府元龜》等書統計，約有以下數次：

史國、波斯國、漕國、焉耆等國大業中並遣使朝貢。

貞觀十六年（公元642年）春正月，康國、曹國、何國、史國遣使獻方物[57]。

開元十五年（公元727年）五月，“史國獻胡旋女子及葡萄酒”。七月“使［史］國王阿忽心多遣使獻胡旋女子及豹”[58]。

開元二十七年（公元739年）四月，“史國王斯謹提遣使獻表起居”[59]。

開元二十九年（公元741年）三月，“史國王斯謹提遣使首領勃帝米施來朝賀正，具獻方物”[60]。

天寶三年（公元744年）七月，“大食、康國、史國、西曹國、米國、謝颶國、吐

[52] 伊本·胡爾達兹比赫《道里邦國志》，頁41～42。
[53]《新唐書》卷二百二十一下〈西域傳〉，頁6248。
[54] 慧超原著、張毅箋釋《往五天竺國傳箋釋》，頁118，上引標點與之稍不同。
[55]《隋書》卷八十三〈西域傳〉，頁1848～1849。
[56]《新唐書》卷二百二十一〈西域傳〉，頁6248。
[57]《册府元龜》卷九百七十，頁11396、11399。
[58]《册府元龜》卷九百七十，頁11408。
[59]《册府元龜》卷九百七十一，頁11410。
[60]《册府元龜》卷九百七十一，頁11411。

火羅國、突騎施、石國，並遣使獻馬及寶”[61]。

天寶五年（公元 746 年）閏十月，史國、米國，遣使來朝[62]。

《隋書·西域傳》在記載史國王統時説:“其王姓昭武,字狄遮,亦康國王之支庶也。”[63]上引《新唐書·西域傳》云其君“狄遮”,生活在隋大業年間,與“狄遮”同屬一人。貞觀年間,史國王爲“沙瑟畢。顯慶年間,以其地爲佉沙州,授君昭武失阿喝爲刺史”。《册府元龜》記:以其王昭武失阿喝爲刺史在顯慶三年(公元 658 年)。開元十五年(公元 727 年),其王爲“阿忽必多延屯”[64],《新唐書》簡約爲“忽必多”。開元二十七年(公元 739 年)卒,其子阿忽鉢繼之爲王。開元二十九年(公元 741 年)史國王爲“斯謹提”。

公元 8 世紀初葉，中亞粟特地區形勢發生了巨大的變化，首先是東突厥的入侵，史國也在被佔領之列。據突厥魯尼文碑銘《暾欲谷碑》記載：“我讓十箭的軍隊出兵。我們也出兵！我們跟在他們後面，渡過珍珠河，翻過稱作‘天子’的聖 äk－tagh 山。……我們一直到達鐵門［關］，從那裏，我們回師。大食人、吐火羅人以及［住在］這邊的以 asuq 爲首的粟特人民全都來臣服小可汗。以前，突厥人民未曾到達過鐵門［關］和稱作‘天子’的山。由於我英明的暾欲谷使其到達那些地方，他們運回了無數的黄金、白銀、姑娘和婦人、貴重的鞍韉、珠寶。”碑的這一部分第四十三至四十八行解讀者之間有較大的出入，這裏採用的耿世民較新的譯文[65]。

《闕特勤碑》東第一至二行：

在人類之子上面，坐有我祖先布民可汗和室點密可汗。他們即位後，創建了突厥人民的國家和法制。［這時］四方皆是敵人。他們率軍征戰，取得所有四方的人民，全部征服了［他們］。使有頭的頓首臣服，有膝的屈膝投降，並使他們住在東方直到興安嶺，西方直到鐵門［關］的地方。

東第三十九至四十行：

爲了整頓粟特人民，我們渡過珍珠河，一直出征到鐵門［關］。［之後］，普通

〔61〕《册府元龜》卷九百七十一，頁 11411。

〔62〕《册府元龜》卷九百七十一，頁 11412。

〔63〕《隋書》卷八十三〈西域傳〉,頁 1855。

〔64〕《册府元龜》卷九百六十六,頁 11367。

〔65〕過去，國内學術界可以利用的漢譯本基本上是韓儒林由德文、英文轉譯的《突厥闕特勤碑譯注》（《禹貢》，6 卷 7 期，1936 年，頁 21～31）。耿世民的譯文直接來自魯尼文，耿氏《暾欲谷碑》譯文見林幹《突厥史》，附録頁 245～252，内蒙古人民出版社，1988 年，下同。而在蘇聯學者 G. F. 克利亞什托爾内《古代突厥魯尼文碑銘——中亞細亞原始文獻》中内容卻稍有不同（李佩娟中譯本，黑龍江教育出版社，1991 年，頁 159～166）。關於這兩塊碑文較新的漢譯可參見芮傳明《古突厥碑銘研究》（上海古籍出版社，1998 年）一書的附録。較以前譯文，芮譯則更多地吸收了突厥學界較新的成果，但如果説可以可靠地替代從前的舊譯，恐仍需待以時日。

> 突騎施人民成了［我們的］敵人，到 Kängäräs 那裏。當時我們的軍馬瘦弱，没有糧秣，壞人……襲擊我們的是勇敢的人。當時我們很後悔衹派了少數人隨同闕特勤。[66]

在突厥人的心目中，粟特地區這些小的城邦國家是一個整體，他們疏忽了這些小國之間可能存在的某種差異，史國等在這一時期淪爲突厥的統治地卻是事實。大約在同一時期，阿拉伯帝國結束了哈利發國内争奪政權的内訌，由呼羅珊總督庫捷伊巴率領，向河中地區進軍。在公元 710 年，庫捷伊巴的軍隊經過激烈的戰鬥，佔領了那色波（即小史國）和渴石（史國）[67]，哈里發國家在粟特地區取得了根本性的勝利，將呼羅珊與河中地區連成一個總督管轄着的廣大地區。粟特地區諸多小國將希望寄托在遥遠的中國，從前引資料來看公元 8 世紀初葉以後，史國等國與中國的往來逐漸增多，而在此以前交往記録明顯很少，這種不正常的現象與河中地區被阿拉伯人佔領有着密切的聯繫。

（二）新疆地區

今天的新疆地區，是昭武九姓人移居中國以後最爲重要的聚落分佈區。現代學者對於這一地區的瞭解得益於 20 世紀初葉以來若干重要文書的出土。史國人在文書中的出現次數過去認爲既不是最多也不是最少，根據以下鈎稽情況則僅次於康姓，與其在昭武九姓人中佔據的地位大體相適應。

塔里木盆地周邊由於地緣的關係，是粟特人首先移居的地區，在和田、庫車等一些遺址中，曾發現相當數量的使用中古伊朗語系諸多地方語和粟特語（Sogdian）、于闐語（Khotanese）寫成的文書殘卷，其中有一些關於粟特人活動情況的記載，文書的主要内容是粟特人向政府交納實物或租税的記録。中亞人來華的年代，漢文史籍記載大約在東漢末年形成一個高潮。馬雍曾依據《高僧傳》等史料鈎稽出有安息人、月支人、康居人等[68]。早期來華的中亞人，皆冠以國名爲姓，安息人姓安，如安世高、安玄；月支人姓支，如支婁迦識、支亮等；康居人以康爲姓，如康巨、康僧會等[69]。中亞建立的許多小城邦，中國文獻稱之爲“昭武九姓”，來華粟特人均以國名簡稱爲姓，如康、安、

〔66〕亦爲耿世民譯文，見林幹《突厥史》附録，頁 261。

〔67〕E. F. 加富羅夫《中亞塔吉克史》，蕭之光中譯本，中國社會科學出版社，1985 年，頁 134。

〔68〕馬雍《東漢後期中亞人來華考》，《經濟理論與經濟史論文集》，北京大學出版社，1983 年，後收入氏著《西域史地文物叢考》，文物出版社，1990 年，頁 46～59。

〔69〕馬雍《東漢後期中亞人來華考》，《西域史地文物叢考》，頁 46～54。

曹、石、史、米等，一些學者還在粟特語文獻中找出許多根據。康國人以 X′n/kan（康）爲姓，安國人以′n/an（安）爲姓，石國人以 c′z/caz（石）爲姓，cwy′kkh 或即曹國人〔70〕。雖然暫没有在粟特語中發現史國人姓氏拼法，但來華之史國人均以史爲姓，亦成爲我們判定漢文文獻中史國人後裔的依據之一。在漢文文書中粟特人遵循了漢人稱之國别爲姓的習慣，保留了其原來國别。在粟特人原出生城邦的名字前面有一個表示該城的漢字〔71〕。

1930 年初，中瑞聯合西北科學考察團在和田徵集一批文書，其中一組文書由漢文、于闐文雙語組成，編號爲 H24 號漢文文書有"□□午年閏四月四日辰時典史懷僕（保）牒"字様，漢文文書首先由德國漢學家哈隆解讀，哈隆以爲"典史"是職官名，張廣達、榮新江認爲不確。《唐六典》卷二"尚書吏部郎中"條云：

凡别敕差使，事務繁劇要者，給判官二人，每判官使並及副使各給典二人。非繁劇者，判官一人、典二人，使及副使各給典一。

史爲姓氏無疑，其名張、榮二氏釋之爲"史環僕"，林梅村則釋爲"史懷保"。文書的確切年代張、榮認爲是唐肅宗乾元三年（公元 760 年），而林氏將 H.24 和 D.F 兩件文書聯繫起來考慮，確定文書的年代是貞元六年（公元 790 年）〔72〕。無論如何，這位史姓"典"是中亞史國人。

除和田外，在樓蘭、龜兹和喀什等地塔里木盆地周邊緑洲上，普遍存在着粟特人聚落，其中不乏史國人。

吐魯番盆地是另外一個粟特人在新疆的聚落點。在吐魯番出土文書中，從十六國時期開始就有一些西域人的姓名出現，但其中並没有能够確認是昭武九姓人的姓名，文書中記載昭武九姓人大體上從公元 6 世紀開始，當然文書的保存與發現都是非常偶然的事情，粟特人進住這一地區肯定比記載要早得多。

吐魯番文書中的名籍是保存粟特人姓名最理想的資料，大量粟特人的姓名主要出現在名籍簿上（見表十一·1）。

---

〔70〕林梅村《粟特文買婢契與絲綢之路上的女奴貿易》，《西域文明》，東方出版社，1995 年，頁 74。

〔71〕E. G. Pulleyblank，A *Sogdian Colony in Inner Mongolia*，p.320.

〔72〕關於這組和田文書最先由黄振華著文介紹至國内（參見黄氏《于闐文及其文獻》，《中國史研究動態》，1981 年 3 期）；張廣達、榮新江氏在 1988 年以《關於和田出土于闐文獻的年代及其相關問題》（《東洋學報》，第 69 卷 1、2 號，後收入氏著《于闐史叢考》，上海書店，1993 年，頁 71～97）爲題發表了對於這組文獻一些重要的見解，尤其是在文書來源、年代方面成果引人注目；林梅村則對文書進行全面的研究，在于闐文解讀方面，使我們對文書價值有了新的理解，或代表着這批雙語文書解讀的新水平（《新疆和田出土漢文—于闐文雙語文書》，《考古學報》，1993 年 1 期，後收入氏著《西域文明》，東方出版社，1995 年，頁 209～233）。

表十一·1　　吐魯番文書中史姓人統計表

墓　號	文書名稱	人　名	資料來源
阿斯塔那 17 號墓	《高昌僧弘潤等僧尼得施財物疏》	史通事	《文書》第二册，頁 108
阿斯塔那 88 號墓	高昌延昌七年（公元 567 年）《高昌高乾秀等按畝入供帳》	史通史	《文書》第二册，頁 183
阿斯塔那 84 號墓	延昌十四年（公元 574 年）墓《高昌都官殘奏二》	史 [恩]	《文書》第二册，頁 212
阿斯塔那 169 號墓	延昌十六年（公元 576 年）墓《高昌僧僧義等僧尼財物疏》	史　宣	《文書》第二册，頁 236
阿斯塔那 335 號墓	《高昌延昌三十二年（公元 592 年）缺名隨葬衣物疏》	史堅故	《文書》第二册，頁 314
阿斯塔那 520 號墓	《高昌延昌三十四年（公元 594 年）調薪文書》	史元相	《文書》第三册，頁 32～34
阿斯塔那 520 號墓	《高昌延昌三十四年（公元 594 年）調薪文書》	[史]養兒	《文書》第三册，頁 32～34
阿斯塔那 520 號墓	《高昌延昌三十四年（公元 594 年）調薪文書》	[史]買子	《文書》第三册，頁 32～34
阿斯塔那 520 號墓	《高昌延昌三十四年（公元 587 年）調薪文書》	史善伯	《文書》第三册，頁 32～34
阿斯塔那 520 號墓	《高昌延昌三十四年（公元 594 年）調薪文書》	史養兒	《文書》第三册，頁 36
阿斯塔那 48 號墓	《高昌延昌三十四年（公元 594 年）調薪文書》	史養生 史和樂	《文書》第三册，頁 73
阿斯塔那 48 號墓	《高昌延昌二十七年（公元 587 年）四月兵部條列買馬用錢頭數奏行文書》	史養生	《文書》第三册，頁 75
阿斯塔那 48 號墓	《高昌延昌二十七年（公元 587 年）六月兵部條例買馬用錢頭數奏行文書》	史養生 史和樂	《文書》第三册，頁 81
阿斯塔那 48 號墓	《高昌延昌二十七年（公元 587 年）七月十五日兵部條列買馬用錢頭數奏行文書》	史養生	《文書》第三册，頁 82
阿斯塔那 48 號墓	《高昌延昌二十七年（公元 587 年）八月兵部條列買馬用錢頭數奏行文書》	史養生	《文書》第三册，頁 85
阿斯塔那 48 號墓	《高昌張武順等葡萄畝數及租酒帳》	史伯悦	《文書》第三册，頁 55

續表十一·1

墓　號	文書名稱	人　名	資料來源
阿斯塔那 48 號墓	延昌三十六年（公元 596 年）《高昌將阿伯等所領人名籍》	史佛住	《文書》第三册，頁 99
阿斯塔那 48 號墓	《高昌參軍季兒等名籍》	史武祐	《文書》第三册，頁 103
阿斯塔那 48 號墓	《高昌參軍季兒等名籍》	史論子	《文書》第三册，頁 103
阿斯塔那 154 號墓	《高昌重光二年（公元 621 年）史懷熹殘條》	史懷熹	《文書》第三册，頁 129
阿斯塔那 154 號墓	《高昌重光二年（公元 621 年）史懷熹殘條》	史殿中	《文書》第三册，頁 130
阿斯塔那 81 號墓	《高昌史延高作人阿歡等名籍》	史延高	《文書》第三册，頁 140
阿斯塔那 81 號墓	《高昌史延高作人阿歡等名籍》	史元善	《文書》第三册，頁 140
阿斯塔那 81 號墓	《高昌作人酉富等名籍》	史阿願	《文書》第三册，頁 141
阿斯塔那 81 號墓	《高昌作人相兒等名籍》	史　□	《文書》第三册上，頁 142
阿斯塔那高昌延壽五年（公元 628 年）142 號墓	《高昌兵部殘文書附記馬匹帳》	史歡隆	《文書》第三册上，頁 238
阿斯塔那高昌延壽十年（公元 633 年）155 號墓	《高昌諸臣條例得破被氈、破褐囊、絶便索、絶胡麻索頭數奏一》	史臣辛	《文書》第三册上，頁 288
阿斯塔那高昌延壽十五年（公元 633 年）155 號墓	《高昌諸臣條例得破被氈、破褐囊、絶便索、絶胡麻索頭數奏一》	史元善	《文書》第三册上，頁 289
阿斯塔那 122 號墓	《高昌崇保等傳寺院使人供奉客使文書》	史阿願	《文書》第三册上，頁 328
哈拉和卓 1 號墓	《高昌延壽十六年（公元 639 年）至延壽十七年（公元 640 年）虎保等入劑俗錢疊條記》	史　何	《文書》第四册，頁 2
哈拉和卓 1 號墓	《唐西州高沙彌等户家口籍》	孟海仁妻史	《文書》第四册，頁 13
哈拉和卓 15 號墓	唐貞觀十五年（公元 641 年）《唐西州高昌縣弘實寺僧曇隆等名籍》	史師衆慶	《文書》第四册，頁 52
哈拉和卓 15 號墓	《唐何延相等户家名籍》	史伯子	《文書》第四册，頁 55
阿斯塔那 78 號墓	《高昌民部殘奏》	史 □	《文書》第四册，頁 65

續表十一·1

墓　號	文書名稱	人　名	資料來源
阿斯塔那 78 號墓	《唐吴相□等名籍》	史留師	《文書》第四册，頁 89
阿斯塔那 151 號墓	《高昌逋人史延明等人名籍》	史延明	《文書》第四册，頁 188
阿斯塔那 151 號墓	《高昌趙相祐等名籍》	史仏（佛）住、史相歡	《文書》第四册，頁 191
阿斯塔那 152 號墓	《高昌延昌十七年（公元 577 年）史天濟求買田辭》	史天濟	《文書》第四册，頁 248
阿斯塔那 152 號墓	《唐貞觀十九年（公元 648 年）史護殘文書》	史　護	《文書》第四册，頁 252
阿斯塔那 152 號墓	《高昌延壽八年（公元 631 年）牧買等田畝出銀錢帳》	史阿種	《文書》第四册（補遺 50）
阿斯塔那 24 號唐墓	《高昌延昌酉歲屯田條例横截等城葡萄園頃畝數奏行文書》	通事令史史	《文書》第五册，頁 3
阿斯塔那 507 號墓	《商昌張明熹入延壽十五年（公元 638 年）三月鹽城劑丁正錢條記》	史何傚	《文書》第五册，頁 197
阿斯塔那 507 號唐墓	《唐西州高昌縣□婆祝等名籍》	史尾鼠	《文書》第五册，頁 206
阿斯塔那 507 號唐墓	《唐西州高昌縣□婆祝等名籍》	史亥女	《文書》第五册，頁 207
阿斯塔那 507 號唐墓	《唐某人申狀爲欠練、馬事》	史石奴	《文書》第五册，頁 227
阿斯塔那唐貞觀十九年（公元 645 年）150 號墓	《唐羊珍等殘名籍》	史文侰	《文書》第六册，頁 46
阿斯塔那唐貞觀十九年（公元 645 年）150 號墓	《唐康某等雜器物帳》	史祐相	《文書》第六册，頁 47
阿斯塔那唐貞觀十九年（公元 645 年）150 號墓	《唐白夜默等雜器物帳》	史尾尾	《文書》第六册，頁 50
阿斯塔那唐貞觀十九年（公元 645 年）150 號墓	《唐史歡智等雜器物帳》	史歡智	《文書》第六册，頁 51
阿斯塔那唐貞觀十九年（公元 645 年）150 號墓	《唐史歡智等雜器物帳》	史黑頭槃	《文書》第六册，頁 51
阿斯塔那 325 號墓	《唐顯慶四年（公元 659 年）案卷殘牘尾》	史玄信	《文書》第六册，頁 192

續表十一·1

墓　號	文書名稱	人　名	資料來源
阿斯塔那 325 號墓	《唐龍朔三年（公元 663 年）西州高昌縣下寧戎鄉符爲當次男侯子隆充侍及上烽事》	史　□	《文書》第六册，頁 196
阿斯塔那 42 號墓	《唐令狐鼠鼻等差科簿（?）》	史□□ 第(弟)智匠	《文書》第六册，頁 213
阿斯塔那 42 號墓	《唐西州高昌縣授田簿》	史阿伯仁	《文書》第六册，頁 243
阿斯塔那 42 號墓	《唐西州高昌縣授田簿》	史阿伯仁	《文書》第六册，頁 244
阿斯塔那 42 號墓	《唐西州高昌縣授田簿》	史　伯	《文書》第六册，頁 255
阿斯塔那 214 號墓	《唐史隆達殘抄》	[史]隆達	《文書》第六册，頁 322
阿斯塔那 5 號墓	《唐殘户籍二》	史　尼	《文書》第六册，頁 344
阿斯塔那 4 號墓	《唐庶武等領物抄》	史隆信	《文書》第六册，頁 439
阿斯塔那 61 號墓	《唐田緒歡等課役名籍》	史知尸番	《文書》第六册，頁 493
阿斯塔那 61 號墓	《唐田緒歡等課役名籍》	弟(史)烏破延	《文書》第六册，頁 494
阿斯塔那 61 號墓	《唐田緒歡等課役名籍》	史浮知藩	《文書》第六册，頁 494
阿斯塔那 191 號墓	《唐軍府名籍》	史永海	《文書》第六册，頁 564
阿斯塔那 376 號墓	《唐西州商昌縣諸鄉里正上直暨不到人名籍》	史　玄	《文書》第六册，頁 573
阿斯塔那開耀二年（公元 682 年）376 號墓	《唐欠田簿》	史義感 堂弟仁儼	《文書》第六册，頁 575
阿斯塔那 221 號墓	《武周佐王某牒爲前庭等府申送上番衛士姓名事》	史苟女	《文書》第七册，頁 47
阿斯塔那 221 號墓	《唐王君子等配役名籍》	史行義	《文書》第七册，頁 52

續表十一·1

墓　號	文書名稱	人　名	資料來源
阿斯塔那 29 號墓	《唐垂拱元年（公元 685 年）康義羅施等請過所案卷》	史　保	《文書》第七册，頁 92
阿斯塔那 29 號墓	《唐垂拱元年（公元 685 年）康義羅施等請過所案卷》	史康師	《文書》第七册，頁 93
阿斯塔那 501 號墓	《唐張義海等征鎮及諸色人等名籍》	史天寶	《文書》第七册，頁 179
阿斯塔那 501 號墓	《武周如意元年（公元 692 年）堰頭令孤定忠牒爲申報春苗畝數及佃人姓名事》	史醜面	《文書》第七册，頁 186
阿斯塔那 501 號墓	《武周（?）西州高昌縣石宕渠某堰堰頭牒爲申報當堰見種苗畝數及田主佃人姓名事》	史玄政	共有三處，《文書》第七册，頁 192
阿斯塔那 518 號墓	《唐史到何等户名籍》	史到何	《文書》第七册，頁 350
阿斯塔那 518 號墓	《唐史到何等户名籍》	史木素	《文書》第七册，頁 350
阿斯塔那 518 號墓	《唐史到何等户名籍》	弟(史)烏你與	《文書》第七册，頁 350
阿斯塔那 518 號墓	《唐史到何等户名籍》	史演那	《文書》第七册，頁 351
阿斯塔那 35 號墓	《唐西州高昌縣崇化鄉里正史玄政納龍朔三年（公元 663 年）糧抄》	史玄政	《文書》第七册，頁 387。記載有史玄政的文書另有十件
阿斯塔那 35 號墓	《唐西州高昌縣崇化鄉里正史玄政納龍朔三年（公元 663 年）糧抄》	史志敬	《文書》第七册，頁 387
阿斯塔那 35 號墓	《唐西州高昌縣崇化鄉里正史玄政納龍朔三年（公元 663 年）糧抄》	史懷達	《文書》第七册，頁 387
阿斯塔那 35 號墓	《唐丈量田畝簿》	史武惒	《文書》第七册，頁 409
阿斯塔那 35 號墓	《武周載初元年（公元 689 年）西州高昌縣寧和才等户手實》	史苟仁	《文書》第七册，頁 419
阿斯塔那 35 號墓	《武周載初元年（公元 689 年）西州高昌縣寧和才等户手實》	故父親妾史	《文書》第七册，頁 421
阿斯塔那 35 號墓	《武周如意元年（公元 692 年）里正李黑收領史玄政長行馬價抄》	史玄政	《文書》第七册，頁 441

續表十一·1

墓　號	文書名稱	人　名	資料來源
阿斯塔那 35 號墓	《武周聖曆元年（公元 698 年）四角官萄所役夫名籍》	史孤易定	《文書》第七册，頁 451
阿斯塔那 35 號墓	《武周長安三年（公元 703 年）曹保保舉錢契》	史玄政	《文書》第七册，頁 453
阿斯塔那 35 號墓	《唐僚寅住等名籍》	史度生	《文書》第七册，頁 489
阿斯塔那 35 號墓	《唐緤布帳》	史苟仁妻	《文書》第七册，頁 490
阿斯塔那 35 號墓	《唐史玄政等納錢代車役帳》	史玄政	《文書》第七册
阿斯塔那 83 號墓	《唐先天二年（公元 713 年）隊副王奉瓊牒爲當隊兵見在及不到人事》	史　意	《文書》第八册，頁 17
阿斯塔那 83 號墓	《唐先天二年（公元 713 年）隊副王奉瓊牒爲當隊兵見在及不到人事》	史君竟	《文書》第八册，頁 18
阿斯塔那 83 號墓	《唐知白人安浮呴盆等名籍》	史　君	《文書》第八册，頁 24
阿斯塔那 35 號墓	《唐獨孤西豐等官兵破除殘文書》	史　行	《文書》第八册，頁 29
阿斯塔那 35 號墓	《唐獨孤西半等官兵破除殘文書》	史君	《文書》第八册，頁 29
阿斯塔那 189 號墓	《唐劉定師等率皮名籍》	史仁彥	《文書》第八册，頁 255
阿斯塔那 178 號墓	《唐採絲造乞巧盤牒》	史那子	《文書》第八册，頁 397
阿斯塔那 187 號墓	《唐天寶二年（公元 743 年）籍後高昌縣户等簿帳》	史靜娘	《文書》第八册，頁 434
阿斯塔那 187 號墓	《唐天寶二年（公元 743 年）籍後高昌縣户等簿帳》	史尚賓、史崇六	《文書》第八册，頁 435
阿斯塔那 187 號墓	《唐天寶三載（公元 744 年）西州高昌縣勘定諸鄉品子勳官見在、已役、免役、納資諸色人名籍》	史真太、史含順、史真□	《文書》第八册，頁 441
阿斯塔那 187 號墓	《唐部曲奴婢名籍》	部曲史	《文書》第八册，頁 452

續表十一·1

墓　號	文書名稱	人　名	資料來源
阿斯塔那 18 號墓	《唐西州高昌縣寧昌鄉義威等諸鄉名籍》	史維忠	《文書》第八册，頁 454
阿斯塔那 187 號墓	《唐西州高昌縣康□之等諸鄉名籍》	史□□	《文書》第八册，頁 455
阿斯塔那 509 號墓	《唐西州高昌縣出草帳》	史德師	《文書》第九册，頁 24
阿斯塔那 509 號墓	《唐開元二十一年（公元 733 年）西州都督府案卷爲勘給過所事》	興胡史計思 作人史胡煞	《文書》第九册，頁 24
阿斯塔那 509 號墓	《唐開元二十一年（公元 733 年）西州都督府案卷爲勘給過所事》	史計思	《文書》第九册，頁 68
阿斯塔那 509 號墓	《唐開元二十一年（公元 733 年）推勘天山縣車坊翟敏才死牛及孽生牛無印案卷》	史伏念	《文書》第九册，頁 85
阿斯塔那 509 號墓	《唐寶應元年（公元 762 年）六月康失芬行車傷人案卷》	史拂那	《文書》第九册，頁 128
阿斯塔那 37 號墓	《唐寶應元年（公元 762 年）六月康失芬行車傷人案卷》	史拂那男 （史）金兒	《文書》第九册，頁 130
阿斯塔那 37 號墓	《唐大曆三年（公元 768 年）史奉謙牒爲通只承人當直事》	史奉謙	《文書》第九册，頁 156
哈拉和卓 70 號唐墓	《唐殘抄》	史軌(?)	《文書》第九册，頁 176
哈拉和卓 70 號唐墓	《唐殘抄》	史住□	《文書》第九册，頁 176
阿斯塔那 161 號唐墓	《唐府史高叡牒爲件録西州諸曹今日當直官曲事》	史　藝	《文書》第九册，頁 221
阿斯塔那 77 號唐墓	《唐趙貞達等名籍》	史□□	《文書》第九册，頁 244
阿斯塔那 506 號唐墓	《唐天寶十三載（公元 754 年）礌石館具七至閏十一月帖馬食歷上郡長行坊狀》	多次出現 “史將軍”	《文書》第十册，頁 95
阿斯塔那 77 號唐墓	《唐天寶十三載（公元 754 年）礌石館具迎封大夫馬食歷上郡長行坊狀》	史希俊	《文書》第十册，頁 113。其後約有二十處出現“史俊”名字

72TAM151:52出土有《高昌逋人史延明等名籍》記載：

九曰逋人：史延明、北聽幹竺佰子。[73]

其中竺佰子當爲天竺人後裔，史延明亦爲史國人。史延明這一名字漢化程度很高，作爲逃户出現在名籍，肯定是常住人口，不堪承受過重賦役、兵役等纔出現逃亡事件。在吐魯番文書中出現的史姓並不一定都是史國人，但毫無疑問史國人佔據相當大的比例。爲了使不至於遺漏，現將有關史姓人文書連録於前，除注於文書後，不再一一注出[74]。

高昌時期，許多著名家族都有家寺，如張寺、麴寺、索寺。《高昌張武順等葡萄畝數及租酒帳》中有"康寺""史寺"[75]。康寺、史寺的存在，説明來自昭武九姓的康、史二姓已躋身於當地大族之中。也説明康、史二姓人數不少，並有可能聚族而居[76]。

另外，在日本大谷光瑞探險隊所獲《大谷文書》中也有許多史姓人名[77]。如：

30號文書中有"史海文"；

1208號文書中有"史君定"；

1376號文書中有"史□□"；

1505號文書中有"保人史毛娘"；

2358號文書中有"史大□"；

2604號文書中有"史尚賓"；

2887號文書中有"史莫延"；

2888號文書中有"史赤奴"；

3021號《兵役關係文書》，

第六行有"史弘放"（《大谷文書集成·釋文》第二卷，頁5，下同）；

3025號《兵役關係文書》，

第六行有"史海□"（《集成·釋文》頁6）；

3027號《兵役關係文書》，

〔73〕國家文物局古文獻研究室等編《吐魯番出土文書》第四册，文物出版社，1983年，頁188。

〔74〕本文所引吐魯番出土文書，除注明者以外，均據國家文物局古文獻研究室等編《吐魯番出土文書》第二册（1981年）、第三册（1981年）、第四册（1983年）、第五册（1983年）、第六册（1985年）、第七册（1986年）、第八册（1987年）、第九册（1980年），文物出版社。

〔75〕《文書》第三册，頁50、51。

〔76〕姜伯勤《敦煌·吐魯番とシルクード上のソグド人》，《季刊東西交涉》，5卷1號，頁30～39；《敦煌吐魯番文書與絲綢之路》，文物出版社，1994年，頁161。

〔77〕龍谷大學佛教文化研究所小田義久負責編輯《大谷文書集成》，第1卷，京都法藏館，1984年；龍谷大學佛教文化研究所小田義久負責編輯《大谷文書集成》，第2卷，京都法藏館，1990年。

第三行有“史熹”(《集成·釋文》頁6);

3464號《高昌延壽十五年(公元638)五月田券》,

第一行“延壽十五年戊戌歲五月二十八日。史□□從司楊”,

第二行“邊員石宕庫田壹分”(《集成·釋文》頁102);

3472號《西州岸頭府到來文書》,

第一行“爲史璋,李岌等”(《集成·釋文》頁106),

第三行“一爲追國坊檢核人史璋,並十年冬季曆帳清,應”(《集成·釋文》頁106),

第十八行“史宋藝,限二月一日到州事”(頁107);

SZ018號《高昌白伽系滿兒計田負官,私表、粟帳》文書,

第五行中有“史善伯”;

S3029號《唐付粟收領帳》,

第五行 史才兒給粟;

S3029號 同上父書,

第四行 付表兄史忠;

高昌古城080a號《唐西州高昌縣永和坊百姓張山振文書》,

第二行妻史什娘,

Ma363號《唐天寶三年(公元744年)納糧抄》

斯坦因所獲文書最近經陳國燦整理研究[78]。20世紀初以來,在新疆高昌地區發現的一些墓志磚銘上,也有一些史姓人:

“交河郡功曹史……建康史佑孝之墓表”;

“交河縣故帶閣主簿史伯悦妻麴氏”;

“上柱國史建洛其子史嘉客”[79]。

其中的史伯悦曾經出現在吐魯番出土文書之中,曾有“史伯悦葡桃壹畝陸拾步無租”的記載[80]。

以上吐魯番地區文獻中所記録的史姓人名有近百個。在這近百個史姓人中,將明顯的帶有粟特語譯音風格的人名找出爲史師衆慶、史留師、史論子、史佛住、史阿伯仁、

---

〔78〕上引吐魯番文書均見陳國燦《斯坦因所獲吐魯番文書研究》貳〈文書録文整理〉依次爲頁147、224、226、417、430,武漢大學出版社,1995年。

〔79〕黄文弼《高昌磚集》,西北科學考察團叢刊之一,1931年,北平,專21,頁9,專76,頁3,專82,頁4,專123,頁8。

〔80〕《吐魯番出土文書》第三册,頁55。

史那子、史尼、史浮㖿蕃、史佛那、史烏你與、史木素、史莫延、史演那、史胡煞、史武惒等，約佔全部人數的百分之二十。漢化色彩很濃的有史善伯、史伯悦、史元善、史玄信、史隆信、史隆達、史永海、史玄政、史志敬、史懷達、史仁彦、史文備、史武佑、史希俊、史奉謙、史佑孝等，亦佔總數的百分之二十左右。另有很大一部分人名是介於兩者之間的，如史買子、史養兒、史延高、史阿願、史伯子、史延明、史相歡、史尾鼠、史尾尾、史歡智、史黑頭、史計恩、史静娘、史住九、史念順、史真太、史維、史德師、史孤易定、史度生、史知敵、史喜住、史毛娘、史赤奴、史女輩、史阿上追、史伏念等等。這部分人佔總人數的百分之五十以上，介於二者之間的人名實際上有一些明顯屬於粟特人，如含有“子”“兒”“奴”等音節的名字。名“阿願”，與可完全確定是粟特人的康阿達[81]、康阿孩[82]、康願子[83]等内地居民一致，屬粟特人的可能性極大。帶有“延”字音節者在粟特語中作“禮物”解，兼有“榮典、庇護之義”，這已經爲研究粟特人名的學者特别指出[84]。未確定人名風格之名字通過仔細辨别研究，可以肯定的絶大部分爲粟特人。如果通過與粟特語的比勘研究，相信這部分人會大大增加，惜筆者限於學識未便進行這一工作。

從史姓人職業構成情况看，大部分屬定居的居民，少部分爲流動人口和寺僧，多在人名籍和借貸文書中出現，與其他昭武九姓人所處的地位相當。有人對文書中頻繁出現的史玄政進行研究，認爲他是一個利用高利貸手段兼併土地的地方豪强[85]。爲官者多是下層官吏，如交河郡功曹史、交河縣帶閣主簿、上柱國、折衝府隊佐及里正、倉督之類，在高昌上層權力機構中任職者很少，其他昭武九姓人所遇到的情况大體與之類似。

（三）河西地區

河西地區大約可以包括今敦煌、酒泉、張掖、武威及附近地區。學術界對於敦煌地區中亞粟特人聚落的瞭解，首先是從宗教信仰方面着手的。祆教是最初被人們辨别出的西亞宗教。祆教中拜火的習俗爲學者們一一從敦煌地方志、歌詠敦煌的詩歌中指出。陳

〔81〕張維《隴右金石録》卷二，甘肅文獻徵集委員會校印，1943年，頁4。

〔82〕羅丰《固原南郊隋唐墓地》肆〈唐史訶耽夫婦墓〉，文物出版社，1996年，頁68。

〔83〕《舊唐書》卷九十七〈張説傳〉，頁3053。

〔84〕蔡鴻生《唐代九姓胡禮俗叢考》，頁121～122。

〔85〕程喜霖《對吐魯番所出四角萄役夫文書的考察——唐代西州雜徭研究之一》，《中國史研究》，1986年1期，頁50～63。

垣最早提出敦煌文獻中有祆教的内容〔86〕。神田喜一郎介紹唐詩《敦煌廿詠》中《安城祆詠》，則直接表明了當時人們的宗教信仰狀況〔87〕。

1965年，池田温發表了《8世紀中葉敦煌的粟特人聚落》一文〔88〕，系統地討論了敦煌地區粟特居民的聚居情況。《天寶十載敦煌縣差科簿》是由四份殘卷組成的文書，居民的構成中，康、安、石、曹、羅、何、米、賀、史等佔總人數中的百分之九十以上，其中除賀氏以外，其餘八姓肯定是中亞粟特人。史姓人數最少，衹有六人，依照池田温的研究，其中明顯具有胡名風格的人名，史姓衹有史拂䏍［Fa（t）fan］一人；漢名風格亦爲史萬希［Wanxi］一人；另有史苟苟［Gougou］、史可了［Keliao］、史了延［Liaoyan］、史皮子［Pizi］等四人的名字風格屬於難以斷定之列。實際上，根據我們現在的粟特人名知識，這四人完全可能被劃入粟特人的行列。前述吐魯番出土文書中，粟特人名字裏帶有苟gou［Kəu］了liao［lien］延yan［ĭɛn］子［tsi］等音節的十分普遍，如“康趙苟”〔89〕，前引“史苟仁”“安子延”“曹破延”“何破延”“安莫延”“康失延”“康阿子”“阿面子”“安仁子”“康子才”“康師子”“康石子”等。關於“延”音節前面已經進行過討論。另外帶“苟”“子”音節的康、史、曹、安諸姓爲粟特人的身份已經獲得確認〔90〕。《敦煌差科簿》上除以上六人外，在P3559號文書第一百三十一行有：

史君德男 懷信 載四十九。

一百五十、一百五十一行有：

史神力載五十六

第（弟）神通載五十二

等史姓人。

粟特人在敦煌地區的職業特徵，與吐魯番地區大體相仿，以農業爲主。在分擔公務、徵發兵役方面，從化鄉的粟特人與其他鄉的漢人没有任何區别。雖然以農業爲重要職業，但與其他鄉相比較，農業所佔的比重可能相對要小〔91〕。池田氏得出這一結論的依據是差科簿上没有見到司掌水利的人員，而灌溉農業在當地也有相當的比重。文書的

---

〔86〕陳垣《火祆教入中國考》，原刊《國學季刊》，1卷1號，1923年，後收入《陳垣學術論文集》，中華書局，1980年，頁303～328。

〔87〕神田喜一郎《［敦煌二十詠］に就いこ》，《史林》，卷24第4號，1939年，後收入《神田喜一郎全集》第1卷，同朋舍，1986年，頁102～117。

〔88〕池田温《8世紀中葉における敦煌のソグド人聚落》，頁49～92，辛德勇中譯文，頁140～220。

〔89〕《吐魯番出土文書》第四册，頁165。

〔90〕參見姜伯勤《敦煌·吐魯番とシルクード上のソグド人》（一），頁32～37。

〔91〕池田温《8世紀中葉における敦煌のソグド人聚落》，頁73～74。

重要性是不言而喻的，其中的缺憾也是十分明顯，因爲畢竟不是完整忠實的檔案，或有缺項、疏漏在所難免。就像文書中並没有從化鄉粟特人從事商業的記録，我們也不能因此而得出他們不從事商業活動這樣的結論。

另外，還有一些有關史姓人的零星載録。SZ855 號文書中有“大女史阿士追”，1913 號中則載“太平鄉史阿士追死”；S4682 號中“史女輩”，S581 號中“史伏奴”。P32、34 號文書列有三十七個姓名，其中有史都料、安員進、康粉、曹安信、何安定等八名昭武粟特人。2641 號文書載：“鐵匠史奴奴等拾人早上，午時各胡并（餅）兩枝（隻），供壹百食斷。”北京圖書館藏一“鹹字 59 號”文書爲《金光明寺寺户史太平等借麥種牒》載“團頭史太平、户安胡胡、安進漢、安達子”等内容[92]，此史、安姓明顯是粟特人。P.2222 號背面殘卷載：“史毛奴受田壹拾伍畝半。”較重要的是 S.0542 號文書背面《戌年六月十八日諸寺丁口車牛役部》載：“史朝朝修倉五日”，“史英俊木匠修安國五日”，“史升朝放羊。貼群五日”，“史加進專團頭看”，“史興進守囚五日”，“史伯合貼羊。史通子放羊”，“史奉仙送瓜州節粳米一度”等[93]。P.3578 文書中有梁户史氾三名。在這些史姓人的職業中大部分是各種工匠，史都料一名曾多次出現在敦煌文書中，“都料”原本爲高級工匠的意思[94]，史都料是高級鐵匠。另有木匠、看、放羊、梁户等多種職業。敦煌莫高窟西魏至五代石窟中也有一些史姓人題記，如 285 窟史崇姬、98 窟史留住、322 窟史（倍）生等[95]。

敦煌地區較爲集中的粟特人聚落如從化鄉等形成於公元 7 世紀以後，在此之前若干世紀内粟特人的流寓敦煌情形值得特别關注，雖不表明該地區的粟特人聚落有某種承襲性，但敦煌是粟特人流寓中國後重要的聚散地卻是事實。1907 年，斯坦因（A. Stein）在敦煌附近的亭障遺址中發現七封粟特文信劄，其中一封經過解讀，認爲是敦煌地區的商人首領寫給遠在粟特本土的彙報信。關於信的年代學術界存在着嚴重分歧，亨寧（W. B. Henning）提出公元 4 世紀初葉的觀點獲得了大多數學者的首肯[96]，我國學者林梅村等則主張在東漢獻帝建安時期[97]。如是粟特人入居敦煌的年代顯然已經非常久

〔92〕中國科學院歷史研究所資料室《敦煌資料》第一輯，中華書局，1961 年，頁 401。

〔93〕池田温《中國古代籍帳研究》，東京大學東洋文化研究所報告，1979 年，頁 523～535。

〔94〕參見姜伯勤《唐五代敦煌寺户》，中華書局，1982 年，頁 286。

〔95〕參見敦煌研究院《敦煌莫高窟供養人題記》，文物出版社，1986 年，頁 115、47、132。

〔96〕參見陳國燦《敦煌出土粟特文古書信的書寫地點和時間》，《魏晉南北朝隋唐資料》，第 7 期，1985 年，頁 10～18；榮新江《祆教初傳中國年代考》，《國學研究》第三卷，1995 年，頁 335～353。粟特文二號古信劄較新的英譯本可參見 N. Sims－Williams, Sogdian Ancient Letter Ⅱ, *Silk Road Treasures from Northwest China*, New York, 2001, pp.47～49。

〔97〕林梅村《敦煌出土粟特文古書信的斷代問題》，《中國史研究》，1986 年 1 期，頁 87～99。

遠，事實上比較可靠的粟特人漢語譯名出現在文書之中則没有那樣遥遠。《西魏大統十三年（公元547年）計帳簿》中出現兩位曹國人：曹匹智撥、曹烏地撥〔98〕。

甘州（今甘肅張掖）、肅州（今甘肅酒泉）也是粟特人集中地區。敦煌文書中亦有零星記載。

S.1156《光啓三年（公元887年）沙州進奏院上本使狀》中有史文信。

P.3721《己卯年十一月二十六日冬至日斷官員》文書中有史保盈。

P.4640《己未年於辛酉年（889～901年）歸義軍衙内破用紙布曆》中有衙官史英賢。

P.3418《唐沙州諸鄉欠枝夫人名目》文書：敦煌鄉，史富信；慈惠鄉，史三娘、史憨子。

P.3638《辛未年（公元911年）正月六日沙州净土寺沙彌善勝領得曆》文書：史家新白氈壹領。

S.1600《辛酉年（公元961年）靈修寺諸色斗入曆》文書：麥兩石，史家厨田入。此史家當與史姓有關。

據《唐安懷墓志》載：

> 君諱懷，字道，河西張掖人也。祖隋朝因宦洛陽，遂即家焉。曾祖朗，前周任甘州司馬。〔99〕

《唐史訶耽墓志》云：

> 曾祖尼，魏摩訶大薩寶、張掖縣令。祖思，周京師薩寶、酒泉縣令。〔100〕

《唐史鐵棒墓志》亦云：

> 祖多思，周京師摩訶薩寶、酒泉縣令。〔101〕

史鐵棒爲史訶耽之侄，北周史思與史多思當爲同一人。《隋書·百官志》載：

> 雍州薩保，爲視從七品。（略）諸州胡二百户已上薩保，爲視正九品。〔102〕

史尼、史多思分别爲張掖、酒泉縣令，又均爲薩寶，表明粟特人在地方管理事務中有較高的地位。薩寶總理一切西域宗教〔103〕，張掖、酒泉胡人的數量在二百户以上，宗教領袖與地方官員合二爲一。

〔98〕池田温《8世紀中葉における敦煌のソグド人聚落》，頁81。

〔99〕河南省文物研究所、洛陽文物管理委員會《千唐志齋藏志》上册，文物出版社，1983年。下同，頁410。

〔100〕羅丰《固原南郊隋唐墓地》肆〈唐代史訶耽夫婦墓〉，文物出版社，1996年，下同，頁67。

〔101〕羅丰《固原南郊隋唐墓地》，頁82。

〔102〕《隋書》卷二十八〈百官志〉“流内視品十四等”，頁790～791。

〔103〕羅丰《固原南郊隋唐中亞史氏墓志考釋（上）》，《大陸雜志》，90卷5期，1995年，頁16～18。

粟特人較爲密集地出現在漢文史籍可上溯至十六國至北魏時期。大家最爲熟知的一條資料是《魏書·粟特國傳》中記載：

> 其國商人，先多詣涼土販貨，及克姑臧，悉見虜。高宗初，粟特王遣使請贖之，詔聽焉。[104]

粟特國商人在魏太武帝太延年間魏軍攻克姑臧（今甘肅武威）後“悉見虜”的原因，被推測爲與粟特商團擁兵自衛有密切關係[105]。

十六國時期後涼政權中的一些人物有可能是粟特人，康盛[106]、康龍[107]大約爲康國人；安據約係安國人；前涼時有中衛將軍史景[108]。吕隆的部下史難或即史國人[109]。史姓人中重要的一支是河西建康史姓，《元和姓纂》稱：

> 史，周太史史佚之後，（略）有建康、宣城、高密、京兆、陳留。[110]

鄧名世《古今姓氏書辨證》史姓條云：

> ［史］丹裔孫，後漢歸義侯苞，晉永嘉亂，避地河西建康，是爲建康史氏。[111]

史苞因“永嘉之亂”避地河西建康，筆者曾略言或不足爲訓[112]。建康史氏形成於永嘉之後很有可能。前引斯坦因在敦煌發現的粟特人信劄，所叙述的粟特人商團活動於河西地區或也在“永嘉之亂”的公元4世紀初葉[113]，兩者是偶然巧合或抑表明粟特地區的史國人均在此時移居河西建康。

建康是河西一個重鎮，北朝、隋唐間，流寓内地史姓人有相當一部分稱之爲“建康人”。《周書·史寧傳》載：

> 史寧字永和，建康（袁）［表］氏人。[114]

其曾祖史豫，爲北涼臨松令，祖史灌在北魏滅涼之後被遷往著名的六軍鎮之一的撫寧鎮。後涼吕光時亦有建康郡人史惠[115]。新出《史索巖墓志》《史道德墓志》俱稱其

---

〔104〕《魏書》卷一百零二〈粟特國傳〉，頁2270。

〔105〕陳國燦《魏晉至隋唐河西人的聚落與火祆教》，頁206。

〔106〕《晉書》卷一百二十二〈吕光載記〉，頁3054。

〔107〕《晉書》卷一百二十二〈吕纂載記〉，頁3066。

〔108〕《晉書》卷八十六〈張軌傳附張天錫傳〉，頁2252。

〔109〕《晉書》卷一百二十二〈吕隆載記〉，頁2070。

〔110〕林寶《元和姓纂》卷六“史姓”條，岑仲勉校記本，中華書局，1994年，頁822～825。

〔111〕鄧名世《古今姓氏書辨證》卷二十一“史姓”條，叢書集成本，中華書局，頁286。

〔112〕羅丰《固原南郊隋唐中亞史氏墓志考釋（上）》，頁23～24。

〔113〕參見陳國燦《敦煌所出粟特文信劄的書寫地點和時間問題》，《魏晉南北朝隋唐史資料》，7期，1985年，頁10～18。

〔114〕《周書》卷二十八〈史寧傳〉，頁465。

〔115〕《晉書》卷一百二十二〈吕光載記〉，頁3061。

祖先爲“建康飛橋人”[116]。《舊唐書·史憲誠傳》云：“今爲靈武建康人。”[117] 其子《史孝章碑》則云：

本北方之强，世雄朔野，後因仕中國，遂爲靈武建康人。[118]

前引黄文弼先生早年間在高昌地區發現的一塊《建康史佑孝之墓表》[119],此史佑孝或由河西建康移居高昌,或僅標明其地望。建康史姓爲粟特人之説,筆者撰文已述,此不贅言。

内地出土的一些史姓人墓志,追述其先時言稱出自武威地區。1954 年,西安東郊郭家灘唐墓出土一塊《武威史府君墓志》[120]。志文稱:“君諱思禮,字伯珪,武威人也。”史思禮或其先由武威遷居長安。其曾祖史爽,祖史感,父史岳,其三子分别爲元柬、元亮、元忠。薛莫“隋末喪亂,遷居涼州”。其夫人史氏諱字,武昌人也。洎周室衰微,遷於隴右。祖藏,左驍衛中郎、攝肅州刺史;父夏州長史;兄思謙,右領軍衛大將軍[121]。

河西地區無疑是粟特人流寓中國後最重要的據點，借助各類文獻，學術界對其聚落情况瞭解得也較爲充分。當然這種充分祇是相對而言，受到材料的局限，遠比敦煌更爲宏大的重要的涼州（今甘肅武威）粟特人聚落的研究，顯然滯後於前者，有的地區如肅州（今甘肅酒泉）甚至更少。

（四）六胡州地區

六胡州地區的粟特人成分被人們首先辨認出來，有關六胡州的内部構成和歷史，小野川秀美、蒲立本（E. G. Pulleyblank）和張廣達已有很多卓越的論述[122]。《新唐書·地理志》一段關於六胡州情况的載録成爲學者們討論這一問題的基礎：

調露元年，於靈、夏南境以降突厥置魯州、麗州、含州、塞州、依州、契州，以唐人爲刺史，謂之六胡州。長安四年併爲匡、長二州。神龍三年置蘭池都督府，分六州爲縣。開元十年復魯州、麗州、契州、塞州。十年，平康待賓，遷其人於河南及江、淮。十八年復置匡、長二州。二十六年還所遷胡户置宥州及延恩等縣，

〔116〕羅丰《固原南郊隋唐墓地》，頁 82、93。

〔117〕《舊唐書》卷一百八十一〈史憲誠傳〉，頁 4685。

〔118〕劉禹錫《唐故史公神道碑》，《全唐文》卷六百零九十，第六册，中華書局影印本，頁 6153。

〔119〕黄文弼《高昌磚集》,磚 21,頁 9。

〔120〕吴鋼主編《全唐文補遺》，第三册，三秦出版社，1996 年，頁 75～76。

〔121〕陝西省文物管理委員會《西安東郊唐墓清理記》，《考古通訊》，1956 年 6 期，頁 47～50。

〔122〕小野川秀美《河曲六胡州の沿革》，頁 194～226；E. G. Pulleyblank，A Sogdian Colony in Inlner Mongolia，pp.317～356；張廣達《唐代六胡州等地的昭武九姓》，《西域史地叢稿初編》，頁 249～280。

其後僑治經略軍。……距故州東北三百里。[123]

六胡州是爲了安置遷入黄河河套地區的突厥降户而專門設置的，其直接原因是調露元年（公元679年）突厥阿史耶温博、奉職二部發動叛亂，二十四羈縻州紛紛響應，唐朝不得不採取的强化措施，以加强對於突厥降户的統治。六胡州的置時，張廣達根據洛陽新出《安菩墓志》[124]中題安菩爲“陸胡州大首領”的記録，推定六胡州置時均在調露元年以前[125]。周偉洲則認爲安菩所謂“陸胡州大首領”一職，似非唐廷所封，而是子孫後來所加。此陸胡州也絶不是調露元年所置之六胡州，而是唐人經常提及的“河曲六州”，具體爲豐、勝、靈、夏、朔、代等州[126]。而我們在討論狹義六胡州的同時，不能不外延至所謂廣義的“河曲六州”。突厥與昭武九姓粟特人之間的關係是十分密切的，據《隋書·裴矩傳》載：隋時，裴矩曾計誘東突厥之史蜀胡悉來馬邑互市，史蜀胡悉則“不告始畢（可汗），率其部族，盡驅六畜，星馳争進，冀先互市”[127]。這首先表明粟特人在東突厥中是以部族的形式獨立存在，其次以史蜀胡悉爲首領的部族當然就是史國人的部落了。唐貞觀初年圍繞着突厥降户的安置，在朝廷上層展開一場大辯論。最後，唐太宗李世民採納了中書令温彦博的主張，邊内安置，授以生業，教以禮儀，選其酋長，使入宿衛，德威兼施。《新唐書·地理志》云：

自太宗平突厥，西北諸蕃及蠻夷稍稍内屬，即其部落列置州縣。其大者爲都督府，以其首領爲都督、刺史，皆得世襲。[128]

從幽州至靈州一帶，置順州、撫州、北開、北寧、北安州等，以康國人康蘇密爲北安州都督，以中郎將史善應爲北撫州都督[129]。此史善應或即史國人。

調露元年設置六胡州，雖然標明要用漢人爲刺史，但實際上仍然在用昭武九姓人。據《唐維州刺史安侯神道》載：安附國調露二年（公元680年）死時，“次子魯州刺史思恭等趨表闕以擗心”[130]。安思恭仍在魯州刺史位上，但有的州確實在以後更换了漢人刺史。《張仁楚墓志》載：張仁楚“聖曆元年改授朝議大夫，依州刺史”[131]。六胡州居

〔123〕《新唐書》卷三十七〈地理志〉，頁974～975。

〔124〕朱亮、趙振華《安菩墓志初探》，《中原文物》，1982年2期，頁37～40。

〔125〕張廣達《唐代六胡州等地的昭武九姓》，《西域史地叢稿初編》，頁251～254。

〔126〕周偉洲《唐代六胡州與“康待賓之亂”》，《民族研究》，1988年3期，頁54～63，後收入氏著《西北民族史研究》，中州古籍出版社，1994年，頁395～404。

〔127〕《隋書》卷六十七〈裴矩傳〉，頁1582。

〔128〕《新唐書》卷四十三〈地理志〉，頁1119。

〔129〕《資治通鑒》卷一百九十三〈唐紀〉“貞觀四年六月丁酉”條，頁6079。

〔130〕李至遠《唐維州刺史安侯神道碑》，《全唐文》卷四百三十五，頁4436。

〔131〕河南省文物研究所等編《千唐志齋藏志》上册，文物出版社，1983年，頁505。

民構成主體仍然是昭武九姓人，敦煌所出“唐景雲二年張君義勛告”中載有：

第十五行　含州安神慶　契州康醜胡壹人。

第十六行　□州康懷静等五人。

第三十一行　依州曹飯陀壹人，魯州康□壹人〔132〕。

據寧夏鹽池新獲《唐何都尉墓志》載：其先“大夏月氏人也”。“祖乙未，唐上柱國。”“父槃陀”，何都尉“久視元年九月七日終於魯州如魯縣□□里私第”〔133〕。寧夏固原新出《史道德墓志》載：史道德“起家東宫左勛衛，總章二年拜給事郎，遷玉亭監”。“又龍朔三年，詔除蘭池監”〔134〕。蘭池，是六胡州中心，即蘭池都督府所在地，或以蘭池代稱六胡州，康待賓之亂後蘭池多次出現在文獻之中。《册府元龜》引《實録》云：開元“九年四月，蘭池叛胡顯首，僞稱葉護康待賓、安慕容爲多覽殺、大將軍何黑奴、僞將軍石神奴、康鐵頭等據長泉縣，攻陷六胡州”〔135〕。《舊唐書·王晙傳》云：“蘭池州胡苦於賦役，誘降虜餘燼，攻夏州反叛。”〔136〕

這些昭武九姓人因苦於賦役而造反，牧監成爲首先掠奪的對象。據《舊唐書·張説傳》云：

康待賓餘黨慶州方渠降胡康願子自立爲可汗，舉兵反，謀掠監牧馬，西涉河出塞。〔137〕

除去史道德，在河曲一帶擔任監牧高級官員的還有安國人。據《唐會要》載：

永隆二年七月十六日，夏州群牧使安元壽奏言：從調露九年九月已後，至二月五日前，死失馬一十八萬四千九百匹，牛一萬一千六百頭。〔138〕

即使粟特血統的人善養馬，損失亦在所難免。六胡州的昭武九姓人在中唐晚期曾遷往山西雲州（今大同）、朔州（今朔縣）等地。遷往雲、朔地區的六州胡與突厥沙陀部雜處，關係密切。《舊唐書·僖宗本紀》中所言乾符元年（公元874年）沙陀六州三部〔139〕，經張廣達指出，六州應指自靈、鹽遷來雲、朔，並與沙陀混居的六州胡；三部落殆指沙陀、薩葛、安慶三部落。唐僖宗廣明元年（公元880年）六月，唐以蔚、朔等州招討使

〔132〕參見朱雷《跋敦煌所出“唐景雲二年張君義勛告”——兼論“勛告”制度淵源》，《中國古代史論叢》，第三輯，1982年，頁331～349。此録文據筆者參觀敦煌研究院筆記。

〔133〕寧夏回族自治區博物館《寧夏鹽池唐墓發掘簡報》，附何都尉墓志録文，《文物》，1988年9期，頁56。

〔134〕寧夏固原博物館《寧夏固原唐史道德墓發掘簡報》附録，《文物》，1985年11期，頁30。

〔135〕《册府元龜》卷九百八十六引《實録》，頁11584。

〔136〕《舊唐書》卷九十三〈王晙傳〉，頁2988。

〔137〕《舊唐書》卷九十七〈張説傳〉，頁3052。

〔138〕《唐會要》卷七十二，頁1302。

〔139〕《舊唐書》卷十九下〈僖宗本紀〉，頁692。

李琢與吐谷渾等軍討沙陀首長李克用、薩葛部都督米海萬、安慶都督史敬存[140]。張廣達云："薩葛都督米海萬爲昭武胡姓至爲明顯，而薩葛已被學者考證出來就是粟特一名的同音異譯。""至於史敬存任都督的安慶部，從史姓而言也極有可能是源於六州胡的昭武九姓。"[141]五代時期包括史姓在内的諸多昭武九姓人，溯其來源大多數都與六胡州移民有關。

另外，在該地區亦有一些史姓僧侶。《宋高僧傳》"唐朔方靈武龍興寺僧忍傳"云：

> 釋增忍，俗姓史氏，沛國陳留人。[142]

同書"後唐靈州廣福寺無迹傳"亦云：

> 釋無迹，姓史氏，朔方人也。[143]

雖然還不能認定此二人與中亞史姓人之間有聯繫，但史姓人出現在粟特人集中地區卻不容忽視。

（五）原州地區

臨近六胡州的另外一個史姓人聚居區在當時的原州（今寧夏固原），對於原州史姓族群的瞭解，得益於考古工作者在當地的大規模考古發掘。1982 年至 1995 年在當地發掘的九座隋唐墓葬中有六座明確屬於昭武史姓[144]，出土的墓志清晰地記録了他們流寓原州的情況，《隋史射勿墓志》載：

> 公諱射勿，字槃陀，平凉平高縣人也，其先出自西國，曾祖妙尼波匿，並仕本國，俱爲薩寶。
>
> 世子訶耽，次子長樂、安樂、大興、胡郎、道樂（洛）、拒達。

史射勿的名字是史射勿槃陀，是一典型的粟特人名譯音。不過，爲適應中國人習慣分别稱名、字，敦煌文書中有一名"安射勿槃陀"可資佐證[145]。"槃陀"在粟特語 Bntk 中"奴""僕"之意[146]。史射勿一系以北朝晚期移居原州，已發掘的墓葬，除史射勿外，還有史訶耽、史道洛、史大興之子史鐵棒墓。另外一史氏便是建康史氏，有史索

[140]《舊唐書》卷十九下〈僖宗本紀〉，頁 707。

[141] 張廣達《唐代六胡州等地的昭武九姓》，《西域史地叢稿初編》，頁 260～262。

[142] 贊寧《宋高僧傳》卷二十六〈唐朔方靈武龍興寺增傳〉，范祥雍點校本，中華書局，1987 年，頁 667。

[143] 贊寧《宋高僧傳》卷三十〈後唐靈州廣福寺無迹傳〉，頁 752。

[144] 羅丰《固原南郊隋唐墓地》，頁 7～111。

[145] 池田温《8 世紀中葉における敦煌のソグド人聚落》，頁 64。

[146] 蔡鴻生《唐代九姓胡禮俗叢考》，頁 121。

巖、史道德，史索巖一系從北朝徙居原州。《唐史索巖墓志》載：

公諱索巖，字元貞，建康飛橋人也。其先從宦因家原州。（略）曾祖羅，後魏寧遠將軍、西平郡公，食邑八百户。（略）祖嗣，鎮遠將軍、通直散騎常待，襲爵西平郡公，鄯、廓二州諸軍事，鄯州刺史。

史氏墓在墓葬形制方面與關中地區隋唐墓基本一致，爲長墓道，多天井，方形土洞與磚室墓。隨葬品由於被盗所存很少，可能當時亦不是很豐富。在一些遺留物中有的屬於外來遺物。幾乎每座墓中都出土一枚外國金幣，史射勿墓出了一枚薩珊路斯卑路斯（Peroz）銀幣，史鐵棒墓出土一枚薩珊阿爾達希爾三世（ArdashirⅢ）金幣仿製品，史道德墓出土一枚東羅馬皇帝差諾（Zeno）金幣仿製品，史道洛墓出有東羅馬查士丁尼二世（JustinⅡ）金幣，史索巖、史訶耽墓均出東羅馬金幣仿製品。金銀幣含、握在墓主人口、手中。類似的葬俗，在中亞地區發現很多，有沿“絲綢之路”傳入中國内地的推測〔147〕。史道德墓出一具金覆面，上有一半月托一圓球，有人認爲屬於摩尼教或拜火教〔148〕。史訶耽墓還出土了一枚藍色刻獅銘文印章，印章銘文是帕勒維（Pehlavi）文，屬薩珊朝遺物。史氏在原州勢力强大，多爲中級官員，史射勿是驃騎將軍，史索巖是平凉郡都尉。史道德、史鐵棒均爲牧監監正，是管理馬政的官員。史訶耽則爲朝廷直中書省朝會翻譯。史訶耽在《唐會要》中有記載，稱之爲譯語人史訶擔（耽）〔149〕，因發揮其語言特長，深受重視。

北魏時在原州另有侯莫陳悦親信原州刺史史歸〔150〕，亦有可能與上述史氏同屬一系。

《唐會要》“陪陵名位”條載：“原州都督史幼虔。”〔151〕《長安志》“昭陵陪葬丞郎五十三”條亦載：“原州都督史幼虔。”〔152〕

《資治通鑒·唐紀》乾符三年（公元876年）“原州刺史史懷操貪暴，夏，四月，軍亂，逐之”〔153〕。史幼虔、史懷操，當與前史氏同屬一族。

原州相毗鄰的甘肅天水地區，也有史姓人。《唐安懷墓志》記載：安懷“夫人，隴

---

〔147〕羅丰《寧夏固原出土外國金銀幣考述》，《故宫學術季刊》，12卷4期，1995年，頁33～66。

〔148〕趙超《對史道德墓志及其族屬的一點看法》，《文物》，1986年12期，頁87～89；羅丰《也談史道德族屬及相關問題》，《文物》，1988年8期，頁92～94。

〔149〕《唐會要》卷六十一載：“永徽元年十月二十四日，中書省令褚遂良，抑買中書譯語人史訶擔宅，監察御史韋仁約劾之。”中華書局本，頁1067。

〔150〕《周書·侯莫陳崇傳》卷十六，頁269。

〔151〕《唐會要》卷二十一“陪陵名位”條，頁413。

〔152〕宋敏求《長安志》卷十六“昭陵陪葬丞郎五十三”條，叢書集成本，頁408。

〔153〕《資治通鑒》卷二百五十二〈唐紀〉“乾符三年（公元876年）四月”條，頁8183。

西城紀人也。（略）祖槃陁唐任揚州新林府車騎將軍、呼侖縣開國公。父師，皇朝左□衛”[154]。安氏爲安國人後裔，史氏或即史國人。

（六）關中地區

北朝以降，中國與中亞地區往來日漸密切，粟特人嚮往的中心地區便是長安，關中地區是交通、政治、經濟、文化交流中心。公元7世紀中葉，在中亞地區建立了許多唐屬羈縻州，使節來往頻繁。貿易上的往來，使唐長安成爲著名的國際商都。雖然大批粟特人移居長安及附近地區，但材料本身似乎更加分散。

粟特僑民中最引人注目的是胡商，史姓人亦不例外，敦煌文書《唐判集》中虚擬一胡商史婆陀案：

> 長安人史婆陀家興販，資財巨富，身有勛官驍騎尉。其園池屋宇、衣服器玩，家僮侍妾，比侯王。有親弟頡利，久已别居，家貧壁立，兄亦不分給。有鄰人康莫鼻，借衣不得，告言違法式事。（略）婆陀，闤闠商人，旗亭賈竪，族望卑門，賤地寒微。侮慢朝章，縱斯奢僭。（略）此而不懲，法將安措……[155]

由此雖可以看出史婆陀通過興販成爲巨富，並有勳官驍騎尉，花園屋宇、玩物、僮妾可比王侯，但“族望卑賤，門第微寒”，社會地位並未改變。其奢侈行爲便是一種僭越行爲，加之不接濟弟、鄰，依漢俗理應受到懲罰。

《北史·序傳》載：李“大師少時，嘗筮仕長安，遇日者姓史，因使占。（略）大師至是遷播，因獨笑曰：‘史生之言，於兹驗矣。’行師貞觀中歷太常寺丞、都水使者、邛州刺史，皆如史生之占。”[156]史生所卜十分準確，其弟李行師亦然。史生或爲史國人。《舊唐書·淮安王神通傳》載：李“神通隋末在京師。義師起，隋人捕之，神通潛入鄠縣山南，與京師大俠史萬寶、河東裴勣、柳崇禮等舉兵以應義師，遣使與司竹賊帥何潘仁連結。”[157]汪籛氏嘗言：“萬寶亦疑是何潘仁一類，蓋昭武九姓有史國，而商胡多殖貲致富，又尚武力，爲俠者衆也。”[158]汪氏所言或許有一定道理，昭武諸國“其王豪勇，

---

〔154〕河南省文物研究所等《千唐志齋藏志》，頁410。

〔155〕池田温《敦煌本判集三種》，末松保和博士古稀紀念會編《古代東アジア史論集》下卷，吉川弘文館，1978年，頁431。

〔156〕《北史·序傳》卷一百，頁3342。

〔157〕《舊唐書》卷六十〈淮安王神通傳〉，頁2340。

〔158〕汪籛《唐室之克定關中》，《汪籛隋唐史論稿》，中國社會科學出版社，1981年，頁221。

鄰國承命，兵馬强盛，多是赭羯。赭羯之人，其性勇烈，視死如歸，戰無前敵”[159]。

京師大俠史萬寶是史國人，尚在情理之中。《大唐故恒州中縣令史君墓志銘》云：

> 諱法善，字醜仁，濟北郡人也。（略）朔北望族矣。（略）七十有五，長安二年一月二日終於私第。（略）夫人康氏，（略）終年六十三，（略）長安四年壬辰朔十八日合葬於涇川。[160]

史法善既稱“朔北望族”，又與康氏聯姻，爲史國人的可能性很大。

《唐史夫人墓志》云：“夫人史氏，其先高，杜陵人也。”其先“食邑武疆，繇是世爲邊將”[161]。薛莫“隋末喪亂，徙居凉州”。夫人史氏“洎周室衰微，遷於隴右。祖藏，左驍衛中郎、攝肅州刺史，父夏州長史；兄思謙，右領軍衛大將軍”。夫人終於長安縣“醴泉里之寢室也”[162]。史氏世居隴右，祖、父爲刺史、長史的肅州、夏州正是粟特人之聚居區。

唐長安城近郊也有一些史姓人集中聚居地，《法苑珠林》云：

> 唐郊南福水之陰有史村。史阿誓者，誦《法華經》名充令史。往還步涉，未嘗乘騎。以依經云，哀愍一切故也。病終本邑，香氣充村。道俗驚怪，而莫測其緣。終後十年，其妻又殞，乃發塚合葬，見其舌根，如本生肉，乃收葬斯表衆矣。斯誠轉誦法華之靈驗也。[163]

前述有“阿”字音節的粟特人名字頗多，史阿誓或疑史國人。史姓人聚族而居的特徵在一通造像碑的題名表現得更爲明顯。西魏《陳瑜等造像》中有很多史姓人：

> 維那主石景茂　　史惠生
>
> 菩薩主史智達　　維那主史道秀
>
> 史胡仁、史眹周、史苗、史元之、史朗、史榮、史歡、史道岳、史暢、史靈珍、史寄周、史晚興、史亂㜸、史曇頭、史穀林、史石頭、史哉之、史道勝、史法令、史客生、史勝㜸、史壞、史道方、史沙米、史哉郎、史延興、史肆興、史哉博、史石梁、史僧論、史憲伯、史文秀、史法通、史慕□、史魯、史法端、史荒生、史道和、史法寧、史天賜、史繼、史寶朱、史懷恭、史稚、史安、史伏敬、史同貴、史亦人、史忠忠、史石柱、史莫問、史哉興、史嚴、史妙、史要之、史

〔159〕季羡林等《大唐西域記校注》卷一，頁 88。

〔160〕北京圖書館金石組編《北京圖書館藏中國歷代石刻搨本彙編》，第十九册，中州古籍出版社，1989年，頁69。

〔161〕周紹良主編《唐代墓志彙編》下册，上海古籍出版社，1992 年，下同，頁 2255。

〔162〕陝西省文物管理委員會《西安東郊唐墓清理記》，《考古通訊》，1956 年 6 期，頁 47～50。

〔163〕《法苑珠林》卷十八，頁 284，最後一句依中華書局本《太平廣記》卷一百零九，頁 748 補引。

同姬、史恣、史法憐、史帛、史□、史道、史明。〔164〕

以上史姓人，雖不能肯定與昭武史國人有關聯，但其中一些名字有點奇怪，並和石姓人一起出現，衹是時代較早，姑且存疑。

另外，在《唐開元錢碑》中有“咸陽監主簿史延壽”之句〔165〕。《興國寺故大德上座號憲超塔銘並序》是元和十三年（公元 818 年）之物，門人弟子中有“史凑”，法華邑人中有“史清”〔166〕。

《契苾夫人墓志》稱：開元九年二月廿五日隨葬於昭陵，其丈夫爲史氏（圖十一・1）〔167〕。當然確定這些人族別尚還比較困難。

圖十一・1　唐契苾夫人墓志（搨本）

（採自《新中國出土墓志・陝西・壹》上册，文物出版社，2000 年，圖 118）

〔164〕 端方《陶齋藏石記》卷十，宣統元年，上海，頁 4～8。今從十五行題名中揀出。

〔165〕 陸增祥《八瓊室金石補正》卷五十四，希古樓本，下同，頁 20。

〔166〕 王昶《金石萃編》卷一百零七，陝西人民美術出版社影印本，1990 年，頁 11。

〔167〕《契苾夫人墓志》現藏昭陵博物館，承昭陵博物館陳志謙先生慨允使用，謹表謝意。

（七）洛陽及附近地區

洛陽自北魏孝文帝遷都以後日趨繁盛，《洛陽伽藍記》中有一段著名記載，描述了外域人士大聚洛陽之情景：

自葱嶺已西，至於大秦，百國千城，莫不歡附。商胡販客，日奔塞下，所謂盡天地之區矣。樂中國土風，因而宅者，不可勝數。是以附化之民，萬有餘家。門巷修整，閶闔填列，青槐蔭柏，緑樹垂庭。天下難得之貨，咸悉在焉。〔168〕

類似的情況一直持續盛唐而不衰，邙山之地葬異族流寓人物，近百年來出土的墓志可資明證。《唐安神儼墓志》云：

河南新安人也，原夫吹律命系，肇跡姑臧，因土分枝，建旗强魏。（略）列土姑臧，分枝元魏，乃祖乃考，爲將爲帥。〔169〕

安神儼的安國人身份確立無疑〔170〕，夫人史氏於咸亨五年正月廿五日長逝，春秋五十有三。調露二年改附於邙山〔171〕。史氏當係史國人。《安懷墓志》云：安懷夫人史氏，祖槃陀。卒於長壽二年(公元693年)，合葬於邙山〔172〕。《大唐康氏故史夫人墓志銘並序》云：

夫人姓史，洛州洛陽人也。家承纓冕，代襲珪璋。可略而言，備諸簡册。祖槃陀，□□縣開國公、新林府果毅。父英，左衛郎將，襲封父邑。

顯慶六年（公元661年）卒，葬於邙山之陽〔173〕（圖十一·2）。

康氏夫人史氏與安懷夫人史氏之祖，同爲史槃陀，名字相同，職官一致，當是一人。

《史待賓墓志》云：“公諱待賓，字待賓，河間人也。”其爲“接江之三巴，通商旅之族。”八十二歲，終於審教里之私第，葬於洛陽邙山之原〔174〕。待賓之名爲粟特人喜用，六胡州之亂首領名康待賓。

龍門石窟中有一些史姓人的題刻，被認爲與昭武九姓人有關〔175〕。石窟西山老龍窩

〔168〕楊衒之《洛陽伽藍記》卷三〈城南〉，范祥雍校注本，上海古籍出版社，1982年，頁161。

〔169〕毛漢光《唐代墓志銘彙編附考》，第十册，“中研院歷史語言研究所”，1989年，頁1。向達《唐代長安與西域文明》，頁17。

〔170〕向達《唐代長安與西域文明》，頁18。

〔171〕周紹良主編《唐代墓志彙編》，上册，頁669。

〔172〕河南省文物研究所等《千唐志齋藏志》下册，頁410。

〔173〕河南省文物研究所等《千唐志齋藏志》上册，頁166。

〔174〕河南省文物研究所等《千唐志齋藏志》下册，頁1367。

〔175〕温玉成《龍門所見中外交通史料初探》，《西北史地》，1983年1期，頁67。

圖十一·2　唐史夫人墓志（搨本）

（採自毛漢光《唐代墓志彙編附考》第五册，圖 934）

上方峭壁上有一造像洞，外有碑，上刻列功德主名字，共三十八人。其中康法藏、尋威仁、史誠、曹行基四人，可能分屬昭武九國的康國、火尋國、史國、曹國人。這批人的身份很可能是商人，時間屬唐高宗前期。康法藏名字多次出現在龍門石窟的造像題記中。閻朝隱《康法藏師碑》云：

法師俗姓康氏，諱法藏，纍代相承爲康國丞相，祖自康居來朝。[176]

古陽洞外北側有《北市香社造像記》云：

北香行社，社官安僧達，録事孫香表、史玄榮、常行師、康惠橙、（略）康静智（略）右件社人等一心供養。永昌元年三月八日起手。[177]

〔176〕參見向達《唐代長安與西域文明》，頁 16；《大正藏》，第五十五册，頁 280，總 2054。

〔177〕宿白《隋唐長安城和洛陽城》，《考古》，1978 年 6 期，頁 422。

老龍窩地藏龕北側題刻：“弟子史玄景爲父母造。”〔178〕0557窟南壁“［男］百通姓史夫妻敬造”，“三原縣史毛等”敬造〔179〕。“史三娘造佛一區”〔180〕。這些安、康、史姓人疑爲中亞粟特人。

佛教以外，拜火教（祆教）、景教、摩尼教相繼傳入中國。祆祝，原屬火祆教職，後爲薩寶府移置，是一種世襲職位。宋張邦基《墨莊漫録》載：

東京城北有祆廟。

其廟祝姓史，名世爽。自云家世爲祝纍代矣。藏先世補受之牒凡三：有懷恩者，其牒唐咸通三年宣武節度使令狐給。令狐者，丞相綯也。有曰温者，周顯德三年，端明殿學士、權知開封府王所給。王乃樸也。有曰貴者，其牒亦周顯德五年，樞密使、權知開封府王所給。王亦樸也。自唐以來，祆神已祀於汴矣。而其祝乃能世繼其職，踰二百年，斯亦異矣。〔181〕

自唐以來二百年間，史氏世代爲火祆教祝。地方首長數次頒牒，以顯示火祆教的合法性。

唐時亦有史姓人善吹觱篥，《樂府雜録》云：“大中以來有史敬約在汴州。”〔182〕《舊五代史·漢書》載：“史弘肇，字化元，鄭州滎澤人。”〔183〕小野川秀美以爲屬昭武史國人〔184〕。

（八）其他地區

中亞史國人分佈地區廣泛，除上述地點以外，在河北、山西等均有聚居。北齊時，西域音樂流行，西域樂人，頗爲高氏重用。《北齊書·恩倖傳》載：

甚哉齊末之嬖倖也，蓋書契以降未之有焉。（略）西域醜胡、龜兹雜伎，封王者接武，開府者比肩。（略）又有史醜多之徒胡小兒等數十，咸能舞工歌，亦至儀同開府、封王。（略）至於胡小兒等眼鼻深嶮，一無可用，非理愛好，排突朝貴，

〔178〕劉景龍、李玉昆主編《龍門石窟碑刻題記彙録》，中國大百科全書出版社，1998年，頁199。
〔179〕劉景龍、李玉昆主編《龍門石窟碑刻題記彙録》，頁165。
〔180〕劉景龍、李玉昆主編《龍門石窟碑刻題記彙録》，頁246。
〔181〕張邦基《墨莊漫録》卷四，孔凡禮點校本，中華書局，2002年，頁110。
〔182〕段安節《樂府雜録》“觱篥”條，叢書集成本，頁20。
〔183〕《舊五代史》卷一百零七〈漢書〉，頁1403。
〔184〕小野川秀美《河曲六胡州の沿革》，頁217。

尤爲人士之所疾惡。[185]

《北史·恩倖傳》載：

其何朱弱、史醜多之徒十數人，咸以能舞工歌及善音樂者，亦至儀同開府。[186]

《舊唐書·史思明傳》云：

史思明，本名窣干，營州寧夷州突厥雜種胡人也。姿瘦，少鬚髮，鳶肩傴背，廞目側鼻。（略）與安禄山同鄉里，先禄山一日生。（略）又解六番語，與禄山同爲互市郎。[187]

《新唐書》本傳略同，稱："通六蕃語，亦爲互市郎。"[188] 姚汝能《安禄山事迹》載："安禄山，營州雜種胡也，小名軋犖山。"[189]《新唐書》本傳亦云："安禄山營州柳城胡也，本姓康。"安氏爲康國人，禄山一名爲粟特人所喜用。據亨寧研究，"禄山"是音譯，意爲"光""明"，源於波斯語 roxsan[190]。《安禄山事迹》載：

史思明，營州雜種胡也。本名窣干，玄宗改爲思明。瘦小，少髭鬚，深目鳶肩，性剛急。與禄山同鄉，生較禄山先一日。思明歲夜生，禄山歲日生。及長，相親，俱以驍勇聞。解六蕃語，同爲牙郎。[191]

蒲立本將窣干擬音爲 sut - kan，榮新江以爲其粟特語意，或許就是玄宗改名的"思明"[192]。安禄山部將中的粟特人甚衆，有將軍何千年、大將何思德、平虜騎將史定方等。史氏諳通粟特語，"禄山"之本意可知，"思明"之意即在其中。營州爲粟特人集中聚居區，史氏多有胡人特徵"廞目側鼻"，利用"通六蕃語"之便，與安禄山同爲"互市郎"亦符合昭武九姓人善貿易之職業特長。

《舊唐書·史憲誠傳》載："史憲誠，其先出於奚虜，今爲靈武建康人。"[193] 史憲誠之子史孝章，僕射名孝章，字得仁。本北方之强，世雄朔野，後因仕中國，遂爲靈武建

[185]《北齊書》卷五十〈恩倖傳〉，頁 685～694。

[186]《北史》卷九十二〈恩倖傳〉，頁 3055。

[187]《舊唐書》卷二百上〈史思明傳〉，頁 5376。

[188]《新唐書》卷二百二十五上〈史思明傳〉，頁 6426。

[189] 姚汝能《安禄山事迹》》卷上，曾貽芬標點本，上海古籍出版社，1983 年，頁 1。

[190] A Sogdian Colony in Inlner Mongolia，p.332.

[191] 姚汝能《安禄山事迹》卷下，頁 42。

[192] 據榮新江研究吐魯番出土摩尼教中古波斯文《沙卜拉干》中有 *Swc'gyn* 一詞，意爲"燃燒發光"，似與窣干有關（參見榮新江《安禄山的種族與宗教信仰》，載中國唐代學會編輯委員會編《第三屆中國唐代文化學術研討會論文集》，頁 236，臺北，1997 年）。

[193]《舊唐書》卷一百八十一〈史憲誠傳〉，頁 4685。

康人〔194〕。

史憲誠一系稱其爲靈武建康人，是“後因仕中國”而遷徙。其“本北方之强，世雄朔野”。靈武建康人之説，或爲祖先自建康徙至靈武，而建康史氏已經詳述與中亞史氏有密切的關聯。小野川氏注意到史憲誠與康日知、何進滔等同屬“昭武九姓”人的可能性〔195〕。

《唐潤州上元縣福興寺碑》碑陰題名：石質、何荆□、史都子、史義□、曹□□〔196〕。潤州即今江蘇鎮江，上元縣唐上元二年（公元761年）年置。石、何、史、曹均似昭武九姓人。張邦基《墨莊漫録》亦云：“鎮江府朱方門之東城上，乃有祆神祠，不知何人立也。”〔197〕或許與此類粟特人移居有關。碑中人物卻似佛教徒。

《史世樂等題名碑》中史世樂妻姓安〔198〕。

五代時，一些著名人物均有粟特人血統，史建瑭，字國寶，父敬思，雁門人，仕郡至牙校。建瑭以父蔭少仕軍門〔199〕。史懿，字繼美，代郡人也。考建瑭。史彦超，雲州人也。性驍獷，有膽氣〔200〕。

另外，史儼，代州雁門人〔201〕。史敬鎔，太原人〔202〕。史圭，常山人〔203〕。

“史匡翰，字元輔，雁門人也。”“其妻魯國公主即高祖之妹也。”〔204〕後晉祖姓石，諱敬瑭，太原人，“子孫流汎西裔，故有居甘州者焉”〔205〕。史、石二族相聯姻。

還有，恒州（今山西太原）獲鹿本願寺有《本願寺慶善等造經幢經題名》，中有史遠通、安禮楷及妻母史、石氏題名〔206〕。史、安、石氏似均爲昭武九姓人。其年代約在盛唐景龍年間（公元707～710年）。

《資治通鑒·唐紀》載：乾寧四年（公元897年）河東大將史儼、李承嗣與朱瑾渡淮

〔194〕劉禹錫《唐故史公神道碑》，《全唐文》卷六百零九，六册，中華書局影印本，頁6150。

〔195〕小野川秀美《河曲六胡州の沿革》，頁202。

〔196〕陸增祥《八瓊室金石補正》卷六十二，頁29～35。

〔197〕張邦基《墨莊漫録》卷四，頁111。

〔198〕陸增祥《八瓊室金石補正》卷四十二，頁25。

〔199〕《舊五代史》卷五十五〈唐書〉，頁740。

〔200〕《舊五代史》卷一百二十四〈唐書〉，頁1630～1631。

〔201〕《舊五代史》卷五十五〈唐書〉，頁743。

〔202〕《舊五代史》卷五十五〈唐書〉，頁747。

〔203〕《舊五代史》卷九十二〈唐書〉，頁1217。

〔204〕《舊五代史》卷八十八〈晉書〉，頁1150。

〔205〕《舊五代史》卷七十五〈晉書〉，頁977。

〔206〕陸增祥《八瓊室金石補正》卷四十六，頁7～9。

河奔楊行密，史儼等屢次立功，楊氏江淮得以保全〔207〕。史儼即史國人，章群曾推測："竊疑唐末出現於江淮的兩姓人物，如康儒、康旺、安景思等，都是隨承嗣、史儼而南渡的。"〔208〕

（九）結　語

以上我們對於中亞史國人流寓中國情況進行了全面整理，當然勾勒的範圍也僅僅涉及其分佈地域。就地理範圍而言，雖然較爲廣闊，但遠不足以概括史國人的實際分佈。受材料的制約，一些史姓族屬的衡定，從嚴格意義上來說，是存在着缺陷的。儘管如此，通過上面資料，我們仍然可以説在某種程度上對中亞史國人有相當的瞭解，進而對粟特人流寓中國的研究有所助益。

粟特人中佛教信仰是一個值得注意的問題，以往人們對於粟特人宗教信仰方面的注意力主要集中在拜火教（祆教）上，《慧超往五天竺國傳》中稱：昭武六國"總事火祆，不識佛法"。粟特地區是佛教東漸最先到達的地區，但玄奘、慧超所經公元 7 世紀時的粟特則佛教已經衰敗，他們在粟特本土看到的正是這種佛教衰微，拜火教、摩尼教興盛時的情況。高昌國"俗事天神，兼信佛法"〔209〕。陳垣等以爲天神即爲祆教〔210〕。實際情況卻是高昌地區存在大量的佛教寺廟、佛經殘卷和文書記録，而有關火祆教的記載卻非常稀少，使學者們深感困惑〔211〕。史師衆慶出現在《唐西州高昌縣弘寶寺僧名籍》之中；史佛法、史佛住、史元善這類佛教色彩很濃的名字，表明其宗教信仰的多樣性。大谷探險隊在吐魯番發現的《武周康居士寫經功德記碑》中記述了粟特康國人康居士準備抄寫許多部佛經，其中包括六百卷之巨的《大般若波羅密多經》〔212〕，佛教勢力在胡人集團中不發展到一定階段，康居士斷難發此宏願。河西佛教興盛，從敦煌莫高窟史姓供養人題記，可以看出他們更是虔誠的佛教徒，這種情況在其他昭武諸姓人中也大量存在。在長安、洛陽等地有許多傳教的著名高僧，據《宋高僧傳》云："釋法藏，字賢首，姓康，

〔207〕《資治通鑒》卷二百六十一〈唐紀〉"乾寧四年（公元 897 年）"條，頁 8500～8501。

〔208〕章群《唐代蕃將研究》，頁 197。

〔209〕《魏書》卷一百零一〈高昌傳〉，頁 2243。

〔210〕陳垣《火祆教入中國考》，頁 306。

〔211〕關於這一問題討論參見王素《高昌火祆教論稿》，《歷史研究》，1986 年 3 期；林悟殊《論高昌"俗事天神"》，《歷史研究》，1987 年 4 期等文章。

〔212〕根據榮新江氏復原統計，康居士準備抄寫從後漢到初唐的佛經三十餘部（見氏著《吐魯番出土〈武周康居士寫經功德記碑〉核考》，《民大史學》，1996 年 1 期，頁 6～18）。

康居人也”[213]。法師纍代相承，爲康居國丞相。鑒真和尚隨行胡國人安如寶[214]。釋僧伽“自言俗姓何氏”，是何國人。釋神會“俗姓石，本西域人也”[215]。北周《惠鬱造像碑》云：

故魏七帝舊寺，後周建德六年破滅大佛，僧尼還俗。天元承帝，改爲宣政，前定州贊治并州總管府户曹参軍博陵人崔子石，薩甫下司録、商人何永康二人購得七帝寺。[216]

何永康似何國人，薩寶（甫）府屬吏，亦爲佛教徒。史阿誓誦《法華經》具有神話色彩。龍門石窟中的康、安、曹、史等姓人題刻，潤州上元福興寺碑，恒州獲鹿本願寺經幢上，石、何、史、曹、安等姓人題名，表明佛教在昭武九姓人心目中占據的重要位置。在葉尼塞河流域的黠戛斯地區曾發現一件精緻的鎏金銅佛像，保持了高水平的犍陀羅母題。根據其漢文銘文“史將軍爲已故兄弟造此”，推斷是在中國製造的，幾經輾轉流落於此[217]。有人說，這位史將軍當即僑居中國的粟特昭武九姓胡人[218]。我們無意過於誇大昭武九姓人中佛教信仰的一面，衹是覺得正確認識粟特人中的佛教成分也是十分必要的。

關於昭武粟特人流寓中國以後的葬俗問題，也是我們試圖關注的重點。中亞粟特人所信奉宗教成分雖如前述較爲複雜，但其中祆教仍佔據相當大的比重。雖然林悟殊已經找出若干中亞祆教天葬的例子，並指出其與波斯本土拜火教之異同[219]，但這似乎遠遠不足以概括中亞粟特人葬俗的複雜性，主要是林氏没有使用20世紀以來中亞地區若干重要的考古發現資料。在中亞的墓葬考古發現中土葬佔很大的比重，其中死者口含金、銀幣的習俗尤其引人注意[220]。當然也有一些例子表明粟特人的遺骸是裝在一種小型的棺材之中，有的棺材上繪有圖畫，是傑出的粟特藝術品[221]。粟特壁畫中也有哀悼死者

[213] 贊寧《宋高僧傳》卷五，頁89。

[214] 真人元開《唐大和上東征傳》，汪向榮校注本，中華書局，1979年，頁85。

[215] 贊寧《宋高僧傳》卷九，頁209。

[216] 王仲犖《北周六典》卷四，上册，中華書局，1982年，頁163。

[217] 吉謝列夫《南西伯利亞古代史》下册，莫潤先中譯本，新疆社會科學院民族所，1985年，頁142。

[218] 林梅村《布古特出土粟特文突厥可汗紀功碑考》，《民族研究》，1992年2期，後收入《西域文明》，頁344～358。

[219] 林悟殊《火祆教的葬俗及其在古代中亞的痕跡》，《西北民族研究》，1990年1期，後收入氏著《波斯拜火教與古代中國》，新文豐出版公司，1995年，頁85～104。

[220] 參見小谷仲男《死者の口に貨幣を含ませる習俗——漢唐墓葬における西方の要素》，《東アジア史における文化伝播と地方差の諸相》，富山大學文學部，1988年，頁17～36。

[221] E. F. 加富羅夫《中亞塔吉克史》，頁121～122。

的畫面[222]。粟特人流寓中國後首先進入的是新疆地區，似乎人們没有發現屬於高昌時期或以前的粟特人墓葬，吐魯番地區衹有黄文弼著録的二方康國人墓志[223]。六七十年代發掘的吐魯番地區墓葬，由於没有公佈詳盡報告具體情況我們不得而知，但有一些特殊的習俗如口含金銀幣、覆面的現象或推測與粟特人有關[224]。引起我們特別注意的是新疆地區出土的一些納骨甕[225]，質地有陶質、木質等[226]。有人標明是舍利罐，以爲是佛教遺物。但在鄯善縣吐峪麻札出土的陶器，呈圓筒形狀，上有一蓋，内有屍骨，可以排除與佛教有關。但是否即祆教徒天葬以後的納骨甕有待進一步詳查。粟特人移居中國以後接受了土葬制，雖然我們暫時没有發現粟特人北朝時期的墓葬，寧夏固原隋大業六年（公元 610 年）史射勿墓爲中國境内年代較早者。以史氏墓葬而言，基本上與同時期長安附近中高級官員墓葬並無二致，但恐怕其前要有一個相當長時間的演變過程。《隋翟突娑墓志》[227] 的發現也表明，在隋或隋以前流寓中土粟特人即接受土葬習俗。當然也有一些粟特人流寓中國以後仍然保留着某些祆教喪葬習俗[228]。類似的習俗主要流行於下層，中上層粟特人似乎更樂於接受土葬制度，是否使用棺木埋葬是我們以後考古發現中所要重視的。總之，即使完全土葬的粟特人也會保留某些原住地的習俗，深刻地認識這一點，對我們今後的研究顯得尤其重要。

〔222〕A. M. Belenitskii, B. I. Marshak, and Mark J. Dresden, *Sogdian Painting, The Pictorial Epic in Oriental Art*, 1981, London, p.113.

〔223〕參見榮新江《祆教初傳中國年代考》，頁 351，注〔59〕相關論述。

〔224〕參見羅丰《寧夏固原出土外國金銀幣考述》，頁 46～52。

〔225〕這一點承榮新江教授特別提示。

〔226〕穆舜英主編《中國新疆古代藝術》，新疆美術攝影出版社，1994 年，頁 40。

〔227〕向達《唐代長安與西域文明》，頁 90。

〔228〕最引起學者們關注的一條史料是《新唐書》卷七十八〈李暠傳〉記："太原俗爲浮屠法者，死不葬，以屍棄郊食鳥獸，號其地曰'黄阬'。有狗數百頭，習食胔，頗爲人患，吏不敢禁。暠至，遣捕群狗殺之，申厲禁條，約不再犯，遂革其風"（頁 3531）。

十二　薩寶：一個唐朝唯一外來官職的再考察

（一）

伴隨着“絲綢之路”的暢通，中亞、西亞的使節、僧侶、商人不斷湧入中國，構成一幅長達數世紀經久不衰的東西文化交流景觀。漢代以後，漢文史籍於此載録日漸詳備，主要是對流入中國的奢侈品、一些當時中國人罕見物品和東漸人員活動的記録。當然，另外一些非物質的人文思想也隨之流入，祆教（拜火教）、景教、摩尼教三大宗教成爲最引起後人注意的事物。最初是商務活動的組織者——薩寶，在各語種中頻頻出現，引人注目，流傳至中國後竟成爲隋唐政權中的官職，遂爲今之治中西交通史學者最爲熟知的名詞之一。

隨着大量中亞胡語文獻的縱深研究，特别是粟特語文獻研究的進步，使過去薩寶討論中若干重要的論點獲得某種程度的支持，但深究起來問題依然存在。首先對於薩寶一詞來源的認識尚未統一，雖然在早期粟特語文獻中已找出可能是薩寶的對應詞，但似乎不是最早的。薩寶一職最先是宗教職務，還是世俗稱謂？語源上看法差異，無疑影響到對其性質的進一步判定，對於薩寶傳入中土後職務的屬性也必然存在嚴重分歧。同樣，經過一個世紀中外學者的不懈努力，學術界對於薩寶的認識程度和在各種文獻中出現的狀況的瞭解已大爲改觀。换言之，材料的豐富程度使我們有機會對以往的各種討論作全面的檢討。

（二）

經過幾代學者的鈎稽，漢文史料中約有以下幾條材料爲人們經常所用。

伯希和（Paul Peliot）在《薩寶考（Le Sa-pao)》一文中首先使用了《通典》《舊唐

書》中有關薩寶的史料[1]。《通典》職官“大唐官品”條云：

視流内

視正五品：薩寶

視從七品：薩寶府祆正[2]

視流外

勳品：薩寶府祓祝

四品：薩寶府率

五品：薩寶府史[3]

其中“四品：薩寶府率”，舊本作“薩寶率府”，王永興點校時逕改[4]（圖十二·1）。《舊唐書·職官志》云：

流内九品三十階之内，又有視流内起居，五品至從九品。初以薩寶府、親王國官及三師、三公、開府、嗣郡王、上柱國已下護軍已上勳官帶職事者府官等品。開元初，一切罷之。今唯有薩寶、祆正二官而已。又有流外自勳品以至九品，以爲諸司令史、贊者、典謁、亭長、掌固等品。視流外亦自勳品至九品，開元初唯留薩寶、祆祝及府史，餘亦罷之。[5]

稍後，日人藤田豐八在王國維點示下亦從《隋書》《新唐書》中找出若干薩寶的材料。《隋書·百官志》云：

又有流内視品十四等：

雍州薩保，爲視從七品。

諸州胡二百户已上薩保，爲視正九品。[6]

《通典·職官》“隋官品令”條所載與之相同[7]。藤田氏亦指出隋之“薩保”即唐之“薩寶”[8]。向達補充指出，在北齊時已有薩寶之官[9]。

《隋書·百官志》中“後齊官制”云：

---

〔1〕Paul Pelliot,“Le Sa－pao”, Bulletin de I’Ecole Francaise d’Extreme－Orient Ⅲ, 1903, pp.665～671，轉引自藤田豐八《西域研究》四〈薩寶〉，楊煉中譯本，上海商務印書館，1935年，頁29。

〔2〕杜佑《通典·職官》卷四十“大唐官品”，王文錦等點校本，中華書局，1988年，頁1103。

〔3〕杜佑《通典》卷四十〈職官〉，頁1105～1106。

〔4〕杜佑《通典》卷四十〈職官〉，頁1115注［七四］。

〔5〕《舊唐書》卷四十二〈職官志一〉，頁1803。

〔6〕《隋書》卷二十八〈百官志下〉，頁780～791。

〔7〕杜佑《通典》卷三十九〈職官〉，頁1081～1082。

〔8〕藤田豐八《西域研究》，頁30。

〔9〕向達《唐代長安與西域文明》，原刊《燕京學報》專號之二，1933年，後收入氏著《唐代長安與西域文明》，三聯書店，1957年，頁90。

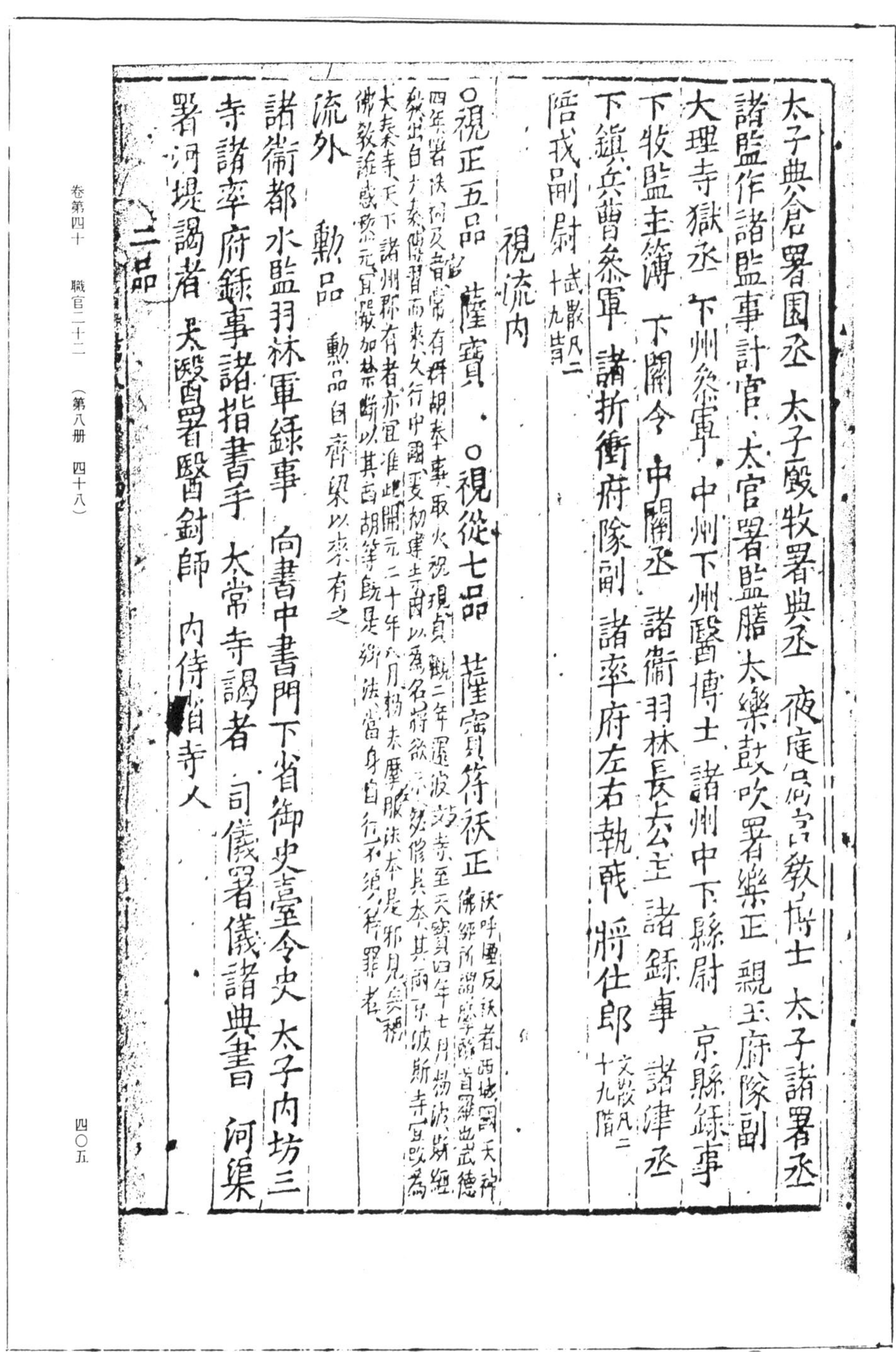
太子典倉署園丞 太子廄牧署典丞 掖庭局宫教博士 太子諸署丞

諸監作諸監事計官 太官署監膳 太樂鼓吹署樂正 親王府隊副

大理寺獄丞 下州參軍 中州下州醫博士 諸州中下縣尉 京縣録事

下牧監主簿 下關令 中關丞 諸衛羽林長上 公主 諸録事 諸津丞

下鎮兵曹參軍 諸折衝府隊副 諸率府左右執戟 將仕郎 文散凡二十九階

陪戎副尉 武散凡二十九階

視流内

○視正五品 薩寶 ○視從七品 薩寶府祆正 祆，呼煙反。祆者，西域國天神，佛經所謂摩醯首羅也。武德四年，置祆祠及官，常有群胡奉事，取火祝詛。貞觀二年，置波斯寺。至天寶四年七月，敕：波斯經教出自大秦，傳習而來，久行中國。爰初建寺，因以爲名，將欲示人，必修其本。其兩京波斯寺宜改爲大秦寺。天下諸州郡有者亦宜准此。開元二十年八月敕：末摩尼法，本是邪見，妄稱佛教，誑惑黎元，宜嚴加禁斷。以其西胡等既是鄉法，當身自行，不須科罪者。

流外 勲品 勲品自齊梁以來有之

諸衛都水監羽林軍録事 尚書中書門下省御史臺令史 太子内坊三

寺諸率府録事諸指書手 太常寺謁者 司儀署儀諸典書 河渠

署河堤謁者 太醫署醫針師 内侍省寺人

二品

卷第四十 職官二十二 （第八册 四十八） 四〇五

圖十二·1 日本宫内廳書陵部藏北宋版《通典》“視流内薩寶”條書影

（採自汲古書院《北宋版通典》第二册，1980年，頁405）

鴻臚寺，掌蕃客朝會，吉凶吊祭。統典客、典寺、司儀等署令、丞。典客署，又有京邑薩甫二人，諸州薩甫一人。[10]

以上文獻中有薩保、薩寶和薩甫的不同讀音，向達已經注意到了：

此所謂京邑薩甫、諸州薩甫果作何解，説者從未注意。按鴻臚寺本掌接待遠人，薩甫既屬於典客署，其所掌者必爲僑居京邑及諸州之外國人。隋唐以前，甫字讀重唇音，則薩甫與薩寶、薩保同聲，與 Sartpau 一字譯音亦近。余疑北齊鴻臚寺之薩甫，即隋之薩保、唐之薩寶。[11]

根據以上文獻，我們大致有這樣的印象，北齊時薩甫是鴻臚寺的屬官，設在典客署中，典客署是外交機構中直接辦事機關[12]，薩甫是負責僑民事務的官員。隋時由於來華僑民增加，薩保的置數隨即增多，雍州置一名，視流内從七品，其餘諸州胡户在二百户以上者置薩保一名，視流内正九品。根據一些墓志和其他文獻記載，北魏、北齊、北周、隋歷代均有爲薩寶（保）一職者。《唐安萬通墓志》云：

君姓安名萬通，京兆長安人也。其祖本生西域安息國。（略）大魏初王，君高祖但奉使入朝，帝慕其□□□□□□家三品，位至摩訶薩寶。子孫烦讓冠帶（略）。[13]

安萬通之高祖安但因作爲西國使臣“奉使入朝”，受到特别禮遇，成爲相當於三品大員的“摩訶薩寶”。《唐康阿達墓志》云：

公諱阿達，西域康國人也。（略）祖拔達，梁使持節、驃騎大將軍、開府儀同三司、凉、甘、瓜三州諸軍事、凉州薩保。當官處任，水鏡元以真其懷。處斷公途，石席不之方其志，詔贈武威太守。[14]

值得注意的是康拔達所任盡爲梁朝職官，據陳國燦研究，其接受任命的年代在梁朝大通年（公元 529～534 年）前後[15]。當然康氏接受任命的依據因爲他是凉州薩寶，一位當地僑民領袖，遠在南方的梁朝似不應有這一薩寶職務。林寶《元和姓纂》

〔10〕《隋書》卷二十七〈百官志中〉，頁 756。

〔11〕向達《唐代長安與西域文明》，頁 90。

〔12〕關於北齊典客署職責記載缺乏，不過依唐而言，典客署“掌二王後、蕃客辭見、宴接、送迎及在國夷狄”（《通典·職官八》卷二十六·“鴻臚寺”條，頁 725）。“典客令掌二王後介公、酅公之版籍，及東夷、西戎、南蠻、北狄歸化在蕃者之名數”。“凡朝貢、宴享、送迎預焉，皆辨其等位而供其職事。凡酋渠首領朝見者，則館而以禮供之”（《唐六典》卷十八“鴻臚寺”條，陳仲夫點校本，中華書局，1992 年，頁 506）。隋、北齊職責大約相仿。

〔13〕安萬通墓志原爲朱書一塊、墨書兩塊，共三塊拼合而成，一些字句出土時已不清晰。賀梓誠《唐王朝與邊疆民族和鄰國的友好關係》，《文博》，1984 年創刊號，頁 59；武伯綸《讀唐墓志隨筆》，《古城集》，三秦出版社，1987 年，頁 260。兩文均有引述，字句稍有不同，筆者所引文據原陝西省博物館保管復製部藏墓志抄本原件。

〔14〕張維《隴右金石録》卷二，甘肅省文獻徵集委員會校印，1943 年，頁 4。

〔15〕陳國燦《魏晉至隋唐河西胡人的聚居與火祆教》，《西北民族研究》，1988 年 1 期，頁 205～206。

“姑臧涼州安氏”條記：

出自安國，漢代遣子朝國，居涼土，後魏安難陀至孫盤娑羅，代居涼州，爲薩寶。[16]

《新唐書·宰相世系表》載：

武威李氏，本安氏，出自姬姓。黃帝生昌意，昌意次子安，居於西方，自號安息國。後漢末，遣子世高入朝，因居洛陽。晉、魏間，家於安定，後徙遼左，以避亂又徙武威。後魏有難陀孫婆羅，周、隋間，居涼州武威爲薩寶。[17]

《唐史訶耽墓志》云：

君諱訶耽，字説，原州平高縣人，史國王之苗裔也。（略）曾祖尼，魏摩訶大薩寶、張掖縣令。祖思，周京師薩寶。[18]

《唐史鐵棒墓志》云：

君諱鐵棒，字善集，原州平高縣人也。（略）曾祖多思，周京師摩訶薩寶，酒泉縣令，祖槃陀，皇朝左領軍、驃騎將軍。[19]

史訶耽與史鐵棒同出一系，爲叔侄關係[20]，其祖史思，亦即史鐵棒之曾祖史多思。《隋翟突娑墓志》云：

君諱突娑，字薄賀比多，并州太原人。父娑，摩訶大薩保。薄賀比多日月以見勳效，右改宣惠尉，不出其年，右可除奮武尉。[21]

《唐康元敬墓志》云：

君諱元敬，字留師，相州安陽人也。原夫吹律命氏，其先肇自康居畢萬之後。因從孝文，遂居於鄴。祖樂，魏驃騎大將軍，又遷徐州諸軍事。父仵相，齊九州摩訶大薩寶，尋改授龍驤將軍。[22]（圖十二·2）

《唐康大農墓志》云：

---

〔16〕林寶《元和姓纂》卷四“安姓”條，岑仲勉校記本，中華書局，1994年，頁500。

〔17〕《新唐書·宰相世系表》卷七十五下，頁3445～3446。

〔18〕羅丰《固原南郊隋唐墓地》，文物出版社，1996年，頁69。

〔19〕羅丰《固原南郊隋唐墓地》，頁82。

〔20〕羅丰《固原南郊隋唐墓地》，頁216。

〔21〕趙萬里《漢魏南北朝墓志集釋》，圖版四八四，科學出版社，1956年。向達氏點斷原稍誤，筆者略改（參見拙作《固原南郊隋唐中亞史氏墓志考釋（上）》，《大陸雜志》，90卷第5期，頁31注三五，1995年）。

〔22〕北京圖書館金石組編《北京圖書館藏中國歷代石刻搨本彙編》第十五册，中州古籍出版社，1989年，頁193。志中“九州”之九字，諸家不識，録作缺字。榮新江據《洛陽出土歷代墓志輯繩》（洛陽文物工作隊編，中國社會科學出版社，1991年）頁330圖版補（參見氏著《北朝隋唐粟特人之遷徙及其聚落》，《國學研究》，第6卷，1999年，頁79注）。

圖十二·2　唐康元敬墓志（局部、搨本）

（採自毛漢光《唐代墓志銘彙編附考》第八册，圖667）

君諱婆，字季大，博陵人也，本康國王之苗裔也。高祖羅，以魏孝文世，舉國内附，朝於洛陽，因而家焉，故爲洛陽人也。祖陀，齊相府常侍。父和，隋定州薩寶。〔23〕

依上而言，擔任薩寶職務者，都是流寓中國的昭武九姓人，有安國、康國、史國等，一般都有兩代或三代以上的在華經歷。安難陀、史尼兩系薩寶似有世襲性質，但我們仍然不能像以往學者那樣，得出薩寶爲世襲職務這樣一個寬泛的結論。因爲康仵相、康和的父輩明顯不是薩寶，而康拔達、翟婆其子也並非承襲薩寶一職。以上任職地區，有二人在首都，五人在河西地區，一人不詳，另有二人分别在并州和定州。京師是域外來華人員的目的地，有薩寶自不待言。河西地區是中亞粟特人最爲集中的地區，最先引起中外學者的興趣〔24〕。并州與定州亦是不能忽視的地方，至唐末五代尚有粟特人聚集。北齊的薩甫屬於鴻臚寺，是中央職官系統，但在地方翟婆似在并州（?）爲摩訶大薩寶，康仵相爲九州摩訶大薩寶，也並非由中央派出官員（見表十二·1）。

表十二·1　　北朝、隋唐薩寶（保）情況統計表

姓　名	國　别	時　代	任職州縣	薩　寶	其他官藏
安　但	安國	北魏	京師（?）	摩訶薩寶	三品
康拔達	康國	梁大通	凉州	薩寶	使持節，驃騎大將軍，開府儀同三司，凉、甘、瓜三州諸軍事
安難陀	安國	北魏	凉州	薩寶	
安槃娑羅	安國	北周	凉州	薩寶	
史　尼	史國	北魏	張掖（?）	摩訶大薩寶	張掖縣令
史多思	史國	北周	京師	薩寶或摩訶薩寶	酒泉縣令
翟　婆		北齊	并州	摩訶大薩保	
康仵相	康國	北齊	九州	摩訶大薩寶	龍驤將軍
康　和	康國	隋	定州	薩寶	

〔23〕康婆“武德中，左僕射裴寂揖君名義，請署大農”（見周紹良主編《唐墓志彙編》上册，上海古籍出版社，1992年，頁96）。

〔24〕參見桑原隲藏《隋唐時代に支那に來往した西域人に就こ》，原載《内藤博士還歷祝賀支那學論叢》，後收入《桑原隲藏全集》第二卷，岩波書店，1968年，頁270～360；向達《唐代長安與西域文明》；前田正明《河西歷史地理學の研究》，吉川弘文館，1964年，頁18～49；池田温《8世紀中葉における敦煌のソグド》，《ユーラシア文化研究》1965年1期，頁49～92；姜伯勤《敦煌·吐魯番とシルクロド上のソグド》，《季刊東西交涉》，5卷1號，頁30～39；2號，頁26～33；3號，頁28～36，1986年；陳國燦《魏晉至隋唐河西胡人的聚居與火祆教》，頁205～206。

隋代雍州薩保，視從七品，二百胡户以上的州設置薩保，視正九品，這應當基本沿襲北周傳統。雍州薩保地位高，當是首都因素，或同於北周京師薩寶。不過，該職似並非雍州屬官。《隋書·百官志》載：

雍州，置牧。屬官有别駕，贊務，州都，郡正，主簿，録事，西曹書佐，金、户、兵、法、士等曹從事，部郡從事，武猛從事等員。[25]

其中没有薩保。墓志材料中的薩寶，有薩寶、摩訶薩寶、摩訶大薩寶三種，當是遞進關係。摩訶，是梵文 Maha 的意譯，基本上是 mahaj，大、偉大的意思。因爲是形容詞，所以有陽性、中性、陰性之區分，使用於不同場合[26]。摩訶大薩寶中的“摩訶”與“大”意義相同，疊加使用有進一步强調的意思，地位或在摩訶薩寶之上。北魏安但摩訶薩寶，可能相當於三品。康拔達是在特殊情況下接受梁朝的封贈，使持節、驃騎大將軍、開府儀同三司及凉、甘、瓜三州諸軍事，地位甚高，但也僅是薩寶，而無摩訶、摩訶大稱號。北魏史尼是摩訶大薩寶、張掖縣令，北周史思爲酒泉縣令、京師薩寶，均屬中級官員。康仵相爲九州摩訶大薩寶，後授龍驤將軍。《隋書·百官志》載：梁大通中“龍驤、武視、雲旗、風烈、電威、雷音、馳鋭、追鋭、羽騎、突騎同班”。“班即階也。同班以優劣爲前後。”[27]龍驤將軍屬第七品[28]，與史氏略同。凉州安氏、翟突娑、康和等無相應職官，推測他們基本屬中下級官吏。

薩寶，隋以前官方制定的衹有薩保（甫），並無摩訶薩寶或摩訶大薩寶一職。從其相應職務來看，實際上薩寶明顯要比官方規定的品級高出許多，並且處於一種非常狀態。换言之，墓志材料中的薩寶史料不可以用正常官方規定品級所衡定，事實上民間色彩濃厚。這樣薩寶一職在隋以前有兩套系統，一是官方規定，另外則是外國僑民中的傳統。官方規定衹有薩保（甫），民間實際上有數等。當然，後者的存在也可能獲得了官方的許可。

在中亞粟特人最先到達的新疆，吐魯番地區阿斯塔那出土文書中，人們也找到了同一時期類似的薩寶材料（圖十二·3）。“高昌永平二年（公元 550 年）十二月廿日祀部班示爲知祀人名及謫罰事”：

九行虎牙孝恕　　薩薄□□　　虎牙孟義[29]

這件文書是高昌麴朝主持祀部的長史虎威將軍麴氏頒發的永平二年除夕參加祀神的

〔25〕《隋書》卷二十八〈百官志下〉，頁 782～783。

〔26〕《固原南郊隋唐中亞史氏墓志考釋（上）》，頁 16。

〔27〕《隋書》卷二十六〈百官志上〉，頁 738～739。

〔28〕《隋書》卷二十六〈百官志上〉，頁 747。

〔29〕《吐魯番出土文書》第二册，文物出版社，1981 年，頁 46。

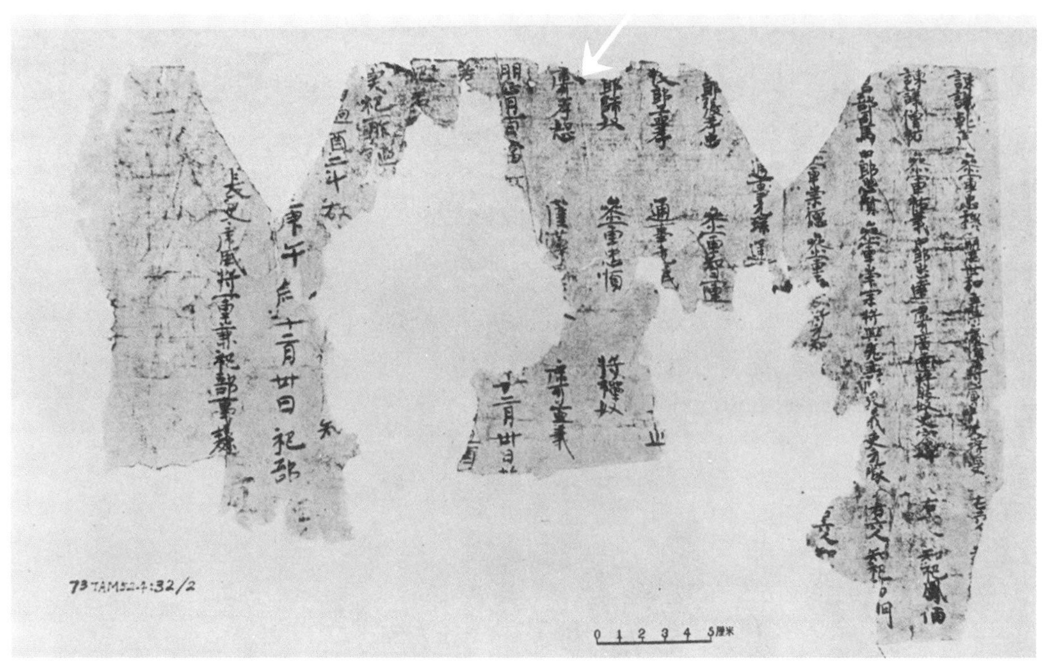

圖十二·3　高昌永平二年（公元 550 年）十二月廿日祀部班示爲知祀人上名及謫罰事文書

（採自《吐魯番出土文書》壹，文物出版社，1992 年，頁 136）

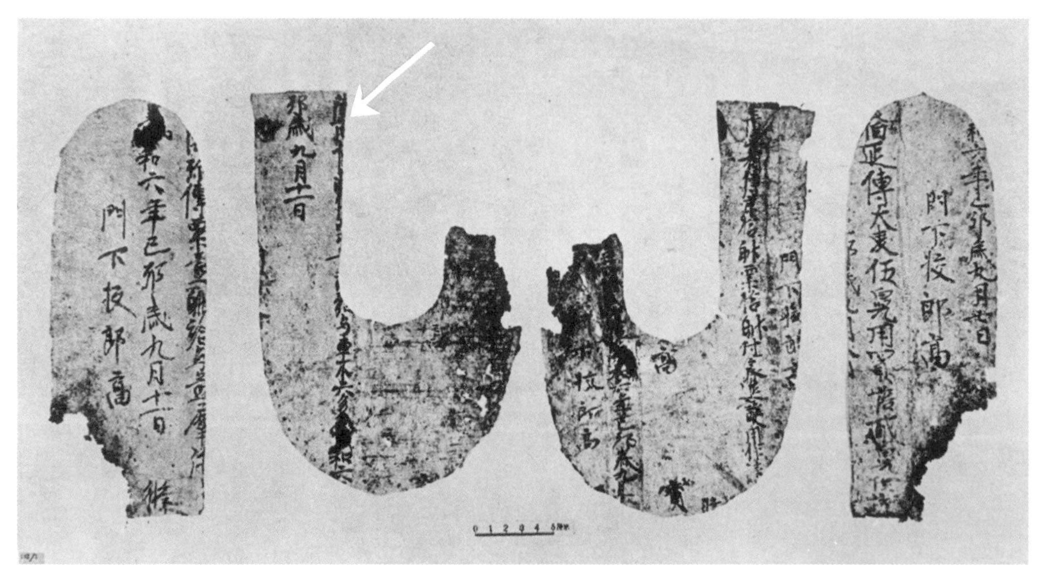

圖十二·4　高昌義和六年（公元 619 年）伯延等傳付麥、粟、床條文書

（採自《吐魯番出土文書》壹，文物出版社，1992 年，頁 355）

"知祀人"名單，以及違例處罰的規定[30]。"高昌義和六年（公元619年）伯延等傳付麥、粟、床條"（圖十二·4）：

十三行　薩薄□□傳粟□百升給與車不六多，義和六年已

十四行　卯歲九月十一日

十五行　門下校□□□[31]

經王素指出兩條材料中所缺二字均爲人名[32]。薩薄或即薩寶[33]。高昌地區薩薄（寶）地位情況雖然尚未明朗，但與虎牙並列表明職務相當。虎牙即虎牙將軍，漢至隋代均有，名位逐漸下降，至北魏據《魏書·官氏志》載僅爲正八品下[34]。《隋書》云：避諱"虎"字改虎牙將軍爲武牙將軍，屬從八品[35]。這樣，高昌薩薄的品級大約與《隋書·百官志》中規定的胡户在二百户以上州薩保視正九品的情況基本相同。薩寶在唐的消失，恐怕與鄉里制度的興起有一定關聯[36]。

薩寶一詞由中亞流傳至中國，《魏書·西域傳》云：

康國者，康居之後也。（略）其王本姓温，月氏人也。舊居祁連山北昭武城，因被匈奴所破，西踰葱嶺，遂有其國。枝庶各分王，故康國左右諸國，並以昭武爲姓，示不忘本也。（略）都於薩寶水上阿禄迪城，多人居。[37]

康國都城所在的薩寶水，薩寶水即唐人所稱"忸密水"，一般比定爲今澤拉夫珊河（Zarafsan）[38]。最近出土的一方隋代墓志，提供了薩寶在中亞地區也是作爲一種官職出

〔30〕姜伯勤《高昌胡天祭祀與敦煌祆祀》，《敦煌藝術宗教與禮樂文明》，中國社會科學出版社，1996年，頁478。

〔31〕《吐魯番出土文書》第三册，頁111。

〔32〕王素《高昌火祆論稿》，《歷史研究》，1986年3期，頁172～173。

〔33〕姜伯勤《高昌胡天祭祀與敦煌祆祀》，據姜氏稱，該條首先由馬雍指出，頁479。

〔34〕《魏書》卷一百一十三〈官氏志〉，頁2991、3002。

〔35〕《隋書》卷二十七〈百官志〉，752、769頁及772頁注［一］。

〔36〕參見荒川正晴氏《北朝隋唐薩寶的性質》一文，文中重申了榎一雄氏早年間關於薩寶的論述，指出薩寶與薩薄分屬不同來源。吐魯番文書中的薩薄，實際應寫成薩簿。尤其有啓發性的是隨着唐代粟特人聚落變成鄉里，薩寶統轄粟特人聚落的性質也發生了變化（《北朝隋·唐代における〈薩寶〉の性格をぬぐつへ》，《東洋史苑》，50、51合併號，頁164～186，1998年）。這一觀點與我們討論唐代薩寶减少的原因頗能吻合。

〔37〕《魏書》卷一百零二〈西域傳〉，頁2281。《魏書》本傳原佚，今本由《北史·西域傳》補，據余太山等研究，上引此節係由《隋書·西域傳》補入（參見氏著《〈魏書·西域傳〉原文考》，載王元化主編《學術集林》卷八，上海遠東出版社，1996年，頁234）。

〔38〕《舊唐書》卷一百九十八〈康國傳〉云，康國在那密水之南，依湯姆森（V.Thomsen）的見解，"那密"一詞源於伊蘭語 Namîdh 或 Namiq，即榮譽、名望、優秀的意思。亞歷山大時期，希臘人稱此河爲 Polytimetos，其含義與前述相同。那密水較薩寶水名古老（參見白鳥庫吉《康居粟特考》，傅家勤中譯本，上海商務印書館，1936年，頁40～41）。

現的信息。《隋史射勿墓志》云：

> 公諱射勿，字槃陀。平凉平高縣人也，其先出自西國。曾祖妙尼、祖波波匿，並仕本國，俱爲薩保。[39]

史射勿字槃陀，是一個典型的中亞人名字。他的名和字原來可能連在一起，由於較長，翻譯時被分開[40]，是粟特語直譯。史妙尼、史波波匿都是粟特語的譯音，所謂“西國”即是隋唐間中國史籍所稱昭武九國之一的史國前身。史妙尼所處的年代大約在公元5世紀下半葉。北魏時期的史國，在《魏書·西域傳》中找不出完全可以對應的國家，施貝歇特（Specht）認爲伽色尼國就是後來的史國[41]，“伽色尼國，都伽色尼城，在悉萬斤南，去代一萬二千九百里。出土赤鹽，多五果”[42]。日人白鳥庫吉也傾向於北魏伽色尼國即後來史國的觀點[43]。公元5世紀中葉的粟特地區，小國林立，有衆多的昭武城邦國家存在，但基本上並沒有很强的獨立性。嚈噠人已經興起，開疆拓域，並順利地征服了包括粟特地區在内的廣大中亞地區[44]。《魏書·西域傳》在提到嚈噠國領域時曾説：“西域康居、于闐、沙勒、安息及諸小國三十許皆役屬之，是爲大國。”史射勿祖輩移居中國時，史國的前身當在嚈噠國附庸小國之列，稱謂似不確定，所以墓志僅稱“其先出自西國”，“西國”或爲北朝時期粟特昭武諸國的代稱。從當時中國人的觀點來看，“薩寶”是一種官職，所以用了“仕”字。通過這一條資料我們第一次瞭解到，在中亞粟特地區有薩保這樣一種職官。

薩寶之職流傳中國以後，北朝時期基本處於不甚穩定、高下難辨的狀態。隋朝時，官方有明文規定的品級，但名位較低。另外，墓志中述其祖輩所任薩寶一職時似多有誇大之處。以史射勿一系爲例，《隋史射勿墓志》僅稱其祖父波波匿爲薩保，“父認愁，蹉跎年髮，舛此宦途”，似並未出仕。其子《唐史訶耽墓志》則稱“曾祖尼，魏摩訶大薩寶、張掖縣令。祖思，周京師薩寶、酒泉縣令”。其孫《唐史鐵棒墓志》更稱：“曾祖多思，周京師摩訶薩寶、酒泉縣令。”從可能未仕至摩訶薩寶，其誇大成分是不言而喻的。

---

〔39〕羅丰《固原南郊隋唐墓地》，頁17。

〔40〕中亞昭武九姓中名字稱“槃陀”或“畔陀”者甚多，筆者大約在墓志及吐魯番敦煌出土文書中找出十幾例（參見上引拙文），在敦煌粟特居民有一位即稱：安射勿槃陀（參見池田温《8世紀中葉における敦煌のソグド》，頁64）。“槃陀”粟特語Bntk中有“奴”“僕”之意，其粟特語書寫形式在粟特古代信件中出現過（參見蔡鴻生《唐代九姓胡禮俗考》，《文史》，35輯，中華書局，1992年，頁121）。

〔41〕參見白鳥庫吉《康居粟特考》第四章，頁60。據白鳥氏注稱，Specht的説法見*Die Centralasiatische Studien*（《中亞細亞研究》）第一章，頁15、180）。

〔42〕《魏書》卷一百零二〈西域傳〉，頁2272。

〔43〕白鳥庫吉《康居粟特考》，頁60。

〔44〕參見余太山《嚈噠史研究》，齊魯出版社，1986年，頁44～64。

值得注意的是，墓志中這類追述大多是在初唐時期完成的。這大約與薩寶的地位在初唐時期上昇有關，或許是後輩爲炫耀祖上顯達所致，使人頗感可疑。隋以前薩寶地位原較低，記載的可靠性則更大一些。

（三）

唐代薩寶的地位有明顯的提高，並且成爲有唐一代衆多官職中，唯一一個外國語譯名的官職[45]。

薩寶使用屬吏作爲辦事人員大約從北朝開始。《惠鬱造像碑》記：

> 故魏七帝舊寺，後周建德六年破滅大像，僧尼還俗。天元承帝，改爲宣政，前定州贊治、并州總管府户曹參軍博陵人崔子石、薩甫下司録、商人何永康，二人同贖得七帝寺。[46]

何永康疑爲中亞何國人，他所在的并州有翟娑曾任“摩訶大薩寶”[47]，何氏作爲薩寶的屬吏無疑，“薩甫下司録”似乎是兼職，其正式職業則爲商人。依目前所掌握的資料而言，稱薩寶開府（即有一個辦公機構與僚佐系統）在隋朝以前[48]，證據似嫌有欠缺之處。唐代的薩寶府無疑具有一定的規模，它的設立是外國僑民尤其是中亞、西亞僑民大量湧入的結果，薩寶府不但是僑民利益的保護者，更重要的是站在維護政府統治的立場上來管理外國僑民。薩寶府屬官齊備，首長是視流内正五品的薩寶。開元初年，五品至從九品勳官帶職事者府官等品罷之甚多，唯留薩寶、祆正。“視流外亦自勳品至九品，開元初唯留薩寶、祆祝及府史，餘亦罷之”[49]。中華書局本標點此段時有誤，應以“開元初唯留薩寶［府］祆祝及府、史”爲是，薩寶後漏一“府”字，因薩寶在視流内中已提及；“府史”間應當斷開，“府”即《通典》中“薩寶率府”，“史”即“薩寶府史”。薩寶府首長大約與折衝府首長的地位相當[50]。依照唐律：“贈官及視品官，與正官同。”《疏義》曰：“‘視品官’，依《官品令》：薩寶府薩寶、祆正等，皆視流内品。若

〔45〕參見池田温《唐朝処遇外族官制略考》，載唐代史研究會《隋唐帝國と東アジア世界》，汲古書院，1979年，頁253。

〔46〕王仲犖《北周六典》卷四，中華書局，上册，1982年，頁163。

〔47〕《固原南郊隋唐中亞史氏墓志考釋（上）》，頁16。

〔48〕姜伯勤《敦煌吐魯番文書與絲綢之路》，文物出版社，1994年，頁232。

〔49〕《舊唐書》卷四十二〈職官志一〉，頁1803。

〔50〕《舊唐書》卷四十四〈職官志三〉“折衝都尉”條云：“上府，都尉正四品上，中府，從四品下，下府，正五品下”（頁1905）。薩寶約與下府都尉相同，可見薩寶府大約是比照下府設置。

以視品官當罪、減、贖，皆與正官同。”祇是視六品以下者，不在蔭親之列，《疏義》曰：“視品官稍異正官，故不許蔭其親屬。其薩寶既視五品，聽蔭親屬。”[51] 那麼視流內從七品的薩寶府祆正當不在聽蔭親屬之列。

至唐朝時，雖然關於薩寶一職的官方規定十分詳備，但筆者寡聞，任薩寶之人迄今發現卻甚少。早年間西安曾出土一方《米薩寶墓志》，向達曾全文引述，今轉録於下：

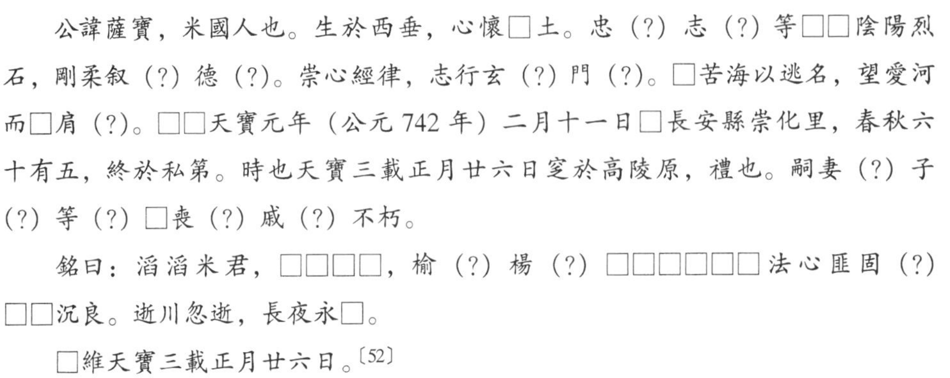

唐故米國大首領米公墓志銘並序

公諱薩寶，米國人也。生於西垂，心懷□土。忠（?）志（?）等□□陰陽烈石，剛柔叙（?）德（?）。崇心經律，志行玄（?）門（?）。□苦海以逃名，望愛河而□肩（?）。□□天寶元年（公元742年）二月十一日□長安縣崇化里，春秋六十有五，終於私第。時也天寶三載正月廿六日窆於高陵原，禮也。嗣妻（?）子（?）等（?）□喪（?）戚（?）不朽。

銘曰：滔滔米君，□□□□，楡（?）楊（?）□□□□□□法心匪固（?）□□沉良。逝川忽逝，長夜永□。

□維天寶三載正月廿六日。[52]

值得注意的是《米薩寶墓志》並非刻字，而是朱書[53]，是磚非石的可能性很大。與《唐安萬通墓志》朱書、墨書[54]的情況相同。志文漫漶不清，但內容大致可辨，非常簡略，和一般唐志不同，没有追述其祖先，亦無本人事蹟。人們都深信米薩寶中的“薩寶”是官職，而非人名[55]，並推知米氏是以在長安的米國大首領的身份出任薩寶一職[56]。以米氏身份使用如此簡陋的墓志，頗使人費解。原因之一便是米氏來華時間甚短，華化程度頗低。其薩寶之職很大程度上是米氏在原住國米國的職務，而非是唐朝薩寶府之薩寶。如是後者當在其墓志中有所記述，不應語焉不詳。所謂“米國大首領”之職亦非官方職務，與之稍類似者爲洛陽出土《唐安菩墓志》[57]，志文題銜有“陸胡州大首領”字樣。周偉洲指出，此六胡州大首領非安氏生前所任官職，而是死後親屬所追加[58]，此説或是。米氏之“大首領”或類安氏。

---

〔51〕《唐律疏義》卷二“以理去官”條，劉俊文點校本，中華書局，1983年，頁40。

〔52〕向達《唐代長安與西域文明》，頁92，原文刊載於《北平圖書館館刊》，第六卷二號。

〔53〕向達《唐代長安與西域文明》，頁91。

〔54〕參見武伯綸《讀唐墓志隨筆》，頁260。

〔55〕向達《唐代長安與西域文明》，頁92。

〔56〕姜伯勤《敦煌藝術宗教與禮樂文明》，頁482。

〔57〕洛陽市文物工作隊《洛陽龍門安菩墓清理簡報》；趙振華、朱亮《安菩墓志初探》，《中原文物》1982年2期，頁21～26、37～40。

〔58〕周偉洲《唐代六胡州與康待賓之亂》，原載《民族研究》1988年3期，頁54～63，後收入氏著《西北民族史研究》，中州古籍出版社，1994年，頁396。

在薩寶府的屬官中有祆正、祓祝二職據認爲是專司火祆教的官員[59]。宋敏求《長安志》卷十：布政坊西南隅，胡祆祠。注云："武德四年立，西域故祆神也。祠内有薩寶府官，主祠祓神，亦以胡祝充其職。"[60]"祓神"陳垣稱"祆或作祓"[61]，《通典》中"祓祝"當爲"祆祝"。薩寶府祆祝一般由火祆教神職胡人兼任。

董逌《廣川畫跋》卷四"書常彦輔祆神像"條云：

> 祆祠，世所以奉胡神也。其相希異，即經所摩醯首羅，有大神威，普救一切苦，能攝伏四方，以衛佛法。當隋之初其法始至中夏。立祠頒政，坊閒常有群胡奉事，聚火咒詛，奇幻變怪，至有出腹決腸，吞火蹈刀。故下俚庸人，就以詛誓，取爲信重。唐祠令有薩寶府主司，又有胡祝以贊於禮事，其制甚重。在當時爲顯祠。[62]

祆祝，原爲火祆教教職，唐薩寶府移置，是一世襲職位。宋張邦基《墨莊漫録》云：

> 東京城北有祆廟，（略）其廟祝姓史，名世爽，自云家世爲祝纍代矣。藏先世補受之牒凡三：有曰懷恩者，其牒唐咸通三年宣武節度使令狐給。令狐者，丞相綯也。有曰温者，周顯德三年，端明殿學士、權知開封府王所給。王乃樸也。有曰貴者，其牒亦周顯德五年，樞密使、權知開封府王所給。王亦樸也。自唐以來，祆神已祀於汴矣。而其祝乃能世繼其職，踰二百年，斯亦異矣。[63]

史氏當爲中亞史國人，接受地方首長頒牒以示合法。咸通三年（公元862年）頒牒，被推測爲會昌滅佛後，祆祠亦被毁，是年始復興[64]。

唐宋文獻中記載火祆教"祆主"事蹟頗多，此"祆主"或與"祆祝"通謂。S.367號《沙州伊州地志》載：伊州柔遠縣"火祆廟中有素書，形象無數，有祆主翟槃陀，高昌未破以前入朝"，"制受游擊將軍。"有利刃剖腹無損之功[65]。張鷟《朝野僉載》亦云：河南府立德坊、南市西坊、凉州"祆主"均有刀刺、釘穿肉身無損的特殊本領[66]。祆正、祆祝二職，姜伯勤稱："此二職在會昌五年（公元845年），唐武宗毁佛寺制中作'穆護'祆［僧］（僧字據《通鑒》卷二百四十八"會昌五年七月"條補）。此種制度實

〔59〕陳垣《火祆教入中國考》，《國學季刊》，第1卷1號，後收入氏著《陳垣學術論文集》第一集，中華書局，1980年，頁318。

〔60〕宋敏求《長安志》卷十"布政坊"條，叢書集成本。

〔61〕陳垣《火祆教入中國考》，頁316。

〔62〕董逌《廣川畫跋》卷四，畫品叢書標點本，于安瀾編，上海人民美術出版社，1982年，頁275～276。

〔63〕張邦基《墨莊漫録》卷四，孔凡禮點校本，中華書局，2002年，頁110。

〔64〕陳垣《火祆教入中國考》，頁327。

〔65〕參見鄭炳林《敦煌地理文書彙輯校注》，甘肅教育出版社，1989年，頁67。

〔66〕張鷟《朝野僉載》卷三，趙守儼點校本，中華書局，1979年，頁64～65。

源自粟特本土的制度”。接着引述了亨寧的觀點：“在穆格山文書中，我們見到 mwrpt‘穆護主事’Brnpt‘神祠祠主’二者，這種二分法可比之於波斯的 Mōbed：bsnbyd 或阿爾明尼亞的 mogpet：bagnapet。”〔67〕雖然現在尚不能證明這種推測中“穆護主事”與薩寶府祆正的直接對應關係〔68〕，但無疑是一種值得注意的看法。“祆祝”或“祆主”或即“神祠祠主”，已經獲得諸多資料的支持。

薩寶府另外的屬官有薩寶率府、薩寶府史，分别爲視流外四品、五品。薩寶率府，《通典》標點者改爲薩寶府率，其實薩寶率府當不改。以太子諸府爲例，可知率府置率一人正四品，副率二人從四品〔69〕。率的主要職責便是職掌府内軍事。另據《新唐書·宰相世系表》載：鄭行諶曾爲“薩寶果毅”〔70〕，實際上是薩寶府果毅。《舊唐書·職官志》“武德令”云：“别將正五品上，後改爲果毅。”〔71〕果毅即果毅都尉，是薩寶府中武職。比照折衝府果毅都尉“上府從五品下，中府正六品上，下府從六品下。貞觀十年，因隋果毅郎將之名，改爲果毅都尉”〔72〕。薩寶府果毅或開元初罷省。薩寶府史，是薩寶府文職人員，或同於折衝府之長史，“掌判兵事、倉儲、車馬、介胄之事，及簿書、會要之法”〔73〕。

要之，唐代薩寶府除首長薩寶之外屬官可分爲三類，一類是職掌西域宗教官員，其中祆祝由祆教教職人員兼任；一類是武職官員，有府率、果毅之類；還有一類是文職人員府史。唐時薩寶府中任薩寶的人員，限於資料，我們所知甚少。有人以高昌地區薩薄（寶）爲例“以常理推之，主要應以漢人充任”〔74〕。内地材料尚不能證明這種推測，如是那顯然是一種非常有趣的現象，表明唐時薩寶納入國家官職體系後，其人員結構也較北朝、隋時發生巨大變化。

薩寶一職傳入中土之後對一般民衆生活即産生巨大影響，表現之一便是不少人以薩

〔67〕姜伯勤《敦煌吐魯番文書與絲綢之路》，頁 232；《敦煌藝術宗教與禮樂文明》，頁 383～384。

〔68〕穆護，南宋姚寬《西溪叢語》卷上云：“火祆字其畫從天，胡神也。”“至唐貞觀五年，有傳法穆護何禄，將祆教詣闕聞奏。勅令長安崇化坊立祆寺。”志磐《佛祖統紀》卷三十九〈釋門紀〉：“述曰：太宗時，波斯穆護進火祆教。武后時，波斯拂多誕進二宗經。”何禄，中亞何國人無疑。穆護或即拜火教中的祭司，流行中國以後，祆教中穆護與祆主（祝）同掌教職。但穆護與薩寶府祆正相等，亦有疑處。首先在文獻中並無祆正由穆護兼任的載録。另外，在會昌滅佛中明令：“顯明外國之教，勒大秦穆護祆三千餘人還俗，不雜中華之風。”（《唐會要》卷四十七“議釋教上”條，中華書局本，頁 841）勒令還俗，不逮官員在内。

〔69〕《唐六典》卷二十八，頁 715～720。

〔70〕《新唐書》卷七十五上〈宰相世系表〉，頁 3306。

〔71〕《舊唐書》卷四十二〈職官志〉，頁 1798。

〔72〕《唐六典》卷二十五，頁 644。

〔73〕《唐六典》卷二十五，頁 645。

〔74〕王素《高昌火祆論稿》，頁 174。

保（寶）作爲其名。《周書·晉蕩公護傳》載：

> 晉蕩公護字薩保，太祖之兄邵惠公顥之少子也。(略)護至涇州見太祖，而太祖疾已綿篤，謂護曰：(略)天下之事，屬之於汝。(略)護涕泣奉命，行至雲陽，而太祖崩。護秘之，至長安乃發喪。時嗣子冲弱，强寇在近，人情不安。護綱紀内外，撫循文武，於是衆心乃安。先是，太祖常云：我得胡力。當時莫曉其旨，至是，人以護字當之。(略)護性至孝，得書，悲不自勝，(略)報書曰：(略)受形稟氣，皆知母子，誰同薩保，如此不孝。(略)當鄉里破敗之日，薩保年已十餘歲，鄰曲舊事猶自記憶。(略)太祖昇遐，未定天保，薩保屬當猶子之長，親受顧命，雖身居重任，職當憂責，(略)不期今日得通家問，(略)蒙寄薩保别時所留錦袍表，年歲雖久，宛然猶識。[75]

宇文護的小名是薩保（寶），在給其母閻姬的書信中多次自稱“薩保”。陳寅恪究其原因：“閻氏家世殆出於西域。”[76] 西魏大統十六年（公元553年）《岐法起造像碑》中有“佛弟子岐薩保”[77] 等字，岐氏似爲漢人。敦煌文書 S.542 背面“戌年六月十八日諸寺丁□車牛役部”第177行大乘寺，“安薩保守囚五日，營田夫五日”[78]。姜伯勤認爲：“安薩寶一名提供了兩種解釋的可能，一種可能是‘薩保’是安氏的名字，如宇文護之名薩保一樣。另一種可能則是沙州東的‘安城’是粟特安氏主持的粟特人聚落，其中有由安氏擔任的‘薩保’，在敦煌被佔領後淪爲寺户。由此意味着沙州薩保在8世紀末的没落。”[79] 後一結論顯然非常有意義，但我們更寧願將安薩保看作是一普通粟特人的姓名。該件文書中所列寺户除去第132行“典倉”稍不明或姓典外，其餘一百多人都有自己名字，似没有一例以淪陷前職務作稱呼（也許他們被佔前根本都是平民）。再者安薩保中的“保”字，代表着“薩寶”一種古老的用字，北朝時期多用此。“薩保”有唐一代稱薩寶官職者，或追述前代薩寶基本上都統一爲“寶”字，用此“薩保”爲名或許正代表着沙州粟特住民一種古老的傳統。在名爲薩保（寶）的人中，粟特人後裔與非粟特人都有，非中亞粟特人取名薩保（寶）應視爲受西域胡風習俗影響的結果。

（四）

20世紀初以來，中外學者已經對薩寶進行了卓有成效的研究，但對其來源、含義

〔75〕《周書·晉蕩公護傳》卷十一，頁165～172。

〔76〕陳寅恪《隋唐制度淵源略論稿》，生活·讀者·新知三聯書店，2001年，頁90。

〔77〕王昶《金石萃編》卷三十二，上海掃葉山房本，1921年，頁5；王仲犖《北周六典》卷四，頁163。

〔78〕池田温《中國古代籍帳研究》，東京大學東洋文化研究所報告，東大出版會，1979年，頁523～535。

〔79〕姜伯勤《敦煌吐魯番文書與絲綢之路》，頁234～235。

的討論目前仍存在着嚴重分歧。從學術史的角度，有二位傑出學者的論文值得引起我們的特别注意，一篇是美國學者丁愛博（Albert Dien）的《薩寶問題再考》[80]，另一位是中國學者姜伯勤的《高昌胡天祭祀與敦煌祆祀》及在《敦煌吐魯番文書與絲綢之路》一書中“高昌敦煌的薩寶制度與胡祆祠”一節[81]。他們分别對不同時期學術界關於薩寶的來源問題給予解説，使我們對於薩寶這一聚訟紛紜的問題得以全面瞭解。大約有以下幾種觀點在學術界受到注意。

較早的一條關於薩寶（薄）的史料出自《法顯傳》。據載，法顯抵達師子國時看見其王城盛大華麗，“其城中多居士，長者、薩薄。商人屋宇嚴麗”。由於標點不同，其義也産生嚴重分歧。上引是藤田豐八的斷句[82]，章巽的句讀則爲“其城中多居士、長者、薩薄商人”[83]。“屋宇嚴麗”别爲一句。其中“薩寶商人”斷爲一詞，實際上代表了英國學者畢爾（S. Beal）和理雅各（J. Legge）的主張，他們均以爲薩薄是 Sabatan 的對音，是古代阿拉伯半島西南部 Suba’地區居民，並説這類阿拉伯商人在今斯里蘭卡的貿易活動中仍佔有相當重要的位置，形成商業社會[84]。

德維利亞（Deveria）早年間認爲薩寶是源於叙利亞語 Saba（Vitillardancien）“老人”的音譯，伯希和（Paul Pelliot）曾寫一篇《薩寶考》(Le sa－pao) 刊於《法國遠東科學院學報》(越南)，雖未見原文，但通過其他學者的轉述可知，他贊成德維利亞是叙利亞語 sābā（老人）譯音的觀點，並且批評了畢爾的看法。美國學者勞費爾（B. Laufer）雖然客氣地稱之爲一篇傑出的論文，但在涉及薩寶時卻批評道：“這顯然和伯希和本人所嚴格闡明和極力主張的譯音規律相冲突。他的規律是：必須找出理由以説明‘薩’這個字裏的末尾爲甚麽是齒音或流音。這種尾音是唐朝的譯音裏經常見到的。假如波斯人會使用一個叙利亞字來作爲他們聖職的名稱，那也是一件怪事。很顯然這漢語譯音法於一個來自古波斯語 Xšaθra－pāvan（Xšcpava，xšacapāvā）的中古波斯字，這個字産生了亞述語的 axšad arapān 或 axšadrapān，希伯來語 axašdavfnim，希臘語 σατραπηζ（亞美尼亞語 šahapard，梵語 kṣatrapa）。産生漢語譯音的那個中古波斯字必定是 šaθ－pāv 或 xšaθ－pāv。‘薩’這個字也是中古和新波斯語 sar（首腦、頭子）的譯音”[85]。勞費爾的觀

〔80〕Albert Dien，The Sp-pao Problem Reexamined，*JAOS*，82，3，1962，pp.335～346.

〔81〕姜伯勤《敦煌吐魯番文書與絲綢之路》，頁 226～263。

〔82〕藤田豐八《西域研究》四〈薩寶〉，頁 46。

〔83〕章巽《法顯傳校注》，上海古籍出版社，1985 年，頁 154。

〔84〕參見 James Legge，*A Record of Buddhistic Kingdoms. being an Account by the Chinese Monk Fahie of his Travels in India and Ceylon AD*.399～414，1886，London，p.104，新文豐出版公司翻印本，1993 年。

〔85〕勞弗爾《中國伊朗編——古代中國對伊朗文明史的貢獻》，林筠因中譯本，商務印書館，1964 年，頁 358。

點有着廣泛的影響。

近年來，我國學者龔方震在研究《大秦景教碑》時重申了德維利亞"薩寶"是叙利亞語"長者"譯音的觀點，以爲是正確的。他反駁了勞弗爾的意見："殊不知叙利亞語也可讀作 Sāba 或 Sabā。'景教碑'叙利亞文記載中即有一行 Sm̂eun qšīša wsabā（譯爲：長者、僧 šmeun）。Sabā 的 Sa 是短音，與薩音正相符。根據皮古萊芙斯卡雅的説法，五世紀時在叙利亞的一些村莊中，關於賦税的計算和分配，是 Sabā 的任務，Sabā 還含有'執事'的意義在内。因此，Sabā 這個叙利亞語可以認爲就是'薩寶'一詞的來源。"〔86〕

烈維（S. Levi）在出版注釋《佛説大孔雀王神咒經》（Mahama Yuri Vidya-rayni）時説"薩陀婆訶"即商主的意思，薩薄即薩陀婆訶之省稱〔87〕。《大智度論》卷四亦載："如昔菩薩爲大薩陀婆，渡海水惡風壞船，語衆賈人：'捉我頭髮手足，當渡汝等。'"〔88〕此大薩陀婆或即大薩薄之略稱。

楊憲益在《薩寶新考》一文中認爲，薩寶即 Sarva 或康居之 Zrw 的對音，爲梵天神名〔89〕。Zrw 即 Zervan，伯希和、沙畹（E. Chavannes）説："考祆教之大神，名 Zervan，經康居、突厥、蒙古等地之移植，一變而爲佛教梵天大神（Brahma boudhique），而中國之火祆神，又變而爲摩訶濕扶（Mahecvara）。"〔90〕

藤田豐八認爲薩寶是梵文 Sārthavāho 之對音，在《賢愚經》（《賢愚因緣經》）中便有薩薄一語。此經在西藏爲 mDzans-blan，譯此語爲 Sar P'ag。Sārthavāho 爲商主，乃是"商隊之長"或商賈意思。此語由 Sartha 和 Vaha（vaho）二詞組合而成，前者是商隊、兵隊、民衆，有權力或富有之意；後者是引導的意思〔91〕。

薩寶即商隊首領的意思，這一觀點受到後來學者的普遍注意和贊同。羽田亨在回鶻語"法華經普門品"中發現 Sartvaqi〔92〕，Sartvaqi 當由梵文 Sārthavāho 而來，其意爲商隊首領。桑原騭藏注意到這種觀點〔93〕。此類觀點受到中國學者向達、汪籛等人的進一

〔86〕龔方震《唐代大秦景教古叙利亞文字考釋》，《中華文史論叢》，1983 年 1 輯，上海古籍出版社，頁 3、4。

〔87〕藤田豐八《西域研究》四〈薩寶〉，頁 43。

〔88〕《大智度論》卷四，《新修大正藏經》（以下簡稱《大正藏》），第二十五册，頁 91。

〔89〕楊憲益《薩寶新考》，《譯餘偶拾》，三聯書店，1983 年，頁 317～337。

〔90〕伯希和、沙畹《摩尼教流行中國考》，馮承鈞《西域南海史地考證譯叢》八編，第二卷，中華書局，1995 年，頁 92。

〔91〕藤田豐八《西域研究》四〈薩寶〉，頁 43～44。

〔92〕羽田亨《回鶻文法華經普門品の斷片》，《羽田博士史學論文集·語言·宗教篇》下卷，東洋史研究會，1957 年，頁 143～147。

〔93〕桑原騭藏《隋唐時代往來中國的西域人》，《桑原騭藏全集》第二卷，頁 293、360。

步引述[94]。

另外，姜伯勤轉述俄人巴爾托里德的看法，在公元11世紀突厥佛教文獻中，見到Sart一詞，意爲“商人”。在突厥佛教文獻中，見有Sartbau一詞，來自梵語Sarthavaha或Sarthabaha，即“隊商首領”。突厥人把這個詞變爲Sartbashi——“商人長”，由此又形成Sart一詞，意爲商人。可見，“薩寶”一詞在中亞不止一個民族中有“商人長”的意思[95]。

薛愛華（E. H. Schafer）在《撒馬爾罕的金桃》一書中説：唐“長安大約有兩百萬可徵稅的人口，是廣東的十倍，外國人在首都中所佔據的比重極大。”其中“伊朗語系的人口佔據相當重要的位置，唐政府甚至專設‘薩寶’（字面意思‘商務首領’）府以照顧他們的利益”。薛愛華在注釋中稱，1961年2月12日丁愛博給他的私人信件説：根據貝利（H. W. Bailey）等人的著作，Sārthavāk爲粟特語，相當於中文中的“薩寶”[96]。

貝利曾經認爲：在于闐文中Spa，其更完全的形式Spata，意爲“軍事長官”，出現在文書上，中文譯名爲“薩波”（Sa-po）[97]在後來的一本書注釋中，貝利再次將Spāta譯爲“領袖、首領”，指的是梵文佛教經典中Senāpati，意爲“軍隊領袖”。貝利將Spāta追溯至古波斯的Spāda一詞上，其意爲“軍隊”，Pati意爲“主人、官員”[98]。丁愛博補充指出《周書》《册府元龜》中關於波斯“薛波勃”的材料在《册府元龜》中“薛”字變成“薩”[99]。根據勞弗爾的意見；薛波勃（Sit-Pwa -bwiδ），是波斯的“掌四方兵馬”的官員，兵馬即步兵與騎兵：Paiyan與aswārān；四方即四個Pātkōs：Pāt“省”，Kos“防守”。《周書》薩波勃之“薩”sat，sar。這個字相當於中古波斯語“將軍”Spāhbeδ；帕拉維語（Pahlavi）pat，新波斯語-bad，-bud長官的意思，所以也可推斷出一個中古波斯詞Spahbaδ（-beδ或buδ）[100]。不過，將“薩波勃”與“薩寶”對應起來確實存在着一定困難，其尾音bwis無合理的解釋。薩波（sa-po）與薩寶（sa-pao）之間對音關係雖然無難通之處，但我們需要進一步瞭解前者來源詞的年代。

〔94〕向達《唐代長安與西域文明》，頁90；汪籛《西凉李軌之興亡》，《汪籛隋唐史論稿》，中國社會科學出版社，1981年，頁276。

〔95〕姜伯勤《敦煌吐魯番文書與絲綢之路》，頁230～231。

〔96〕E.H.Schafer, *The Golden Peaches of Samarkand*, *A study of Tang Exotics*, Berkeley and Los Angels, 1963, p.284，注釋116。吴玉貴中譯本《唐代外來文明》，中國社會科學出版社，1995年，頁35、79。

〔97〕H. W. Bailey, *The Stael－Holstein Miscellany*, Asia Major, New series 2, 1951, p.25，轉引自Albert Dien, The sp-pao Problem Reexamined, p.335.

〔98〕同著者Indo-Scythian studies: *Khotanese Texts*, IV, p.55，注釋4，轉引自Albert E Dien, The sp-pao Problem Reexamined。

〔99〕Albert Dien, The sp-pao Problem Reexamined, pp.335～336.

〔100〕勞弗爾《中國伊朗編——古代中國對伊朗文明史的貢獻》，頁363。

最近，吉田豐成功地重新轉寫了粟特文古書劄（Ancient Letters）第五封粟特文信殘文的開頭部分，找出其中 *S'rtp'w* 即漢文史料中薩寶，是“隊商首領”的意思〔101〕。粟特文古信劄人們已經成功地解讀了其中第二封，大多數學者傾向性的意見是將其年代斷在公元 312 年即晉永嘉六年或稍後幾年〔102〕。在這封信中，亨寧（W. B. Henning）曾經發現 S'rth（商隊）一詞〔103〕。至此，古粟特文信劄中所出現的薩寶年代可溯至公元 4 世紀初葉，較過去藤田豐八提出的《賢愚經》無疑早出一百年。

中國學者在薩寶的語源問題，除龔方震主張源於古叙利亞語，姜伯勤則持謹慎的態度，榮新江對吉田豐的結論表現出極大的關注，認爲已解决了薩寶的語源問題〔104〕，其他人基本上没有參加學術性的討論，衹有一些傾向性的看法〔105〕。

那麽關於薩寶的語源問題已經很好地解决了嗎？問題似乎没有那麽簡單。這裏有必要繼續强調藤田豐八在研究“薩薄”一詞時一個方向性的思路，佛經依然是我們追尋薩薄語源的目標，因爲在諸多的古代語言中梵文無疑屬較早者。

姜伯勤核稽出《賢愚經》中有關薩薄内容，《賢愚經·大施抒海品第三十五》有云：

> 或有人言，唯有入海，採取珍寶……大施聞此……廣行宣令，告語衆，我今躬欲入海採寶，誰欲往者，可共俱進。我爲薩薄，自辦行具。於時國中，有五百人，聞是令已全然應命，即辦所須，剋定發日……王與群臣……送到路次……勑語賈人，牢治其船。

據此可知，“薩薄”是由國王批准的外出搜求寶貨的賈人的首領，其商隊或商船中的商旅，有時多達五百人。如《賢愚經·出家功德尸利苾提品》第二十二提及“舍衛城大薩薄”，“船破没海，薩薄及婦、五百估客，一切皆死”。這裏也提到“大薩薄”，“與五百估客，上船入海”。《賢愚經》還提到“爲薩薄法”，其《勒那闍耶品》第四十三云：“爲薩薄法，當辦船具……爾時薩薄以三千兩金，千兩辦船，千兩辦糧，千兩用俟船上所須。則薩薄作爲隊商及商船首領，須墊支一定的預付資本。”〔106〕

〔101〕吉田豐《ソグド語雜録（Ⅱ）》，《オリエント》，31 卷 2 號，1989 年，頁 170。

〔102〕參見陳國燦《敦煌所出粟特文信劄的書寫地點和時代問題》，《魏晉南北朝隋唐史資料》，7 期，1985 年，頁 10～18；榮新江《祆教初傳中國年代考》，《國學研究》，第 3 卷，北京大學出版社，1995 年，頁 339～340。

〔103〕轉引 Albert Dien，The sa-pao Problem Reexamined，p.336。

〔104〕榮新江《祆教初傳中國年代考》，頁 341。

〔105〕另外，前引《魏書·西域傳》“康國”條云：“都於薩寶水上阿禄迪城”。對於這條史料陳垣謹慎地寫道：“薩寶之名，是否取於此，不可知也”（陳垣《火祆教入中國考》，頁 318）。也有人針對該條材料指出：“康國水名‘薩寶’，當爲隋官‘薩保’和唐官‘薩寶’所本”（王素《高昌火祆論稿》，頁 173）。

〔106〕姜伯勤《敦煌吐魯番文書與絲綢之路》，文物出版社，1994 年，頁 229。姜氏所引《賢愚經》據《大正新修大藏經》卷四〈本緣部下〉202 號。

《賢愚經》被介紹到中國的年代在北朝初年，據《開元釋教録》卷六載：“曇覺凉州人”，“於于闐國得經梵本，以太武帝太平真君六年乙酉，從于闐還。到高昌國，共沙門威德，譯《賢愚經》一部，見《靖邁經圖》”。魏太武帝太平真君六年爲公元445年。當然《賢愚經》是否由曇覺在于闐國得到梵文原本還存在不同看法。據僧祐《出三藏記集》卷九所記，言其始末，則爲曇覺、威德等於于闐國大寺遇般遮於瑟之會，所講經律，各書所聞，還至高昌，集爲一部。凉州沙門慧朗命以此名〔107〕。所以陳寅恪説：“賢愚因緣經本無梵文原本，實爲支那僧徒游學中亞時聽講之筆記撰集而成。”〔108〕不過，這似乎並不影響“薩薄”一詞來源於梵文的可能性。

友松圓諦在評論藤田豐八關於薩寶研究的成果時有一篇《讀藤田博士之〈論薩寶〉》，文章雖短，但非常重要。友松、丁愛博俱找出了若干佛經中有關薩薄的材料〔109〕。按照這種思路，我們又鈎稽了多部佛經中有關薩薄的史料。

《興起行經》記：

昔無數阿僧祇劫前，有兩部賈客，各有五百人，在波羅柰國，各合資財嚴船渡海，乘風逕往，即至寶渚。（略）一部賈客語衆人曰：“我等所求已獲，今當住此，以五欲自娱。”第二薩薄告其部衆，不應於此久住。（略）第一薩薄不信天告，樂住不去。第二薩薄懼水不住。（略）第一薩薄，先不嚴船，水至之日，與嚴治者著鉾持杖共相格戰。第二薩寶以鋭鉾刺，第一薩薄脚徼過即便命終。佛語，舍利弗汝知：“第一薩薄者，今提婆達是；第二薩薄者，則我身是。”爾時，第一賈客衆五百人者，則今提婆達五百弟子是。〔110〕

《舊雜譬喻經》記：

昔無數世有一商人，號曰薩薄。（略）薩薄自念，（略）便語衆輩：“汝等住此吾欲獨進，得勝鬼者當還相近迎，不得來者知爲遇害，便各還退勿復進也。”（略）鬼到問曰：“卿是何人?”答曰：“吾是通道導師也。”鬼大笑曰：“汝聞我名不，而欲通道。”（略）於是閱叉前受五戒慈心衆生，即爲作禮退入深山。薩薄還呼衆人。（略）佛告諸比丘：“時薩薄者我身是。”〔111〕

《雜譬喻經》記：

〔107〕釋僧祐《出三藏記集》卷九〈賢愚經記第二十〉，蘇晉仁等點校本，中華書局，1995年，頁351。

〔108〕陳寅恪《蓮花色尼出家因緣跋》附注，《清華學報》，7卷1期，1932年，頁39～45。後收入《寒柳堂集》，上海古籍出版社，1980年，頁155～156。

〔109〕友松圓諦《藤田博士の〈薩寶〉について讀む》，《史學》，4卷2號，1925年，頁147～150。

〔110〕《興起行經》卷上，《大正藏》，第四册，頁169～170，總197；亦見《法苑珠林》卷五十九，海王邨古籍叢刊本，下册，頁856～857，今引從此本，下引版本同。

〔111〕《舊雜譬喻經》卷上，《大正藏》，第四册，頁511，總206。

昔有人名薩薄，聞於外國，更有異寶，欲往治生。（略）薩薄游行，見市西門有一道人，空牀上坐，云賣五戒。薩薄問言："五戒云何?"答曰："無形，直口授心持後，得生天現世能卻羅刹鬼難。"薩薄欲買。（略）薩薄少時到二國中間，見有羅刹，（略）直捉薩薄。薩薄語言："我是釋迦五戒弟子。"羅刹聞此永不肯放。薩薄聊以兩拳打之（略）。羅刹以偈語薩薄言："汝身及手足，一切悉被羈，但當去就死，跳踉復何爲。"薩薄志意猶固，以偈語羅刹曰："我身及手足，一時雖被繫，攝心如金石，終不爲汝斃。"羅刹又語薩薄曰："吾是鬼中王，爲人多力膂。從來食汝輩，不可得稱數。但當去就死，何爲自寬語。"薩薄更欲罵怒自念：此身輪回三界，未曾乞人，我今當以乞此羅刹，作頓飽食，即説偈曰："我此腥臊身，久欲相去離。羅刹得我便，悉持以布施。志求摩訶乘，果成一切智。"羅刹聰明，解薩薄語，便生愧心，放薩薄去，長跪合掌，向其謝曰："君是度人師，三界之希有。志求摩訶乘，成佛當不久。是故自歸命，頭面禮稽首。"羅刹悔過，竟送薩薄至外國，大得珍寶，又送還家。[112]

《雜譬喻經》記：

昔有五百賈客，乘船入海欲求珍寶。（略）薩薄主語衆人言："船去太疾可捨帆下沉。"輒如所言捨帆下沉。船去轉駛而不可止。（略）薩薄主告諸人言："我有大神號名爲佛。汝等各捨本所奉一心稱之。"時五百人俱發大聲稱南無佛。（略）重罪令薩薄者令滅，如此之應未足爲多。[113]

《十誦律》"法中皮革法第五"記：

爾時諸國貴人、長者、居士、大富、薩薄。佛在舍衛城，爾時阿濕摩伽盤提國，有聚落，名王薩婆（注：婆即薄），中有大富居士，財寶豐盈種種具足。

是王薩薄聚落，是四方商客所聚集處。

是時復有諸商客海中來者，至王薩薄聚落。

時諸大官、長者、居士、億財大富、薩薄，如是貴人留之不隨。父母知其意正，則聽令去。於是乘象振鈴，遍告聚落令言："沙門億耳欲入大海，我做薩薄，誰欲共去，是人福德"。五百商人皆悉樂從，彼國土法，作薩薄者要出二十萬金錢。

見是沙門億耳有大威力，如是思惟，若作薩薄，共多人入海，必安隱來出。

若前殺薩薄則諸賈客無所成辦，若不殺薩薄則以錢物力，若自身力，若以他力必能得賊。[114]

〔112〕《雜譬喻經》，《法苑珠林》卷二十七，上册，頁396～397。

〔113〕《雜譬喻經》，《大正藏》，第四册，頁529，總207。

〔114〕《十誦律》卷二十五，《大正藏》，第二十三册，頁178，總1435。

《悲華經》云：

若我必成阿耨多羅三藐三菩提，得己利者當作商主，於一一天下七返雨寶。復入大海取如意珠。（略）我於往昔諸所發願皆悉成就。如恒河沙等大劫中，常作無上薩薄之主，於恒河沙等五濁惡世雨種種珍寶一日之中七返雨之。如是利益無量衆生，悉令珍寶得滿足已。〔115〕

《摩訶僧祇律》“明單提九十二事法之五”云：

復請波斯匿王及群臣太子、聚落主、宿舊長者並薩薄主，至於其時。〔116〕

《華嚴經》云：

到大海邊見一新死端正女人，（略）此薩薄婦由自愛身死，後還生在。〔117〕

以上這些佛經，均屬早期譯經。《興起行經》翻譯年代最早。《雜譬喻經》最早爲康居國人康僧會所譯。漢獻帝（公元190～220年）末世亂，康氏避亂於吴地。孫權聞其才慧召見，拜爲博士，接着從事譯經活動。《高僧傳》卷一《譯經》上載：

會於建初寺譯出衆經，所謂《阿難念彌》、《鏡面王》、《察微王》、《梵皇經》等，又出《小品》及《六度集》、《雜譬喻》等，並妙得經體，文義允正。〔118〕

基本上在公元3世紀中葉《雜譬喻經》已有漢文譯本。晉時，高僧鳩摩羅什在龜兹北界温宿國傳教：

龜兹王躬往温宿，迎什還國，廣説諸經，四遠宗仰，莫之能抗。時王子爲尼，字阿竭耶末帝，博覽群經，特深禪要，云已證二果。聞法喜踴，迺更設大集，請開方等經奧。什爲推辯“諸法皆空無我”，分别“陰界假名非實”。時會聽者莫不悲感追悼，恨悟之晚矣。至年二十，受戒於王宫，從卑摩羅叉學《十誦律》。〔119〕

西秦弘始三年（公元401年）十二月二十日鳩摩羅什至長安。“大將軍常山公顯，左軍將軍安城侯嵩，並篤信緣業，屢請什於長安大寺講説新經，續出《小品》、（略）《十誦律》、《十誦戒本》、《菩薩戒本》、《釋論》、《成實》、《十住》、《中》、《百》、《十二門論》，凡三百餘卷，並暢顯神源。”〔120〕臨終時，向衆僧告别時説：“因法相遇，殊未盡伊心，方復後世，惻愴何言。自以闇昧，謬充傳譯，凡所出經論三百餘卷，唯《十誦》一部，未及删煩，存其本旨，必無差失。”〔121〕

---

〔115〕《悲華經》卷九，《大正藏》，第三册，頁227，總157。

〔116〕《摩訶僧祇律》卷一十六，《大正藏》，第二十二册，頁353，總1425。

〔117〕《華嚴經》，《法苑珠林》卷二十一，上册，頁325。

〔118〕釋慧皎《高僧傳》卷一，湯用彤校注本，中華書局，1992年，頁18。

〔119〕釋慧皎《高僧傳》卷二，頁48。

〔120〕釋慧皎《高僧傳》卷二，頁52。

〔121〕釋慧皎《高僧傳》卷二，頁54。

鳩摩羅什翻譯《十誦律》實際上得到另一位西域高僧的幫助。

弗若多羅，此云功德華，罽賓人也。少出家，以戒節見稱，備通三藏，而專精《十誦律》部，爲外國師宗，時人咸謂已階聖果。（略）以僞秦弘始六年（公元404年）十月十七日集義學僧數百餘人，於長安中寺，延請多羅誦出《十誦》梵本，羅什譯爲晉文，三分獲二。[122]

弗若多羅與鳩摩羅什合譯未竟而多羅病亡，最後曇摩流支和鳩摩羅什共譯成[123]。至此《十誦律》得以廣爲流傳，共五十八卷。

《華嚴經》由高僧覺賢譯出：

先是沙門支法領，於于闐得《華嚴》前分三萬六千偈，未有宣譯。至義熙十四年（公元408年）吴郡内史孟顗，右衛將軍褚叔度，即請賢爲譯匠。乃手執梵文，共沙門法業、慧嚴等百有餘人，於道場譯出。詮定文旨，會通華戎，妙得經意，故道場寺猶有華嚴堂焉。[124]

《摩訶僧祇律》爲法顯得自天竺：

後至中天竺，於摩竭提邑波連弗阿育王塔南天王寺，得《摩訶僧祇律》。（略）遂南造京師，就外國禪師佛馱跋陀於道場寺譯出《摩訶僧祇律》《方等泥洹經》《雜阿毘曇心》，垂百餘萬言。[125]

《摩訶僧祇律》梵文本亦是由覺賢譯成漢文[126]。

《悲華經》爲曇無讖譯出：

河西王沮渠蒙遜僭據凉土，自稱爲王，聞讖名，呼與相見，接待甚厚。（略）次譯《大集》《大雲》《悲華》《地持》《優婆塞戒》《金光明》《海龍王》《菩薩戒本》等，六十餘萬言。[127]

在早期的譯經活動中，翻譯爲漢經的大多來自中亞胡語，而胡語佛經當由梵文而來，“薩薄”一詞來自梵文佛經應該没有甚麽疑問。在巴利語（Pali）以《本生經（Jātaka）》中也屢次出現薩薄的音譯[128]。

Ath'ekasmim divase Bāranaseyyako Satthavahaputto pa Ncahi sakatatahi tam gāmam

---

〔122〕釋慧皎《高僧傳》卷二，頁60～61。

〔123〕釋慧皎《高僧傳》卷二，頁62。

〔124〕釋慧皎《高僧傳》卷二，頁73。

〔125〕釋慧皎《高僧傳》卷三，頁89～90。

〔126〕釋慧皎《高僧傳》卷二，頁73。

〔127〕釋慧皎《高僧傳》卷二，頁77。

〔128〕以下巴利《本生經》的拉丁文轉寫基本上引自友松圓諦《藤田博士の〈薩寶〉について讀む》，頁149，個別字母、音位承王邦維教授校正，謹表謝意。

patva

有時候，從 Bāranaseyyako 出發的商隊導師的兒子，跟五百輛車一起進入這個村莊。

Satthavāha kule niffati …… Bāranāsito parNcahi sakatasatehi bhandam ādāya vohāratthaya gacchanto

出生在商隊導師之家……可以使用 Bāranāsito 五百輛車的商品去進行貿易。

巴利語，是佛教小乘上座部（Theravāda）的宗教語言，與古印度—雅利安吠陀語、梵語有密切的關係。相較之雖然稍晚，但並非由其派生，在巴利語中仍保留着比梵語更古老與吠陀語接近的變化形態〔129〕。根據“錫蘭上座部傳説，巴利藏是公元前 89～前 77 年國王 Vattagaman Tabhaya 時期寫定的。這個傳説一般認爲是可靠的。估計在印度本土佛經寫定時間可能要早一些，可能早到公元前 4 世紀末”〔130〕。季羡林説：“佛教徒利用本生故事來宣傳教義，至遲可以追溯到公元前 3 世紀。在這個時候建成婆嚕提（Bharhut）大塔和桑其（Sanchi）大塔，周圍的石門上都有一些本生故事的浮雕，而且有的竟標出 Jātaka 這個專門術語。”郭良鋆、黄寶生根據巴利文翻譯了《佛本生故事選》，其中的“真理本生”“小商主本生”“鴿子本生”“果子本生”“伊黎薩本生”“貴重本生”“雲馬本生”“夾竹桃本生”“蓋薩婆本生”等故事中都有許多反映商主、商隊長的故事〔131〕。這些商主、商隊長基本上與佛經故事薩薄行爲相同，衹是我們未便揀及對照其漢譯商主、商隊長是否與 Satthavāha 同屬一詞。《本生經》中出現的 Satthavāha 與梵文 Sārthavāho 相同，基本上是商隊導師的意思。通過以上佛經故事，我們大致已經弄清了薩薄在早期社會的地位、作用。佛教社會對於商人有着特别的崇敬，佛經中記載着許許多多與商人有關的故事〔132〕。作爲商隊首領的薩薄承擔着組織商人進行貿易活動的職責，依照有些國家的法律薩薄在組織貿易活動時自己要墊付資本，有時

〔129〕參見季羡林《巴利語》，《中國大百科全書·語言文字卷》，頁 12，中國大百科全書出版社，北京·上海 1988 年。關於原始佛經語言是一個非常複雜的問題，學界多有分歧。依照季羡林的觀點，原始佛教不允許用梵文來學習佛教教義，它也没有規定哪一種語言作爲標準語言。它允許比丘用自己的方言來學習佛所説的話（見季氏《再論原始佛教的語言問題》，原刊《語言研究》，1958 年 1 期，後收入《季羡林學術論著自選集》，北京師範大學出版社，1991 年，頁 43～72）。大多數人認爲巴利語是印度西部方言。關於巴利語佛經，參看郭良鋆《佛陀和原始佛教思想》，中國社會科學出版社，1997 年，頁 1～13、262。

〔130〕季羡林《三論原始佛教的語言》，原刊《原始佛教的語言問題》，中國社會科學出版社，1985 年。後收入《季羡林學術論著自選集》，頁 398。

〔131〕季羡林《關於巴利文〈佛本生故事〉》，郭良鋆、黄寶生《佛本生故事選》代序，人民文學出版社，1985 年，頁 2。後收入氏著《比較文學與民間文學》，北京大學出版社，1991 年，頁 124。所引郭、黄二氏譯《佛本生故事選》依次爲 1～205 頁。

〔132〕參見季羡林《商人與佛教》，原刊《第十六届國際歷史科學大會中國學者論文集》，中華書局，1985 年。後收入《季羡林學術論著自選集》，頁 416～538。

高達“二十萬金錢”。在航海中有時不止一位薩薄，有“第一薩薄”與“第二薩薄”之分。其社會地位非常之高，常常與國王、大臣、長者、居士、聚落主、大富等並列合稱。佛在成佛以前曾經是薩薄。

現在回頭再來看《法顯傳》師子國中的一段文字的句讀，似爲：

> 其城中多居士、長者、薩薄、商人，屋宇嚴麗，巷陌平整，四衢道頭皆作説法堂。

這樣分别斷句標點爲妥。

在一些佛經中出現的“導師”也許就是“薩薄”的意譯。西晉高僧竺法護所譯《生經》之“佛説墮珠著海中經”載：

> 佛告比丘：（略）時諸賈客，各各採寶，悉皆俱足，乘船來還。海中諸龍及諸鬼神，悉共議言：此如意珠，海中上寶，非世俗人，所當獲者（略）導師德尊，威神巍巍。諸鬼神龍，雖欲翻船奪如意珠，力所不任。於時導師及五百人，安穩渡海。菩薩踴躍，住於海邊。低頭下手，咒願海神。珠繫在頸，時海龍神，因緣得便，使珠墜海。導師感激：吾行入海，乘船涉難，勤苦無量，乃得此寶，當救衆乏。於今海神，反令墜海。敕邊侍人，捉持器來，吾舉海水，至於底泥，不得珠者，終不休懈。即器戀水，以精進力，不避苦難，不惜壽命。水自然趣，悉入器中。諸海龍神，見之如是，心即懷懼。此人威勢精進之力，誠非世有。若今戀水，不久竭海。（略）天上天下，無能勝君導師者。獲寶齊還，國中觀寶，求願使雨七寶，以供天下，莫不安穩。爾時導師，則我身是；五百賈客，諸弟子者是。（略）佛説如是，莫不歡喜。〔133〕

《生經》之中的導師顯然和我們以前在其他佛經中所見到的“薩薄”，扮演着同樣的角色，是大規模的航海求寶或貿易活動的組織者和領導人，有着舉足輕重的作用。導師的經驗事關整個活動的成敗。《妙法蓮華經》卷三載：“有一導師，聰慧明達善知險道通塞之相，將導衆人欲過此難。”〔134〕《愚賢經》中記載了一位雙目失明導師的故事。《賢愚經·善事太子入海品第三十七》云：

> 爾時國中，有五百賈客，咸皆來集，悉言欲去。是時國中，有盲導師。自前已曾數返入海。太子聞之，即往到邊，向其殷勤。嘉言求曉：汝當與我共入大海。示我行來，利害去就。導師答言：我既年老，又盲無見，雖欲自去，私情甚難。王愛太子，隆倍異常。須臾離目，有懷悒遲。今聞與我，共入大海。儻復見櫃，咎我不少。於時太子，聞是語已，即便還宮，自白父王：今此國中，有盲導師，前

〔133〕《生經》之《佛説墮珠著海中經》，《大正藏》，第三册，頁 75～76，總 197。

〔134〕《妙法蓮華經》卷三，《大正藏》，第九册，頁 25，總 262。

已數返，曾到大海，願王敕曉，令共我去。王聞是語，自往其所。語導師言：我此太子，志存入海。種種諫語，意堅不回。事不得已，今聽就去，念其年少，未厭辛苦。聞汝前行，知海去就。望汝回意，忍勞共往。爾時導師，聞王是語，即白王言：恨我年耆，盲無所見。大王所敕，豈敢有違。王得是語，即自還宮。於是太子，即共導師，論定發日，還到王所。（略）敕誡已訖，獨與導師，别乘小船，與衆賈别，轉復前進。導師問言：此前應有白色之山，汝爲見不？太子言見。導師語曰：此是銀山。轉復前行。導師復問：當有紺色之山，汝見未耶？太子答言：我已見之。導師語言：是紺琉璃山。轉更前進，復問太子：此中應有黄色之山，汝爲見未？太子言見。導師語之：此是金山。到金山下，坐金沙上，導師言曰：我今羸劣，命必不濟。示方面已，進止道路，汝從是去。（略）導師語竟，氣絶命終。[135]

太子依導師所言而行，終得寶而歸。

《賢愚經》中出現“薩薄”與“導師”共存的現象，其主要原因可能是此經是衆僧在西域聽講時記録而成，有人記了音譯“薩薄”，有人則記了薩薄的意譯“導師”。如果有人能將巴利文《本生經》與漢譯《本生經》對照還原，也許可知“導師”所對應的巴利文或即薩薄。

綜上，前賢們對於“薩寶”語源問題的討論所涉及的語種十分寬泛，包含了梵文、巴利文、中古波斯文、粟特文、古叙利亞文、突厥文、回鶻文等，多屬中亞、西亞的死文字。研究成果表明，薩寶在許多語種中都有十分近似的含義。其中最重要的是在公元紀年以前的巴利文中已經出現薩薄，後來的梵文佛經中則使用了“薩薄”一詞。公元3世紀初的漢文佛經《雜譬喻經》中已經固定的有“薩薄”一詞的漢譯。比較之下，公元4世紀初葉在粟特文信劄中出現的 *S'rsp'w*，應當源於巴利語或梵語。

（五）

雖然討論問題的視野寬闊，薩寶一詞的内在含義卻有着相對集中的意見，大多數人主張其意爲商隊首領，後移植爲宗教領袖。勞費爾認爲薩寶是由伊朗傳入掌管拜火教的神職官員，贊同者是少數[136]，但以爲薩寶一職傳入中國以後是職掌祆教官員的看法，

〔135〕《賢愚經》卷九〈善事太子入海品第三十七〉，《大正藏》，第四册，頁412，總202。

〔136〕例如池田温在研究唐代官職制度時揀外族固有官職若干，其中認爲薩寶就掌管從伊朗傳來拜火教神殿祭事的職官（池田温《唐朝処遇外族官制略考》，頁253～255），勞弗爾觀點中一個受人詬病的缺陷，是他首先認定薩寶一詞來源於波斯地區拜火教的神職官位。

卻有着極其廣泛的影響，並獲得大多數學者的首肯[137]。我們最後要討論的問題是薩寶是否爲專司祆教之官員。

薩薄（寶）既是通過宗教傳入中亞地區並對中國產生影響，那麼我們首先應對傳播中亞的幾大宗教有一個簡單的回顧。貴霜帝國統治中亞時期，佛教得到迅速的傳播。人們對佛教傳播渠道的瞭解主要來自所謂犍陀羅風格的釋迦牟尼形象。雖然釋迦牟尼形象最早出現在該地區的具體時間暫時無法確定，公元57年的比瑪蘭金棺上就已有釋迦牟尼形象，公元2世紀中葉的伽膩色迦錢幣上釋迦牟尼的形象已經很普遍了[138]。中國早期佛教的流佈，主要是一些中亞籍高僧來華，經典亦由胡語而來，梵文經典顯然經由中亞中轉，薩薄一詞或由此時傳入中亞。拜火教（祆教）在中亞地區的傳播可上溯至公元紀年以前的阿契美尼（Achaemenina）王朝時期，粟特民族在這時開始接受拜火教[139]。薩珊王朝時拜火教成爲國教，於中亞的影響更甚，大量的粟特人成爲拜火教徒，已知的粟特文的人名中包含了拜火教神名，Nanai－VanadK意爲“娜娜女神之僕”；Artixw－Vandak意爲“Ašiš－Vaηuhi之僕”[140]。景教（聶斯脱利派Nestorian）是由波斯地區向中亞傳播，公元2世紀時，已經有叙利亞商人和基督教徒在活動。在一部早期的叙利亞教會記録《東方宗教會議》(Synodicon Orientale)披露了公元4世紀以降該地區的情況，有位景教主教駐錫木鹿（Merv）城[141]。從公元2世紀開始，木鹿城也成爲摩尼教一個重要的據點。阿莫（Ammo）大師率領一個龐大的教團抵達帕提亞（Parthia）地區。後來，由於瓦赫蘭一世（Vahram Ⅰ）大量屠殺摩尼教徒，迫使其大量東渡阿姆河(Balkh)，信奉摩尼教者日益增多。吐魯番發現大量摩尼教殘經，就是用粟特文書寫的[142]。中亞地區宗教情况複雜，雖然拜火教佔據主導地位，但像史尼、史波波尼在粟特地區爲薩保官職，恐怕不單單是一個祆教教職。薩薄（保）一詞借助佛教的傳播到達中亞地區，被許多中亞民族所借用，基本上都是商隊首領的意思。粟特地區移植薩薄後作爲某一首領的稱呼，那自是恰當不過。《隋書·西域傳》康國都城在薩寶水，其引申爲都城所在之地即薩寶水，似有以首領所在地命名之可能。作爲某一首領，其中或職掌宗

〔137〕參見Albert Dien，The sp-pao Problem Reexamined，pp.335～346；榮新江《祆教初傳中國年代考》，頁339～340。

〔138〕加文·漢布里主編《中亞史綱要》，吴玉貴中譯本，商務印書館，1994年，頁69～70。

〔139〕芮傳明《粟特人在東西交通中的作用》，《中華文史論叢》，1985年1輯，上海古籍出版社，頁62。

〔140〕榮新江《祆教初傳中國年代考》，頁340。

〔141〕克里木凱特《達·伽馬以前中亞和東亞的基督教》，林悟殊翻譯增訂本，淑馨出版社，1995年，頁8～10。

〔142〕林悟殊《早期摩尼教在中亞地區的成功傳播》，氏著《摩尼教及其東漸》，中華書局，1987年，頁39～40。亦可參見王見川《摩尼教到明教》，新文豐出版公司，1992年，頁120～124。

教事務，但不獨以拜火教爲限。

祆教傳入中國的時間甚早，多數人似傾向在北朝時期[143]。在公元4世紀初，中國也獲得了有關摩尼教的信息[144]。景教入華年代尚不清晰，不過摩尼教東漸過程中，常常尾隨在基督教之後，對於公元6世紀時景教傳入中國的可能性，不宜輕易否定[145]。無論如何，初唐時期祆教、摩尼教和景教已經在中國有相當大的影響，在華傳播均獲成功。三者消長不一而足，學者多引《唐文粹》卷六十五舒元輿“重巖寺碑序”中的一段話來説明這一問題。其曰：

國朝沿近古而有加焉，亦容雜夷而來者，有摩尼焉、大秦焉、祆神焉；今天下三夷寺，不足當吾釋寺一小邑之數。

西域三教寺廟很少[146]，主要在西域人聚集地區，信奉者多爲胡人，漢人則很少[147]。三者傳播各有千秋。摩尼教藉助回鶻人勢力盛極一時。大秦景教則在傳入之初，便受到李唐王朝的庇護，唐高宗曾大加扶植。祆教因爲傳教者行動詭異，十分引人注目，在文獻中留下記載也最多。對於三教在社會中的地位，陳垣説：

元輿以大和九年（西835）被殺，重巖寺碑著於長慶間，其列舉三夷寺，以摩尼居首，此必當時社會之一種現成排次，如儒釋道者焉，而元輿隨筆引用者也。[148]

林悟殊稱其正確，摩尼教居首，大秦景教第二[149]，祆教居末。這種格局的形成無疑有着深刻的社會背景，是各種宗教勢力相互較量，最後産生的結果。《通典》“視流内薩寶府祆正”條下注曰：

祆者，西域國天神，佛經所謂摩醯首羅也。武德四年置祆祠及官，常有群胡奉事，取火咒詛。

〔143〕關於祆教入華時間學術界多有争論，主要有下列文章可參考：柳存仁《唐前火祆教和摩尼教在中國之遺痕》，林悟殊中譯本，《世界宗教研究》，1981年2期，後收入氏著《和風堂文集》，上海古籍出版社，1991年，頁495～554；饒宗頤《穆護歌考》，《選堂集林·史林》中册，中華書局（香港），1982年，頁472～509；林悟殊《火祆教始通中國的再認識》，《世界宗教研究》，1987年4期，後收入氏著《波斯拜火教與中國》，新文豐出版公司，1995年，頁105～122；榮新江《祆教初傳中國年代考》，頁335～352。

〔144〕林悟殊《摩尼教入華年代質疑》，《摩尼教及其東漸》，頁46～63。對此，有人更願採用較爲穩妥可靠的立場，參見王見川《從摩尼教到明教》，頁130～142。

〔145〕克里木凱特《達·伽馬以前中亞和東亞的基督教》，頁91～95。

〔146〕林悟殊《唐代長安火祆大秦寺考釋》，《波斯拜火教與中國》，頁139～150。

〔147〕三教奉信者的情況不甚相同，一般的看法，摩尼教與大秦景教在中土均有翻經傳教活動。其奉教者，胡漢均有。祆教來中國既不傳教，亦不翻經（參見陳垣《火祆教入中國考》，頁320）。林悟殊看法並不相同，他找出一些例證來説明，祆教在中國人中確有傳播活動（參見氏著《唐人奉火祆教考辨》，原刊中華書局《文史》，第三十輯，1988年，後收入《波斯拜火教與中國》，頁151～164）。

〔148〕陳垣《火祆教入中國考》，頁346。

〔149〕林悟殊《波斯拜火教與中國》，頁146～147。

引者多據此説明薩寶爲祆教官員，其實以下還有很長的一段：

> 貞觀二年，置波斯寺。至天寶四載七月敕："波斯經教，出自大秦，傳習而來，久行中國。爰初建寺，因以爲名，將欲示人，必修其本。其兩京波斯寺宜改爲大秦寺。天下諸州郡有者，亦宜准此。"開元二十年七月敕："末摩尼法，本是邪見，妄稱佛教，誑惑黎元，宜嚴加禁斷。以其西胡等既是鄉法，當身自行，不須科罪者。"〔150〕

對於杜佑的這段注釋，陳垣非常不理解，稱：

> 本叙薩寶府祆正，而注並引貞觀十二年及天寶四年波斯寺大秦寺事，又引開元二十年摩尼教事。凡此皆以其爲外來之教，連類志之，以便觀覽。豈意後之人有因此而混爲一教者，始料所不及也。通鑒卷二四八胡三省注，亦用通典注之列，將大秦、摩尼、祆三教之事，連類而書。〔151〕
>
> 唯火祆、大秦、摩尼三教，均源自波斯，學者每混而爲一。其間分辨明晰者，唐有韋述、舒元輿、李德裕等，宋有王溥（唐會要）、宋敏求、張邦基等。若唐之杜佑，則分析不見明瞭。〔152〕

榮新江徑指《通典》此條爲錯簡〔153〕。胡三省注當襲《通典》而來，但稱杜佑不察未能分辨三教之區别，將三教混爲一談，恐有草率之嫌。杜佑所在中唐之時，正是三教風行之世，薩寶府職責杜氏更是清楚，將三教連類而注於薩寶府條下，當有深刻用意。更何况他重視官制〔154〕，注中並無説、評、議等他本人的意見〔155〕，當迻録官方文書，將三教事類統收薩寶府官下作注。可知薩寶並不是單純的拜火教首領，薩寶府除了管理祆教徒外，也管理大秦教與摩尼教。對大秦景教尤爲温和，在全國範圍内爲景教正名，將原波斯寺改名爲大秦寺。摩尼教在西域人中傳教，官府並不干涉，因爲那本是西胡"鄉法，當身自行，不須科罪者"。但如果"妄稱佛教，誑惑黎元"，向民衆佈教，那自應"嚴加禁斷"。顯然在當時西域三教事宜均由薩寶府統轄處理。另外，西域胡人信仰情况十分複雜，流寓中土的粟特人不獨奉信祆教。敦煌文書 P.2695 號《沙州都督府圖經》

---

〔150〕《通典·職官》卷四十〈大唐官品〉，頁 1103。

〔151〕陳垣《火祆教入中國考》，頁 323。

〔152〕陳垣《火祆教入中國考》，頁 319。

〔153〕榮新江《羅丰編著〈固原南郊隋唐墓地〉》，《唐研究》第二卷，北京大學出版社，1996 年，頁 557。

〔154〕《通典》卷一杜佑自叙云："夫行教化在乎設職官，設職官在乎審官才，審官才在乎精選舉"，"故職官設然後興禮樂焉"（頁 1）。

〔155〕《通典》卷四十二："凡必有經典文字其理深奥者，則於其後説之以發明，皆云'説曰'；凡意有先儒各執其理，並有通據而未照者，則議之，皆云：'議曰'；凡先儒各執其義，所引據理有優劣者，則評之，皆曰'評曰'。他皆同此。"（頁 1167）

記載“大周天授二年（公元691年）臘月得石城鎮將康拂耽延弟地舍拔狀”[156]云云。其中康國首領康拂耽延名爲粟特語 Furs－todan 譯音，即“知教義者”。羽田亨認爲，這是一位摩尼教僧侶[157]。公元10世紀的《世界境域志》稱：

KHAJU（瓜州），爲一大城，商人居停之地。其政府爲中國所派。其居民信摩尼教。

SAJU（沙州），屬中國，位於山脉與沙漠間（的半路上）。是一個繁榮的地方，勝地很多，流水奔騰。（其居民）不作惡害人，信摩尼教。[158]

河西地區粟特人聚落形成甚早，在晚至公元11世紀的材料中仍有粟特人活動記録。《世界境域志》中的摩尼教徒或爲粟特人。《隋翟突娑墓志》曰：“君諱突娑，字薄賀比多。”“突娑”即《大秦景教流行中國碑》中所稱的“清節達娑，未聞斯美”之達娑[159]。此詞在薩珊王朝時代波斯語中是 tyssyt 之音譯，原義“對神散虔者”，後概指基督教徒。其父翟娑則爲摩訶大薩寶，亦表明薩寶並非一定需要祆教徒出任。《惠鬱造像碑》中“薩甫下司録商人何永康”，“同贖得七帝寺”一事，也説明薩甫（寶）府屬吏在信仰方面是自由的。《岐法起造像碑》中的佛弟子岐薩保斷難以祆教首領爲名。宇文護小名薩保，雖然没有直接證據來證明他的宗教信仰，但被推測與佛教有關[160]。他的哥哥宇文

〔156〕鄭炳林《敦煌地理文書彙編校注》，甘肅教育出版社，1989年，頁35。

〔157〕羽田亨《漠北の地と康國人》，原刊《支那學》，第3卷5號。後收入氏著《羽田博士史學論文集·語言·宗教篇》下卷，東洋史研究會，1957年，頁401～402。不過，蔡鴻生指其有誤：“其致誤由，即在對‘延’字之不可易未能覺察。‘佛耽延’取名寓有‘頭胎仔’之意，是更合乎邏輯的。”（見氏著《唐代九姓胡禮俗叢考》，《文史》，第三十五輯，中華書局，1992年，頁122） 吉田豐也表示了同樣的意見（吉田豐《ソグド語雜録（Ⅱ）》，頁172、173）。

〔158〕胡杜德·阿勒·阿拉姆《世界境域志》第九章“關於中國所屬諸地”，王治來、周錫娟中譯本，新疆社會科學院中亞研究所，1983年，頁59、60。

〔159〕參見向達《唐代長安與西域文明》，頁91；龔方震《唐代大秦景教古叙利亞文字考釋》，頁3。

〔160〕Albert Dien，The sp-pao Problem Reexamined，p.341.

導字“菩薩”〔161〕，一位堂弟叫“菩提”〔162〕，另一位堂弟尉遲綱字名“婆羅”〔163〕,這都從側面證明了宇文護與佛教的聯繫,但除去陳寅恪所言以外,没有史料能證其與祆教的關係。

認真地回顧薩寶一職的研究過程，多數人並不真正主張薩寶是拜火教首領。衹是隨着時間推移，其他説法未引起人們過多的注意。近來，龔方震説：“薩寶是總管一切胡教，不限於祆教。”〔164〕姜伯勤亦稱：薩寶“既是商胡聚落的‘商主’或僑領，又是來華後受政府任命並享有職權的管理胡户的職官”。“兼理民事與宗教的胡户聚居區的‘大首領’。”〔165〕這表明隨着問題的深入研究，情況已大爲改觀。薩寶府既是一個政教合一的胡户管理機構，那麽我們討論其性質時又何必拘泥於祆教呢?

（六）

以上我們以相當的篇幅討論了有關薩寶問題的全部材料，基本上可以得出以下結論：

第一，最早有關薩寶的材料來源在印度地區，巴利文中 Satthavāha，梵文中 Sārhavāho 均爲商隊導師的音譯，佛經中漢文音譯爲薩薄、薩婆，意譯爲導師，巴利文史料可尋至公元紀年以前。漢文史籍大約在公元 2 世紀翻譯佛經時已有該詞的固定譯法。以後史籍中薩甫、薩保、薩寶等譯法當是循西域胡語而來。

〔161〕《周書》卷十〈邵惠公顥傳附宇文導傳〉，頁 154。

〔162〕《周書》卷十〈莒莊公洛生傳〉，頁 159。

〔163〕《周書》卷十〈尉遲綱傳〉,頁 339。

〔164〕龔方震《唐代大秦景教古叙利亞文字考釋》，頁 3。

〔165〕姜伯勤《高昌胡天祭祀與敦煌祆祀》，《敦煌藝術宗教與禮樂文明》，頁 481～482。

第二，薩寶一詞隨佛教的傳播至中亞地區，然後再向周圍散播，諸多民族中均有商隊首領。其拼法基本上與梵、巴語中薩寶一致。薩寶在中亞、西亞諸多古文字中的對應關係表明其流行的廣泛性。薩寶作爲官職，其轉化是在粟特地區完成的。隨着大量粟特人移居中國，薩寶一職被帶入中國。摩訶薩寶（Maha Sapao）基本上屬於一個典型的印度稱號。

第三，薩寶傳入中國以後，最初作爲一個移民管理官職是非常不確定的，但對於廣大民衆生活的影響卻是不容忽視的。有不少人以“薩保”作爲自己的名字，這種情況持續至晚唐時期。

第四，隋唐時，隨着大量中亞移民的不斷湧入，爲便於管理，隋唐朝廷也樂於移用一個西域胡人非常熟知的職務名稱來建立管理僑民宗教、政務的機構薩寶府，並使薩寶成爲有唐一代唯一的譯名官職。

第五，薩寶作爲專門管理祆教官員這一有非常影響的説法應獲釐清。唐王朝對於西域三教的寬容態度，不外表示出泱泱大國廣納天下的風範，似無必要厚此薄彼，專爲祆教設立一個管理機構。更何況三教對李唐王朝的影響因時代而異，有可比較史料顯示，祆教地位最低，無理由專門設置機構董理祆教。

胡漢之間
「絲綢之路」與西北歷史考古
BETWEEN HAN
AND NON-HAN
The Silk Road and Historical Archaeology of
China's Northwestern Regions

肆

PART Ⅳ

十三　隋唐間中亞流傳中國之胡旋舞

胡旋舞是隋唐時期流行在中亞索格底亞那（Sogdian）地區的重要舞蹈，流傳中國以後對於中原樂舞産生很大影響，使西域舞樂的傳播獲得空前的成功。20世紀初以來，前輩著名學者石田幹之助、向達、常任俠等對胡旋舞已有過十分精湛的研究。但是由於該舞蹈文獻記載甚少，並大都含混不清，而且可供辨釋的形象材料不很豐富，所得到的進展實際上是極爲有限的。1985年夏，寧夏考古工作者在鹽池縣蘇步井鄉窨子梁上發掘一處唐代墓地。有墓志顯示，這是一處中亞"昭武九姓"之一的何國人後裔的家族墓地，地處唐代著名"六胡州"之一的魯州轄境，時間是盛唐武則天時期，約爲公元700年前後。墓地共有六座墓葬被發掘，出土一些木質俑，其中有武士、侍女、鎮墓獸、馬、駱駝等原來身上的彩繪、金箔等均已脱落。出土物大多殘破不全，這裏不作過多叙述。在所有出土品中最值得關注的是6號墓中出土的兩扇石門，石門之上有細線陽刻減地胡舞圖。

本文的主要目的就在於以兩塊石門所刻胡舞爲中心，結合古代文獻記録，對眉目已經很不清晰的胡旋舞進行全面的考釋工作，以供關心西域藝術和中國與西域交涉史的讀者參考。

（一）鹽池石門上的胡舞

以寧夏博物館吴峰雲爲首的發掘報告作者們，對於刻有胡舞的石門作了以下描述：

石刻門，兩扇，原裝於6號墓門上。門扇呈長方形，長89、寬43、厚5厘米。上下有圓柱形門樞，高13、直徑10厘米。兩門扇的正面各鑿刻一男子。右扇門（圖十三·1·①）上所刻男子身穿交領窄袖緊身長袍，脚穿軟靴。左扇門（圖十三·1·②）上所刻男子頭戴圓帽，身穿圓領窄長袍，帽、靴與右扇的相同。均單足立於小圓氈上，一腿騰起，揚臂揮帛，翩翩起舞。四周襯以卷雲紋飾，舞者似騰躍於雲氣之上。畫面線條流

① ②

圖十三·1 鹽池唐墓石門（搨本）

① 右扇 ② 左扇

暢，人物表情生動，體態優美，寫實性很强〔1〕。

現根據筆者觀察實物所得，略作補充。

右扇石門，舞者左腿站立，脚外移，似虚步，脚跟着地，右腿後勾。臀部外移，出胯，腰身前傾，胸部凸起。右手臂上彎，腕部下壓，掌心似向上。左手臂略向後彎，手掌張開，五指彎曲向下。舞者長髮卷曲，戴貼髮圓軟帽，髫鬚翹起，面帶微笑。造型呈S形。整個動作十分流暢（圖十三·2·①）。左扇石門，舞者右腿單立，脚外撇，似脚尖着地，左腿起翹，略曲，出右胯，腰下部繫一長裙，腹部似裸露，細腰，胸部隆起，束

〔1〕寧夏回族自治區博物館《寧夏鹽池唐墓發掘簡報》，《文物》，1988年9期，頁43～56。

①　　②

圖十三·2　鹽池唐墓石門線描圖

① 右扇　② 左扇

胸，雙手合舉於頭頂之上，頭部略向右視，整個身體呈旋轉狀（圖十三·2·②）。兩舞者均舞一長巾，舞衣輕軟貼身，似有透明之感。立於一小圓毯上，圓毯周飾垂索，邊有一圈聯珠紋。《簡報》作者認爲石門上雕刻的舞蹈者，應當爲唐代流行的康國樂舞——胡旋舞。今進一步證之。

（二）中亞胡旋舞的傳入

胡旋舞是唐代較爲常見的一種西域胡舞。白居易《胡旋女》一詩中稱“胡旋女，出康居”[2]，石田幹之助指出這種説法有錯誤之處，主要是因爲唐人以爲康國是康居之後，又在高宗永徽年間在康國地置康居都督府的原因，並認爲“這種看法非但没有必要，最好是避免不談”[3]。杜佑《通典》對此講得很清楚，康國樂“舞二人，緋襖，錦袖，緑綾渾襠袴，赤皮靴，白袴帑，舞急轉如風，俗謂之‘胡旋’”[4]。可見《胡旋舞》實際上是出於康國，又名《康國舞》。康國，隋唐間著名的中亞“昭武九姓”之首。《隋書·西域傳》稱，康國“其王本姓温，月氏人也。舊居祁連山北昭武城，因被匈奴所破，西踰葱嶺，遂有其國。支庶各分王，故康國左右諸國並以昭武爲姓，示不忘本”。康國最爲强大，“米國、史國、曹國、何國、小安國、那色波國、烏那曷國、穆國皆附之”[5]。康國一名薩末鞬，亦曰颯秣建[6]，在烏兹别克斯坦境内的撒馬爾罕(Samarkand)。鹽池何氏墓地主人所居的何國，是其附屬國。《隋書·西域傳》稱“何國，都那密水南數里，舊是康居之地。其王姓昭武，亦康國王之族類”[7]。何國又名屈霜你迦，或曰貴霜匿[8]，其位置在撒馬爾罕西北。據《大唐西域記》載：其國“土宜風俗，同颯秣建國（康國）”[9]。康國與何國亦爲同種同俗。關於康國等國人的形象，史載，“人皆深目高鼻，多鬚髯”，“丈夫翦髮錦袍”[10]等等，與石門上的舞者相貌頗爲吻合。康國人“好歌舞於道”，除有胡旋舞外，另在每年十一月“鼓舞乞寒，以水相潑，盛爲戲樂”[11]。人稱“潑寒胡戲”或“乞寒胡戲”[12]。胡旋舞廣泛流行於粟特地區，唐開元、天寶年間，昭武諸國將“胡旋舞女”和其他中亞珍寶一起作爲貢品獻給唐王朝。

康國“開元初，貢鎖子鎧、水精杯、瑪瑙瓶、鴕鳥卵及越諾、侏儒、胡旋舞女

---

〔2〕《白居易集·諷諭》卷三，顧學頡標點本，中華書局，1979年，頁60。《全唐詩》卷四百二十六有“胡旋女，戒近習也”，中華書局，1992年，頁4692。其中“戒近習也”句，《白居易集》無。

〔3〕石田幹之助《〈胡旋舞〉小考》，載《長安の春》，講談社，1979年，頁37～38。

〔4〕杜佑《通典》卷一百四十六，中華書局標點本，1988年，頁3724。《舊唐書》卷二十九〈音樂志〉云：“康國樂舞，二人，緋襖，錦領袖，緑綾渾襠袴，赤皮靴，白袴帑。舞急轉如風，俗謂之胡旋。”頁1071。

〔5〕《隋書》卷八十三〈西域傳〉，頁1848。

〔6〕《新唐書》卷二百二十一下〈西域傳〉，頁6243。

〔7〕《隋書》卷八十三〈西域傳〉，頁1855。

〔8〕《新唐書》卷二百二十一下〈西域傳〉，頁6247。

〔9〕屈霜你迦國，乃梵語詞 Kusānika，中世波斯語 Kusānik 之對音。據稱是粟特文化最高之城，粟特諸城之心臟（季羡林等《大唐西域記校注》卷一，中華書局，1985年，頁92、93）。

〔10〕《隋書》卷八十三〈西域傳〉，頁1848～1849。

〔11〕《舊唐書》卷一百九十八〈西戎傳〉，頁5310。

〔12〕參見向達《唐代長安與西域文明》，生活·讀書·新知三聯書店，1957年，頁71、72。劉銘恕《康居潑寒胡戲傳入中國考》，《新亞細亞》，1937年，13卷4期；韓儒林《潑寒胡戲與潑水節的起源——讀史隨筆》，《向達先生紀念論文集》，新疆人民出版社，1986年，頁100～103。

子"[13]。《册府元龜》所載"開元六年（公元718年）四月"條中的康國貢品與上述貢品幾乎完全相同，衹是没有侏儒、胡旋女子二項[14]。可是這次朝貢的時間實際上是開元六年，兩者可以相互補充。

開元七年（公元719年）"五月，俱密國遣使獻胡旋女子及方物"[15]。

開元十五年（公元727年）"五月，康國獻胡旋女子及豹"[16]。

開元十五年（公元727年）"五月，史國獻胡旋女子及蒲萄酒"，"七月，史國王阿忽必多遣使獻胡旋女子及豹"[17]。

《新唐書·西域傳》載：史國"開元十五年，君忽必多獻舞女、文豹"[18]。

米國"開元時，獻璧、舞筵、師子、胡旋女"[19]。這一記載實際上是將開元年間米國兩次進貢混合記録。據《册府元龜》載，"開元六年（公元718年）四月，米國王遣使獻拓壁、舞筵及鍮"。"開元十七年（公元729年）正月，米使獻胡旋女子三人及豹、獅子各一"[20]。

有明確記載的貢獻胡旋舞女者，爲康國、史國、米國、俱密國等。另外，一些中亞國家如何國等來貢獻者，無貢品名稱的次數甚多，其間或有貢獻胡旋女子者。但是，像俱密國這樣一個帕米爾高原上的一個山中小國[21]，竟然也有胡旋舞女向大唐進貢，後世學者多少則感覺到一些可疑之處，所以石田幹之助便推測，可能是俱密國王在粟特地區購買胡旋舞女，再將之獻給大唐天子[22]。除了在開元年間昭武諸國競相向唐貢獻胡旋舞女外，其他時期也曾貢獻胡旋舞女，衹不過未見於正式記載。白居易説，胡旋女，"天寶末，康居國獻之"[23]。錢易也稱："天寶末，康居國獻胡旋舞，蓋左旋右轉之舞。"[24] 這裏的康居國或爲康國，也許是昭武諸國的代名詞。總之，可以看出天寶年間仍有昭武諸國貢獻胡旋舞女。

〔13〕《新唐書》卷二百二十一〈西域傳〉，頁6244。

〔14〕《册府元龜》卷九百七十一，中華書局影印本，1982年，下同，頁11406。

〔15〕《册府元龜》卷九百七十一，頁11406。

〔16〕《册府元龜》卷九百七十一，頁11408。

〔17〕《册府元龜》卷九百七十一，頁11408。

〔18〕《新唐書》卷二百二十一下〈西域傳〉，頁6248。

〔19〕《新唐書》卷二百二十一下〈西域傳〉，頁6247。

〔20〕《册府元龜》卷九百七十一，頁11406、11408。

〔21〕《新唐書》卷二百二十一〈西域傳〉載："俱蜜者，治山中。在吐火羅東北，南臨黑河。"頁6255。在《大唐西域記》中作"拘迷陀國"（《大唐西域記校注》卷一，頁111~113）。

〔22〕石田幹之助《長安の春》，頁36。

〔23〕《全唐傳》卷四百二十六，頁4692、4693。

〔24〕錢易《南部新書》己集，叢書集成本，中華書局，1986年，頁61。

（三）胡旋舞的基本構成

胡旋舞傳入中國的年代，雖然有具體記載的似爲開元初年，但實際上肯定早於這一年代。鹽池何氏墓地石門胡旋舞，當早於開元年間。北周天和三年（公元568年），武帝宇文邕娶了突厥木汗可汗俟斤之女阿史那氏爲后〔25〕。突厥可汗以其所獲“龜兹樂”“疏勒樂”“康國樂”作爲女兒的陪嫁。其中的“康國樂”當然就是胡旋舞。《隋書·音樂志》載，周武帝“聘北狄爲后，得其所獲西戎伎，因其聲”〔26〕。《舊唐書·音樂志》載“周武帝聘虜女爲后，西域諸國來媵，於是龜兹、疏勒、安國、康國之樂，大聚長安。胡兒令羯人白智通教習，頗雜以新聲”〔27〕。兩者記載略有不一，一爲以突厥可汗所獲西域諸樂從嫁；一爲因此事西域諸國“來媵”。這實際上是涉及西域諸樂是間接傳入還是直接傳入的問題。儘管如此，其他樂人也有見於記載的。“周武帝時，有龜兹人蘇祇婆，從突厥皇后入國，善胡琵琶”〔28〕。胡旋舞，大致應當在北周時期就已經傳入中國，並與其他樂舞“大聚長安”。

《隋書·西域傳》載：“煬帝時，遣侍御史韋節、司隸從事杜行滿使於西蕃諸國。至罽賓，得瑪瑙杯；王舍城，得佛經；史國，得十舞女、師子皮、火鼠毛而還。”〔29〕韋節等從史國帶回十名舞女，這條資料值得我們特別重視，粟特地區所流行的舞蹈種類甚多，除去胡旋舞之外，還有胡騰舞、柘枝舞、拂菻舞等。雖然史籍没有特別説明，這十名史國舞女中有胡旋舞女，但依理而論，韋節所帶回的肯定是粟特地區著名的舞女，胡旋舞在粟特地區是具有影響的舞蹈之一，位列其中也是合情合理的。在粟特地區貢獻的胡旋舞女，有時也被簡稱爲“舞女”。前引《新唐書·西域傳》史國所獻舞女，在《册府元龜》中即稱胡旋女子。如果上述推測不誤的話，《隋書·西域傳》中所記述的當是有關胡旋舞較早傳入中國的實例。

隋唐時胡旋舞雖然十分流行，但是，有關其具體情況人們卻所知甚少。向達曾説：“關於胡旋舞，紀者雖多，而舞服舞容，反不若胡騰、柘技之易於鈎稽”〔30〕。被研究者

〔25〕《周書》卷五〈武帝紀〉，頁75。

〔26〕《舊隋書》卷十五〈音樂志〉，頁379。

〔27〕《舊唐書》卷二十九〈音樂志〉，頁1069。

〔28〕《隋書》卷十四〈音樂志〉，頁345。

〔29〕《隋書》卷八十三〈西域傳〉，頁1841。

〔30〕向達《唐代長安與西域文明》，頁68。

經常引述的有大詩人白居易詩《胡旋女》。其云：

> 胡旋女，戒近習也。天寶末，康居國獻之。胡旋女，心應弦，手應鼓。弦鼓一聲雙袖舉，回雪飄飖轉蓬舞。左旋右轉不知疲，千匝萬周無已時。人間物類無可比，奔車輪緩旋風遲。曲終再拜謝天子，天子爲之微啓齒。(略)〔31〕

元稹詩《胡旋女》云：

> 胡旋女，李傳云：天寶中，西國來獻。天寶末胡欲亂，胡人獻女能胡旋。旋得明王不覺迷，妖胡奄到長生殿。胡旋之義世莫知，胡旋之容我能傳。蓬斷霜根羊角疾，竿戴朱盤火輪炫。驪珠迸珥逐飛星，虹暈輕巾掣流電。潛鯨暗噏笡波海，回風亂舞當空霰。萬過其誰辨終始，四座安能分背面。才人觀者相爲言，承奉君恩在圜變。是非好惡隨君口，南北東西逐君眄。柔軟依身着佩帶，裴回繞指同環釧。(略)〔32〕

由於兩詩旨意在於譏諷當時時尚風習，與一些着意刻畫舞者姿態、豐采、衣着服飾的詩並不同，所以多數學者認爲元、白《胡旋女》，“初無意於記事也”〔33〕。“元白兩詩，極讚《胡旋舞》旋轉之疾，但對舞人裝飾，未曾道及。蓋兩詩主旨，意在諷刺時習，並無意於詳述舞藝的容態。”〔34〕實際上，元、白二詩中對於胡旋舞還是有一些細節描述的。胡旋舞在唐代屬於健舞範圍。《樂府雜録》“舞工”條：“健舞曲有棱大、阿連、柘枝、劍器、胡旋、胡騰。”（按《樂府詩集》八十引達磨支健舞曲也，此文當脱達磨支三字）健舞的運動量一般都很大，如胡騰舞、柘枝舞。“雪飄飖回轉蓬舞，左轉右旋不知疲”，“人間物類無可比，奔車輪緩旋風遲”。“萬過其誰辨終始，四座安能分背面。”都説明舞者在跳舞時旋轉的速度很快，而且好像不知疲倦，以至於觀衆都不能分清舞者正面與背面。“驪珠迸珥逐飛星，虹暈輕巾掣流電。潛鯨暗噏笡波海，回風亂舞當空霰。”由此可以看出，舞者身上有一些裝飾品，如珠飾之類，其中最主要的當是揮舞一塊“輕巾”。其舞輕巾的技藝是非常高超的，可以達到風馳電掣般的速度。“心應弦，手應鼓，弦鼓一聲雙袖舉”，説明在舞時鼓起着相當重要的作用，以此爲號節。從“弦鼓一聲雙袖舉”可推測其節奏感應當十分强烈。

關於胡旋舞者的場地，《新唐書·禮樂志》載：“胡旋舞，舞者立毬上，旋轉如風。”〔35〕段安節《樂府雜録》“俳優”條稱：“舞有骨鹿舞、胡旋舞俱於一小圓毬上舞，

〔31〕《白居易集》卷三〈諷諭〉，頁 60；《全唐詩》卷四百二十六，頁 4692。

〔32〕《全唐詩》卷四百一十九，頁 4618～4619。

〔33〕向達《唐代長安與西域文明》，頁 68。

〔34〕常任俠《絲綢之路與西域文化藝術》，上海文化藝術出版社，1981 年，頁 166。

〔35〕《新唐書》卷二十一〈禮樂志〉，頁 470。

縱横騰踏，兩足終不離於毬子上，其妙如此也。”[36]對於這兩條記載，後世學者有不同看法，一部分人認爲記載是準確、可靠的[37]，而另一些人以爲可能是載録有誤。常任俠説：“此種舞法，諸家皆不載。今按這兩段文獻中的毬字，都是毯字的錯誤，加元、白兩詩所記，如何能在毬上作此舞藝。這原是毯字，形近而誤。舊記有時寫作在氍毹上舞，也就是毯子。”[38]鹽池石門胡旋舞的發現，證明了常任俠的見地無疑是很有道理的。不過，段安節《樂府雜録》中“俳優”條與“舞工”條俱收有“胡旋舞”條，不知有何用意，或是爲了區别，或者是重復收録。如果以上解釋不誤的話，那麽胡旋起舞的場地，應是一種小圓毯。舞者縱横騰踏，左右旋轉，應當不離這個小圓毯。起舞於小圓毯上，也是這種舞的重要標志之一。

唐代的十部伎是從隋代七部伎上發展起來的。最初，七部伎中並沒有“康國伎”，大業九年（公元613年）增加了“疏勒伎”和“康國伎”。貞觀十六年（公元642年）形成的十部伎中，第九爲“康國伎”。康國伎的主要内容大致就是“康國舞”，據《通典》説，康國舞其俗名“胡旋舞”。使人感到非常奇怪的是，胡旋舞這一名稱，出現在《新唐書·禮樂志》中的高麗伎中，“胡旋舞，舞者立毬上，旋轉如風”。而在《隋書》、《舊唐書》的〈音樂志〉中則沒有類似的記載。在隋唐九部、十部伎樂中，東北亞地區衹有高句麗伎被編入其中。高句麗音樂曾受到了中國内地音樂的强烈影響，但西域音樂摻入的成分是很少的，並且沒有演奏胡旋舞所需的和鼓、正鼓、銅鈸之類配合節奏的樂器。高句麗樂被編入七部、九部、十部樂中的政治成分是大於其音樂成分的。在十部伎中除了燕樂、清樂外，就數高麗伎與西域胡旋舞之間所能産生某種密切聯繫的可能性最小，而卻偏偏在“高麗伎”中收入胡旋舞，其他西域諸樂中又沒有出現胡旋舞，這一現象不能不使人産生懷疑。《新唐書·禮樂志》的這一記載，竟使一些研究高句麗歷史的學者産生誤會，認爲高句麗歷史“尤其從内容上看，原來由西域康國（今烏兹别克的撒馬爾罕）一帶傳入中原的那種激烈地旋轉爲特色的胡旋舞，至唐代竟爲高句麗所熟悉，成爲高麗伎中一項受人注目的節目”[39]。當然這一結論的穩妥性顯然值得進一步探討。在

〔36〕段安節《樂府雜録》“俳優”條，叢書集成本，中華書局，1986年，頁22。

〔37〕薛愛華（E. H. Schafer）稱：“在所有這些來自西域的年輕舞伎中，最受唐朝人喜歡的是胡旋女。”“這些粟特女子穿着錦緞做成的緋紅花，緑錦褲，紅鹿皮靴，舞臺上放着一個大球，隨着球的滚動，舞女在球的頂端騰躍，旋轉，以滿足富豪和權貴奢侈放縱的心目之好。”（《唐代的外來文明》（*The Golden Peaches of Samarkand, A Study of Tang Exotics*），吴玉貴中譯本，中國社會科學出版社，1995年，頁118）國内如王克芬《隋、唐、五代的舞蹈》，《舞蹈藝術》叢刊第四輯，1982年5月；沈福偉《中西文化交流史》，上海人民出版社，1985年等論者均採用這一觀點。

〔38〕常任俠《絲綢之路與西域文化藝術》，頁166～167。

〔39〕方起東《集安高句麗墓壁畫中的舞樂》，《文物》，1980年7期，頁33～38。

朝鮮黄海北道發現高句麗古墓，3 號墓爲冬壽墓。其東壁壁畫上有三個拿樂器的伴奏者，分别彈琵琶、彈箏、吹簫。另有一人兩脚交叉微屈，雙手前伸似拍，頭略低垂，作舞蹈狀，面形很像西域人(圖十三·3)。衹是冬壽墓爲東晉永和十三年即升平元年 (公元

圖十三·3　朝鮮冬壽墓高句麗壁畫中的樂舞人物形象

(採自《考古》，1959 年 1 期，頁 33，圖 13)

357 年)，年代很早[40]，並且樂器、人物動作顯然也有悖於高句麗舞樂壁畫的發現。在其他已經發現的衆多高句麗墓壁畫中，經過仔細的研究考察完全没有發現可能是胡旋舞的場面，人物動作不符合已知的胡旋舞形象。這樣，我們似有理由認爲《新唐書·禮樂志》中有關胡旋舞記載置放位置有衍誤之處。

康國樂人員着裝，包括兩部分，一是樂人裝飾，另一就是舞蹈人員服飾。按照《通典》説法，樂人頭戴“皂絲布頭巾”，身穿“緋色布袍，錦衿”。“緋色”是一種紅色。這種紅袍的領、袖部分是用錦鑲的邊。樂人頭戴布巾與龜兹、疏勒、安國樂中的樂人是一致的，衹是服飾略有不同。舞人的服飾有緋色的襖，鑲錦邊的領、袖，緑色短褲，紅色皮靴。着裝與安國舞人比較接近。實際上，以上的着裝是在正式演出場合的裝飾，是在宫廷的演出服，大多數情況下，也可能不是這樣的。敦煌壁畫中“胡旋舞”人物並不是按照這樣的形式着裝，大約是有所改進。史籍中並没有明確記載舞者的性别，僅從人物的裝飾中似乎也看不出舞蹈者是男是女。康國風俗既然是人們“好歌舞於道”，那麽應當是男女都有吧。康、史、米、俱密諸國，所貢獻者均爲胡旋女，元、白詩中所描述的，都是女性中胡旋舞蹈的最優秀者，但僅以此得出胡旋舞爲女性舞蹈的看法，顯然是片面的。鹽池石門上的胡旋舞者無疑是男性。正如白居易詩中所説的那樣：“胡旋女，出康居，徒勞東來萬里餘。中原自有胡旋者，鬥妙争能爾不如。天寶季年時欲變，臣妾人人學圓轉。中有太真外禄山，二人最道能胡旋。”[41] 安禄山本爲中亞康國人，據《舊唐書·安禄山傳》稱，安禄山“晚年益肥壯，腹垂過膝，重三百三十斤，每行以肩膊左

〔40〕參見洪晴玉《關於冬壽墓的發現和研究》，《考古》，1959 年 1 期，頁 27～35。

〔41〕《白居易集》卷三〈諷諭〉，頁 60；《全唐詩》卷四百二十六，頁 4693。

右攙挽其身，方能移步。至玄宗前，作胡旋舞，疾如風焉”[42]。《舊唐書·武延秀傳》說：“延秀唱突厥歌，作胡旋舞，有姿媚，主甚喜之。”[43]像楊太真、安禄山、武延秀之流爲胡旋舞，完全是一種時尚需要，但從中不難看出男性在跳胡旋舞時技藝也是非常高超的。從總體上來説，雖然大家都在跳胡旋舞，但是優秀的胡旋舞能手，大多都來自昭武地區或有中亞血統。僅根據白居易詩中的“中原自有胡旋者，鬥妙争能爾不如”譏諷之句，就斷定西域胡旋女不如中原的原因，是因爲“胡旋”並非純粹的西域少數民族舞蹈，進而得出結論胡旋舞是荊楚之地扇舞和胡騰綜合而成[44]。這種看法與實際情況是有相當的距離的。

康國樂的主要伴奏樂器，據《隋書·音樂志》載：“有笛、正鼓、加鼓、銅鈸等四種”[45]。《新唐書·禮樂志》基本相同，衹是稱“加鼓”爲“和鼓”。笛是一種大家十分熟悉的樂器，據認爲它最早起源於羌人的器樂。“羌笛”這一名稱，詩人有許多描述。正鼓、和鼓都是腰鼓，在唐代十部伎中正鼓與和鼓，衹使用於昭武諸國的康國樂和安國樂中，加鼓可能實際上是和鼓。《通典》謂：“正鼓、和鼓者，一以正，一以和，皆腰鼓也。”[46]《文獻通考》則講得更清楚，“唐有正鼓和鼓之别，後周有三等之制。右擊以杖，左拍以手，後世謂之杖鼓、拍鼓。亦謂之魏鼓。每奏大曲入破時，與羯鼓、大鼓同震作，其聲和壯而有節也”[47]。正鼓是擊拍兼有，和鼓則爲手拍，其原産地應當在中亞地區，很可能就在粟特地區。鈸，《通典》説：“銅鈸亦謂之銅盤，出西戎及南蠻。其圓數寸，隱起如浮漚，貫之以韋，相擊以和樂也。”[48]《文獻通考》也説，銅鈸“唐胡部合諸樂，擊小銅鈸合曲，西凉部、天立［竺］部、龜兹部、安國部、康國亦用之”[49]，可見這種金屬樂器的用途非常廣泛。值得注意的是康國樂中没有弦樂，這與其他九部中

〔42〕《舊唐書·安禄山傳》卷二百，頁5368。《安禄山事迹》卷上亦云：“（安禄山）晚年益肥，腹垂過膝，自秤得三百五十斤。每朝見，玄宗戲之曰：‘朕適見卿腹幾垂至地’。禄山每行，以肩膊左右攙挽其身，方能移步。玄宗每令作‘胡旋舞’，其疾如風。”（姚汝能《安禄山事迹》卷上，曾貽芬點校本，上海古籍出版社，頁5～6）。《新唐書》卷二百二十五上〈安禄山傳〉亦載：“（安禄山）晚益肥，腹緩及膝，奮兩肩若挽牽者乃能行，作‘胡旋舞’帝前，乃疾如風。帝視其用曰‘胡腹中何有而大?’。答曰：‘唯赤心耳。’”（頁6413）樂史《楊太真外傳》亦載：（安）“禄山晚年益肥，垂肚過膝，自秤得三百五十斤。於上前‘胡旋舞’，疾如風焉。”（《開元天寶遺事十種》，丁如明輯校本，上海古籍出版社，1985年，頁141）

〔43〕《舊唐書》卷一百八十三〈武延秀傳〉，頁4733。

〔44〕牛龍菲《古樂發隱》，甘肅人民出版社，1985年。

〔45〕《隋書》卷十五〈音樂志〉，頁379。

〔46〕《通典》卷一百四十四，頁3677。

〔47〕《文獻通考》卷一百三十六，頁1208。

〔48〕《通典》卷一百四十四，頁3673。

〔49〕《文獻通考》卷一百三十四，頁1195。

都有弦樂的情況完全不同。而白居易的《胡旋女》中稱，胡旋女是"心應弦，手應鼓，弦鼓一聲雙袖舉"，好像其中有弦樂，而且還是主要樂部。據《隋書·西域傳》記載，康國的主要樂器有"大小鼓、琵琶、五弦、箜篌、笛"等[50]。段安節《樂府雜録》"俳優"條亦載：

康國、疏勒、西凉樂即有單頭鼓及箏、蛇皮琵琶，蓋以蛇皮爲槽，厚一寸，鱗介具焉。亦以楸木爲面，其捍拨以象牙爲之，畫其國王騎象，極精妙也。

無論是在十部伎中康國樂器，還是上述的康國樂器，在安國樂中均能找到，安國樂的樂器有竪箜篌、琵琶、五弦、横笛、簫、觱篥、正鼓、和鼓、銅鈸等十種，這主要是某種地緣關係的結果。隋唐九部、十部伎對於編入該部樂曲是有所篩選的，但是關於其篩選標準我們所知甚少，肯定是對編入的原産地樂曲加以某種程度的調整。這種綜合性的調整，是爲了適應九部、十部伎演出的需要。而民間場合演出時大約並不是非常嚴格的，如白居易所看到的胡旋舞演出場面樂器的配置可能就未經過删減。

《隋書·音樂志》中的康國樂曲共有五曲。其中舞曲有：《賀蘭鉢鼻始》《末奚波地》《濃惠鉢鼻始》《前拔地惠地》等四曲，歌曲有《戢殿農和正》。當然，這些都是粟特語的譯名，其含義暫不可知。從這裏可以看出，康國樂中主要是舞曲，其他樂部中的舞曲都没有康國樂這樣多。這些舞曲應當是爲胡旋舞伴奏用的。安國樂中也有一舞曲《末奚》，這一名稱與康國樂中《末奚波地》相近似。或許在安國樂中也有胡旋舞，安國又是附庸於康國，康國的其他附庸國如史、米諸國均有貢唐的胡旋女，何國人後在鹽池何氏墓中也有胡旋舞形象發現，很可能安國樂中舞曲《末奚》或爲胡族舞曲。康國樂中的歌曲《戢殿農和正》，也可能是在胡旋舞中用來伴唱的。歌曲的語言一般是土語，也就是粟特語，例如胡騰的舞者在演出前"帳前跪作本音語"[51]。這個"本音語"是粟特語，康國樂中的歌曲也不應該例外。值得我們進一步注意的是，在康國樂中没有解曲。解曲是西域音樂中一種較爲特殊的音樂形式。《古今樂録》説："俗歌以一名爲一解，中國以一音爲一解。"《羯鼓録》載："夫曲有不盡者，須以他曲解之，方可盡其聲。夫耶婆色雞當用椐柘急遍解之。"[52] 西域音樂中大都有解曲，如安國樂、西凉樂、龜茲樂等，僅有天竺樂、康國樂没有解曲。陳暘《樂書》"解曲"條也説："凡樂，以聲徐爲本，疾者爲解。自古樂奏，曲終更無他變。隋煬帝以清曲雅談，每曲終多有解曲。（略）然解曲乃龜兹、疏勒夷人之制，非中國之音削之可也。"[53] 這樣看來，解曲是一種節奏

〔50〕《隋書》卷八十三〈西域傳〉，頁1849。

〔51〕《全唐詩》卷二百八十四，頁3238。

〔52〕南卓《羯鼓録》，叢書集成本，頁16。

〔53〕陳暘《樂書》卷一百六十四，四庫全書本，頁7、8。

强烈、快速的伴奏形式，一般用於曲末作歌舞曲的結束。天竺樂，在西域諸樂中屬於印度系統。據《隋書·音樂志》載，公元4世紀中葉張重華據凉州時就傳入中國[54]，樂曲清雅，速度可能較慢，受宗教音樂的影響，結束時當不用節奏性强的解曲。而康國樂主要就是胡旋舞之類舞蹈，胡旋舞在伊蘭系統屬於激昂奔放、節奏感非常强烈的一種舞蹈，速度當然很快，而且始終如一，那麽也就是没有必要在尾聲中使用解曲作進一步的加强。這大約是天竺樂、康國樂中不使用解曲的重要原因。

（四）壁畫中可能是胡旋舞的推測

以上我們對於胡旋舞時代、傳入中國的情况和舞蹈的基本情節、音樂等若干問題，進行了多方面的討論，也搞清了一些内容。有了這些經驗，毫無疑問有助於我們繼續對類似的形象，尤其是敦煌莫高窟若干壁畫進行比較分析。

雖然這是一種産生於索格底亞那（粟特）地區的舞蹈，但是本地區考古發現的有關歌舞内容的文物，並不能完全提供給我們胡旋舞的形象，衹是以下幾處值得特别注意。1958年，前蘇聯考古學家在距撒馬爾罕70公里的品治肯特城（Pyanjikent）發現一幅壁畫。壁畫中有四位歌女（圖十三·4），穿高束腰裙，髮作高髻。這種裝束並不是粟特人的打扮，而是外國人，也就是中國人裝飾。蘇聯考古學家認爲其年代大約爲公元7～8世紀[55]。宿白比照唐代西安地區墓葬壁畫中的人物形象，指出其年代大約相當於初唐時期[56]。這幅壁畫中有一位舞女手彈琵琶作伴奏狀，另一人雙手舉在胸前應是在伴唱。最值得注意的是右起第一位舞女姿態，胸部以上已殘，但仍然可以看出，其右手上舉，而左手則下垂，是一舞蹈狀態，很有可能是漢人學習胡旋舞的一瞬間，衹是由於過於殘損使我們無法更進一步瞭解。

另外，在品治肯特城還發現幾件形態十分優美的木雕女像，雕像的高度有半人多高[57]，頭上裝飾十分繁雜，頸部戴有華麗的項圈，佩有小鈴狀飾物。腹部裸露，下

〔54〕《隋書》卷十五〈音樂志〉載：“天竺者，起自張重華據有凉州，重四譯來貢男伎，天竺即其樂焉。歌曲有《沙石疆》，舞曲有《天曲》。”（頁379）

〔55〕A. M. Belenitskii B. I. Marshak, and Mark J. Dresden, *Sogdian Painting, The Pictorial Epic in Oriental Art*, London, 1981, p.60, Fig.26.

〔56〕宿白《西安地區唐墓壁畫的佈局和内容》，《考古學報》，1982年2期，頁137～153。

〔57〕G. Frumkin, *Archaeology In Soviet Central Asia*, Leiben－Koln, 1970, pl.22, 23.《中亞考古》黄振華中譯本，新疆維吾爾自治區博物館，1981年。馬小鶴亦有類似的説法，參見氏著《米國鉢息德城考》，《中亞學刊》，第2輯，中華書局，1987年，頁74～75。

圖十三·4　品治肯特城遺址壁畫歌舞圖

（採自 A. M. Belenitskii 等，*Sogdian Painting*，1981 年，p.60）

身穿縐紋很多的裙子，裙子上有許多佩飾。臀部外扭，雙腿緊貼，足部已殘，似作交腳狀。身材修長，雙臂已殘。從腰胯的比例來看，其出胯的幅度較大，就是在扭動身體，形象呈 S 形，毫無疑問是在進行舞蹈動作。整個人物造型具有印度雕刻藝術風格，説明索格底亞那地區深受這種風格的影響。有一定的理由使人們相信，女木雕像所表現的舞蹈動作，大約是流行中亞地區的胡旋舞。

中國境内石窟壁畫中可以初步確定與胡旋舞有關的大約有以下材料。

新疆克孜爾石窟中壁畫上有許多伎樂舞蹈場面的題材，與胡旋舞有一定的關係，例如 135 窟壁畫中的伎樂形象，時代爲公元 600 年左右，但可完全認定是胡旋舞内容者甚少。

敦煌莫高窟 220 窟的年代約爲初唐時期，北壁藥師净土變下方有貞觀十六年（公元 642 年）供養人題記〔58〕。北壁中央有四個舞伎起舞的經變圖，圖中左右各有兩個舞伎舞於小圓毯上，圓毯有邊飾，中爲一周聯珠紋。兩邊均有燈樹。左起第一人，背向觀衆，赤足，左腿直立，右腳後鈎。穿寬角長裙，束腰。上身穿梭形塊飾緊身襖。頭戴似武冠，左手舉於頭上，手拿輕巾，右手戴釧呈後勾狀。第二人，右腿直立，左腳提起，

〔58〕參見敦煌研究院編《敦煌莫高窟供養人題記》，文物出版社，1986 年，頁 102。

圖十三·5　敦煌莫高窟220窟北壁壁畫中的舞伎形象

①、②左側舞伎（採自《隋唐文化》，學林出版社，1990年，頁237，圖10）　③、④右側舞伎（採自《隋唐文化》，學林出版社，1990年，頁237，圖10）

右手高舉，左手外側，手中執有輕巾，起舞的幅度很大，其裝飾與第一人完全相同（圖十三·5·①、②）。第三人，頭戴花冠，頭髮分爲幾束，飛舞於後。雙臂擡起，佩釧，臂上揮縛一長巾。身穿輕衣。戴有長珠狀佩飾。束腰，面向左側，雙腿略彎，通體呈旋轉狀。第四人，面右側向，背向第三人，其服飾與第三人基本相似，舞姿也大體類似，祇是二人朝向不同（圖十三·5·③、④）。兩邊樂隊在伴奏。南壁樂舞圖中另有兩個舞伎，舞於圓毯上。服飾與北壁完全不同，均爲面朝前方，頭束高髻，上身半裸，束腰，下身穿寬鬆輕衣。一腿立於毯上，另一腿提起，均有出胯動作。手中揮舞輕巾，頭微傾，也呈旋轉狀〔59〕（圖十三·6·①），兩側有樂隊伴奏。220窟南北兩壁樂舞圖，從其舞姿來看，都是旋轉動作，可能是胡旋舞，截取的應當是胡旋舞的某一瞬間。但從其樂隊伴奏情況來看，已經遠遠地超過了前述胡旋舞對於樂器的要求。以北壁爲例，據統計使用的樂器有箜篌、觱篥、竽、阮咸、排簫、箏、鈸、螺、羯鼓、腰鼓、細腰鼓、方響、横笛、竪笛、板等二十多種〔60〕，幾乎佔當時中西樂器的大部分。用這些樂器聯合演奏，所奏的當然不是記載中的胡旋舞曲。以這些樂器合奏，能否演奏出嚴格意義上的曲目，也是十分令人懷疑的。筆者認爲主要應當是取胡旋舞歡快的節奏感和異常强烈的場面，集所有樂器爲之伴奏，以顯示出佛教樂舞中輝煌、盛大的場景，而不是所謂某一嚴格意義的舞蹈及伴奏。

敦煌莫高窟341窟，年代爲初唐時期。舞伎右腿直立於毯上，左腿彎曲。穿緊身裙，腹部似裸。頸戴項圈，裸臂佩釧。左手略彎上曲，握長巾；右手垂於腹下，握長巾。長巾呈旋轉狀，繞於頭腿之上數匝（圖十三·6·②）。

敦煌莫高窟215窟，年代爲盛唐。舞伎雙腿交叉立於圓毯，圓毯亦飾有一周聯珠紋，與220窟北壁同。頭梳高螺髻，綴耳環，戴項鏈，裸臂佩釧，束胸，收腹，繫一輕紗緊身長裙，裙角花邊曳地。左手執巾彎於胸前，右手後側挽帶巾起舞（圖十三·6·③）。

敦煌莫高窟197窟，年代爲中唐。舞伎左腿獨立於毯上，右腿彎曲。左手執帶巾彎舉過頭，右手於右側挽長巾。其下身服飾與215窟舞伎略相同，祇是褲裙角花邊較大。裸腹，胸部隆起，頸佩項圈。通體作旋轉狀（圖十三·6·④）。

另外，還有幾幅起舞速度稍慢的壁畫可供參考。敦煌莫高窟331窟的年代爲初唐時期。左腿支地，右腿提起彎於臀部，出胯動作較大。束腰，腹部裸露。雙臂擡起，右手掌心向上，左手略彎，掌心自然下垂，輕巾環縛於雙臂之上，通體舞姿速度略慢。與之

〔59〕該圖未見發表，承中國藝術研究院研究員董錫久先生提供，謹表謝意。

〔60〕董錫玖《敦煌壁畫和唐代舞蹈》，《文物》，1982年12期，頁58～69。

圖十三·6　敦煌莫高窟壁畫中的舞伎形象

① 220 窟初唐舞伎　② 341 窟初唐舞伎　③ 215 窟盛唐舞伎　④ 197 窟中唐舞伎（董錫玖提供）

較爲相似的還有335窟初唐時期的舞伎形象。

根據以上這類舞的要點綜合分析，胡旋舞類約有以下幾個特徵。

舞者大都起舞於一小圓毯，這種圓毯當是文獻中一再提及的“舞筵”。白居易詩《青氈帳二十韻》云：“側置低歌座，平鋪小舞筵。”[61]

任半塘稱：“所謂‘舞筵’，應是舞臺之茵氈。”[62]其特徵爲邊有一周垂索，中飾一周聯珠紋。聯珠紋樣是典型的波斯紋樣，所以這種小圓毯作爲“舞筵”的一種，多是從中亞地區傳入的。文獻中多處記載中亞諸國向李唐王朝貢獻“舞筵”。

> 開元六年四月，米國遣使獻拓壁舞筵及鍮。[63]
>
> 天寶四載二月，罽賓獻波斯錦舞筵。[64]
>
> 天寶五載閏十月，突騎施石國、史國、米國、罽賓各遣使來獻繡舞筵。[65]
>
> 天寶九載四月，波斯獻大毛繡舞筵、長毛繡舞筵，無孔真珠。[66]

米國，“開元時，獻壁、舞筵、師子、胡旋女”[67]。這種小圓毯或許是其中一種。舞者在跳這類舞時，大多穿類似的舞衣，繫緊身長裙，裙部角邊較大，腹部均裸，從中可以看出中亞風格的影響。鹽池石門約保留了若干西域服飾的細節，與此極爲相似的例子，還可以在其他石刻舞者形象中找到。明代萬曆年間，西安南城壕中出土一塊著名的《半截碑》。石碑刻於唐開元九年（公元721年），原立於長安興福寺[68]。碑兩側共刻有四個舞蹈形象，其中兩人爲西域胡人形象，左側一位舞者與鹽池石門舞者形象上十分相似，頭髮卷曲，戴貼髮冠，束胸，腹裸露，穿緊身舞裙，衹是袖子較長，没有舞飄帶而已（圖十三·7）。據認爲，《半截碑》上的舞者是在跳“柘枝舞”。這表現出中亞昭武諸國舞者，在形象、服飾方面很大程度的一致性。鹽池石門、敦煌壁畫舞者所表現出胡旋舞的另一個重要特徵就是手中均拿一長錦帶，以此爲道具舞出各種姿勢動作的變化。長錦帶當是元稹詩中所説的“輕巾”。唐代其他詩人詩作中描述的持巾起舞者甚多，有許多描寫舞巾飛速旋轉時的情景，其中可能不乏胡旋舞的場面。隋唐以前也有詩人描寫執

---

〔61〕《全唐詩》卷四百五十四，頁5141。

〔62〕任半塘《唐戲弄》下册，上海古籍出版社，1984年，頁976。依任氏之觀點，“唯曰‘筵’字，既高出地面若干，又有一定範圍，必確成一臺，並非平地之施茵氈而已。此一概念，必須建立”（頁973）。其實，所謂臺子與平鋪在實物中可以並存，並非一定要非此即彼。

〔63〕《册府元龜》卷九百七十一，頁11406。

〔64〕《册府元龜》卷九百七十一，頁11411。

〔65〕《册府元龜》卷九百七十一，頁11412。

〔66〕《册府元龜》卷九百七十一，頁11413。

〔67〕《新唐書》卷二百二十一〈西域傳〉，頁6247。

〔68〕該碑現藏西安碑林博物館碑林第二室中。

圖十三·7　西安《半截碑》兩側的舞蹈圖（搨本）

巾舞，但從其描寫中可看出速度十分緩慢，如沈約有“輕肩既屢舉，長巾亦徐換”這樣的詩句，與唐代詩人所描述的高速舞動的情景完全不同，顯示出舞種間的差異，即所謂“健舞”與“軟舞”之區别。

當然，我們現在僅是站在純技術的角度來討論這種舞蹈，實際上，當時對於風靡朝野的這種“胡旋舞”，有識之士則持批評的立場。以唐玄宗爲首的權貴們的欣賞態度，很顯然被認爲是造成“安史之亂”的禍因。有意無意間製造出一派歌舞昇平的景象，暗藏着嚴重的社會危機。

概括起來説，寧夏鹽池石門的發現爲學術界提供了一個解決難題的機會，使我們可以能對胡旋舞可能存在的形象進行討論。圍繞着這一問題的其他問題，如傳入中國的時代、形式、曲目、舞具等亦有所涉及。如果將可能是胡旋舞的形象有機地聯繫起來，我們可以從某種程度上來復原這種隋唐間的西域舞蹈，雖然連接這些舞姿是非常困難的。

十四　後周馮暉墓彩繪樂舞磚雕

（一）馮暉墓的發現

1992年初，陝西彬縣底店鄉二橋馮家溝一座古墓被盜。經考古工作者清理發掘，據稱有墓志出土。墓主人爲五代時期後周朔方節度使、中書令、衛王馮暉[1]。馮暉，據《舊五代史》本傳云：其曾爲“朔方節度使，加檢校太師。漢高祖革命，就加同平章事。隱帝嗣位，加兼侍中。國初，加中書令，封陳留王。廣順三年夏，病卒，年六十，追贈衛王”[2]。廣順三年，即公元953年。《簡報》稱：馮暉墓建於顯德五年（公元958年），如是，那麼應是馮暉卒後五年纔葬。其葬地既非其原籍魏州（今河北大名），亦非其子馮繼業任節度使的同州（今陝西大荔），而是在當時邠州（今陝西彬縣）。

據《簡報》描述，某日晚村民“在公安幹警的配合下，抓獲了盗掘該村馮家溝古墓的罪犯，收繳了四十餘塊彩繪磚雕”。换言之，也就是説大部分磚雕已經在發掘前脱離原來的位置。墓中共出土五十六塊磚雕（兩塊尚未追回），十分引人注目。磚雕上下兩塊拼合爲一完整人物，共計二十八人。墓葬“甬道兩側，由北向南，東西各十四人；東壁男性，西壁女性，各組成樂、舞、戲演出隊，爲墓主吹、敲、彈、跳。在男女隊前墻壁上，各彩繪一個樂隊指揮”。

《簡報》對於彩繪磚雕的定名如下：

① 東壁

巫師、擊磬、彈箜篌、打拍板、擊毛員鼓、彈琵琶、擊鼓、胡舞、胡舞、吹笛、吹簫、吹笙、吹笙、吹排簫。

〔1〕楊忠敏、閻可行《陝西彬縣五代馮暉墓彩繪磚雕》，《文物》，1994年11期，頁48～55。

〔2〕《舊五代史》卷一百二十五〈周書·馮暉傳〉，頁1645。

② 西壁

女巫、奏方響、彈箜篌、打拍板、擊毛員鼓、彈琵琶、擊鼓、跳舞、跳舞、吹笛、吹簫、吹笙、吹簫、吹排簫。

馮暉墓磚雕樂舞圖是繼王建墓棺槨石座樂舞圖〔3〕之後，五代時期樂舞圖最重要的發現。《簡報》的作者對磚雕樂舞進行了簡單的描述和内容辨釋。但仍有一些不盡完善之處，定名或有不妥，有必要進行進一步的考釋。兹將其未盡之處再爲申論。

（二）磚雕中的樂舞

首先，在甬道東西兩壁各有一幅壁畫。東壁，爲一青年男子側身而立，頭戴黑色長脚幞頭，兩脚很長，向上翹起，紮有一花結。長眉細目，小口緊閉。圓臉，面頰暈染。身穿圓領寬袖長袍，袍身飾紅色竪條，腰繫黑色寬帶，足蹬烏靴。身體較胖，雙手於胸前執一竹竿(圖十四·1·①、②)。西壁，爲一中年男子側身斜立。頭戴黑色幞頭，頂部高聳，兩脚微微上翹。濃眉，雙目炯炯有神，高鼻，有絡腮鬍鬚。身穿圓領寬袖長袍，袍呈赭紅色，腰繫白色細帶，腿下略殘，足穿烏靴，雙手亦於胸前執一竹竿(圖十四·1·③)。

人物所戴幞頭是五代時期最爲流行的式樣，頂部明顯特意墊高。據趙彦衛《雲麓漫鈔》載：

> 唐末喪亂，自乾符後，宫娥宦官皆用木圍頭，以紙絹爲襯，用銅鐵爲骨，就其上製成而戴之。（略）五代帝王多裹朝天幞頭，二脚上翹。〔4〕

中唐以前，幞頭是用一巾裹成。至唐末五代，人們爲方便起見，用木、鐵爲骨，紙絹爲襯，製成一種帽冠形式，戴脱可能較爲隨意。磚雕中舞人戴的仍爲軟脚幞頭，表明兩種幞頭形制在五代時均流行，並未以前者取代後者。

《簡報》將此二人定名爲“樂隊指揮”有不妥之處。確切地説，此二人身份應爲“致辭者”，即宋代所俗稱之“竹杆子”。唐代樂舞表演時要有人首先致辭，像詩人李端《胡騰兒》中描述的那樣，先在“帳前跪作本音語”，然後纔“拾襟攪袖爲君舞”〔5〕。《新唐書·南蠻傳》“驃國”條載，雍羌獻樂時：

> 初奏樂，有讚者一人先導樂意，其舞容隨曲。〔6〕

〔3〕馮漢驥《前蜀王建墓發掘報告》，文物出版社，1964年。

〔4〕趙彦衛《雲麓漫鈔》卷三，傅根清點校本，中華書局，1996年，頁39。

〔5〕李端《胡騰兒》，《全唐詩》卷二百八十四，頁3238。

〔6〕《新唐書》卷二百二十二下〈南蠻傳下〉，頁6314。

①　②　③　④

圖十四·1　五代墓葬壁畫及雕刻中的“竹杆子”

① 馮暉墓甬道東壁壁畫“竹杆子”（採自《五代馮暉墓》，重慶出版社，2001 年，頁 43，圖 45）　② 馮暉墓甬道東壁壁畫“竹杆子”（據《文物》，1994 年 11 期圖繪）　③ 馮暉墓甬道西壁壁畫“竹杆子”（同前）　④ 王處直墓漢白玉雕樂舞圖中的“竹杆子”（採自《五代王處直墓》，文物出版社，1998 年，頁 39，圖 24）

《唐語林》亦載：

> 玄宗宴蕃客，唐崇句當音聲，先述國家盛德，次序朝廷歡娛，又讚揚四方慕義，言甚明辨。上極歡。

事後，上曰：

> 前宴蕃客日，崇辭氣分明，我固賞之。[7]

致辭的目的在不同場合意義大不相同，唐玄宗宴蕃客那樣正式場合，便有點像現代的節目主持人。更多的則是“先導樂意”，使人們看懂樂舞内容。在“胡騰舞”前用很多人都聽不明白的粟特語致辭，則多少帶有一些程式化的味道。致辭在樂舞中有的僅在開始，有的則貫穿始終。據《杜陽雜編》載：奏《凉州》大曲時“每遇致辭處，則隱隱如蠅聲”[8]。致辭時，樂器的音量很小。致辭者有的爲專職，有的則由樂部首領代勞。

〔7〕王讜《唐語林》卷一，周勛初校證本，中華書局，1987 年，頁 53。

〔8〕蘇鶚《杜陽雜編》卷中，叢書集成本，中華書局，1985 年，頁 16。

《資治通鑒·唐紀》“咸通九年（公元868年）九月”條載：龐勛在泗州“刺史杜慆饗之於毬場，優人致辭”。胡三省注云：

> 致辭者，今諸藩府有大宴，則樂部頭當筵致辭，頌稱賓主之美，所謂致語者是也。[9]

可見致辭者也稱作“致語”。唐代致辭者手中多不執物，五代時期的致辭人手中開始執一竹竿。五代王處直墓西壁漢白玉浮雕上右側第一人，戴幞頭，穿圓領長袍，腳穿線鞋。值得注意的是，他雙手於胸前執一橫杆，杆一端有兩條雙環結錦帶，亦爲一致辭者[10]（圖十四·1·④）。五代王處直墓浮雕、馮暉墓壁畫爲我們提供了致辭者執竹竿的具體形象。這一推測可以從南宋《劍舞》中獲得印證。據史浩《鄮峰真隱大曲》所載[11]，《劍舞》中有一所謂“竹杆子”致辭。每曲舞完之後，“竹杆子”便念大段俳句，然後重新起舞，連續不斷。收場時“竹杆子”念：“歌舞既終，相將好去。”致辭者在整個樂舞活動中起有串聯始終的重要作用，其主要特徵則是執一竹竿子作道具，用以指揮“勾隊”（即上場）、“放隊”（即下場）。宋代所謂“竹杆子”便是對致辭者的俗稱。其甚爲簡單，在後世高麗樂舞中也使用一種竹竿，形式十分繁複[12]，做工非常考究，裹以金箔紙，飾有水晶珠，或源於此也未可知。

磚雕上的樂舞形象主要有兩類，一是舞蹈，另一是奏樂。

舞者東西兩壁共有六人，人物裝束、神情各不相同，似兩人爲一組，共三組。

① 花冠舞者

東西兩壁各有一人。東壁磚雕似一女性，頭戴高冠，冠身凸起豎楞，頂有一扇形花齒，冠沿下左右各壓兩條飄帶，帶端寬圓。面部豐圓，表情木然。身穿圓領寬袖長袍，腰束帶，足蹬皮靴。右臂彎曲上揚，左手曲於背後。右腳上擡，左腳外撇站立，袍襬飄起，呈舞蹈狀，立於一方毯上。舞毯呈正方形，四角漫圓，中飾有一圈紋帶，邊有一周垂索。西壁磚雕亦似爲一女性，頭戴花冠如前者，冠下左右亦有兩條飄帶垂下。身穿圓領廣袖長袍，腰束帶，腹部肥圓前凸，足穿皮靴。整個身體側傾，右臂高揚，左臂略上舉。左腳站立，右腳擡起後鉤，作舞蹈狀（圖十四·2·①）。足下舞毯亦同東壁。

---

〔9〕《資治通鑒》卷二百五十一〈唐紀〉“唐咸通九年（公元868年）九月”條，頁8122。

〔10〕河北省文物研究所等《五代王處直墓》，文物出版社，1998年，頁38。

〔11〕史浩《鄮峰真隱大曲》卷二，朱孝臧輯校編撰《彊村叢書本》，上海古籍出版社，1989年，頁2145～2154。

〔12〕梶成俔等《樂學規範》卷八〈舞器圖説〉載：高麗樂舞中所用竹竿子“柄以竹爲之，朱漆，以片藤纏結下端，蠟染，鐵裝。雕木頭冒於上端。又用細竹絲端一百枝，插於木頭上，並朱漆，以紅絲束之。每竹絲端一寸許，裹以金箔紙，貫水晶珠。自珠至木頭二尺八寸，自木頭至柄之下端七尺七寸，柄徑一寸”（朝鮮後期抄本，中研院歷史語言研究所傅斯年圖書館藏）。

①

②

③

④

圖十四·2　五代馮暉墓磚雕中的舞者

① 甬道西壁磚雕舞者（據《文物》，1994 年 11 期圖繪）　② 甬道東壁磚雕胡人舞者（同前）　③ 甬道東壁磚雕胡人舞者（採自《五代馮暉墓》，重慶出版社，2001 年，頁 12，圖 13）　④ 甬道東壁磚雕胡人舞者（據《文物》，1994 年 11 期圖繪）

② 胡人舞者

據《簡報》稱二人均在東壁。其一係正側面，爲一胡人男子。頭戴黑色幞頭，幞頭兩脚很短，緊束後紮於左側耳際。深目下凹，高鼻隆起，雙唇閉合，頜下蓄絡腮長鬚。身穿交領長袖紅袍，腰繫黑帶，帶後部似以方塊連成，袍襬較長，可遮住脚踝部，足蹬短腰烏皮靴。人物造型誇張有趣，雙肩聳起，隆背鼓腹。右臂稍稍上舉於前，左臂擺動，袖筒很長，不露雙手。左足着地，右足擡起前鈎，呈舞蹈狀（圖十四·2·②、③）。另一位係半側面，爲一老年胡人男子。頭戴黑色幞頭，二短脚分露左右。高鼻深目，上唇留八字鬍，下蓄連腮鬚。身穿寬袖長袍，腰束帶，足穿烏靴。雙肩上聳，右臂微上舉，掌心向外下垂。左手似撫於腰間，右足着地，左膝微屈，足稍擡起，亦作舞蹈狀。胡人舞者，前者明顯没有舞毯，後者不清楚，或有方毯（圖十四·2·④）。

③ 幞頭舞者

據《簡報》稱，二人均在西壁。其一爲一青年男子。頭戴黑色幞頭，幞頭二脚短圓。身穿圓領長袍，腰束帶，足蹬烏靴。雙手舉於胸前，似執物。左脚向前，右脚在後，呈舞蹈狀。另一亦爲一男子，裝束同前，作回首狀。雙手於胸前執物，下身已殘，右足穿烏靴，似一足着地。兩舞者似均立於方形毯上（圖十四·3）。

圖十四·3　五代馮暉墓磚雕中的戴幞頭舞者

（採自《五代馮暉墓》，重慶出版社，2001 年，頁 21，圖 8、9）

六名舞蹈者動作幅度較小，全無輕鬆明快之感。戴花冠者甚至是造型臃腫、神情木訥，《簡報》稱之爲“巫師”。隋唐之際，巫舞風靡一時，王維、李賀等詩人對此多有描述。但這種舞蹈主要是爲了配合民間的巫術活動，正如劉禹錫在《梁國祠》中所描寫的那樣，“女巫簫鼓走鄉村”，基本上是一種民間習俗。無論在内容上還是演奏技巧方面，巫樂舞都有着與世俗、宫廷音樂極大的不同。唐琵琶演奏家段善本在聽康昆侖彈奏琵琶時説：“本領何雜，兼帶邪聲。”康昆侖十分吃驚，纔將自已曾跟一女巫學“一品弦調，後乃易數師”[13]的事道來。巫樂中帶有“邪聲”，難與其他樂舞匹配。另外，巫術活動曾受到政府限制、禁止。《舊唐書·田仁會傳》載：京城“時有女巫蔡氏，以鬼道惑衆，自云能死者復生，市里以爲神明，仁會驗其假妄，奏請徙邊。高宗曰：‘若死者不活，便是妖妄，若死者得生，更是罪過。’竟依仁會所奏”[14]。

〔13〕段安節《樂府雜録》“琵琶”條，叢書集成本，下同，頁 23、24。

〔14〕《舊唐書》卷一百八十五〈良吏傳·田仁會傳〉，頁 4794。

五代樂舞制度基本上沿用唐制，後周世宗顯德五年（公元958年）翰林學士竇儼上疏論禮樂刑政時曾説：

請依《唐會要》所分門類，上自五帝，迄於聖朝，凡所施爲，悉命編次，凡關禮樂，無有闕漏，名之曰大周通禮，俾禮院掌之。（略）依文教習，務在齊肅。〔15〕

馮暉身爲後周大員，應熟知凶禮習俗，似不宜用“巫舞”殉葬。五代時，舞者所戴巾帽甚多。據陶穀《清異録》“衣服”條載：

同光即位，猶襲故態，身預俳優，尚方進御巾裹，名品日新。今伶人所預，尚有合其遺制者曰：聖逍遥、安樂巾、珠龍便巾、清凉寶山、交龍太守、六合舍人、二儀幞頭、烏程樣、玲瓏高常侍、小朝天、玄虚令、漆相公、自在冠、鳳三千、日華輕利巾、九葉雲、黑三郎、慶雲仙、聖天、宜卿，凡二十品。〔16〕

其中或有磚雕中的冠飾。隋唐之際，西域樂舞大聚中原，其中以中亞昭武九姓胡人最善此道，有一些非常出名，至晚唐五代時期仍有一些著名人物出現。康迺、米禾稼、米萬槌〔17〕、曹叔度〔18〕、石野猪〔19〕、安轡新〔20〕、米都知〔21〕、史彦瓊〔22〕、安悉香〔23〕等多爲昭武九姓胡人，亦是當時有記載的優伶。

奏樂者東西兩壁共有二十二人，其中有兩塊磚雕衹存人物下部。執同一樂器者多數爲二人，少數是一人或三人。

① 擊方響

東西兩壁均有，爲一男一女。東壁爲一男子，頭戴黑色幞頭，頂部漫圓，兩腳直硬，屬硬腳幞頭。身穿寬袖長袍，袍襬覆足，僅露足尖。斜身，頭稍向前傾，右手執棒

〔15〕《舊五代史》卷一百四十五〈樂志〉，頁1936。

〔16〕陶穀《清異録》卷三“衣服”條，叢書集成本，中華書局，1986年，頁207～208。

〔17〕據段安節《樂府雜録》“俳優”條，叢書集成本，頁21。其他叢書本均稱此三人在唐宣宗“大中初”，任半塘據明抄《説郛》本引《樂府雜録》作“大和初”訂正（參見《唐戲弄》下册，上海古籍出版社，1984年）。

〔18〕據段安節《樂府雜録》“俳優”條，頁21。

〔19〕孫光憲《北夢瑣言》卷一載：“僖宗皇帝，好蹴毬、雞鬥爲樂，自以能於步打，謂俳優石野猪曰：‘朕若作步打進士，亦合得一狀元’。野猪曰：‘或遇堯、舜、禹、湯作禮部侍郎，陛下不免且落第。’”（中華書局，賈二强點校本，2002年，下同，頁17）

〔20〕孫光憲《北夢瑣言》卷十五記：“先是，（李）茂貞入闕，焚燒京城。是宴也，俳優安轡新號茂貞爲‘火龍子’，茂貞慚惕俛首。”頁290。

〔21〕錢易《南部新書》癸部云：“有米都知者，伶人也，善騷雅，有道之士。”叢書集成本，頁115。

〔22〕《資治通鑑》卷二百七十四〈後唐紀〉“同光三年”條載：史“彦瓊，本伶人也，有寵於帝”。頁8949。

〔23〕《資治通鑑》卷二百六十八〈後梁紀〉“乾化三年”條《考異》引《九國志》注云：蜀太子“及聞唐襲徵兵，乃遣伶官安悉香諭軍使全殊率天武甲士以自衛”。頁8774。

舉於胸前，另一手位置較低，動作不明，不過雙手作敲擊狀應是可信的。其前置一方架，架頂横杆兩端卷翹，中漫凸起。下有兩排横杆，每排挂有數枚竪片。架面爲方形，下有四足，間有横杆。西壁爲一女子，頭梳高髻，貼有三朵花飾，圓臉。身穿高領長袍，袍身飾花，下襬垂地。雙手於胸前執一槌，作敲擊狀。其前有一架，形制同前，不過可看出横杆上所挂竪片是十二枚，架面下亦有四足（圖十四·4·①）。

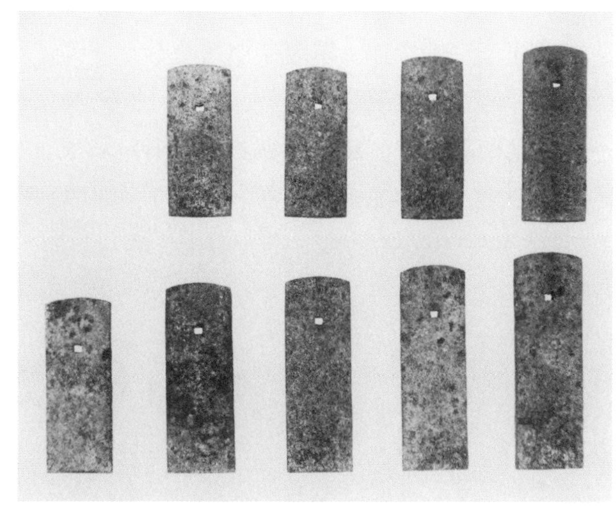

圖十四·4 五代墓葬磚雕中的擊方響者及出土的方響架、方響

① 馮暉墓甬道西壁磚雕擊方響者（據《文物》，1994年11期圖繪） ② 邗江蔡莊五代墓出土木方響架（據《文物》，1980年8期，頁51，圖30繪） ③ 日本奈良正倉院藏鐵方響（採自《正倉院展》，1988年，頁34，圖版20）

東壁奏樂者《簡報》稱爲“擊磬”，或有不妥。磬，是樂器中最古老的一種。據《考工記》云：“磬氏爲磬，倨句一矩有半，其博爲一，股爲二，鼓爲三。參分其股博，去一以爲鼓博，其一爲之厚。已上則摩其旁，已下則摩其耑。”以考古實物所見，磬多爲矩形，挂起後明顯有角，而此器與之不合。事實上，磬這種樂器在唐五代時已經被方響所替代。據《通典》載：

方響，梁有銅磬，蓋今方響之類也。方響以鐵爲之，修九寸，廣二寸，圓上方下。架如磬而不設業，倚於架上以代鐘磬。人間所用者，纔三四寸。[24]

〔24〕杜佑《通典》卷一百四十四，頁3673。

懸方響的支架稱用“簨虡”或“筭虡”。《隋書·音樂志》云：

簨虡，所以懸鐘磬。横曰簨，飾以鱗屬；植曰虡，飾以蠃及羽屬。[25]

日人《信西古樂圖》在“傑圖、樂書戊集”中有所謂“唐舞繪一卷”綫圖本，畫有許多樂舞形象，榜題爲“方磬（響）”者[26]，其支架與磬架略同，是這種樂器的完整形象（圖十四·5·①）。江蘇邗江蔡莊五代墓出土一支架[27]（圖十四·4·②），很可能是方響支架。馮暉墓方凳形方響支架，除穩固性較好以外，亦可置放木槌。這種支架應當是五代時期完成的。磚雕上下欄有十二枚方響，可能是按照十二律音響高低依次排列，用於演奏。方響質地一般爲鐵質，日本奈良正倉院藏有九枚鐵方響，大小稍不一[28]（圖十四·4·③）。也有玉質方響，《杜陽雜編》載：唐文宗時，有宫人沈阿翹“遂自進白玉方響云‘本吴元濟所與也’。光明皎潔，可照十數步。言其犀槌即響犀也，凡物有聲，乃響應其中焉。架則云檀香也，而文彩若雲霞之狀，芬馥著人，則彌月不散”，奏之其“音韻清越”[29]。優秀的方響，甚至對槌、架都有極高的要求。一般方響雖爲鐵質，但都是上好的鑌鐵。唐皇甫直“别音律，擊陶器能知時月，好彈琵琶”，元和年間於水池中“泥下丈餘得鐵一片，乃方響蕤賓鐵也”[30]。鑌鐵，據文獻記載出自西域波斯國、“罽賓等外國”[31]。依現代科學成分測定，鑌鐵是一種質地細密、雜質很少的優質高碳鋼[32]，聲音清脆悦耳，是製作方響的理想材料。方響在樂隊中是一種重要樂器，南唐周文矩《合樂圖》（宋摹本）[33]中畫有方響，架上雙層方響均斜向一側。

② 彈竪箜篌

東西兩壁均有，西壁衹剩下半身，可看出是一女子。東壁爲一男子，頭戴黑色硬脚幞頭，身穿圓領寬袖長袍，腰束帶，雙足一前一後分立，腹呈前傾狀。懷抱一竪箜篌彈奏，右手拇指與食指相疊，無名指彎曲，小指直竪，左手略下，五指分開，中指在食指之下。竪箜篌半圓形，有弦，弦數似未雕出，下部有數道凸楞，是竪箜篌的共鳴箱（圖十四·6·①）。

〔25〕《隋書》卷十五〈音樂志〉，頁376。

〔26〕正宗敦夫《日本古典全集》第二回《信西古樂圖》，日本古典全集刊行會，1926年，非賣品，無頁碼。

〔27〕揚州博物館《江蘇邗江蔡莊五代墓清理簡報》，《文物》，1980年8期，頁41～45。

〔28〕岸辺成雄《古代シルクロード一音楽——正倉院·敦煌·高麗をたどつて》，講談社，1982年，頁62；奈良國立博物館《第四十一回正倉院展》，便利堂，1989年，頁34。

〔29〕蘇鶚《杜陽雜編》卷中，頁18，《太平廣記》卷二百零四引文稍異。

〔30〕段成式《酉陽雜俎》前集卷六樂條，方南生標點本，中華書局，1981年，頁65；《樂府雜録》頁25。

〔31〕參見《魏書》卷一百零二〈西域傳〉，頁12270；慧琳《一切經音義》卷三十五，上海書店影印本。

〔32〕張子高、楊根《鑌鐵考》，《科學史集刊》，總7期，1964年，頁45～54。

〔33〕此畫現藏於芝加哥美術館，參見岸辺成雄《古代シルクロード一音楽——正倉院·敦煌·高麗をたどつて》，頁11。

圖十四·5　《信西古樂圖》中樂者所執樂器

① 方響（採自《日本古典全集》第二回，1926年）　② 箜篌（同前）　③ 腰鼓（同前）　④ 琵琶（同前）

箜篌，《風俗通》六“聲音”條云：

> 空侯，一曰坎侯。《漢書》孝武皇帝賽南越，禱祠太乙、後土，始用樂人侯調依琴作坎坎之樂，言其坎坎應節奏也。侯以姓冠章耳。或説空侯，取其空中。

竪箜篌，則是一種外來樂器。《隋書·音樂志》稱：其“出自西域，非華夏舊器也”。《通典》樂曲亦云：“竪箜篌，胡樂也。漢靈帝好之。體曲而長，二十二弦，竪抱於懷中，用兩手齊奏，俗謂之擘箜篌。鳳首箜篌，頸有軫。”竪箜篌流寓中土，似乎没有理由早至漢代，《隋書》作者既稱“非華夏舊器”，傳至中國的年代當距唐不是很遠。陝西三原初唐貞觀五年（公元631年）李壽墓[34]石槨内北壁，有兩組伎樂形象線刻，每組十二

〔34〕 陝西省博物館、文管會《唐李壽墓發掘簡報》，《文物》，1974年9期，頁75～89。

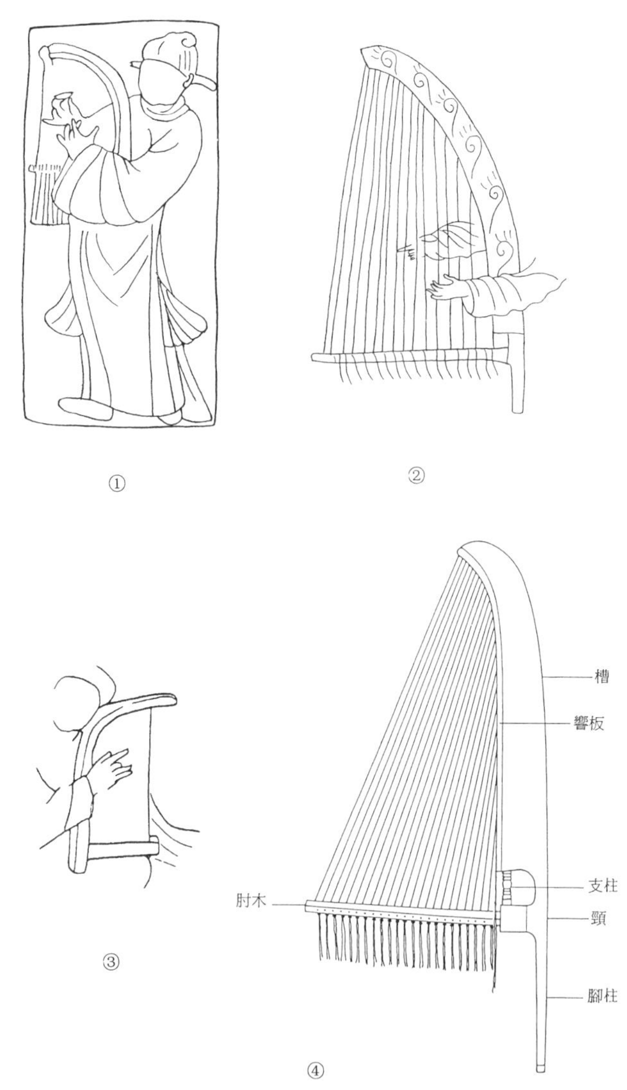

圖十四·6　古代繪畫及雕刻中的彈箜篌者及日本奈良正倉院藏箜篌

① 馮暉墓甬道東壁磚雕彈豎箜篌者（據《文物》，1994 年 11 期圖繪）　② 西安蘇思勖墓壁畫中的豎箜篌（據《唐墓壁畫真品選粹》，陝西人民美術出版社，1991 年，頁 17 繪）　③ 王建墓石座雕刻中的彈豎箜篌者（採自《前蜀王建墓發掘報告》，1964 年，頁 17，圖 18）　④ 日本正倉院藏豎箜篌及各部分名稱（採自《正倉院展》，1994 年，頁 148）

人，坐部伎的女伎在彈豎箜篌，立部伎最末一人亦在演奏箜篌。敦煌莫高窟 112 窟、445 窟和西安東郊蘇思勖墓壁畫中（圖十四·6·②），多次出現豎箜篌形象。《信西古樂圖》中也有一人在彈豎箜篌（圖十四·5·②），並有榜題。五代時期，王建墓石座上也有彈豎箜篌的伎樂形象（圖十四·6·③）。不過，這類壁畫、石刻基本上看不出音箱的形制，馮暉墓磚雕豎箜篌的音箱較清晰，大體佔樂器的三分之一。較清楚的豎箜篌實物則藏於正倉院，豎箜篌的各部位物件大體都在，有響板、肘木、腳柱、支柱等（圖十四·6·④）。宋人陳暘在《樂書》中描繪一豎箜篌可能即杜佑《通典》中所謂的“鳳首箜篌”，下部有一個很大的共鳴音箱。另外，像杜佑所説二十二根弦的豎箜篌很少見，大多衹有十四五根。可能難於表現，磚雕上的弦數多過於細密，不易觀察，當然知道這一細節也是十分重要的。

③ 打拍板

東西兩壁均有，東壁爲男子，西壁是一女子。青年男子頭戴黑色長脚幞頭，身穿圓領寬袖長袍，腰束紅色寬帶，兩腿分立，通體呈S形。雙手舉拍板於胸前，右手執板起作打擊狀，神情自然（圖十四·7·①）；女子頭梳高髻，髻上貼有三枚團花，額間點紅。身穿交領長袍，袍上印有團花，袍襬垂地，身後露出兩條飄帶，身體斜立，雙手舉拍板於左肩前，作打擊狀（圖十四·7·②）。

《通典》樂“木”條云：

> 拍板，長闊如手，重十餘枚，以韋連之，擊以代抃。

注云：

> 抃，擊其節也。情發於中，手抃足蹈。抃者，因其聲以節舞。龜兹伎人彈指爲歌舞之節，亦抃之意也。[35]

馬端臨《文獻通考》樂考“木之屬俗部”則稱拍板有大小之分：

> 拍板長闊如手，重大者九版，小者六版，以韋編之，胡部以爲樂節，蓋以代抃也。抃擊其節也。情發於中，手抃足蹈。抃者因其聲以節舞。龜兹部伎人彈指爲歌舞之節，亦抃之意也。唐人或用之爲樂句。明皇嘗令黄幡綽撰譜，幡綽乃畫一耳進之，明皇問其故，對曰：“但能聰聽，則無失節奏”。可謂善諷諫矣。[36]

唐代的拍板多爲大板，板數則不限九板，西安蘇思勖墓壁畫中樂人執拍板有八板（圖十四·7·③）。收藏於臺北故宫博物院傳爲《唐人宫樂圖》中的樂人執拍板則有六板，屬小板（圖十四·7·④）。五代時期的拍板基本上都是六板，北京故宫博物院藏《韓熙載夜宴圖》（圖十四·7·⑤）及分藏於美國克里夫蘭博物館、大都會博物館的周文矩《宫中圖》（宋摹本）[37]中樂人所執拍板都清晰地表現爲六板。王建墓石座伎樂手中的拍板亦爲六板（圖十四·7·⑥）。這時期拍板的實物曾在江蘇邗江蔡莊五代墓中被發現[38]。六板，兩端呈弧形，上小下大，窄端各有二孔，用於穿革，長34～88厘米（圖十四·7·⑦）。

〔35〕杜佑《通典》卷一百一十四，頁3680～3681。

〔36〕馬端臨《文獻通考》卷一百三十九，中華書局影印本，1986年，頁1231。

〔37〕《中國美術全集·美術編2·隋唐五代繪畫卷》，文物出版社，1984年，頁122～123。

〔38〕揚州博物館《江蘇邗江蔡莊五代墓清理簡報》，頁41～45。

圖十四·7　古代繪畫及雕刻中的打拍板者及墓葬出土的拍板

① 馮暉墓甬道東壁磚雕打拍板者（據《文物》，1994 年 11 期圖繪）　② 馮暉墓甬道西壁磚雕打拍板者（同前）　③ 蘇思勖墓壁畫中的拍板（據《唐墓壁畫真品選粹》，陝西人民美術出版社，1991 年，頁 12 繪）　④《唐人宮樂圖》中的拍板（據《古代シルクロード一音楽》，講談社，1982 年，圖版 2 繪）　⑤《韓熙載夜宴圖》中的拍板（據《中國美術全集·美術編 2·隋唐五代繪畫卷》，頁 133～134 繪）　⑥ 王建墓石座雕刻中的打拍板者（採自《前蜀王建墓發掘報告》，1964 年，頁 17，圖 18）　⑦ 邗江蔡莊五代墓出土的拍板（據《文物》，1980 年 8 期，頁 51，圖 29 繪）

宋朝基本上沿用小拍板的形制，“教坊所用六版，長寸，銳薄而下圓厚，以檀若桑木爲之，豈亦柷敔之變體歟”〔39〕。唐宋時，拍板在樂器中的主要功能是擊節，與後世拍板的作用有很大區別。手擊足蹈，不時變換形態是拍板樂人的重要特點，以圖形所見執拍板的不同位置，表明其姿態的連續性。

④ 擊腰鼓

東西兩壁均有，東壁爲男，西壁爲女。《簡報》稱，東壁男樂人戴“黑頂紅幞頭”。幞頭是隋唐間一種最常見的頭飾，多用黑色，而“黑頂紅幞頭”兩種顏色的情況非常罕見。細審照片，方知描述有誤，樂人所戴的是一種黑色軟腳幞頭，頂部豎起者似爲幞頭之前兩腳，額上用紅帶將黑色幞頭纏裹在裏面。身穿高領長袍，窄袖緊束，一穗帶從胸口飄下，前挂一腰鼓。鼓腔兩頭大、中間細，圓形鼓面。鼓面上稍有凸起，當是用皮革蒙上，有一周細棍連於兩端鼓面，形成花欄。樂人右手舉起，掌心向内，擊於鼓面，左

〔39〕 馬端臨《文獻通考》卷一百三十九木之屬部，頁 1231。

①

②

③

圖十四·8　五代墓葬磚雕中的擊細腰鼓者及日本奈良正倉院藏花瓷細腰鼓

① 馮暉墓甬道東壁磚雕擊細腰鼓者（據《文物》，1994 年 11 期圖繪）　② 馮暉墓甬道西壁磚雕擊細腰鼓者（同前）　③ 日本奈良正倉院藏花瓷細腰鼓（採自《第四十一回正倉院展》，1989 年，頁 63，圖 42）

手執桴敲擊左側，桴前部尖細。兩腳分立，動作較大（圖十四·8·①）。西壁女樂人頭梳高髻，髻上貼團花，身穿高領長袍，下襬垂地遮足，胸前飾有兩條飄帶，中挂一細腰鼓，敞口袖，袖口則緊束。左手拍擊，右手則執桴而擊，鼓桴亦前部尖細（圖十四·8·②）。《簡報》稱男女樂人所擊均爲毛員鼓，似有不確之處。隋唐五代間，鼓樂發達，腰鼓的種類很多，但文獻所見腰鼓，在遺物、壁畫中一一確指，存在一定困難。《通典》樂典“鼓”條云：

> 近代有腰鼓，大者瓦，小者木，皆廣首而纖腹。都曇鼓，似腰鼓而小，以槌擊之；毛員鼓，似都曇鼓而稍大。[40]

都曇鼓、毛員鼓都是用槌擊，而腰鼓則用手拍，《信西古樂圖》中榜題“腰鼓”者便是用雙手拍擊（圖十四·5·③）。不過，都曇鼓、毛員鼓是單槌或雙槌擊，不得而知。磚雕中的腰鼓爲一拍一擊。《通典》同卷亦云：“正鼓、和鼓者，一以正，一以和，皆腰鼓也。”[41]《文獻通考》對正鼓、和鼓講得更清楚一些：

〔40〕杜佑《通典》卷一百一十四，頁 3676～3677。

〔41〕杜佑《通典》卷一百一十四，頁 3677。

唐有正鼓、和鼓之别，後周有三等之制。右擊以杖，左拍以手，後世謂之杖鼓、拍鼓。拍鼓亦謂之魏鼓。每奏大曲入破時，與羯鼓同震作，其聲和壯而有節也。[42]

拍擊、杖擊兼而有之，“右擊以杖，左拍以手”，西壁女樂正是這樣。她所擊爲正鼓無疑。東壁男樂則恰恰相反，與之不合。南卓《羯鼓録》記載宋璟與唐玄宗討論鼓時的一段話，對畫面中鼓名的確定很有幫助。宋璟云：

不是青州石末，即是魯山花甆，撚小碧上，掌下須有朋肯之聲。據此乃是漢震第一鼓也。且磢用石末花甆，固是腰鼓，掌下朋肯聲，是以手拍，非羯鼓明矣。

注云：“第二鼓者，左以杖，右以手指。”[43] 所謂“漢震第二鼓”的擊法與男樂人擊鼓姿態頗爲吻合，宋時仍流行。沈括《夢溪筆談》卷五“樂律”條亦云：

唐之杖鼓，本謂之兩杖鼓，兩頭皆用杖。今之杖鼓，一頭以手拊之，則唐之漢震第二鼓也。[44]

近年間，河南曾發現一批魯山花瓷腰鼓，能復原者有十多件，最大者長 70 厘米，腰徑 11 厘米，最小者長 35～40 厘米，腰徑 9.5 厘米，通體有五道竹節凸棱，兩端有蒙皮扣榫，爲黑釉藍斑和白斑[45]。完整的瓷腰鼓，日本奈良正倉院收藏一件[46]（圖十四·8·③），和河南新發現者完全相同。

⑤ 彈曲項琵琶

東西兩壁均有。東壁僅存人物下半身，身穿長袍，腰束紅帶，下襬處僅露足尖。左手握琵琶的曲頸處。從其位置及人物服飾推測，樂人爲一男子。西壁爲一女子，梳高髻，髻上飾團花，身穿高領寬袖長袍，中部打一花結。左手握琵琶曲頸，右手抱琵琶於胸前，執一撥作彈奏狀（圖十四·9·①）。

琵琶與胡琵琶有較大的區别。《釋名·釋樂器》云：

枇杷，本出於胡中，馬上所鼓也。推手前曰枇，引手卻曰杷，像其鼓時，因以爲名也。[47]

《通典》引傅玄《琵琶賦》云：

“體圓柄直，柱有十二”。其他皆充上鋭下，曲項，形制稍大，本出胡中，俗

〔42〕馬端臨《文獻通考》卷一百三十六，頁 1208。

〔43〕南卓《羯鼓録》，叢書集成本，下同，頁 10。

〔44〕沈括《夢溪筆談》卷五“樂律一”條，胡道静校證本，古典文學出版社，1958 年，頁 220。

〔45〕趙青雲等《魯山花瓷又有新發現》，《文物報》，1987 年 7 月 10 日，第 2 版。

〔46〕日本奈良國立博物館《第四十六回正倉院展》，便利堂，1994 年，頁 106。

〔47〕王先謙撰集《釋名疏證補》卷七〈釋樂器二十二〉，上海古籍出版社影印本，1984 年，頁 332。

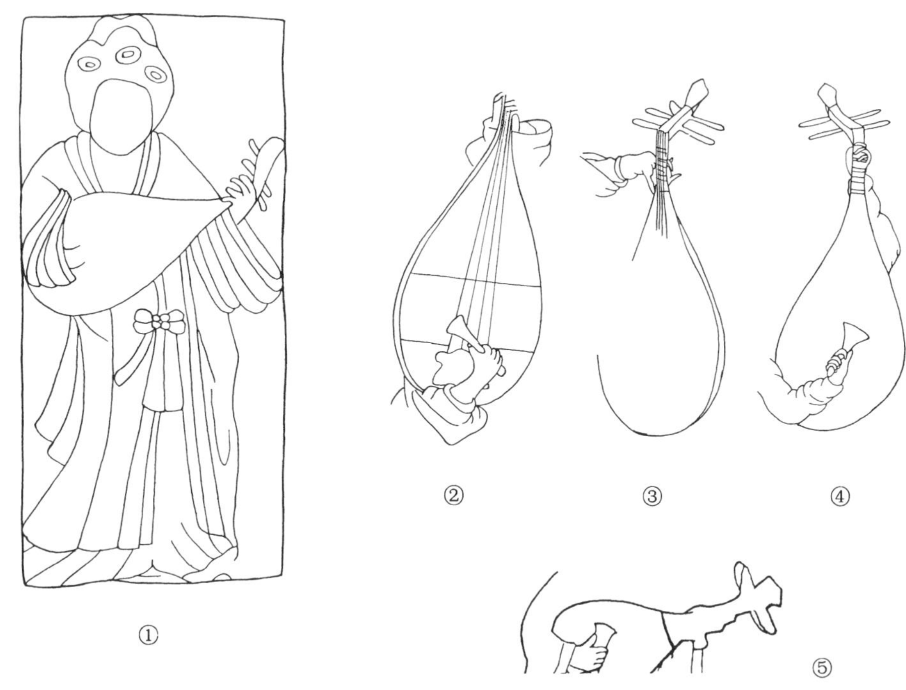

圖十四·9　古代繪畫及雕刻中的彈曲項琵琶者

① 馮暉墓甬道西壁磚雕彈曲項琵琶者（據《文物》，1994 年 11 期圖繪）　②《唐人宮樂圖》中的曲項琵琶（據《古代シルクロード—音楽》，講談社，1982 年，頁 9，圖 5 繪）　③、④《韓熙載夜宴圖》中的曲項琵琶（據《中國美術全集·美術編 2·隋唐五代繪畫卷》，頁 137 繪）　⑤ 王建墓石座雕刻中的曲項琵琶（採自《前蜀王建墓發掘報告》，1964 年，頁 17，圖 18）

> 傳是漢制。兼似兩制者，謂之“秦漢”，蓋謂通用秦漢之法。《梁史》稱侯景之害簡文也，使太樂令彭雋齎曲項琵琶就帝飲，則南朝似無曲項者。五弦琵琶，稍小，蓋北國所出。[48]

在以後述及樂器時杜佑又多次將“五弦琵琶”與其他琵琶區分，又有“大五弦琵琶”和“小五弦琵琶”之別。《隋書·音樂志》云：曲項琵琶“之徒，並出自西域，非華夏舊器”。曲項琵琶傳入中國的年代當距初唐不是很遠，南朝則無，表明最初的範圍有限。前引唐蘇思勖墓壁畫、《信西古樂圖》（圖十四·5·④）、《唐人宮樂圖》（圖十四·9·②）、《韓熙載夜宴圖》（圖十四·9·③、④）中均出現過這種四柱曲項琵琶，磚雕上的曲項琵琶弦數完全看不清。王建墓石座上伎樂所執曲項琵琶也有類似情況（圖十四·9·⑤）。

〔48〕杜佑《通典》卷一百一十四，頁 3679。

⑥ 擊大鼓

東西兩壁均有，東壁爲男，西壁爲女。《簡報》稱擊鼓者頭戴紅幞頭，似誤。亦爲頭戴黑色幞頭，額上用紅帶纏裹，頂部豎起者是幞頭兩腳。身穿交領窄袖長袍，腰間用紅色寬帶纏繞。左手執鼓槌高舉過頂，右手執槌彎曲擊於鼓面，動作幅度很大，顯得威武有力。大鼓身雕變形菊花，置於長方形鏤空鼓架之上（圖十四·10·①、②）。西壁女子梳高髻，穿交領窄袖長袍，胸間繫一花結，亦爲左手執槌高舉過頂，右手槌擊於大鼓之上，大鼓形制同前。

大鼓（即太鼓）是樂器中最重要的一種。唐代所謂“太常四部樂”爲：龜兹部、胡部、大鼓部、鼓笛部。其中大鼓部樂器衹有大鼓一種便單列一部，大鼓之重要可見一斑。自古以來，人們對大鼓的作用、功能就有明確的認識、規定。《周禮·地官》云：

鼓人掌教六鼓四金之音聲，以節聲樂，以和軍旅，以正田役。教爲鼓，而辨其聲用。以雷鼓鼓神祀，以靈鼓鼓社祭，以路鼓鼓鬼享，以鼖鼓鼓軍事，以鼛鼓鼓役事，以晉鼓鼓金奏。

其中的鼖鼓即大鼓。《考工記》對於鼓的形制、大小多有規定。《舊唐書·音樂志》云：“鼓，動也，冬至之音，萬物皆含陽氣而動。”“自《破陣樂》以下，皆雷大鼓，雜以龜兹之樂，聲振百里，動蕩山谷。”唐玄宗勤政樓“燕設酺會”時，各種樂舞一一展示，其中“太常大鼓，藻繪如錦，樂工齊擊，聲震城闕”[49]。後晉天福五年（公元940年）太常卿崔棁起草樂制時多次提到大鼓[50]。《信西古樂圖》中的“獅子舞”也使用兩面大鼓（圖十四·10·③）。《韓熙載夜宴圖》裏所描繪的大鼓鼓面呈斜坡狀（圖十四·10·④）。磚雕上的大鼓形象無疑豐富了我們對於大鼓形制的瞭解。

⑦ 吹橫笛

吹橫笛者東西兩壁共有三人，東壁兩男，西壁一女，不對稱。東壁二男子均穿圓領寬袖長袍，腹部稍凸，腰繫帶，雙足分立。執笛姿勢相同，右手無名指、小指翹起，左手小指上翹，其餘按笛孔。唯一不同的是幞頭，一似戴幞頭，不過雙腳緊束於上（圖十四·11·①），另一戴黑色硬腳幞頭（圖十四·11·②）。西壁爲一女子，側身斜立，裝束同，吹笛時右手三指翹起，左手五指按下（圖十四·11·③）。

笛，據馬融《長笛賦》云：“近世雙笛從羌起”[51]，最早起源於羌中。《隋書·音樂志》云：

三曰笛，凡十二孔。漢武帝時丘仲所作者也。京房備五音，有七孔，以應聲

〔49〕《舊唐書》卷二十八〈音樂志〉，頁1051。

〔50〕《舊五代史》卷一百四十四〈樂志〉，頁1928～1930。

〔51〕馬融《長笛賦》，《昭明文選》卷十八，中華書局影印本，1983年，頁254。

圖十四·10　古代繪畫及雕刻中的擊大鼓者

①、② 馮暉墓甬道東壁磚雕擊大鼓者（採自《五代馮暉墓》，重慶出版社，2001 年，頁 11，圖 12）
③《信西古樂圖》"獅子舞"中的大鼓（採自《日本古典全集》第二回，1926 年）　④《韓熙載夜宴圖》中的大鼓（據《中國美術全集·美術編 2·隋唐五代繪畫卷》，頁 132 繪）

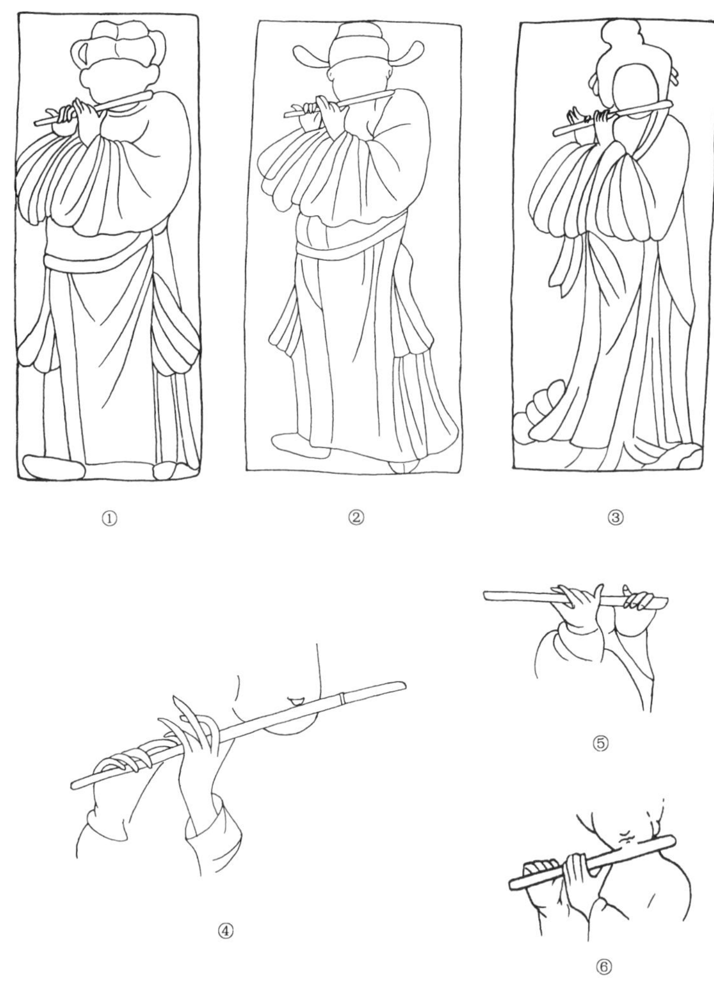

圖十四·11　古代繪畫及雕刻中的吹橫笛者

①、②馮暉墓甬道東壁磚雕吹橫笛者（據《文物》，1994年11期圖繪）　③馮暉墓甬道西壁磚雕吹橫笛者（同前）　④《韓熙載夜宴圖》中的吹橫笛者（據《中國美術全集·美術編2·隋唐五代繪畫卷》，頁135繪）　⑤蘇思勖墓壁畫中的橫笛（據《唐墓壁畫真品選粹》，陝西人民美術出版社，1991年，頁12繪）　⑥王建墓石座雕刻中的吹橫笛者（採自《前蜀王建墓發掘報告》，1964年，頁17，圖18）

七聲。

《舊唐書·音樂志》載：

漢武帝工丘仲所造也。其元出於羌中。短笛修尺有咫。長笛、短笛之間謂之中管。

磚雕上橫笛人所按有七指，執笛應屬七孔笛或稱“羌笛”。沈括《夢溪筆談》卷五“樂律”條云：“笛有雅笛，有羌笛，其形制所始，舊説皆不同。”其一爲“空洞無底，絫其上孔，五孔，一孔出其背，正似今之尺八。李善爲之注云：七孔，長一尺四寸。此乃今之横笛耳。太常鼓吹部中謂之横吹”。吹横笛在唐五代繪畫、壁畫中出現甚多（圖十四·11·④、⑤），《信西古樂圖》（圖十四·12·①）、王建墓石座上的伎樂亦有（圖十四·11·⑥）。

⑧ 吹觱篥

東西兩壁均有，東壁爲一男，西壁爲二女，亦不對稱，與吹横笛者恰恰相反。東壁男子頭戴黑色長硬脚幞頭，身穿圓領寬袖長袍，腹凸，腰束帶，側身分足斜立，雙手執一觱篥作吹奏狀（圖十四·13·①）。西壁二女子裝束姿態基本相同，均梳高髻，上貼團花，身穿高領寬袖長袍，胸前打一花結，背後有兩條飄帶（圖十四·13·②、③）。

《簡報》稱此三人所吹樂器爲簫，有誤。唐五代時期稱簫者均指排簫，與今所謂簫者不同，後者指晚期發展起來的洞簫，磚雕中的應爲觱篥，又名篳篥。《通典》樂典云：

> 觱篥，本名悲篥，出於胡中，其聲悲。或云，儒者相傳，胡人吹角以驚馬。後乃以笳爲首，竹爲管。[52]

陳暘《樂書》載：

> 觱篥一名悲篥，一名笳管，羌胡龜兹之樂也。以竹爲管，以蘆爲首，狀類胡笳而九竅所法者。（略）後世樂家流以其族［旋］宫轉器，以應律管，因譜其音，爲衆器之首。至今鼓吹教坊用之以爲頭管。[53]

《荆川稗編》亦載：

> 頭管，九孔自下而上，管體中翕然爲合字，第一孔四字，第二孔乙字，第三孔上字，第四孔後出勾字，第五孔尺字，第六孔上字，第七孔凡字，第八孔後出六字，第九孔五字。大樂以此先諸樂，謂之頭管。（略）自後世以其似呼其名，名之曰觱篥。

觱篥實際上是從角系統發展起來的，文獻記載雖十分明確，但在具體畫面辨别過程中存在着一定難度。因其前部喇叭形已逐漸變爲管狀，尤其是唐以後易與一種新型樂器“尺八”混淆。二者的具體區别在於觱篥有嘴，尺八則無，而繪畫中出現這一細節者很少。另外一點便是尺八似乎更長一些。《舊唐書·吕才傳》記載：“侍中王珪、魏徵又盛稱才學術之妙，徵曰：‘才能爲尺十二枚，尺八長短不同，各應律管，無不諧韻。’”[54]雖然這是尺八之名始，但與晚期尺八相較，尚有可疑之處。前引《樂書》云：“尺八管或謂之竪篴，或謂之中管，尺八其長數也。”觱篥、尺八在《信西古樂圖》都曾出現（圖十四·12·②、③），二者明顯的區别是尺八長粗，觱篥細短。日本奈良正倉院所藏一件人

〔52〕杜佑《通典》卷一百四十四，頁 3683。
〔53〕陳暘《樂書》卷一百三十，四庫全書本，頁 2。
〔54〕《舊唐書·吕才傳》卷七十九，頁 2720。

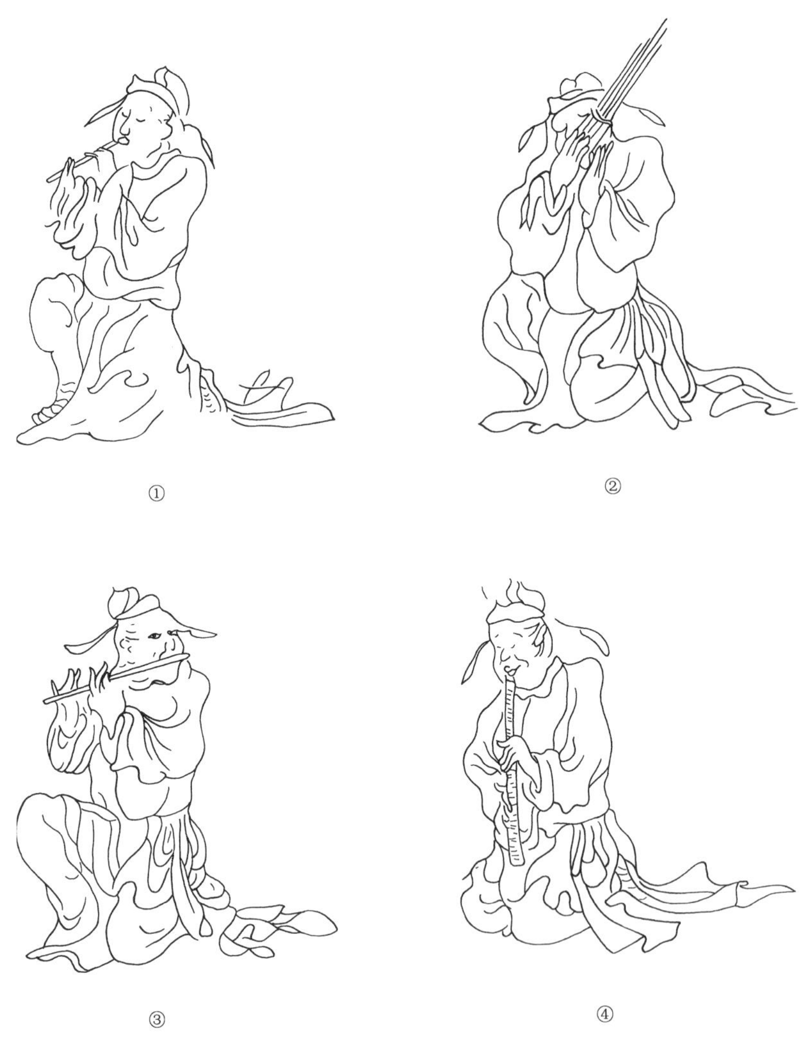

圖十四·12 《信西古樂圖》中樂者所執樂器

① 横笛（採自《日本古典全集》第二回，1926年） ② 篳篥（同前） ③ 尺八（同前） ④ 答笙（同前）

物花鳥雕紋尺八，長43.6厘米，管徑2.3厘米，較唐尺一尺八寸稍短一點[55]。王建墓石座上浮雕樂人所吹篳篥下大上細（圖十四·13·④），易辨認。《唐人宫樂圖》、蘇思勖墓壁畫及《韓熙載夜宴圖》中出現的樂器（圖十四·13·⑤～⑦），似乎就不那麼容易區分。磚雕西壁間隔配置，有可能屬於不同的樂器。

〔55〕 正倉院共藏尺八八支，五支爲竹質，一爲玉質、一爲壽山石質，另一爲牙質，長度爲34～43厘米不等（岸辺成雄《古代シルクロード一音楽》，頁59），均小於唐代的一尺八寸，以考古發現中的唐尺而言，每尺多在29～31厘米之間。參見國家計量局等《中國古代度量衡集》，文物出版社，1984年，頁20～28。

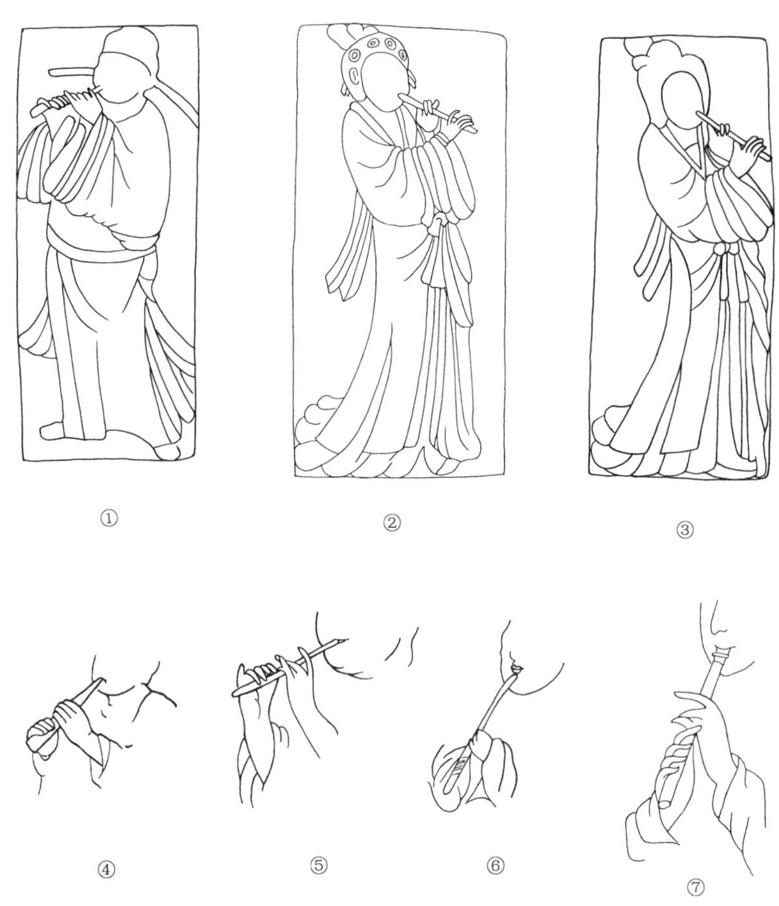

圖十四·13　古代繪畫及雕刻中的吹觱篥者

① 馮暉墓甬道東壁磚雕吹觱篥者（據《文物》，1994 年 11 期圖繪）　②、③ 馮暉墓甬道西壁磚雕吹觱篥者（同前）　④ 王建墓石座雕刻中的吹觱篥者（採自《前蜀王建墓發掘報告》，1964 年，頁 17，圖 18）　⑤《唐人宮樂圖》中的吹觱篥者（據《古代シルクロード一音楽》，講談社，1982 年，圖版 2 繪）　⑥ 蘇思勖墓壁畫中的吹觱篥者（據《唐墓壁畫真品選粹》，陝西人民美術出版社，1991 年，頁 16）　⑦《韓熙載夜宴圖》中的吹觱篥者（據《中國美術全集·美術編 2·隋唐五代繪畫卷》，頁 135 繪）

⑨ 吹笙

東西兩壁均有。西壁女子梳高髻，貼四枚團花，身穿交領長袍，胸前打一花結，背後有飄帶，裙襬遮足，雙手執笙吹奏（圖十四·14·①）。東壁爲男子，頭戴黑色硬長腳幞頭，身穿圓領寬袖長袍，腰束紅帶，分足側立，雙手握一笙作吹奏狀（圖十四·14·②）。笙，是一種古老樂器，《宋書·樂志》云：

笙，隨所造，不知何代人。列管匏内，施簧管端，宫管在中央。三十六簧曰

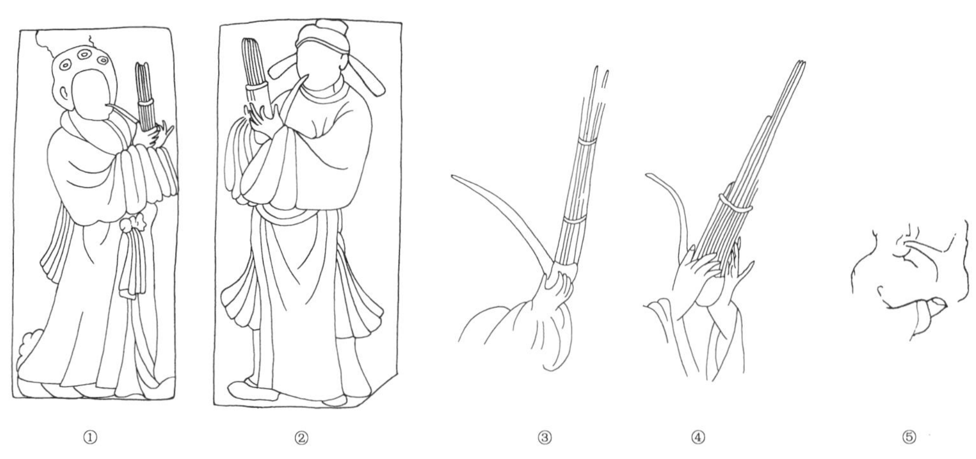

圖十四·14　古代繪畫及雕刻中的吹笙者

① 馮暉墓甬道西壁磚雕吹笙者（據《文物》，1994 年 11 期圖繪）　② 馮暉墓甬道東壁磚雕吹笙者（同前）　③ 蘇思勖墓壁畫中的笙（據《唐墓壁畫真品選粹》，陝西人民美術出版社，1991 年，頁 12 繪）　④《唐人宫樂圖》中的笙（據《古代シルクロード一音楽》，講談社，1982 年，圖版 2 繪）　⑤ 王建墓石座雕刻中的吹笙者（採自《前蜀王建墓發掘報告》，1964 年，頁 17，圖 18）

竽，宫管在左傍。十九簧至十三簧曰笙。其他皆相似也。[56]

正倉院所藏笙有十七管，一般繪畫、雕刻中描繪的笙管數量多不詳（圖十四·12·④、十三·14·③～⑤），磚雕上的笙管似乎也没有那麽多。笙的吹奏技巧要求較高。

⑩ 吹簫

東西兩壁均有。西壁爲一女子，裝束亦同前，雙手舉排簫作吹奏狀（圖十四·15·①）。東壁爲一男子，頭戴軟脚幞頭，身穿寬袖長袍，兩足分立，雙手執一排簫吹奏(圖十四·15·②)。《通典》載：

> 簫，《世本》曰："舜所造"。其形參差，像鳳翼，十管，長二尺。《爾雅》曰："編二十三管，長一尺四寸者曰筡；十六管，長尺二寸者曰筊"。凡簫一名籟。[57]

簫是一些並列竹管用帶子固定，管數的多寡，亦决定着樂器的用途。《文獻通考》稱：燕樂簫二十一管，清樂簫二十一管，鼓吹簫十一管[58]。磚雕上的簫管數目不甚清晰，似乎没有十七管那樣多，又比《通典》所載的十管多一些。正倉院藏兩件簫，管數分别爲九管、十二管。其餘繪畫中所見簫管數量多少尚不統一(圖十四·15·③、④)，

〔56〕《宋書》卷一十九〈樂志〉，頁 557。

〔57〕杜佑《通典》卷一百一十四，頁 3681。

〔58〕馬端臨《文獻通考》卷一百三十八，頁 1226。

圖十四·15　古代繪畫及雕刻中的吹簫者

① 馮暉墓甬道西壁磚雕吹簫者（據《文物》，1994 年 11 期圖繪）　② 馮暉墓甬道東壁磚雕吹簫者（同前）　③ 蘇思勖墓壁畫中的吹簫者（據《唐墓壁畫真品選粹》，陝西人民美術出版社，1991 年，頁 16）　④《信西古樂圖》中的吹簫者（採自《日本古典全集》第二回，1926 年）　⑤ 王建墓石座雕刻中的吹簫者（採自《前蜀王建墓發掘報告》，1964 年，頁 17，圖 18）

唯王建墓石座浮雕樂人所執簫有十管（圖十四·15·⑤）〔59〕。

（三）磚雕樂舞所反映出的樂舞制度

最後，我們需要討論的是馮暉墓磚雕樂舞的性質。隋唐時期，鼓吹樂舞用於喪葬之中已經成爲一種制度，五代時期亦延續流行。據王溥《五代會要》記載：喪葬中“執役人高不過一尺，其餘音聲隊、馬威儀之屬，各準平生品秩”〔60〕。其中的“音聲隊”便是指樂舞制度。

〔59〕馮漢驥《前蜀王建墓内石刻伎樂考》，原載《四川大學學報》，1957 年 1 期，後收入《馮漢驥考古學論文集》，文物出版社，1985 年，頁 107～111。

〔60〕王溥《五代會要》卷八〈喪葬上〉，中華書局本，1990 年，頁 100。

北朝以後，西域樂舞大舉流入中國，隋文帝時有了雅、俗二部的概念。隋代的七部或九部樂中西域樂舞佔相當大的比重。唐太宗將隋朝的九部樂改爲十部樂：燕樂、清商樂、西涼樂、扶南樂、高麗樂、龜兹樂、安國樂、疏勒樂、康國樂和高昌樂。唐五代樂舞大多與十部樂有關聯。初唐時期，雖然人們希望能雅、胡、俗三者有所區別，但在以後漫長的時間内，胡、俗二樂走的是逐漸融合的道路，晚唐間衹有雅、俗之分，而無胡、俗之别。據《新唐書·禮樂志》載，俗部所用樂器：

> 絲有琵琶、五弦、箜篌、箏，竹有觱篥、簫、笛，匏有笙，革有杖鼓、第二鼓、第三鼓、腰鼓、大鼓，土則附革而爲鞚，木有拍板、方響，以體金應石而備八音。[61]

馮暉墓磚雕上的樂器，除五弦、箏及鼓較少外，大部分樂器與之吻合，屬俗部樂無疑。唐高宗時始有的二部伎，在玄宗朝成爲定制[62]，即所謂坐部伎和立部伎。二部伎與十部伎的分野在於，後者按順序從一至十演出，二部伎的十四個曲目則融雅、胡、俗樂爲一體。白居易詩《立部伎》中説：

> 太常選坐部伎無識性者，退入立部伎。又選立部伎絶無識性者，退入雅樂部。則雅聲可知矣。（略）太常部伎有等級，堂上者坐堂下立；堂上坐部笙歌清，堂下立部鼓笛鳴。笙歌一曲衆側耳，鼓笛萬曲無人聽。立部賤，坐部貴，坐部退爲立部伎，擊鼓吹笙和雜戲。立部又退何所任，始就樂懸操雅音。[63]

坐部伎人數很少，一般爲十餘人，立部伎則有百餘人之多，曲目粗獷，所以地位較坐部伎爲低。《新唐書·禮樂志》稱：“太常閲坐部，不可教者隸立部，又不可教者，乃習雅樂。”[64]在演奏程式上也按貴賤先後，“及會，先奏坐部伎，次奏立部伎，次奏蹀馬，次奏散樂而畢矣”[65]。立部伎中大鼓是一種重要樂器，“自《安樂》（破陣舞）以後皆雷大鼓”，雜以龜兹之樂，聲振百里，動蕩山谷[66]。磚雕上的樂舞應屬於立部伎。

十部樂中以燕樂的概念最爲廣大，因是在宫廷饗宴等隆重場合，被列爲十部樂之

---

〔61〕《新唐書》卷二十二〈禮樂志〉，頁473～474。

〔62〕關於二部伎出現，文獻中並無準確年代，岸辺成雄氏傾向於玄宗朝（見氏《古代シルクロード一音楽》，頁112～114）。馮漢驥引《唐會要》卷三十三云：“神龍二年八月，敕立部伎舞人，以後更不得改補入唯諸色役。”（中華書局本，頁609）。此亦在玄宗之前（氏著《前蜀王建墓内石刻伎樂考》，頁113）。但杜佑《通典》卷一百四十六“坐立部伎”條注云：“自燕樂並謂之坐伎。初，太宗貞觀末，有裴神符，妙解琵琶，初唯作《勝蠻奴》、《火鳳》、《傾杯樂》三曲，聲度清美，太宗深悦之。高宗之末，其伎遂盛，流於時矣。”（頁3722）坐立二部設立於唐高宗之前也未可知。

〔63〕《白居易集》卷三，顧學頡點校本，中華書局，1979年，頁57。

〔64〕《新唐書》卷二十二〈禮樂志〉，頁475。

〔65〕《舊唐書》卷二十九〈音樂志〉，頁1081。

〔66〕《新唐書》卷二十九〈禮樂志〉，頁1060，二者稍有不同。

首。林謙三稱："不問是胡是俗，凡隋高祖之七部樂、煬帝之九部樂、唐之九部樂（後爲十部樂）及坐立部伎等，皆可稱爲燕樂。"[67] 概念無限制外延會帶來許多麻煩，如依林氏所言，十部樂的劃分，非但没有必要，簡直顯得有些多餘。雖然十部樂中西涼、龜兹、安國、疏勒、康國、高昌等國的音樂有很大的相似性，《隋書·音樂志》甚至説諸樂多是"變龜兹聲爲之"，有所謂"西國龜兹、齊龜兹、土龜兹"之分，實際上各國間的音樂風格還是存在着明顯的差異，文獻中不厭其煩地敘述各自曲目、樂器、舞伎正是出於這種目的。衆多因素中樂器成爲衡定其所屬樂部的重要標志，這已爲諸多學者所採納。這裏我們將五代馮暉墓、王建墓樂舞與相關的樂部製表比較（見表十四·1），大約可看出其系統之間的差距。

表十四·1　　五代馮暉、王建墓樂舞與相關樂部比較表

樂　器	馮暉墓	王建墓	西凉樂	龜兹樂	燕樂	胡部新聲
琵　琶	2	1	1	1	2	1
五　弦			1	1	2	1
箜　篌	2	1	2	1	2	1
箏		1	1		1	1
角	3（?）	2	2	1	2	1
簫	2	1	1	1	1	
笛	3（?）	1	2	1	1	1
笙	2		1	1	2	
腰　鼓	2	2	1	1		
毛員鼓		1	齊　鼓	1	楷鼓 2	
答臘鼓		1		1	連鼓 2	
雞婁鼓		1		1	桴鼓 2	小鼓
羯　鼓		2		1		
大　鼓	2		擔鼓		鼓 2	
拍　板	2	2				1
方　響	2				1	1
鈸		2	2	2	2	1
尺　八		吹葉			1	
貝				1	2	
鐘			1		吹葉	
磬			1		1	
資料來源		注［59］	《唐六典》卷十四			《樂府雜録》

〔67〕林謙三《隋唐燕樂調研究》，郭沫若中譯本，上海商務印書館，1956 年，頁 3。

盛唐時期“又有新聲自河西至者，號胡音聲，與龜兹樂、散樂俱爲時重，諸樂咸爲之少寢”[68]。由於胡部新聲的衝擊，中晚唐以後俗樂與胡樂逐漸融合，形成一種新的胡俗樂。依照晚唐段安節在《樂府雜録》中的分類有鼓架部、龜兹部、胡部及雅樂部等，其中諸部之間樂器互有重復，如腰鼓、觱篥、方響、拍板之類。除云雅樂，大鼓作爲單獨一部在新胡俗樂中起有重要作用。馮暉墓使用的樂器基本上均在四部的範圍之内，是宋代教坊四部的過渡階段。新胡俗樂“遇内宴即於殿前立奏，樂更番替换；若宫中宴即坐奏樂。俗樂亦有坐部、立部也”[69]。值得注意的是樂器中缺少羯鼓，此鼓被唐玄宗譽爲“八音之領袖”，“龜兹部、高昌部、疏勒部、天竺部皆用之”[70]。

總之，馮暉墓磚雕樂舞正處於唐、宋樂舞發展階段的一個中間環節，起着承上啓下的重要作用。它的發現爲我們提供了一個重新認識和研究晚唐、五代新胡俗樂的契機。

〔68〕《通典》卷一百四十六，頁3726。

〔69〕段安節《樂府雜録》“胡部”條，叢書集成本，頁15。

〔70〕南卓《羯鼓録》，頁2、4、5。

十五　五代、宋初靈州與“絲綢之路”

五代宋初，中原與西域之間的聯繫雖然已不如唐朝那樣緊密，但唐末時期一些頻繁往來的特徵仍然被保留下來。靈州自“安史之亂”以後，唐肅宗即位於此，它在國防、政治、商貿活動中的地位便明確奠定。西域使節、商賈進入中原時必須通過靈州，大曆十三年（公元778年），回紇使節經靈州歸國，朔方軍掠其輜重〔1〕；大中十年（公元856年）十月，唐朝派往安西鎮的撫回鶻使節亦經過靈州〔2〕；五代張希崇鎮靈武時，回鶻可汗仁美遣使貢獻各類西域珍寶。五代末年至宋初，党項族迅速崛起，圍繞着靈州一線展開了争霸。由於靈州所佔據的特殊地理位置，決定了它成爲各種勢力蜂起争奪的焦點。党項部族對靈州的態度是志在必得，從李繼遷起，數度窺視靈州，最終佔據。西夏佔領以後的靈州，在東西貿易中的地位一落千丈，與“絲綢之路”的聯繫處於疏鬆狀態。對於唐宋季靈州通往各地的道路，中外學者多有研究〔3〕，但集大成者首推嚴耕望，他人成就鮮有出其右者。筆者所討論的五代、宋初靈州通往四周的道路，基本上也没有超出嚴氏研究唐季交通時所界定的路線，雖然從客觀實際上説明五代、宋季交通承襲了

〔1〕《資治通鑒》卷二百二十五〈唐紀〉“大曆十三年”條記載：“三月，甲戌，回紇使還，過河中，朔方軍士掠其輜重，因大掠坊市。”頁7251。

〔2〕《資治通鑒》卷二百四十九〈唐紀〉“大中十年十月”條載：“上遣使詣安西鎮撫回鶻，使者至靈武，會回鶻可汗遣使入貢。”頁8061。

〔3〕參見嚴耕望《長安西北通靈州驛道及靈州四達交通線》，原載《香港中文大學中國文化研究所學報》，5卷1期，後收入氏著《唐代交通圖考》第一卷《京都關内區》，“中研院歷史語言研究所”專刊之八十三，1985年，頁175～227；長澤和俊《唐末、五代、宋初之靈州》，中譯本《絲綢之路史研究》，天津古籍出版社，1990年，頁274～307；藤枝晃《李繼遷的興起與東西交通》，《羽田博士祝壽紀念東洋史論叢》，1950年，中譯本載劉文俊主編《日本學者研究中國史論著選譯》，第九卷，中華書局，1993年，頁443～462；前田正名《河西歷史地理學的研究》，吉川弘文館，1964年；陳守忠《北宋通西域的四條道路的探索》，《西北師範學院學報》，1988年1期，頁75～82；孫修身《五代時期甘州回鶻和中原王朝的交通》，《敦煌研究》，1989年4期，頁65～69；蘇哲《伯二九二九號文書三通五代狀文的研究》，北京大學中國中古研究中心編《敦煌吐魯番文獻研究論集》第五輯，北京大學出版社，1990年，頁437～469；周偉洲《五代時期的絲綢之路》，《文博》，1991年1期，頁29～35。

隋唐甚至北朝道路的傳統，但另一方面也表明前輩學者用功之深厚。

（一）靈州及附近地區的地理形勢

靈州，《元和郡縣圖志》該條云：

其城赫連勃勃所置果園，今桃李千餘株，鬱然猶在。後魏太武帝平赫連昌，置薄骨律鎮，後改置靈州，以州在河渚之中，隨水上下，未嘗陷没，故號靈州。〔4〕

靈州坐落在賀蘭山東麓黄河東岸，《嘉靖寧夏新志》載：

北至寧夏九十里；南至慶陽甜水鋪界二百九十里。〔5〕

其雄踞東西南北之孔道，西進過河西走廊，直達西域；南去兼守環（州）、原（州），扼爲長安之門户；北以賀蘭山爲天然屏障退守進攻，伸縮自如；東依河套平原沃野千里，順河而下逕抵太原〔6〕。唐代名將郭子儀在《論吐蕃書》中稱：

朔方，國之北門，西禦犬戎，北虞獫狁。〔7〕

降至宋季，北方形勢並無過大的變化，不過是唐之吐蕃、回紇變爲党項。

靈州由於地處黄河中游，四周陷没無常，給防守與進攻皆帶來很大困難。《續資治通鑒長編》（以下簡稱《長編》）“至道二年（公元996年）五月壬子”條稱：“况，靈武郡城介在河上，餽運艱阻。”〔8〕“五月癸卯”條載：李繼遷率萬餘衆來寇靈州，“靈武軍儲乏少，賊党又據瀚海津要。”“賊圍城歲餘，地震二百餘日，城中糧糗皆絶，潛遣人市糴河外，宵運以入。”西夏佔領靈州以後，宋多次興兵進攻，因“靈州以水溉田，四面泥潦，春夏不可進師，冬秋之交地凍可行。又城堅有備，卒難攻拔”〔9〕。《長編》“元豐四年（公元1081年）十二月戊午”條載：“靈州繞城舊有黄河分水，大渠三重及溝澮縱横貫注，水所溉田約二十里。”〔10〕靈州所處的具體位置，據今日學者推測：“由惠安堡鹽湖向北一百八十三里，已到吴忠市北境黄河岸邊。因爲明代以前的靈州城早已被河水

〔4〕李吉甫《元和郡縣圖志》卷四〈關内道〉“靈州”條，賀次君點校本，中華書局，1983年，頁91。

〔5〕陳明猷校勘《嘉靖寧夏新志》卷三“中路靈州”條，寧夏人民出版社，1982年，頁180。

〔6〕《太平廣記》卷四百八十五引陳鴻祖《東城老父傳》云：“河州、燉煌道，歲屯田實邊食，餘粟轉輸靈州，漕下黄河，入太原倉，備關中凶年。”中華書局，1961年，頁3994。

〔7〕郭子儀《論吐蕃書》，《全唐文》卷三百三十二，中華書局影印本，1984年，頁3367。

〔8〕《續資治通鑒長編》卷三十九“至道二年五月壬子”條，以下簡稱《長編》，中華書局標點本，下同，頁835。

〔9〕《宋會要輯稿》“兵二十八邊備二元豐五年六月五日”條，中華書局影印本，1987年，下同，頁7283。

〔10〕《長編》卷三百二十一“元豐四年十二月戊午”條，頁7750。

泛毁，遺址不存”[11]。今天所知的大致方位均由文獻記載推知。靈州城池高大堅固，城墻高十餘米。《長編》“元豐四年（公元1081年）十二月乙卯”條載：

> 盧秉言，鎮戎軍熙寧寨申，靈州河水圍城，官軍去城一里，土囊成隄約二丈。
>
> 靈州城高三丈，盡以甎裹水沃之，大軍糧盡，人皆四散，漢番兵等投靈州者甚衆。[12]

靈州周圍有良田數千頃，小城環衛，著名的有所謂河外五鎮，“本朝至道初，楊瓊爲部署，導黄河溉民田數千頃，户四千餘，課利四十五萬貫。咸平中陷於賊。河外舊有五鎮，今夏國僞昇爲州”[13]。《長編》“咸平四年（公元1001年）閏十二月丁卯”條楊億稱：“數年之間，凶党逾盛，靈武危堞巋然，僅存河外五城。”[14]有的則稱靈州有八鎮，李繼遷攻陷靈州時，知州爲内客省使、順州團練使裴濟。裴濟“在靈州凡二年，謀輯八鎮，興屯田之利，民其賴焉”[15]。《宋史·夏國傳》載：“及靈州並河外保定、保靖、臨河、懷遠、定遠五鎮。”[16]《元豐九域志》“化外州陝西路靈州”條稱：“領回樂縣一，清遠、昌化、保定、保靖、臨河、懷遠、定遠七鎮。”[17]較前五鎮多出清遠、昌化二鎮，《太平寰宇記》“靈州”條與之略同。所謂八鎮者似唯多出清遠鎮。

黄河南岸有清遠鎮管青天門、泥悉逋、羅泥、羅泥磨慶、嗉埋、嗓侪移、封家、宗家、越邦等九蕃部；黄河北岸有昌化鎮管委尾蕃部；保安鎮管拓跋第一族；保靖鎮管委尾、成悉逋、羅慶、楊尉尉、埋慶、瘦子等六蕃部；臨河鎮管嗺悉逋、瘦子、埋逋等三蕃部；懷遠鎮管八笆、浪崖、笆逋、嗺埋、移逋、悉笆等六蕃部；定遠鎮鎮管麴守榮、西逋、越啜、遇悉逋等四蕃部[18]。

（二）靈州通往内地、塞外之路

靈州通往内地驛道基本上有三條，其一沿環州青岡峽至慶州、邠州至中原；其二是溯

[11] 魯人勇等《寧夏歷史地理考》卷八“靈州”條，寧夏人民出版社，1993年，頁56。

[12]《長編》卷三百二十一“元豐四年十二月乙卯”條，頁7753。

[13] 曾公亮《武經總要》卷一十九〈前集〉，中華書局影印本，1959年，下同，頁4。

[14]《長編》卷五十“咸平四年閏十二月丁卯”條，頁1095，斷句稍有不同。

[15]《長編》卷五十一“咸平五年三月”條，頁1118。

[16]《宋史》卷四百九十一〈夏國傳〉，頁14142。

[17]《元豐九域志》卷一十〈省廢州軍〉“化外州陝西路靈州”條，王文楚等點校本，中華書局，1984年，頁479。

[18] 樂史《太平寰宇記》卷三十六〈關西道十二〉“靈州”條，金陵書局本，光緒八年，頁15～18。

清水河而上至鎮戎軍、渭州一線至關中；其三是沿鹽州、夏州經陝北至關中。

靈環道

在通往中原的三條道路中以環慶路最爲重要。《宋史·地理志》"慶陽府"條云："舊置環慶路經略、安撫使，統慶州、環州、邠州、寧州、乾州，凡五州。"[19] 以統轄這條道路上的所有州府。靈環大道，據《武經總要·前集》"環州"條云：環州治通遠縣

> 北至洪德砦、靈州八十里。砦北即蕃界。青岡峽、清遠軍、積石、浦洛河、耀德鎮、清邊砦、靈州共七程。沙磧無郵傳，冬夏小（少）水。案《皇華四達記》，至靈州五百四十里。[20]

中原至靈州使節商賈、赴任官吏均沿此道而行。

慶州至環州，須經馬嶺、木波鎮。《長編》"慶曆元年（公元 1041 年）六月"條云：

> 馬嶺、木波鎮至環州，川路平直，兩邊雖有土山，山外皆有高原，谷道交屬，土人皆言此路非險於鄜延。

環州："其地三面控蕃戎，最於徼塞之劇。東至蕃界十五里，西至蕃界十五里。"[21]《元豐九域志》"環州"條云："唐靈州方渠鎮，晉置威州，周改環州，後降通遠軍。皇朝淳化五年復爲環州。治通遠縣。"通遠縣"天聖元年改通遠縣爲方渠，景祐元年復爲通遠。"下轄有："木波、馬嶺、石昌、合道四鎮。烏侖、肅遠、洪德、永和、平遠、定邊、團堡、安塞八寨。有鹹河、馬嶺坡。"[22]

青岡峽，《舊五代史·康福傳》載：後唐明宗年間康福授朔方河西節度使，

> 因令將軍牛知柔領兵送赴鎮。行次青岡峽，會大雪，令人登山望之，見川下煙火，吐蕃數千帳在焉，寇不之覺，因分軍三道以掩之。蕃衆大駭，棄帳幕而走，殺之殆盡，獲玉璞、羊馬甚多。[23]

《資治通鑒·後唐紀》"天成四年"（公元 929 年）條載康福過方渠、青岡峽，胡三省注云：趙珣《聚米圖經》曰："青岡川在洪德西北，本靈州大路，自此過美利寨入浦洛河，至耀德、清邊鎮入靈州。"[24] 張舜民詩《西征回途中》云：

> 青岡峽裏韋州路，十去從軍九不回。白骨似沙沙似雪，將軍休上望鄉臺。[25]

《新五代史·馮暉傳》云：

---

〔19〕《宋史》卷八十七〈地理志〉"慶陽府"條，頁 2150。

〔20〕《武經總要》卷一十八〈前集〉，頁 11。

〔21〕《武經總要》卷一十八〈前集〉，頁 11。

〔22〕《元豐九域志》卷三〈陝西路〉"環州"條，頁 119、120。

〔23〕《舊五代史》卷九十一〈康福傳〉，頁 1200。

〔24〕《資治通鑒》卷二百七十六〈後唐紀〉，頁 9035。

〔25〕張舜民《畫漫集》卷四，知不足齋叢書本，上海古書流通處影印，1923 年，頁 7。

（馮暉）徙鎮靈武。靈武自唐明宗已後，市馬糴粟，招來部族，給賜軍士，歲用度支錢六千萬，自關以西，轉輸供給，民不堪役，而流亡甚衆，青岡、土橋之間，氐、羌剽掠道路，商旅行必以兵。〔26〕

清遠軍，《武經總要》云：

清遠軍東南七十里至環州美泥砦，西北五十里至浦洛河，又七十里至聖泉，七十里至定邊砦，又六十里至靈州，［宋］太宗以靈武道路艱阻，欲城古威州以通漕輓，轉運使鄭文寶固請築此城，以清遠軍爲名。深在東（瀚）海不毛之地，素無泉井。〔27〕

《宋史·鄭文寶傳》載：

朝廷議城古威州，遣内侍馮從順訪於文寶，文寶言：威州在清遠軍西北八十里，樂山之西。（略）故壘未圮，水甘土沃，有良木薪秸之利。約葫蘆、臨洮二河，壓明沙、蕭關兩戍，東控五原，北固峽口，足以襟帶西凉，咽喉靈武城之便。然環州至伯魚，伯魚抵青岡，青岡抵清遠皆兩舍，而清遠當群山之口，扼塞門之要，芻車野宿，行旅頓絶。威州隔城東隅，竪石盤互，不可浚池。城中舊乏井脉，又飛鳥泉去城尚千餘步，一旦緣邊警急，賊引平夏勝兵三千，據清遠之衝，乘高守險，數百人守環州甜水谷、獨家原，傳箭野貍十族，脅從山中熟户，党項孰敢不從。又分千騎守磧北清遠軍之口，即自環至靈七百里之地，非國家所有，豈威州可禦哉，請先建伯魚、青岡、清遠三城，爲頓師歸重之地。〔28〕

磧石，或即積石嶺，上引《宋史·鄭文寶傳》亦云：

清遠據積石嶺，在旱海中，去靈、環皆三四百里，素無水泉。〔29〕

《武經總要》謂清遠：

軍城則太宗朝轉運使鄭文寶建議築之，在靈州南界積石嶺上瀚海中，至靈、環各三百餘里。地不毛，無水泉。〔30〕

《宋史·徐興傳》載：徐興，

咸平中，爲涇、原、環、慶十州部署。詔督轉靈武芻糧，道積石，率掠於寇。〔31〕

《宋史·李重誨傳》亦載：

咸平三年，徙邠寧環慶路。坐轉餉靈武不嚴斥候，至積石爲虜騎掠於道，營

〔26〕《新五代史》卷四十九〈馮暉傳〉，頁554。

〔27〕《武經總要》卷十九〈前集〉，頁7。

〔28〕《宋史》卷二百七十七〈鄭文寶傳〉，頁9426～9427。

〔29〕《宋史》卷二百七十七〈鄭文寶傳〉，頁9427。

〔30〕《武經總要》卷十八〈前集〉，頁13。

〔31〕《宋史》卷二百八十〈徐興傳〉，頁9504。

部大亂。[32]

浦洛河、耀德鎮,浦洛或即溥樂。至道二年(公元996年)春,宋洛苑使白守榮等護送芻糧四十萬於靈州,被党項人襲擊於浦洛河,損失慘重。周仁美至道二年,“又與馬紹忠、白守榮、田紹斌部芻糧趣清遠軍,仁美爲先鋒,至岐子平,與虜角,走之。明日,又戰於浦洛河”[33]。咸平六年(公元1003年),李繼遷“復聚兵浦洛河,聲言攻環州”[34]。

咸平二年(公元999年)秘書丞、通判永興軍何亮在《安邊書》中指出:靈州邊防有三患、四不利、二不可防。其對策爲:

> 自清遠至靈武,有溥樂,有耀德,蓋水草之地,爲河西之糧道,而悉有古城之跡存焉。夏寇西掠諸戎,則此其要害之路也。故每揚言曰:“朝廷如修溥樂城,我必力爭。”其言不恭之甚,其實懼朝廷之城溥樂以通糧道而扼其往還要害之路也。(略)一旦興師數萬以城溥樂,朝發清遠,日未中至焉。

如果不這樣“雖存靈武,而使阻隔旱海,居絶塞之外,不城溥樂、耀德爲之唇齒,則戎狄之患,亦未可量,與舍靈武無異”,並建議“可建溥樂爲軍,耀德爲寨”[35]。耀德或即輝德,又名聖泉。《通鑒·後晉紀》載:馮暉復鎮時,“引兵過旱海,至輝德,糗糧已盡。拓跋彦超衆數萬,爲三陳,扼要路,據水泉以待之”。暉戰勝後第二天便至靈州。胡三省注云:“輝德,地名,在靈武南。張舜民云:今旱江平即旱海,在清遠軍北。趙珣《聚米圖經》曰:鹽、夏、清遠軍間,並係沙磧,俗謂之旱海。自環州出青剛川,本靈州大路。”“至耀德、清邊鎮入靈州。”[36]前引《武經總要》亦云:“浦洛河、耀德、鹽井、静邊鎮,入靈州約五百里本靈環大路。”[37]唯五百里數有誤。

清邊又名定邊鎮,爲靈環大路最後一程,距離靈州衹有五十里。《武經總要》對於靈環大道具體里程有所總結:

> 清遠軍東南七十里至環州美泥砦,西北五十里至浦洛河,又七十里至聖泉(即耀德或輝德,引者注),又七十里至定邊鎮,又六十里至靈州。[38]

至此我們已經勾勒出環州至靈州道上的全部地名:環州、洪德寨、青岡峽、土橋、美泥砦、清遠軍、磧石、浦洛(溥樂)河、耀德(聖泉)、鹽井、清(定)邊鎮、靈州,《元

[32]《宋史》卷二百八十〈李重誨傳〉,頁9506。

[33]《宋史》卷二百七十九〈周仁英傳〉,頁9492;《宋史》卷二百八十〈田紹斌傳〉,頁9497。

[34]《宋史》卷四百八十五〈夏國傳〉,頁13989。

[35]《長編》卷四十四“咸平二年六月”條,頁948~950。

[36]《資治通鑒》卷二百八十五〈後晉紀〉,頁9309。

[37]《武經總要》卷十八〈前集〉,頁14。

[38]《武經總要》卷十九〈前集〉,頁4。

豐九域志》云：“西北至靈州四百六十五里。”〔39〕關於環州至靈州之間的里程，文獻記載多有抵牾之處，實際上也記録了主戰派與主和派之間的矛盾。主戰的吏部尚書宋琪上書言邊事時云：

> 靈武路自通遠軍入青岡峽五百里，皆蕃部熟户。向來人使商旅經由，並在部族安泊，所求賂遺無幾，謂之“打當”，亦如漢界逆旅之家宿食之直也。

並説至靈州“緣路五、七程”〔40〕。主和的張洎在上疏時卻稱：

> 自環抵靈瀚海七百里，斥鹵枯澤，無谿澗川谷。荷戈甲而受渴乏，雖勇如賁育，亦將投身於死地，又安能與賊群爭鋒哉。〔41〕

不但誇大靈環里程和艱辛，威脅之意、苟安之態躍然紙上。

諸多軍事行動均沿此道行進，《宋史·尹繼倫傳》載：“至道二年，分遣將帥爲五道，以討李繼遷。時大將李繼隆由靈環路往，逗撓不進，上怒。”〔42〕《宋史·鄭文寶傳》云：

> 鄭文寶前後自環慶部糧，越旱海入靈武者十二次。曉達蕃情，習其語，經由部落，每宿酋長帳中，其人或呼爲父。〔43〕

西域使團頻繁往來這條路，在敦煌文書中多有反映，P.2992 號文書背面抄録有三封信函，其中第二封是朔方軍節度使張希崇致甘州回鶻可汗仁美的（圖十五·1），現迻録如下：

> 1. 道途阻僻，信使多乖，每於瞻企之餘，莫
> 2. 盡殘毫之内。方深渴仰，猥辱
> 3. 緘封，備詳詞
> 4. 周奬之仁，深積感銘之懇。所示入
> 5. 守衆貢人使，具委
> 6. 來情；况接疆埸，莫不專切。今則前
> 7. 邠州康太傅及慶州
> 8. 符太保承奉
> 9. 聖旨，部領大軍援送
> 10. 貢奉使人，及有
> 11. 天使去。八月廿一日得軍前

〔39〕《元豐九域志》卷三〈陝西路〉“環州”條，頁 119。
〔40〕《長編》卷三十五“淳化五年正月”條，頁 769。
〔41〕《長編》卷三十九“至道二年五月壬子”條，頁 835。
〔42〕《宋史》卷二百七十五〈尹繼倫傳〉，頁 9376。
〔43〕《宋史》卷二百七十七〈鄭文寶傳〉，頁 9425。

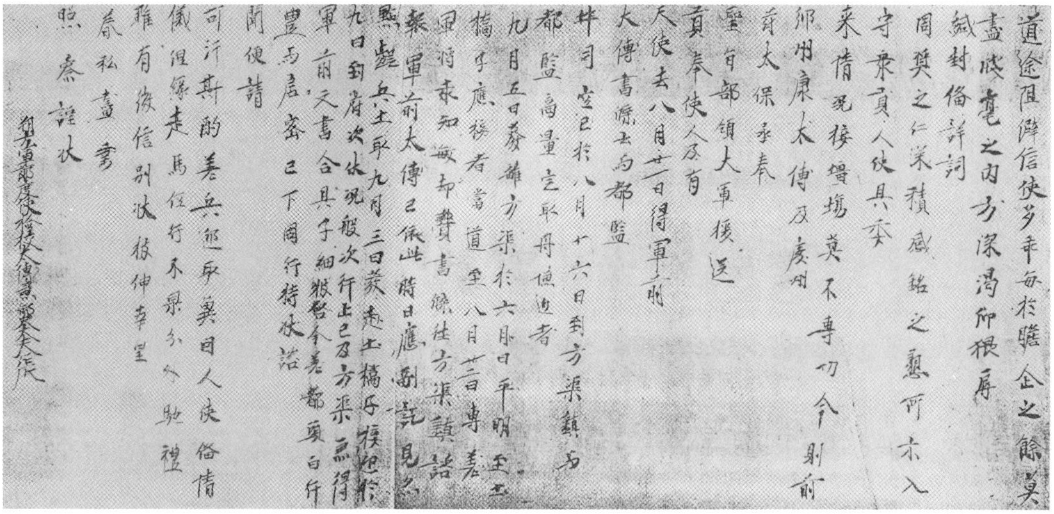

圖十五·1　伯2992號敦煌文書張希崇致甘州回鶻仁美可汗書

（採自 *Les Ovighovrs A Lépoque desciug dynasties*，1955，PlarchoⅡ、Ⅲ）

12. 大（太）傳書牒云：與都監
13. 牛司空，已於八月十六日到方渠鎮，與
14. 都監商量，定取丹傔。近者，
15. 九月五日發離方渠，於六日平明至土
16. 橋子應接者，當道至八月廿二日專差
17. 軍將袁知敏卻賫書牒往方渠鎮，咨
18. 報軍前太傅，已依此時日應副訖。見（現）亦
19. 點齪兵土（士），取九月三日發赴土橋子接迎，於
20. 九日到府次。伏況般次行止，已及方渠，兼得
21. 軍前文書，合具子（仔）細，披啓。令差都頭白行
22. 豊與居密已下同行，持狀咨
23. 聞，便請
24. 可汗斟酌，差兵迎取。翼因人使備情
25. 儀，但緣走馬徑行，不具分外馳禮。
26. 雖有徽言，別狀披伸，幸望
27. 眷私盡書
28. 照察，謹狀。
29. 　　　　朔方軍節度使、檢校太傅兼御史大夫張。

對文書中人物，中外學者多有考證[44]，文書中“前邠州康太傅”即前邠州節度使康福[45]；“慶州符太保”即慶州刺史符卿彦[46]；都監牛司空即邠州節度使屬下將軍牛知柔[47]；“朔方軍節度使檢校太傅兼御史大夫張”即靈州節度使張希崇。根據哈密頓（J.R.Hamilton）研究，此信大約寫於清泰元年（公元934年）十月左右。回鶻使團返蕃，七月己巳頒詔，大約八月份始行，八月十六日抵達方渠鎮，方渠即宋初之環州。八月二十一日朔方軍節度使張希崇接到前邠州節度使康福信，據説與牛知柔商定取近道而行，九月五日離開方渠，九月三日靈州方面派兵士出發，六日使團抵達土橋子，後即由靈州接迎者護送，九月九日回鶻使團被送迎至靈州。從長安至靈州的整個行程約爲一個月，途中停留日期甚長，從方渠至靈州的實際距離僅有五天時間，即方渠至土橋爲一日，至靈州士兵從靈州至土橋，從土橋使團至靈州行程均爲四日。信中“定取丹慊近者”一句，點斷釋文均有分歧。J.R.哈密頓釋“丹慊”或以爲“舟慊”一意兼通，周偉洲釋“舟慊（楫?）”，孫修身釋“慊近路”，其中“路”似誤釋。唯均稱此段走水路者，暗示可以行舟。實際上“丹慊”爲“丹慊”一詞形誤，是誠意的意思，白居易在《爲宰相〈請上尊號第二表〉》一文中有“重陳丹慊”一句[48]，“定取丹慊”其意頗暢。《太平寰宇記》“通遠軍”條云：

> 鹽河從土橋，歸德州（川）、同家谷三處發源來，鹽（鹹）苦不堪。甜河在城西，從蕃部鼻家族北界來，供軍城人口。[49]

有鹹、甜二河，流至環州稱環江。《嘉慶一統志》“慶陽府山川”條稱：環江“亦曰環

---

〔44〕該卷子正面是佛像，背面有三封信件，這裏所引是第二封，哈密頓（J.R.Hamilton）在《五代回鶻史料》（耿昇等中譯本，新疆人民出版社，1982年，頁126～128）對此進行了考證。另外，孫修身《五代時期甘州回鶻和中原王朝的交通》（《敦煌研究》，1989年4期，頁66），前引蘇哲文及周偉洲《五代時期的絲綢之路》（《文博》，1991年10期，頁32～33）等文對此信均有研究。由於所依據膠卷、照片清晰程度不同，録文的個别字稍有差異，筆者所引基本上沿用周偉洲録文，個别字依原文略有改動。以下信中人名考訂首先由以上諸人指出。

〔45〕據《舊五代史》卷四十六〈末帝紀〉、《舊五代史》卷九十一〈康福傳〉載，康福應順元年正月，充任州節度使、檢校太傅。五月末帝即位，七月以楊思權爲州節度使，十二月康福爲秦州節度使，七至十二月間康福未有現職，所以信中稱其爲“前邠州康太傅”。

〔46〕據《宋史》卷二百五十一〈符卿彦傳〉載：符卿彦天成四年改任慶州刺史，清泰初改易州，寫信年代正爲符氏任慶州刺史，故“慶州太保”應即此人。此由蘇哲指出（蘇氏文，頁451）。

〔47〕《册府元龜》卷九百八十七〈外臣部〉載：“末帝清泰元年七月己巳回鶻朝貢，多爲河西雜胡虜剽掠，詔州節度使康福，遣將軍牛知柔率禁兵援送至靈武虜爲之患者，隨便討之。”（中華書局影印本，頁11595）《資治通鑒》卷二百七十九〈後唐紀〉“清泰元年七月”條略同（頁9122）。此“牛司空”當爲牛知柔。

〔48〕白居易《爲宰相〈上請尊號第二表〉》，《白居易集·奏狀》卷六十一，顧學頡點校本，中華書局，1979年，頁1277。

〔49〕《太平寰宇記》卷三十七“通遠軍”條，頁12。

河，流經縣城西，委曲環抱，石橋交跨，小港分流，南入安化縣”〔50〕。環江河水雖有漲落，但流量有限，絶無可行舟之可能。靈州至方渠鎮一線党項出沒屢劫外國使節，長興三年（公元932年）春，正月，樞密使范延光言：“‘自靈州至邠州方渠鎮，使臣及外國人入貢多爲党項所掠，請發兵擊之。’乙丑，遣静難節度使藥彦稠，前朔方節度使康福將步騎七千討党項”〔51〕。雖然使團在精心護送下安全抵達靈州，但西返途中在甘凉處遭劫，參加這個使團的有沙州左馬步都虞候梁幸德，P.3718號《梁幸德邈真讚》記録了他的遭遇：

府君諱幸德，字仁寵。先苗則安定人也。（略）故得譙王稱美，委薦親從之由。（略）乃加都虞候之列。（略）奉貢東朝，不辭路間之苦。乃遇睿慈合允叢對，頻宣封賜衣冠而難量。恩詔西陲而准奏，面遷左散騎常侍。兼使臣七十餘人，意著珠珍，不可籌度。一行匡泰，逍遥往還。回程届此鬼方，忽值奸邪之略。西瞻本府，不期透達烽煙，進使百有餘師，俱時如魚處鏊。遂戀蘇武而投敵，不顧陵公之生降。守節亡軀，攀號殆及。（略）於時清泰二年乙未歲四月九日題記。〔52〕

P.3016號背文書記載這一事件：

遂差都押衙厶乙等兩行人入京奏事，遂達天廷。回赴西歸之時，路上被回鶻煞卻。（略）沙州使人張保山同知謀煞卻，緣張保山以梁幸德都不知聞。（略）爲此小瑕，不可斷於萬年道路。死者已殁，難復再生，昆季交通，千載莫絶。〔53〕

他們被殺在甘州地區應在年底〔54〕。這一事件的真相目前無法完全弄清〔55〕。其後使團的部分人被放回〔56〕，梁幸德被安葬在敦煌〔57〕。可見信中官員對國外使團精心安排多慮

〔50〕《大清一統志》卷二百零三“慶陽府山川”條，光緒杭州竹簡齋石印本。

〔51〕《資治通鑒》卷二百七十七〈後唐紀〉，頁9064。

〔52〕《梁幸德邈真讚》録文參見鄭炳林《敦煌碑銘讚輯釋》，甘肅教育出版社，1992年，頁450～456；姜伯勤等《敦煌邈真讚校録並研究》，新文豐出版公司，1994年，頁285～287。

〔53〕鄭炳林《敦煌碑銘讚輯釋》，頁455～456。

〔54〕參見榮新江《敦煌邈真讚所見歸義軍與東西回鶻的關係》，《敦煌邈真讚校録並研究》，頁106。

〔55〕參見孫修身《敦煌文書伯三〇一六號卷背第二件文書有關問題考》，《敦煌學輯刊》，1988年1、2期，頁25～43。雖然有P. 3016號文書記載的是梁幸德所在使團遇難事件的考訂，但榮新江則指出其中一些疑問尚不能通解，此可備一説，以俟再考（參見氏著《敦煌邈真讚所見歸義軍與東西回鶻的關係》，頁127）。

〔56〕參見鄭炳林《敦煌碑銘邈真讚輯釋》，頁456。

〔57〕根據P. 2638號文書《清泰三年六月沙州親司教授福集等狀》，參見鄭炳林等《〈梁幸德邈真讚〉與梁願清〈莫高窟功德記〉》，《敦煌研究》，1992年2期，頁67；榮新江《敦煌邈真讚所見歸義軍與東西回鶻的關係》，頁106。

之舉。

靈鹽夏道

靈州通往鹽（州）、夏（州）亦有大道可行。“端拱二年（公元989年）靈州槖駝口，夏州入中國要路，諸蕃由此貢馬京師。”〔58〕《資治通鑒》“後唐天成四年（公元929年）”條胡注：

自方渠槖駝路出青岡峽，過旱海至靈州。趙珣《聚米圖經》曰：環州洪德寨歸德、青剛兩川。歸德川在洪德寨東，透入鹽州。〔59〕

《武經總要》“環州靈鹽路”條載：

一路至洪德砦，東北入歸德川上過西界蝦蟆砦、駝驰會，取雙堆峰，至鹽州，約三百里。洪德砦至駝驰會，係歸德川漿水谷，甚爲猞狭，多泥寧（濘）。自駝驰會至鹽州，路平，人馬易行。〔60〕

至道中，“五路出師，李繼隆由此路進軍，日行數十里，凡十日到鹽州”。至道三年（公元997年），宋太宗以諸將分兵五路進討，李繼遷“復令軍主史不乩駐屯槖駝口，以阻歸宋人”〔61〕。《宋史·周仁美傳》載：至道年間“時運糧民道路被傷者相繼，仁美領徒援護，悉抵環州。又遇虜於槖駝路，擊走之”〔62〕。靈州至鹽州全程爲三百里或四百里，《元和郡縣圖志》“鹽州”條云：“西北至靈州三百里。西北取烏池、黑浮圖私路至靈州四百里。”〔63〕《太平廣記》“韋鮑生妓”條引《纂異記》韋鮑生云：“予春初塞游，自鄜坊歷烏延，抵平夏，止靈武而回，部落駔駿獲數匹。”〔64〕保安軍北向。《武經總要》云：

歸娘族六十里過長城嶺，北至秦王井驛，入平夏，經柳泊嶺並鐵市、白池，人頭堡、苦井、三分口、谷口河北九驛，至故靈州懷遠鎮七百里。此路自軍至秦王井在山谷行，猞狭。自秦王井地勢漸寬平，經沙磧，少水泉可掘沙爲井。〔65〕

《西夏地形圖》（圖十五·2、3）將這條驛道標爲“國信驛路”，其中在苦井與三分口（分

〔58〕龔世俊等《西夏書事校證》卷四，此源於《宋史》卷二百七十九〈周仁美傳〉，頁9492。

〔59〕《資治通鑒》卷二百七十六〈後唐紀〉，頁9033。

〔60〕《武經總要》卷十八〈前集〉，頁14。

〔61〕《宋史》卷四百八十五〈夏國傳〉，頁13988。

〔62〕《宋史》卷二百七十九〈周仁美傳〉，頁9492。

〔63〕《元和郡縣圖志》卷四〈關内道〉，頁98。

〔64〕《太平廣記》卷三百四十九〈鬼部引〉，中華書局，1961年，頁2764。

〔65〕《武經總要》卷十八〈前集〉，頁7。

山口）處標明爲“夏人犯邊要路”〔66〕。平夏在夏州附近，唐朝起即爲所謂“平夏党項”居地〔67〕。通往西域諸國的道程多經靈州至夏州，例如龜兹國“西至大食國兩月程，東至夏州三月程”〔68〕。宋仁宗天聖元年（公元1032年）十一月，内侍省副都知周文質奏：“大食國比彼來皆泛海由廣州入朝，今取沙州入經，經歷夏州境内，方至渭州。”〔69〕天竺國，“其國東行經六月至大食國，又二月至西州，又二月至夏州〔70〕”。鹽夏路“過塞門砦，度蘆子關，由屏風谷入夏州界”。“其路自塞門至石堡、烏延，並山谷中行，最爲險狹，烏延至鹽州地平。”〔71〕《聚米圖經》云：“自盧關南入塞門，即金明路，陳執中曰：塞門至金明二百里。”〔72〕

〔66〕所謂《西夏地形圖》有兩個稿本，其中之一附於《西夏紀事本末》卷首，據清人沈垚《落帆樓文稿》中〈與徐星伯中書〉中寫道，張秋水丈（張鑒）曾給他看一幅西夏地圖，説是“從舊本《范文正集》景鈔者”，而“世間行文正、忠宣之集，皆無圖。舊本爲里中劉氏所藏，今其家書籍已散，無繇借讀，獨圖爲張丈景鈔”（參見求實《所謂復製宋本西夏地圖問題》，《西北歷史資料》，1980年1期，頁25～29）。張鑒在著《西夏紀事本末》一書時將此圖臨摹置於卷首。另一幅與之相似的地圖收藏於前蘇聯國家圖書館，伯希和稱：編一二五〇號。地圖數幀，似屬近代作品，内有《西夏圖》尚佳，蓋從《范文正公集》繪出者。此圖所列地名確爲古名，可以上溯至契丹時代（參見伯希和《俄國收藏之若干漢籍寫本》，馮承鈞譯《西域南海史地考證譯叢六編》第二卷，商務印書館，1995年，頁185～186）。後來克恰諾夫報告了這幅地圖的詳細情況，陳炳應也研究了這兩幅所謂的《西夏地形圖》，並根據圖中一些州寨被宋、金所佔時間指出：“所有這些，使我們可以判定，《地形圖》的繪製是以北宋末年宣和年間，具體地説以公元1119～1120年間的宋、夏疆域爲主要依據的”。“《西夏地形圖》是宋代以後，可能是清代學者繪製的，但必有宋、元時期的詳細資料或地圖做依據”（氏著《〈西夏地形圖〉初探》，《西夏文物研究》，寧夏人民出版社，1985年，頁433～457）。陳氏之説大體可以從信，北宋與西夏作戰時非常注重形勢地形並繪有地圖。《宋史》卷六〈真宗紀〉載：咸平四年（公元1001年）八月“戊申出環慶至靈州地圖險要示宰相，議戰守方略”（頁115）。《長編》卷四十九亦載：“八月戊申出環慶、清遠軍至靈州地圖，指示輔臣曰：‘一昨戎人所掠部族，邊臣奏不以實。’又指靈州西榆林、大定曰：‘戎人多據此路，憑高以瞰王師，蓋敻遠，難於追襲’。復指天澗路曰：‘楊瓊嘗言路往靈州，險而有水，可保無患。’”（頁1068～1069）宋真宗在其周圍墻壁上掛有各地形勢圖，“上以陝西二十三州圖示輔臣，歷指山川險易、蕃部居處。又指秦州曰：此州在隴山之外，號爲富庶，且爲羌、戎核畛，昨已命張雍出守，冀其綏撫有方也。復指殿壁靈州圖曰：‘此馮［繼］業所畫，頗爲周悉。山川形勢如此，安得智勇之士爲朕守乎？’又指南壁甘、伊、凉等州圖及東壁幽州已北契丹圖”（楊促良《通鑒長編紀事本末》卷二十一，廣雅書局本，頁2）。推斷這幅《西夏地形圖》原附於《范文正公集》前不是不可能，改繪者一定有一幅原本作爲依據，並不是僅憑資料便可繪製出來的。

〔67〕《資治通鑒》卷二百四十九〈唐紀〉“大中五年”條胡三省注引趙珣《聚米圖經》云：“党項部落在銀、夏以北，居川澤者，謂之平夏党項。”頁8045。

〔68〕《宋會要輯稿》“蕃夷四”之十三“龜兹”條，頁7720。

〔69〕《宋會要輯稿》“蕃夷四”之九十一“大食”條，頁7759。

〔70〕《宋會要輯稿》“蕃夷四”之八十九“天竺”條，頁7758。

〔71〕《武經總要》卷十八上〈前集〉，頁5。

〔72〕《資治通鑒》卷二百七十八〈後唐紀〉，頁9084。

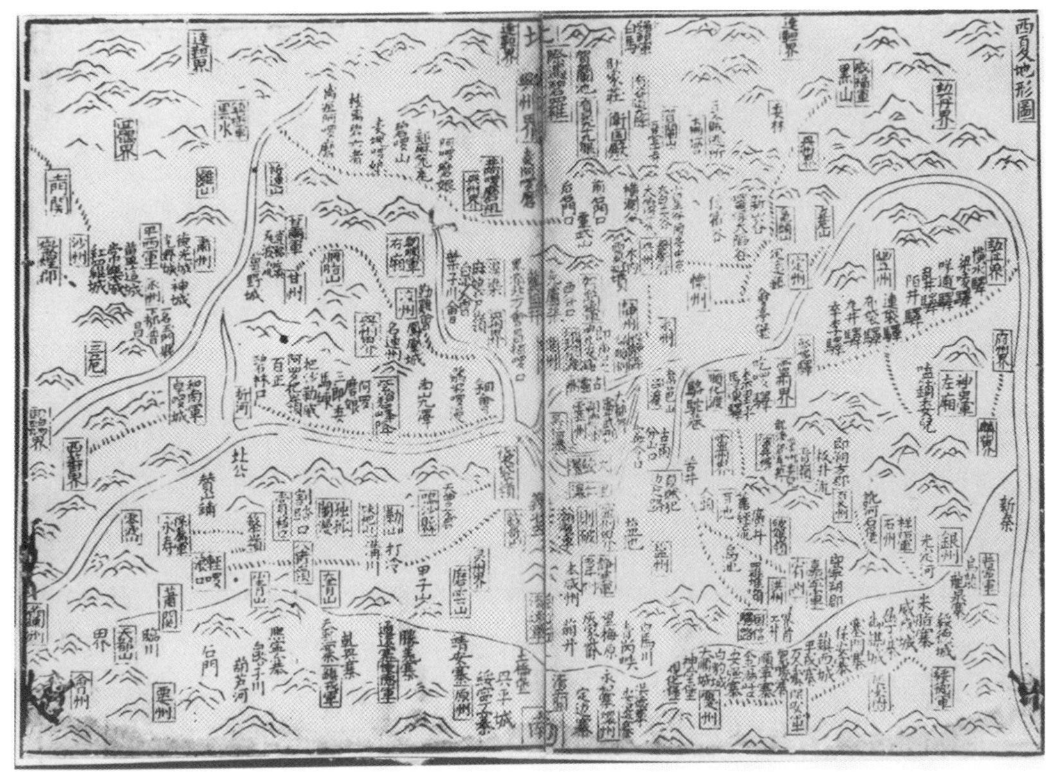

圖十五·2　西夏地形圖

（採自《中國古代地圖集》，戰國至元，文物出版社，1999年，圖版102）

原（鎮戎）靈道

原州至靈州大道古已有之，唐季甚重，“安史之亂”後唐太子李亨出長安，涉渭水以北上，先經新平郡（今陝西興平）、安定郡（今甘肅涇川），於天寶十四年（公元755年）六月十八日抵達烏氏驛，得到補充後於六月十九日進駐平凉郡（今寧夏固原），朔方軍在白草軍（南距今固原一百八里），迎奉太子李亨，沿清水河直抵黄河岸，“行至豐寧南，見黄河天塹之固，欲整軍北渡，以保豐寧。忽大風飛沙，跬步之間，不辨人物，及回軍趨靈武”〔73〕。唐肅宗李亨所走的這條原靈道與後世一致，據《元和郡縣圖志》原州四至載：“北至靈州五百里。”〔74〕因五代動亂，原州一線先後被放棄，這種情況一直持續至宋初。《宋史·李處耘傳》附〈李繼隆傳〉記：

〔73〕參見《舊唐書》卷十〈肅宗紀〉，頁241；《舊唐書》卷一百零八〈杜鴻漸傳〉，頁2382～2383。

〔74〕《元和郡縣圖志》卷三〈關内道〉“原州”條，頁58；《元豐九域志》卷三稱：西北至靈州四百二十五里，頁135。

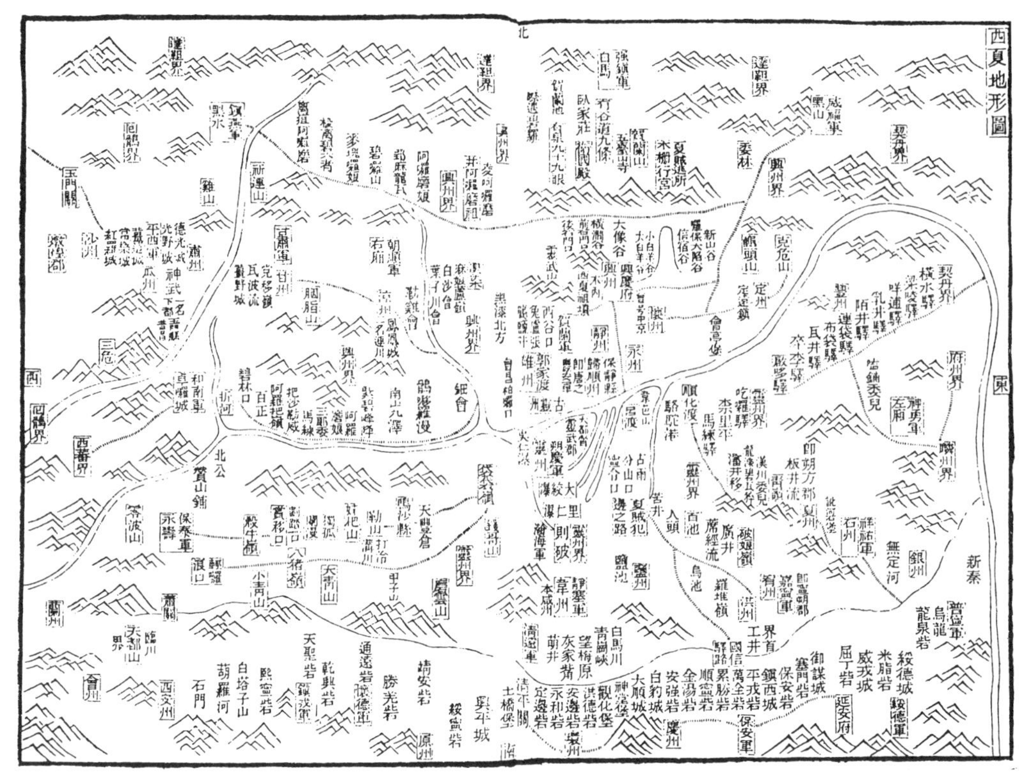

圖十五·3　《西夏紀事本末》卷首所附西夏地形圖

（採自陳炳應《西夏文物研究》插頁，1985 年）

> 先是受詔送軍糧赴靈州，必由旱海路，自冬至春，而芻粟始集。繼隆請由古原州蔚茹河路便，衆議不一。繼隆固執論其事，太宗許焉。遂率師以進壁古原州，令如京使胡守澄城之，是爲鎮戎軍。

其弟李繼和亦上書言城鎮戎軍，

> 初，繼隆之請城鎮戎軍也，朝廷不果於行。繼和面奏曰：“平凉舊地，山川險阻，旁扼夷落，爲中華襟帶，城之爲便。”太宗乃許焉。後復不守，咸平中，繼和又以爲言，乃命版築，以繼和知其軍，兼原、渭、儀都巡檢使。城畢，加領平州刺史。〔75〕

鎮戎軍的設立均因環慶至靈州運軍糧不便所致，《宋史·真宗本紀》清楚記載其置時：至道三年（公元 997 年）夏四月“癸丑，置鎮戎軍”〔76〕。關於鎮戎軍的地位及四通要道，李繼和曾言：

〔75〕《宋史》卷二百五十七〈李處耘傳附李繼和傳〉，頁 8969。

〔76〕《宋史》卷六〈真宗本紀〉，頁 104。

> 鎮戎軍爲涇、原、儀、渭北面扞蔽，又爲環、慶、原、渭、儀、秦熟户所依，正當回鶻、西凉、六谷、吐蕃、咩逋、賤遇、馬臧、梁家諸族之路。自置軍已來，克張邊備，方於至道中所葺，今已數倍。（略）昨朝廷訪問臣送芻糧道路，臣欲自蕭關至鎮戎城砦，西就胡蘆河川運送。（略）若賊從蕭關、武延、石門路入鎮戎，縱有五七千兵，亦恐不敵，即回鶻、西凉路亦斷絶。[77]

可見鎮戎軍事關中原通往西凉、甘州之重要道路。鎮戎軍向北亦稱“蕭關路”，取唐之蕭關道爲名。

> 自軍北劉播堡，緣胡蘆河川過古城，入葦子灣，出蕭關至鳴沙縣界，入靈武，約五百里。地形平敞，至道中，李繼隆護送芻糧入靈武由此路。[78]

其間一些重要城寨均爲靈州陷落後修築。

劉璠堡，王堯臣在論及禦防西夏之良策時説：“且賊之犯邊，不患不能入，患不能出也。並塞地形，雖險易不同，而兵行須由大川，大川率有砦栅爲控扼。……若……鎮戎之劉璠、定川堡……皆不能扼其來。”[79]《武經總要》云：“劉璠堡，緣胡蘆河川路北控賊界，從葦子灣至故蕭關。”[80]

石門城，唐之石門關。《宋史·地理志》“鎮戎軍”條載：平夏城，舊石門城[81]。同書《章楶傳》曾言：“帥四路師出胡蘆河川，築二城於石門峽江口、好水河之陰。二旬有二日成，賜名平夏城、靈平砦。”[82]大觀二年（公元1108年）展平夏城爲懷德軍，以蕭關等八寨隸之，“增置將兵，與西安、鎮戎互爲聲援應接”[83]。

故蕭關，即唐之蕭關縣地。蕭關縣，“南至州一百八十里。本隋他樓縣，大業元年置，神龍三年廢，别立蕭關縣，以去州闊遠，御史中丞侯全德奏，故白草軍城置，因取蕭關爲名”[84]。

鳴沙縣，即唐之鳴沙縣，僕固懷恩病亡於此。“懷恩領回紇及朔方之衆繼進，行至鳴沙縣，遇疾舁歸，九月九日死於靈武。”[85]《太平寰宇記》“靈州”條云：“廢鳴沙縣，西一百二十里。”[86]鎮戎軍至靈州大道，因五代廢弛，宋初利用時間甚短，衹有幾年時

---

〔77〕《宋史》卷二百五十七〈李處耘傳附李繼和傳〉，頁8970～8972。

〔78〕《武經總要》卷十八〈前集〉，頁21。

〔79〕《宋史》卷二百九十二〈王堯臣傳〉，頁9773。

〔80〕《武經總要》卷十八〈前集〉，頁21。

〔81〕《宋史》卷八十七〈地理志〉，頁2158。

〔82〕《宋史》卷三百二十八〈章楶傳〉，頁10590。

〔83〕《宋史》卷八十七〈地理志〉，頁2160。

〔84〕《元和郡縣圖志》卷三〈關内道〉“原州”條，頁60。

〔85〕《舊唐書》卷一百二十一〈僕固懷恩傳〉，頁3489。

〔86〕《太平寰宇記》卷三十六“靈州”條，頁14。

間，故不若靈環道重要，載録甚少。

靈州至凉州、甘州大道

五代宋初靈州通往西域道路主要有兩條，一是靈州至凉州（今甘肅武威），另一則是由靈州出發繞過凉州直抵甘州（今甘肅張掖）的道路，繞道的主要原因是爲了避開盤踞在凉州一線的吐蕃人，直接與甘州回鶻人取得聯繫。

靈、凉道程後晉天福三年（公元938年）供奉官張匡鄴、彰武軍節度判官高居誨奉命出使于闐國由靈州出發，《新五代史·于闐傳》云：天福三年（公元938年），

是歲冬十二月，匡鄴等自靈州行二歲至于闐，至七年冬乃還。（略）居誨記曰：自靈州過黄河，行三十里，始涉入党項界，曰細腰沙、神點沙。至三公沙，宿月支都督帳。自此沙行四百餘里，至黑堡沙、沙尤廣，遂登沙嶺。沙嶺，党項牙也，其酋曰捻崖天子。渡白亭河至凉州，自凉州西行五百里至甘州。甘州，回鶻牙也。（略）其南山百餘里，漢小月支之故地也，有别族號鹿角山沙陀，云朱耶氏之遺族也。[87]

《宋史·藝文志》中記録有《平居誨于闐國行程録》一卷[88]或即上引書。

《元和郡縣圖志》"靈州"條云："西南至凉州九百里。"趙珣《聚米圖經》亦云："靈州西至凉州九百里。"[89]平居誨出使于闐似沿此道而行，自靈州渡黄河，走三十里便入賀蘭山下之党項界，屬宋初靈武鎮轄。《武經總要》載："靈武鎮，外河鎮也。南渡河至靈州五十里，東保静鎮四十里，西賀蘭山六十里。"[90]這一地區主要有吐蕃和党項等少數民族。再經細腰沙、神點沙，至三公沙月支都督帳宿營。又沿沙漠行經黑堡沙，至沙嶺，這裏有党項牙帳，其首領稱作"捻崖天子"。最後，渡白亭河抵達凉州。基本上是沿騰格里沙漠的邊緣繞行，其所經地名雖不可考，但陳守忠的現代考察可資參考。"經我們調查民勤緑洲時所得，是可以清楚的。出賀蘭山口後不是向西行或向西南行，而是折向西北，（略）經現在的錫林格勒、和屯鹽池至四度井，轉向西南，到達今甘肅民勤縣的五託井。《使于闐記》中所言的'至三公沙……至黑堡沙，沙尤廣的地段，按方位里數，就在四度井和五託井之間。由五託井再向南行百餘里，即達白亭海和白亭河（現在的石羊河），即民勤緑洲地區。解放前以至於現在，民勤人跑生意走阿拉善左旗，遠至銀川，仍走這條路。從地圖上看，是向北繞了一個大彎子，實地上這是出賀蘭山越

〔87〕《新五代史》卷七十四〈四夷附録·于闐傳〉，頁917。

〔88〕《宋史》卷二百四〈藝文志〉，頁5156。

〔89〕《資治通鑒》卷二百七十六〈後唐紀〉，頁9033。

〔90〕《武經總要》卷十九〈前集〉，頁3。

騰格里沙漠最好的一條路。渡白亭海以達涼州，即與傳統的河西道合”[91]。宋僧行勤、繼業等一百五十人出行西域亦沿靈州至涼州，乾德四年（公元966年）三月癸未：“僧行勤等一百五十人請遊西域，詔許之，仍賜錢三萬遣行”[92]。乾德年間出行者或超過一百五十人。據《吴船録》卷上載：

(王繼業) 乾德二年，詔沙門三百人，入天竺，求舍利及貝多葉書，業預遣中。至開寶九年始歸。寺所藏《涅槃經》一函四十二卷，業於每卷後分記西域行程，雖不甚詳，然地里大略可考，世所罕見，録於此，以備國史之闕。業自階州出塞西行，由靈武、西凉、甘、肅、瓜、沙等州入伊吴、高昌、焉耆、于闐、疏勒、大食諸國。[93]

行至涼州附近爲當地部落劫掠，“乾德四年，知涼府逋葛支上言：有回鶻二百餘人、漢僧六十餘人，自朔方來，爲部落劫掠。僧云：欲往天竺取經，並送達甘州訖，詔褒答之”[94]。此行人或爲行勤、王繼業西行之一部分人。鋼和泰（Alexander von Stael Holstein）敦煌文書藏卷正面包括和田文和古藏文兩種文書，均爲于闐使節出使沙州時所寫的文稿。“從10行近末尾起直到16行，爲自于闐至河西南部經歷之城鎮，直到與河西節度使相接境的朔方節度使所止，係按行程次第排列，有固定的先後銜接程站關係”。最後兩站轉寫爲“Laicu Kamtha與Sahva Karutha ”前者即涼州城，後者是朔方城[95]。靈州至涼州之間的道路雖然十分重要，但基本上代表了吐蕃勢力在河西走廊衰敗以後的“絲綢之路”走向，在此之前很長的時間則由甘州直抵靈州。

靈甘回鶻道

中唐以後，回鶻與唐朝建立同盟關係，通過靈州中繼從事馬絹貿易。靈州與甘州之間不但有道路暢通，而且靈州節度使在甘州駐有代表，以處理各類涉外事務。敦煌文書中曾發現三件于闐文抄件，分别編號爲P.2741、CH.00296、P.2790，是于闐使臣向王庭的奏章，報告到達甘州以後的情況。經過中外學者的多方解讀，雖難解之處甚多，但仍可加以利用。P.2741：“第十五日，于迦們和住於靈州朔方的中國使臣宋尚書來了，他派人來賤臣處，説這是于闐使臣嗎？我怎樣能和他們相見？但是整個時期他没有來會我。”“中國方面的使臣，賤臣也遇到了，但未敢冒險將信給他，在和他談論時我解釋一切，説你們的使臣他們已全來到沙州，我們的護送的使臣是三位大使靈州僕射與其他十一個Stanadas人及其他，他們已到沙州。”“這位使臣僅停留很短時間就和兩位Tanguts

〔91〕陳守忠《北宋通西域的四條道路的探索》，頁21。

〔92〕《長編》卷七“乾德四年三月癸未”條，頁168。

〔93〕范成大《吴船録》卷上“峨眉牛心寺”條，《范成大筆記六種》，孔凡禮點校本，中華書局，2002年，頁204。

〔94〕《宋會要輯稿》方域二一“西涼府”條，頁7668。

〔95〕黄盛璋《〈鋼和泰藏卷〉與西北史地研究》，《新疆社會科學》，1984年2期，頁60～73。

使臣逃掉了”。唐古特即党項人。CH.00296 中有“七王子奏稿”中稱：“Chika 不論對牲畜或靈州的僕射方面都毫無辦法，往後我們要到朔方將無禮物或信獻給中國皇帝。”〔96〕文書的年代大約在公元 9 世紀後葉，與沙州張義潮起義時間先後，張義潮歸唐被認爲是晚唐“絲綢之路”上最重要的事件。大中五年（公元 851 年）“春，正月壬戌，天德軍奏攝沙州刺史張義潮遣使來降”〔97〕。張義潮的使節顯然是繞過了吐蕃人盤踞的涼州，直達天德軍—靈州的。這條繞過涼州的道路在五代宋初被延續下來。斯坦因在敦煌文書中發現一件至印度的路程表的寫本，編號爲 S.0383 的“西天路竟一本”載：

東京至靈州四千里地。靈州西行二十日至甘州，是汗王。又西行五日至肅州，又西行一日至玉門關，西行一百里至沙州界，又西行二日至瓜州，又西行三十里，入鬼魅磧。行八日，出磧至伊州，又西行一日，至高昌國。〔98〕

中晚唐以後，由於朔方節度使的關係，靈州對河西地區有着重要的影響，一些在靈州產生的文獻在敦煌文書中被發現，如《靈州龍興寺白草院史和尚因緣記》〔99〕。甘肅博物館藏《金剛經》上題記有“朔方軍節度衙前虞候劉從章”，咸通四年（公元 863 年）十二月九日〔100〕。法藏敦煌文書 P.4071 號爲宋初開寶七年（公元 974 年）十二月十一日批命的本子，其自署頭銜爲：

靈州大都督府白衣術士康遵課。

饒宗頤以爲從這一頭銜可推想到二事：第一，都督府衙門安置有術士爲人批命；第二，其人姓康，可能原爲康居國人〔101〕。此康居國或爲康國之誤。P.2044 號“釋門文範”也出自朔方節度使治下的文人之手，在歸義軍時期傳抄至敦煌〔102〕。靈州與甘州之間道路的重要性被人們深深認識到。宋代初期，靈州、甘州、沙州及夏國之間的關係反映在敦煌發現的“和田塞語文書”中。P.2958 號文書正面爲《金光明經》卷二，背面是和田塞語文書，“上于闐王庭書”最後云：“我們從沙州又來了甘州，他們已從那裏（甘州）招回了汗派遣到夏國代表國家的七個使節：六個世俗，一個僧侶。”“朔方王子

〔96〕黄盛璋《敦煌于闐文 P.2741、GH.00296、P.2790 號文書疏證》，《西北民族研究》，1989 年 2 期，頁 41～70。

〔97〕《資治通鑒》卷二百四十九〈唐紀〉，頁 8044。

〔98〕鄭炳林《敦煌地理文書彙輯校注》，甘肅教育出版社，1989 年，頁 225。

〔99〕陳祚龍《新核重訂釋增忍的答李〈難〉》，《敦煌學海探珠》下，商務印書館（臺灣），1979 年，頁309～316；郝春文編著《英藏敦煌社會歷史文獻釋録》第 1 卷，科學出版社，2001 年，頁 419～422。

〔100〕秦明智《關於甘肅省博物館藏敦煌遺書之淺考和目録》，《1983 年全國敦煌學術討論會文集·文史·遺書編》（上），甘肅人民出版社，1987 年，頁 475。

〔101〕饒宗頤《論七曜與十一曜》，《選堂集林·史林》，中華書局（香港），1982 年，亦收入《饒宗頤史學論著選》，上海古籍出版社，1993 年，頁 571。

〔102〕榮新江《沙州張淮深與唐中央朝廷之關係》，《敦煌學輯刊》，1990 年 2 期。亦見氏著《歸義軍史研究——唐宋時代敦煌歷史考索》，上海古籍出版社，1996 年，頁 175。

上于闐王書”説：“如果我回到那裏，我要交出價值二百疋絲綢的東西，而且也因爲我的玉石，我將不（要）去朔方。通往 thanihtta（党項）的道路已被阻斷，我要離開這裏往于闐。我把這些價值二百疋絲綢的東西，從很遠地方帶到了大夏國（Tha－Sa），我是作爲一個去于闐的信使。”“朔方王子與母書”與前者同爲一個朔方王子所寫，内容相同，最後一句均表明他們回去之後仍然住朔方（靈州）〔103〕。“上于闐王庭書”提供的信息是甘州回鶻可汗曾經向西夏國派出過一個由六名世俗、一名僧正組成的正式使團。後兩封信中朔方王子 Hvapa－Ryak 是作爲大夏國的信使前往于闐的，信中提到了“絲綢之路”貿易兩端的奢侈品玉石、絲綢。由於文書解讀方面的原因，二百疋絲綢的來源使人頗爲費解，或許是他從靈州附近的夏國，將通過這條道路帶至甘州的，兩位僧侶和他一起住在朔方（靈州）。朔方王子身份族屬亦有難解之處。《宋史·回鶻傳》載：端拱二年（公元 989 年）九月“回鶻都督石仁政、麽囉王子、邈拏王子越黜、黄水州巡檢四族，並居賀蘭山下，無所統屬，諸部入貢多由其地，麽囉王子自云：向爲靈州馮暉阻絶，由是不通貢奉”〔104〕。賀蘭山附近四族中有一族屬回鶻，其餘三族不明，有二族稱王子，黄盛璋推測朔方王子可能屬党項。文書的確切年代“下限可定在 994 年，上限或不超過 990 年”〔105〕。文書中的難通之處甚多，衹能有限地加以利用。儘管這樣，我們仍對 10 世紀最後幾年靈州周圍通往西域的“絲綢之路”有所瞭解，夏國勢力日漸强大，並試圖與甘州回鶻有所聯絡已成爲事實。前往西域者基本上都要在靈州作短暫停留，購得補充駱駝等物資，纔能踏上西征之路。敦煌文書 S.0529 號“同光二年定州開元寺僧歸文狀”云：“昨於四月廿三日，已達靈州，兼將緣身衣物，買得駝頭，準備西登磧路。”西域使節有時在回程時亦經靈州，太平興國八年（公元 983 年）“塔坦國遣使唐特墨與高昌國使安骨盧俱入貢。骨盧復道夏州以還。特墨請道靈州，且言其國王欲觀山川迂直，擇便路入貢，詔許之”〔106〕。途經靈州顯然是一條便捷的選擇。

（三）通過靈州以朝貢爲中心的中繼貿易

晚唐以後，靈州的北方國際商貿重鎮的地位業已確定。五代至宋初，中原紛爭，混亂異常，但靈州的地位非但没有削弱，而且似乎得到某種程度的加强。這種結果與西北

〔103〕黄盛璋《和田塞語七件文書考釋》，《新疆社會科學》，1983 年 2 期，頁 107～120。

〔104〕《宋史》卷四百九十〈回鶻傳〉，頁 14115，標點略改；《宋會要輯稿》“蕃夷”四之二，頁 7714 略同。

〔105〕黄盛璋《和田塞語七件文書考釋》，頁 109。

〔106〕《長編》卷二十四“太平興國八年”條，頁 566。

地區幾方面大的民族勢力消長有密切的關聯。《新五代史》中的一段記載很能説明問題：

至五代時，吐蕃已微弱，回鶻、党項諸羌夷分侵其地，而不有其人民。值中國衰亂，不能撫有，惟甘、涼、瓜、沙四州常自通於中國。甘州爲回鶻牙帳、而涼、瓜、沙三州將吏，猶稱唐官，數來請命。自梁太祖時，嘗以靈武節度使兼領河西節度，而觀察甘、肅、威等州。然雖有其名，而涼州自立守將。〔107〕

河西地區名義上完全由靈州方面管轄，雖然涼州等地是自立守將，但“後數年，涼州人逐出（李）文謙，靈武馮暉遣牙將吴繼興代文謙爲留後”〔108〕，靈州對於河西地區的節制作用還是較爲明顯。

西域胡商往來中國進行商貿活動，其中一個最爲明顯的特點便是以朝貢的名義進行。胡商貢使化是漢唐時期，尤其是唐代形成一種獨特現象。暗藏在這種表象後的便是貿易本身，貢品本亦很能説明問題，原來所謂的貢品一般出自本土，即使遠在羅馬，商人也不辭艱辛，萬里跋涉。公元9世紀以後，隨着伊斯蘭帝國的崛起，尤其是四大汗國興起後，原産地貿易由於信仰的關係變得非常困難，一些産品衹得從産地販運至中間環節，再由此向彼地運輸。長澤和俊在總結五代、宋河西地區這種接力式的貿易形態時有一個非常恰當的概括，即所謂“中繼貿易”〔109〕。靈州在整個貿易活動中起有主導作用，扮演了很重要的角色。靈州節度使的一項重要任務便是要保護貢使的安全，使“絲綢之路”暢通無阻。長興三年（公元932年）正月，

樞密使范延光言：“自靈州至邠州方渠鎮，使臣及外國入貢者多爲党項所掠，請發兵擊之。”己丑，遣静難節度使藥彦稠，前朔方節度使康福將步騎七千討党項。〔110〕

最主要的便是要對付党項人。党項，

其在靈、慶之間者，數犯邊爲盗。自河西回鶻朝貢中國，道其部落，輒邀劫之，執其使者，賣之佗族，以易牛馬。明宗遣靈武康福、邠州藥彦稠等出兵討之。福等擊破阿埋韋悉褒勒彊賴埋厮骨尾及其大首領連香李八薩王、都統悉那埋摩、侍御乞埋嵬悉逋等族，殺數千人，獲其牛羊鉅萬計，及其所劫外國寶玉等，悉以賜軍士。由是，党項之患稍息。〔111〕

前引敦煌文書P.2992號朔方軍節度使張希崇致甘州回鶻仁美可汗信反映的正是這種背景。

〔107〕《舊五代史》卷一百三十八〈外國列傳〉，頁1839～1840；《新五代史》卷七十四〈四夷附録〉“吐蕃”條，頁914。

〔108〕《舊五代史》卷一百三十八〈外國列傳〉，頁1840；《新五代史》卷七十四〈四夷附録〉“吐蕃”條，頁914。

〔109〕參見長澤和俊《五代、宋初河西地方的中繼貿易》，中譯本，頁274～307。

〔110〕《資治通鑒》卷二百七十七〈舊唐紀〉“長興三年正月”條，頁9064。

〔111〕《新五代史》卷七十四〈四夷附録〉“党項”條，頁912。

張希崇鎮靈武，閔帝應順元年正月，沙州、瓜州遣牙將，各以方物朝貢。回鶻可汗仁美，遣使獻故可汗仁裕遺留貢物鞍馬器械。仁美又獻美玉、團玉、鞦轡、硇砂、羚羊角、波斯寶𫃩、玉帶。[112]

據胡注云：“凡外國與中國貿易者，置回圖務，猶今之回易場也。”[113] 這裏我們根據《册府元龜·外臣部》卷九百七十二“朝貢”條、《舊五代史》等文獻，參稽其他史料，輯製下列年表，以求反映靈州陷落以前的商貿情況（見表十五·1）。

表十五·1　　五代河西、西域諸國（部）朝貢情况一覽表

名稱	時　期	貢　使	貢品名稱	資料來源
甘州回鶻	後梁開平三年（公元909年）五月	阿福引分		《册府元龜》卷九百七十二，頁11420
	乾化元年（公元911年）十一月	周易言		《舊五代史》卷一百三十八，頁1842
	後唐同光二年（公元924年）四月	李引釋迦等	方物、馬九匹、白玉一團	《册府元龜》卷九百七十二，頁11420
	後唐同光二年（公元924年）十一月	安子想	玉團、駝、馬	同上，頁11421
	同光四年（公元926年）正月	程郡明	貢馬	同上，頁11421
	天成三年（公元928年）二月	李阿山等		同上，頁11422
	天成三年（公元928年）閏八月	羅婆		《册府元龜》卷九百七十六
	天成四年（公元929年）正月	掣拔等		《册府元龜》卷九百七十六，頁1468
	長興元年（公元930年）五月	孽栗祖等	方物	《册府元龜》卷九百七十二，頁11422
	長興元年（公元930年）十二月	翟末思	馬八十四、玉一團	《舊五代史》卷一百三十八，頁1842
	長興二年（公元931年）十二月	安末思		《册府元龜》卷九百七十二，頁11422
	長興三年（公元932年）三月	拽祝等		《册府元龜》卷九百七十六，頁11469
	長興四年（公元933年）七月	李未等	白鶻一聯	《册府元龜》卷九百七十二，頁11423
	應順元年（公元934年）正月		馬二、團玉、鞦轡、硇砂、羚羊角、波斯寶𫃩、玉帶	同上，頁11423
	清泰二年（公元935年）七月	陳福海	馬三百六十四、玉二十團、白㲲、斜褐、犛牛尾、緑野馬皮、野駝峰	同上，頁11423

〔112〕《册府元龜》卷三百九十七〈將帥部〉“懷撫”條，頁4724。

〔113〕《資治通鑒》卷二百八十三〈後晉記〉“天福八年九月契丹以喬榮爲回圖使”條下注，頁9253。

續表十五·1

名稱	時　　期	貢　使	貢品名稱	資料來源
甘州回鶻	後晋天福三年（公元938年）三月	翟全福	野馬、獨峰駝、玉轡頭、大雕砂、硇砂、膃納臍、金剛鑽、羚羊角、白貂鼠皮、安西絲、白氎布、氂尾、野駝峰	《册府元龜》卷九百七十二至九百七十六，頁11424
	後晋天福三年（公元938年）九月、十月	李萬金	馬一百匹、駝十二頭	同上，頁11424
	天福四年（公元939年）三月	拽里敦	玉狻猊、鏤劍琈玉、良馬百駟、瑶柭寶轡、丹鹽、罽氈、玉狻鼠、白貂鼠、犛牛之尾、騊駼之革	同上，頁11424
	天福五年（公元940年）正月	石海金	良馬一百匹、白玉一百團、白玉鞍轡	《舊五代史》卷一百三十八，頁1843及同上
	天福七年（公元942年）十二月	密里	硇砂一千八百斤、犛牛尾一千斤、白布一千匹，斜褐一百段、玉梳、玉裝刀子、馬三百匹、玉一百團、玉帶一	《册府元龜》卷一百六十九、九百七十二，頁11424《舊五代史》卷八十一，頁1074
	開運二年（公元945年）二月		玉團、獅子、玉鞍、硇砂、紅鹽、野駝峰、安西白氎、膃肭臍、大鵬砂、羚羊角、犛牛尾、貂鼠	《册府元龜》九百七十二，頁11424
	後漢乾祐元年（公元948年）五月	李握等	馬一百二十匹、玉鞍轡、玉團七十三、白氎二十七、貂皮鼠皮二百二十六、犛牛尾一百四十八、玉鞊韘三百三十四、羚羊角、硇砂、諸藥等	《册府元龜》九百七十二，頁11424、九百七十六
	乾祐元年（公元949年）六月	楊産珣		《新五代史》卷十，頁105
	後周廣順二年（公元952年）三月	每與難支	玉團三、珊瑚樹二十、琥珀五十斤、貂鼠皮、毛褐、白氎、岑皮靴	《册府元龜》卷九百七十二，頁11425
	廣順三年（公元953年）正月	獨呈相温	白氎段七百七十、玉團、珊瑚片七十	同上，頁11425
	顯德元年（公元954年）二月		寶玉	《册府元龜》卷九百七十二，頁11425
	顯德元年（公元954年）五月	因難狄略	方物	同上，頁11425
	顯德三年（公元956）二月		方物	同上，頁11425
	顯德五年（公元958年）四月			同《新五代史》卷十二，頁122
	顯德六年（公元959年）三月		玉、硇砂	同上，頁123

續表十五·1

名稱	時　　期	貢　使	貢品名稱	資料來源
吐蕃	後梁開平二年（公元908年）正月	唱來		《册府元龜》卷九百七十二，頁11420
	乾化元年（公元911年）十二月		方物	同上，頁11420
	後唐天成二年（公元927年）十二月	野利延孫		同上，頁11421
	天成三年（公元928年）閏八月			同上，頁11422
	天成三年（公元928年）九月	拔里忙布		同上，頁11422
	天成三年（公元928年）十一月			同上，頁11422
	長興元年（公元930年）四月	余拔葛	犛牛兩頭	同上，頁11422
	長興元年（公元930年）九月	姚東山	馬八十匹、玉一團	同上，頁11422
	長興三年（公元932年）正月			同上，頁11422
	長興三年（公元932年）二月	野利閻心		同上，頁11423
	長興三年（公元932年）八月			同上，頁11423
	長興四年（公元933年）十一月			同上，頁11423
	後晉天福四年（公元939年）十月	聶褒郎等		同上，頁11424
沙州	後唐同光二年（公元924年）四月		玉三團、硇砂、羚羊角、波斯錦、茸褐、白氎、生黄、金星礬	同上，頁11420
	長興元年（公元930年）九月		馬四百匹、玉一團	同上，頁11422
	長興三年（公元932年）正月		馬七百五十匹、玉六十四團	同上，頁11423
沙州瓜州	應順元年（公元934年）正月		方物	同上，頁11423
	清泰二年（公元934年）七月		馬三匹、馬五十匹	同上，頁11423
	後晉天福七年（公元942年）		安西白氎、金星礬、毦褐、玉團	《舊五代史》卷一百三十八，頁1841
	後周顯德二年（公元955年）		硇砂、羚羊角、波斯錦、安西白氈、金星礬、大鵬砂、毦褐、玉團	《舊五代史》卷一百三十八，頁1841；《太平寰宇記》卷一百五十三

續表十五·1

名稱	時　期	貢　使	貢品名稱	資料來源
西涼州	後唐天成四年（公元929年）九月	撥心		《五代會要》卷三十
	長興二年（公元931年）十月十二月	撥心		《册府元龜》卷九百七十二，頁11422
	長興三年（公元932年）正月		方物	同上，頁11422
	長興四年（公元933年）	拓拔永謙、楊通信		《舊五代史》卷一百三十八，頁1840
	清泰二年（公元935年）七月		馬三匹	《册府元龜》卷九百七十二，頁11423
	後周廣順元年（公元951年）	井摩尼	玉團七十七、白氎、貂皮、犛牛尾、藥物等	《舊五代史》卷一百三十八，頁1843
于闐	後晉天福三年（公元983年）	馬繼榮	玉團、白氎布、犛牛尾、紅鹽、鬱金、硇砂、大雕砂、玉裝鞦轡、葫禄、鞁鞊、手刃	《册府元龜》卷九百七十二，頁11422
	天福七年（公元942年）十二月	劉再昇		《舊五代史》卷八十一，頁1074
	後漢乾祐元年（公元948年）五月			《册府元龜》卷九百七十二，頁11425
西州回鶻	後周廣順元年（公元951年）二月	同行摩尼教使團	玉六團、碧琥珀一團九斤、白氎布一千三百二十九、白褐二百八十段、珊瑚六樹、白貂鼠皮兩千六百三十二、黑貂皮二百五十、青貂鼠皮五百零三、舊貂襖子四、白玉杯、碧玉杯、鐵鏡二、玉帶、鉸具六十九、玉帶、香藥等。玉團七十七、白氎段三百五十、青黑貂鼠皮二十八、玉帶、玉鞍轡、鉸具各一副、犛牛尾四百二十四、大琥珀二十顆、紅鹽三百斤、胡桐淚三百九十斤、餘藥物數在外	同上，頁11425
突厥	後唐同光三年（公元925年）二月		方物	《舊五代史》卷三十二，頁446
	天成二年（公元927年）正月	張慕晉		《册府元龜》卷九百七十二，頁11422
	長興二年（公元931年）二月	壯阿熱	馬	同上，頁11422

續表十五·1

名稱	時　　期	貢　使	貢品名稱	資料來源
突厥	後晉天福六年（公元 941 年）七月	薛同海		同上，頁 11424
吐谷渾	後唐天成四年（公元 929 年）八月	念公山	方物	同上，頁 11422
	長興元年（公元 930 年）八月	康合畢	駝馬	同上，頁 11422
	長興二年（公元 931 年）二月	康萬琳	馬	同上，頁 11422
	清泰二年（公元 935 年）正月	姚胡	馬	同上，頁 11423
	後晉天福六年（公元 941 年）五月	白承福		同上，頁 11424
	天福七年（公元 942 年）三月	慕容金	馬十匹	同上，頁 11424
	天福七年（公元 942 年）六月	念醜漢		同上，頁 11424
西域	後周廣順元年（公元 951 年）四月	嚩囉		同上，頁 11425
儋薩滿多等十六族	廣順三年（公元 953 年)十一月		馬	同上,頁 11425

根據上表可知，從五代始至靈州陷落的近百年中，中原與河西、西域諸政權有着十分頻繁的往來，其中以回鶻人的交往最多，依上表不完全統計達三十餘次，並且貢品的種類明顯多於其他地方，計有良馬、駝、白鶻（鶴）、犛牛、犛牛尾、緑野馬皮、野駝峰、羚羊角、白貂鼠皮、駒騟革、獅子、貂鼠、黑貂鼠皮、珊瑚、青貂鼠皮、岑皮靴(?)、野馬、獨駝峰、玉團、硇（碙）砂、大鵬砂、金星礬、玉帶、玉狻猊、玉狻鼠、金剛鑽、白玉杯、碧玉杯、琥珀、紅鹽、玉轡頭、膃肭臍、胡桐泪、白氎、罽氈、鏤劍玉琈、瑶枺、寶轡、鉸具、安西白氎、茸褐、毦褐、波斯寶緤、玉裝鞦轡、安西絲、白氎布、手刃、鑌鏡、丹鹽、香藥等五十餘種。這些物品大多爲西域地區的珍稀奢侈品，

其中的大多數物品經過前輩學者的詳盡考證[114]。玉團及玉製品在其中佔居大宗，從幾十團至上百團不等，多是于闐國玉。平居誨作《行程記》載其國採玉之地云：

玉河在于闐城外，其源出昆山，西流一千三百里，至于闐界牛頭山，乃疏爲三河：一曰白玉河，在城東三十里；二曰緑玉河，在城西二十里；三曰烏玉河，在緑玉河西七里。其源雖一，而其玉隨地而變，故其色不同。每歲五六月大水暴漲，則玉隨流而至。玉之多寡，由水之大小。七八月水退，乃可取，彼人謂之撈玉。其國之法，官未採玉，禁人輒至河濱者，故其國中器用服飾，往往用玉。今中國所有，多自彼來耳。[115]

膃肭臍，蘇頌《本草圖經》載：

出西戎，今東海傍亦有之，云是新羅國海狗腎。舊説是骨訥獸，似狐而尖，長尾，其皮上自有肉黄毛，三莖共一穴。今滄州所圖，乃是魚類，而豕首兩足。其臍紅紫色，上有紫斑點，全不相類，醫家亦兼用此。[116]

胡禄，方以智《通雅》卷三十五云：“胡禄，箭室也”。批量商品有馬匹、玉製品、紡織品、藥物、金屬馬具武器等。有許多貨物是轉手貿易的物品。回鶻以外的貢使所貢較爲簡單，數量亦較少，其政治目的當在首位。回鶻貢使來往頻繁，攜帶物品種類繁雜，數量龐大，謀利色彩甚濃，况且貢使下還帶有商團，可以毫不誇張地説，唐末以後回鶻人已經完全取代隋唐間操縱“絲綢之路”貿易的昭武九姓粟特人，成爲控制國際商貿活動的一股新興勢力。回鶻人的商貿活動並不是抵達京師以後方纔進行，靈州這個國際商貿城是回鶻人貿易的重要中間環節：

(宋初)，回鶻、于闐皆遣使來貢方物。回鶻使者道由靈州，交易於市，知州段思恭遣吏市硇砂，吏與使者争直忿競，思恭釋吏不問，械繫使者數日始貰之。使者歸，愬於其國，回鶻可汗遣使齎牒詣靈州詢械繫之由，思恭自知理屈，不敢報。

---

〔114〕其中經勞費爾（B. Laufer）考證過的物品有胡桐泪（《中國伊朗編》，林筠因中譯本，商務印書館，1964年，下同，頁164～167）、硼砂（大鵬砂）、硇（碙）砂（頁332～338）五色鹽（頁340）、琥珀（頁351～353）、珊瑚（頁353～355）、香藥（頁281～294）、金剛石（頁350～351）。另羚羊角、安西白氎、金星礬、旺褐也經J.R. 哈密頓考證（《五代回鶻史料》，耿昇等中譯本，頁60～63）。實際上，這些物品中國學者章鴻釗早年間也仔細地考證過（參見氏著《石雅·寶石説》，上海古籍出版社，1993年，頁15～228）。

〔115〕此段高居誨《行程記》在《新五代史·四夷附録》卷七十四中甚爲簡略：“至于闐分爲三：東曰白玉河，西曰緑玉河，又西曰烏玉河。三河皆有玉而色異，每歲秋水涸，國王撈玉於河，然後國人得撈玉”（頁918）。而蘇頌《本草圖經》卷所記這段甚詳（尚志鈞輯校本，安徽科技出版社，1994年，頁2～3），是《行程記》的佚文。

〔116〕蘇頌《本草圖經》卷十三，頁456。

自是數年，回鶻不復入貢。[117]

由於不合理的買賣引起貿易糾紛，靈州官吏不能秉公辦理，致使回鶻人有數年不遣使入貢，這件事應屬可信。據上表，從開寶二年（公元969年）至太平興國二年（公元977年）八年間没有甘州回鶻朝貢的記録。隨貢使入朝之商人，由於中間環節獲利甚豐，有時便不回國，《宋史·回鶻傳》載：回鶻“間因入貢散而之陜西諸州，公爲貿易，至留久不歸”[118]。

五代，甚至北宋一代對馬匹的需求，往往有賴於邊貿[119]，五代宋初靈州便是主要的馬貿易基地。回鶻、党項和吐蕃馬是主要來源。《舊五代史·党項傳》載：

（後唐）明宗時，詔沿邊置場市馬，諸夷皆入市中國，有回鶻、党項馬最多。明宗招懷遠人，馬來無駑壯皆集，而所售過常直，往來館給，道路倍費。其每至京師，明宗爲御殿見之，勞以酒食，既醉，連袂歌呼，道其土風以爲樂。去又厚以賜賚，歲耗百萬計。唐大臣皆患之，數以爲言，乃詔吏就邊場售馬給直，止其來朝。而党項利其所得，來不可止。[120]

如此不平等貿易使賣者樂不可支，形成來往頻繁的虚假繁榮局面。靈州節度使等藩鎮首領也從中謀利甚豐。“五代藩鎮多遣親吏往諸道回圖販易，所過皆免其算，既多財則務爲奢僭，養馬至千餘匹，童僕亦千餘人”[121]。這種惡習延續至宋初。太平興國二年二月知靈州張全操“部送歲市官馬，賂所過蕃族物粗惡，戎人恚怒不受。全操捕得十八人殺之，没入其兵仗、羊馬，戎人大擾”，朝廷遣使安撫其族以金帛，並與之盟誓，始定。“上怒，召全操下獄”[122]。

通過靈州節度使康福、張從賓、張希崇、馮暉及宋初安守忠等人的不斷經營，馬市貿易日趨擴大，以至於向靈州運輸銅錢成爲一種負擔。爲防止戎人得銅錢後銷鑄爲器，太平興國八年（公元983年）鹽鐵使王明上言：請“沿邊歲運銅錢五千貫於靈州市馬，七百里沙磧無郵傳，冬夏少水，負擔者甚以爲勞。戎人得銅錢，悉銷鑄爲器，郡國歲鑄錢不能充其用，望罷去。自今以布帛、茶及它物市馬”[123]，以替代銅錢市馬之弊端。

---

〔117〕《長編》卷十“太祖開寶二年十一月庚申”條，頁235。

〔118〕《宋史》卷四百九十〈回鶻傳〉，頁14117。

〔119〕參見日野開三郎《五代の馬政と當時の馬貿易》，《東洋學報》，1942年，卷29，1號，頁53～77，2號，頁247～269；1943年，卷30，2號，頁189～231，4號，頁561～578；湯開建《北宋與西北各族的馬貿易》，《中亞學刊》第3輯，中華書局，1990年，頁139～164。

〔120〕《舊五代史》卷一百三十八〈党項傳〉，頁1845。

〔121〕《長編》卷十八“太平興國二年正月”條，頁392。

〔122〕《長編》卷十八“太平興國二年正月二月”條，頁397。

〔123〕《長編》卷二十四“太平興國八年十一月壬申”條，頁559。

（四）靈州陷落後“絲綢之路”貿易的衰敗

太平興國七年（公元982年），党項李繼遷因兄李繼棒歸宋，獻出五州，而舉旗反叛。據《宋史·夏國傳》載：在此之後，李繼遷“連娶豪族，轉遷無常，漸以强大，而西人以李氏世著恩德，往往多歸之”[124]。其通過政治聯姻的辦法鞏固党項内部團結，輾轉遷徙以保存實力，利用世代恩澤拉攏族衆，不斷偷襲宋軍，最後得以壯大。從淳化五年（公元993年）起圍攻靈州，以後十年間靈州遭受其不斷攻擊。由於守備上的困難，圍繞着靈州守捨朝廷内部雙方展開了辯論。《續資治通鑒長編》中數卷的篇幅詳細記録了雙方争辯的言論。我們不能簡單地判定雙方意見的是非，但確保靈州的安全需有回天之力。咸平五年（公元1002年）三月，李繼遷率党項諸部攻陷靈州，知州裴濟壯烈陣亡[125]。

對於西夏國在“絲綢之路”貿易活動中的地位問題，人們已經逐漸注意起來[126]，這無疑是一種好的傾向，也拓寬了研究領域，但值得注意的是給予西夏在東西方貿易中的準確定位實際上是非常困難。已有的研究顯然是誇大了西夏國在“絲綢之路”貿易中的作用，造成誤解多基於這樣一種事實，即西夏佔據從河套平原至河西走廊廣大的“絲綢之路”咽喉通道，掌握其制控權。我們應當關注到，西夏是党項人在西北地區建立的以宋爲對抗對象的割據政權，目的極爲明確。首先是一個政治實體，而並不是以攫取商貿利益爲終極目的，這一點在建國前後表現得尤其明確。李繼遷佔據靈州後，接受契丹國西平王册典，遂改靈州爲西平府，都而居之。靈州戰略位置十分重要，“西平北控河朔，南引慶、凉，據諸路上游，扼西陲要害。若繕城浚壕，練兵積粟，一旦縱横四出，關中將莫知所備”[127]。靈州雖是一國際商貿中心，隨着西夏强盛，元昊並不覺得其地是理想的政治首都。他正式建國大夏便在興慶府（今寧夏銀川）建都。雖然西夏從國際商貿通道中獲得很多利益，但無意中的利用與有意培植、保護有着本質的區别，前者衹能使商貿活動萎縮。西夏並不是“絲綢之路”的終結地，西夏的强盛無疑對宋與西域的聯繫有阻礙作用，於是就出現“元昊第見朝廷，比年與西域諸戎不通朝貢”[128]的現象。

---

〔124〕《宋史》卷四百八十五〈夏國傳〉，頁13986。

〔125〕《長編》卷五十一“咸平五年三月甲辰”條，頁1118。

〔126〕值得注意的首推陳炳應的成果，《西夏的絲路貿易與錢幣法》，《中國錢幣》，1991年3期，頁27～30；《西夏商業初探》，《中國民族史研究》（二），中央民族學院出版社，1989年，頁127～143。

〔127〕吴廣成《西夏書事》卷七，龔世俊等校證本，甘肅文化出版社，1995年，頁66。

〔128〕《宋史》卷二百九十一〈吴育傳〉，頁9728。

西夏對過境貿易採取了重税制。宋洪皓《松漠紀聞》載：

回鶻自唐末浸微，本朝盛時，有入居秦川爲熟户。女真破陝，悉徒之燕山，甘凉瓜沙，舊皆有族帳，後悉羈縻於西夏。唯居四郡外地者，頗自爲國，有君長。（略）多爲商賈於燕，載以橐駝，過夏地，夏人率十而指一，必得其最上品者。賈人苦之，後以物美恶雜貯毛連中，然所徵亦不貲。〔129〕

對逃税者課以重罪。據《西夏天盛律令》“使來往門”載：

依官買賣，未住諸人不許隨意買賣。若違律買賣不納税，則承諸人買賣逃税之罪。（略）依税法納税，並因不應買賣，徒二年。〔130〕

對於國内物資，西夏實行禁運制，其範圍包括：

馬、披甲、牛、駱駝，其餘種種物等，（略）戰具：弓箭、槍、劍、刀、鐵連枷、馬鞍、裝箭袋、金、銀、種種鐵柄、披甲、編連碎段。雜畜物：氈墊、糧食、騾、驢、錢、牛、駱駝、馬皮。

對違反禁運物資進行貿易者有嚴格制裁的規定，並適用以下西域過境商人。

向他國使人及商人等已出賣敕禁物時，其中屬大食、西州國等爲使人、商人，已賣敕禁物，已過敵界，則按去敵界賣敕禁物法判斷。已起行，他人捕舉告者當減一等，未起行則當減二等。舉告賞亦按已起行，未起行得舉告賞法獲得。大食、西州國等使人、商人，是客人給予罰罪，按不等已給價□當還給。此外其餘國使人、商人來者，買物已轉交，則與已過敵界同樣判斷。〔131〕

即使大食等國商人，馱隊中有死亡牲畜，運力明顯不足時，也不許多買弓箭守衛，重新起運時亦不許超額和隨意買賣，否則將治罪。西夏雖然也有貿易方面的要求，但完全是無奈情況下的被動貿易，正如宋人所説的那樣：

夏國所産，羊、馬、氈、毯，用之不盡，必以其餘與他國交易，而三面戎狄，鬻之不受，故中國和市不能不通。〔132〕

所以有時要武力威脅和市。

宋朝對於經過西夏境内和使節、商人過境貿易也採取了限制措施。《宋史·外國傳》“大食”條載：

先是，其入貢路繇沙州，涉夏國，抵秦州。乾興初，趙德明請道其國中，不

〔129〕洪皓《松漠紀聞》卷一，學津討原本，頁4～5。

〔130〕史金波等譯《天盛改舊新定律令》卷十一“使來往門”條，法律出版社，2000年，下同，頁397。

〔131〕史金波等譯《天盛改舊新定律令》卷七“敕禁門”條，頁283～285。

〔132〕司馬光《論西夏劄子》，《温國文正司馬公集》卷五，公諠堂全書，同治增刊本。

許。至天聖元年來貢，恐爲西人鈔［抄］略，乃詔自今取海路繇廣州至京師。[133]

仁宗天聖元年（公元1023年）十一月内侍省副都知周文質言：

大食國北來皆泛海由廣州入朝，今取道沙州入京，經歷夏州境内，方至渭州。伏慮自今大食止於此路入，望申舊制，不得於西蕃出入。從之。[134]

所謂舊制大約是在靈州陷落以後制定，北宋晚中期即使對距離很近的回鶻人，也採取類似的方法。

回鶻使不常來，宣和中，間因入貢散而之陝西諸州，公爲貿易，至留久不歸。朝廷慮其習知邊事，且往來皆經夏國，於播傳非便，乃立法禁之。[135]

這主要是基於安全方面的考慮，嚴禁經夏國境抵宋的政策實行以後，實際上刺激了海上“絲綢之路”的發展，宋與西亞國家的交往幾乎完全依賴於海路，長達二百五十年之久以靈州爲中心大規模的西北國際商貿活動，宣告終止。當然小規模的貿易仍有進行，但畢竟不是主流。

〔133〕《宋史》卷四百九十〈外國傳〉，頁14121。

〔134〕《宋會要輯稿》“蕃夷四”九十一，頁7759。

〔135〕《宋史》卷四百九十〈外國傳〉，頁14117～14118。

PART V

十六　北魏負櫕墓志

（一）墓志

1964年，寧夏固原縣彭陽公社（今屬彭陽縣彭陽鄉）海巴大隊趙窪村，發現一座古墓葬。墓葬位於汝河北岸，是一座磚砌方形單室墓。墓葬隨即被當地農民破壞，墓中遺物蕩然無存。出土的一塊磚質墓志銘爲縣政府一名幹部所得，後交由固原縣文化館收藏。"文化大革命"期間，該墓志遺失。1980年，固原縣文物工作站重新徵集，現藏寧夏固原博物館。

墓志銘爲青灰色磚質，呈長方形，表面及側面均磨光，背面有粗繩紋。長36.5厘米，寬16.7厘米，厚6.5厘米。墓志正面及右側面均有銘文，算及右側面銘文共有八行，每行十六至十九字不等，共計一百三十字（圖十六·1），其中有兩字缺損。墓志中異體字甚多，俱改爲通行繁體字抄録標點於下。右側題第一行：

兖、岐、涇三州刺史新安子負世□□銘。

正文共有七行：

1. 兖、岐、涇三州刺史、新安子、姓負，諱櫕，字顯
2. 業。涇州平凉郡陰槃縣武都里人。楚莊王
3. 之苗裔。石鎮西將軍、五部都統、平昌伯暖昢（呰?）
4. 之曾孫。冠軍將軍、涇州刺史、始平侯郎
5. 之長子。　　唯公文照資於世略，英毅括囊
6. 仁倫。納言則貞波顯司，出牧則純風再宣。匪悟星
7. 窟霄泯，華景盡昃，以大魏景明三年歲次壬午。

右側首行"負世□□銘"中兩字損缺，所缺字或爲"墓志"二字，"墓"字草字頭尚在。

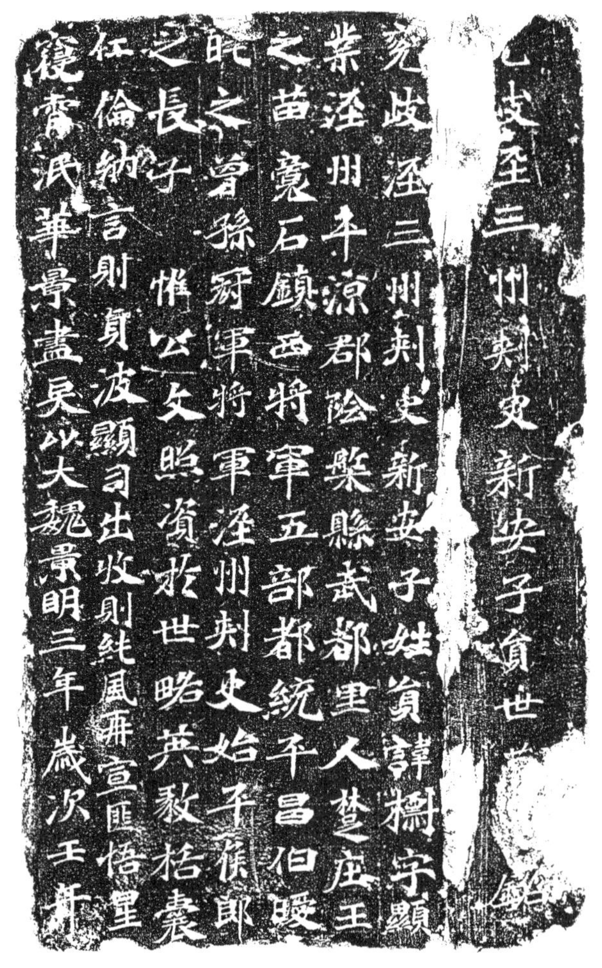

圖十六·1　北魏負𣗫墓志（搨本）

“負世”當爲負𣗫之謚號。《元顯墓志》載：負𣗫“故兗、岐、涇三州刺史、新安子，謚曰世”〔1〕。

（二）關於涇州五郡問題

《負𣗫墓志》中首先所涉及的是關於北魏時期建置的幾個問題。

〔1〕趙萬里《漢魏南北朝墓志集釋》卷四，科學出版社，1956年；趙超《漢魏南北朝墓志彙編》，天津古籍出版社，1992年，頁167。

志稱其爲“兗、岐、涇三州刺史、新安子”。兗州，北魏時期的兗州有好幾個。史載有西兗州、東兗州、南兗州等[2]。《魏書·地形志》載：

兗州，後漢治山陽昌邑，魏晉治理廩丘，劉義隆治瑕丘，魏因之。[3]

此兗州與下文岐、涇二州地理位置相距甚遠。岐州，《魏書·地形志》載，太和十一年（公元493年）置，治雍城鎮[4]。《元和郡縣圖志·關内道》“鳳翔府”條稱：

後魏太武帝於今州理東五里築雍州城，文帝改鎮爲岐州。[5]

《魏書·劉藻傳》云：劉藻爲雍城鎮將，“太初中，改鎮爲岐州，以藻爲岐州刺史”[6]。涇州，《魏書·地形志》載：“涇州，治臨涇城”[7]。《通典》“安定”條云：“後魏太武帝置涇州，蓋以涇水爲名”[8]。

北魏爵號原爲五等，天賜元年（公元405年）“九月，減五等之爵，始分爲四，曰王、公、侯、子，除伯、男二號”。其具體標準爲“王封大郡，公封小郡，侯封大縣，子封小縣”，子爵爲第四品[9]。新安縣，當爲一小縣，北魏時新安有數個，其一在義州，《魏書·地形志》“新安郡”條下有新安縣，興和中置[10]。

北魏刺史依例應帶將軍名號，但負𣓨僅有新安子爵，無其他將軍名號。負氏的兗、岐、涇三州刺史當是死後封贈，生前或衹有涇州刺史職銜，即所謂單車刺史，較少見[11]。魏孝文帝在位時着手進行官制改革。太和二十三年（公元499年），文帝死，宣武帝繼位後隨頒佈成爲永制。負𣓨卒於景明三年（公元502年）是新制頒行以後，新制開國子爲第四品，和下州刺史一樣，涇州刺史當屬中州，是從三品，但並不見得就採用新制。《魏書·閹官傳》載：

抱嶷，爲鎮西將軍，涇州刺史。（略）自以故老前官，爲政多守往法，不能遵用新制。[12]

---

〔2〕關於北魏時的諸兗州設置，參見周一良《魏晉南北朝史劄記》中《魏書劄記》，中華書局，1985年，頁391～392。

〔3〕《魏書》卷一百零六中〈地形志〉，頁2519。

〔4〕《魏書》卷一百零六下〈地形志〉，頁2609。

〔5〕李吉甫《元和郡縣圖志》卷二〈關内道〉，賀次君點校本，中華書局，1983年，頁40。

〔6〕《魏書》卷七十〈劉藻傳〉，頁1550。

〔7〕《魏書》卷一百零六下〈地形志〉，頁2618。

〔8〕杜佑《通典》卷一百七十三〈州郡典三〉，王文錦等點校本，中華書局，1988年，頁4518。

〔9〕《魏書》卷一百一十三〈官氏志〉，頁2973。

〔10〕《魏書》卷一百零六上〈地形志〉，頁2487。

〔11〕嚴耕望說：“單車刺史，究屬少數，而大多數之州刺史皆加將軍，得開府置佐，故其佐吏有州吏與府佐兩系統”（氏著《中國地方行政制度史乙部——魏晉南北朝地方行政制度》上册，“中研院歷史語言研究所”專刊之四十五，1990年，頁121）。

〔12〕《魏書》卷九十四〈閹官傳·抱嶷傳〉，頁2022。

抱嶷任涇州刺史在太和後期，負檞任涇州刺史也衹能在太和後期至景明年間，約屬同時[13]。吴廷燮在《元魏方鎮年表》中將負檞涇州刺史的任期，排在北魏正始元年（公元504年）至二年[14]。吴氏所據爲《元顯墓志》，該志並不能提供負氏任期。今以墓志校之，吴氏當誤。

負檞墓志稱其爲“涇州平凉郡陰槃縣武都里人”，實際上涉及北魏時期涇州屬郡問題。據《魏書·地形志》載：涇州領六郡十七縣，有安定郡、隴東郡、新平郡、趙平郡、平凉郡、平原郡等。其中平凉郡領縣二：鶉陰，郡治。前漢屬安定，後漢屬武威，晉罷，後復屬。有瓦亭、涇陽、平凉城。陰密，前漢屬安定，後漢置，晋復，後屬。不載郡屬有陰槃縣。而在“平原郡”條下有：

領縣一，陰槃，二漢屬安定，晉屬京兆，後屬。有安城、安武城。[15]

但根據《隋書·地理志》載：安定郡舊置涇州，統縣七，其中一爲陰槃縣。

陰盤後魏置平凉郡，開皇初郡廢。有盧水。[16]

顯然二志有矛盾，陰槃一縣何以二郡同屬。所以，錢大昕提出質疑：

涇州所部五郡。《魏志》：涇州領安定、隴東、新平、趙平、平凉、平原六郡。未知此時省何郡也。[17]

主張涇州五郡由原六郡並省。

《周書·王德傳》載：

（王德）加征西將軍、金紫光禄大夫、平凉郡守。德雖不知書，至於斷决處分，良吏無以過也。涇州所部五郡，而德常爲最。[18]

涇州所屬既然衹有五郡，王德又任平凉郡守，其能力又在五郡中“常爲最”，那麽無平原郡的可能性很大。有的學者在研究涇州屬郡時雖然也引用了這條材料，但另有解釋：

〔13〕北魏有多刺史制，天賜年間有三刺史，“又制諸州置三刺史，刺史用品第六者，宗室一人，異姓二人，比古之上中下三大夫也”（《魏書》卷〈官氏志〉，頁2974）。後又有一州兩刺史制，在獻文帝皇興中（詳參見嚴耕望《中國地方行政制度史乙部——魏晉南北朝地方行政制度》下册，頁506～507）。抱嶷“老疾，請乞外禄，乃以爲鎮西將軍、涇州刺史，特加右光禄大夫。將之州，高祖餞於西郊樂陽殿，以御白羽扇賜之。十九年，被詔赴洛，以刺史從駕南征，常參侍左右”。“後數年，卒於州”（《魏書》卷九十四〈閹官傳·抱嶷傳〉，頁2022）。負檞或繼抱嶷爲涇州刺史。

〔14〕吴廷燮《元魏方鎮年表》，《二十五史補編》，中華書局影印本，頁4556。

〔15〕《魏書》卷一百零六下〈地形志〉，頁2619～2620。

〔16〕《隋書》卷二十九〈地理志〉，頁810；《通典》卷一百七十三亦云：“陰盤，漢舊縣。後魏兼置平凉郡。天寶初改爲潘原。”（頁4519）

〔17〕錢大昕《廿二史考異》卷三十二，孫開萍點校本，陳文和主編《嘉定錢大昕全集·貳》，江蘇古籍出版社，1997年，頁699。

〔18〕《周書》卷一十七〈王德傳〉，頁285。

“據《地形志》涇州有平涼郡，又有平原郡，《隋志》平涼郡當是平原郡之僞。”[19]否認《隋書》中有平涼郡。《魏書·地形志》中雖然没有平涼郡的設置時間，但其卻在較早的時候已經存在。《晋書·苻登載記》云：苻登進攻姚萇部將吴忠、唐匡“於平涼，克之，以尚書苻碩原爲前禁將軍，滅羌校尉，戍平涼”。苻登爲姚軍所敗，“卻無所歸，遂奔平涼，收集遺衆入馬毛山”[20]。

《晉書·姚萇載記》載：

（姚）萇如安定，擊平涼胡金熙、鮮卑没奕于，大破之。[21]

時平涼郡太守爲金熙[22]。北魏初年，魏世祖多次親率大軍蒞臨平涼[23]。從行軍路線分析，平涼郡當在安定郡以西，高平城東側。

赫連定勝光二年，畋於涼州，登可藍山，望統萬城，泣曰：“先帝若以朕承大業，豈有今日”。可藍山在平涼縣接百泉界[24]。

“平涼”一名經北朝沿至唐朝，《舊唐書·地理志》云：

平涼，隋縣，治陽晉川。[25]

《元和郡縣圖志·關内道》“原州”條云：

百泉縣，西至州（原州）九十里。

後魏孝明帝於今縣西南陽晉川置黄石縣，隋煬帝改爲百泉縣，武德八年移於今所。[26]

以里距推知，唐百泉縣應在今彭陽縣城，即貟𣞙墓志出土地。西南有陽晉川，今名紅

〔19〕王仲犖《北周地理志》卷一“平原郡”條，上册，中華書局，1980年，頁83。

〔20〕《晉書》卷一百一十五〈苻登載記〉，頁2951～2954。

〔21〕《晉書》卷一百一十六〈姚萇載記〉，頁2967。

〔22〕《晉書》卷一百一十五〈苻丕載記〉載：苻丕用王永爲左丞相，永檄文州郡，“於是天水姜延、馮翊寇明、河東王昭、新平張晏、京兆杜敏、扶風馬郎、建忠高平牧官都尉王敏等咸承檄起兵，各有衆數萬，遣使應丕。皆就拜將軍、郡守，封列侯。冠軍鄧景擁衆五千據彭池，與竇衡爲首尾，擊萇平涼太守金熙”（頁2946）。

〔23〕《魏書》卷四〈世祖紀〉載：神䴥元年二月，“赫連昌退屯平涼”（頁73）。三年七月，魏世祖“甲辰，行幸統萬，遂征平涼”。“帝至平涼，登北原，使赫連昌招諭之，社于不降。詔安西將軍古弼等擊安定，攻平涼”。“庚子，帝自安定還臨平涼，遂掘塹圍守之。”（頁77）“十有二月丁卯，定弟社于、度洛孤面縛出降，平涼平，收其珍寶。”（頁78）

〔24〕《太平御覽》卷五十“可藍山”條引《涼州記》，中華書局影印本，1987年，頁243。《涼州記》或即《涼記》，《隋書》卷三十三〈經籍志〉載：《涼記》十卷，記吕光事，僞涼著作佐郎段龜龍撰（頁963）。《藝文類聚》等書亦引作《涼州記》（章宗源《隋書經籍志考證》，《二十五史補編》，中華書局，頁4972）。不過，赫連定所稱平涼縣接百泉縣界似乎都是隋朝縣建置。

〔25〕《舊唐書》卷三十八〈地理志〉，頁1407。

〔26〕《元和郡縣圖志》卷三〈關内道〉，頁59～60。

河，隋平凉縣治此，“周武帝建德元年，割涇州平凉郡於今理置平凉縣”[27]。北朝平凉郡在此一帶，與所出墓志頗能吻合。差不多同時的北魏永平二年（公元509年）《嵩顯禪寺碑記》、永平三年（公元510年）《南石窟寺碑》兩碑碑陰[28]，有關於涇州所屬郡縣僚佐的題名，其中並無平原郡，有人亦據此推定涇州衹有五郡，並稱“涇州籍官吏較多，獨不見平原人，亦可爲涇州無平原郡之證”[29]。

負㮣墓志證實了北魏陰槃縣屬平凉郡，這樣平原郡既無郡治，又無屬縣，似當不存。但情況並不這樣簡單，文獻也有一些人與涇州平原郡有關。《周書·于謹傳》云：

曾祖婆，魏懷荒鎮將。祖安定，平凉郡守、高平郡將。父提，隴西郡守、荏平縣伯。[30]

而《北史·于栗磾傳》則云：栗磾孫勁，勁弟天恩，“天恩子仁生，位太中大夫。仁生子安定，平原郡太守、高平郡都將。安定子子提，隴西郡守、茂平縣伯”[31]。

《新唐書·宰相世系表》載：

于天恩生太中大夫仁，仁生高平郡將子安，子安生隴西郡守建平郡公子提。[32]

《新唐書》所載于氏世系大體與《北史》同，唯于安定所職，《周書》作“平原郡守、高平郡將”，《北史》則作“平凉郡太守、高平郡都將”。隋時，平原郡似亦存。《唐史訶耽墓志》載：史訶耽“隋開皇中，釋褐平原郡中正”[33]。

中正之類僚佐多由地方望族出任。平原郡的存在似乎另有隱情，不可輕斷《魏書·地形志》有誤。按以上涇州屬郡排序，北魏永平三年（公元510年）以前，涇州屬郡中無平原郡。《魏書·地形志》中所收録的材料，按前人的看法所取載至東魏末帝孝静帝紀年武定[34]。武定八年（公元550年）東魏禪齊，那麼平原郡的設置，當在此間四十年中，原屬平凉郡的陰槃縣也劃歸平原郡，距《魏書·地形志》成書約有百年之久[35]，有些資料或許不甚周全。

---

〔27〕《元和郡縣圖志》卷三〈關内道〉，頁59。

〔28〕北京圖書館金石組《北京圖書館藏中國歷代石刻搨本彙編》，第三册，中州古籍出版社，1989年，頁124、130～131。兩碑的録文較全者見於張維《隴右金石録》卷一，甘肅省文獻徵集委員會，1943年，頁32～37。

〔29〕參見秦明智《北魏涇州二碑考》，《西北史地》，1984年3期，頁33～39。

〔30〕《周書》卷一十五〈于謹傳〉，頁243。

〔31〕《北史》卷二十三〈于栗磾傳〉，頁845。

〔32〕《新唐書》卷七十二下〈宰相世系表〉，頁2818。

〔33〕羅丰《固原南郊隋唐中亞史氏墓志考釋（下）》，《大陸雜志》，90卷6期，1995年，頁17、30。

〔34〕參見王鳴盛《十七史商榷》卷六十七，中國書店影印本，1987年，頁1。

〔35〕劉知幾《史通》卷一十二〈古今正史篇〉稱：“太宗以梁、陳及齊、周、隋氏並未有書，乃命學士分修，仍以秘書監魏徵總和其務。始以貞觀三年創造，至十八年方就，合併目録凡二百五十二卷”（《史通通釋》，上海文瑞樓印本，光緒十九年，頁23）。

（三）貟氏之來源及流佈

貟，亦同員，《古今姓氏書辨證》云："音云，世俗讀與韻同，蓋之訛也。"〔36〕貟姓在北朝時期繁多的姓氏中鮮見，唐以前見於正史者衹有隋賀弼部將員明〔37〕。有關其姓氏來源和族屬問題，在當時文獻中没有載録。直到唐代員姓中有員半千聞達於世，史籍纔對員氏祖先來源有以下記述。林寶《元和姓纂》"員姓"條云：

平涼，水部郎中員半千狀云：本姓劉氏，彭城綏輿里人。宋宗室營陵侯劉遵考，子起居部郎中凝之。宋後亡，因背劉事魏太武，以忠諫比伍員，改姓員氏，賜名懷遠，官至荆州刺史。遠六代孫半千，唐右諭德、陜州刺史。自隋末又居臨汾。〔38〕

《新唐書·員半千傳》云：

員半千，字榮期，齊州全節人。其先本彭城劉氏，十世祖凝之，事宋，起部郎，及齊受禪，奔元魏，以忠烈自比伍員，因賜姓員，終鎮西將軍、平涼郡公。〔39〕

《元和姓纂》較《新唐書》更詳，可知《姓纂》爲《新唐書》所本。《舊唐書》員氏本傳則對其祖先没有類似的記録〔40〕。《新唐書》對員半千祖先本彭城劉氏作了較爲肯定的回答，而《姓纂》卻説"員半千狀云"，也就是説員氏出自彭城劉氏不過是自己説而已。在已知史籍中稱某人述己所出"自云"或"狀云"某地某姓時，其可靠程度頗值得懷疑。員氏所稱彭城綏輿里人，與劉宋宗室完全一致。《宋書·武帝紀》云：

高祖武皇帝諱裕字德輿，小名寄奴，彭城縣綏輿里人，漢高帝弟楚元王交之後也。〔41〕

劉遵，《宋書》亦有記載：

字慧明，臨淮海西人。道規從母兄蕭氏舅也。官至右將軍、宣城内史、淮南太守。義熙十年，卒，追贈撫軍將軍。追封監利縣侯，食邑七百户。〔42〕

此人雖與《姓纂》中員半千祖劉遵官職不合，但俱出劉宋宗室，很可能指同一人。員氏

〔36〕鄧名世《古今姓氏書辨證》卷六，中華書局，叢書集成本，頁93。

〔37〕《北史》卷六十八〈賀若敦傳〉，頁2381。

〔38〕林寶《元和姓纂》卷三"員姓"條，岑仲勉校記，中華書局，1994年，頁380～381。

〔39〕《新唐書》卷一百一十二〈員半千傳〉，頁4161。

〔40〕《舊唐書》卷一百九十中〈文苑傳〉載：員半千"本名余慶，晉州臨汾人"（頁5014）。

〔41〕《宋書》卷一〈武帝紀〉，頁1。

〔42〕《宋書》卷五十一〈宗室傳〉，頁1474。

祖劉凝之，初爲宋起部郎。起部郎，《隋書·百官志》在記述梁代職官制度時稱，尚書省有吏部等郎二十三人，起部郎爲其中之一，又臨時設“起部尚書”，主要任務是“營宗廟宫室則權置之。事畢則省，以其事分屬都官、左户二尚書”[43]。起部職責帶有留守性質。梁是從宋、齊系統發展而來，起部郎當從劉宋承襲，職權範圍也應相當。齊代劉宋後，劉凝之投奔元魏，自比伍員改姓員氏。僅從其終爲“鎮西將軍”，封爵“平凉公”來看，似乎與平凉負樹有關，凝之封爵恰爲負氏郡望所出。半千同樹皆係出平凉，二員（負）有可能同出一系。但這其中卻有很大的疑點。首先，《新唐書》本傳稱十世祖凝之岑仲勉質之，“凝之，生宋、齊間，半千生貞觀初，相去斷無十代”。《野容叢書》云：《嘉祐雜記》記載白水縣民得《員半千墓志》云十八代祖凝之。見本原作“七”，不作“十”，“十”字當傳刻之訛[44]。《姓纂》中六世祖或約與之匹配。第二，《姓纂》中最大的疑點是劉凝之“宋亡，因背劉事魏太武”，齊代劉宋在宋昇明四年（公元479年，即魏太和三年），魏太武是指魏太武帝拓跋燾，這時的太武帝拓跋燾已去世二十八年，凝之何以投之。史稱，員半千“博涉經史，知名河朔”[45]，“羈丱通書史”[46]。在述其祖上時竟有如此之大的失誤，令人不解。岑仲勉推測，“或因‘太和’而訛作‘太武’歟?”[47]太武，爲人名，太和爲年號，如凝之舍人而投奔“魏太和”則難通更增。第三，劉宋漢人奉南朝爲正朔，身爲劉氏宗族的劉凝之卻在投奔元魏異族時自比伍員，並改員姓。依此説來，員姓似乎由凝之首創，那麽實際情况如何?《元和姓纂》引《前凉録》云：

> 安夷人員平、金城人員敞、大夏人員倉景。唐吏部郎中員嘉靖，華陰人。蓋其後也。[48]

邵思《姓解》稱：

> 負，音運。《前凉録》有金城太守負敞。[49]

員敞或即金城太守負敞。大夏人員倉景或作員倉、員景[50]。員姓從十六國時期開始在西北地區有着廣泛的分佈，新疆吐魯番文書中有員姓存在。北凉“趙廣等名籍”：

[43]《隋書》卷二十六〈百官志〉，頁721。

[44]《元和姓纂》卷三，頁381。

[45]《舊唐書》卷一百九十中〈文苑傳〉，頁5014。

[46]《新唐書》卷一百一十二〈員半千傳〉，頁4161。

[47]《元和姓纂》卷三，頁380。

[48]《元和姓纂》卷三，頁380。

[49] 邵思《姓解》卷二百六十九“負”條，叢書集成本，中華書局影印本，頁66。

[50] 岑仲勉“大夏人員倉景，《備要》二九及《類稿》四四引作‘員倉、員景’，分爲兩人”（《元和姓纂》，頁380）。

第一行　趙廣、趙世、負通。[51]

“北凉義和某年負崇辭爲眼痛請免屯守事”：

第一行　義和□□五月廿二日，□□負崇。[52]

負樹平凉一系亦有多人。《嵩顯禪寺碑記》碑陰題名：

第三排十三行部郡從事史負祐，字天念，平凉人。[53]

《南石窟寺》碑陰題名：

第一排二十三行 主簿、平凉負祥。

第二排十一行 部郡從事史、平凉負英。[54]

北魏《君遐碑》碑陰題名：

上段第一行 安子、平凉負獻永。[55]

北京圖書館藏搨本中有一東魏興和三年（公元541年）《負光造像碑》[56]。隋開皇元年（公元581年）涇州《水泉寺李阿昌造像碑》，碑陰供養人題名：

第六 典録、負安和。[57]

隋唐間，吐魯番文書中廣泛分佈着負姓人群。吐魯番地區的負（員）姓人在當地有相當的勢力，不但人數不少，而且還建有家寺。《高昌義和二年（公元615年）七月馬帳》有“員寺黑馬”[58]，《高昌某年衛延紹等馬帳》有“員寺馬”[59]，《高昌某年郡上馬帳》有“員寺黑馬”[60]。《高昌諸寺田畝帳》載：“負寺相歡田□半。”[61]高昌時代的大量佛寺，都是以建立者的姓命名的，高昌大姓張、馬、陰、索等無不有寺，“高昌豪族不但支配政權，同時也支配宗教”[62]。據統計，冠於姓氏的佛寺包括員寺在內有近四十

〔51〕國家文物局古文獻研究室等《吐魯番出土文書》第一册，文物出版社，1981年，頁48。

〔52〕《吐魯番出土文書》第一册，頁126。

〔53〕張維《隴右金石録補》卷一，甘肅省文獻徵集委員會校印，1948年，頁8。該録文第三排原録爲第十二行，缺録一行，今據北京大學圖書館善本室藏藝風堂舊搨校録增爲第十三行。

〔54〕張維《隴右金石録補》卷一，頁10。

〔55〕張維《隴右金石録補》卷一，頁12。

〔56〕北京圖書館金石組編《北京圖書館藏中國歷代石刻搨本彙編》，第六册，頁81。

〔57〕張寶璽《甘肅佛教石刻造像》，甘肅人民美術出版社，2001年，頁171、221。

〔58〕《吐魯番出土文書》第四册，頁160。

〔59〕《吐魯番出土文書》第四册，頁162。

〔60〕《吐魯番出土文書》第四册，頁164。

〔61〕《吐魯番出土文書》第五册，頁171。

〔62〕唐長孺《新出吐魯番文書簡介》，原載《東方學報》，54號，1982年，後收入氏著《山居存稿》，中華書局，1989年，頁325～326。

表十六·1　　吐魯番文書中貟姓統計表

文書名稱	姓名	資料來源
高昌入作人畫師主膠人等名籍	貟頭六子	《文書》二册，頁333
高昌令狐等傳供食帳	員浮達	《文書》三册，頁261
高昌延壽八年（公元631年）銀錢帳	貟延佰	《文書》四册，補頁50
高昌重光二年（公元621年）行馬錢條記	貟延□	《文書》三册，頁271
唐康某等雜器物帳	貟總訓	《文書》六册，頁47
唐□尾尾等雜器物帳	貟申智	《文書》六册，頁56
唐西州高昌縣授田簿	員海佑	《文書》六册，頁246
唐西州高昌縣授田簿	貟何漏	《文書》六册，頁253
唐殘户籍二	員　胡	《文書》六册，頁344
唐憙安等匠人名籍	貟小□	《文書》六册，頁466
武周天册萬歲二年（公元696年）借馬驢食料	貟慈訓	《文書》七册，頁217
唐雷端勝等户主田畝簿	貟　匚	《文書》八册，頁248
唐令狐建行等率皮名籍	貟　鼠	《文書》八册，頁256
唐趙竺都等名籍	貟師奴	《文書》八册，頁391
唐天寶二年（公元743年）高昌縣户等簿帳	貟和子	《文書》八册，頁434
唐天寶二年（公元743年）高昌縣户等簿帳	貟恩寶	《文書》八册，頁434
唐高昌縣户口帳	貟海隆	《文書》八册，頁448
唐馮懷盛等夫役名籍	員伯忠	《文書》八册，頁512
武周隆住等放馬人名籍	貟德威	《文書》九册，頁22

餘寺[63]，稍有實力的家族或大姓都有族寺、姓寺（見表十六·1）。

唐時，貟姓亦在望族之列，敦煌文書S.2052號《新集天下姓望氏族譜》列關内道雍州京兆郡四十姓，員姓在其中[64]。值得關注的是中唐時的員姓已移居京畿附近，同一文書涇州望姓衹有梁、皇甫、席、胡、安等八姓[65]，無員姓。不過，唐時員姓很多

〔63〕池田温《高昌三碑略考》，《三上次男博士喜壽紀念論集·歷史編》，平凡社，1985年，謝重光中譯本載《敦煌學輯刊》，1988年1～2期，頁158。

〔64〕鄭炳林《敦煌地理文書彙輯校注》，甘肅教育出版社，1989年，頁323。

〔65〕鄭炳林《敦煌地理文書彙輯校注》，頁323。

人仍稱望出平凉，員半千被封爵於平凉。史崇《妙門由起序》中稱，員半千爲銀青光禄大夫、崇文館學士、上柱國、平凉縣開國子〔66〕。《大唐新語》則稱半千“纍遷正諫大夫，封平凉郡公”〔67〕。平凉與員姓之間的關聯在唐代仍被人們認同。《梁令詢墓志》載：

夫人平凉員氏，左衛司階之季女也。〔68〕

《李景陽墓志》載：

孀妻平凉員氏。〔69〕

貟嶠一系中有一支在北魏晚期移居南陽，北魏《元顯墓志》云：

息女仲容，年廿，適南陽員彦。父嶠。〔70〕

元顯葬於北魏孝昌元年（公元 525 年）。南陽郡，《魏書·地形志》載屬荆州，領縣十。員彦與元魏宗室通婚，亦表明其地位。南陽員氏沿至唐代亦有傳人。《唐員府君墓志》載：

［前闕失］昔因周文王之後，分郡南陽。〔71〕

雖然員氏在北魏晚期纔移居南陽，卻在追述其祖先來源時要稱“周文王之後，分郡南陽”。與之相類似的情節亦出現在其先人《貟嶠墓志》上，“楚莊王之苗裔”，追及楚莊王或爲與伍員聯繫起來，而員半千則直指伍員。即使溯及伍員亦與楚莊王不同時代。《史記·伍子胥列傳》載：

伍子胥者，楚人也。名員。員父曰伍奢，員兄曰伍尚。其先曰伍舉，以直諫事楚莊王。

《史記索隱》曰：“舉直諫，見《左氏》《楚系家》。有顯，故其後世有名於楚。”〔72〕伍員祖上伍舉曾事楚莊王，其後有名於楚國。

據上所言，貟姓早在十六國時期就流佈於西北諸地，吐魯番地區的貟姓一直延續至唐朝。平凉貟姓當與貟嶠共出一族，並向關中京畿地區移動。貟彦一支徙至豫、鄂交界

〔66〕史崇《妙門由起序》，《全唐文》卷九百二十三，中華書局影印本，頁 9621。

〔67〕劉肅《大唐新語》卷四，許德楠等點校本，中華書局，1984 年，頁 65。

〔68〕羅振玉《邙洛塚墓遺文》卷中，雲窗叢刊本。較新的録文見周紹良等《唐代墓志彙編》，上海古籍出版社，1992 年，頁 1654。

〔69〕河南省文物研究所等《千唐志齋藏志》，下册，文物出版社，1983 年，頁 703；周紹良等《唐代墓志彙編》，頁 1379。

〔70〕趙超《漢魏南北朝墓志彙編》，頁 167。

〔71〕黄本驥《古志石華》卷十六，《石刻史料新編》，石刻史料叢書本，新文豐出版公司，1977 年；周紹良等《唐代墓志彙編》，頁 2016。

〔72〕《史記》卷六十六〈伍子胥列傳〉，頁 2171。

的南陽，直到唐朝亦有傳人。北魏貟祥、貟英、貟祐等人在地方任主簿、部郡從事史等職。依北朝慣例，州郡主要官員由朝廷委派，僚佐則由地方望顯之族充任，往往帶有世襲性質。以往文獻中稱平凉員姓由劉氏改姓而來，矛盾之處已甚多，很容易使人們想到北魏至隋唐門閥制度昌行之時，人們争相攀附望族大姓並以此爲榮。彭城劉氏是一些人追逐的重點，匈奴系劉賢亦曰出自彭城劉氏[73]。貟氏攀附至劉氏宗室亦無法過渡至員姓，又有奔魏自比伍員，改姓員一説。貟嶎墓志更言是“楚莊之苗裔”，不言劉氏改貟姓。類似的舉動，祇有一種解釋，出於門閥制度的需要，貟姓本身是西北當地土著。西北地區有員闊國，《魏書·高祖紀》卷七載：太和元年（公元477年）十二月“甲辰，員闊、吐谷渾國並遣使朝貢”。三年，“十有二月，粟特、州逸、河龔、疊伏羅、員闊、悉萬斤諸國各遣使朝貢”。這個員闊國的具體情況現在尚不清楚，與員姓之間的關係或值得探討，也許員姓人原本出自員闊國，以國爲姓者，北朝、隋唐時甚衆。

（四）五部都統

貟嶎曾祖父爲“石鎮西將軍、五部都統、平昌伯暖吨（旹?）”。

石，似可解爲石趙，其他解釋難通之處頗多，唯石趙一釋暢然。在以往文獻中也有單以“石”字，替代“石趙”的先例。《元和郡縣圖志·關内道》“京兆府雲陽縣”條在述其沿革時稱：

> 本漢舊縣，屬左馮翊，魏司馬宣王撫慰關中，罷縣，置撫夷護軍。及趙王倫鎮長安，復罷護軍。劉、石、苻、姚因之。[74]

《晉書·樂志》亦云：

> 永嘉之亂，海内分崩，伶官樂器，皆没於劉、石。[75]

平昌伯，十六國基本上延續了西晉的封爵制度，有王、公、侯、伯、子、男等六等。所封平昌郡，《魏書·地形志》載：

> （膠州鎮）平昌郡，魏文帝置，後廢，晉惠帝復。[76]

---

〔73〕參見曹訊《北魏劉賢墓志》，《考古》，1984年7期，頁615～621。不但匈奴五部中胡帥冒稱劉氏，甚至連山胡曾役屬於五部，又襲居五部故地，所以在五部滅亡後，還想冒五部酋帥的劉姓，來提高自己的位置（參見周一良《北朝的民族問題與民族政策》，《燕京學報》，第三十九期，後收入氏著《魏晉南北朝史論集》，北京大學出版社，1997年，頁166）。

〔74〕《元和郡縣圖志·關内道》，頁10。

〔75〕《晉書》卷二十三〈樂志〉，頁697。

〔76〕《魏書》卷一百零六中〈地形志〉，頁2546。

《宋書·州郡志》亦載：

> 平昌太守，故屬城陽，魏文帝分城陽立，後省，晉惠帝又立。[77]

二者相同。

鎮西將軍的地位較高，僅次於征東、西、南、北將軍，屬於第二品。

唯“五部都統”一職需要特别討論。五胡亂華以後，北方少數民族入主中原，在制度上華夷雜用，以部落爲單位在此之前已獲得肯定的使用。《晉書·北狄傳》載：

> 建安中，魏武帝始分其部衆爲五部，部立其中貴者爲帥，選漢人爲司馬以監督之。[78]

實際上是按其原有部落劃分，指定首領並選漢人以監督，這是曹操以夷制夷管理匈奴部衆的辦法。推定擔任部帥者爲匈奴劉氏。《晉書·劉元海載記》云：

> 魏武分其衆爲五部，以（劉）豹爲左部帥，其餘部帥皆以劉氏爲之。[79]

仍然採用匈奴人尚左的習俗[80]，以左爲尊，以統其他部衆。劉豹是劉元海之父。十六國時，赫連勃勃投靠後秦姚興後，“頃之，以勃勃爲持節、安北將軍、五原公，配以三交五部鮮卑及雜虜二萬餘落，鎮朔方”[81]。前秦建元三年（公元367年）《鄧太尉祠碑》載：

> 甘露四年十二月二十五日到官。以北接玄朔，給兵三百人，軍府吏屬一百五十人，統和寧戎、鄜城、洛川、定陽五部領屠各，上郡夫施黑羌、白羌，高涼西羌，盧水、白虜、支胡、粟特、苦水雜户七千，夷類十二種。[82]

馮翊護軍所屬五縣地的少數民族部族統以五部領轄，計有屠各、黑白羌、高涼西羌、盧水胡、白虜（鮮卑）、支胡、粟特和苦（苦）水人。“雜户”表示其身份在一般平民之下，“夷類十二種”計少數民族部族數目[83]。《晉書·慕容熙載記》云：

> 引見州郡及單于八部耆舊於東宫，問以疾苦。[84]

州郡與部落之制混合並行於十六國政權之中。北魏鮮卑人更是其初期實行國部制，部落酋長皆稱大人渠帥，其位世襲。《魏書·序紀》云：

---

〔77〕《宋書》卷三十六〈州郡志〉，頁1095。

〔78〕《晉書》卷九十七〈北狄傳〉，頁2548。

〔79〕《晉書》卷一百零一〈劉元海載記〉，頁2645。

〔80〕《史記》卷一百一十〈匈奴列傳〉云：“其坐，長左而北鄉。”《史記正義》云：“其座北向，長者在左，以左爲尊也。”（頁2892～2893）

〔81〕《晉書》卷一百三十〈赫連勃勃載記〉，頁3202。

〔82〕陸增祥《八瓊室金石補正》卷十，希古樓本。此引據馬長壽校訂録文（氏著《碑銘所見前秦至隋初的關中部族》，中華書局，1985年，頁12）。

〔83〕參見馬長壽《碑銘所見前秦至隋初的關中部族》，頁15。

〔84〕《晉書》卷一百二十四〈慕容熙載記〉，頁3105。

統國三十六，大姓九十九，威振北方，莫不率服。（略）始祖請率所部北居長川，賓乃敬從。積十數歲，德化大洽，諸舊部民，咸來歸附。（略）分國爲三部：帝自以一部居東，在上谷北，濡源之西，東接宇文部；以文帝之長子桓皇帝諱猗㐌統一部，居代郡之參合陂北；以桓帝之弟穆皇帝諱猗盧統一部，居定襄之盛樂故城。（略）穆皇帝天姿英特，勇略過人，昭帝崩後，遂總攝三部，以爲一統。〔85〕

《北史·高車傳》載：

道武時分散諸部，唯高車以類粗獷，不任使役，故得別爲部落。（略）文成時，五部高車合聚祭天，衆至數萬，大會走馬，殺牲游遶，歌吟忻忻。其俗稱自前世以來，無盛於此會。〔86〕

這些部落聚居地或依托對象在以後都成爲部族名稱，最後變成姓氏的根據〔87〕。北魏初，圍繞着鮮卑核心的部落人成爲編民。《魏書·官氏志》云：

凡此四方諸部，歲時朝貢。登國初，太祖散諸部落，始同爲編民。〔88〕

總之，“部”是對少數民族部落的一種計量形式，大小不一，多寡有別，一般都有相當規模。北方民族以“部落爲類”，雖然種類繁多，但“皆有部落，不相雜錯”〔89〕。“都統”是一種北方民族自治性質的職官，職位較高。《北史·高車傳》載：

高車無都統、大帥，當種各有君長。〔90〕

其意高車没有都統、大帥之類的唯一領袖，衹是各部落有自己的首領。大帥，作爲北方民族首領由來已久，氐人“漢建安中，有楊騰者爲部落大帥”〔91〕。匈奴人被曹操分爲五部，“部立其貴爲帥”。都統作爲職官，似乎多出現在十六國時期。前秦建元十九年（公元383年），苻堅進攻東晉，“良家子至者三萬餘騎，其秦州主簿金城趙盛之爲建威將軍、少年都統”〔92〕。少年都統，即統轄青年士兵的將領。西秦太初六年（公元391年），

---

〔85〕《魏書》卷一〈序紀〉，頁1～7。

〔86〕《北史》卷九十八〈高車傳〉，頁3272～3273。《魏書·高車傳》佚據《北史》補。

〔87〕姚薇元稱：“胡俗本無姓氏，以部落爲號，因以爲氏。凡一部爲一氏，故胡姓多即其部名。魏初統國三十六，大姓九十九，其後年代稍久，興衰存滅，《官氏志》作者已不能盡知，所載纔一百十八姓。魏伯起撰《魏書》盡用新姓，後世仍之；於是新舊淆亂，真贋莫辨。”（氏著《北朝胡姓考》，科學出版社，1958年，頁4）員姓當在混亂中被淹没，不過《漢書》卷九十六〈西域傳〉下載焉耆之國名下曰“王治員渠城”（頁3917），此員渠與焉耆者，同名異譯，似系Turk語譯義曰新之Yargi之音譯，與匈奴有關（參見白鳥庫吉《匈奴民族考》，何健民中譯本，林幹編《匈奴史論文選集》，中華書局，1983年，頁201～202），不知此員渠是否爲員姓人之所本。

〔88〕《魏書》卷一百一十三〈官氏志〉，頁3014。

〔89〕《北史》卷九十七〈北狄傳〉，頁2549～2550。

〔90〕《北史》卷九十八〈高車傳〉，頁3271。

〔91〕《魏書》卷一百零一〈氐傳〉，頁2227。

〔92〕《晉書》卷一百一十四〈苻堅載記下〉，頁2917。

權千成爲前秦所逼，降於西秦金城王乞伏乾歸，“乾歸以爲東秦州刺史、休官大都統、顯親公”[93]。後涼吕光麟嘉六年（公元394年），封禿發烏孤爲：

假節、冠軍大將軍、河西鮮卑大都統、廣武縣侯。[94]

太初十二年（公元399年）鮮卑疊掘河内率五千户降於西秦，西秦王以河内爲“疊掘都統，以宗女妻之”[95]。《魏書·官氏志》載：

太祖登國元年，因而不改，南北猶置大人，對治二部。是年置都統長。[96]

集中出現在十六國晚期的被封爲都統的人，大體上都有近似的經歷，是某一部族首領，在率部投靠一個新的政權後被封爲“某某都統”，似取都統較原始的含義。都統職位雖有一定差别，統領人數不一，但基本上没有低級職務。

石趙是完全依靠胡人爲基礎建立起來的政權，“號胡爲國人”[97]，胡人爲其基本勢力。從劉元海開始實行大單于制，劉聰至石季龍一直沿襲[98]。《晉書·劉曜載記》云：

置單于臺於渭城，拜大單于。置左右賢王已下，皆以胡、羯、鮮卑、氐、羌豪桀爲之。[99]

石氏採用大單于制統御國人，屬官用各族豪强，自成體系，故能懾服諸部，獲其擁戴。不與漢官雜厠，故能保持其勁悍之風，以供征戰[100]。負𣗳祖以鎮西將軍封平昌伯爵職“五部都統”頗合我們對石趙職官用夷制的考察，並且是一個有相當地位的職務。再者，暖吨（呰?）似乎也是北方民族意味很濃的名稱。這樣，負（員）氏原屬於徙居高平一帶的北方少數民族。

負𣗳父負郎爲“冠軍將軍、涇州刺史、始平侯”。冠軍將軍，不在魏高祖太和年間官爵品級之列，魏世宗初年頒行的品級中爲從第三品，與征虜將軍、中州刺史等屬同品。前者在太和官品中屬於第三品上，較過去有所提高。涇州刺史按中州刺史配置。負郎任涇州刺史年代在太和以前。

自太祖至高祖初，其内外百官屢有减置，或事出當時，不爲常目，如萬騎、飛鴻、常忠、直意將軍之徒是也。

〔93〕《資治通鑒》卷一百零八〈晉紀〉“太元十九年春正月”條，頁3409～3410。

〔94〕《晉書》卷一百二十六〈禿發烏孤載記〉，頁3141。

〔95〕《資治通鑒》卷一百一十一〈晉紀〉“隆安三年四月”條，頁3491。

〔96〕《魏書》卷一百一十三〈官氏志〉，頁2972。

〔97〕《晉書》卷一百零五〈石勒載記〉，頁2735。

〔98〕《晉書》卷一百零五〈石勒載記〉云：“參軍石泰、石同、石謙、孔隆撰《大單于志》。”（頁2736）另參見周一良《乞活考》，《燕京學報》，37期，《魏晉南北朝史論集》，頁27～30。

〔99〕《晉書》卷一百零三〈劉曜載記〉，頁2698。

〔100〕周一良《乞活考》，《魏晉南北朝史論集》，頁29。

魏收在撰寫《魏書》時“舊令亡失，無所依據”[101]。冠軍將軍名號屬此類。張宗之兄鸞旗曾爲冠軍將軍、涇州刺史[102]。始平，屬大縣。《魏書·地形志》載，扶風郡下轄，魏置，晉屬始平。有温泉、新市城[103]。侯爵是第三品，和冠軍將軍、涇州刺史品級相同。

（五）墓志的形制

在最後需要論及的是這塊墓志磚的形制，雖然墓志起源很早，真正定型則是在南北朝時期[104]。在此之前，墓志由於是從地面樹碑發展而來，多襲其形制，甚至在太和年間還存在碑額題款，四面連刻志文[105]。志磚是墓志的最早形式，並在以後廣泛使用，但到北魏這一時期使用志磚者大多爲下層人士[106]。公元6世紀左右，中高級官員基本都用石質墓志，並且在洛陽地區大體形成一定的等級規範[107]。邊鎮地區像負櫟這樣身居刺史一級的高官，仍然使用磚質墓志，稱得上是極爲罕見。由於墓葬發現後即遭破壞，我們無法綜合墓葬規模、形制及隨葬品配置情況來分析這種現象，祇能略作推測。在遠離洛陽的軍鎮，方形石質墓志的使用尚未普及，加之入葬匆忙，受葬儀時間所限以磚代石志。其側面題款顯然是一種古老的做法，透露出在墓志演進過程中的不平衡性，豐富了我們對墓主與墓志形式之間變化的認識。

〔101〕《魏書》卷一百一十三〈官氏志〉，頁2976。

〔102〕《魏書》卷九十四〈閹官傳·張宗之傳〉，頁2019。

〔103〕《魏書》卷一百零六下〈地形志〉，頁2608。

〔104〕參見黄展岳《早期墓志的一些問題》，《文物》，1995年12期，頁51；趙超《中國古代石刻概論》，文物出版社，1997年，頁32～43。另見趙超《古代石刻》，文物出版社，2001年，頁110～140。

〔105〕曹汛《北魏劉賢墓志》，頁612。

〔106〕於此前後磚志的形式多有發現，1958年南京挹江門外老虎山出土永和元年（公元345年）顔謙婦劉氏磚志（南京市文物保管委員會《南京老虎山晉墓》，《考古》，1959年6期，頁288～290）；1962年江蘇鎮江東郊出土兩塊昇平元年（357年）劉剋墓志（鎮江市博物館《鎮江市東晉劉剋墓的清理》，《考古》，1964年5期，頁257）；河南洛陽出土太和元年（公元477年）上官何陰妻劉安妙娥墓志；太和十五年（公元491年）昌鳳磚志（郭玉堂《洛陽出土石刻時地記》，大華書報社，1941年，頁13）；1957年山西曲沃秦村出土太和二十三年（公元499年）李詵墓志（楊富斗《山西曲沃縣秦村發現的北魏墓》，《考古》，1959年1期，頁43）；景明三年（公元502年）趙續生磚銘；正始三年（公元506年）虎洛仁妻孫氏葬磚（端方《陶齋藏石記》卷六）；永平二年（公元509年）元德磚志（趙萬里《魏晉南北朝墓志集釋》卷四），這些磚志的主人基本没有上層人士。

〔107〕參見趙超《試談北魏墓志的等級制度》，《中原文物》，2002年1期，頁56～63。

十七　新獲北周庾信佚文

——北周田弘墓志

田弘，《周書》卷二十七、《北史》卷六十五均有傳〔1〕。史稱："周文接喪亂之際，乘戰争之餘，發跡平凉，撫征關右。於時外虞孔熾，内難方殷，羽檄交馳，戎軒屢駕，終能蕩清逋孽，克固鴻基。雖稟算於廟堂，實責成於將帥。"田弘等"並兼資勇略，咸會風雲，或效績中權，或立功方面，均分休戚，同濟艱危，可謂國之爪牙，朝之禦侮者也"〔2〕。他是一位對北朝晚期歷史有重要影響的人物。1996年，原州聯合考古隊在寧夏回族自治區固原縣南郊鄉大堡村發掘了田弘夫婦合葬墓，出土了包括墓志在内的大量珍貴遺物（圖十六·1）。田弘死後，北周著名文人庾信撰有《周柱國大將軍紇干弘神道碑》（以下簡稱《神道碑》）傳世〔3〕，今又有《田弘墓志》（以下簡稱《墓志》）出土，現以新獲《墓志》爲主，輔以《神道碑》，並參稽史傳，略加考釋，或對於北朝晚期歷史的研究有所益助。

公諱弘，字廣略，原州長城郡長城縣人也。

《周書·田弘傳》載："田弘字廣略，高平人也。"《北史》本傳卷六十五亦同。庾信《神道碑》亦稱其爲"原州長城縣人也"。《魏書·地形志下》載："原州，太延二年置鎮，正光五年改置，並置郡縣。治高平城。領郡二，縣四。高平郡，領縣二：高平、里亭。長城郡，領縣二：黄石、白池。"〔4〕其中衹有長城郡並無長城縣。《隋書·地理志上》"平凉郡"條載："百泉，後魏置長城郡及黄石縣，西魏改黄石爲長城。"〔5〕所謂長城縣

〔1〕《周書》卷二十七〈田弘傳〉，頁449～450；《北史》〈田弘傳〉卷六十五，頁2314～2315。《北史》田弘傳大體較《周書》爲略，此以《周書》爲主。以下所引均不再一一注明頁碼。

〔2〕《北史》卷六十五〈田弘傳〉"史臣曰"，頁2315。

〔3〕《庾子山集注》卷十四《周柱國大將軍紇干弘神道碑》，第三册，許逸民校點本，中華書局，1980年，頁834～852。本文所引《神道碑》基本依許氏校點本，個别字依《文苑英華》卷九百零五改（中華書局影印本，1982年，頁4761～4763），以下所引《神道碑》不再一一注明頁碼。

〔4〕《魏書》卷一百零六下〈地形志下〉，頁2622。

〔5〕《隋書》卷二十九〈地理志上〉，頁812。

圖十七·1　北周田弘墓志（揭本）

是由西魏時期的黄石縣改置。《太平寰宇記》載：廢帝二年（公元553年），改爲長城縣[6]。長城郡與長城縣當屬一地，《隋書·地理志》亦云，長城郡，開皇初郡廢，大業初改爲百泉[7]。其具體位置，據《元和郡縣圖志·關内道三》“原州”條載：“百泉縣，上。西至州九十里。本漢朝那縣地，故城在今縣理西四十五里。後魏孝明帝於今縣西南

〔6〕樂史《太平寰宇記》卷三十三“原州”條，金陵書局光緒刻本，下同，頁5。

〔7〕《隋書》卷二十九〈地理志〉，頁812。

圖十七·2　唐紇干夫人墓志（搨本）

（採自《千唐志齋藏志》，1983年，頁1183）

陽晉川置黄石縣，隋煬帝改爲百泉縣，武德八年移於今所”〔8〕。以此里距推知，黄石縣（即後長城縣）治地當在今寧夏回族自治區彭陽縣紅河鄉。據考古工作者調查彭陽縣境有戰國秦長城遺址多處〔9〕，長城郡、縣之名或由此而來。

本姓田氏，七族之貴，起於沙麓之峁；五世其昌，基於鳳皇（凰）之繇。

《神道碑》亦稱其“本姓田氏”。此針對弘當時姓而言，《神道碑》題銜爲周柱國大

〔8〕李吉甫《元和郡縣圖志》卷三〈關内道三〉，頁59～60。

〔9〕寧夏回族自治區博物館等《寧夏境内戰國秦漢長城遺蹟》，載文物編輯委員會編《中國長城遺蹟調查報告集》，文物出版社，1981年，頁45～51。

將軍紇干弘神道碑，紇干弘即田弘，《墓志》則作“大周少師柱國大將軍雁門襄公墓志銘”。史載紇干之姓屬賜姓，《周書》本傳：“從太祖復弘農，戰沙苑，解洛陽圍，破河橋陣，弘功居多，纍蒙殊賞，賜姓紇干氏”。《北史》本傳簡稱：“纍功賜姓紇干氏。”其後人《唐紇干夫人墓志》載：“十二代祖諱弘，事周有勳，策拜司空，襄、蔡六州節度使，封雁門公，仍賜姓紇干氏。”“初，《官氏志》有紇干，與後魏同出於武川，孝文南遷洛陽，改爲干氏。逮周氏之賜，則與彼殊途，實以司空才冠一時，盡忠王業，虜言‘紇干’夏言‘依倚’，爲國家之依倚”〔10〕（圖十七·2）。《魏書·官氏志》“内人諸姓”載：“紇干氏，後改爲干氏。”〔11〕林寶《元和姓纂》“十一没”條稱：紇干代人，孝文帝改爲干氏〔12〕。紇干氏與乞伏鮮卑有密切關聯。《晉書·乞伏國仁載記》云：

乞伏國仁，隴西鮮卑人也。在昔存如弗（與）斯（引）、出連、叱盧三部，自漠北南出大陰山，遇一巨蟲於路，狀若神龜，大如陵阜，乃殺馬而祭之，祝曰：“若善神也，便開路；惡神也，遂塞不通。”俄而不見，仍有一小兒在焉。時又有乞伏部有老父無子者，請養爲子，衆咸許之。老父欣然自以有所依憑，字之曰紇干。紇干者，夏言依倚也。〔13〕

如弗即乞伏，乞伏等四部統主名爲紇干。紇干是鮮卑語，漢語的意思是“依倚”。雖然乞伏鮮卑的“開國神話，未盡可信；然據此可窺見西秦之初，由四部聯合而起，其一乃乞伏部也”〔14〕。《十六國春秋·西秦録》嘗言：“乞伏部老父無子者，請養爲子，衆許之。(略)，字曰紇干，紇干，華言依倚也，後因爲氏。”〔15〕紇干原爲一山名。《北夢瑣言》載：唐昭宗流亡洛陽，

既入華州，百姓呼萬歲，帝泣謂百姓曰：“百姓勿唱萬歲，朕無能與爾等爲主也”。沿路有“思帝鄉”之詞，乃曰：“紇干山頭凍殺雀，何不飛去生樂處？况我

〔10〕《唐故李氏（克諧）夫人河南紇干氏墓志並序》，以下簡稱《唐紇干夫人墓志》，載河南省文物研究所等編《千唐志齋藏志》下册，文物出版社，1983年，頁1183。録文載周紹良、趙超《唐代墓志彙編》下册，上海古籍出版社，1992年，頁2453；吴剛主編《全唐文補遺》第一輯，三秦出版社，1993年，頁408～409。

〔11〕《魏書》卷一百一十三〈官氏志〉，頁3010。

〔12〕林寶《元和姓纂（附四校記)》卷十，第二册，頁1525。

〔13〕《晉書》卷一百二十五〈乞伏國仁載記〉，3113頁。文中括號内的“與”、“引”二字，據標點本校勘記補引。《古今姓氏書辨證》三十七引《西秦録》“有乞伏氏與斯引氏自漠北出陰山”。周偉洲稱：“據上引文可知，原漠北有四個部落：如弗（乞伏）、斯引、出連、叱盧。從漠北南出大陰山（今内蒙古陰山山脉)”（氏著《南凉與西秦》，陝西人民出版社，1987年，頁113）。

〔14〕姚薇元《北朝胡姓考》〈内篇〉第三“内人諸姓·扶氏”條，頁108。

〔15〕鄧名世《古今姓氏辨證》卷三十七“紇干氏”條引《西秦録》，頁519。

此行悠悠，未知落在何所”。言訖，泫然流涕。[16]

紇干山亦作紇真山[17]。紇真山位於唐時雲中縣。《元和郡縣圖志》“雲州雲中縣”條記：“紇真山在縣東三十里。虜語紇真，漢言三十里。其山夏積霜雪。”[18]三十里或爲千里誤[19]。墓志無載其賜姓之事，或以爲與乞伏部有聯繫，乞伏部紇干，

四部服其雄武，推爲統主，號之曰乞伏可汗託鐸莫何。託鐸者，言非神非人之稱也。其後有祐鄰者，即國仁五世祖也。泰始初，率户五千遷於夏緣，部衆稍盛。鮮卑鹿結七萬餘落，屯於高平川，與祐鄰迭相攻擊。鹿結敗，南奔略陽，祐鄰盡併其衆，因居高平川。祐鄰死，子結權立，徙於牽屯。[20]

高平川即今之固原清水河[21]，牽屯即牽屯山（今之六盤山）[22]。田弘之祖上可能隨徙高平，田姓可能屬其昌姓。北周盛行複姓、賜姓，有的所謂“賜姓”實際就是“複姓”，如李穆賜姓搶拔氏[23]，其實根據新獲其兄《李賢墓志》記載，其祖上即爲鮮卑“建國搶拔，因以爲氏”[24]。田弘之祖上或出鮮卑乞伏部，被賜姓“紇干”，寓意“依倚”。周太祖云：“人人如紇干弘盡心，天下豈不早定。”[25]五世其昌，基於鳳凰之繇。《左傳》莊公二十二年：陳公子完奔齊，

初，懿氏卜妻敬仲，其妻占之，曰：“吉。是謂鳳凰于飛，和鳴鏘鏘，有嬀之後，將育於姜。五世其昌，並於正卿。八世之後，莫之與京”。（略）及陳之初亡

---

〔16〕孫光憲《北夢瑣言》卷十五，叢書集成本，頁 123。《新五代史》卷二十一〈寇彦卿傳〉載：“太祖迫昭宗遷都洛陽，昭宗彷徨不忍去，謂左右爲俚語云：‘紇干山頭凍死雀，何不飛去生樂處?’相與泣下霑襟”（中華書局本，頁 220）。

〔17〕參見《太平御覽》卷四十五〈地部〉“紇真山”條引《郡國志》云：“夏恒積雪，故彼人語曰：紇真山頭凉死雀，何不飛去生處樂?”頁 216。

〔18〕李吉甫《元和郡縣圖志》卷十四〈河東道三〉，頁 401。

〔19〕樂史《太平寰宇記》卷五十一〈河東道朔州鄯陽縣〉引楊果《冀州圖》作“虜語紇真，華言千里”。

〔20〕《晉書》卷一百二十五〈乞伏國仁載記〉，3113 頁。

〔21〕酈道元《水經注》卷二〈河水注〉載：高平川水“東北流逕高平縣故城東，漢武帝元鼎三年，安定郡治也”（陳橋驛校注本，上海古籍出版社，1990 年，頁 42）。高平縣故城即今寧夏固原城，高平水川即流經城東之清水河。

〔22〕牽屯山在高平縣境，杜佑《通典·州郡典三》“平高縣”條注云：“漢高平縣有笄頭山，語訛亦曰汧屯山。”（頁 4521）牽屯山當係汧屯山之語訛，即今之六盤山。

〔23〕《周書》卷三十〈于翼傳附李穆傳〉，頁 528。據該書校勘記云：“賜姓拓拔氏，諸本‘拓’作‘搶’“殿本依北史改。”（頁 534）據李賢墓志此屬誤改，“拓”“搶”屬兩字（參見陳連慶《中國古代少數民族姓氏研究》，吉林文史出版社，1993 年，頁 93）。

〔24〕參見寧夏回族自治博物館等《寧夏固原北周李賢夫婦墓發掘簡報》，《文物》，1985 年 11 期，頁 1～20，附《李賢墓志》，頁 22。録文誤爲“拓拔”，今據志石改。

〔25〕《庾子山集》，頁 838。

也，陳桓子始大於齊。其後亡也，成子得政。[26]

杜預注：“成子，田常也，敬仲八世孫。”意其爲田氏之後。田氏有齊國後，世稱王。漢興齊國亡。王安之後，“齊人稱‘王家’，因以爲氏”，漢武帝時，王翁孺因罪免“仍徙魏都元城委粟里，爲三老，魏郡人德之。元城建公曰：‘昔春秋沙麓崩，晉史卜之，曰：陰爲陽雄，土火相乘，故有沙麓崩。後六百四十五年，宜有聖女興。其齊田乎！今王翁孺徙，正直其地，日月當之。元城郭東有五鹿之虛，即沙鹿地也。後八十年，當有貴女興天下。’云”[27] 此借元城老者之口道出元后之興的必然，李奇注卜相云：“此龜繇文也。陰，元后也。陽，漢也。王氏舜后，土也。漢，火也。故曰土火相乘，陰盛而沙麓崩。”張晏注云：“陰數八，八八六十四。土數五，故六百四十五歲也。《春秋》僖十四年，沙麓崩，歲在乙亥，至（哀帝元壽二年）哀帝崩，元后始攝政，歲在庚申，沙麓崩後六百四十五歲。”[28]《墓志》借此意寓齊田起於魏郡沙麓。

千秋陳父子之道，人主革心；延年議社稷之計，忠臣定策。

田千秋，漢武帝時丞相，因得可乘小車入宫殿之優待，故名車千秋，“千秋爲高寢郎，會衛太子爲江充所譖敗，久之，千秋上急變訟太子冤，曰：‘子弄父兵，罪當笞；天子之子過誤殺人，當何罪哉！臣嘗夢見一白頭翁教臣言’。是時，上頗知太子惶恐無他意，乃大感寤，召見千秋。至前，千秋長八尺餘，體貌甚麗，武帝見而説之，謂曰：‘父子之間，人所難言也，公獨明其不然。此高廟神靈使公教我，公當遂爲吾輔佐’。立拜千秋爲大鴻臚”[29]。田延年，漢朝酷吏，霍光屬下，議社稷之計爲昌邑王劉賀之事。“賀者，武帝孫，昌邑哀王子也。既至，即位，行淫亂。光憂懣，獨以問所親故吏大司農田延年。延年曰：‘將軍爲國柱石，審此人不可，何不建白太后，更選賢而立之？’光曰：‘今欲如是，於古嘗有此否？’延年曰：‘伊尹相殷，廢太甲以安宗廟，後世稱其忠。將軍若能行此，亦漢之伊尹也。’光乃引延年給事中，陰與車騎將軍張安世圖計。”[30]“與公卿議廢之，莫敢發言，延年按劍，廷叱群臣，即日議决”。“宣帝即位，延年以决疑定策封陽成侯。”[31]

公以星辰下降，更稟精靈，山岳上昇，偏承秀氣。

《周書》本傳稱其：“少慷慨，志立功名，膂力過人，敢勇有謀略。”《神道碑》云：

---

〔26〕《春秋左傳集解》第三，上海人民出版社，標點本，1977 年，下同，頁 180～183.

〔27〕《漢書》卷九十八〈元后傳〉，頁 4014。

〔28〕《漢書》卷九十八〈元后傳〉，頁 4014。

〔29〕《漢書》卷六十六〈車千秋傳〉，頁 2883～2884。

〔30〕《漢書》卷六十八〈霍光傳〉，頁 2937。

〔31〕《漢書》卷九十〈酷吏傳〉，頁 3665。

“公以胎教之月，歲德在寅；載誕之辰，星精出昴。是以月中生樹，童子知言；水上浮瓜，青衿不戲。而受書黄石，意在王者之圖；揮劍白猿，心存霸國之用。”

淮陰少年，既知習勇；潁川月旦，即許成名。

“淮陰少年”，即漢之大將韓信。信，淮陰人，年少曾受胯下之侮[32]，後終成大業。“潁川月旦”，指東漢許劭、許靖。許劭“少峻名節，好人倫，多所賞識”。“初，劭與靖俱有高名，好共覈論鄉黨人物，每月輒更其品題，故汝南俗有‘月旦評’焉”[33]。

永安中，從隴西王入征，即任都督。

《周書》本傳云：“魏永安中，陷於万俟醜奴。爾朱天光入關，弘自原州歸順，授都督。”《北史》本傳亦云：“初陷万俟醜奴。爾朱天光入關，弘自原州歸順。”正光末年，高平人胡琛、莫折太提舉行暴動後，胡琛被誘殺，万俟醜奴繼任首領。建義元年（公元528年），“高平鎮人万俟醜奴僭稱大位，署置百官”[34]。響應者甚衆，陷於万俟醜奴則是一種婉轉的説法，實際上田弘勇謀過人，從鎮民暴動當屬情理之中。朝廷遣雍州刺史爾朱天光征討，志中隴西王即爾朱天光[35]。《鞏賓墓志》亦稱其“永安二年，從隴西王爾朱天光入關，任中兵參軍，内決機籌，外總軍要”[36]。《神道碑》曰：“魏永安中，任子都督，翻原州城，受隴西王節度。”此從《墓志》田弘所任爲都督。《魏書·官氏志》載：“永安已後，遠近多事，置京畿大都督，復立州都督，俱總軍人。”[37]永安中，爾朱天光並未封隴西王。

永熙中，奉迎魏武帝遷都，封鶉陰縣開國子，轉帥都督，進爵爲公。

《神道碑》亦作：“永熙中，奉迎魏武入關，封鶉陰縣開國子，邑五百户。”《周書》本傳云：“又以迎魏孝武功，封鶉陰縣子，邑五百户。”永熙三年（公元534年），高歡率兵越黄河，直逼洛陽。《魏書·廢出三帝紀》云：“帝親總六軍十餘萬衆次於河橋。”[38]高歡引軍東渡，宇文泰迎帝於東陽，入長安，以雍州公廨爲宫。迎奉魏孝武帝入關，田弘似李賢部屬。《周書·李賢傳》載：“魏孝武西遷，太祖令賢率騎兵迎衛。時山東之衆，多欲逃歸。帝乃令賢以精騎三百爲殿，衆皆憚之，莫敢亡叛。封下邽縣公，邑一千户。”[39]田弘

〔32〕參見《漢書》卷三十四〈韓信傳〉，頁1861。

〔33〕《後漢書》卷六十八〈許劭列傳〉，頁2234～2235。

〔34〕《魏書》卷十〈孝莊帝紀〉，頁259。

〔35〕參見《魏書》卷十一〈前廢帝紀〉，頁276；《魏書》卷七十五《爾朱天光傳》，頁1673。

〔36〕趙萬里《漢魏南北朝墓志集釋》，圖版三九二，科學出版社，1956年。

〔37〕《魏書》卷一百一十三〈官氏志〉，頁3004。《通典》卷三十三〈職官典〉，在其後亦云“立府置佐”，頁893。

〔38〕《魏書》卷十一〈廢出三帝紀〉，頁291。

〔39〕《周書》卷二十五〈李賢傳〉，頁415。

或以此功封鶉陰縣子，邑五百户。《魏書·地形志》“平凉郡”條云：“鶉陰，郡治”，“有瓦亭、涇陽、平凉城”[40]。《通典·職官典》“後周官品”條云：正六命，子爵[41]。其食邑並無定數，在二百户至兩千户之間[42]。轉帥都督，進爵爲公，《神道碑》記其在大統三年（公元536年）。《通典·職官典》云：“後周又有大都督、帥都督、都督。”[43]西魏大統中，始以大都督、帥都督、都督領鄉兵[44]。縣公，命數未詳，“非正九命則當九命爾”[45]。

太祖文皇帝始用勤王之師，將有兵車之會。公於高平奉見，即陳當世之策。太祖喜云：“吾王陵來矣。”

有“兵車之會”。東漢初年，隗囂割據，光武帝劉秀親征。建武八年（公元32年）“閏月，帝自征囂，河西（太守）[大將軍]竇融率五郡太守與車駕會高平”[46]。此喻宇文泰於原州討侯莫陳悦。宇文泰領兵討侯莫陳悦當在永熙三年（公元534年），其年“三月，太祖進軍至原州。衆軍悉集，諭以討悦之意，士卒莫不懷憤”[47]。田弘於此時奉見宇文泰。王陵，西漢高祖時大臣，初不肯追隨劉邦，史稱其“好直言”，反對吕后一系爲王。宇文泰稱其“吾王陵來矣”，可能喻王陵“本無從漢之意”[48]，後又尾隨劉邦。《神道碑》稱：“太祖以自著鐵甲賜公，云：‘天下若定，還將此甲示寡人。’”[49]當在同時。《周書》本傳云：“及太祖初統衆，弘求謁見，乃論世事，深被引納，即處以爪牙之任。”

天水有大隴之功，華陽有小關之捷。

宇文泰欲破侯莫陳悦，“軍出木峽關，大雨雪，平地二尺。太祖知悦怯而多猜，乃倍道兼行，出其不意”。悦“聞大軍且至，退保略陽，留一萬餘人據守水洛。太祖至水洛，命圍之，城降”。其部下“勸悦退保上邽以避之”，南秦州刺史李弼爲宇文泰内應，“太祖縱兵奮擊，大破之，虜獲萬餘人，馬八千匹”。宇文導“至牽屯山追及悦，斬之”[50]。田弘當參加此役。

[40]《魏書》卷一百零六下〈地形志〉，頁2619。
[41]《通典》卷三十九〈職官典二十一〉“後周官品”條，頁1065。
[42] 參見王仲犖《北周六典》卷八，下册，中華書局，1980年，頁555～556所引史籍、碑志。
[43]《通典》卷三十二〈職官典十四〉“都督”條，頁894。
[44] 參見王仲犖《北周六典》卷九，下册，頁580。
[45] 王仲犖《北周六典》卷九，下册，頁548。
[46]《後漢書》卷一〈光武帝紀下〉，頁53。
[47]《周書》卷一〈文帝紀上〉，頁8。
[48] 參見《漢書》卷四十〈王陵傳〉，頁2045～2047。
[49]《周書》本傳云：“太祖常以著鐵甲賜弘云：‘天下若定，還將甲示孤也。’”
[50]《周書》卷一〈文帝紀上〉，頁9。

西魏大統三年，東魏遣其將竇泰出兵潼關，宇文泰率兵出戰。“癸丑旦，至小關，竇泰卒聞軍至，惶懼，依山爲陣，未及成列，太祖縱兵擊破之，盡俘其萬衆餘人，斬泰，傳首長安。”[51]

襄城則不傷噍類，高壁則不動居民。併轡援桴，飛雞燧象。雖以决勝爲先，終取全軍爲上。

《漢書·高帝紀上》載：“項羽爲人慓悍禍賊，嘗攻襄城，襄城無噍類，所過無不殘滅。”如淳注：“無復有活而噍食者也。青州俗呼無孑遺爲無噍類。”[52]可能用此典來喻北周攻克襄城事。《周書·文帝紀下》載，西魏大統四年（公元538年），東魏大將侯景攻陷廣州，後西魏“都督襲廣州，拔之。自襄、廣以西城鎮復内屬”[53]。襄城即今河南襄城縣城關[54]。劉志“齊神武舉兵入洛，魏孝武西遷。志據城不從東魏，潛遣間使，奉表長安”。“後齊神武遣兵攻圍，志力屈城陷，潛遁得免。”“志糺合義徒，舉廣州歸國。”[55]《高湛墓志》亦載：“天平之始，襄城阻命，君文武兩兼，忠義奮發，還城斬將，鑾左同歸。朝廷嘉其能，縉紳服其義。”“臨難殉軀，奄從非命。”元象元年（公元538年）正月廿四日終於家，春秋四十三[56]。

周建德五年（公元576年），周武帝宇文邕率軍至晉州。“甲寅，齊主遣其丞相高阿那肱守高壁。帝麾軍直進，那肱望風退散。”[57]“不動居民”或指高壁戰後。“飛雞燧象”，亦爲兩種火攻戰術。《太平御覽》引《晉中興書》云：晉代殷浩燃“乃取百雞，以長繩連之脚，皆繫火，一時驅放，群雞駭散飛過，塹集羌營，因其驚亂，縱兵擊之”[58]。春秋時，楚昭王燃火炬繫於象尾，群象驚奔，遂退吴國軍隊。或指戰争中不擇手段，目的是全勝爲上。

大統十四年，授持節、都督原州諸軍事、原州刺史。

志稱授持節、都督原州諸軍事，《神道碑》稱：“大統十四年，授使持節、都督原州諸軍事、原州刺史。”持節與使持節稍有不同。《宋書·百官志》載：“前漢遣使，始有持節。”“魏文帝黄初二年，始置都督諸州軍事，或領刺史。”“晉世則都督諸軍爲上，監諸軍次之，督諸軍爲下，使持節爲上，持節次之，假節爲下。使持節得殺二千石以下；持節

〔51〕《周書》卷二〈文帝紀下〉，頁22。

〔52〕《漢書》卷一〈高帝紀上〉，頁16～17。

〔53〕《周書》卷二〈文帝紀下〉，頁26。

〔54〕參見王仲犖《北周地理志》卷五，中華書局，1980年，頁440。

〔55〕《周書》卷三十六〈裴果傳附劉志傳〉，頁649。

〔56〕趙超《漢魏南北朝墓志彙編》，天津古籍出版社，1992年，頁332～333。

〔57〕《周書》卷六〈武帝紀下〉，頁97。

〔58〕《太平御覽》卷九百一十八引〈晉中興書〉，頁4071。

殺無官位人，若軍事得與使持節同。"[59]西魏制度或略同。原州是宇文泰起家之根據地，授原州刺史者多爲宇文之親信。大統八年（公元542年），李賢授原州刺史[60]。大統九年，蔡祐授青州刺史，轉原州刺史[61]。

雖爲衣錦，實曰治兵。乞留將軍，非但南部將校；争迎州牧，豈直西河童子。又增封一千三百户。

《神道碑》云："仙人重返，更入桂陽之城；龍種復歸，還尋白沙之路。公此衣錦，鄉里榮之。"田弘爲原州刺史，"如蘇君之復返桂陽，龐奂之還歸襄水也"[62]。《周書》本傳稱："以弘勳望兼至，故以衣錦榮之。"《史記·項羽本紀》載，項羽思東歸，曰："富貴不歸故鄉，如衣繡夜行。"[63]雖爲衣錦還鄉，實所爲軍事之需。東漢郭伋"在并州，素結恩德，及後入界，所到縣邑，老幼相攜，逢迎道路。所過問民疾苦，聘求耆德雄俊，設几杖之禮，朝夕與參政事。始至行部，到西河美稷，有童兒數百。各騎竹馬，道次迎拜。伋問'兒曹何自遠來'。對曰：'聞使君到，喜，故來奉迎。'伋辭謝之"[64]。食邑在前五百户上，又增封一千三百户。

侍從太祖，平竇軍，復恒（弘）農，破沙苑，戰河橋，經北芒（邙），月暈星眉，看旗聽鼓。是以决勝千里，無違節度。

追述大統十三年(公元547年)以來田弘所經戰事。宇文泰在小關將竇泰軍擊敗，斬首。率李弼、獨孤信等十二將東伐，"至弘農。東魏將高干、陝州刺史李徽伯拒守。於時連雨，太祖乃命諸軍冒雨攻之。庚寅，城潰，斬徽伯，虜其戰士八千"。"冬十月壬辰，至沙苑，距齊神武軍六十餘里"。"兵將交，太祖鳴鼓，士皆奮起。(略)大破之，斬六千餘級，臨陣降者二萬餘人"。大統四年，東魏將侯"景等北據河橋，南屬邙山爲陣，與諸軍合戰。太祖馬中流矢，驚逸，遂失所之，因此軍中擾亂。都督李穆下馬授太祖，軍以復振，於是大捷"[65]。以上戰鬥事關西魏政權存亡，著名將領均曾參加，"平竇軍、復弘農、破沙苑、戰河橋"，幾乎成爲追述一些將軍經歷的定式範語，出現在許多傳記、墓志之中。

乃授使持節、車騎大將軍、儀同三司。

《周書》本傳云："太祖在同州，文武並集，乃謂之曰：'人人如弘盡心，天下豈不

[59]《宋書》卷三十九〈百官志上〉，頁1225。
[60]《周書》卷二十五〈李賢傳〉，頁416。
[61]《周書》卷二十七〈蔡祐傳〉，頁444。
[62]《庾子山集》倪璠注〔1〕，頁838。
[63]《史記》卷七〈項羽本紀〉，頁315。
[64]《後漢書》卷三十一〈郭伋傳〉，頁1092～1093。
[65]《周書》卷二〈文帝紀下〉，頁22～25。

早定。’即授車騎大將軍、儀同三司。”《神道碑》稱：“其必有元勳。常蒙別賞。太祖在同州，文武並集，號令云：‘人人如紇干弘盡心，天下豈不早定’。即授車騎大將軍、儀同三司。”此以後地名述前事，華州，魏廢帝三年（公元 554 年）改置州郡時纔改爲同州〔66〕。宇文泰輔政西魏，多居同州，胡三省《通鑒》注謂，其地扼關河之要，齊人來侵，便於接應〔67〕。大統十四年（公元 548 年）夏五月，宇文泰還華州〔68〕。田弘陞遷當在此後，田弘一年間兩次陞職，可見其“常蒙別賞”並非誑語。車騎大將軍、儀同三司即後來正九命〔69〕。

尋而金墉阻兵，軹關須援，賜以白虎之詔，馳以追鋒之車。武安君來，即勇三軍之氣，長平侯戰，果得壯士之心。

《周上柱國齊王憲神道碑》載：宇文憲“保定四年，與大司馬蜀國公圍金墉城”〔70〕。金墉城在今河南洛陽市東北。《周書·齊煬王憲傳》亦云：保定中，“及晉公護東伐，以尉遲迥爲先鋒，圍洛陽。憲與達奚武、王雄等軍於邙山。自餘諸軍，各分守險要。齊兵數萬，奄出軍後，諸軍恇駭，並各退散。唯憲與王雄、達奚武率衆拒之”〔71〕。同年，“大軍圍洛陽，詔（楊）檦率義兵萬餘人出軹關”。軹關，在今河南濟源西北，當豫、晉交通要衝。楊檦輕敵，深入敵境又無設防，“齊人奄至，大破檦軍。檦以衆敗，遂降於齊”〔72〕。田弘當是奉詔增援，三國魏景初二年（公元 238 年）詔帝（司馬懿）“便道鎮關中；及次白屋；有詔召帝，三日之間，詔書五至。手詔曰：‘間側息望到，到便直排閤入，視吾面。’帝大遽，乃乘追鋒車晝夜兼行，自白屋四百餘里，一宿而至”〔73〕。封武安君者甚衆，李牧、蘇秦、白起等均曾封武安君，此或指趙將李牧。《史記·廉頗藺相如列傳》載：“李牧者，趙之北邊良將也。常居代雁門，備匈奴。”匈奴每入，李牧收保不戰，趙王怒，使人代牧。後匈奴每進，戰爭不利，邊無寧日。“復請李牧”。“李牧至，如故約。”“單于聞之，大率衆來入。李牧多爲奇陳，張左右翼擊之，大破殺匈奴十餘萬騎。”“其後十餘歲，匈奴不敢近趙邊城。”封李牧爲武安君〔74〕。以喻田弘出現在關鍵時刻。長平侯即衛青，衛青“出雲中以西至高闕。遂略河南地，至於隴西，捕首虜數千，

〔66〕《周書》卷二〈文帝紀下〉，頁 34。
〔67〕王仲犖《北周地理志》卷五，頁 55。
〔68〕《周書》卷二〈文帝紀下〉，頁 31。
〔69〕參見《周書》卷二十四〈盧辯傳〉，頁 404。
〔70〕《庾子山集注》，頁 737。
〔71〕《周書》卷一十二〈齊煬王憲傳〉，頁 188。
〔72〕《周書》卷三十四〈楊檦傳〉，頁 593。
〔73〕《晉書》卷一〈宣帝紀〉，頁 13。
〔74〕《史記》卷八十一〈廉頗藺相如列傳〉，頁 2449～2451。

畜數十萬，走白羊、樓煩王。遂以河南地爲朔方郡。以三千八百户封青爲長平侯”[75]。

魏前元年，遷驃騎將軍，開府梁漢之南，岷江以北，西窮綿竹，東極夷陵，補置官人，隨公處分，加侍中。

《神道碑》云：“前魏元年，轉驃騎大將軍開府。祁連猶遠，即受冠軍之侯，沙幕未開，元置長平之府。”《志》《碑》驃騎將軍、驃騎大將軍，尚差一階。田弘原爲車騎大將軍、儀同三司，到驃騎大將軍，開府，雖然依西魏官品制度同在一階，但實際上仍有較大的差距，《神道碑》稱“轉”可能考慮二者同屬一階，《墓志》稱“遷”當以實際情況爲依據。雖然驃騎將軍比車騎大將軍低一級，但陞遷可能針對“開府”而言。驃騎將軍配開府，在《唐乙速孤神慶碑》上也有相類似的情況：“祖安齊前鋒都督，周右武侯右六府驃騎將軍、開府儀同三司”[76]。唐長孺曾質之曰：“在軍號上我想他漏掉一個‘大’字，在周代驃騎將軍是不能與開府相結合的。”[77]《墓志》即稱“遷驃騎將軍”，我想也可能是漏了一個“大”字。這種推測有《神道碑》可作佐證。驃騎大將軍、車騎大將軍是否有統屬關係，或正副關係，或者屬並行設府，學術界多有争論[78]。《周書》本傳記：“魏廢帝元年，加驃騎將軍、開府儀同三司。”廢帝元年即公元552年，此時將軍開府仍是一件相當重要的事。“西魏大統八年，宇文仿周典，作六軍，合爲百府。”[79]“初置府，不滿百，每府有郎將主之。而分屬二十四軍。每軍以開府一人將焉。每二開府屬一大將軍，二大將軍屬一柱國大將軍，仍加號使持節大都督以統之。”[80]開府將軍的開府地，早已引起人們的特別關注[81]。田弘雖爲原州刺史，但其開府地卻在漢州之南（今四川德陽），岷江以北，西至綿竹[82]（今四川綿竹），東到夷陵[83]。這是一條非常值得重視的材料，首次表明開府將軍的具體開府範圍。“補置官人，隨公處分”，沿用魏以來開府置佐的舊制。《魏書·官氏志》神䴥元年（公元428年）詔即云：“諸征鎮大將依品開府，以置佐吏。”[84]開府所置佐僚有開府長史、司馬、司録、正六命；開府

〔75〕《史記》卷一百一十一〈衛將軍驃騎列傳〉，頁2923。

〔76〕王昶《金石萃編》卷六十一，上海掃葉山房本，1921年，頁4。

〔77〕唐長孺《魏周府兵制度辯疑》，氏著《魏晉南北朝史論叢》，生活·讀書·新知三聯書店，1978年，頁274。

〔78〕參見《魏晉南北朝史論叢》，頁268；谷霽光《府兵制度考釋》，上海人民出版社，1978年，頁53～54。

〔79〕《玉海》卷一百三十七引《後魏書》，江蘇古籍出版社，上海書店影印本，1988年，下同，頁2559。

〔80〕《玉海》卷一百三十八引李泌《鄴侯家傳》，頁2569。

〔81〕參見谷霽光《府兵制度考釋》，頁59～60。

〔82〕漢州依《禹貢》其在梁州之域，所以稱“梁漢，綿竹縣屬漢州轄”。參見《元和郡縣圖志》卷三十一〈劍南道上〉，頁777～778。

〔83〕夷陵，“周武帝以州居三峽之，因改名硤州”。《元和郡縣圖志》卷一〈闕卷逸文〉，“山南道”，頁1053～1054。

〔84〕《魏書》卷一百一十三〈官氏志〉，頁2975。

府列曹參軍，右四命；開府府參軍，右三命[85]。其開府者又加侍中[86]。《周書·文帝紀下》載：西魏廢帝元年“夏四月，達奚武圍南鄭，月餘，梁州刺史、宜豐侯蕭循以州降”[87]。田弘當隨達奚武南下伐蜀。《周書·李遷哲傳》載：“魏恭帝初，直州人樂熾、洋州人田越、金州人黄國等連結爲亂。太祖遣雁門公田弘出梁漢，開府賀若敦趣直谷。”[88]《周書·趙文表傳》載：“魏恭帝元年，從開府田弘征山南，以功授都督。復從平南巴州及信州，遷帥都督。”[89]《周書·扶猛傳》載：扶猛“又從田弘破漢南諸蠻”[90]。《神道碑》載：“梁信州刺史蕭韶、寧州刺史譙淹等，猶處永安，稱兵漁陽，公受命中軍，迅流下瀨，遂得朝發白帝，暮宿江陵，猿嘯不驚，雞鳴即定。西平反羌，本有漁陽之勇；鳳州叛氐，又習仇池之氣。公推鋒直上，白刃交前，萬死一決，凶徒多潰。身被一百餘箭，傷肉破骨者九創。馬被十槊，露布甲上。朝廷壯焉。”《周書》本傳云：“平蜀之後，梁信州刺史蕭韶等各據所部，未從朝化，詔弘討平之。又詔討西平叛羌及鳳州叛氐等，併破亡。弘每臨陣，摧鋒直前，身被一百餘箭，破骨者九，馬被十稍，朝廷壯之。信州君蠻反，又詔弘與賀若敦等平之。”《志》較《神道碑》平蜀等戰均未述，當屬有意省略。

魏祚樂推，周朝受命，進爵雁門郡公，食邑通前三千七百户。文昌左星，初開上將之府；凌雲複［復］道，始列功臣之封。

《神道碑》云：“周受維新之命，乃進爵封雁門郡公，食邑通前二千七百户。”《周書》本傳記：“孝閔帝踐阼，進爵雁門郡公，邑通前二千七百户。”郡公，正九命[91]。食邑户《神道碑》少一千户，《周書》當循此而來，當以墓志爲是，因爲後兩次增邑千户稱“通前六千户”。雁門郡漢屬太原郡，北魏治郡（今山西雁門）。文昌，《星經》云，“文昌六星如羊月形，在北斗魁前，其六星各有名”，爲斗魁上六星的總稱。《史記索隱》云：“《文耀鉤》曰：‘文昌宫爲天府’。《孝經援神契》云：‘文者精所聚，昌者揚天紀’。輔拂並居，以成天象，故曰文昌。”文昌左星即文昌宫第一星，“一曰上將”[92]。其開府

〔85〕《周書》卷二十四〈盧辯傳〉，頁405～406。

〔86〕《周書》卷二十四〈盧辯傳〉，頁407。

〔87〕《周書》卷二〈文帝紀下〉，頁33。另《周書》卷十九〈達奚武傳〉，對此平蜀戰役描述甚詳，參見頁304。

〔88〕《周書》卷四十四〈李遷哲傳〉，頁790。

〔89〕《周書》卷三十三〈趙文表傳〉，頁581。

〔90〕《周書》卷四十四〈扶猛傳〉，頁796。

〔91〕北周郡公品命，史無載，《魏書》卷一百一十三〈官氏志〉載，太和二十三年職令：開國郡公，第一品。開國縣公，從第一品（頁2994）。王仲犖推測：“北周封爵之制，多沿襲北魏，北魏之第一品，准北周之正九命，故北周之開國公，當是正九命也。”參見王仲犖《北周六典》卷九，下册，頁542。

〔92〕《史記》卷二十七〈天官書〉，頁1293～1294。

又稱“初開上將之府”。《史記·司馬相如列傳》載：司馬相如“即奏《大人之頌》，天子大説，飄飄有凌雲之氣，似游天地之閒意”[93]。凌雲複道，複道即樓閣間有上下二重架空通道，俗稱天橋，始列功臣之封。

保定三年，都督岷、兆（洮）二州五防諸軍事、岷州刺史。

《神道碑》云：“保定元年，授使持節，都督岷州諸軍事，岷州刺史。”“公不發私書，不然官燭。獸則相負渡江，蟲則相啣出境”。《周書》本傳稱：“保定元年，出爲岷州刺史。弘雖爲武將，而動遵法式，百姓頗安之。”《隋書·地理志》載：臨洮，西魏置，曰溢樂，並置岷州及同和郡。開皇初郡廢[94]。《太平寰宇記》載：後魏大統十年，置岷州，以南有岷山，因以爲名[95]。兆州或爲洮州之誤，後周武帝逐吐谷渾，以置洮陽郡，尋立洮州[96]。《周書·武帝紀上》記，保定元年（公元 561 年）二月，“於洮陽置洮州”[97]。《神道碑》與《墓志》二者並無矛盾之處。保定元年四月，田弘出任使持節、都督岷州諸軍事，三年爲“都督岷、洮二州五防諸軍事、岷州刺史”。

朝廷有晉陽之師，追公受脉。太原寒食之鄉，呼河守冰之路，無鍾遠襲，走馬凌城，奇决異謀，斯之謂矣。拜大將軍，增邑千户，餘官如故。

《周書》本傳云：保定“三年，從隋公楊忠伐齊，拜大將軍，明年，又從忠東伐”。《周書·楊忠傳》載，保定“三年，乃以忠爲元帥，大將軍楊纂、李穆、王傑、爾朱敏及開府元壽、田弘、慕容延等十餘人皆隸焉。又令達奚武帥步騎三萬，自南道而進，期會晉陽”[98]。《隋書·地理志》載：“晉陽，後齊置，曰龍山，帶太原郡。”[99]《左傳》“閔公二年”曰：“帥師者，受命於廟，受脉於社。”[100]據梁宗懍《荆楚歲時記》載：“去冬節一百五日，即有疾風甚雨，謂之寒食，禁火三日，造餳大麥粥。”意紀念介之推，太原有介之推祠[101]，所以又稱“寒食之鄉”。“呼河守冰之路”，呼河當即滹沱河，西自代州五臺縣界流入，南去縣百里[102]。《周書·楊忠傳》亦載：“四年正月朔，攻晉陽。是時大雪數旬，風寒慘烈。”[103]凌城即大陵城，在文水縣境。“大陵城，漢大陵縣也，在縣東

〔93〕《史記》卷一百一十七〈司馬相如列傳〉，頁 3063。

〔94〕《隋書》卷二十九〈地理志上〉，頁 820。

〔95〕《太平寰宇記》“岷州”條。王仲犖疑爲大統十年當作十六年（參見王仲犖《北周地理志》，頁 186）。

〔96〕《隋書》卷二十九〈地理志上〉，頁 820。

〔97〕《周書》卷五〈武帝紀上〉，頁 64。

〔98〕《周書》卷一十九〈楊忠傳〉，頁 318。

〔99〕《隋書》卷三十〈地理志中〉，頁 854。

〔100〕《春秋左傳集解》第四，閔公，頁 226。

〔101〕《元和郡縣圖志》卷十三〈河東道二〉“太原縣”條稱：“介之推祠，在縣東五十里。”頁 366。

〔102〕《元和郡縣圖志》卷十三〈河東道二〉，頁 375。

〔103〕《周書》卷一十九〈楊忠傳〉，頁 318。

北十里。”[104]《神道碑》云：保定“四年，拜大將軍，餘官如故”。大將軍，正九命，北周時始以大將軍爲勳官[105]。

玉關西伐，獨拜於衛青。函谷東歸，先登於韓信。方之此授，異代同榮。

《神道碑》稱：“衛青受詔，未入玉門之關；竇憲當官，猶在燕山之下。”《周書》本傳，保定四年（公元564年）東伐後，“師還，乃旋所鎮。”元朔五年（公元前124年），衛青伐匈奴。“至塞，天子使使者持大將軍印，即軍中拜車騎將軍青爲大將軍，諸將皆以兵屬大將軍，大將軍立號而歸。”[106]漢初，劉邦拜韓信爲大將。“漢二年，出關，收魏、河南，韓、殷王皆降。”《史記正義》云：“出函谷關。”[107]用此二典來表明田弘授大將軍。田弘之子田仁恭“從護征伐，數有戰功，改封襄武縣公，邑五百户”[108]。異代同榮，或指父子同授。

江漢未寧，暫勞經略，更總四州五防諸軍事。而龐德待問，先言入蜀之功；羊祜來朝，即見平吴之策。白帝加兵，足驚巴浦。荆門流旆，實動西陵。既而越舸凌江，咸中火箭，吴兵濟漢，並值膠船。

《神道碑》載：“天和二年，被使南征，帶甲百萬，舳艫千里，江源水起，海若乘流。船官之城，登巢懸爨，吴兵習流，長驅戰艦，風灰箭火，倏忽凌城。公以白羽麾軍，朱絲度水。七十餘日，始得解衣。朝廷以晉剋夏陽，先通滅虢之政；秦開武遂，始問吞韓之謀。”《周書》本傳云：“天和二年，陳湘州刺史華皎來附，弘從衛公直赴援，與陳人戰，不利，仍以弘爲江陵總管。”即《志》所云：“更總四州五防諸軍事。”《隋書·地理志下》“南郡”條載：“舊置荆州。西魏以封梁爲蕃國，又置江陵總管府。”[109]而龐德待問，先言入蜀之功。龐德，三國時魏將，爲蜀將關羽所斬[110]，事蹟與之不合。此龐德或即龐德公。《襄陽記》曰：“諸葛孔明爲卧龍，龐士元爲鳳雛，司馬德操爲水鏡，皆龐德公語也。德公，襄陽人。孔明每至其家，獨拜牀下，德公初不令止。”[111]羊祜來朝，即見平吴之策。羊祜，西晉大將。《晉書·羊祜傳》載：“帝將有滅吴之志，以祜爲都督荆州諸軍事、假節、散騎常侍、衛將軍如故。”祜練兵備戰後上疏平吴之策，

〔104〕《元和郡縣圖志》卷十三〈河東道二〉，頁371。

〔105〕參見王仲犖《北周六典》，頁575。

〔106〕《史記》卷一百一十一〈衛將軍驃騎列傳〉，頁2925。

〔107〕《史記》卷九十二〈淮陰侯列傳〉，頁2611～2613。

〔108〕《隋書》卷五十四〈田仁恭傳〉，頁1364。

〔109〕《隋書》卷三十一〈地理志下〉，頁888。

〔110〕參見《三國志·魏書》卷十八〈龐悳傳〉，頁545～546。

〔111〕《三國志·蜀書》卷三十七〈龐統傳〉裴注引《襄陽記》，頁953～954。

“帝深納之”〔112〕。比喻田弘手下人才濟濟。“白帝加兵，足驚巴浦；荆門流旆，實動西陵。”白帝即白帝城，後漢公孫述稱帝尚白，此城因名。《晉書·王濬傳》載：“武帝謀伐吴詔濬修舟艦。”“濬造船於蜀，其木柿蔽江而下。”〔113〕酈道元《水經注·江水》載：“江水又東歷荆門、虎牙之間。荆門在南，上合下開。”〔114〕此言戰前準備充分。《周書·武帝紀上》載：天和二年（公元567年），“陳湘州刺史率衆來附，遣襄州總管衛國公直率柱國綏（國）［德］公陸通、大將軍田弘、權景宣、元定等將兵援之，因而南伐”〔115〕。《周書·宇文直傳》載：“天和中，陳湘州刺史華皎舉州來附，召直督綏德公陸通、大將軍田弘、權景宣、元定等兵赴援，與陳將淳于量、吴明徹等戰於沌口。”〔116〕《周書·高琳傳》載：天和“三年，遷江陵[副]總管，時陳將吴明徹來寇，總管田弘與梁主蕭巋出保紀南城，唯琳與梁僕射王操固守江陵”〔117〕。

爾後乘馹兆（洮）河，觀兵墨水，白蘭拓境，甘松置陣，板輿十城，蕃籬千里。論龍涸之功，增封千户，併前合六千户。蜀侯見義，求静西江，渾王畏威，請蕃南國。

《墓志》所言爲追述田弘征吐谷渾等事。《神道碑》云：“渾王叛换，梗我西疆，宕羌首竄，藩籬攜貳，公受脉於社，偏師遠襲，揚旍龍涸，繫馬甘松，二十五王靡旗亂轍，七十六栅鶉奔雉竄。既蒙用命之賞，乃奉旋師之樂。”《周書》本傳載：“吐谷渾寇西邊，宕昌羌潛相應接，詔弘討之，獲其二十五王，拔其七十［六］栅，遂破平之。”《北史·吐谷渾傳》云“吐谷渾遂從上隴，止於枹罕，自枹罕暨甘松，南界昂城、龍涸，從洮水西南極白蘭，數千里中，逐水草廬帳而居，以肉酪爲糧。”〔118〕《周書·異域傳》載：保定四年（公元564年），“彌定寇洮州，總管李賢擊走之。是歲，彌定又引吐谷渾寇石門戍，賢復破之。高祖怒，詔大將軍田弘討滅之，以其地爲宕州”。彌定爲宕昌羌，“白蘭者，羌之别種也”〔119〕。“蜀侯見義，求静西江”。西江，西來之大江，即長江之西段〔120〕。《周書·李遷哲傳》載：李遷哲與田弘同討信州，“凡下十八州，拓地三千餘里。時信州爲蠻酋向五子王等所圍，弘又遣遷哲赴援”〔121〕。蜀侯或指蠻酋，返歸信州白帝

〔112〕《晉書》卷三十四〈羊祜傳〉，頁1014～1019。

〔113〕《晉書》卷四十二〈王濬傳〉，頁1208。

〔114〕酈道元《水經注》卷三十四〈江水〉，陳橋驛點校本，上海古籍出版社，1990年，頁649。

〔115〕《周書》卷五〈武帝紀上〉，頁74。

〔116〕《周書》卷十三〈宇文直傳〉，頁202。

〔117〕《周書》卷二十九〈高琳傳〉，頁497。

〔118〕《北史》卷九十六〈吐谷渾傳〉，頁3179。《魏書》卷一百零一該傳已佚，今本據《北史》補入，此採《北史》。

〔119〕《周書》卷四十九〈異域傳上〉，頁892～894。

〔120〕另一西江或名鬱江水，又名蠻江水，珠江幹流之一，與北周戰事無涉。參見《元和郡縣圖志》卷三十八，頁951。

〔121〕《周書》卷四十四〈李遷哲傳〉，頁791。

城。"渾王畏威，請蕃南國。"渾王當指吐谷渾龍涸王莫昌。天和元年（公元566年）五月庚辰，"吐谷渾龍涸王莫昌率户内附，以其地爲扶州"[122]。《神道碑》《周書》本傳均作增封五百户，《志》作增封千户，併前合六千户，似可信從。

月硤治兵，收功霸楚，熊山積仗，克復全韓。

熊山，當指熊耳山，《後漢書·郡國志》載：盧氏有熊耳山[123]。在虢州盧氏縣南五十里[124]。庾信有《答趙王啓》，首句爲"仰承張幕全韓，連營上地"[125]。宜陽，爲韓國故城，全韓亦指宜陽。《神道碑》云："是以馳傳追公，以爲仁壽城主。齊將段孝先、斛律明光出軍定隴，以爲宜陽之援，公背洛水而面熊山，陳中軍而疏行首，乘機一戰，宜陽銜璧。"《周書》本傳云："尋以弘爲仁壽城主，以逼宜陽。齊將段孝先、斛律明月出軍定隴以爲宜陽援，弘與陳公純破之，遂拔宜陽等九城。"天和六年（公元571年），"陳國公純、雁門公田弘率師取齊宜陽等九城"[126]。《周書·宇文純傳》載："督雁門公田弘拔齊宜陽等九城。"[127]不過，北齊的記載則並不一樣。據《北齊書·斛律金傳附斛律光傳》載：武平二年（公元571年，即天和六年），"周遣其柱國紇干廣略圍宜陽。光率步騎五萬赴之，大戰於城下，乃取周建安等四戍，捕虜千餘人而還"[128]。另外，仁壽城主亦是一個值得注意的職務，北周某某城主或爲一實際職務，田弘此前已官職甚衆，何以"是以馳傳追公，以爲仁壽城主"，解釋衹有一個，城主亦是較重要的職務。韋孝寬曾爲玉壁城主[129]。仁壽城，西魏置陵州[130]。天和六年，授柱國大將軍。建德二年拜大司空。

楚之上相，以黄歇爲能賢；漢之宗卿，以王梁爲膺讖。尋解司空，授少保。匡衡加答拜之禮，張禹受絶席之恩，鬱爲帝師，得人盛矣。

黄歇，"春申君者，楚人也，名歇，姓黄氏。游學博聞，事楚頃襄王，頃襄王以歇

[122]《周書》卷五〈武帝紀上〉，頁72。

[123]《後漢書》志一十九〈郡國志〉，頁3401。

[124] 李泰等《括地志輯校》卷三，賀君次點校本，中華書局，1980年，頁111。

[125]《庾子山集注》卷八，頁560。

[126]《周書》卷五〈武帝紀上〉，頁78。

[127]《周書》卷一十三〈宇文純傳〉，頁204。

[128]《北齊書》卷一十七〈斛律金傳附斛律光傳〉，頁224。

[129]《周書》卷三十一〈韋孝寬傳〉載：北齊"以玉壁衝要，先命攻之。連營數十里，至於城下"。"俄而孝寬征復謂城中人曰：'韋城主受彼榮禄，或復可爾；自外軍士，何事相隨入湯火中耶。"（頁536～537）另北周保定二年（公元562年）檀泉寺造像記云："絳州刺史、龍頭城主、開府儀同三司、豐利公、弟子宇文貞。"（《山右石刻叢編》卷二）谷霽光曾經討論過這些材料對研究府兵制度的作用（參見谷霽光《府兵制度考釋》，頁59～60）

[130] 參見《隋書》卷二十九〈地理志上〉，頁828；《元和郡縣圖志》卷三十三〈劍南道下〉，頁862。

爲辯，使於秦”[131]。楚相黄歇，號春申君[132]。《索隱》述讚：“黄歇辯智，權略秦楚。”[133] 王梁，“王梁字君嚴，漁陽（安）［要］陽人”。“從平河北，拜野王令，與河内太守寇恂南拒洛陽，北守天井關，朱鮪等不敢出兵，世祖以爲梁功。及即位，議選大司空，而《赤伏符》曰‘王梁主衛作玄武’。［注曰：‘玄武，北方之神，龜蛇合體。’］玄武水神之名，司空水土之官也。於是擢拜梁爲大司空，封武强侯。”[134] 王梁應讖出任司空。《神道碑》云：“進柱國大將軍，司勳之册也。建德元年，拜大司空。二年，遷少保。姬朝三列，少保爲前；炎正五官，冬官爲北。頻煩寵命，是謂能賢。”《周書》本傳記：“進位柱國大將軍。建德二年，拜大司空，遷少保。”《周書·武帝紀上》載：天和六年（公元 571 年）春正月“丁卯，以大將軍張掖公王傑、譚國公會、雁門公田弘、魏國公李暉等並爲柱國”。建德二年（公元 573 年）春正月“乙巳，以柱國、雁門公田弘爲大司空”[135]。《神道碑》建德元年拜大司空稍誤。柱國大將軍爲正九命。“功參佐命，望實俱重者，亦居此職”。大統十六年（公元 550 年）以後“功臣，位至柱國及大將軍者衆矣，咸是散秩，無所統御”[136]。田弘陞任柱國已屬後者。周制：授柱國大將軍、開府、儀同者，並加使持節、大都督[137]。大司空，盧辯所建天、地、春、夏、秋、冬六官府，其中“冬官府領司空等衆職”[138]。“大司空卿掌邦事，以五材九範之徒，佐皇帝富邦國。大祭祀行灑掃，廟社四望，則奉豕牲。”[139] 北周置太師、太傅、太保三公，但並無僚佐，另少師、少傅、少保“兼置三孤以貳之”[140]。“匡衡加答拜之禮。”匡衡，西漢元帝大臣，精通經學。經太子太傅蕭望之，大司馬、車騎將軍史高的先後推薦，後爲少傅[141]。“張禹受絶席之恩”。張禹，西漢成帝時大臣，善《論語》。“天子愈益敬厚禹。禹每病，輒以起居聞，車駕自臨問之。上親拜禹牀下。”[142] 喻田弘爲帝師，得人臣之極。《通典·職官》云：“都督諸軍事爲總管，則總管爲都督之任矣。”

---

[131]《史記》卷七十八〈春申君列傳〉，頁 2387。

[132]《漢書》卷三十一〈陳勝傳〉引注應劭曰，頁 1790。

[133]《史記》卷七十八〈春申君列傳〉，頁 2399。

[134]《後漢書》卷二十二〈王梁傳〉，頁 774。

[135]《周書》卷五〈武帝紀上〉，頁 78、81。

[136]《周書》卷一十六〈侯莫陳崇傳〉，頁 272～273。

[137]《周書》卷二十四〈盧辯傳〉，頁 406。

[138]《周書》卷二十四〈盧辯傳〉，頁 404。

[139]《太平御覽》卷二百零八〈職官部〉引《後周書》，頁 1000。其職責亦參見王仲犖《北周六典》，頁 465～468。

[140] 鄭樵《通志·二十二略》“職官略第二”，王樹民標點本，中華書局，1995 年，頁 993。

[141]《漢書》卷八十一〈匡衡傳〉，頁 3331～3341。

[142]《漢書》卷八十一〈張禹傳〉，頁 3347～3350。

三年，授都督襄、郢、昌、豐（豐）、塘（唐）、蔡六州諸軍事、襄州刺史。下車佈陣，威風歙然。猾吏去官，貪城解印。樓船校戰，正論舟楫之兵；井賦均田，始下沮漳之餌。

《神道碑》云："三年，授使持節、都督襄、郢、昌、豐、唐、蔡六州諸軍事、襄州刺史。江、漢之間，不驚雞犬；樊、襄之下，更多冠蓋。"《周書》本傳云："三年出爲總管襄郢昌豐唐蔡六州諸軍事、襄州刺史。"北周制，"其授總管刺史，則加使持節、諸軍事，以此爲常"〔143〕。襄州（今湖北襄陽）、鄂州（今湖北鍾祥）、昌州（今湖北棗陽）、唐州（今湖北隨州）、蔡州（今湖北棗陽西南）〔144〕。唯其豐州值得另述，《隋書·地理志》記：武當，梁置興州，後州改爲豐州。《太平寰宇記》載：後魏廢帝元年，改興州爲豐州，因豐城爲名〔145〕。豐州治武當，在今湖北均縣西北〔146〕。《後漢書·賈琮傳》載：賈琮爲冀州刺史，"舊典，傳車驂駕，垂赤帷裳，迎於州界。及琮之部，昇車言曰：'刺史當遠視廣聽，糾察美惡，何有反垂帷裳以自掩塞乎？'乃命御者褰之。百城聞風，自然竦震。其諸臧過者，望風解印綬去"〔147〕。《漢書·武帝紀》載："遣伏波將軍路博德出桂陽，下湟水；樓船將軍楊僕出豫章，下湞水；歸義越侯嚴爲戈船將軍，出零陵，下離水。"臣瓚曰："《伍子胥書》有戈船，以載干戈，因謂之戈船也。"師古曰："以樓船之例言之，則非爲載干戈也。"〔148〕用此來表明田弘出任襄州刺史之後的功績。

既而，南中障癘，不宜名士，長沙太傅，遂不生還，伏波將軍，終成永別。

《神道碑》云："既而，三湘遼遠，時遭鵩入；五溪卑温，或見鳶飛。舊疾增加，薨於州鎮。"南方多瘴氣，田弘可能亦患此病。《史記·屈原賈生列傳》云：賈誼貶爲長沙太傅，"賈生既辭往行，聞長沙卑溼，自以壽不得長，又以適去，意不自得。及渡湘水，爲賦以吊屈原"。"賈生之死時年三十三矣。"〔149〕伏波將軍，當爲東漢馬援。《後漢書·馬援傳》載："初，援在交阯，常餌薏苡實，用能輕身省慾，以勝瘴氣。"朱勃上書云：馬援"又出征交阯，土多瘴氣，援與妻子生訣，無悔吝之心"。"師已有業，未竟而死，吏士雖疫，援不獨存。"〔150〕

〔143〕《周書》卷二十四〈盧辯傳〉，頁407。

〔144〕參見王仲犖《北周地理志》卷五，頁470～488。

〔145〕《太平寰宇記》卷一百四十三"均州"條，頁1。

〔146〕參見王仲犖《北周地理志》卷五，頁422～423。王氏所引灃州或與豐州不同（關於灃州亦可參見《元和郡縣圖志·闕逸文卷》"灃州"條，頁1058）。

〔147〕《後漢書》卷三十一，頁1112。

〔148〕《後漢書》卷六〈武帝紀〉，頁186～187。

〔149〕《史記》卷八十四〈賈誼列傳〉，頁2492、2503。

〔150〕《後漢書》卷二十四〈馬援傳〉，頁846～848。

四年正月三日薨於州鎮，春秋六十有五。天子舉哀，三日廢務。詔葬之儀，並極功臣之禮。有詔“贈少師，原、交、渭、河、兆（洮）、岷、鄯七州諸軍事、原州刺史。謚曰：襄公。”其年四月廿五日歸葬於原州高平之北山。

《神道碑》云：“天子晝凌煙之閣，言念舊臣；出平樂之宮，實思賢傅。有詔贈某官，禮也。既以四年四月二十五日歸葬於原州高平之鎮山。”田弘於建德四年（公元575年）卒於襄州，終年六十五歲，以此推算他應生於北魏永平三年（公元510年）。大臣薨，《通典》“凶禮三”云：“晉武帝咸寧二年詔：‘諸王公大臣薨，應三朝發哀者，踰月舉樂；其一朝發哀者，三日不舉樂。’”〔151〕“並極功臣之禮”。《神道碑》云：“屬國玄甲，輕車介士，一依霍驃騎之禮，衛將軍之葬。”西漢霍去病薨，“天子悼之，發屬國玄甲軍，陳自長安至茂陵，爲塚象祁連山”〔152〕。衛青薨，“與主合葬，起冢象廬山”〔153〕。歸葬，自秦漢以來成爲一種重要的凶禮。《太平御覽》引《漢書》云：“高祖下令，士卒從軍死者爲槥歸其縣，縣給衣衾棺葬具，祠以少牢，吏親葬。”〔154〕“高平之北山”或有誤。《周書·于翼傳附李穆傳》云：李穆“征江陵功，封一子長城縣侯，邑千户。尋進位大將軍，賜姓拓拔氏。俄除原州刺史，又以賢子爲平高郡守，遠子爲平高縣令”〔155〕。高平在西魏時已改爲平高。田弘葬地當在平高之西南，撰志者顯然不瞭解平高附近地理環境。

公性恭慎，愛文武，無三或（惑），畏四知。

“三惑”，《後漢書·楊震傳》載：楊震之子楊秉“嘗從容言曰：‘我有三不惑：酒，色，財也’”〔156〕。“四知”，楊震經昌邑，“故所舉荊州茂才王密爲昌邑令，謁見，至夜懷金十斤遺震。震曰：‘故人知君，君不知故人，何也？’密曰：‘暮夜無知者。’震曰：‘天知，神知，我知，子知。何謂無知！’密愧而出”〔157〕。

世子恭，攀號扶侍，途步千里，毁瘠淄塵，有傷行路，嗚呼哀哉！

《神道碑》云：“世于恭等，孝唯純深，居喪過禮。對其苫寢，則梓樹寒生；聞其悲泣，則巢禽夜下。嗚呼哀哉。”“移茵返葬，提柩山行，芻靈隴水，哀挽長城。”“渺渺山河，煢煢胤子，泣血徒步，奔波千里。”田弘長子田恭，《北史》本傳作：“仁恭字長貴。

---

〔151〕《通典》卷八十一〈凶禮三〉：“天子爲大臣及諸親舉哀議。”頁2203。

〔152〕《史記》卷一百一十一〈霍去病列傳〉，頁2939。

〔153〕《漢書》卷五十五〈衛青傳〉，頁2490。

〔154〕《太平御覽》卷五百五十一“棺”條引《漢書》，頁2494。

〔155〕《周書》卷三十〈于翼傳附李穆傳〉，頁528。

〔156〕《後漢書》卷五十四〈楊震傳〉，頁1775。

〔157〕《後漢書》卷五十四〈楊震傳〉，頁1760。

性寬仁，有局度。"《周書》本傳作："子恭嗣，少有名譽，早歷顯位。"恭或爲仁恭之雙名單稱[158]。田仁恭自襄陽護其父靈柩徒步千里回本籍原州。

有嬀之後，言育於姜。長陵上相，淄水賢王。榮歸歷下，單據聊陽。安平烈烈，京兆堂堂。乃祖乃父，重光纍德。

"有嬀之後，言育於姜"，爲《左傳》"有嬀之後，將育於姜"之改寫，意弘爲虞舜之後，祖爲嬀姓，後爲齊田。《三輔黄圖》"秦漢風俗"條云："高祖帝都長安，徙齊諸田、楚昭屈景及諸功臣於長陵。"[159]田儋，居狄城，"召豪吏子弟曰：'諸侯皆反秦自立，齊，古之建國，儋，田氏，當王。'遂自立爲齊王"[160]。田榮子田廣爲齊王，"齊初使華無傷、田解軍於歷下以距漢"[161]。《史記·田單列傳》載："田單走安平，令其宗人盡斷其車軸末，而傅鐵籠。已而燕軍攻安平，城壞，齊人走，争塗，以轊折車敗，爲燕所虜，唯田單宗人以鐵籠故得脱。"[162]安平烈烈或指田單的安平之戰。《顔氏家訓》引《三輔决録》云：漢"靈帝殿柱題曰：'堂堂乎張，京兆田郎。'蓋引《論語》。偶以四言，目京兆人田鳳也"[163]。

驅傳揚旌，燕南趙北。白馬如電，玄旗如墨。箭下居延，泉驚疏勒。公之世載，幼志夙成，祥符歲德，慶表山精。

《後漢書·公孫瓚傳》云：公孫瓚"盡有幽州之地，猛志益盛，前此有童謡曰：'燕南垂，趙北際，中央不合大如礪，唯有此中可避世。'瓚自以爲易地當之，遂徙鎮焉"[164]。燕南趙北或由此而來，表示征戰地域遼闊。公孫瓚"常與善射之士數十人，皆乘白馬，以爲左右翼。自號'白馬義從'。烏桓更相告語，避'白馬長史'。（略）遂遠竄塞外"[165]。白馬如閃電或喻此。玄旗即黑旗。《太平御覽》引《隋書》云："司常掌旗物之藏，通帛之旗六，（略）一曰'蒼旗'，二曰'青旗'，三曰'朱旗'，四曰'黄旗'，五曰'白旗'，六曰'玄旗'。畫繢之旗六，以充王路之等。"[166]《史記·衛將軍驃騎列傳》載："驃騎將軍踰居延至祁連山，捕首虜甚多。天子曰：'驃騎將軍踰居延，遂過小

[158]《周書》卷二十七〈田弘傳〉校勘記，頁462。

[159]《三輔黄圖校注》卷一"秦漢風俗"條，何清谷校注本，三秦出版社，1998年，頁64。

[160]《史記》卷九十四〈田儋列傳〉，頁2643。

[161]《史記》卷九十四〈田儋列傳〉，頁2646。

[162]《史記》卷八十二〈田單列傳〉，頁2453。

[163] 王利器《顔氏家訓集解》卷三，中華書局，1993年，頁206。徐堅等《初學記》卷十一引《三輔决録注》：田鳳"爲尚書郎，容儀端正。入奏事，靈帝目送之，題柱曰：堂堂乎張，京兆田郎"。中華書局標點本，1989年，頁270。

[164]《後漢書》卷七十三〈公孫瓚傳〉，頁2362。

[165]《後漢書》卷七十三〈公孫瓚傳〉，頁2359。

[166]《太平御覽》卷三百四十引《隋書》，頁1560。

月氏，攻祁連山，得酋涂王。’”〔167〕箭下居延或指此事。《後漢書·耿弇傳附耿恭傳》載：耿“恭以疏勒城傍有澗水可固，五月，乃引兵據之。七月，匈奴復來攻恭。恭募先登數千人直馳之，胡騎散走，匈奴遂於城下擁絶澗水。恭於城中穿井十五丈不得水，吏士渴乏，笮馬糞汁而飲之。恭仰嘆曰：‘聞昔貳師將軍拔佩刀刺山，飛泉湧出；今漢德神明，豈有窮哉。’乃整衣服向井再拜，爲吏士禱。有頃，水泉奔出，衆皆稱萬歲”〔168〕。泉驚疏勒當爲取恭事。《周書》本傳稱其“少慷慨，志立功名”，“幼志夙成”，或喻類似。

純深成性，廉節揚名。忠泉湧劍，孝水霑纓。勇氣沉深，雄圖超忽。削樹龜林，乘冰馬窟。

“忠泉湧劍”上引耿恭言“聞昔貳師將軍拔刀刺山，飛泉湧出”帶有神話色彩。《漢書·李廣利傳》僅云：大“宛城中無井，汲城外流水，於是遣水工徙其城下水交空以穴其城”〔169〕。“孝水霑纓”，當從潘安仁《西征賦》中“澡孝水而濯纓，嘉美名之在兹”〔170〕句而來。“削樹龜林，乘冰馬窟。”龜林，庾信《賀婁慈碑》云：“故以辨析龜林，聲馳鹿野。”〔171〕《周上柱國齊王憲神道碑》云：“山連鳥道，地盡龜林。”〔172〕《太平御覽》引《外國圖》云：“龜林地險，無平土，衆龜居之。”〔173〕“乘冰馬窟”，古詩有《飲馬長城窟行》，唐李善注云：“酈善長《水經注》曰：余至長城，其下往往有泉窟，可飲馬。古詩《飲馬長城窟行》，信不虚也。”〔174〕另外，《太平寰宇記》“襄州乾德縣”條下有“馬窟山，在縣東南六里下有窟。按《南雍州記》：漢時有馬百匹，從此窟出，舊名馬頭山，勑改爲馬窟”〔175〕。或即此馬窟。

兵戈須主，公乃登壇。長城遠襲，地盡邯鄲。

公乃登壇，似取登壇拜將之意。《後漢書·耿弇傳》載：耿“弇因説護軍朱祐，求歸發兵，以定邯鄲”。“弇等遂從拔邯鄲。”〔176〕

赤蟻玄蜂，含沙吹蠱。惜乏芝洞，嗟無菊浦。

《楚辭·招魂》云：“赤蟻若象，玄蜂若壺些。”紅色巨蟻象之碩大，黑色毒蜂腹如葫

〔167〕《史記》卷一百十一〈衛將軍驃騎列傳〉，頁2931。

〔168〕《後漢書》卷十九〈耿弇傳附耿恭傳〉，頁720～721。

〔169〕《漢書》卷六十一〈李廣利傳〉，頁2700。

〔170〕潘安仁《西征賦》，蕭統《文選》卷十，中華書局影印本，1983年，頁149上欄。

〔171〕《庾子山集》頁867。

〔172〕《庾子山集》頁749。

〔173〕《太平御覽》卷五十七引〈外國圖〉，頁276。

〔174〕《飲馬長城窟行》，《文選》卷二十七，頁389下欄。

〔175〕《太平寰宇記》卷一百四十五“襄州條”，光緒八年，金陵書局刻本，頁12。

〔176〕《後漢書》卷十九〈耿弇傳〉，頁704～705。

蘆，傳説中均能致人死命。《昭明文選》鮑照《苦熱行》記："含沙射流影，吹蠱痛行暉。"李善注："吹蠱即飛蠱也。顧野王《輿地志》曰：江南數郡，有畜蠱者，主人行之以殺人，行食飲中，人不覺也。"[177]"惜乏芝洞"，芝，《爾雅》郭注云："芝，一歲三華，瑞草。"[178]

"嗟無菊浦"，《後漢書·郡國志》注酈侯國引《荆州記》云："縣北八里有菊水，其源旁悉芳菊，水極甘馨。又中有三十家，不復穿井，仰飲此水，上壽百二十三十，中壽百餘，七十者猶爲夭。漢司空王暢、太傅袁隗爲南陽令，縣月送三千餘石，飲食、澡浴悉用之。太尉胡廣父患風羸，南陽恒汲飲此水，疾遂瘳。"[179]

黄腸反葬，玄甲西從。旌旄寂擁，帷蓋虚重。

黄腸即黄腸題凑，《漢書·霍光傳》載：霍光薨"賜金錢，繒絮，繡被百領，衣五十篋，璧珠璣玉衣，梓宫、便房、黄腸題凑各一具"。蘇林注："以柏木黄心致纍棺外，故曰黄腸。木頭皆内向，故曰題凑。"如淳注："内梓宫，次楩椁，柏黄腸題凑。"[180]"玄甲"，《漢書·霍去病傳》載：霍去病"上悼之，發屬國玄甲，軍陳長安至茂陵"。顔師古注曰："玄甲，謂甲之黑色也。"[181]

世子使持節、驃騎大將軍、開府儀同三司、大都督、司憲恭，次息大都督、貝丘縣開國侯備。

《隋書·田仁恭傳》載：仁恭"在周，以明經爲掌式中士。後以父軍功，賜爵鶉陰子。大冢宰宇文護引爲中外兵曹。後數載，復以父功拜開府儀同三司，遷中外府掾。從護征伐，數有戰功，改封襄武縣公，邑五百户"[182]。"保定元年以（宇文）護爲都督中外諸軍事，令五府總於天官。"[183]田弘逝時仁恭官職或以父軍功拜。司憲，北周時屬秋官府，《通典·職官六》"御史臺"條記："後周曰司憲，屬秋官府。隋及大唐皆曰御史臺。""後周有司憲中大夫二人，掌司寇之法，辨國之五禁，亦其任也。"[184]司憲中大夫，正五命[185]。中外諸軍事府掾，命數不詳，稱"遷"當在司憲之上。田仁恭其父在世時實

〔177〕《苦熱行》，《文選》卷二十六，頁404下欄。

〔178〕郝懿行《爾雅義疏》"之下釋草"，上海古籍出版社影印本，1983年，頁952。

〔179〕《後漢書》志二十二〈郡國志〉"南陽郡"條注引《荆州記》，頁3478。

〔180〕《漢書》卷六十八〈霍光傳〉，頁2948～2949。

〔181〕《漢書》卷五十五〈霍去病傳〉，頁2489。

〔182〕《隋書》卷五十四〈田仁恭傳〉，頁1364。

〔183〕《周書》卷十一〈晉蕩公護傳〉，頁168。

〔184〕《通典》卷二十四〈職官六〉，頁659、665～666。亦參見王仲犖《北周六典》，頁406～407。

〔185〕王仲犖《北周六典》，頁406～407。

授職甚低，“大象末，位至柱國、小司馬。朝廷又追録弘勳，進恭爵觀國公”[186]。《隋書》本傳則稱進爵觀國公爲隋朝[187]。

“次息”，當作第二個親生子解。曹植《封二子爲公謝恩章》中云：“詔書封臣息男苗爲高陽公，志爲穆鄉公。”[188] 田弘次子或曰田備，其官職爲大都督、貝丘縣開國侯，似無實職。貝丘縣，《後漢書·郡國志》“清河國”條，其有貝丘[189]。《元和郡縣圖志·河北道一》記：“周武帝建德六年平齊，於此置貝州，因邱以爲名。”[190] 建德四年（公元575年）田弘卒時，該地並不在北周轄境，而爲北齊所屬。《隋書·地理志中》則載：“清平，開皇六年置，曰貝丘，十六年改曰清平。”[191] 當屬僑置縣，但稱隋時始有貝丘縣似有不妥之處，或誤。縣開國侯，北周正八命，大都督則爲八命[192]。

墓志之始主要是記録死者業績，“雕琢文字，已非本義。撰者題姓名更爲後起之例”。“降至六朝，題撰書姓名者漸多。”[193] 雖然有這樣的認識，但以大量北朝墓志而言，撰者題名的情况屬於極個別，更何况當時的題名目的在於表示和死者的關係非同一般，即所謂“題名以見風義，非表其而然”[194]。《田弘墓志》亦屬没有題名撰者之例，雖然我們已經知道《神道碑》爲庾信所撰。其後人墓志爲我們提供了這方面的確切資料，唐咸通十二年（公元871年）《唐紇干夫人墓志》載：“夫人其先本姓田氏。”“十二代祖諱弘，事周有勳。”“義城公、庾開府撰墓志及神道碑，具述錫（賜）姓之由，《北史》、《周書》備叙勳烈。”[195] 這樣亦可肯定《墓志》與《神道碑》同爲庾信撰寫。庾信（公元513～581年）字子山，本是被强留於北方的南朝使臣，其父庾肩吾是著名的宫體詩作家[196]。庾信官至驃騎將軍、開府義城公[197]。青年時寫過許多淫靡綺麗的宫體詩賦，與同時著名作家徐陵齊名，世人並稱其兩家父子詩風爲“徐庾體”。他們的作品講

[186]《周書》卷二十七〈田弘傳〉，450頁。

[187]《隋書》卷五十四〈田仁恭傳〉頁1364～1365。

[188] 趙幼文《曹植集校注》卷二，人民文學出版社，1998年，頁247。

[189]《後漢書》志二十〈郡國志二〉，頁3436。

[190]《元和郡縣圖志》卷十六〈河北道一〉，頁463。

[191]《隋書》卷三十〈地理志中〉，頁847。

[192]《通典》卷三十九〈職官二十一〉，頁1064～1065。

[193] 葉昌熾撰、柯昌泗評《語石·語石異同評》卷六，中華書局，1994年，頁385～386。

[194] 葉昌熾撰、柯昌泗評《語石·語石異同評》卷六，頁385～386。

[195]《唐故李氏（克諧）夫人河南紇干氏墓志並序》，《千唐志齋藏志》下册，頁1183。録文載《唐代墓志彙編》下册，頁2453；《全唐文補遺》第一輯，頁408～409。

[196]《北史·文苑》卷八十三〈庾信傳〉，頁2793。

[197]《庾子山集注》“滕王逌原序”，頁61。

究形式，擅長用典，行文駢儷。“當時後進，競相模範。每有一文，都下莫不傳誦。”[198]周武帝等喜好文學，庾信受到極大禮遇，“至於趙、滕諸王，周旋款至，有若布衣之交。群公碑志，多相託焉”[199]。田弘《墓志》《神道碑》或亦是“多相託焉”的結果。墓主的相同經歷在《墓志》和《神道碑》中被分别側重展現，兩者既有聯繫，又不雷同，表現出庾信高超的文字駕馭能力。《神道碑》重於述事，《墓志》則將田弘履歷中大量事件用歷史典故隱喻，文辭華麗，朗朗上口，是一篇重要的新獲庾信佚文，與《神道碑》堪稱“雙璧”。

田弘之後人，田仁恭有二子，長子田世師、次子田德懋。其中田德懋，以孝友著稱於世，《隋書·孝義傳》中有傳[200]。田弘後人在初唐亦有，唐開元年《大唐御史臺精舍碑》碑陰題名“殿中侍御史並内供奉”，中均有田貞幹[201]。鄧名世《古今姓氏書辨證》九：後周賜雁門公田弘，姓紇干氏，隋初復舊，玄孫正幹。勞格注，不詳官歷，“正”宋人避諱改[202]。《唐紇干夫人墓志》載：其“高祖植，皇任潁王友。曾祖著，皇僕寺丞，纍贈禮部尚書。祖臮皇河陽節度使，封雁門公，贈吏部尚書。父濬，見任工部員外兼侍御史，封雁門縣男，食邑三百户，賜緋，充魏博節度掌書記”。“夫人即濬長女。”“夫人三弟：曰繪、曰就、曰昱，皆太廟齊郎。一妹”。紇干夫人之高祖植與田世師之間尚有五代之差。林寶《元和姓纂》卷十“紇干氏”條載：“河南，貞觀有紇干承基，貞元僕寺丞，紇干遂，其後也。生俞，渭南縣尉。”岑仲勉《四校記》云：紇干著“此作遂，殆誤”。“‘俞’爲‘臮’訛。渭南尉，元和七年之見官也。亦見《樊川集》。”[203]其中著、臮與遂、俞二名均不相符，唯著之職官與遂相合，稱著即遂臮即俞，林寶撰《元和姓纂》時距貞元頗近，或者即同時代人，二名均誤云甲即乙，恐難令人採信。稱岑説甚確者則推測：“疑《元和姓纂》‘紇干承基’與‘貞元’間有脱文，本不連讀，故不必

〔198〕《北史》卷八十三〈文苑·庾信傳〉，頁2793。

〔199〕《北史》卷八十三〈文苑·庾信傳〉，頁2734。

〔200〕《隋書·孝義傳》卷七十二〈田德懋傳〉載：“田德懋，觀國公仁恭之子也。少以孝友著名。開皇初，以父軍功，賜爵平原郡公，授太子千牛備身。丁父艱，哀毁骨立，廬於墓側，負土成墳。上聞而嘉之，遣員外散騎侍郎元志就吊焉。復降璽書曰：‘皇帝謝田德懋。知在窮疾，哀毁過禮，倚廬墓所，負土成墳。朕孝理天下，思弘名教，復與汝通家，情義素重，有聞孝感，嘉歎兼深。春日暄和，氣力何似？宜自抑割，以禮自存也。’並賜縑二百疋，米百石。復下詔表其門閭。後歷太子舍人、義州司馬。大業中，爲給事郎、尚書駕部郎，卒官。”頁1663。

〔201〕趙鉞、勞格《唐御史臺精舍題名考》卷一“碑陰題名”條：田貞幹又殿中，張忱石點校本，中華書局1997年，頁4。

〔202〕鄧名世《古今姓氏書辨證》卷九，叢書集成本，頁121。

〔203〕林寶《元和姓纂（附四校記）》卷十，頁1526。

牽連爲説也。”〔204〕似亦需要確鑿之證據。紇干植以下名多不見於史，不過紇干著《全唐詩》收其四首詩〔205〕。紇干㬎，《新唐書·藝文志》載：“《序通解録》一卷，字咸一，大中江西觀察使。”〔206〕紇干濬《全唐文》收其撰《贈太尉韓允忠神道碑》一文〔207〕。

根據以上材料，我們可以編出田弘一系世系表：

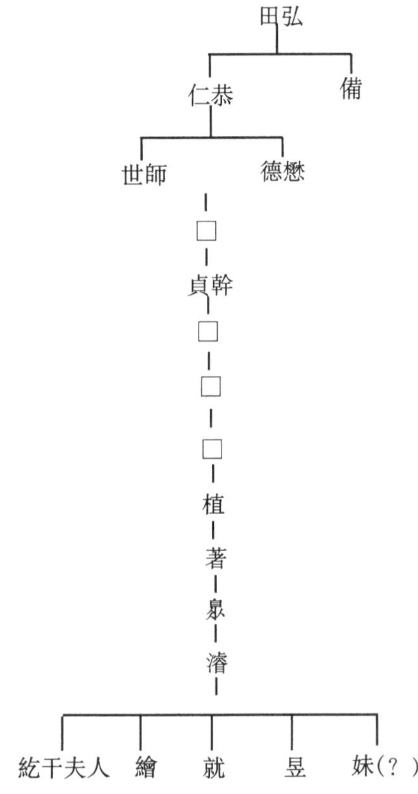

唐代的田姓人有時也攀附田弘郡望，《唐張府君妻田雁門縣君墓志》云：張妻田封雁門縣君。端方稱：田弘曩封雁門郡公，此之雁門縣君乃承田氏郡望〔208〕。

〔204〕葉國良《唐代墓志考釋八則》，《臺大中文學報》，第七期，1995年4月，頁21～25。

〔205〕《全唐詩》卷七百六十九，頁8731～8732，以下亦參見葉國良《唐代墓志考釋八則》，頁21～25。

〔206〕《新唐書》卷五十九〈藝文志〉，頁1522。

〔207〕《全唐文》卷八百一十三，頁1上欄。《唐紇干夫人墓志》亦爲其父紇干濬撰寫，“是父爲嫁女撰志也，例不多見”。參見葉國良《唐代墓志考釋八則》，頁21～25。

〔208〕端方《陶齋藏石記》卷十九，宣統元年石印本，頁16。

附　録：

北周田弘墓志

志蓋：

大周少師、柱國大將軍、雁門襄公墓志銘

志文：

1. 大周使持節少師、柱國大將軍、大都督、襄州總管、襄州刺史、故雁門公墓志
2. 公諱弘，字廣略，原州長城郡長城縣人也。本姓田氏，七族之貴，起於沙麓之峁；五世其昌，基於鳳凰
3. 之繇。千秋陳父子之道，人主革心；延年議社稷之計，忠臣定策。公以星辰下降，更稟精靈。山岳上昇，
4. 偏承秀氣。淮陰少年，既知習勇，潁川月旦，即許成名。永安中，從隴西王入征，即任都督。永熙中，奉迎
5. 魏武帝遷都，封鶉陰縣開國子，轉帥都督，進爵爲公。太祖文皇帝始用勤王之師，將有兵車之會。
6. 公於高平奉見，即陳當世之策。太祖喜云："吾王陵來矣。"天水有大隴之功，華陽有小關之捷。襄城
7. 則不傷噍類，高壁則不動居民。併轡援桴，飛雞燧象。雖以決勝爲先，終取全軍爲上。大統十四年，授
8. 持節、都督原州諸軍事、原州刺史。雖爲衣錦，實曰治兵。乞留將軍，非但南部將校；爭迎州牧，豈直西
9. 河童子。又增封一千三百户。侍從太祖，平竇軍，復弘農，破沙苑，戰河橋，經北邙，月暈星眉，看旗聽
10. 鼓。是以決勝千里，無違節度。乃授使持節、車騎大將軍、儀同三司。尋而金墉阻兵，軹關須援，賜以白
11. 虎之詔，馳以追鋒之車。武安君來，即勇三軍之氣；長平侯戰，果得壯士之心。魏前元年，遷驃騎將

12. 軍，開府梁漢之南，岷江以北，西窮綿竹，東極夷陵，補置官人，隨公處分。加侍中。魏祚樂推，周朝受

13. 命，進爵雁門郡公，食邑通前三千七百户。文昌左星，初開上將之府；陵雲複道，始列功臣之封。保定

14. 三年，都督岷、兆二州五防諸軍事、岷州刺史。朝廷有晉陽之師，追公受脤，太原寒食之鄉，呼河守冰

15. 之路，無鍾遠襲，走馬凌城，奇决異謀，斯之謂矣。拜大將軍，增邑千户，餘官如故。玉關西伐，獨拜於衛

16. 青，函谷東歸，先登於韓信。方之此授，異代同榮。江漢未寧，蹔勞經略，更總四州五防諸軍事。而龐德

17. 待問，先言入蜀之功；羊祜來朝，即見平吴之策。白帝加兵，足驚巴浦。荆門流旆，實動西陵，既而越舸

18. 凌江，咸中火箭，吴兵濟漢，並值膠船。爾後乘駟兆河，觀兵墨水，白蘭拓境，甘松置陣，板載十城，蕃籬

19. 千里。論龍涸之功，增封千户，併前合六千户。蜀侯見義，求静西江，渾王畏威，請蕃南國。月硤治兵，收

20. 功霸楚，熊山積仗，克復全韓。天和六年，授柱國大將軍。建德二年，拜大司空。楚之上相，以黄歇爲

21. 賢，漢之宗卿，以王梁爲膺讖。尋解司空，授少保，匡衡加答拜之禮，張禹受絶席之恩，欝爲帝師，得人

22. 盛矣。三年，授都督襄、郢、昌、豊（豐）、塘（唐）、蔡六州諸軍事、襄州刺史。下車佈陣，威風歙然。猾吏去官，貪城解印。

23. 樓船校戰，正論舟楫之兵；井賦均田，始下沮漳之餫。既而南中障癘，不宜名士，長沙太傅，遂不生還，

24. 伏波將軍，終成永別。四年正月三日薨於州鎮，春秋六十有五。天子舉哀，三日廢務，詔葬之儀，

25. 並極功臣之禮。有詔贈少師，原、交、渭、河、兆、岷、鄯七州諸軍事、原州刺史。謚曰襄公。其年四月廿

26. 五日歸葬於原州高平之北山。公性恭慎，愛文武，無三或（惑），畏四知。儀表端莊，風神雅正，喜怒之間，不

27. 形辭氣，頗觀史籍，略究兵書。忠臣孝子之言，事君愛親之禮，莫不般勤誦讀，奉以書紳。至於羽檄交

28. 馳，風塵四起，秘計奇謀，深沉内斷故得戰勝攻取，筭（算）無遺策，有

始有猝，哀榮可稱。在州疾甚，不許祈
29. 禱，吏民悲慟，城市廢業。世子恭，攀號扶侍，途步千里，毀瘠淄塵，有傷行路，嗚呼哀哉！乃爲銘曰：
30. 有嬀之後，言育於姜。長陵上相，淄水賢王。榮歸歷下，單據聊陽。安平烈烈，京兆堂堂。乃祖乃父，重先
31. 纍德。驅傳揚旌，燕南趙北。白馬如電，玄旗如墨。箭下居延，泉驚疏勒。公之世載，幼志夙成。祥符歲德，
32. 慶表山精。純深成性，廉節揚名。忠泉湧劍，孝水需纓。勇氣沉深，雄圖超忽。削樹龜林，乘冰馬窟。義秉
33. 高讓，仁彰去伐。屈體廉公，還疑無骨。水土須政，公實當官。兵戈須主，公乃登壇。長城遠襲，地盡邯鄲。
34. 宜陽積仗，一舉全韓。作鎮南國，悠然下土。赤蟻玄蜂，含沙吹蠱。惜乏芝洞，嗟無菊浦。南郡不歸，長沙
35. 遂古。黄腸反葬，玄甲西從。旌旐寂擁，帷蓋虚重。高平柏谷，山繞旅松。唯兹盛德，留銘景鍾。
36. 世子使持節、驃騎大將軍、開府儀同三司、大都督、司憲恭，次息大都督、貝丘縣開國侯備。

十八　北周大利稽氏墓磚

1994 年 11 月間，寧夏固原縣西郊鄉北十里村在平田整地時，推土機推出一座古墓。墓葬遭毁。寧夏考古研究所固原工作站工作人員聞訊後赴現場調查，並徵集到一塊墓磚。墓磚現藏寧夏固原博物館（圖十八·1）。

圖十八·1　北周大利稽冒頓墓磚（揭本）

墓磚呈青灰色，左下角已缺損，背面有繩紋，正面將原繩紋磨去後刻字，表面亦殘留有繩紋痕跡。墓磚高 38 厘米，寬 39.2 厘米，厚 7.2 厘米。現存刻字七行，每行二至十四字不等。現抄録於下：

1. 維建德元年歲次壬辰十二月己

2. □廿三日辛酉，原州平高縣民、征東

3. 將軍、左金紫光禄、都督、贈[原]州

4. 刺史、帳玦[縣]開國子、大利[稽]

5. 冒頓墓志銘。

6. 大息

7. 秦陽郡守

墓志中大利稽氏屬於一個不太常見的北朝少數民族姓氏。邵思《姓解》大九十六條載：大利稽、大俗稽、大落稽，並見《後魏書》[1]。其中大落稽或爲大洛稽[2]。大洛稽又稱作“太洛稽”。《魏書·官氏志》載：太洛稽後改爲稽氏[3]。大利稽、大俗稽、太洛稽爲大洛稽之異譯，屬北魏“餘部諸姓内入者”。《通志·氏族略》亦稱：代北三字姓，“大利稽改爲郘”[4]。

陳連慶則稱，鄭説必有所受。説者謂：蓋涉大莫幹改郃而誤，不可信[5]。陳説當有道理，《魏書·官氏志》云：“大莫幹氏，後改爲合氏”[6]。《氏族略》則將大利稽和太洛稽分别列出，恐由某種誤會而致。這樣的誤會其實也許並不是鄭樵之錯，鄧名世《古今姓氏書辨證》也將“大莫幹”條與“大利稽”條相連[7]，内容大體相似，或手民誤植。不過從二書排列來看，宋代的譜牒學家並不以爲大利稽就是太洛稽。

大利稽姓氏倒是與原州有一點關係。《周書·蔡祐傳》載：

（蔡祐）曾祖紹爲夏州鎮將，徙居高平，因家焉。（略）十三年，遭父憂，請終喪紀。弗許，遷車騎大將軍、儀同三司、加驃騎大將軍、開府儀同三司、侍中，賜姓大利稽氏，進爵懷寧郡公。[8]

蔡祐所獲賜姓大利稽氏在當時有廣泛的影響。《北史·陽平王新成傳》載：

---

〔1〕邵思《姓解》卷三，叢書集成本，中華書局，1985年，頁86。

〔2〕林寶《元和姓纂》卷八“十一暮”條亦稱：“大洛稽改爲稽。”岑仲勉校記本，中華書局，1994年，頁1326。不過，將大洛稽列於“十一暮”條，似有誤，大並不在暮韻，姚薇元檢《廣韵》“十一暮”有伏字，音富切，疑此爲伏，伏落稽當步落稽之異譯（氏著《北朝胡姓考》，科學出版社，1957年，頁188）。

〔3〕《魏書》卷一百一十三〈官氏志〉，頁3012。

〔4〕鄭樵《通志·二十略》“氏族略五”，王樹民點校本，中華書局，1995年，頁185。

〔5〕陳連慶《中國古代少數民族姓氏研究》，吉林文史出版社，1993年，頁124。

〔6〕《魏書》卷一百一十三〈官氏志〉，頁3011。

〔7〕鄧名世《古今姓氏書辨證》卷三十一，叢書集成本，中華書局，1985年，頁436。

〔8〕《周書》卷二十七〈蔡祐傳〉，頁442～444；《北史》卷六十五〈蔡祐傳〉，略同，頁2310。

(元新成)子敏，嗜酒多費，家爲之貧。其婿柱國乙弗貴、大將軍大利稽祐家貲皆千萬，每營給之。[9]

這塊墓志的發現亦可知在原州（今寧夏固原）存在着大利稽一系，或是賜姓蔡祐的某種依據。大利稽名冒頓，冒頓是一個非常有名的名字。匈奴國的創立者名冒頓單于，《史記索隱》云：“冒音墨，又如字”[10]。《漢書》注：“宋祁曰：冒音墨，頓音毒，無別訓。”[11] 白鳥庫吉稱：“冒頓之古音，似若 mok－duk 或 bok－du（mok－dok，bok－dok）”。蒙古語 bogda、bogdo[12]。夏德（Hirth）也説冒頓，相當於突厥語中勇猛 Boghatur 之音譯[13]。方壯猷則引《魏書》中莫賀咄，爲蒙古語中 Bagatur，與冒頓二字音聲頗不相類。則冒頓一語爲匈奴語“始”字之義，非無據矣[14]。

岑仲勉也討論了冒頓一詞的語源及其讀音，他基本上讚成夏德、白鳥庫吉的主張，並對方氏的觀點進行批評[15]。冒頓（Batur）的含義大體上在北方民族語言中相當於英雄、英勇[16]。

大利稽或源於步落稽，也許就是步落稽之一部。《周書·稽胡傳》云：

稽胡，一曰步落稽，蓋匈奴別種，劉元海五部之苗裔也。或云山戎赤狄之後。自離石以西，安定以東，方七八百里，居山谷間，種類繁熾。（略）又與華民錯居，其渠帥頗識文字。然語類夷狄，因譯乃通。[17]

步落稽種類繁多，成分極其複雜，或以爲山胡就是稽胡[18]。其中有劉姓等，是匈奴著姓，當然也有西域胡姓。值得注意的是稽胡“語類夷狄，因譯乃通”，大利稽冒頓名字，明顯帶有匈奴語的遺留特徵，如果考慮到以後的蒙古語中仍然保留冒頓（Bogda）詞的基本音節，北周這塊墓志上的冒頓名字，當屬於中間重要的一個環節。稽胡中語言留存情節有一定的不平衡性。他們是一個漢化很快的民族。據《太平寰宇記》引《隋圖經雜

[9]《北史》卷十七〈陽平王新成傳〉，頁 630～631。

[10]《史記》卷一百一十〈匈奴列傳〉，頁 2889。

[11] 王先謙《漢書補注》卷九十四上，中華書局，1983 年影印本，頁 1566。

[12] 白鳥庫吉《蒙古民族起源考》，原載《史學雜志》，第十八編 2、3、4、5 號，1923 年，何建民中譯本《匈奴民族考》，但無原著者，上海中華書局，1939 年，後收入林幹編《匈奴史論文集（1919～1979）》，中華書局，1980 年，頁 197、211。

[13] 轉引自方壯猷《匈奴語言考》，《國學季刊》，第二卷 4 號，1930 年，頁 708。

[14] 方壯猷《匈奴語言考》，頁 708～710。

[15] 岑仲勉《冒頓之語源及其音讀》，《西北通訊》，3 卷 1 期，1948 年，後收入林幹編《匈奴史論文集（1919～1979）》，頁 217～221。

[16] 參見劉義棠編著《中國西域研究》，正中書局，1997 年，頁 200 注。

[17]《周書》卷四十九〈稽胡傳〉，頁 896～897。

[18] 關於稽胡或即山胡的討論，參見唐長孺《魏晉雜胡考》，氏著《魏晉南北朝史論叢》，生活·讀書·新知三聯書店，1978 年，頁 439～444。

記》載：

> 丹州白室，胡頭漢舌，即言其狀似胡而語習中夏，白室即白翟語訛再。近代謂之部落稽胡，自言白翟後也。[19]

北周時期雖與《隋圖經雜記》年代大約相差不多，但從"語類夷狄"到"語習中夏"，實在是一個不小的變化，"種類繁熾"纔是我們解釋這種不平衡現象時要考慮的根據。單純從個別詞來判定一個民族的方法當然是不可取，甚至是十分有害的，但如果結合某一民族的實際分佈狀況，又能與具體詞聯繫起來，情況便大不相同，北周大利稽冒頓墓志或屬類似的情形。

現在我們回頭再來看蔡祐的籍貫，《周書》本傳稱："其先陳留圉人也"。陳留蔡氏，林寶《元和姓纂》云："濟陽考城縣，摧生稜、質。質始居陳留，分爲濟陽，因爲郡人"。但蔡氏中亦有一支稱其郡望朔方[20]。蔡祐曾祖蔡紹曾爲夏州鎮將，與朔方同屬一地，但其祖父蔡護"魏景明初，爲陳留郡守"。這樣，大體已經清楚了，蔡祐稱其爲"其先陳留圉人也"，不過是由於蔡護曾爲陳留郡守之故。冒籍陳留，先祖即爲夏州鎮將，多半屬北方少數民族，也許就是稽胡，所謂賜姓大利稽可以就是複姓，於此類似者北朝較爲普遍。西魏恭帝元年（公元 554 年），宇文泰將統御府兵的部將改姓鮮卑：

> 魏氏之初，統國三十六，大姓九十九，後多絶滅。至是，以諸將功高者爲三十六國後，次功者爲九十九姓後，所統軍人，亦改從其姓。[21]

陳寅恪説："府兵之制，其初起時實摹擬鮮卑部落舊制，而部落酋長對於部内有直轄之權，對於部外具獨立之勢。"[22]在鮮卑人的傳統中，軍士屬於軍將，並不直屬於君主。西魏的賜姓制度，是將將帥改爲鮮卑姓氏，與此同時，將領所統帥的軍人亦從主帥改姓。蔡祐與李賢、李遠、李穆三兄弟同籍原州，並且與李穆齊名[23]，同爲當地豪强。蔡祐家族宗室也很大，其"性節儉，所得禄皆散與宗族，身死之日，家無餘財"[24]。這樣，大利稽冒頓與蔡祐的關係有兩種可能，一爲其同宗，二爲其部屬，當然後者可能性大一些。

大利稽氏墓磚形制簡陋，文字簡單，字體粗率，並非精心製作之物。内容所指與擁有者的身份不相對稱，其他不足採信，唯志主稱其爲大利稽冒頓值得作上述討論。

---

〔19〕樂史《太平寰宇記》卷三十五"丹州風俗"條引，金陵書局，光緒八年，頁 11。

〔20〕林寶《元和姓纂》卷八，頁 1249～1252。

〔21〕《周書》卷二〈文帝紀上〉，頁 36。

〔22〕陳寅恪《隋唐制度淵源略論稿》，生活·讀書·新知三聯書店，2001 年，頁 145。

〔23〕《周書》卷二十七〈蔡祐傳〉："祐少有大志，與鄉人李穆，布衣齊名。嘗相謂曰：'大丈夫當建功名，以取富貴，安能久處貧賤邪！'言訖，各大笑。"頁 445。

〔24〕《周書》卷二十七〈蔡祐傳〉，頁 445。

十九　一件關於柔然民族的重要史料

——隋虞弘墓志

山西省考古工作者於1999年7月在太原市王郭村發掘隋代虞弘墓[1]，墓中出土一具彩繪雕刻漢白玉石槨，其上雕刻有中亞風格圖像，引起學術界的廣泛關注[2]。墓中出土墓志兩合，其中《虞弘墓志》（以下簡稱墓志）内容業經張慶捷披露[3]。《清理簡報》和張氏論文對墓志的探討給人許多啓發，但也有些地方卻有繼續討論的必要。爲使討論方便起見，文中引述的志文録文多襲張氏，個别字據已發表的搨片訂正，標點依文中語氣略改。

志蓋爲陽文“大隋故儀同虞公墓志”。虞氏墓志（圖十八·1）共六百二十字，出土時右下角已殘，或缺二十五字。虞弘之姓氏虞氏，北朝、隋朝多有與之相關聯者。林寶《元和姓纂》“虞”條云：

> 靈武回樂，狀云，本自會稽徙焉。後周有泌源公虞祥；生慶則，隋右僕射、魯公。孫操，唐長江令。[4]

《隋書·虞慶則傳》云：

> 虞慶則，京兆櫟陽人也。本姓魚。其先仕於赫連氏，遂家靈武，代爲北邊豪傑。父祥，周靈武太守。[5]

對於虞氏所述來源，岑仲勉曾批評道：“此自承爲會稽之虞，非所謂數典忘祖者耶？林氏竟不一檢史國證之，亦太疏忽”[6]。林寶所言不過是沿虞氏自狀，北朝以來北邊胡族

〔1〕山西省考古研究所等《太原隋代虞弘墓清理簡報》，《文物》，2001年1期，頁27～52。

〔2〕參見姜伯勤《隋檢校薩寶虞弘墓石槨畫像石圖像程序試探》，《漢唐之間文化藝術的互動與交融》，文物出版社，2001年，頁29～47；榮新江《隋及唐初并州的薩保府與粟特聚落》，《文物》，2001年4期，頁84～89。

〔3〕張慶捷《〈虞弘墓志〉中的幾個問題》，《文物》，2001年1期，頁102～108。

〔4〕林寶《元和姓纂》卷二十九“虞”條，岑仲勉校記本，中華書局，1994年，下同，頁229。

〔5〕《隋書》卷四十〈虞慶則傳〉，頁1174。

〔6〕林寶《元和姓纂》卷二，頁229。

圖十九·1　隋虞弘墓志（搨本）

冒姓中原大姓者甚衆，會稽虞氏“舜有天下，號曰虞，子商均因以爲氏”〔7〕。魚姓與虞姓音同，魚氏改稱虞姓，虞弘當屬虞慶則同類。

墓志稱，虞弘“魚國尉紇驎城人”。

魚姓，十六國至北朝甚衆。《元和姓纂》“魚姓”條云：“《風俗通》，宋桓公子目夷，字子魚，子孫以王父字爲氏。”〔8〕此説雖不足信，但亦表明魚姓甚早。苻秦時有大臣魚遵，《晉書·苻生載記》載，閻負、梁殊出使涼州，與前涼涼州牧張瓘對話曾言：“其耆

〔7〕林寶《元和姓纂》卷二，頁228。

〔8〕林寶《元和姓纂》卷二，頁195。

年碩德，德侔尚父者，則太師、録尚書事、廣寧公魚遵”[9]。在此後所列前秦胡漢政要中，將魚遵列在首位，表明其爲當朝元老重臣。從其地位，應是氐族而非漢人，因前秦將領多爲氐豪[10]。魚遵之後多籍著馮翊下邳[11]，北魏皇興二年（公元468年）有安西將軍、雍州刺史魚玄明[12]，北周造像銘有魚阿貴[13]。此類魚姓雖不能斷定與虞弘徹底無涉，但恐與之關係較爲疏遠，弄清魚國之來源當另有蹊徑。

魚國，實際上可作魚部族理解，北朝人所稱的國有兩種，一種是規模較大的政治實體，另外一種則是規模較小的部族亦可稱國，我們不必拘泥於稱國者一定是前者，陳寅恪曾説：“代北之姓，代表其國名。所謂國者，質言之，即部落也”[14]。對於後者我們仍可找出許多例證。《魏書·勿吉傳》云：

> 其傍有大莫盧國、覆鍾國、莫多回國、庫婁國、素和國、具弗伏國、匹黎介國、拔大何國、郁羽陵國、庫伏真國、魯婁國、羽真侯國，前後各遣使朝獻。[15]

其中雖然大部分國不可知，但個别國名顯然是一些部落名稱的異譯，具弗伏國與伏弗郁部，拔大何國與何大何部，郁羽陵國與羽陵部等[16]。素和國，即後來的素和氏，《元和姓纂》引《後魏書》云：“以本白部，故號素和”[17]。《魏書·蠕蠕傳》云：

> 永興二年（略），斛律北并賀術也骨國。[18]

《通志·氏族略》亦云：

> 賀術氏，後魏初，賀術部居賀術山，因氏焉。[19]

《周書·若干惠傳》云：

> 若干惠字惠保，代郡武川人也，其先與魏氏俱起，以國爲姓。[20]

---

[9]《晉書》卷一百一十二〈苻生載記〉，頁2875。

[10] 陳連慶《中國古代少數民族姓氏研究》，吉林文史出版社，1993年，頁302。

[11] 林寶《元和姓纂》卷二，頁195。另《隋書》卷六十四〈魚俱羅傳〉云：“俱羅，馮翊下邽人”，岑仲勉校，邽爲邳訛。

[12] 趙超《漢魏南北朝墓志彙編》，天津古籍出版社，1992年，頁35。

[13] 北周《郭羌四面造像銘》碑右側“弟婦魚阿貴”。根據馬長壽研究，關中碑銘人名中氐羌甚多。此碑原在耀州（參見氏著《碑銘所見前秦至隋初的關中部族》，中華書局，1985年，頁69、70、96）。

[14] 陳寅恪《李唐氏族之推測》，中研院《歷史語言研究所集刊》，第三本第一分，1931年，頁45。後收入氏著《金明館叢稿二編》，生活·讀書·新知三聯書店，2001年，頁329。

[15]《魏書》卷一百〈勿吉傳〉，頁2221。

[16] 陳連慶《中國古代少數民族姓氏研究》，頁143。

[17] 林寶《元和姓纂》卷八十一“暮素和氏”條，1233頁。姚薇元稱“《姓纂》所引，當係《官氏志》佚文，今本脱佚”（參見氏著《北朝胡姓考》，科學出版社，1958年，頁78）。

[18]《魏書》卷一百零三〈蠕蠕傳〉，頁2291。

[19] 鄭樵《通志》第五〈氏族略〉，王樹民點校本，中華書局，1995年，頁178。

[20]《周書》卷一十七〈若干惠傳〉，頁280。

《魏書·高車傳》云：吐突隣部，

登國三年，太祖親西征，渡弱洛水，復西行趣其國，至女水上，討解如部落破之。[21]

《元和姓纂》“賀婁氏”條：

賀婁，代人，本居漠［漠］北，以國爲氏。[22]

在很大程度上北朝初年所謂的國與部其實是一回事，《魏書·劉庫仁》載：

建國三十九年，昭成暴崩，太祖未立。苻堅以庫仁（略）與衛辰分國部衆而統之。[23]

值此，所謂的“魚國”作“魚部”理解，尚無難通之處。

北朝北方民族之姓氏所表明其來源的部族，《魏書·官氏志》稱：

姓則表其所生，氏則記族所由出，其大略然也。至於或自所居，或以國號，或用官爵，或用事物，雖緣時不同，俱其義矣。[24]

“魚國”是以魚姓爲主體的部族，雖然史籍中没有魚部族載録，但並非没有一點蛛絲馬跡。尉紇驎城，當爲北方民族語譯音，其中關於“紇驎”，在北朝早期部族中可找出相類似的音節。其中以“紇突隣”最爲接近，《魏書·高車傳》載：“又有紇突隣，與紇奚世同部落，而各有大人長帥，擁集種類，常爲寇於意辛山。”[25]登國五年（公元390年）四月“行幸意辛山，與（慕容）賀驎討賀蘭、紇突隣、紇奚諸部落，大破之。（略）十有二月，紇突隣大人屈地鞬舉部内屬”[26]。意辛山在大同縣北塞外，是紇突隣部的原居地，當在遠京之北[27]。紇突隣後爲安代將軍庾岳所滅，後紇豆陵或爲紇突隣之異譯[28]。值得注意的是柔然早期曾得到過紇突隣部的庇護。慕容賀驎名“賀驎”與尉“紇驎”，似爲同一來源譯音的不同用字。《魏書·蠕蠕傳》載：

蠕蠕，東胡之苗裔也，姓郁久閭氏。始神元之末，掠騎有得一奴，髮始齊眉，忘本姓名，其主字之曰木骨閭。（略）木骨閭與郁久閭聲相近，故後子孫因以爲氏。（略）穆帝時，坐後期當斬，亡匿廣漠谿谷間，收合逋逃，得百餘人，依純［紇］突隣部。[29]

---

〔21〕《魏書》卷一百零三〈高車傳〉，頁2312。

〔22〕林寶《元和姓纂》卷九三十八“箇”條，頁1319。

〔23〕《魏書》卷二十三〈劉庫仁傳〉，頁604～605。

〔24〕《魏書》卷一百一十三〈官氏志〉，頁3005。

〔25〕《魏書》卷一百零三〈高車傳〉，頁2312。

〔26〕《魏書》卷二〈太祖紀〉，頁23。

〔27〕姚薇元《北朝胡姓考》，科學出版社，1958年，頁177。

〔28〕姚薇元《北朝胡姓考》，頁175～177。

〔29〕《魏書》卷一百零三〈蠕蠕傳〉，頁2289；《北史》卷九十八〈蠕蠕傳〉，頁3249。《魏書》本傳佚，現行本由《北史》稽補。

純突隣即紇突隣之字誤[30]。所謂魚國尉紇驎或即突隣之異譯，或爲與之有關聯之相鄰部落，“尉”也許即“魚”雅化後用字，尉紇驎或即魚紇驎。北朝少數民族之姓氏，多與其居地特徵有關聯，如“鮮卑呼草爲俟汾，遂號爲俟汾氏”[31]。以魚爲名，必與魚有關。内田吟風在研究柔然下落時稱，契丹中有“嫗厥律”部，是柔然王族郁久閭氏的後裔[32]。此條史料源於五代胡嶠《陷虜記》:

> 西北至嫗厥律，其人長大，髦頭，酋長全其髮，盛以紫囊。地苦寒，水出大魚，契丹仰食。[33]

虞弘祖上當居於類似於水出大魚之地，因號魚部，與柔然部族有密切的關聯。

北魏初年，道武帝拓跋珪、太武帝拓跋嗣曾數次前其東境，其中“觀漁”是其一項重要内容。《魏書·太祖紀》云：天賜五年（公元408年）“正月，行幸犲山宫，遂如參合陂，觀漁於延水，至寧川”[34]。《魏書·太宗紀》云：永興四年（公元412年），七月東巡，戊子，臨去畿陂觀漁。庚寅，至於濡源。西巡，幸北部諸落[35]。神瑞二年（公元415年）“五月丁亥，次於參合，東幸大寧。丁未，田於四岬山。六月戊午，幸去畿陂，觀漁”[36]。去畿陂，去濡源不遠，或即今河北沽源西之克勒湖。此地區湖泊甚多[37]，既有觀賞捕魚之習俗，那麽臨湖之部族號稱“魚”亦不難理解。魚部在弱小時或與郁久閭部一樣投靠紇突隣部。也許像《隋書·虞慶則傳》所載那樣，魚部曾投靠大夏赫連勃勃。其子虞孝仁，則“性奢華，以駱駝負函盛水養魚而自給”。或許表示魚姓有着某種以魚爲載體的傳承風俗，時人不察冠之於“性奢華”。

綜上分析，十六國至北朝時期在北方存在着兩支魚姓，一支系魚遵，或屬氐族；

---

〔30〕舊行本《魏書》、《北史》“蠕蠕傳”均作“純突隣部”，但没有其他材料能够證明當時在蒙古地區存在着稱作純突隣部的部族，大概爲紇突隣部之誤。《通鑒》胡三省注所引《魏書·蠕蠕傳》即作“紇”（參見内田吟風《柔然族研究》，原載《羽田博士頌壽紀念東洋史論叢》，1950年，後收入劉文俊主編《日本學者研究中國史論著選譯》第九卷〈民族交通〉，中華書局，1993年，頁75）。

〔31〕《資治通鑒》卷八十一〈晉紀〉“晉武帝太康六年”條胡三省注引《姓苑》，頁2590。關於此條史料辨正另參見周一良《論宇文周之種族》，中研院《歷史語言研究所集刊》，第七本第四分，1938年，頁512～513，後收入氏著《魏晉南北朝史論集》，北京大學出版社，1997年，頁249～250。

〔32〕内田吟風《北アジア研究——鮮卑柔然突厥篇》，同朋社，1970年，頁321。

〔33〕胡嶠《陷虜記》，《新五代史》卷七十三〈四夷〉，附録二，頁907。周偉洲認爲此説有一定的道理，雖嫗厥律部習俗與柔然相異，可用因地變俗來解釋（參見氏著《敕勒與柔然》，上海人民出版社，1983年，頁125～126）。

〔34〕《魏書》卷二〈太祖紀〉，頁43。

〔35〕《魏書》卷三〈太宗紀〉，頁52。

〔36〕《魏書》卷三〈太宗紀〉，頁55。

〔37〕嚴耕望《北朝隋唐東北塞外東西交通綫》，氏著《唐代交通圖考》第五册，中研院歷史語言研究所專刊八十三，1986年，頁1783。

另爲魚（虞）弘、魚（虞）慶則一系，源於魚部，或與柔然有密切關聯。“奕葉繁昌，派枝西域”，有一支魚姓曾流寓西域。根據《北史·蠕蠕傳》記載，柔然早在社侖時期就向西擴張，與西域發生關係：

其西則焉耆之地，東則朝鮮之地，北則渡沙漠，窮瀚海，南則臨大磧，其常所會庭敦煌、張掖之北。小國皆苦其寇抄，羈縻附之。於是自號豆代可汗。[38]

當時准噶爾盆地已落入柔然勢力範圍，其主力在今鄂爾渾河流域至巴里坤盆地一帶[39]。虞弘祖上所在的魚部可能就是隨着柔然勢力的向西擴張而抵達西域。墓志稱其爲“尉紇驎城人”。柔然原爲游牧民族，原本是居無定所“無城郭，逐水草畜牧，以氈帳爲居，隨所遷徙，其土地深山則當夏積雪，平地則極望數千里”[40]。柔然强大以後纔築城池，準確地説是公元6世紀初的事。《梁書·西北諸戎傳》云：柔然“天監中，始破丁零，復其舊土。始築城郭，名曰木末城”[41]。尉紇驎城的設立，當是柔然强盛以後在西域地區修築的城。柔然民族在西域的出現，曾經引起中原民族的互動，最明顯的例子是迫使嚈噠人西徙，使周邊民族產生連鎖反應[42]。

墓志云“囮棲奴，魚國領民酋長”。

領民酋長雖然是漢名，但實際上給予北方少數民族部族酋長的稱號。根據周一良研究，北魏初年後一百七十多年間領民酋長一職始終廢罷，“領民酋長皆鮮卑或服於鮮卑之敕勒、匈奴、契胡族，昭然可曉”[43]。基本上都是北方部族的酋帥，而鮮有西域、中亞之民族。領民酋長在北魏歷史上是一種相當獨特的制度，其範圍衹限於自己采邑所在地，嚴格地説他們並不受一般的官僚機構節制[44]，當然也無陞遷制度，很少出任中央官，衹是在個別情況下任地方官。《魏書·官氏志》載：“其諸方雜人來附者，總謂之

---

〔38〕《北史》卷九十八〈蠕蠕傳〉，頁3251。

〔39〕余太山《柔然與西域關係述考》，原載《新疆社會科學》，1985年4期，後收入氏著《嚈噠史研究》附録二，齊魯書社，1986年，頁193～216。

〔40〕《宋書》卷九十五〈索虜傳〉“芮芮”條，頁2357。《魏書》卷一百零三〈蠕蠕傳〉，《南齊書》卷五十九〈芮芮虜傳〉，《梁書》卷五十四中均有類似的記載。

〔41〕《梁書》卷五十四〈西北諸戎傳〉，頁817，周偉洲稱，木末城之名源於北魏，北魏道武帝托跋，子名“木末”（《敕勒與柔然》，頁149～150。）

〔42〕參見余太山《嚈噠史研究》，齊魯出版社，1986年，頁71～74；潘國鍵《北魏與蠕蠕關係研究》，商務印書館（臺北），1988年，頁155～165。

〔43〕參見周一良《領民酋長與六州都督》，中研院《歷史語言所集刊》，第二十本，1948年，後收入氏著《魏晉南北朝史論集》，北京大學出版，1997年，頁190～214；另外嚴耕望亦有論述（參見氏著《中國地方行政制度史——魏晉南北朝行政制度》，“中研院歷史語言研究所”專刊四十五，1980年，頁837～848）。

〔44〕康樂《代人與鎮人》，原載中研院《歷史語言研究所集刊》，第六十一本第三分，1990年，頁895～916，後收入氏著《從西郊到南郊——國家祭典與北魏政治》，稻禾出版社，1995年，頁99～104。

‘烏丸’，各以多少稱酋、庶長。”[45] 這是在北魏初年，以後隨着北魏勢力範圍的拓展，歸屬的部落則愈來愈多，其游牧民族部族首領雖然没有領民酋長之稱號[46]，但基本上都是在這一模式下生存。唐長孺曾將北魏的領民酋長分爲兩種類型，一種是世襲酋長，另一種則在部落進一步分化的條件下，北魏政權通過委任來確定。後者不一定是世襲，甚至有漢人擔任此職[47]。如不必斤斤計較其部族首領一定帶有領民酋長職銜的話，其範圍將擴至關中、陝晉豫邊境巴、氐羌[48]。領民酋長在北魏初期的軍事和地方政治上扮演過相當重要的角色，其所控制的地區成爲世襲領地。如《魏書·爾朱榮傳》載：“其先居於爾朱川，因爲氏焉。常領部落，世爲酋帥。高祖羽健，登國初爲領民酋長，（略）以居於容川，詔割方三百里封之，長爲世業。”[49]《隋書·百官志》載，北齊有領人酋長與不領人酋長之區别，前者第一可視從三品，後者於史無徵[50]，或難從信。

志文稱其“父君陀，茹茹國莫賀去汾、達官，使魏□□□□朔州刺史”。

茹茹即芮芮、柔蠕、蠕蠕、柔然[51]。《北史·蠕蠕傳》載：

> 木骨閭死，子車鹿會雄健，始有部衆，自號柔然。後太武以其無知，狀類於蟲，故改其號爲蠕蠕。[52]

柔然與鮮卑拓跋同屬東胡鮮卑[53]，值得注意的是墓志中用字“茹茹”，這是柔然民族自稱之辭[54]，北朝柔然墓志中均以“茹茹”自稱，《元恭墓志》載其婦“茹茹主之曾

[45]《魏書·官氏志》卷一百一十三，頁2971。

[46] 康樂《從西郊到南郊》，頁99～104。

[47] 參見唐長孺《北魏末期的山胡敕勒起義》，《山居存稿》，中華書局，1989年，頁60～95。唐氏言，其酋長不一定世襲，有時甚至不限本族，亦引《皇甫驎墓志》，皇甫氏爲安定舊族，“延興中，涇土夷民一萬餘家，詣京中訴，請爲統酋”（端方《陶齋藏石記》卷六，頁17）。但因“戎華理隔，本不相豫”，而未獲准。

[48] 康樂《從西郊到南郊》，頁99～104；唐長孺《山居存稿》，頁60～95。

[49]《魏書》卷七十四〈爾朱榮傳〉，頁1643。

[50] 周一良《魏晉南北朝史論集》，頁210；《隋書》卷二十七〈百官志〉，頁770。

[51] 關於柔然的不同稱謂，參見馮家昇《蠕蠕國號考》，《禹貢》第七卷，8、9合刊，1937年，頁77～80；周偉洲《敕勒與柔然》，頁176～188；潘國鍵《北魏與蠕蠕關係研究》，頁26～37。

[52]《北史》卷九十八〈蠕蠕傳〉，頁3249。

[53] 内田吟風《北アジア研究》，頁321；《北史》卷九十八〈蠕蠕傳〉云：正光元年（公元520年），柔然阿那瓌奔魏，“阿那瓌再拜跽曰：‘臣先世源由，出於大魏’。詔曰：‘朕已具知。’”頁3259，表明柔然出自鮮卑已獲得認同。

[54] 馮家昇據大同雲岡石窟《茹茹造像題記》搨片，首行“大茹茹國”字樣，稱：“茹茹國上加大字，必茹人自稱之辭”，“由是吾人可知茹茹及其自擇之字面，非柔然、蠕蠕、柔蠕、芮芮等辭爲他人所稱者可比。”（馮家昇《蠕蠕國號考》，《禹貢》第七卷，8～9合刊，頁77）這一觀點得到了周偉洲的進一步論述（參見氏著《雲岡石窟的〈茹茹造像記〉》，載《西北民族史研究》，中州古籍出版社，1994年，頁435～439。）

孫"[55]，《閭伯昇墓志》云其高祖即茹茹主第二子[56]，《茹茹公主墓志》亦載："茹茹公主閭氏"，"公主諱叱地連，茹茹主之孫諳羅臣可汗之女也"[57]。另在《南齊書·芮芮傳》所載柔然國相的書翰中帶有"皇芮"字樣，可見柔然與南朝交往時遵從南朝習慣[58]。這亦從側面印證虞弘屬於柔然。莫賀去汾即莫何去汾，是柔然高官。《北史·蠕蠕傳》載：

> 蠕蠕之俗，君及大臣因其行能，即爲稱號，若中國立謚。既死之後，不復追稱。[59]

柔然族盛行在君王、大臣活着的時候用一些詞語來表彰、形容他們的才幹能力等，例如豆代可汗，"豆代，猶魏言駕馭開張也；可汗，猶魏言皇帝也"[60]。北魏柔然獲莫何去汾稱號者有：莫何去汾比拔、莫何去汾李具列、莫何去汾俟斤、丘升頭莫何去汾折豆渾十升、莫何去汾屋引叱賀真[61]。莫何（Baga）是勇的意思[62]，去汾或即俟汾，鮮卑人呼草爲俟汾，莫何去汾或是草原勇者的音譯。

達官，亦是柔然一重要官號，後突厥滅柔然，主要的官號、尊號均爲突厥所繼承。《通典》邊防十三在記述突厥官號時稱：

> 其初，國貴賤官號，凡有十等，或以形體，或以老少，或以顔色、鬚髮，或以酒肉，或以獸名。（略）又謂老爲哥利，故有哥利達官。[63]

《周書·文帝紀》載：

> 茹茹乙旃達官寇廣武。五月，遣柱國趙貴追擊之，斬首數千級，收其輜重而

[55] 趙超《漢魏南北朝墓志彙編》，頁 299。

[56] 趙超《漢魏南北朝墓志彙編》，頁 337。

[57] 磁縣文化館《河北磁縣東魏茹茹公主墓發掘簡報》，《文物》，1984 年 4 期，頁 1～9。另參見周偉洲《河北磁縣出土的有關柔然吐谷渾等族文物考釋》，《文物》，1985 年 5 期，後收入氏著《西北民族史研究》，頁 445～449。

[58] 内田吟風《北アジア研究——鮮卑柔然突厥篇》，頁 39。

[59]《北史》卷九十八〈蠕蠕傳〉，頁 3251。

[60]《北史》卷九十八〈蠕蠕傳〉，頁 3251。

[61]《北史》卷九十八〈蠕蠕傳〉載："太和元年四月，遣莫何去汾比拔等來獻良馬、貂裘。""正光初，醜奴母遣莫何去汾李具列等絞殺地萬，醜奴怒，欲誅具列等"。"婆羅門遣大官莫 何去汾俟斤、丘升頭六人，將兵二千隨具仁迎阿那瓌"。"彌征俄突遣其莫何去汾屋引叱賀真貢其方物"。頁 3256～3261。

[62] 内田吟風《北アジア研究——鮮卑柔然突厥篇》，頁 68，又云，斛律可汗因變被執送北燕，《晉書》載記此事時將其名字書寫爲"蠕蠕勇解律"，這里"勇"顯然是莫何的意譯，頁 83。此職後爲突厥、回鶻等民族所承襲，成爲其常見的官職，Baγa 高本漢認爲在公元 7 世紀讀作 mak－ ζa（參見 J. R. 哈密頓《五代回鶻史料》，耿昇、穆根來中譯本，新疆人民出版社，1986 年，頁 158～159）。

[63] 杜佑《通典·邊防十三》卷一百九十七，頁 5402。

還。[64]

《隋書·長孫晟傳》載：突厥可汗“攝圖乃笑謂其達官曰：‘須拜婦公，我從之耳’”。後“晟乃貨其達官，知欽所在”。最後“有突厥達官來降”[65]。《舊唐書·襄邑王神符傳》載：

又戰於沙河之北，獲其乙利達官並可汗所乘馬及甲獻之。[66]

《舊唐書·李勣傳》載：

至烏德鞬山，大戰，破之。其大首領梯真達官率衆來降。[67]

達官一職亦被突厥以後的回紇等人所承襲[68]。達官（Tarkan）的別譯是“達干”（Tarqan）[69]，其複數形是 Tarqat[70]。在突厥人碑文中多次出現。《闕特勒碑》南面第一行：

（略）首先是我的諸弟和諸子，其次是我的族人和人民，右邊的諸 šadapït 官，左邊的諸達干（Tarqat）梅祿官。

北面第十二行

（略）安國（buqaraq）人民那裏來了 nāng 將軍及 Oghul 達干。

《毗伽可汗碑》南面第十三行

（略）前面（東部）以 apa 達干爲首的突利斯諸官。

第十四行

及 šadapït 諸官，右面（南面）…… taman 達干、暾欲谷裴羅莫賀達干（tonyuquq buyla bagha tarqan）。[71]（略）

《蘇吉碑》第三行

我是著名的莫賀達干，高貴的梅録。[72]

達干其專統兵馬事，韓儒林引公元11世紀瑪合木·喀什噶里（Mahmud alkashghari）《突

---

〔64〕《周書》卷二〈文帝紀〉，頁35。

〔65〕《隋書》卷五十一〈長孫晟傳〉，頁1332～1335。

〔66〕《舊唐書》卷六十〈襄邑王神符傳〉，頁2344。

〔67〕《舊唐書》卷六十七〈李勣傳〉，頁2487。

〔68〕參見《舊唐書》卷一百九十五〈回紇傳〉，張仲武令還蕃“餘衆奔之不及，回鶻諸相達官老幼大哭”，頁5215。不過在本傳中“達官”“達干”二職均出現，天寶中“回紇大首領達干等一十三人先至扶風”，頁5199。

〔69〕參見韓儒林《突厥官號考釋》，《穹廬集——元史及西北民族史研究》，上海人民出版社，1982年，頁307；林恩顯《突厥研究》，商務印書館（臺灣），1988年，頁88～91。

〔70〕伯希和《漢譯突厥名稱之起源》，載馮承鈞譯《西域南海史地考證譯叢》二編，商務印書館，1995年，頁48～53。

〔71〕耿世民《突厥文碑銘譯文》，林幹《突厥史》附録，内蒙古人民出版社，1988年，頁253、270。

〔72〕A. 伯恩什達姆《六至八世紀鄂爾渾葉尼塞突厥社會經濟制度（東突厥汗國和黠戛斯）》，楊訥中譯本，新疆人民出版社，1997年，頁71。

厥語辭典》，tarxan 爲司令意思〔73〕。據夏德（Fr·Hiith）説，這個稱號是軍事方面的高級指揮官，現代漢語應解釋爲高貴的，這稱號衹授予立過戰功的人〔74〕。韓氏説此詞來源甚早，《北史·蠕蠕傳》載“西魏文帝乃以孝武時舍人元翌女稱爲化政公主，妻阿那瓌兄弟塔寒”。阿那瓌即柔然可汗兄弟，塔寒或即達干〔75〕。

虞君陀出使魏的時間，張慶捷推算虞弘出生在公元 534 年，“由此可以肯定，虞弘之父出使魏無疑有了虞弘之後，即公元 534 年（北魏孝武帝永熙三年或東魏孝敬帝天平元年）之後。至多再提前到 533 年”。虞弘的出生與其父出使魏之間是否存在着必然聯繫，這裏暫且不論。這時倒可以提供另外一種解釋，虞君陀出使魏之後有朔州刺史銜。《魏書·地形志》載，朔州“本漢五原郡，延和二年置爲鎮，後改爲懷朔，孝昌中改爲州”。後陷，永熙中改爲雲州〔76〕。據此，虞君陀使魏也許衹能在永熙年或永熙年之前。虞君陀“使魏”或許衹是一種婉轉的説法，北方民族酋帥子弟充任近侍，在當時是一種制度。《洛陽伽藍記·城南》“燕南館”條云：“北夷酋長遣子入侍者，常秋來春去，避中國之熱，時人謂之雁臣。”〔77〕入侍的對象似乎衹限於北邊酋長，北魏通過這種辦法使其子弟獲得高官〔78〕，密切與他們的聯繫。

墓志：“茹茹國王，鄰情未協，志崇通藥，□□□芥，年十三，任莫賀弗，銜命波斯、吐谷渾，轉莫緣，仍使齊國”。

虞弘年僅十三歲便被任命爲莫賀弗，莫賀弗是柔然人一個重要的職官，後爲突厥人所繼承，“其勇健者謂之始波羅，亦呼爲莫賀弗”〔79〕。韓儒林稱，始波羅，復有“沙波

〔73〕韓儒林《蒙古答剌罕考》，《穹廬集——元史及西北民族史研究》，頁 19。

〔74〕參見 *Watters*，*Essays*，p.372，轉引自勞費爾《中國伊朗編——中國對古代伊朗文明史的貢獻》，林筠因中譯本，商務印書館，1964 年，頁 434～435；不過，勞費爾稱在西藏語彙裏解釋爲“賦有大權，執有權柄”是可靠的。漢語譯音“達干”不見得就是模仿突厥語 Darkan；但古突厥語的寫法確是 tarkan，已爲新波斯語 tarxār 及亞美尼亞語 t‘arxan 所證實（勞氏上引書）。

〔75〕韓儒林《蒙古答剌罕考》，《穹廬集——元史及西北民族史研究》，頁 19。雖然韓氏有這樣的解釋，但實際上塔寒在這裏更像一個人名，而非職官名稱，儘管很可能二者有同一音值源頭。

〔76〕《魏書》卷一百零六〈地形志上〉，頁 2499～2450。

〔77〕范祥雍《洛陽伽藍記校注》卷三〈城南〉，上海古籍出版社，1982 年，四夷館安置歸附者，其中“北夷來附者，處燕然館”，後柔然可汗阿那肱來附“處之燕然館，賜宅歸德里”。頁 160。

〔78〕唐長孺列舉有爾朱新興“除右將軍、光祿大夫。及遷洛後，特聽冬朝京師，夏歸部落”（《魏書》卷七十四〈爾朱榮傳〉，頁 1644）。叱列延慶（《魏書》卷八十〈叱列延慶傳〉，但延慶本傳似無此記載）。斛律金“秋朝京師，春還部落，號曰雁臣”（《北史》卷五十四〈斛律金傳〉，頁 1965）。厙狄干“魏正光初，掃除逆黨，授將軍，宿衛於內。以家在寒鄉，不宜毒暑，冬得入京師，夏歸鄉里”（《北史》卷五十四〈厙狄干傳〉，頁 1956）。以上參見唐氏《北魏末期的山胡敕勒起義》，《山居存稿》，中華書局，1989 年，頁 73～74。

〔79〕杜佑《通典》卷一百九十七〈邊防十三〉，頁 5402。

羅”“沙鉢略”“乙失鉢”等異譯，夏德擬音爲 Yschbara，《通典》中英賀弗應爲莫賀弗之形誤[80]。《隋書·北狄傳》載，庫莫奚分爲五部，第二曰莫賀弗[81]。《隋書·北狄傳》云：

(室韋) 其部落渠帥號乞引莫賀咄，每部有莫何弗三人以貳之。[82]

《周書·賀蘭祥傳》載：

其先與魏俱起，有紇伏者，爲賀蘭莫何弗，因以爲氏。[83]

紇伏者，賀蘭之副貳。莫賀咄（Bogluatur）是突厥語 Baratu 或 baracor 的音譯，係“英雄”之意[84]。值得注意的是莫賀咄有首長的意思[85]，莫賀弗則副貳，那麽虞弘的任莫賀弗應該主要承擔副使的角色，這樣也就不難理解柔然爲甚麽要派遣一位十三歲的小孩出使外國，禮儀性質大於功能角色，也表現其家庭在柔然國地位顯赫。

虞弘出使波斯、吐谷渾並不是一個孤立的事件，和當時柔然與東魏、西魏之間的互動有密切的關聯。公元 534 年秋，北魏分裂爲東西魏之後，前朝與柔然立有婚約，於是出現了“東、西魏競結阿那瓌爲婚好”的局面。由於柔然態度事關國家安危，所以在以後的十年間游離於東、西魏之間。東魏武定四年（公元 546 年）：

阿那瓌有愛女，號爲公主，以齊神武威德日盛，又請致之。静帝聞而詔神武納之。阿那瓌遣其吐豆發郁久閭汗拔姻姬等送女於晉陽。[86]

高歡娶蠕蠕公主[87]是柔然大事，這一年也就是虞弘出使波斯、吐谷渾之時，虞弘一行的使命當與此有關。吐谷渾是柔然傳統友好國家，柔然與南朝通使必須經過吐谷渾。《南齊書·芮芮傳》載：

芮芮常由河南道而抵益州。

芮芮、河南，同出胡種。[88]

---

〔80〕韓儒林《突厥官號考釋》，《穹廬集——元史及西北民族史研究》，305 頁。今標點本《通典》已改。

〔81〕《隋書》卷八十四〈北狄傳〉，頁 1881。

〔82〕《隋書》卷八十四〈北狄傳〉，頁 1883。

〔83〕《周書》卷二十〈賀蘭祥傳〉，頁 335。

〔84〕林恩顯《突厥研究》，頁 74。

〔85〕《隋書》卷八十四〈北狄傳〉云：室韋“每部有餘莫弗瞞咄，猶酋長也。”頁 1882。

〔86〕《北史》卷九十八〈蠕蠕傳〉，頁 3265。

〔87〕《北史》卷一十四〈蠕蠕公主郁久閭氏傳〉載：“公主性嚴毅，一生不肯華言。”時高歡抱病，不能往公主所，蠕蠕公主隨使“怨恚”，逼使高歡“自射堂，與疾就公主”。高歡妻婁昭君因“國家大計”，“避正室處之”（《北齊書》卷九〈神武明婁後傳〉，頁 124）。

〔88〕《南齊書》卷五十九〈芮芮傳〉，頁 1025。

河南即吐谷渾，河南道亦即吐谷渾道，關於這類記載很多〔89〕。相反，吐谷渾與東魏的聯繫，也有賴於柔然：

興和中，齊神武作相，招懷荒遠，蠕蠕既附於國，夸呂（吐谷渾王）遣使致敬。（略）乃遣使人趙吐骨真，假道蠕蠕，頻來東魏。〔90〕

相互利用，同出一源應是兩國友善的基礎。柔然國曾經在强大時勢力波及中亞。《梁書·滑國傳》載：

元魏之居桑乾也，滑猶爲小國，屬芮芮。〔91〕

《魏書·西域傳》也稱：大月氏國"北與蠕蠕接"〔92〕。但到公元6世紀中葉柔然國力衰弱，對中亞影響減少，漢文史料中鮮有柔然與波斯發生聯繫的記載。虞弘出使波斯的記載是一條關於柔然與波斯關係的重要史料。西方史料一般稱柔然人爲阿哇爾人(Avars)，阿哇爾人曾迫使Savirs族西遷，並引起周邊民族連鎖西進〔93〕。反對阿哇爾人是柔然人論者所持其中一條理由即在突厥人興起之前，由於高車、嚈噠的崛起，柔然與西方已經隔絶〔94〕。虞弘墓志的出土表明柔然與西亞波斯的聯繫或許另有管道，至少柔然與西方聯繫的阻隔似不能成爲否認柔然即阿哇爾人的理由之一。

虞弘使團出使波斯《墓志》銘中有過描述：

潤光安息，輝臨月支。簪纓組綬，冠蓋羽儀。桂辛非地，蘭馨異土。翱翔數國，勤誠十主。

虞弘所經過的國家安息、月支泛指的成分較大。雖然這樣，虞弘前往波斯其中必須經過嚈噠。嚈噠雖受柔然壓迫西遷，但仍與柔然有聯繫，北魏時，柔然婆羅門部被安置在敦煌，"婆羅門尋與部衆謀叛，投嚈噠。嚈噠三妻，皆婆羅門姊妹也"〔95〕。《北史·西域傳》嚈噠傳亦載，嚈噠"與蠕蠕婚姻"〔96〕。虞弘在嚈噠受到禮遇，應屬情理之中。虞弘"轉

〔89〕關於這一問題的詳盡研究，請參閱唐長孺《南北朝期間西域與南朝的陸路交通》，氏著《魏晉南北朝史論拾遺》，中華書局，1983年，頁168～195。

〔90〕《北史》卷九十六〈吐谷渾傳〉，頁3186。

〔91〕《梁書》卷五十四〈滑國傳〉，頁812。

〔92〕《魏書》卷一百零二〈西域傳〉，頁2275。

〔93〕參見麥喀爾尼（C. A. Macartngey）《論希臘史所載六世紀突厥歷史》，《倫敦東方學叢刊》十一卷，岑仲勉中譯本，載氏著《突厥集史》，中華書局，1958年，頁941～962。

〔94〕關於阿哇爾人研究是東西方學者最感興趣的問題之一，問題争論已有二百多年，一些著名的中亞史專家都就此題發表過見解，真假阿哇爾是其中關鍵（參見沙畹《西突厥史料》，中華書局，1958年，頁204～207）。余太山是就此問題發表見解爲數不多的中國學者之一，地理阻隔是其論據之一（參見氏著《柔然、阿瓦爾同族論質疑——兼論阿瓦爾即悦般》，《文史》，第二十四輯，中華書局，1985年，頁97～113，後收入《嚈噠史研究》，齊魯書社，1986年，頁163～192）。

〔95〕《北史》卷九十八〈蠕蠕傳〉，頁3262。

〔96〕《北史》卷九十七〈西域傳〉，頁3231。

莫緣，仍使齊國”，應在北齊天保元年（公元550年）以後，因爲此年高洋篡東魏而改稱齊國。莫緣，是柔然的官職之一，後爲突厥所承襲。《魏書·肅宗紀》載：神龜二年(公元519年)，“冬十有一乙酉，蠕蠕莫緣梁賀侯豆率男女七百人來降”〔97〕。《北史·蠕蠕傳》載：東魏興和二年（公元540年）阿那瓌遣其俟利、莫賀莫緣游大力等朝貢〔98〕。後來，游大力又稱“俟力莫賀”，有人説這是一種可以省略的稱號〔99〕，亦可作爲人名如突厥使臣稱羅莫緣〔100〕。突厥啓民可汗在給隋文帝、隋煬帝的上表中稱文帝爲“大隋聖人莫緣可汗”，中簡稱“聖人可汗”〔101〕，“聖人先帝莫緣可汗”，中亦簡稱“聖人先帝”〔102〕。莫緣（Mo－yuar）一詞的含義，劉茂才曾有過一些推測〔103〕，護雅夫也曾進行過討論，認爲衹能是突厥語中某種美稱〔104〕。周偉洲則根據啓民可汗上表中“聖人莫緣可汗”，簡稱爲“聖人可汗”，疑其有聖人之意〔105〕。在古代文獻譯寫少數民族詞意時，往往將意譯和語音聯在一起書寫。後説無疑有可取的一面，其含義雖然神聖，但作爲職官地位則並不高，梁賀侯豆莫緣僅率七百人，虞弘任莫緣時也僅稱“轉”而不稱“遷”，説明“莫賀弗”與“莫緣”差别不大。

依據《北齊書·文宣帝紀》天保元年（公元550年）、天保二年（公元551年），柔然曾向北齊四次貢使：

天寶元年十月“癸未，茹茹國遣使朝貢”。

十二月“丁丑，茹茹、庫莫奚國並遣使朝貢”。

天寶二年二月“壬寅，茹茹國遣使貢”。

〔97〕《魏書》卷九〈肅宗紀〉，頁229。

〔98〕《北史》卷九十八〈蠕蠕傳〉，頁3265。

〔99〕參見吴玉貴《突厥汗國與隋唐關係史研究》，中國社會科學出版社，1998年，頁149。

〔100〕《周書》卷三十二〈趙文表傳〉，頁582。

〔101〕《隋書》卷八十四〈北狄傳〉，頁1873。

〔102〕《隋書》卷八十四〈北狄傳〉，頁1874。

〔103〕Liu Mau－Tsai（劉茂才），*Die chinesischen Nachrichten zur Geschichte der Ost－Türken*（*T'u－Küe*），Wiesbaden，1958，新文豐出版公司翻印本，1993年，p.535。劉氏討論了“莫緣”的四種可能，其一没有邊限，二没有緣分，三佛教中無佛性，第四種意見則可能音譯，並説磨延啜可汗中的“磨延”與蒙古語中“PELLIOT”（富足、順利的意思）可聯繫起來，估計“莫緣”就是“磨延”一詞的音轉。

〔104〕護雅夫《古代トルコ民族史研究》，山川出版社，1984年，頁444～445；吴玉貴《突厥汗國與隋唐關係史研究》，頁148～150、174。

〔105〕參見周偉洲《敕勒與柔然》，頁166，谷霽光在20世紀30年代也有這樣的推測，不過他説的不大肯定，後又有修訂（參見谷氏《唐代“皇帝天可汗”溯源》《唐代“皇帝滅可汗”溯源後記》，原載1936年天津《益世報》，後收入《谷霽光史學文集·雜著》第四卷，江西人民出版社、江西教育出版社，1996年，頁172～177）。

七月"壬申，茹茹遣使朝貢"[106]。

虞弘或爲其中之一。

這時的北方形勢已發生重大變化，原屬柔然的"鐵工"突厥已强大起來[107]，突厥發兵攻擊柔然。《北史·突厥傳》記：

廢帝元年，正月，土門發兵擊茹茹，大破之於懷荒北，阿那瓌自殺，其子菴羅辰奔齊。[108]

柔然原與北齊有聯姻關係，菴羅辰在突厥人攻擊下投奔北齊。

墓志稱：文宣□□，焕爛披雲，拘縶内参，弗令返國。太上控覽，砂磧煙塵，授直突都督。

虞弘不能回國復命，當正是處於突厥進攻國内事變的原因。文宣即北齊文宣帝高祥。《北史·蠕蠕傳》載：

文宣乃北討突厥，迎納蠕蠕，廢其主庫提，立阿那瓌子菴羅辰爲主，致之馬邑川，給其廩餼、繒帛。親追突厥於朔方，突厥請降，許之而還。[109]

"砂磧煙塵"或指追擊突厥於朔方。直突都督，《隋書·百官志》載：左右衛府中有直突屬官，中有直突都督，屬於從第六品[110]。

墓志載："□□使折旋，歙諧邊款，加輕車將軍、直齋、直蕩都督，尋遷使持節、都督涼州諸軍事、凉州刺史、射聲校尉。"

菴羅辰投奔齊文宣帝不久便不甘心居人庇護之下，叛齊北逃，文宣帝揮師晉陽，舉兵征討，大敗菴羅辰，獲其妻子等三萬餘人[111]。柔然在北齊、北周、突厥的多方夾擊下最終亡國，北齊獲柔然二萬餘人，羊數十萬頭[112]，邊境終於安定。虞弘加職或在此時。輕車將軍，《周書·盧辯傳》載爲右五命，北齊之職或相當[113]。《隋書·百官志》亦載：直閤屬官有直齋、直後之屬，直蕩屬官有直蕩正副都督[114]。左右衛的職責是"掌宫掖禁禦，督攝仗衛"，直突、直齋、直蕩都督都屬宿衛侍從，屬於禁兵系統。令人奇

[106]《北齊書》卷二〈宣帝紀〉，頁54～55。

[107]《北史》卷九十九〈突厥傳〉，頁3287。

[108]《北史》卷九十九〈突厥傳〉，頁3287。

[109]《北史·蠕蠕傳》卷九十八，頁3266。

[110]《隋書》卷二十七〈百官志〉，頁667。

[111]《北史》卷七〈齊顯祖紀〉，頁251。亦見《北史》卷九十八〈蠕蠕傳〉，頁3266。

[112]《北齊書》卷四〈文宣紀〉，頁60。

[113]《周書》卷二十四〈盧辯傳〉，頁405。

[114]《隋書》卷二十七〈百官志〉，頁758。

怪的是虞弘所陞遷之涼州刺史，涼州當時並不在北齊的勢力範圍之内，而屬北周[115]。北齊在雲、代等地亦設置恒、燕等六州，作爲僑置州，沿襲了北魏、東魏的傳統[116]。當然，除去這些僑置州另外也有個别州，似不在北齊勢力範圍内。《北齊書·步大汗薩傳》載：步大汗薩，天平以前“累遷秦州鎮城都督、北雍州刺史”[117]。秦州、北雍州均不在北齊的勢力範圍之内[118]。北齊授涼州刺史也並非衹此虞弘孤例，《康續墓志》云：康續其“曾祖德，齊任涼州都督”[119]。吴玉貴對此曾有兩種推測，其中一種可能是北齊在其轄境僑置涼州[120]。北齊武平六年（公元575年）有齊故驃騎大將軍、開府儀同三司、涼州刺史范粹墓志[121]，虞弘墓志或許進一步印證涼州在北齊僑置的可能性。《舊唐書·職官志》“上州刺史”條下注：“至魏晉刺史任重者爲使持節都督，輕者爲持節，後魏北齊總管刺史加使持節諸軍事。”[122]

墓志云：“武平既鹿喪綱頹，建德遂蠶食關左。收珠棄蚌，更恔琴瑟。仍授使持節，儀同大將軍、廣興縣開國伯。”

周武帝伐齊，於建德五年（公元576年）十二月包圍并州，並發出瓦解北齊軍隊的指示，對投降者開出了相當優厚的條件，“如有深識事宜，建功立效，官榮爵賞，各有加隆”[123]。很快北齊降者甚衆。虞弘亦在北周“收珠棄蚌”的政策鼓勵下降周。虞弘降周後，維持了原有職銜，由原假儀同三司，改授儀同大將軍。《周書·武帝紀》載：建德四年冬十月戊子，改開府儀同三司爲開府儀同大將軍[124]。儀同大將軍，又加車騎大將軍、

〔115〕《周書》卷二十八〈史寧傳〉載：此時涼州刺史爲史寧，頁467～468。

〔116〕公元6世紀初，六鎮大亂，雲代首當其衝，北疆軍士紛紛南下，在長城以南建立很多恒、燕、雲、朔、蔚、顯六僑州。高氏北齊繼承了這個傳統，僑置了北朔州（治馬邑城，今山西朔縣）、北燕州（治懷戎，今河北涿鹿）、北蔚州（治靈丘，今山西靈丘）、北恒州（治平城，今山西大同）、北顯州（治石城，今山西原平）、北靈州（治武州城，今山西繁峙）（參見王仲犖《東西魏北齊北周僑置六州考略》，《文史》第五輯，1978年，中華書局，頁23～29）。此範圍内核心是鮮卑人，但也有徙居邊鎮的少數民族高車、柔然等以及遷徙邊鎮的中原豪族後裔、發配邊區罪犯等，成分十分複雜（參見唐長孺、黄惠賢《試論魏末北鎮鎮民暴動的性質》，唐氏《山居存稿》，中華書局，1989年，頁26～59）。

〔117〕《北齊書》卷二十〈步大汗薩傳〉，頁279。

〔118〕不過，關於秦州、北雍州不在北齊勢力範圍内，周一良另有解釋，秦州當泰州之誤，北雍州爲東雍州之誤（參見氏著《魏晉南北朝史劄記》，中華書局，1985年，頁414）。這種解釋似乎過於勉强，或不足以解析其中關鍵的疑點。

〔119〕周紹良、趙超《唐代墓志彙編》上册，天津古籍出版社，1992年，頁658。

〔120〕參見吴玉貴《涼州粟特胡人安氏家族研究》，《唐研究》第三卷，北京大學出版社，1987年，頁308。

〔121〕參見河南省博物館《河南安陽北齊范粹墓發掘簡報》揭片，《文物》，1972年1期，頁50。

〔122〕《舊唐書》卷四十四〈職官志〉，頁1917～1918。

〔123〕《周書》卷六〈武帝紀〉，頁98。

〔124〕《周書》卷六〈武帝紀〉，頁93。

散騎常侍[125]，虞弘則無。儀同大將軍牙門又稱儀同府，置有僚屬，與開府府相同，不是開府副職，而是有獨立名號的主管軍將[126]。廣興縣開國伯，北周封爵爲正七命，北周封縣伯者，食邑自五百户至一千九百户[127]。

墓志載："體飾金章，銜轡簪笏，詔充可比大使，兼領鄉團。大象末左丞相府，遷領并、代、介三州鄉團，檢校薩保府。"

北朝時，大使一職並無定員，可根據需要隨時委任，巡幸各州時擴軍、救災等臨時任務，均任命大使。如《北齊書·歸彦傳》載：歸彦，"因於河州積年，以解胡言，爲西域大使，得胡師子來獻"[128]。虞弘是比照大使銜兼領鄉團。其所屬左丞相府，遷領并、代、介三州鄉團，檢校薩保府。在北朝晚期兵制中，除人們熟知的府兵外，另一個就是鄉兵。鄉兵源於當地自衛武裝力量，由本地高門大姓擔任統領。散居鄉間的鄉兵稱作鄉團，北周以大都督或儀同統領，居於本鄉[129]。鄉團是否納入府兵制系統，人們並不清楚。《隋龍山公□質墓志銘》載：

> 周朝受大都督、龍山公，選補儀同。領鄉團五百人，守隘三硤。[130]

《隋書·百官志》載："每鄉團（東宫鄉團準此）。置團主，一人。佐，二人。"[131]鄉團屬諸衛，在上番宿衛之列。虞弘是以使持節、儀同大將軍職，領并、代、介三州鄉團，與當地複雜的民族關係有密切的關聯。文宣帝天保七年（公元556年）詔令中稱："使豪家大族，鳩率鄉部，託跡勤王，規自署置。"[132]當時的地方豪强擁有大量私人武裝力量。當地的民風形成從某種意義上説又助長了這種所謂自衛力量的擴展。敦煌文書《唐諸道山河地名要略》第二"代州人俗"條載：

> 然自代北至雲、朔等州，北臨絶塞之地，封略之内，雜虜所居。戎狄之心，鳥獸不若。歉饉則剽劫，豐飽則柔從。樂報冤仇，號爲雠［難］掣。不憚攻煞，所謂衽金革，死而不厭者是也。縱有編户，亦杂戎風，比於他邦，實爲難理。[133]

并州、代州一帶少數民族雜居，其中所安置的柔然部族應是其主要成員。《唐志武將軍

[125]《周書》卷二十四〈盧辯傳〉，頁407。

[126] 谷霽光《府兵制度考釋》，上海人民出版社，1978年，頁53～54。

[127] 王仲犖《北周六典》下册，中華書局，1979年，頁554～555。

[128]《北齊書》卷一十四〈歸彦傳〉，頁186。

[129] 谷霽光《府兵制度考釋》，頁99～100。

[130] 趙萬里《漢魏南北朝墓志集釋》卷八，科學出版社，1956年，頁399。

[131]《隋書》卷二十八〈百官志〉，頁778。

[132]《北齊書》卷四〈文宣紀〉，頁62。

[133] 鄭炳林《敦煌地理文書彙輯校注》，甘肅教育出版社，1993年，頁176。

茹公神道碑》載：“公諱義忠，本家雁門，今爲雁門人矣。”[134] 茹義忠在此延續至唐代，屬柔然後裔。并州魚姓是該地三大姓氏之一[135]，是并州著姓。鄉團組織是以地方豪門大姓爲中心的地方武裝力，其形式多種多樣。鄉團首領是鄉帥，多由地方望族出任。“置當州鄉帥，自非鄉望允當衆心，不得預焉”[136]。雖以保衛家鄉爲藉口組織起來，但其核心成員並不甘心將自己限制在維持治安這個定位，而是尋求歸附新的中央政權，藉以鞏固擴大自身力量。虞弘先是“兼領鄉團”，後則“遷領并、代、介三州鄉團”，正是經歷一個鞏固擴大的過程。政府則通過授官控制這些地方武裝力量過程中，會根據其集團的規模大小及兵力多少來決定其首領的軍職高下[137]。北周代齊使虞弘發生重要變化，由原北齊僑州刺史變成鄉團酋首，或許其控制勢力範圍並無明顯變化。虞弘銓官經歷對我們進一步理解薩保府的性質有極大的幫助。

虞弘“檢校薩寶（保）府”是學界最關心的問題之一。并州、雁北一帶廣泛分佈着中亞昭武九姓的粟特人，過去已引起學術界的關注[138]。榮新江又特別指出并州粟特人聚落，尤其是并州薩寶府長史龍潤的材料，引人注目[139]。薩寶問題已引起多方討論[140]，筆者觀點在他文中多有論述，不再贅述，這裏祇想强調虞弘墓志資料表明薩保府依然是一個管理胡人的機構。薩保府首長是薩保，依《隋書·百官志》載：

> 又有流内視品十四等：雍州薩保，爲視從七品，諸州胡二百户已上薩保，爲視正九品[141]。

同書卷二十九載北齊官制云：“典客署，又有京邑薩甫二人，諸州薩甫一人。”[142] 并州，

---

〔134〕張賁然《忠武將軍茹公神道碑》，《文苑英華》卷九百〇九，中華書局影印本，頁4782。

〔135〕北京圖書館藏敦煌文書8418號《姓氏録》載：“□（晉）陽郡三姓：并州，儀、景、魚。”鄭炳林《敦煌地理文書彙輯校注》，頁344。《太平寰宇記》卷四十“并州”條姓氏“晉陽郡三姓：魚、儀、景”。光緒八年，金陵書局刻本，頁7。

〔136〕《周書》卷二十三〈蘇椿傳〉，頁395～396。

〔137〕參見毛漢光《西魏府兵史論》，原載中研院《歷史研究所集刊》，第五十八本第三分，1987年，後收入氏著《中國中古政治史論》，聯經出版公司，1990年，頁258。

〔138〕參見程越《從石刻史料看入華粟特人漢化》，《史學月刊》，1994年1期，頁22～27；榮新江《北朝隋唐粟特人之遷徙及其聚落》，北京大學中國傳統文化研究中心主編《國學研究》，第6卷，1999年，頁62～64；羅丰《流寓中國的中亞史國人》，《國學研究》，第7卷，2000年，頁267。

〔139〕榮新江《隋及唐初并州的薩寶府與粟特人聚落》，頁84～89。

〔140〕荒川正晴《北朝隋·唐代における“薩寶”の性格をめぐつて》，《東洋史苑》，第50·51號，1998年，頁164～186；姜伯勤《薩寶府制度論略》，《華學》，第3輯，1998年，頁290～308；羅丰《薩寶：一個唐朝唯一外來官職的再考察》，《唐研究》，第4卷，1998年，頁215～249；A. Forte，《薩寶問題》，奈良絲綢之路研究中心，Vol.4，*The Silk Roads Nara International Symposium* ' 97，頁102～124，奈良，1999年。

〔141〕《隋書》卷二十八〈百官志〉，頁790～791。

〔142〕《隋書》卷二十七〈百官志〉，頁756。

是東魏北齊政權的核心區，以高洋爲例，其在首都鄴城的時間遠遠少於留居并州的時間[143]。那麽并州薩保府當是比照京師薩保府設置的。北周代齊之後將薩保府劃歸虞弘管理，其中尚看不出虞氏與薩保府之間有甚麽淵源關係。虞弘以儀同大將軍職兼領三州鄉團，職別高出薩保府首長，薩保府首長薩保多由胡人出任[144]。因此，虞弘管理薩保府的辦法，衹能通過"檢校"的方法解決。再者，薩保府官員的職務，並不一定與個人信仰之間産生必然聯繫。并州翟娑，摩訶大薩寶，其子突娑，大家多傾向於他是一名景教徒[145]。龍潤是并州薩寶府長史，我們尚看不出他是一名祆教徒。并州薩甫下司録、商人何永康則更是一名佛教徒[146]。虞弘因管理薩保府，加之自身又有出使中亞、西亞國家的經歷，墓室遺物明顯與同期其他墓葬不同，如漢白玉彩繪陶俑等，是一種特殊禮遇的結果。石槨則更具中亞、西亞風格，我們也傾向於虞弘的墓事是由粟特人主持操辦的觀點[147]。

墓志云："開皇轉儀同三司，敕領左帳内，鎮押并部。""春秋五十有九薨於第，以開皇十三年十一月十八日葬於唐叔虞墳東三里。"

隋朝儀同三司，已變爲勳爵，是正四品上階，較原北周儀同大將軍名分已下降許多。虞弘丞相府右帳内，鎮押并部。

虞弘墓志是近年間新獲一件關於柔然民族的重要史料，它告訴我們虞氏家族作爲柔然一部代表，父子二代與東魏、北齊有從事外交的經歷，以出使波斯資料尤爲鮮見。虞弘在北周任職以後兼領并州等三州鄉團、檢校薩保府，是有關自衛的鄉兵轉變爲制度化鄉團這一過程中於府兵制度研究的重要材料。其檢校薩保府的經歷爲我們進一步理解彩繪石槨内容提供了背景資料。

---

〔143〕參見毛漢光《北魏東魏北齊之核心集團與核心區》，中研院《歷史語言研究所集刊》，第五十七本第二分，1986年，頁241～319。

〔144〕羅丰《薩寶：一個唐朝唯一外來官職的再考察》，頁218～220。

〔145〕參見龔方震《唐代大秦景教碑古叙利亞文字考釋》，《中華文史論叢》，1983年，第1輯，上海古籍出版社，頁3；榮新江《北朝隋唐粟特人之遷徙及其聚落》，北京大學中國傳統文化研究中心主編《國學研究》，頁62；《隋及唐初并州的薩寶府與粟特人聚落》，頁86。

〔146〕羅丰《薩寶：一個唐朝唯一外來官職的再考察》，頁239。

〔147〕榮新江《隋及唐初并州的薩寶府與粟特人聚落》，頁85。

二十　隋唐史氏墓志

隋唐間，活動於中亞索格底亞那（Sogdiana）一帶的主要是粟特人，中國史籍稱之爲“昭武九姓”。學者們經常引述的一條史料是《北史·西域傳》“康國”條：

其王本姓温，月氏人也，舊居祁連山北昭武城，因被匈奴所破，西踰葱嶺，遂有國。枝庶各分王，故康國左右諸國並以昭武爲姓，示不忘本也。……名爲强國，西域諸國多歸之。米國、史國、曹國、何國、安國、小安國、那色波國、烏那曷國、穆國皆歸附之。〔1〕

北朝初期以來，“昭武九姓”人通過漫長的“絲綢之路”頻繁來往於中亞與中國之間，操縱着國際商貿活動，對於中西文化的溝通、交流，起過至關重要的作用。有關“昭武九姓”人的情況，今人除了通過穆斯林文獻和漢文史籍加以瞭解以外，20世紀初以來中國各地陸續出土、發現的一些“昭武九姓”人及其後裔們的墓志，也成爲這方面學者所密切關注的對象。康國人有康大農〔2〕、康磨伽、康留買〔3〕兄弟、康阿達墓志〔4〕，安國人有安延〔5〕、安思節〔6〕、安菩墓志〔7〕，曹國人有曹明照墓志〔8〕，石國人

〔1〕《北史》卷九十七〈西域傳〉，頁3233～3234。該條可能原出於《魏書》卷一百零二〈西域傳〉，《魏書·西域傳》原缺，今見本是從《北史·西域傳》補闕。

〔2〕羅振玉《邙洛塚墓遺文》五編卷二，雲窗叢刊本，下同。

〔3〕北京圖書館金石組編《北京圖書館藏中國歷代石刻搨本彙編》，十六册，中州書畫社，1989年，頁176～177。

〔4〕張維《隴右金石録》卷二，甘肅省文獻徵集委員會校印，1943年，頁4。

〔5〕羅振玉《邙洛塚墓遺文》四編卷三；北京圖書館金石組編《北京圖書館藏中國歷代石刻搨本彙編》，12册，頁87。

〔6〕河南省文物研究所、洛陽文物管理委員會《千唐志齋藏志》下册，文物出版社，1983年，下同，頁585。

〔7〕洛陽市文物工作隊《洛陽龍門唐安菩墓清理簡報》，《中原文物》，1982年3期，頁21～26；趙振華、朱亮《安菩墓志初探》，《中原文物》，1982年3期，頁37～40。

〔8〕《金石續編》卷十，《石刻史料新編》，石刻史料叢書本，新文豐出版公司，1977年。

有石崇俊墓志〔9〕、石神福〔10〕墓志，何國人有何文哲〔11〕、何摩訶〔12〕、何盛墓志〔13〕，米國人有米繼芬〔14〕、米薩寶〔15〕。向達及多位學者對於上述墓志的深入研究〔16〕。使人們對流寓中國的粟特人有了更進一步的認識。

從以上引述也可以看出，在“昭武九姓”較爲重要的七國之中，其他六國人或多或少地都有墓志出土，並引起學人的注意，運用於自己成果之中，唯有史國人墓志或少或不甚明確而不被引述説明問題。固原南郊史氏墓地的發掘，填補了這方面的缺陷。所出七合墓志，六合爲史姓，一合爲安姓。這裏我們以新獲墓志爲主，參稽史籍，擇要加以考釋。

（一）史射勿墓志

公諱射勿，字槃陀。平凉平高縣人也，其先出自西國。

史射勿的名與字明顯帶有譯名風格，應該是從粟特語轉譯過來的（圖十九·1）。類似的轉譯名字也見於其他“昭武九姓”人。在晚至公元 8 世紀的敦煌地區粟特人姓名中帶有“勿”音的有〔17〕：

安勿多　　Wu（t）duo［mjĭuət tɑ^1］

羅勿沙　　Wu（t）sha［mjĭuət ṣɑ^1］

在粟特語中“槃陀 Pantuo［b ‘uan’ d ‘a’］”的使用更爲普通，最早見於北魏初年。《魏書·世祖紀》載：太延三年（公元 437 年）三月“癸巳，龜兹、悦般、焉耆、車師、粟特、疏勒、烏孫、渴槃陀、鄯善諸國，各遣使朝獻”〔18〕。“渴槃陀”作爲西域一個小國名稱出現。後來不斷地出現在人名之中。《周書·突厥傳》載：西魏大統年間，太

〔9〕北京圖書館金石組編《北京圖書館藏中國歷代石刻搨本彙編》，28 册，頁 129。

〔10〕《常山貞石志》卷十，《石刻史料新編》，石刻史料叢書本，新文豐出版公司，1977 年；《唐文拾遺》卷六十六；周紹良主編《唐代墓志彙編》下册，上海古籍出版社，1992 年，頁 1991。

〔11〕魏光《何文哲墓志考略》，《西北史地》，1984 年 3 期，頁 47～54；盧兆蔭《何文哲墓志考釋》，《考古》，1986 年 9 期，頁 841～846。

〔12〕河南省文物研究所、洛陽文物管理委員會《千唐志齋藏志》上册，頁 325。

〔13〕周紹良主編《唐代墓志彙編》上册，上海古籍出版社，1992 年，頁 188。

〔14〕閻文儒《唐米繼芬墓志考釋》，《西北民族研究》，1989 年 2 期，頁 154～160。

〔15〕米薩寶墓志原載《北平圖書館館刊》，第 6 卷 2 號，向達在《唐代長安與西域文明》一文中全文引述。

〔16〕參見向達《唐代長安與西域文明》、盧兆蔭《何文哲墓志考釋》、閻文儒《唐米繼芬墓志考釋》等文。

〔17〕池田温《8 世紀中葉における敦煌のソグド人聚落》，《ユーラシア文化研究》，1965 年 1 期，頁 65。

〔18〕《魏書》卷四〈世祖紀〉，頁 88。

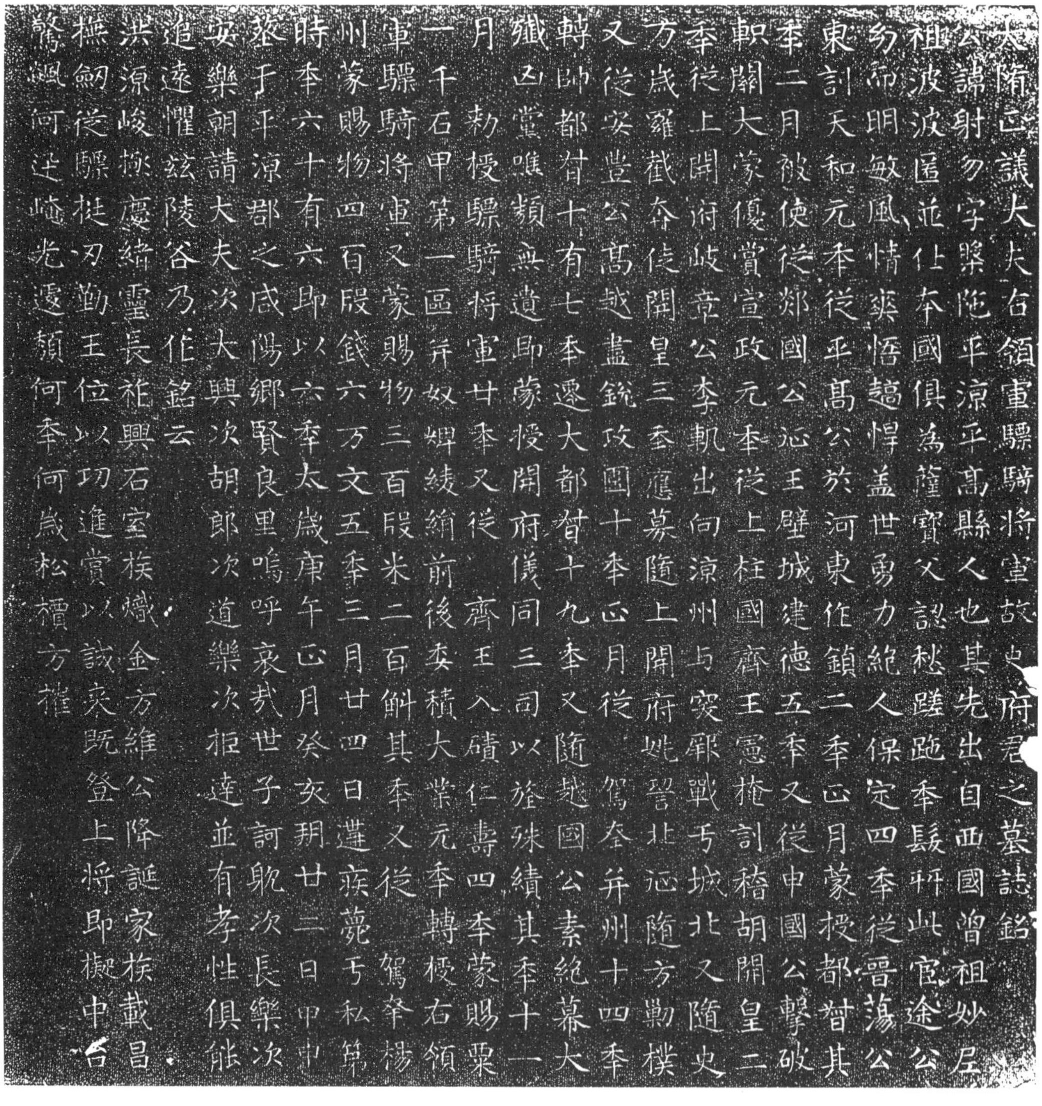

圖二十·1　隋史射勿墓志（搨本）

祖遣往突厥的使臣爲酒泉胡安諾槃陀[19]。據《大慈恩寺三藏法師傳》載：唐初，玄奘法師在瓜州找一少胡嚮導，“問其姓名，云姓石字槃陀”[20]。寧夏鹽池窨子梁墓地出土《都尉何府君墓志銘》載：其先“大夏月氏人也”，“祖乙末”，“父槃陀”[21]。《何摩訶墓

〔19〕《周書》卷五十〈突厥傳〉，頁 908。

〔20〕《大慈恩寺三藏法師傳》卷一，孫毓棠點校本，中華書局，1983 年，頁 13。

〔21〕寧夏回族自治區博物館《寧夏鹽池唐墓發掘簡報》，《文物》，1988 年 9 期，頁 43～56。

志》載，其祖父名“陀”〔22〕。敦煌文書《唐判集》中虚擬一胡商〔23〕，胡商姓名：

史婆陀　　Buea dar [bua da]

“陀”在語尾也出現在敦煌粟特人名之中

石延陀　　Yantuo [ĭɛn^{1}d ‘ɑ^{1}]

羅順陀　　Shuntuo [d$_{e}$z$_{e}$‘ĭuĕn^{3}d’a^{1}]

顯慶六年（公元661年）《史夫人墓志銘》載：“夫人姓史”，“祖槃陀，□□縣開國公，新林府果毅”〔24〕。光啓元年《伊州都督府圖經殘卷》載：伊州伊吾縣“火祆廟中有素書(畫)，形象無數，有祆主翟槃陀，高昌未破前入朝”〔25〕。史射勿的名與字很可能原來連在一起，由於較長翻譯時分爲名“射勿”字“槃陀”。這種推測可在敦煌地區粟特居民中找出相同的例子，除有安槃陀之外，還有一位稱：

安射勿槃陀　　Shewu（t）pantuo [d$_{e}$z$_{e}$‘ĭa^{3}mjĭuət b‘uan^{1}da^{1}]

“槃陀”在粟特語Bntk中有“奴”、“僕”之意〔26〕。漢人中也有以槃陀爲名者，《隋書·煬帝紀》載，隋末農民暴動中，絳州首領稱作“敬槃陀”〔27〕。史射勿之子《史訶耽墓志》稱其爲“史國主之苗裔也”。值得注意的是射勿墓志中稱“其先出自西國”，而不説其先出自史國，實際上與中亞史上一段重要的史實有關。

史射勿祖輩入居中國的年代當在北魏中期。北魏時期的史國，在《魏書·西域傳》中找不出完全可以對應的國家，有可能是伽色尼國。《魏書·西域傳》中另一個小國諾色波羅國，據説是唐代的那色波，也就是小史國。史國與小史國北魏時期可能並存。公元5世紀中葉的粟特地區，小國林立，有衆多的昭武城邦存在，但基本上没有很强的獨立性。嚈噠人已經興起，開拓疆域，並順利地征服了包括粟特地區在内的廣大中亞地區〔28〕。《魏書·西域傳》在記録嚈噠國領域時曾説：“西域康居、于闐、沙勒、安息及諸小國三十許皆役屬之，號爲大國”〔29〕。射勿祖輩移居中國時，史國的前身當在嚈噠附庸

〔22〕河南省文物研究所、洛陽文物管理委員會《千唐志齋藏志》上册，頁325。

〔23〕池田温《中國古代籍帳研究》之諸種文書一一四號，東京大學東洋文化研究所報告，1979年。

〔24〕河南省文物研究所、洛陽文物管理委員會《千唐志齋藏志》上册，頁166。

〔25〕唐耕耦等《敦煌社會經濟文獻真跡釋録》(一)，北京書目文獻出版社，1986年，頁40。

〔26〕蔡鴻生有《唐代九姓胡禮俗叢考》一文（《文史》，第35輯，中華書局，1992年，頁121)，其中專列“胡名”一節進行討論，蔡氏構梳出名“槃陀”約有六七條，除上引外亦有曹槃陀（《吐魯番出土文書》七，頁351)、何畔陀（《吐魯番出土文書》三，頁319)、安槃陀（《吐魯番出土文書》六，頁365)、安槃陀（《敦煌差科簿》)，上引《周書·突厥傳》中安諾槃陀“他的名字可分解爲‘諾’（神名Nahid的省譯）加‘槃陀’，意即‘諾娜神之僕’，其粟特語書寫形式Nane Bandak，在粟特古代信件中也出現過”。

〔27〕《隋書》卷四〈煬帝紀〉，頁90。

〔28〕參見余太山《嚈噠史研究》，齊魯出版社，1986年，頁44～46。

〔29〕《魏書》卷一百零二〈西域傳〉，頁2279。

小國之列，不過没有史國的稱謂，所以僅稱"其先出自西國"。"西國"大約是北朝時期嚈噠國人統治下的昭武諸國的代稱。

曾祖妙尼、祖波波匿並仕本國，俱爲薩寶。

史妙尼　　　　mio nay [mjɛu ni¹]

史波波匿　　　pure pure neark [pua pua niək]

《史訶耽墓志》載："曾祖尼，魏摩訶大薩寶。"射勿之子曾祖爲史妙尼。其祖父爲史波波匿，與訶耽之曾祖史尼同爲一人。尼同匿是譯法用字不固定所致，隋唐間碑志中常有雙名單稱之慣例，此爲多名單省稱。

薩寶一詞爲今之治中西交通史學者所十分熟知，經過幾代學者的鈎稽，文獻材料大約有以下幾條爲人們經常所用。

《隋書·百官志》"流内視品十四等"中有"雍州薩保爲視從七品。(略)諸州胡二百户已上薩保爲視正九品"[30]。在述及北齊官制時又稱："鴻臚寺掌番客朝會、吉凶、吊祭。統典客、典寺、司儀等署令丞。典客署又有京邑薩甫二人，諸州薩甫一人。"[31]

杜佑《通典·職官》"大唐官品視流内"條云："視正五品，薩寶。視從七品薩寶府祆正。"視流外有"勳品，薩寶府祆祝，四品，薩寶率府。五品，薩寶府史"。薩寶府祆正下原注："祆呼煙反，祆者，西域國天神，佛經所謂摩醯首羅也。武德四年置祆祠及官，常有群胡奉事，取火咒詛"[32]。《舊唐書·職官志》亦載："流内九品三十階之内，又有視流内起居，五品至從九品。初以薩寶府、親王國官及三師、三公、開府、嗣郡王、上柱國已下護軍已上勳官帶職事者府官等品。開元初，一切罷之。今唯有薩寶、祆正二官而已。又有流外自勳品以至九品，以諸司令史、贊者、典謁、亭長、掌固等品。視流外亦自勳品至九品，開元初唯留薩寶、祆祝及府史，餘亦罷之"[33]。

以上文獻中有薩寶、薩保與薩甫的不同音值，向達已經注意到了："此所謂京邑薩甫、諸州薩甫果作何解，説者從未注意。按鴻臚寺本掌接待遠人，薩甫既屬於典客署，其所掌者必爲僑居京邑及諸州之外國人。隋唐以前，甫字讀重唇音，則薩甫與薩寶、薩保同聲。""余疑北齊鴻臚寺之薩甫，即隋之薩保、唐之薩寶"[34]。藤田豐八曾指出："予輩以爲薩寶(即薩保)不外即梵文 Sarthavaho 之對音也。在《賢愚經》(一曰《賢愚因緣經》)中，有薩薄一語。此經在西藏爲 MDZANS－BLAN，譯此語爲 sarpag。""薩

〔30〕《隋書》卷二十八〈百官志〉，頁 790～791。

〔31〕《隋書》卷二十七〈百官志〉，頁 756。

〔32〕杜佑《通典》卷四十〈職官〉"大唐官品視流内"條，頁 1103。

〔33〕《舊唐書》卷四十二〈職官志〉，頁 1803。

〔34〕向達《唐代長安與西域文明》，頁 90。

寶或薩保，不過爲薩薄之一種異譯耳”〔35〕。這一點可從吐魯番出土文書中獲得證實，“高昌永平二年（公元550年）十二月三十日祀部班示爲知祀人名及謫罰事”，第九行有“薩薄□□”四個字〔36〕，另一件“高昌義和六年（公元619年）伯延等傳付麥、粟、床條”文書第一段第十三行前部也有“【薩】【薄】□□”〔37〕四字。經王素指出兩條材料中所缺二字均爲人名〔38〕。《賢愚經》被介紹到中國的年代在北魏初年，據《開元釋教録·僧佑傳》載：“曇覺涼州人”，“於于闐國得經梵本，乙太武皇帝太平真君六年乙酉，從于闐還。到高昌國，共沙門威德，譯《賢愚經》一部，見《靖邁經圖》”〔39〕。魏太武帝太平真君六年爲公元445年。此經爲曇覺得自于闐國，“薩薄”一詞隨即被引入。

薩寶（保、甫、薄）之名自傳入中國起即作爲一官職出現，北魏、北齊、北周、隋、唐歷代均有爲薩寶官者。

《唐安萬通墓志》云：安萬通“其祖本生西域安息國”。“大魏初，王君高祖但奉使入朝，帝慕其□□□□□□家三品，位至摩訶薩寶，子孫煩讓冠帶”〔40〕。安萬通之高祖安但因作爲使臣“奉使入朝”因而受到特别禮遇，成爲相當於三品大員的“摩訶薩寶”。

《唐康阿達墓志》云：“公諱阿達，西域康國人也。”“祖拔達，梁使持節驃騎大將軍、開府儀同三司、涼、甘、瓜三州諸軍事，涼州薩寶”〔41〕。康拔達所任官職中除涼州薩寶以外，盡爲梁朝職官。據陳國燦研究，其接受任命的年代大約在梁中大通元年（公元529年）前後〔42〕。

林寶《元和姓纂》“姑臧涼州安氏”條：“出其安國，漢代遣子朝國居涼土。後魏安難陀，至孫盤娑羅，代居涼州，爲薩寶。”〔43〕

《新唐書·宰相世系表》下亦云：“武威李氏本安氏，出自姬姓。黄帝生昌意，昌意次子安居西方，自號安息。（略）又徙武威，後魏有難陀，孫婆羅，周隋間居涼州武威，爲薩寶。”〔44〕

---

〔35〕藤田豐八《西域研究》，楊鍊中譯本，上海商務印書館，1935年，下同，頁30。

〔36〕國家文物局古文獻研究室等《吐魯番出土文書》第二册，文物出版社，1981年，頁46。

〔37〕《吐魯番出土文書》第三册，1981年，頁111。

〔38〕王素《高昌火祆教論稿》，《歷史研究》，1986年3期，頁168～177。

〔39〕《開元釋教録》卷六，《大正藏》，第五十五册，頁539，總2154。

〔40〕安萬通墓志原爲墨書，賀梓誠《唐王朝與邊疆民族和鄰國的友好關係》，《文博》，1984年創刊號，頁56～60，武伯綸《讀唐墓志隨筆》，《古城集》，三秦出版社，1987年，頁206。兩文均有引述，字句稍有不同，筆者所引文據爲原陝西省博物館保管複製部藏墓志抄本原件。

〔41〕張維《隴右金石録》卷二，頁4。

〔42〕陳國燦《魏晉至隋唐河西粟特人的聚落與火祆教》，《西北民族研究》，1988年1期，頁205～206。

〔43〕林寶《元和姓纂》卷四，岑仲勉校記本，中華書局，1994年，下同，頁500。

〔44〕《新唐書》卷七十五下〈宰相世系表〉，頁3445～3446。

《惠鬱造像碑記》云：“故魏七帝舊寺，後周建德六年破滅大像，僧尼還俗。天元承帝，改爲宣政，前定州贊治并州總管府户曹參軍博陵人崔子石、薩甫下司録商人何永康二人同贖得七帝寺。”〔45〕此何永康必爲中亞何國人無疑。

《隋翟突娑墓志》載：“君諱突娑，字薾賀比多，并州太原人。父娑，摩訶大薩寶。”〔46〕

《唐康大農墓志》載：“君諱婆，字季大，博陵人也，本康國王之苗裔也。高祖羅，以魏孝文世，舉國内附，朝於洛陽，因而家焉，故爲洛陽人也。祖陀，齊相府常侍。父和，隋定州薩寶。”〔47〕

《唐康元敬墓志》云：君諱元敬，相州安陽人也。其先出自康居。“父仵相，齊九州摩訶大薩寶”〔48〕。

以薩寶的官職而言，似有薩寶、摩訶薩寶與摩訶大薩寶之區别。摩訶，是梵文Maha的譯音，這個字基本是mahaj，大、偉大的意思。因爲是個形容詞，所以有陽性、中性、陰性之區分，使用於不同場合〔49〕。中亞地區，受印度的影響很深，貴霜王朝時期這類梵詞文彙傳入中亞地區，如貴霜王自稱爲“摩訶羅闍”（Maharaja）。這是一個典型的印度稱號〔50〕。摩訶在中亞被廣泛使用，有的粟特人用這個詞作名字〔51〕，前述洛陽曾出土唐代何摩訶墓志。摩訶大薩寶中摩訶與大意義相同，疊加使用有進一步强調的意思，在職别上也應高於薩寶與摩訶薩寶。史氏墓志中對於其祖輩所任薩寶一職似有誇大之辭。射勿志中稱其曾祖、祖父“俱爲薩寶”，而訶耽志中則稱祖父史尼爲“摩訶大薩寶”，有誇大之處。上引除去安萬通之祖奉使入魏位至三品爲摩訶薩寶，多少有些合乎情理外，其餘所稱祖上爲摩訶大薩寶，給人以可疑的感覺，或許是後輩爲炫耀祖上顯達而故意所爲。

薩寶一職傳入中土之後産生巨大影響，不少人以薩寶作爲其名。《周書·晉蕩公護傳》載：“晉蕩公護字薩寶，太祖之兄、邵惠公顥之少子也。”宇文護在給其母閻姬的書信之中多次自稱“薩保”，是對母自稱小名〔52〕。天寶三年（公元744年）《唐故米國大

〔45〕轉引自王仲犖《北周六典》卷四，上册，中華書局，1982年，頁163。

〔46〕陝西三原于氏鴛鴦七志齋舊藏，向達上揭書引，點斷爲“父婆摩訶，大薩寶”似有誤，宜斷爲“父婆，摩訶大薩寶”爲宜。

〔47〕羅振玉《邙洛塚墓遺文》五編卷二。

〔48〕周紹良主編《唐代墓志彙編》上册，頁571。

〔49〕此條承蒙季羨林先生教示，謹表謝意。

〔50〕參見麥高文《中亞古國史》，中華書局，1958年，頁147。

〔51〕例如何摩訶（河南省文物研究所等編《千唐志齋藏志》上册，頁325）。

〔52〕《周書》卷十一〈晉蕩公護傳〉，頁165～172。

首領米公墓志銘》中載："公諱薩寶，米國人也。生於西垂，心懷故土"。米薩寶是米國人。西魏大統十六年（公元450年）岐法起造像碑中有"佛弟子岐薩寶"〔53〕等字。敦煌文書S0542中號背面"戊年六月十八日諸寺丁口車牛役部"中記有一人名爲安薩寶〔54〕。在名爲薩寶的人中粟特人與非粟特人都有，非中亞粟特人名薩寶應視爲受西域胡風習俗影響的結果。

關於薩寶之名的來源及其含義，19世紀末至20世紀初以來，中外前賢已經進行了卓有成效的討論，目前仍存在着嚴重分歧。大約有以下幾種觀點在學界受到注意。

有這樣一條資料引起了人們的重視，《魏書·西域傳》"康國"條云：康國者，康居之後也，"都於薩寶水上阿禄迪城"〔55〕。對於這條史料，陳垣採取較爲慎重的態度："薩寶之名，是否取於此，不可知也"〔56〕。最近有人針對這條史料指出："康國水名'薩寶'，當爲隋官'薩保'和唐官'薩寶'所本。"〔57〕

實際上另外一條材料則早於《魏書·西域傳》。《法顯傳》記載，法顯抵達師子國時看見其王城盛大華麗："其城中多居士長者。薩薄商人，屋宇嚴麗。"由於標點不同，其義也産生嚴重分歧。上引是藤田豐八的斷句〔58〕。章巽的句讀則爲"其城中多居士、長者、薩薄商人"，"屋宇嚴麗"〔59〕則别爲一句。其中的"薩薄商人"爲一詞，這實際上代表英國學者貝爾（Samuel Beal）和理雅各（James Legge）的主張。他們均以爲薩薄是Sabaean的對音，是古代阿拉伯半島西南部Saba'地區居民，並説這類阿拉伯商人在今斯里蘭卡的貿易活動中仍佔有相當重要的位置〔60〕。藤田豐八以《賢愚經》中的薩薄爲例反駁了這種説法。

德維利亞（Deveria）早年間曾認爲"薩寶"是源於叙利亞語Saba（Vieillardancien）"老人"的音譯。伯希和（Paul Pelliot）曾寫過《薩寶考》（Le Sa-pao）刊於《法國遠東科學院院刊》，雖未見原文，但通過其他學者的轉述，可知他贊成德維利亞是叙利亞語"老人"譯音的觀點。勞費爾（Berthold Laufer）批評道："這顯然和伯希和本人所嚴

〔53〕王昶《金石萃編》卷三十二，上海掃葉山房本，1921年，頁5。另王仲犖《北周六典》卷四，頁163。

〔54〕池田温《中國古代籍帳研究》，頁523～535。

〔55〕《魏書》卷一零二〈西域傳〉，頁2281。

〔56〕陳垣《火祆教入中國考》，原載《國學季刊》，第1卷1號，後收入《陳垣學術論文集》第一集，中華書局，1980年，頁303～328。

〔57〕王素《高昌火祆教論稿》，頁168～177。

〔58〕藤田豐八《西域研究》中"薩寶"，頁46。

〔59〕章巽《法顯傳校注》，上海古籍出版社，1985年，頁154。

〔60〕均參見James Legge，*A Record of Buddhistic Kingdoms*，*being an Account by the Chinese Monk Fa hien of his Travels in India and Ceylon A.D* 399～414，1886，London，p.104.

格蘭明和極力主張的譯音規律相衝突，他的規律是：必須找出理由以説明‘薩’這個字裏的末尾爲什麼是齒音或流音。這種尾音是唐代的譯音裏經常見到的。假如波斯人會使用一個叙利亞字來作爲他們聖職的名稱，那也是一件怪事。很顯然這漢語譯音法於一個來自古波斯語 Xšaθra－pāvan（Xš çpāva，xsa çapā）的中古波斯字，這個字産生了亞述語的 axšad arapān 或 axšadrapān，希伯來語 axašdavfnim，希臘語 σατραπηζ（亞美尼亞語 šahapard，梵語 ksatrapa）。産生漢語譯音的那個中古波斯字必定是 šaθ－pāv 或 xšaθ－pāv。‘薩’這個字也是中古和新波斯語 sar（首腦、頭子）的譯音。”〔61〕勞費爾觀點中一個致命缺陷是他首先認定薩寶一詞來源自波斯語地區，並且是神職官位。這些均和薩寶一詞可能與印度梵文有關聯的事實不相吻合，在已知的波斯文獻中人們也没有發現類似的官銜。藤田豐八根據《賢愚經》中薩薄一詞的對應關係，指出可能是 Sarthavaho 爲商主，乃是“商隊之長”或商賈的意思。此語由 Sartha 和 Vaha（vaho）二詞合成，前者是商隊、兵隊、民衆，有權力或富有之意，後者是引導的意思〔62〕。桑原騭藏注意到這種觀點，羽田亨等在回鶻文中也找出相同的例子，證明其意爲商隊首領〔63〕。這一觀點受到中國學者向達〔64〕、汪籛〔65〕等先生的贊同及進一步引述。

近來，我國學者龔方震重申了德維利亞薩寶是叙利亞語“長者”譯音的觀點，以爲是正確的。他反駁了勞費爾的意見，“殊不知叙利亞語也可讀作 Sāba 或 Sabā。‘景教碑’叙利亞文記載中即有一行 šmeun qšiš wsabā（譯爲：長者、僧 šmeun）。Sabā 的 Sa 是短音，與薩音正相符”。“因此，Saba 這個叙利亞語可以認爲就是‘薩寶’一詞的來源”〔66〕。這是我國學者第一次從語言學的角度參加這一問題的討論。

關於前賢們對於薩寶來源詞的擬音以及其所對應來源詞音值（value）的可靠性，限於學識我們不能更進一步評論，在此僅討論薩寶是否專爲管轄祆教（拜火教）官員這一點。

宋敏求《長安志》南布政坊西南隅胡祆祠注：“武德四年立，西域故祆神也。祠内有薩寶府官，主祠祆神，亦以胡祝充其職。”〔67〕後人多以爲薩寶即掌管祆教之官吏，並

〔61〕勞費爾《中國伊朗編——古代中國對伊朗文明史的貢獻》，林筠因中譯本，商務印書館，1964 年，頁 358。

〔62〕藤田豐八《西域研究》“薩寶”，頁 46。

〔63〕桑原騭藏《隋唐時代に支那に來往した西域人に就こ》，原載《内藤博士還曆祝賀支那學論叢》，後收入《桑原騭藏全集》第二卷，岩波書店，1968 年，頁 293。

〔64〕向達《唐代長安與西域文明》，頁 90。

〔65〕汪籛《西凉李軌之興亡》，《汪籛隋唐史論稿》，中國社會科學出版社，1981 年，頁 276。

〔66〕龔方震《唐代大秦景教碑古叙利亞文字考釋》，《中華文史論叢》，1983 年 1 輯，頁 3。

〔67〕宋敏求《長安志》卷十〈南布政坊〉，《長安志》所引據韋述《兩京新記》“北門”條載：“西南隅胡祆祠，武德四年所立，西域胡天神。”見陳子怡《校正兩京新記》，西京籌備委員會，1936 年，頁 7。

且其職由祆教胡祝充任，實際上爲不詳察所誤致。據《通典》所記薩寶府官員主要有薩寶、祆正、祓祝、率府、府史等[68]。另據《新唐書·宰相世系表》載，鄭行諶曾爲“薩寶果毅”[69]。實際爲薩寶府果毅。《舊唐書·職官志》引《武德令》云：“别將正五品上，後改爲果毅”[70]，果毅約在七品，是武職。可看出薩寶府人員衆多，不但有文職還有武職。其中祆正可能專司管火祆教，其他官員並不專管火祆教，如薩寶等專司火祆教也與其地位並不相適應。

隋唐以前或隋唐之際，西亞諸多宗教相繼傳入中國，重要的除拜火教外還有摩尼教和景教，三大宗教在中國的傳播均獲得成功。三者消長不一而足，學者多引《唐文粹》卷六十五舒元輿《重巖寺碑序》中的一段文字來説明這一問題：“國朝沿近古而有加焉，亦容雜夷而來者，有摩尼焉、大秦焉、祆神焉；今天下三夷寺，不足當吾釋寺一小邑之數”[71]。三教的寺廟不是很多，主要是在西域人聚集地，信奉者多爲胡人，漢人很少。三教傳播各有千秋，摩尼教藉助回鶻人的勢力盛極一時，並在唐代後期躍居三教之首。大秦景教則在傳入之初，便受到李唐皇室的庇護，唐高宗曾大加扶植。拜火教因爲信教行動奇異，有一些特殊的功能，十分引人注意，在文獻中留下的記載也最多。《隋書·百官志》云，諸州胡二百户以上薩寶爲視正九品[72]。也就是説二百户以上的胡人聚居州就有一名九品薩寶，並不是衹有拜火教徒的地方纔需薩寶管理。《通典》“薩寶府祆正”條下注：“祆者，西域國天神，佛經所謂摩醯首羅也，武德四年置祆祠及官，常有群胡奉事，取火咒詛。”引者多據此説明薩寶爲拜火教官，其實以下還有很長的一段：“貞觀二年置波斯寺。至天寶四載七月敕‘波斯經教出自大秦，傳習而來，久行中國。爰初建寺，因以爲名，將欲示人，必修其本。其兩京波斯寺宜改爲大秦寺。天下諸州郡有者，亦宜准此。’開元二十年七月敕‘末摩尼法，本是邪見，妄稱佛教，誑惑黎元，宜嚴加禁斷。以其西胡等既是鄉法，當身自行，不須科罪者’”[73]。可知薩寶並不是單純的拜火教首領。薩寶府除了管理祆教徒外，也管理大秦景教與摩尼教。對景教尤爲温和，在全國範圍内爲大秦景教正名，將原波斯寺改名爲大秦寺。摩尼教在西域人中傳教，官府並不干涉，因爲那本是西胡“鄉法，當身自行，不須科罪者”。“但如果妄稱佛教，誑惑黎元”，向民衆傳教，那自應“嚴加禁斷”。顯然在當時三教事宜均由薩寶府統轄處理，

〔68〕《通典》卷四十，頁1103。

〔69〕《新唐書》卷七十五上〈宰相世系表〉，頁3306。

〔70〕《舊唐書》卷四十二〈職官志〉引《武德令》，頁1798。

〔71〕姚鉉輯《唐文粹》卷六十五，四部叢刊本，上海商務印書館，1929年。

〔72〕《隋書》卷二十八〈百官志〉，頁790～791。

〔73〕《通典》卷四十，頁1103。

杜佑也就將此類事收於“薩寶府官”條下作注。前引《隋翟突娑墓志》中翟突娑有人以爲其屬景教徒〔74〕，其父翟娑則爲薩訶大薩寶，亦表明薩寶並非一定需祆教徒出任。《惠鬱造像碑》中載“薩甫下司録商人何永康”，“同贖得七帝寺”一事，也説明薩（甫）府屬吏在信仰方面是自由的。自稱佛弟子岐薩寶亦斷難以拜火教首領薩保（寶）爲名。薩寶總管一切胡教之説，龔方震曾經提出〔75〕，惜並未引起人們的注意。

現在我們再來看《法顯傳》師子國中有關薩薄的句讀，似以“城中多居士、長者、薩薄、商人”分别斷句爲妥，薩薄（寶）應與其他幾種職業並列爲是，或爲職掌宗教的官吏也未可知。法顯去印度的年代爲東晉隆安三年（公元399年），經師子國回國約在義熙七年（公元411年）。薩寶一詞源於梵文，由印度傳入中亞，與波斯無涉。據射勿墓志所記推測，大約在公元5世紀中葉，中亞粟特地區便有“薩寶”官職，稱其“並仕本國，俱爲薩寶”便爲此含義，其職責或許爲執掌宗教。

父認愁，蹉跎年鬢，舛此宦途。

認愁　Rien jeog［čiĕn deiəu］

《史訶耽墓志》稱：其“祖思，周京師薩寶、酒泉縣令”，此史思或爲射勿之父認愁，依射勿墓志所記，其父似没有爲官之經歷。《史鐵棒墓志》亦稱，“曾祖多思，周京師摩訶薩寶、酒泉縣令”。史多思與史思當爲同一人，衹是由原北周京師薩寶陞爲摩訶薩寶，其可信程度或許很差。名字“認愁”或爲粟特語之音譯，而“思”“多思”則有可能是意譯。

保定四年，從晉蕩公東討。

晉蕩公爲宇文護，《周書·晉蕩公護傳》云：宇文護“孝閔踐阼，拜大司馬，封晉國公，邑一萬户”〔76〕。保定四年十月，“詔大將軍、大冢宰、晉國公護，率軍伐齊，護總（略）大軍出潼關。大將軍權景宜率山南諸軍出豫州，少師楊標出於軹關”。十一月，“柱國、蜀國公尉遲迥率師圍洛陽。柱國、齊國公憲營於邙山。晉國公護次於陝州”。十二月“齊師渡河，晨至洛陽，諸軍驚散”〔77〕，大敗而歸。史射勿參加的是這次宇文護不得已而率軍伐齊的東征。《周書·王雄傳》云：“保定四年從晉公護東征”〔78〕。

天和元年，從平高公於河東作鎮。

封於平高公者，應爲平高郡，西魏末年改高平郡爲平高郡。封於平高郡公者，西

〔74〕龔方震《唐代大秦景教碑古叙利亞文字考釋》，頁3。

〔75〕龔方震《唐代大秦景教碑古叙利亞文字考釋》，頁3。

〔76〕《周書》卷十一〈晉蕩公護傳〉，頁166。

〔77〕《周書》卷五〈武帝紀〉，頁70。

〔78〕《周書》卷十九〈王雄傳〉，頁320。

魏、北周有三人。《周書·藝術·諸該傳附强練傳》亦云：“晉公護未誅之前”，“柱國、平高侯伏侯龍恩早依隨護，深被任委”。護誅，“龍恩亦伏法”〔79〕。隋費長房《歷代三寶記》云：“柱國、平高公伏侯壽爲總監檢校。”〔80〕李賢之子李詢“屢以軍功，加位大將軍，賜爵平高郡公”〔81〕。射勿所從平高公當爲李詢。

二年正月，蒙授都督。其年二月，被使從鄖國公征王（玉）璧城。

據載，北周都督爲右七命〔82〕。北朝晚期封爵鄖國公的衹有王軌一人。《北史·王軌傳》載：王軌“從平并、鄴，以功進位上大將軍，進爵鄖國公”〔83〕。但是王軌進爵鄖國公，是建德五年（公元576年），《周書·武帝紀》記載，建德五年十月時王軌僅爲上開府〔84〕，那麽天和二年（公元567年）時王軌官爵不應超過上開府，似應以後封爵而述前事。王軌征玉璧一事，《北史》《周書》本傳俱無載，不過北朝晚期歷史上玉璧是一個兵家力争之地。《周書·趙貴傳》載：趙貴“從戰河橋，貴與怡峰爲左軍，戰不利，先還。又從援玉璧，齊神武遁去。”〔85〕《周書·怡峰傳》亦載：怡峰後與于謹討劉平伏，從解玉璧圍，平栢谷塢，並有功〔86〕。《周書·韋孝寬傳》載：建德五年“帝東伐，過幸玉璧，觀禦敵之所，深歎羡之，移時乃去。（略）帝以玉璧要衝，非孝寬無以鎮之，乃不許”〔87〕。可知玉璧對北周之重要。

建德五年，又從申國公擊破軹關，大蒙優賞。

申國公應爲李穆，李穆“天和中，進爵申國公”〔88〕。不過據正史記載，李穆破軹關在建德四年（公元575年），而非建德五年。《北史·李賢傳》云：建德“四年，武帝東征，令穆别攻軹關及河北諸縣，並破之”〔89〕。《周書·于翼傳附李穆傳》載：“建德元年，（李穆）遷太保。尋出爲原州總管”。“四年高祖東征，令穆率兵三萬，别攻軹關及河北諸縣，並破之。後以帝疾班師，棄而不守”〔90〕。軹關之役以後，除史射勿外。李穆部下多蒙優賞，《周書·伊婁穆傳》載：伊婁穆建德初，“從柱國李穆平軹關等城，賞布帛三

〔79〕《周書》卷四十七〈藝術褚該傳附强練傳〉，頁850。
〔80〕費長房《歷代三寶記》卷十一，《大正藏》，第四十九册，頁100，總2034。
〔81〕《隋書》卷三十七〈李穆傳〉，頁1122。
〔82〕《周書》卷二十四〈盧辯傳〉，頁405。
〔83〕《北史》卷六十二〈王軌傳〉，頁2217。
〔84〕《周書》卷六〈武帝紀〉，頁96。
〔85〕《周書》卷十六〈趙貴傳〉，頁262。
〔86〕《周書》卷十七〈怡峰傳〉，頁283。
〔87〕《周書》卷三十一〈韋孝寬傳〉，頁542。
〔88〕《隋書》卷三十七〈李穆傳〉，頁1116。
〔89〕《北史》卷五十九〈李賢傳〉，頁2115。
〔90〕《周書》卷三十〈于翼傳附李穆傳〉，頁528。

百疋，粟三百石，田三十頃”[91]。

宣政元年，從上柱國齊王憲掩討稽胡。

《周書·齊煬王憲傳》載：宇文憲“建德二［三］年，進爵爲王”。建德四年，“初置上柱國官，以憲爲之”[92]。庾信《周上柱國齊王憲神道碑》中則稱：“建德元年，進爵爲王”。“五年，拜上柱國”[93]。建德六年（公元577年）十一月，“稽胡反，遣齊王憲率軍討平之”[94]。《周書·稽胡傳》載：建德五年，稽胡“乃立蠡升孫没鐸爲主，號聖武皇帝，年曰石平。六年，高祖定東夏，將討之，議欲窮其巢穴。齊王憲以爲種類既多，又山谷阻絶，王師一舉，未可盡除。且當剪其魁首，餘加慰撫。高祖然之，乃以憲爲行軍元帥”[95]。不久，稽胡被平。射勿志稱宣政元年（公元578年）從宇文憲討稽胡，似年代有誤，因從憲破稽胡人甚多，均言建德六年（公元577年）。宇文招建德五年，“爲行軍總管，與齊王征討稽胡”[96]。《周書·宇文儉傳》載：建德五年“是歲，稽胡反，詔儉爲行軍總管，與齊王憲討之”[97]。而宣政元年九月另一次稽胡造反時，宇文憲已死。《周書》本傳載：宇文憲爲周宣帝所執縊，“時年三十五”[98]。庾信《神道碑》亦載：“宣政元年六月二十日薨，春秋三十有四”[99]。

開皇二年，從上開府、岐章公李軌出向涼州，與突厥戰於城北。又隨史萬歲，羅截奔徙。

《隋書》中稱李軌者有隋末涼州割據者，其事與之不合。另《周書·李賢傳》載：“李賢之子孝軌，開府儀同大將軍，陞遷縣伯。”[100]《北史·李賢傳》亦云：“孝軌，開府儀同大將軍、陞遷縣伯，後封奇章公。”[101] 李賢之子多以孝字爲頭，如李詢，字孝詢。據新出大統十三年（公元547年）李賢妻《吴輝墓志》稱：“次子孝軌。”天和四年（公元569年）《李賢墓志》亦稱：“次子軌，帥都督，陞遷伯。”[102] 可知李孝軌與李軌實爲

［91］《周書》卷二十九〈伊婁穆傳〉，頁500。

［92］《周書》卷十二〈齊煬王憲傳〉，頁190～191。

［93］庾信《周上柱國齊王憲神道碑》，《庾子山集》卷十三，頁738～743。

［94］《周書》卷六〈武帝紀〉，頁104。

［95］《周書》卷四十九〈稽胡傳〉，頁898。

［96］《周書》卷十三〈宇文招傳〉，頁203。

［97］《周書》卷十三〈宇文儉傳〉，頁204。

［98］《周書》卷十二〈齊煬王憲傳〉，頁195。

［99］庾信《周上柱國齊王憲神道碑》，《庾子山集》卷十三，頁743。

［100］《周書》卷二十五〈李賢傳〉，頁418。

［101］《北史》卷五十九〈李賢傳〉，頁2108。

［102］寧夏回族自治區博物館、寧夏固原博物館《寧夏固原北周李賢夫婦墓發掘簡報》，《文物》，1985年11期，頁20。

一人，孝軌爲其字。李軌在北周爲開府，儀同大將軍，至隋則爲上開府，實際上名分有所下降。《北史》中奇章公或爲岐章公之誤，與突厥戰於凉州城北之事，據《隋書·北狄傳》云：突厥“沙鉢略勇而得衆，北夷皆歸附之。及高祖受禪，待之甚薄，北夷大怨”。“由是悉衆爲寇，控弦之士四十萬。上令柱國馮昱屯乙弗泊，蘭州總管叱李長叉守臨洮，上柱國李崇屯幽州，達奚長孺據周槃，皆爲虜所敗”。其中上柱國李崇爲李軌之兄。“於是縱兵自木硤、石門兩道來寇，武威、天水、安定、金城、上郡、弘化、延安六畜咸盡”[103]。依《隋書·地理志》載：開皇三年（公元583年）廢諸郡，而置州縣，武威郡被廢纔改稱凉州，開皇二年（公元582年）實際仍爲武威郡[104]。隋文帝下詔，歷數突厥之罪行，命“以河間王弘、上柱國豆盧勣、竇榮定、左僕射高熲、右僕射虞慶則並爲元帥，出塞擊之”[105]，突厥敗走。射勿從李軌在武威城北之戰，當屬這次。突厥退兵的原因是其内部分裂，自行撤兵[106]。史萬歲，隋之驍將，《隋書》有傳[107]，但射勿曾隨其在凉州一帶羅截突厥殘部一事，本傳無載，可補史闕。

開皇三年應募，隨上開府姚辯北征，隨方剿撲。

姚辯，《隋書》無傳，但有零星記載。王昶《金石萃編》有《姚辯墓志銘》録文，有損[108]。經顧鐵符多方搜尋稽補，我們基本可見其全本[109]。志稱：姚辯“開皇元年授上開府儀同三司，進爵爲公，增邑爲一千户。自治所届，即事戎車，公誠勇奮發，義同閫外，屢出奇兵，頻摧醜虜，建勳天府，凡厥賞賜，散之士率。二年匈奴復入凉州，詔公爲行軍都督，前後衝擊，晝夜攻圍，校尉之井既枯，將軍之泉又竭，空有思梅之歎，以亡爲存，策勳命賞，理在不次。”關於開皇二年或三年“匈奴”入侵凉州一事，“姚志”搨本不統一，早期爲三年，晚期爲二年，現知三年爲正確。此處“匈奴”顧解釋曰：“這兩年（指開皇二、三年）對北方的戰争，史書所載主要對突厥，其次對吐谷渾。對匈奴的戰争可能規模不大。”似對匈奴一詞有所誤解，這裏匈奴並非實指匈奴，而是以匈奴替代突厥，在該時期書、表、墓志中較爲常見。

又從安豐公高越，盡鋭攻圍。

以上之事於史無徵，或爲均與突厥戰。

---

〔103〕《隋書》卷八十四〈北狄傳〉，頁1865～1866。

〔104〕《隋書》卷二十九〈地理志〉，頁815。

〔105〕《隋書》卷八十四〈突厥傳〉，頁1867。

〔106〕《資治通鑒》卷一百七十五〈陳紀〉云：開皇二年（公元582年），“沙鉢略更欲南入，達頭不從，引兵而去。長孫晟又説沙鉢略之子染干，詐告沙鉢略曰：‘鐵勒等反，欲襲其牙’。沙鉢略，回兵出塞”。頁5459。

〔107〕《隋書》卷五十三〈史萬歲傳〉，頁1353～1357。

〔108〕王昶《金石萃編》卷四十，頁18～19。

〔109〕顧鐵符《隋姚辯墓志銘傳本小議》，《故宫博物院院刊》，1991年2期，頁3～15。

十年正月，從駕幸舉并州。

《隋書·高祖紀》載，高祖在開皇十年（公元590年）曾二次巡幸并州，“二月庚申幸并州。夏四月辛酉，至自并州”〔110〕。射勿從駕并州當爲前一次，不過志稱正月，《隋書》則作二月，一者有誤。另據《資治通鑒》記，開皇十年（公元590年）“二月，上幸晉陽，命高熲居守”〔111〕。

十四年，轉帥都督，十有七年，遷大都督。

史射勿職官經歷，實際上涉及北周至隋職官變化過程。天和二年（公元567年）授都督一職，北周都督爲七命，降至隋朝都督纔爲正七品，二者有三級之差，相差十分懸殊。帥都督當在都督之上，北周爲正七命，隋僅爲從六品，仍不及射勿北周七命都督，所以在開皇十四年（公元594年）陞爲帥都督一職時稱“轉”而不稱“遷”。直至十七年被授大都督時纔稱“遷”。北周大都督爲八命，隋僅爲正六品，隋代北周以後，軍將的名位下降許多。

十九年，又隨越國公素絶幕，大殲凶黨，噍類無遺。即蒙授開府儀同三司，以旌殊績。其年十一月，敕授驃騎將軍。

“越國公素”即楊素，《隋書·楊素傳》載：褒揚楊素的詔書中有“内史令、上柱國、越國公”等銜。亦載開皇“十八年，突厥達頭可汗犯塞，以素爲靈州道行軍總管，出塞討之”，並以騎車之陣取勝〔112〕。唯其中十八年可爲十九年之誤。開皇十九年（公元599年），突厥欲攻大同，“詔以漢王諒爲元帥，尚書左僕射高熲出朔州道，右僕射楊素出靈州道”〔113〕。新獲《楊素墓志》對此次戰争有詳細描述：開皇“十九年靊州道行軍總管，委以邊略。突厥達頭可汗，驅其引弓之衆，率其鳴鏑之旅，逾亭越障，亘野彌原。公親勒輕鋭，分命驍勇□擊，前後芟夷，轉鬥千里，斬首或萬計。自衛霍以來，未有若斯之功”。其結果爲“雖沙漠之南，咸知斂附，而圞北，尚有游魂”〔114〕。其獲得空前盛大勝利，射勿也在這次與突厥戰鬥中立有大功。史載，楊素治軍素嚴，且能戰無不勝，其主要原因之一是，其他將領部下“雖有大功，多爲文吏所譴卻”。而“其從素征伐者，微功必録”，“故素雖嚴忍，士亦以此願從焉”〔115〕。射勿自北周保定年間從軍出征，雖身經百戰，但幾十年間祇陞至六品大都督，而隨楊素一役之功便陞至開府儀同三司，可見楊

〔110〕《隋書》卷二〈高祖紀〉，頁34。

〔111〕《資治通鑒》卷一百七十七〈隋紀〉，頁5526。

〔112〕《隋書》卷四十八〈楊素傳〉，頁1282～1286。

〔113〕《資治通鑒》卷一百七十八〈隋紀〉，頁5563。

〔114〕姚雙年《隋楊素墓志初考》，《考古與文物》，1991年2期，頁88～93。

〔115〕《隋書》卷四十八〈楊素傳〉，頁1286。

素對部下微功必録的記載是可信的。隋制，開府儀同三司與驃騎將軍俱爲正四品上階。隋開府儀同三司，實際已經是勳爵，對非有特殊戰功人員纔授此職，射勿先授開府儀同三司"以旌殊績"，後纔授驃騎將軍實職，此職過去全稱是"驃騎將軍、開府、儀同三司"，隋時勳級與實職是分開授予的。其職有領兵與不領兵之區别，據《隋書·百官志》載有"領兵開府""領兵儀同"〔116〕。領兵者纔被授予驃騎將軍，不領兵者則衹有勳爵，射勿當爲"領兵開府"。由正六品直接陞入正四品，没有經過"車騎將軍"這一環節。

廿年，又從齊王入磧。

隋朝稱齊王者有三人，其中宇文智及與孫宣雅，均造反後自稱齊王，事蹟與之不合。隋煬帝之子楊暕，是在"煬帝即位，進封齊王，增邑四千户"〔117〕。其具體年代據《隋書·煬帝紀》，大業二年六月"進封豫章王暕爲齊王"〔118〕。换言之，開皇二十年（公元600年）時並無齊王，或爲追記前事用及後職。《隋書》本傳中並未記載齊王楊暕入磧之事。

仁壽四年，蒙賜粟一千石，甲第一區，並奴婢綾絹，前後委積。

射勿所受賞賜十分豐厚，據載："京官正一品，禄九百石，其下每以百石爲差，至正四品，是爲三百石"〔119〕。

大業元年，轉授右領軍、驃騎將軍。

煬帝時，府兵制中十六府業已確定，左右屯衛，也稱左右領軍。"左右領軍府，各掌十二軍籍賬、差科、辭訟之事。不置將軍，唯有長史、司馬、掾屬及録事、功、倉、户、騎、兵等曹參軍，法、鎧等曹行參軍，行參軍等員。又置明法，隸於法司，掌律令輕重"〔120〕。左右領軍府的職責範圍，内部設置是非常清楚的，唯不設置首長，而有長史以下佐官，使人費解。在《百官志》中也無領軍府將軍品銜，長史、司馬分爲從六品以上階和下階。但是，又據《隋書·百官志》云："左右衛又各統親衛，置開府。左勳衛開府、左翊一開府、二開府、三開府、四開府，及武衛、武候、領軍、東宫領兵開府准此"。又有儀同府、武衛、武候、領軍、東宫領兵儀同皆准此〔121〕。《通典·職官》亦云："隋初，左右衛、左右武衛、左右武候，各領軍坊、鄉團，以統戎卒。開皇中，置驃騎

〔116〕《隋書》卷二十八〈百官志〉，頁778。

〔117〕《隋書》卷五十九〈楊暕傳〉，頁1442。

〔118〕《隋書》卷三〈煬帝紀上〉，頁66。

〔119〕《隋書》卷二十八〈百官志〉，頁791。

〔120〕《隋書》卷二十八〈百官志〉，頁779。

〔121〕《隋書》卷二十八〈百官志〉，頁778。

將軍府，每府置驃騎、車騎二將軍。”[122] 領軍銜的實行是統領府兵職能有所轉化，其具體辦法是在驃騎將軍前加授左右領軍銜，但二職基本相當，所以稱“轉授”。

其年又從駕幸揚州，蒙賜物四百段，錢六萬文。

大業元年“八月壬寅，上御龍舟，幸江都。以左武衛大將軍郭衍爲前軍，右武衛大將軍李景爲後軍。文武官五品已上給樓船，九品以上給黄篾。舳艫相接，二百餘里”[123]。射勿參加此次煬帝南巡，三次蒙賜物甚衆，表明其爲煬帝集團成員之一，地位較爲重要。

五年三月廿四日遘疾薨於私第，時年六十有六。即以六年太歲庚午正月癸亥朔廿二日甲申，葬於平凉郡之咸陽鄉賢良里。

射勿卒時年六十六歲，可推其生年爲西魏大統九年（公元 543 年）。射勿卒於大業五年（公元 609 年），有一項重要的府兵改革内容已經實施。大業三年（公元 607 年）改驃騎府爲鷹揚府，長官稱鷹揚郎將，品級僅爲正五品。這一重大變化卻在射勿墓志中没有獲得反映。墓志銘題銜稱史氏爲“大隋正議大夫、右領軍、驃騎將軍”，正議大夫職爲何年所授志文無載，估計這一變化與大業三年鷹揚府的設置有關。煬帝時，正議大夫爲正四品散職[124]。與過去射勿職位相符，或爲置鷹揚郎將後，對資深官員的一種補救措施。平凉郡咸陽鄉賢良里，當是平高縣咸陽鄉賢良里，平凉郡過去僅發現在北朝隋縣下有里，咸陽鄉記載亦證明有鄉里二級，但在唐代墓志中亦僅有里而無鄉一級建置。

世子訶耽、次長樂、次安樂、朝請大夫，次大興、次胡郎、次道樂、次拒達。

射勿共有七子，其中僅列史安樂爲朝請大夫，其餘官品未列，有的可能未仕，但也有明顯入仕未列者，如世子史訶耽。

（二）史索巖墓志

公諱索巖，字元貞，建康飛橋人也。其先從宦，因家原州。

在史索巖侄輩中對其先世來源也有類似的記載（圖十九·2）。《史道德墓志》云：“公諱道德，字萬安，其先建康飛橋人事。”“遠祖因宦來徙平高，其後子孫因家焉，故今爲縣人也”。史索巖遠祖從建康飛橋遷徙至原州，唐代史姓中稱從建康移徙内地者，除

〔122〕《通典》卷二十九〈職官〉，頁 809。

〔123〕《隋書》卷三〈煬帝紀上〉，頁 65。

〔124〕《隋書》卷二十八〈百官志〉，頁 794。

圖二十·2　唐史索巖墓志（搨本）

索巖、道德一系，較著名的還有魏博史憲誠一系。

《舊唐書·史憲誠傳》云："史憲誠，其先出於奚虜，今爲靈武建康人。"〔125〕

《新唐書·史憲誠傳》亦云："史憲誠，其先奚也，内徙靈武，爲建康人。"〔126〕含義與前稍有不同。

史憲誠之子《史孝章碑》云："僕射名孝章，字得仁。本北方之强，世雄朔野，其

〔125〕《舊唐書》卷一百八十一〈史憲誠傳〉，頁4685。

〔126〕《新唐書》卷二百一十〈史憲誠傳〉，頁5935。

後因仕中國，遂爲靈武建康人。”[127]

據《新唐書》説，史憲誠一系是内徙靈武的建康人，依《史孝章碑》説，史憲誠一系是内徙靈武的建康人，所謂的靈武、建康人是“其後因仕中國”的結果，祖先“本北方之强，世雄朔野”，奚人原本是東胡之種族，此史憲誠爲奚人可能有僞托處。究其二系史姓所源之建康，當爲討論之要點。或二史祖先共處一地，同屬一族，在遷徙過程中分居兩地。

建康，《十六國疆域志·前凉》云：“建康郡，案郡蓋張氏置（圖經），領縣一。張駿置建康郡屬凉州”[128]。《魏書·張寔傳》云：張駿時“分武威、武興、西平、張掖、酒泉、建康、西海、西郡、湟河、晉興、廣武十一郡爲凉州，以長子重華爲刺史”[129]。《晉書·地理志》所載略同[130]。北魏皇始年間（公元396～397年），吕光建康郡太守段業，在沮渠蒙遜及從兄晉昌太守男成的推舉下爲凉州牧、建康公[131]。在此之前雙方曾戰於建康郡城下。建康城，據《讀史方輿紀要·陝西》“建康城”條稱：“在甘州鎮西二百里”[132]。大約在今甘肅高臺境内。

關於建康史姓，史籍中有記載，《古今姓氏書辨證》“史”條云：史“丹裔孫後漢歸義侯苞，晉永嘉亂，避地河西建康，是爲建康史氏。”[133]趙超前述文稱“苞”字以下有脱文，據《晉書·張駿傳》補史淑氏。該傳云：“先是，滑帝使人黄門侍郎史淑在姑臧。”有關河西史姓的來源問題，《辨證》一書所載疑處甚多，當不必以脱文開脱。史淑僅奉命至姑臧，授官於張寔，而張寔“以天子蒙塵，冲讓不拜”[134]，史淑可能即回朝復命，似乎没有流寓凉州的理由，也缺乏類似的載録。《元和姓纂》亦稱：“史，周太史史佚之後，有建康、宣城、高密、京兆、陳留諸望。”[135]史姓者俱稱爲周太史史佚之後，《新唐書·宰相世系表》“史姓”條亦云：“史氏出自周太史史佚之後，子孫以官爲氏”，且注明史丹以下至武周宰相史務滋一系[136]。其中並没有言明避地河西建康一系，可見在漢族史姓望注中有建康一系當屬可疑。

---

〔127〕劉禹錫《唐故史公神道碑》，《全唐文》卷六百零九，頁6153。

〔128〕洪亮吉《十六國疆域志》卷七〈前凉〉，蒼授經堂重印本，光緒四年，頁7。

〔129〕《魏書》卷九十九〈張寔傳附張駿傳〉，頁2195。

〔130〕《晉書》卷一十四〈地理志〉，頁434。

〔131〕《魏書》卷九十九〈李暠·沮渠蒙遜傳〉，頁2203；《晉書·沮渠蒙遜載記》卷一百二十九等。

〔132〕顧祖禹《讀史方輿紀要》卷六十三〈陝西〉，中華書局，1955年，頁2715。

〔133〕鄧名世《古今姓氏書辨證》卷二十一，叢書集成本，中華書局，頁286。

〔134〕《晉書》卷八十六〈張軌傳〉，頁2228。

〔135〕林寶《元和姓纂》卷六“史姓”條，頁822～825。

〔136〕《新唐書》卷七十四上〈宰相世系表〉，頁3155～3156。

其實史姓言出建康郡除去上述唐朝者外，在北朝時期就有史姓人稱爲建康人了。《周書·史寧傳》云："史寧字永和，建康（袁）〔表〕氏人也。"〔137〕《北史·史寧傳》亦同〔138〕。《隋書·史祥傳》稱，史寧之子"史祥字世休，朔方人"〔139〕。史寧之族屬，近人姚薇元推測爲突厥族〔140〕。另外，黄文弼早年間在《高昌磚集》中曾收入一件交河郡功曹"建康史佑孝之墓表"〔141〕。此史佑孝或原由建康遷徙至高昌。

從以上載録來看，史寧一系，與史憲誠、史道德一系俱爲建康人，都居朔方，很有可能同屬一個民族。那麽是甚麽原因甚麽時間使他們離開原居地建康移居他鄉呢？《周書·史寧傳》，對其遷居的原因、時間有很清楚的記載。其"曾祖豫，仕沮渠氏爲臨松令。魏平涼州，祖灌隨例遷於撫寧鎮，因家焉"〔142〕。史寧曾祖史豫曾在北凉沮渠氏政權爲官，是臨松縣令。魏世祖因北凉地居通往西域要衝，便伺機進攻北凉。北魏太延五年（公元439年），魏軍大舉伐北凉。同年九月，牧犍投降北魏。《魏書·世祖紀》載："牧犍與左右文武五千餘人面縛軍門，帝解其縛，待以藩臣之禮。收其城内户口二十餘萬，倉庫珍寶不可稱計"，"雜人降者亦數十萬"。"冬十月辛酉，車駕東還，徙凉州民三萬餘家於京師"〔143〕。《太平御覽》引《十六國春秋·北凉録》作十萬餘户〔144〕。史寧祖父史灌當是在被徙之列。不過，這三萬或十萬餘户，不可能都被徙於首都平城，史寧祖一系當被遷於撫寧鎮。撫寧鎮，據《周書》校勘者認爲當係撫冥鎮之誤〔145〕，所見極是。該鎮係北魏著名的"北方六軍鎮"之一。對於六鎮設立的時間，學術界亦多有争論。《魏書·地形志》"朔州"條載，懷朔鎮，設於延和二年（公元433年）〔146〕，其餘諸鎮當也設於延和二年前後，來大千曾在"延和初"，"詔大千巡撫六鎮，以防寇虜"〔147〕。建康史氏遷徙時間在北魏太延五年，遷居地均爲當時新建的邊防軍鎮。以此推知，原州史索巖、史道德祖先並不是甚麽因宦徙於平高（高平），而是在北凉滅亡之後被迫徙於高平鎮。高

〔137〕《周書》卷二十八〈史寧傳〉，頁465、483。袁氏當表氏之訛，今校本取錢大昕之説，參見氏著《廿二史考異》卷三十二，孫開萍等點校本，陳文和主編《嘉定錢大昕全集·貳》，江蘇古籍出版社，1997年，頁702。

〔138〕《北史》卷六十一〈史寧傳〉，頁2185。

〔139〕《隋書》卷六十三〈史祥傳〉，頁1493。

〔140〕參見姚薇元《北朝胡姓考》外篇〈高車諸姓〉"史氏"條，科學出版社，1958年，頁316～317。

〔141〕黄文弼《高昌磚集》，頁9。

〔142〕《周書》卷二十八〈史寧傳〉，頁465。

〔143〕《魏書》卷四〈世祖紀〉，頁90。

〔144〕《太平御覽》卷一百二十四引《北凉録》，頁603。

〔145〕《周書》卷二十八〈史寧傳〉，頁483。

〔146〕《魏書》卷一百零六〈地形志〉，頁2498。

〔147〕《魏書》卷三十〈來大千傳〉，頁725。

平鎮，據《魏書·地形志》載，設於太延二年（公元436年）〔148〕。史憲章之遠祖“内徙靈武”的靈武當時屬薄骨律鎮，也設立於太延二年。他們三系極有可能爲同時内徙的建康史姓，原州的侯莫陳悦親信刺史史歸〔149〕，亦當同期徙入原州之史姓人後裔。

值得引起特别注意的是在十六國時期的河西地區居住着大量的中亞粟特人，也就是隋唐時期的“昭武九姓”人。北魏破北涼時“雜人降者亦數十萬”，所謂“雜人”即雜胡，其中應包含有粟特人。敦煌出土的一件粟特文書信詳細記載了粟特商團的活動情況〔150〕。後涼時，吕光手下有康盛〔151〕，吕纂手下力士康龍〔152〕疑是康國人。盜掘張駿墓的即序胡安據〔153〕當係安國人。吕隆部臣史難〔154〕，可能與史寧同屬一族，疑爲史國人。《魏書·粟特傳》載：“其國商人，先多詣涼土販貨，及克姑臧，悉見虜。高宗初，粟特王遣使請贖之，詔聽焉。”〔155〕藤田豐八説：“粟特人之詣姑臧經營商業，大概始於沮渠時代，當時旅居姑臧之此國人士當甚夥也。”〔156〕洛陽出土一方唐代《安神儼墓志》。安氏係安國人後裔。該志在叙其先世時説：“君諱神儼，河南新安人也。原夫吹律命系，肇蹟姑臧，國土分枝，建於强魏。”〔157〕至北魏時纔由姑臧遷徙至河南新安，也未可知是在世祖攻佔姑臧後纔内徙的。總之，魏初，很多粟特人已經移居河西地區，或爲官或經商。魏世祖攻破姑臧後被俘，依例遷居平城諸地的三萬或十萬餘户中就有許多粟特人。有的學者指出，粟特商人的被俘很可能與粟特商團擁兵自衛有關〔158〕。河南出土的《唐康續墓志》記載，其先世時“東晉失圖，康國跨全涼之地。控弦飛鏑，屯萬騎於金城，月塵漢驚，壁千營於沙塞。舉葱巖而入款，寵駕侯王。受茅土而開封，業傳枝胤”〔159〕。如果説這段文字是針對魏世祖太延五年征伐姑臧而言，顯然有許多誇大之辭。首先粟特人勢力並未强大到“跨全涼之地”，再者據《魏書·世祖紀》載，其間沮渠牧犍，雖曾擁

〔148〕《魏書》卷一百零六〈地形志〉，頁2622、2504。

〔149〕《周書》卷十六〈侯莫陳悦〉，頁269。

〔150〕參見林梅村《敦煌出土粟特文古書信的斷代問題》，《中國史研究》，1986年1期，頁87～99；王冀青《斯坦因所獲粟特文二號信劄譯注》，《西北史地》，1986年1期，頁87～99。

〔151〕《晉書》卷一百二十二〈吕光載記〉，頁3054。

〔152〕《晉書》卷一百二十二〈吕纂載記〉，頁3066。

〔153〕《晉書》卷一百二十二〈吕纂載記〉，頁3067。

〔154〕《晉書》卷一百二十二〈吕隆載記〉，頁3070。

〔155〕《魏書》卷一零二〈粟特傳〉，頁2270。

〔156〕藤田豐八《西域研究》，頁34。

〔157〕北京圖書館金石組編《北京圖書館藏中國歷代石刻搨本彙編》，第十六册，頁121。

〔158〕陳國燦《魏晉至隋唐河西粟特人的聚居與火祆教》，頁209。

〔159〕北京圖書館金石組編《北京圖書館藏中國歷代石刻搨本彙編》，第十六册，頁108。

兵拒戰於城外〔160〕，軍中也許有粟特人，但顯然魏軍並没有遭到强烈的抵抗。魏世祖對粟特人的態度或許是温和的，因爲粟特商人對魏來説也是相當重要的。在討伐牧犍的十二條罪狀中，其中第四條是："知朝廷志在懷遠，固違聖略，切税胡商，以斷行旅"〔161〕。粟特人在其中的地位、作用便一望而可知。建康史氏很大程度上當屬於移居河西地區的中亞粟特人，世祖破北凉後被内徙各地。

魏世祖破北凉以後，北凉的一些著名人物得到了妥善的安置〔162〕，並在以後發揮了重要的作用。其遷居内地人員中不但有官員，還有一些樂伎〔163〕及僧侣〔164〕。中亞粟特人也被分徙各地，以靈武（薄骨律鎮）爲例可知其活動情況。有唐一代，昭武九姓人中稱其籍貫爲靈武者甚多。

《舊唐書·何進滔傳》稱："何進滔，靈武人。"〔165〕何氏祖先在唐以前即徙籍靈武，其祖先何妥是何國人。《新唐書·康日知傳》載："康日知，靈州人。祖植，當開元時，縛康待賓，平六胡州。"〔166〕康氏係康國人。

靈州爲唐六胡州之居地，六胡州則是昭武九姓聚集的重要地區。開元年間，康待賓起事之後，其有姓名的主要成員，都是昭武諸姓人。見於史籍的有康待賓、安慕容、何黑奴、石神奴、康鐵頭〔167〕及後來的康願子〔168〕等。他們之中有的可能是在貞觀年間東突厥滅亡之後遷居靈州的，但也有些人可能在此之間即已遷入靈州一帶。《元和郡縣圖志》"靈州靈武"縣條云："靈武縣，本漢富平縣之地，後魏破赫連昌，收胡户徙之，因

〔160〕《魏書》卷四〈世祖紀〉，頁 90。

〔161〕《魏書》卷九十九〈沮渠牧犍傳〉，頁 2207。

〔162〕北凉内徙的著名人物，如辛紹先"世祖之平凉州，紹先内徙，家於晉陽"（《魏書》卷四十五〈辛紹先傳〉，頁 1025）。"胡叟，字倫許，安定臨涇人也。世有冠冕，爲西夏著姓"。"牧犍破降。叟既先歸國，朝廷以其識機，拜虎威將軍，賜爵始復男"（頁 1149～1151）。"宋繇，字體業，敦煌人"。"世祖併凉州，從牧犍至京師。"（頁 1152～1153）"張湛，字子然，一字仲玄，敦煌人"。"凉州平入國，年五十餘矣"（頁 1153～1154）。"宗欽，字景若，金城人也"。"世祖平凉州入國"（頁 1155）。"段承根，武威姑臧人"，"父暉，字長祚"。"國政衰亂，暉父子奔吐谷渾暮璝，暮璝内附，暉與承根歸國"（頁 1158）。"劉昞，字延明，敦煌人也"。"世祖平凉州，士民東遷，夙聞其名，拜樂平王從事中郎。世祖詔諸年七十以上聽留本鄉，一子扶養"（頁 1160～1161）。陰仲達，"世祖平凉州，内徙代都"（頁 1163）。

〔163〕《魏書》卷一百零九〈樂志〉載：魏"世祖破赫連昌，獲古雅樂，及平凉州，得其伶人器服，並擇而存之"（頁 2828）。

〔164〕《魏書》卷一百一十四〈釋老志〉載："凉州自張軌後，世信佛教。敦煌地接西域，道俗交得其舊式，村塢相屬，多有塔寺。太延中，凉州平，徙其國人於京邑，沙門佛事皆俱東，像教彌增矣。"（頁 3032）平城佛教受凉州很大影響。

〔165〕《舊唐書》卷一百八十一〈何進滔傳〉，頁 4687。

〔166〕《新唐書》卷一百四十八〈康日知傳〉，頁 4772。

〔167〕《册府元龜》卷九百八十六〈外臣部〉，頁 11584。

〔168〕《舊唐書》卷九十七〈張説傳〉，頁 3053。

號胡地城。”[169]張廣達曾經説過：“此處胡户何指，史書固然没有明文，但是他們必定不是當地習見屠各、步落稽等部落則無疑義。”[170]就其所暗示的民族，當然是指中亞粟特人。這一結論肯定是很重要，有助於問題的進一步深入。結合以上對史寧祖先時代的研究，可清楚移居北鎮一帶的粟特人，並不衹限於靈武“胡地城”，而該“胡地城”中胡户，並不衹安置破赫連昌時降户，或爲破赫連昌爲破北凉之訛。史寧、史憲章及六胡州地的諸多昭武諸姓人祖先就是這樣被安置在胡城一線。

實際上在研究魏博鎮將的族屬問題時，小野川秀美早年間已經注意到康日知、何進滔和史憲誠同屬“昭武九姓”的可能性，前兩人的族屬當然是可靠的。祇是對史憲誠一系《舊唐書》中稱“其先出於奚虜”記載，小野川略有所疑，但對其稱爲“靈武建康人”的説法亦未深加追究其來源及可靠性，而是另闢蹊徑，援引安禄山部將安光思作爲安氏義子例子，解釋史憲誠或許是昭武胡史某人義子的可能性。亦引安禄山本姓康而其母改嫁安延偃而承襲安姓之事，説明史憲誠祖上某位或嫁史姓胡而襲史姓[171]。當然上述兩種可能屬於完全不可考察清楚的假設，主要是作者受到研究唐代六胡州問題時間和空間性的限制。但是注意到史憲誠係某種昭武胡姓的血統，則給人以啓示，正是作者難能可貴的另一方面。進一步的補充，亦可完善類似的推測，史索巖祖先問題亦可搞清。

曾祖羅，後魏寧遠將軍、西平郡公，食邑八百户。識度恢弘，風神宏邈，早申明略，夙著忠鯁。

《魏書·官氏志》載：寧遠將軍，第五品上。太和十三年職令，寧遠將軍第五品上階[172]。史羅所爲寧遠將軍屬第五品上階。西平郡公，據《魏書》同上卷載：天賜元年(公元404年)“減五等之爵，始分爲四，曰王、公、侯、子，除伯男二號”，“王封大郡，公封小郡”，“王第一品，公第二品”[173]。西平郡，《元和郡縣圖志·關西道》“隴右道”條記：“後魏以西平郡爲鄯善鎮，孝昌二年，改鎮立鄯州。”[174]又《水經注·河水注》載：“湟水又東，牛心川水注之。”“湟水又東逕西平城北東城，即故亭也”。“魏黄初中，立西平郡，憑倚故亭，增築南、西、北三城，以爲郡治”[175]。西平郡，在今青海西寧。北魏孝昌二年(公元526年)廢，史氏所封在此之前，食邑八百户在郡公中較少，與縣伯相當。

---

〔169〕李吉甫《元和郡縣圖志》卷四〈關内道〉，頁94。

〔170〕張廣達《唐代六胡州等地的昭武九姓》，《北京大學學報》，1986年2期，頁77。

〔171〕小野川秀美《河曲六胡州の沿革》，《東亞人文學報》，第1卷第4號，1942年二月，京都帝國大學人文科學研究所，頁202。

〔172〕《魏書》卷一百一十三〈官氏志〉，頁2997。

〔173〕《魏書》卷一百一十三〈官氏志〉，頁2973。

〔174〕《元和郡縣圖志》卷三十九〈關西道〉，頁991。

〔175〕酈道元《水經注》卷二〈河水注〉，陳橋驛點校本，上海古籍出版社，1990年，頁37。

祖嗣，鎮遠將軍、通直散騎常侍、襲爵西平郡公，鄯、廓二州諸軍事、鄯州刺史。體道貞固，學業該明。惠化歌棠，空庭息訟。

《魏書·官氏志》載，鎮遠將軍，從三品下。二十三年高祖職令，鎮遠將軍第四品。通直散騎常侍，第三品下。二十三年職令第四品。北魏太和年間對爵制有所改革，“舊制，諸以勳賜官爵者子孫世襲軍號。十六年改降五等，始革之，止襲爵而已”〔176〕。索巖祖嗣襲爵西平公，任鄯、廓二州諸軍事、鄯州刺史年代當在北周時期。襲爵之西平公時少去一個郡字，當在西平郡被廢之後，時吐谷渾强盛，鄯州後移治樂都。又據《隋書·地理志》云：澆河郡，後周武帝逐吐谷渾，以治廓州〔177〕。《周書·武帝紀》云：建德五年，武帝命太子西逐吐谷渾〔178〕。史嗣爲廓州諸軍事應以此年代爲限。

父多，周三命上土（士）、曠野將軍、殿中司馬、左衛掌設府驃騎將軍。經邦體國，樹德立功。望重搢紳，材標棟幹。

北周曠野將軍多與殿中司馬連授。《周書·盧辯傳》載：“曠野、横野將軍，殿中、員外二司馬”，均爲“正一命一”〔179〕。以下經歷中史多職官有漏載。《史道德墓志》云：其“祖多，隋開府儀同、左衛安化驃騎將軍”。

開皇中，解巾爲晉王廣庫真。雖材稱拔萃，而職滯下寮。頓挫於門欄，驅馳於警衛。亦由陽春之曲，貽誚於鄙里；陵雲之臺，創基於覆簣者也。

《隋書·煬帝紀上》云：煬帝“開皇元年，立爲晉王，拜柱國、并州總管，時年十三”〔180〕。晉王府有“庫真”職《隋書》未載，不過初唐時有數人曾有任“庫真”之經歷。《豆盧仁碑》記：豆盧仁在投唐後“即時蒙授秦王府庫真，□於北門供奉”〔181〕。《安元壽墓志》載，安元壽“武德五年，奉秦王教，追入幕府，即授右庫真。”〔182〕庫真或即庫直，《舊唐書·職官志》載：時秦王府等“又有庫直及驅咥直”，注云：庫直隸親事府，驅咥直隸帳内府。各於左右内選才堪者，量事置之〔183〕。《新唐書·百官志》在“王府官親事府”“帳内府”條下注云：秦王齊王府武官内“又有庫直，隸親事府；驅咥直，隸帳内府。選材勇爲之。貞觀中，庫直以下皆廢”〔184〕。張彦遠《歷代名畫記》載：隋朝畫

〔176〕《魏書》卷一百一十三〈官氏志〉，頁2995～2996、2976。

〔177〕《隋書》卷二十九〈地理志〉，頁814。

〔178〕《周書》卷六〈武帝紀〉，頁95。

〔179〕《周書》卷二十四〈盧辯傳〉，頁407。

〔180〕《隋書》卷三〈煬帝紀上〉，頁59。

〔181〕孫遲《唐豆盧仁業碑——昭陵新發現碑刻介紹之二》，《考古與文物》，1981年1期，頁117。

〔182〕昭陵博物館《唐安元壽夫婦墓發掘簡報》，《文物》，1988年12期，頁37～49。

〔183〕《舊唐書》卷四十二〈職官志〉，頁1810。

〔184〕《新唐書》卷四十九〈百官志〉，頁1307。

家“李雅，下品。爲滕王府庫直（或云秦王）”〔185〕。隋似無滕王或秦王，或即初唐秦王李世民。初唐畫家閻立本“初爲太宗秦王庫直”〔186〕。庫直（真）是王府的親信，所以要“選材勇爲之”。其主要任務是“頓挫於門欄，驅馳於警衛”。索巖志所稱其爲“庫真時”“材稱拔萃，而職滯下寮”“貽誚於鄙里”等語恐有不確。因爲開皇中索巖年僅十幾歲，庫真職雖較低下，但卻爲楊廣之親信，非幹勇之材而不能被選入，如安元壽在爲秦王府庫真後即稱“托身鳳邸，澤厚命車；飛名菟園，思均置醴”。感激之情躍然紙上，與索巖感覺完全相反。索巖志上所書當不是實情，恐與初唐時期朝野對隋煬帝評價不高有密切關聯。以下志文表明索巖接連陞職，屬楊廣之親信無疑。

仁壽四年，乃從輦駕於東宫，即除大都督、長上宿衛。

開皇二十年（公元600年），冬十月皇太子楊勇及諸子並被廢爲庶人，十一月立晉王楊廣爲皇太子〔187〕。在此時，“高祖曰：‘吾以大興公成帝業’”〔188〕。仁壽四年（公元604年）時，高祖已經將大權完全交付太子楊廣。仁壽四年正月“乙丑詔賞罰支度，事無巨細，並付皇太子”〔189〕。煬帝“仁壽初，奉詔巡撫東南。是後高祖每避暑仁壽宫，恒令上監國”〔190〕。史氏所隨當爲煬帝“奉詔巡撫東南”。實際上，此時煬帝已經大權在握，上臺後馬上提携隨從，史索巖多年未獲陞職，隨“即除大都督、長上宿衛”。大都督正六品。長上宿衛或即掌宿衛侍從。

大業元年，煬帝握圖御曆，先録宫臣，拜公左御衛安丘府鷹楊（揚）郎將。既司戎律，委以專征，控馬揚旌，除凶滌暴。

按照學術界的一般觀點認爲，隋煬帝在大業三年（公元607年）改驃騎府爲鷹揚府，是府兵組織的一個重大變更。其實煬帝即位之後，馬上着手推行蓄謀已久的改革方案，府兵制是其中一項重要内容。“煬帝即位，多所改革”〔191〕，“先録宫臣”將其親信提陞爲新組建鷹揚府郎將。不過，到大業三年纔以法令形式固定下來。三年令，“品自第一至於第九，唯置正從，而除上下階”。“十二衛，各置大將軍一人，將軍二人，總府事，並統諸鷹揚府。改驃騎爲鷹揚郎將，正五品；車騎爲鷹揚副郎將，從五品；大都督爲校尉”〔192〕。結合史索巖墓志可知，有效地控制府兵兵權而設置的鷹揚府在大業元年

〔185〕張彦遠《歷代名畫記》卷八，秦仲文、黄苗子點校本，人民美術出版社，1964年，頁164。

〔186〕張彦遠《歷代名畫記》卷九，頁167。

〔187〕《隋書》卷二〈高祖紀上〉，頁45。

〔188〕《隋書》卷三〈煬帝紀上〉，頁60。

〔189〕《隋書》卷二〈高祖紀上〉，頁52。

〔190〕《隋書》卷三〈煬帝紀上〉，頁60。

〔191〕《隋書》卷二十八〈百官志〉，頁793。

〔192〕《隋書》卷二十八〈百官志〉，頁793、800。

（公元605年）業已完成。鷹揚郎將一職多用於提拔親信。改驃騎將軍爲鷹揚郎將，有多方面的用意。表面上看由正四品降爲正五品，削弱了驃騎將軍的權勢，對一些資深官員則採取另外補救措施。史射勿在改制後仍保留驃騎將軍的名號，加授正議大夫散職。大業三年（公元607年）以前並無正議大夫正四品散職，它的設立顯然是爲了解決這類因改制降低官職的突出矛盾而設立的。實際上區別對待的辦法，一方面降低了原府兵將領的地位，另一方面又使兵權掌握在自己親信手中，培植新生勢力。史索巖是正六品大都督，如要直接陞任驃騎將軍，則需陞二級四階，除去上下兩階後，授以鷹揚郎將則祇要逾越一級提陞。以當時時局來看，許多人對煬帝即位並不滿意，《隋書·煬帝紀》載：仁壽時，高祖崩，煬帝繼位，“并州總管漢王諒舉兵反，詔尚書左僕射楊素討平之”〔193〕。在地位並不穩固的情況下，煬帝大加提攜的是東宮親信。

谷霽光在研究府兵制度時稱，“鷹揚府逐漸冠以地名”〔194〕，給人的感覺是鷹揚府在最初似乎並不冠加地名，從史索巖墓志得出的印象則爲鷹揚府一開始就在府前冠以地名，並附加所屬衛名。

大業九年，又授公平凉郡都尉。

《隋書·百官志》載：“罷州置郡，郡置太守。”“舊有兵處，則刺史帶諸軍事，以統之，至是别置都尉、副都尉，都尉，正四品，領兵，與郡不相知”〔195〕。郡都尉較鷹揚郎將高一品，領兵在軍事上有很大的獨立性，“與郡不相知”，不受郡太守的節制，上郡太守爲從三品，中郡太守正四品，下郡太守僅爲從四品，還不如郡都尉的品階高，較之過去的州刺史有很大的不同。在緊急情況下，郡都尉、鷹揚府和郡縣可以協調行動，以應付突發事件。大業七年（公元611年）十二月，遼東等地戰士“苦役者，始爲群盜。甲子，敕都尉、鷹揚與郡縣相知追捕，隨獲斬决之”〔196〕。正常情況下並不是這樣，郡都尉、鷹揚郎將之間有某種一致性，表明煬帝上臺後是將軍事與行政分開董理，削弱過去州刺史軍政並重的權勢。

自炎曆數極，隨紀告終，逐鹿者多瞻烏靡定，縱莽卓之安劉漢室，夷羿之傾覆夏家，未足辟此奸回，方兹昏亂。由是，九州百郡，稱帝稱王，各署衣冠，俱行正朔。公資忠殉節，固守危城，耻面僞庭，確乎不拔。

煬帝繼位以後窮兵黷武，民不聊生，各地民衆蜂起反隋。僅以《隋書·煬帝紀》統計，各種起事達五六十次〔197〕。以“九州百郡，稱帝稱王，各署衣冠，俱行正朔”來形

〔193〕《隋書》卷三〈煬帝紀上〉，頁60。

〔194〕谷霽光《府兵制考釋》，上海人民出版社，1978年，頁117。

〔195〕《隋書》卷二十八〈百官志〉，頁802。

〔196〕《隋書》卷三〈煬帝紀上〉，頁76。

〔197〕《隋書》卷三、四〈煬帝紀〉，頁60～93。

容隋末全國局勢是最恰當不過。煬帝改州爲郡後，全國共有一百九十個郡，起事者稱王稱帝擁有年號的人很多。“渤海賊格謙自號燕王，孫宣雅自號齊王”。“渤海賊竇建德設壇於河間之樂壽，自稱長樂王，建元丁丑”。後來就更多了，平凉郡附近地區就有“靈武白榆妄稱‘奴賊’”；“扶風人向海明舉兵作亂，稱皇帝，建元白烏”；“扶風人唐弼”，“自稱唐王”〔198〕。“有安定人劉迦論舉兵反，擁雕陰郡，僭號建元，署置百官，有衆十餘萬”〔199〕。在各種勢力中，以小軍閥最多，大部分是鷹揚府屬官，金城校尉薛舉、凉州鷹揚府司馬李軌和朔方鷹揚府郎將梁師都等在西北最有勢力。像史索巖“資忠殉節，固守危城，面耻僞庭，確乎不拔”的人的確很少。平凉郡也有數萬人起義，《舊唐書·丘行恭傳》載：“初，原州奴賊數萬人圍扶風郡。”〔200〕《資治通鑒·隋紀》稱，事在隋恭帝義寧元年，稱之爲“平凉奴賊數萬”〔201〕。

義寧二年，獻款宸極。

義寧隋恭帝年號，雖號稱二年，其實前後不過半年時間，索巖舉城投唐在義寧二年五月以前。這時李唐勢力已達到平凉一線，劉弘基“從太宗擊薛舉於扶風，破之，追奔至隴山而返”〔202〕。《舊唐書·太宗紀》亦載：“會薛舉以勁卒十萬來逼渭濱，太宗親擊之，大破其衆，追斬萬餘級，略地至於隴坻。”〔203〕

武皇帝拜公朝請大夫，兼授右一軍頭。

索巖之官職變化，恰好反映出隋末唐初，府兵制度變更的重要過程。朝議大夫爲文散職，從五品上階〔204〕。但其所載是武德七年（公元624年）令以後，在此以前“高祖發跡太原，官名稱位，皆依隋舊。及登極之初，未遑改作，隨時署置，務從省便”〔205〕。朝請大夫爲正五品〔206〕。索巖所授朝請大夫當沿隋之舊制。李唐王朝建立之初，對於軍制着手改革。據《舊唐書·高祖紀》載：大業十三年（公元617年）六月“癸巳，建大將軍府，並置三軍，分爲左右；以世子建成爲隴西公、左領大都督、左統軍焉；太宗爲敦煌公、右領大都督、右統軍隸焉”〔207〕。其他將領，如長孫順德、劉弘基、竇琮等分爲

〔198〕《隋書》卷四〈煬帝紀〉，頁84～92。

〔199〕《舊唐書》卷五十九〈屈突通傳〉，頁2320。

〔200〕《舊唐書》卷五十九〈丘行恭傳〉，頁2326。

〔201〕《資治通鑒》卷一百八十四〈隋紀〉，頁5759。

〔202〕《舊唐書》卷五十八〈劉弘基傳〉，頁2310。

〔203〕《舊唐書》卷二〈太宗紀〉，頁23。

〔204〕《舊唐書》卷四十二〈職官志〉，頁1795。

〔205〕《舊唐書》卷四十二〈職官志〉，頁1783。

〔206〕《隋書》卷二十八〈百官志〉，頁794。

〔207〕《舊唐書》卷一〈高祖紀〉，頁3。

左右統軍。“武德元年五月改隋鷹揚郎將爲軍頭，六月十九日改軍頭爲驃騎將軍，副爲車騎將軍”[208]。《新唐書·百官志》載：“武德元年，改鷹揚郎將曰軍頭，正四品下”，“又改軍頭曰驃騎將軍”[209]。“《武德令》，職事高者解散官，欠一階不至爲兼，職事卑者，不解散官。《貞觀令》，以職事高者爲守，職事卑者爲行，仍各帶散位，其欠一階依舊爲兼”[210]。朝請大夫爲正五品，軍頭爲正四品下，兩者相差不至一階，所以稱“兼授”。按《唐會要》記載，武德元年五月改稱軍頭，六月十九日又改稱驃騎將軍[211]，前後僅有一個月時間。但據史載被授予軍頭的人甚衆，不太合乎情理。被授予軍頭者約有兩類人，一是追隨李淵在太原起兵的親信，如張平高、段志玄等人，屬於提陞。張平高“隋末爲鷹揚府校尉”，“義旗建，以爲軍頭”[212]。段志玄“義兵起，志玄募得千餘人，授右領大都督府軍頭”[213]。另一類則是像索嚴這類降將，在關鍵時刻歸順李唐王朝並起過重要作用，但多爲降級使用，是由正四品郡都尉改授正四品下的軍頭。以史籍中軍頭授予時間校之，軍頭存在了相當一段時間。隋初對於驃騎府用數目形式排列，隋末用數目來表示軍府者，已經屬少見，唐初“右一軍頭”仍使用數目，情況就更不多見了。

仍與平凉太守張隆同討薛舉。揚旌節而犬羊授首，援桴鼓而鯨鯢暴鰓。功冠當時，賞逾前烈。既而，蘭山霧卷，隴塞雲撤，美矣哉！斯實公之勳也。

薛舉割據以後，平凉郡是重要掠奪目標，並且一度曾攻陷平凉郡。“時薛舉猶據隴右，遣其將宗羅睺攻陷平凉郡，北與頡利結連。高祖遣光禄卿宇文歆賫金帛以賂頡利。歆説之令與薛舉絶”[214]。《舊唐書·突厥傳上》與之略同[215]。薛舉與李淵都想聯合突厥，使其勢力壯大，平凉郡的地理位置至關重要。平凉郡又是隋軍馬基地，《隋書·百官志》載：“隴右牧，置總監、副監、丞，以統諸牧。其驊騮牧及二十四軍馬牧，每牧置儀同及尉、大都督、帥都督等員。驢騾牧，置帥都督及尉。原州羊牧，置大都督並尉。原州駝牛牧，置尉。”[216] 隴右牧總監一般由原州刺史兼任。義寧元年（公元617年）夏四月，薛舉“以仁杲爲齊公，少子仁越爲晉公，招集群盜掠官牧馬”[217]。李唐軍隊也曾獲

〔208〕《唐會要》卷七十二“府兵”條，頁1298。

〔209〕《新唐書》卷四十九〈百官志〉，頁1288。

〔210〕《舊唐書》卷四十二〈職官志〉，頁1785。

〔211〕《唐會要》卷七十二，頁1298。

〔212〕《舊唐書》卷五十七〈劉文静傳〉，頁2297。

〔213〕《舊唐書》卷六十八〈段志玄傳〉，頁2505。

〔214〕《通典》卷一百九十七〈邊防〉，頁5408。

〔215〕《舊唐書》卷一百九十四〈突厥傳上〉，頁5155。

〔216〕《隋書》卷二十八〈百官志〉，頁784。

〔217〕《資治通鑒》卷一百八十三〈隋紀〉，頁5725。

得隴右牧的軍馬補充，丘行恭曾得歸附之千餘騎。義寧元年十二月“乙未，平凉留守張隆，丁酉，河池太守蕭瑀及扶風漢陽郡相繼來降”[218]。索巖隨平凉太守張隆在義寧元年纔投降李唐政權。索巖與太守張隆同討，可能是圍攻扶風郡的薛舉。薛舉“會義兵定關中，遂留攻扶風。太宗帥師討之，斬首數千級，追奔至隴坻而還”[219]。《元和郡縣圖志》“邠州宜禄縣”條所記載的這次戰鬥更爲詳細：“淺水原，即今縣理所。初，金城人薛舉稱兵，攻破郡縣。武德元年，舉寇涇州，屯兵於安定縣之折墌城，太宗親征，相守六十餘日。會舉死，其子仁杲統其衆，併羌胡十餘萬，數來挑戰。上遣總管龐玉自此原南出賊之右，因高而陳，上率大兵自原北，出其不意，斬首萬餘級，賊大潰，杲懼而請降，俘其精兵萬餘人，男女五萬口。”[220] 這是與薛舉作戰唐軍獲得最大的一次勝利。

武德四年，詔除左屯衛、立功府驃騎將軍。

《通典》“武散官驃騎將軍”條：“故武德元年詔以軍頭爲驃騎將軍，軍副爲車騎將軍，後皆省之。”[221] 武德元年（公元 618 年）“六月十九日改軍頭爲驃騎將軍，副爲車騎將軍。六年五月十六日，車騎將軍隸驃騎府。七年三月六日改驃騎將軍爲統軍，車騎將軍爲副統軍”[222]。據《武德令》統軍爲正四品下，後改爲折衝都尉，屬第四品上階。諸軍驃騎將軍爲統軍。貞觀元年（公元 627 年）以統軍爲正四品下。

“貞觀元年，固陳衰疾，抗表辭滿”，“以顯慶元年五月十三日氣急暴增，薨於原州萬福里第，春秋七十有八”。“以三年十二月遷神窆於原州城南高平之原”。

貞觀元年（公元 627 年）以後，史索巖便稱病告退，但並未致仕，題銜爲“平凉郡都尉、驃騎將軍”則取史氏最高職銜，其後一些職官變化情況並未反映在志文之中。原州下直轄有萬福里，没有鄉一級。所葬地時稱“高平之原”當取原高平縣屬之後。

（三）安娘墓志

夫人諱娘，字白，岐州岐陽人。安息王之苗裔也。

岐陽，《元和郡縣圖志》“鳳翔府”條：“貞觀七年析扶風、岐山二縣置，以在岐山

[218]《資治通鑒》卷一百八十四〈隋紀〉，頁 5767。

[219]《舊唐書》卷五十五〈薛舉傳〉，頁 2246。

[220]《元和郡縣圖志》卷三〈關内道〉“邠州宜禄縣”條，頁 63。

[221]《通典》卷三十四“武散官驃騎將軍”條，頁 939。

[222]《唐會要》卷七十二“府兵”條，頁 1298。

圖二十·3　唐安娘墓志（搨本）

之南，因之得名之。”[223]《舊唐書·地理志》載：貞觀七年析扶風、岐山二縣置，永徽五年復置[224]。其位置在今陝西岐山縣祝家莊之岐陽堡（圖二十·3）。

北朝至隋唐間移居中國的中亞安姓人多稱其爲安息國之後或安息王之苗裔。《新唐書·宰相世系表下》記：“武威李氏本安氏，出自姬姓。黄帝生昌意，昌意次子安居於西

〔223〕《元和郡縣圖志》卷二〈關内道〉“鳳翔府”條，頁42。

〔224〕《新唐書》卷三十七〈地理志〉，頁966。

方，自號安息國。”〔225〕《魏書·安同傳》：“安同，遼東胡人也。其先祖曰世高，漢時以安息王侍子入洛，歷魏至晉，避亂遼東，遂家焉”〔226〕。《安令節墓志》曰：“君諱令節，字令節，其先武威姑臧人，出自安息國王子，入侍於漢，因家焉。”〔227〕《舊唐書·李元諒傳》：“李元諒本駱元光，姓安氏，其先安息人也。”〔228〕李至遠《唐維州刺史安侯神道碑》云：“侯諱附國，其先出自安息，以國爲姓。”〔229〕這些人基本上都是北朝隋唐間的安國人。

安國，隋唐時期是“昭武九姓”之一。北魏時期，就與中原産生聯繫，稱忸密。《魏書·西域傳》云：“忸密國，都忸密城，在悉萬斤西，去代二萬二千八百二十八里。”〔230〕隋代便稱之爲安國。《隋書·西域傳》記：“安國，漢時安息國也。王姓昭武氏，與康國同族，字設力登。妻，康國王女也。都在那密水南，城有五重，環以流水，宫殿皆爲平頭。”“風俗同於康國”。“煬帝即位之後，遣司隸從事杜行滿使於西域，至其國，得五色鹽而返”〔231〕。《新唐書·西域傳》云：“安者，一曰布豁，又曰捕喝，元魏謂忸密者。東北至東安，西南至畢，皆百里所。西瀕烏滸河，治阿濫謐城。”“大城四十小堡千餘。募勇健者爲柘羯。柘羯，猶中國言戰士也”〔232〕。唐僧玄奘曾經到過安國：“捕喝國，周千六七百里，東西長，南北狹。土宜風俗同颯秣建國（康國）。”〔233〕安國國名布豁、捕喝爲阿拉伯語（Boxara），中世紀波斯文 Boxaraq 和突厥文 Buqanaq 之譯音〔234〕。阿拉伯人稱 Boxara 爲 Numig 或者 Numig-kat，故白鳥庫吉説：“故知忸密必爲二字之轉寫，但史家知有忸密而不知該國即 Boxara 也”〔235〕。其地當在今烏兹别克斯坦之 Ramithun 地區，距撒馬爾罕不遠。其地理位置距原安息國甚遠，即便是在安息時代，該地區也並非由安息國統治，而是屬於康居國。北朝至隋唐間自稱安息人後裔者，基本上都是中亞安

〔225〕《新唐書》卷七十五下〈宰相世系表〉，頁 3445。

〔226〕《魏書》卷三十〈安同傳〉，頁 712。不過，關於以上二書中有關安氏遷徙一段，馮承鈞以爲“其遷徙路綫亦太離奇；忽而河南至甘肅，忽而甘肅徙遼東，忽而遼東遷到甘肅西境，僞書之僞造世系，由斯可見”。見《唐代華化蕃胡考》，原載《東方雜志》，第 27 卷 17 號，後收入《西域南海史地考證論著彙輯》，中華書局，1957 年，頁 151。

〔227〕端方《陶齋藏石記》卷二十一，頁 1～3。

〔228〕《舊唐書》卷一百四十四〈李元諒傳〉，頁 3916。

〔229〕《全唐文》卷四百三十五，頁 4434。

〔230〕《魏書》卷一百零二〈西域傳〉，頁 2270。

〔231〕《隋書》卷八十三〈西域傳〉，頁 1849。

〔232〕《新唐書》卷二百二十一〈西域傳〉，頁 6244。

〔233〕季羡林等《大唐西域記校注》卷一，頁 94。

〔234〕轉引自季羡林等《大唐西域記校注》卷一注，頁 95。

〔235〕白鳥庫吉《康居粟特考》，傅家勤中譯本，商務印書館，1936 年，頁 52。

國人。

唐時移居岐州的"昭武九姓"人，除安娘屬安國一系外，尚有石國人。宋贊寧《高僧傳·釋神會傳》云："釋神會，俗姓石，本西域人也。祖父徙居於岐，遂爲鳳翔人矣。"〔236〕

祖顯，周上儀同、掌設府車騎。父石生，隋上開府、本州中正。

上儀同，建德四年冬十月戊子，改儀同三司爲儀同大將軍，又置上儀同官〔237〕。車騎即車騎將軍，車騎將軍在北周時品級很高，爲正八品。一般認爲車騎將軍是驃騎將軍的副職，但安顯所任卻爲掌設府車騎將軍，應是與驃騎府平行的開府。北周的上儀同與後世如隋有所不同，後者完全是勳級，北周則是實職。但是安顯卻是分别授予，表明從建德四年（公元575年）以後上儀同逐漸轉爲勳級，與實職分開授予。宇文護執政以後將名號與實權分離。

上開府，隋代職官視流内品十四等中有上開府，視爲從七品〔238〕。大中正，流内比視官十三等。諸州大中正視第五品〔239〕。中正一職，北朝起即有衰敗，主要任務是爲州郡推薦僚佐人員，和魏晉時期選拔官僚必須由中正分類評定，然後作爲吏部任用官員依據的情況截然不同，隋代的中正則完全是地方州郡的屬官了。《隋書·百官志》亦載：上郡太守，屬官有丞、尉、中正〔240〕。《通典·職官》"中正"條記："隋有州都，其任亦重，大唐無。"〔241〕任務雖然不及過去，但中正職依然由本地著名望族充任。梁睿安定烏氏人，爲涇州大中正〔242〕。職能正如《北史·孫紹傳》所説的那樣，"中正賣望於下里，主案舞筆於上臺"〔243〕。《資治通鑒·唐紀》"武德七年"（公元624年）條曰："依周齊舊制，每州置大中正一人，掌知州内人物，品量望第，以本州門望高者領之，無品秩。"〔244〕

夫人"釋姆初笄，聿嬪史氏"。

流寓中國之昭武九姓人，大多數進行内部聯姻。這種婚媾現象，已經引起有關學者的注意。但是這其中似乎也並不完全排除與漢族人通婚，祇不過是粟特人之間的婚姻佔比例較大，持續時間更長。縱觀整個流寓中國的昭武九姓人婚媾歷程，可以肯定地説，

〔236〕贊寧《高僧傳》卷九〈釋神會傳〉，范祥雍點校本，中華書局，1987年，頁209。

〔237〕《周書》卷六〈武帝紀〉，頁93。

〔238〕《隋書》卷二十八〈百官志〉，頁790。

〔239〕《隋書》卷二十七〈百官志〉，頁770。

〔240〕《隋書》卷二十八〈百官志〉，頁783。

〔241〕《通典》卷三十二〈職官〉，頁892。

〔242〕《隋書》卷三十七〈梁睿傳〉，頁1125。

〔243〕《北史》卷四十六〈孫紹傳〉，頁1688。

〔244〕《資治通鑒》卷一百九十一〈唐紀〉"武德七年"條，頁5975。

其内部相互通婚的現象是主流，非胡間的婚姻應視爲末枝。其民族間的認同性是我們考察這一問題時首先所應注意到的，唐廷官方態度或對其影響不大〔245〕。

以龍朔元年歲次丑正月十二日，遘疾歿於原州平高縣招遠里，春秋七十有二。時以卜遠未從，權殯於私第。然而焚荆灼兆，窀穸有期，粤以麟德元年十一月十六日，遷神祔於都尉之舊塋，禮也。

安氏所終地與其夫史索巖不同，爲招遠里，其夫則爲萬福里。

唐時卜筮之風盛行，人亡之後首先是卜宅兆。《通典》中《開元禮纂類》專門設此條，對卜宅兆活動進行詳細規定，禮儀十分繁複，卜師、筮師稱諾後方始完成，主要爲“營建宅兆，神其保佑，俾無後艱”〔246〕。卜葬日也是另一項主要内容，上引書中亦有專門條，主要由“卜師抱龜”進行。主人的意見在卜宅兆與卜葬時日均起重要作用，可一降再降“若不從卜擇地”，“卜擇”如初儀。

〔245〕關於昭武九姓人之間通婚現象，今人已經注意。盧兆蔭在《何文哲墓志考釋——兼談隋唐時期在中國的中亞何國人》（《考古》，1986 年 9 期）一文中專列“昭武九姓人的後裔多相聯姻”一節指出：何國人何文哲先後娶康氏姐妹爲妻，何弘敬，其母爲康氏；何進滔之妻康氏。近蔡鴻生以《唐代九姓胡禮俗叢考》（《文史》，第 35 輯，中華書局，1992 年，頁 111～112）爲題，專有一節“婚姻”來叙述這一問題，依蔡鴻生之所分王室、民間兩大類婚姻形態，有十幾例之多。除此之外，還可舉出一些。《千唐志齋藏志》等書載録：康氏妻史氏、史善法妻康氏、安懷妻史氏、曹凉妻安氏、石忠政妻何氏、曹某妻何氏、曹弘立妻石氏、石默啜妻康氏、安師妻康氏、安元壽之妻翟氏、康枕妻曹氏、康武通妻康氏。昭武九姓人之間的相互通婚幾乎成爲一種制度。文化傳統内涵的一致性，是這種通婚的基礎，亦是維護其血統的手段，從而形成一個特定的婚媾形式，與漢族人通婚的事例亦存在於大量的昭武九姓人墓志之中。安延妻劉氏、康威妻韓氏、史氏妻趙氏，史訶耽先妻爲康氏，後妻則爲張氏，這些均不一而足。至於昭武九姓女婚漢夫的事例就更多了。向達引《唐會要》卷一百云：“貞觀二年（公元 628 年）六月十六日敕：諸蕃使人所娶得漢婦女爲妾者併不得將還蕃。”説明“似乎有唐一代對於漢女之適異族，律併無禁，祇是不得將還蕃國耳”（《唐代長安與西域文明》，頁 6）。最近，程越徵引《册府元龜》中的一段文字，對向氏的觀點提出一點疑問（參見氏著《從石刻史料看入華粟特人的漢化》，《史學月刊》，1994 年 1 期，頁 24）。《册府元龜》卷九百九十九云：開成元年（公元 836 年）六月“又准令式中國有不合私與外國人交通、買賣、婚娶、來往”。“到開成、建中年間，留居中國的粟特人主要是開元、天寶以前入居者的後代，上述禁令對這些粟特人後裔恐怕並不適用，這樣纔出現了上面列舉的那些通婚事例”。其實從以上二人所引文字來看均有片面之嫌，因爲他們所説均是對於流寓唐朝的使節、商賈而言，而用以説明問題大量發現的墓志卻多爲昭武九姓人之後裔。他們基本多有三代或三代以上在華的經歷，並且已居唐廷爲官宦。儘管這樣，亦充分表明在大多數情況下，昭武九姓人更願意採用内部通婚這一形式，敦煌、吐魯番文書中大量的粟特家庭結構均表明這一點。對這一問題，固有的傳統文化内涵佔據上峰，甚至在五代時期類似的婚姻關係並没有減弱的勢頭。山西發現一塊後晉雞田府部落長史何君政墓志記載：何君政，夫人安氏，長子夫人安氏，次子夫人康氏，次子夫人康氏。何門的四位夫人均爲昭武九姓人（參見博保《大晉何公墓志》，《山西文物》，1982 年 1 期，頁 58）。

〔246〕《通典》卷一百三十八中〈開元禮纂類〉，頁 3522～3524。

（四）史訶耽墓志

若夫，弈弈崇基，分軒丘而吐冑；悠悠遠派，掩嬀水而疏疆。從層構於天街，族高河右，系芳蕤於地緒，道映中區。瓜瓞滋綿，羽儀紛藹，斯並焕乎家牒，刊夫國史。

安娘墓志中的前一段志文與之完全相似，“夫弈弈仙基，分軒臺而吐冑；悠悠别派，掩嬀水而疏疆。從層構於天街，族高西域，系芳蕤於地緒，道映中區。瓜瓞滋綿，羽儀紛藹，斯並焕乎家傳，刊夫國史”。除去個别詞語外，幾乎完全相同（圖二十·4）。唐代的墓志書寫過程中有許多定式〔247〕，其中對於經歷、族别或國别一樣的人，有一些程式化的用語，尤其是志文中前段韻文有一種可依賴的範文。上段韻文既可用於中亞安國人，亦可用於中亞史國人。由於二志相距年代甚近，很大程度上可能是出自一人之手。

隋開皇中，釋褐平原郡中正。晨朝州府，清言激流水之聲；暮還貴里，列騎動浮雲之色。執心貞實，不用奇譎效能；棲神澹雅，豈以風華馳譽。

《隋書·地理志下》云：“平原郡，開皇九年置德州。安樂，舊置平原郡，開皇初郡廢”〔248〕。此平原郡在今山東境内，與史氏爲中正之平原郡地望不合。北朝時期，隴東一帶設有平原郡。據《魏書·地形志》涇州所轄共有六郡，安定、隴東、新平、趙平、平凉、平原郡，其中平原郡屬縣祗有一個陰槃縣〔249〕。又新獲北魏景明三年（公元502年）《負樹墓志》載，陰槃縣屬平凉郡轄〔250〕。《隋書·地理志》：陰槃縣“後魏置平凉郡，開皇初郡廢。有盧水”〔251〕。《魏書·地形志》“平原郡下”云：“領縣一，陰槃，二漢屬安定，晉屬京兆，後屬。有安城、安武城。”〔252〕二志有矛盾之處。但《隋書·辛德源傳》載：“辛德源字孝基，隴西狄道人也，祖穆，魏平原太守。”〔253〕或北朝時確有平原一郡，但《隋書·地理志》中又無平原郡，而史氏又爲平原郡中正，頗難釋解，姑且存疑。

隋初以避文帝之父楊忠之諱改中正爲正，有州、郡、縣三級。《隋書·百官志下》記：

---

〔247〕趙超也曾經在唐代墓志中找出過不同二人墓志中一段完全相似的志文，見《讀唐代墓志劄記三則》，《文博》，1988年3期，頁45～47。

〔248〕《隋書》卷三十〈地理志下〉，頁845。

〔249〕《魏書》卷一百零六〈地形志〉，頁2619～2620。

〔250〕羅丰《北魏負樹墓志考釋》，本書收入。

〔251〕《隋書》卷二十九〈地理志〉，頁810。

〔252〕《魏書》卷一百零六〈地形志〉，頁2619～2620。

〔253〕《隋書》卷五十八〈辛德源傳〉，頁1422。

圖二十·4　唐史訶耽墓志（揭本）

雍州屬官有郡正，京兆郡，置正，大興、長安縣亦置正，其他郡縣均有正[254]。這時的州則稱“州都”不稱“州正”，諸郡郡正僅在“流内視品十四等”中視爲正九品。“舊周齊，州郡縣職，自州都、郡縣正已下，皆州將縣令至而調用，理時事。至是不知時事，直謂鄉官。別置品官，皆吏部除授，每歲考殿最”[255]。官員考核工作完全由吏部擔任，州郡中正的存在已完全沒有實際意義，史訶耽“晨朝州府，清言激流水之聲”，便是這

〔254〕《隋書》卷二十八〈百官志下〉，頁 782。

〔255〕《隋書》卷二十八〈百官志下〉，頁 792。

種情形的真實寫照。開皇十五年（公元 595 年）“罷州縣之鄉官”，延續幾百年之久的九品中正制度宣告結束。

屬隋祚棟傾。蝟毛俱起，黠賊薛舉，剖斮豳、岐，擁豕突之奇兵，近窺京輔，假狐鳴以挻禍，充仞王畿。

《舊唐書·薛舉傳》：“武德元年，豐州總管張長遜進擊宗羅睺，舉悉衆來援，軍屯高墌，縱兵虜掠，至於豳，岐之地。”太宗戰敗後，歸守京師。“郝瑗言於舉曰：‘今唐兵新破，將帥並擒，京師騷動，可乘勝直取長安。’舉然之”[256]。不久薛舉亡，行動未成，史志所言當爲此事。

君遂間行險阻，獻款宸極。義寧元年，拜上騎都尉，授朝請大夫，並賜名馬雜綵，特敕北門供奉進馬。

訶耽在平凉降唐後義寧元年投降李唐王朝，並被拜上騎都尉授朝請大夫。上騎都尉是勳官，在唐爲正五品上階。朝請大夫是文品位散官，品位不甚穩定，在隋朝爲正五品，唐初貞觀元年（公元 627 年）則降爲從五品上階。又“特敕北門供奉進馬”。《通典·職官》“中書省”條載：“時謂尚書省爲南省，門下中書爲北省，亦謂門下省爲左省，中書爲右省，或通謂之兩省。”[257] 中書省設於禁内北面，俗稱爲“北門”。供奉一職在唐代實際上是泛職。《資治通鑒·唐紀》“天寶四年（公元 745 年）”條記：楊釗“得隨供奉官出入禁中”。胡三省注：“唐制：中書、門下省官皆供奉官也”[258]。《唐六典》“尚書吏部”條：“供奉官謂侍中、中書令、左右散騎常侍，黄門中書侍郎、諫議大夫、給事中、中書舍人。”“左右補闕、拾遺、御史大夫、御史中丞、侍御史、殿中侍御史”[259]等，並且賜給“名馬雜綵”，唐代名馬繁多，不能一一枚舉。所謂“雜綵”，據《舊唐書·職官志》“户部金部郎中”條云：“若雜綵十段，則絲布二疋，紬二疋，綾二疋，縵四疋”[260]。當指絲、紬、綾、縵等四種。

武德九年，以公明敏六閑，别敕授左二監。

武德九年（公元 626 年）訶耽所“别敕左二監”應爲牧監監正。《唐六典》“諸牧監”條：“凡馬有左右監以别其粗良，以數紀爲名，而著其簿籍。細馬之監稱左，粗馬之監稱右”[261]。他所在的“左二監”是管理細馬的。

[256]《舊唐書》卷五十五〈薛舉傳〉，頁 2247。
[257]《通典》卷二十一〈職官〉“中書省”條，頁 560。
[258]《資治通鑒》卷二百一十五〈唐紀〉，頁 6867。
[259]《唐六典》卷二“尚書吏部”條，頁 33。
[260]《舊唐書》卷四十三〈職官志〉“户部金部郎中”條，頁 1828。
[261]《唐六典》卷十七，頁 486。

尋奉敕直中書省翻譯，朝會、禄賜一同京職。

我國從先秦之時由於與四方其他民族交往便有翻譯，《禮記·王制》曰：“北方曰譯”。漢代則專設譯官一職，《漢書·百官公卿表》記：“典客、秦官，掌諸歸義蠻夷，有丞。景帝中六年更名大行令，武帝太初元年更名大鴻臚。屬官有行人、譯官、別火三令丞及郡邸長丞”〔262〕。宋朝名僧贊寧曾專門談及翻譯一詞的含義，《宋高僧傳》卷三“譯經篇”云：譯“大約不過察異俗，達遠情矣”。“翻也者，如翻錦綺，背面俱花，但其花有左右不同耳”〔263〕。解釋非常形象生動。北朝時期懂得胡語者，就受到特別重視，《魏書·靈太后傳》：“有密多道人，能胡語，肅宗置於左右。太后慮其傳致消息，三月三日於城南大巷中殺之。”〔264〕唐代各種對外交涉工作更十分頻繁，在專門接待外國人的鴻臚寺中設有專職翻譯，“鴻臚寺譯語併計二十人”〔265〕。鴻臚寺所使用的主要是口語，所以稱“譯語”。中書省因有大量的文書及語譯則設“翻書譯語”。《唐六典》“中書省中書侍郎”條載：“凡四夷來朝，臨軒則受其表疏，昇於西階而奏之；若獻贄幣則受之，以授於所司。”“中書舍人”條載：“凡大朝會，諸方起居，則受其表狀而奏之。”“通事舍人”條云：“凡四方通表，華夷納貢，皆受而進之。”〔266〕中書省的涉外活動很多，且十分頻繁，《新唐書·百官志》將“蕃書譯語十人”〔267〕置放於中書舍人轄下，似有不妥之處。按唐之官制中書舍人僅爲正五品，以史訶耽之官品與之相當或稍高於五品，所以稱“直中書者翻譯”，表明並不受命於中書省屬官。按《唐六典》云，“凡諸司置直，皆有定制”，其下便有中書者“翻書譯語十人”〔268〕。中書省翻譯地位也相當高，《資治通鑒》胡三省注云：“中書掌受四方朝貢及通表疏，故有譯語人”〔269〕。《唐六典》中稱“翻書譯語”，《舊唐書》則爲“蕃書譯語”，二者一字之差，稍有不同，但皆可通。後者“蕃書”或爲“翻書”之訛，因使用動詞較名詞更具合理性。“禄賜一同京職”，唐代官員的俸禄以散官本品付給，主要是京官與外官區别甚大，外官衹有職分田，年禄甚少。京官則除去職分田外，亦有禄米，正一品七百石，從一品六百石，每級有差，至正六品爲一百石，最低從九品爲五十二石。按户部所規定的發放辦法：“春、夏二季則春給之，秋冬二季則秋給之。”外官則降一等，正、

〔262〕《漢書》卷十九〈百官公卿表上〉，頁730。
〔263〕贊寧《宋高僧傳》卷三〈譯經篇〉，頁52。
〔264〕《魏書》卷十三〈靈太后傳〉，頁340。
〔265〕《唐六典》卷二，頁35。
〔266〕《唐六典》卷九，頁275～279。
〔267〕《新唐書》卷四十七〈百官志〉，頁1212。
〔268〕《唐六典》卷二，頁35。
〔269〕《資治通鑒》卷一百九十九胡三省注，頁6273。

從一品各一，五十石爲一等，四、五品則以二十石爲一等[270]。

貞觀三年，加授宣德郎。七年又加授朝請郎。九年，又加授通義郎。十三年，又加授朝議郎。

訶耽在散職階上一再加授，宣德郎，文散官正七品下階；朝請郎，文散官正七品上階[271]。貞觀九年（公元635年）加授之通義郎爲六品下，貞觀十一年唯改通義郎爲奉議郎，奉議郎則爲從六品上階。朝議郎則爲正六品上階。散官對官員來説是一種資歷，“居曹有職務者爲執事官，無職務者爲散官”。“散官，以加文武官之德聲者，並不理事”[272]。“貞觀年，又分文武，入仕者皆帶散位，謂之本品”。“舊謂之散位不理職務，加官而已”。散官，舊例高級官員“雖不職事，皆給俸禄，預朝會，行立在於本品之次”。“朝議郎已下，黄衣執笏”，“甚爲猥賤”[273]。訶耽由於是朝會翻譯，所以被一再加授散位。

史訶耽作爲翻譯並没有在史籍上留下任何痕跡，但他與頂頭上司名臣褚遂良的一場易地官司却得以記載。唐高宗時“中書令褚遂良賤市中書譯語人地，［韋］思謙奏劾其事，遂良左授同州刺史。及遂良復用，思謙不得進，出爲清水令”[274]。《新唐書·韋思謙傳》亦載：“中書令褚遂良市地不如直，思謙劾之，罷爲同州刺史。及復相，出思謙清水令。”[275] 圍繞着彈劾褚遂良有一場争論，永徽元年（公元650年）十月“己未，監察御史陽武韋思謙，劾奏中書令褚遂良抑買中書譯語人地。大理少卿張睿册以爲準估無罪。思謙奏曰：‘估價之設，備爲國家所須。臣下交易，豈得準估爲定！睿册舞文，附下罔上，罪當誅。’是日，左遷遂良爲同州刺史，睿册循州刺史。”[276]《舊唐書·褚遂良傳》僅載：永徽元年，褚遂良“尋坐事出爲同州刺史”[277]。《通鑒》胡三省注曰：“中書掌受四方朝貢及通表疏，故有譯語人。”[278] 與褚遂良進行易地交易的中書譯語人正爲史訶耽，不過據《唐會要》載所易爲史氏宅院。“永徽元年十月二十四日，中書令褚遂良，抑買中書譯語人史訶擔宅，監察御史韋仁約劾之。大理丞張山壽斷，以遂良當徵銅二十斤，少卿張睿册，以爲非當，估宜從輕。仁約奏曰：‘官市依估，私但兩和耳？園宅及田，不在市肆，豈用應估。睿册曲貨估買，斷爲無罪。大理之職，豈可使斯人處之？’

〔270〕《唐六典》卷三“尚書户部”條，頁83。

〔271〕《舊唐書》卷四十二〈職官志〉，頁1797～1798。

〔272〕《隋書》卷二十八〈百官志〉，頁781。

〔273〕《舊唐書》卷四十二〈職官志〉，頁1805～1807。

〔274〕《舊唐書》卷八十八〈韋思廉傳〉，頁2861。

〔275〕《新唐書》卷一百一十六〈韋思謙傳〉，頁4228。

〔276〕《資治通鑒》卷一百九十九〈唐紀〉，頁6272～6273。

〔277〕《舊唐書》卷八十〈褚遂良傳〉，頁2738。

〔278〕《資治通鑒》卷一百九十九〈唐紀〉，頁6273。

遂遷遂良及睿册官”[279]。此史訶擔當爲史訶耽之音訛。

永徽四年，有詔："朝議郎史訶耽，久直中書，勤勞可録，可游擊將軍、直中書省翻譯如故"。名參省禁卅餘年，寒暑不易。其勤終始彌彰，其恪屬日月休明，天地［貞］觀。爰及，昇中告禪，於是更錫崇班，是用超遷，出臨方岳。

《唐六典》載："凡王言之制有七：一曰册書。（略）二曰制書，行大賞罰，授大官爵，釐年舊政，赦宥降慮則用之。"[280]武則天天授元年（公元690年）以避諱，改詔爲制。詔書首稱"朝議郎史訶耽"，或爲義寧元年（公元617年）所授之上騎都尉、朝請大夫文武散位後一併革除，如無則不應以後授官稱之。又加授一武散職游擊將軍爲從五品下階。詔書中"爰及，昇中告禪，於是更錫崇班，是用超遷，出臨方岳"等語，指出其陞遷很慢的原因。初唐對中下級降官袛給初階，使之仍保有進身的初階和一些官吏的特權，以避免政治上的反作用[281]。

乾封元年，除虢州諸軍事、虢州刺史。寒襜望境，威竦百城，揚扇弘風，化行千里。

乾封元年（公元666年），訶耽被授要職，"至乾封元年，文武普加二階"[282]。虢州爲八望州之一，戰略位置十分重要，是上等州[283]。《舊唐書·職官志》載：上州刺史從三品。大大超過普授二階。依唐代銓選官制，五品以下應考，"五品已上非恩制所加，更無進之令"[284]。雖然這樣虢州刺史地位顯赫，由任從五品下階中級官員提陞，有些讓人費解，況且史訶耽已十分年邁。有關史料記載，乾封元年虢州刺史一職有人在任。唐高宗《册曹王明虢州刺史文》曰："維麟德元年歲次甲子正月己酉朔二十三日。""維爾凉州都督、上柱國、曹王明"，"命爾爲使持節虢州諸軍事，虢州刺史"[285]。直到總章二年（公元669年）三月，《册曹王明豫州刺史文》載纔將曹王李明轉任"使持節、豫州諸軍事、豫州刺史"[286]。

君緬懷古昔，深唯志事。察兩曜之盈虚，寤二儀之消息。眷言盛滿，深思抱退，固陳衰朽，抗表辭榮。爰降詔曰："游擊將軍史訶耽，久經供奉，年方耆艾，請就閑養，宜聽致仕，遂其雅志。仍賜物五十段。"

---

[279]《唐會要》卷六十一載御史臺"彈劾"條，頁1067。

[280]《唐六典》卷九，頁273～274。

[281] 對於這方面的研究，請參閱趙超《蓋蕃一家墓志綜考》，《文史》，29輯，1988年，頁151～154。

[282]《舊唐書》卷四十二〈職官志〉，頁1806。

[283]《舊唐書》卷三十八〈地理志〉，頁1429。

[284]《舊唐書》卷四十二〈職官志〉，頁1806。

[285]《全唐文》卷一十四，頁172上。

[286]《全唐文》卷一十四，頁173下。

《唐六典》“左右司郎中員外郎”條載：“凡下之所以達上，其制亦有六曰：表、狀、牋、啓、辭、牒。”“表，上於天子。其近臣，亦爲狀”[287]。史訶耽所上爲表。“大唐令，諸職事官，七十聽致仕，五品以上上表，六品以下申省奏聞”[288]。《唐六典》“致仕官”條：“年七十已上應致仕，若齒力未衰，亦聽釐務。若請致仕，五品以上，皆表奏聞，六品已下，申尚書省奏聞。”[289] 五品以上官員致仕要上表皇帝，經過皇帝詔書批准後，方可致仕。《通典》“致仕官”條亦云：“諸文武選人，六品已下有老病不堪公務，有勞考及勳績情願結階授散官者，依。其五品已上，籍年雖少，形容衰老者，亦聽致仕。”[290] 雖然規定年七十以上應致仕，但並無絶對標準，是根據本人容貌而定，形容衰老者即便未到七十也可致仕，而若齒力未衰，即使超過七十也不致仕，主要是給皇帝喜愛或崗位重要的一些官員留下任用的機會。史訶耽致仕時年逾八十四歲，原因應是其崗位重要而留任。致仕後其俸禄减半，“凡致仕之官五品已上，及解官充侍者，各給半禄”[291]。依照唐朝慣例，高品官員致仕後，朝廷應給予賞賜，杜佑以光禄大夫、太保致仕，“帝遣中使就佑宅，宣賜絹五百疋，錢五百貫”[292]。史訶耽被“賜物五十段”，主要是絹、布、綿等物。《唐六典》“户部分金郎中”條曰：“凡賜物十段，則約率而給之絹三疋，布三端，綿四屯”，注曰：“貲布、紵布、罽布各一端。春、夏以絲代綿。”[293]

享年八十有六，以總章二年九月廿三日遘疾終於原州平高縣勸善里舍。（略）夫人康氏，甘州張掖人也。父阿孩，隋上開府、右御衛合黎府鷹揚郎將。

夫人康氏，甘州張掖人。張掖康氏應爲昭武九姓之康國人，其父名康阿孩，此名亦爲粟特人之常用名，凉州曾有康阿達墓志出土，以“阿”字音節爲名者人數不少。流寓中國之康國人最多，也是前賢研究最爲充分的昭武諸國，《大唐西域記》稱之爲颯秣建[294]，在今塔吉克斯坦之撒馬爾罕 Samarkand。隋上開府，視爲從七品。合黎府，在隴右道，隴右名山有九，“其山名曰：秦嶺、隴坻、烏鼠、同穴、朱圉、西傾、積石、合黎、崆峒三危”[295]。其中有合黎山，合黎府或以合黎山爲名。屬甘州張掖郡張掖縣境，其境有祁連山、合黎山。《元和郡縣圖志》“張掖縣”條載：“合黎山，俗名要塗山，

〔287〕《唐六典》卷一“左右司郎中員外郎”條，頁 11。
〔288〕《通典》卷三十三“致仕官”條，頁 925。
〔289〕《唐六典》卷二“致仕官”條，頁 34。
〔290〕《通典》卷三十三“致仕官”條，頁 925。
〔291〕《唐六典》卷三“户部倉部郎中”條，頁 84。
〔292〕《册府元龜》卷八百九十九，頁 10649～10650。
〔293〕《唐六典》卷三“户部分金郎中”條，頁 82。
〔294〕季羨林等《大唐西域記校注》卷一，頁 87～89。
〔295〕《新唐書》卷四十〈地理志〉，頁 1039～1040。

在縣西北二百里”[296]。

春秋卌，以貞觀四年九月十日終於雍州長安縣延壽里第。

康氏所卒地是唐代非常有名的一個里坊。據徐松《唐兩京城坊考》“西京外郭城”載：“郭中南北十四街，東西十一街，其間列置諸坊，有京兆府萬年、長安二縣，所治寺觀、邸第，編户錯居焉。當皇城西南朱雀門，有南北大街曰朱雀門街，東西廣百步。萬年、長安二縣以此街爲界，萬年領街東五十四坊及東市；長安領街西五十四坊及西市”。“朱雀門街西第三街，即皇城西之第一街”。“該街共有十三坊，延壽坊爲其一”[297]。其北即著名的“布政坊”，布政坊西南隅有胡祆祠，武德四年（公元621年）立。延壽里是京城最繁華的地方，《杜陽雜編》記載：咸通十四年四月八日，“佛骨入長安，自開遠門安福樓夾道佛聲振地”，“上御安福寺，親自頂禮”。“坊市豪家，相與爲無庶齋大會”，“競聚僧徒，廣設佛像，吹螺擊鈸，燈燭相繼”，“而延壽里推爲繁華之最”[298]。高宗末，禮部尚書裴行儉也居延壽里，張說《裴行儉碑》云：裴氏“薨於京師延壽里”[299]。著名詩人賈島也曾居延壽里，有《延壽里精舍寓居詩》，又有《延康里吟詩》云：“寄居延壽里，爲與延康鄰。不愛延康里，愛此里中人。”[300] 何文哲之前夫人康氏，以貞元十三年六月十九日，終於延壽里之私第[301]。

其後妻張氏“授南陽郡君”。唐“外命婦之制”，“文武官一品及國公，母妻爲國夫人，三品以上母妻爲郡夫人，四品母妻爲郡君，五品母妻爲縣君，散官同職事”[302]。《唐六典》“吏部司封郎中”條所載亦大體相同，唯云“各視其夫及子之品，若兩有官爵者，皆從高”。史氏夫人張氏所封郡君，似有不妥，若依史訶耽游擊將軍散職，當封縣君。其卒於乾封二年（公元667年），史訶耽乾封元年已被授予虢州諸軍事、虢州刺史。若依從三品職當封郡夫人，而張氏所授爲四品郡君，從上稍低，俯下則略高。唐制，亦可不因夫子而獲得邑號。不過，“凡婦人不因夫及子而别加邑號，夫人云‘某品夫人’，郡君爲‘某品郡君’，縣君、鄉君亦然”[303]。

粤以咸亨元年十一月廿七日合葬於原州之平高縣城南百達原。

史索巖稱其葬地爲“高平之原”，而史訶耽則稱同一地爲“百達原”。

---

〔296〕《元和郡縣圖志》卷四十“張掖縣”條，頁1021。

〔297〕徐松《唐兩京城坊考》卷四，張穆補校，方嚴點校本，中華書局，1985年，頁101～106。

〔298〕蘇鶚《杜陽雜編》卷下，叢書集成本，中華書局，1986年，頁29。

〔299〕張說《裴行儉碑》，《全唐文》卷二百三十，頁2304下。

〔300〕《全唐詩》卷五百七十一，頁6622、6626。

〔301〕盧兆蔭《何文哲墓志考釋》，頁846。

〔302〕《通典》卷三十四，頁949～950。

〔303〕《唐六典》卷二，頁39。

（五）史鐵棒墓志

祖槃陀，皇朝左領軍、驃騎將軍。父大興，皇朝上騎都尉，右衛安化府軍頭。

史鐵棒之祖父，據前《史射勿墓志》云：名射勿，字槃陀，其中“皇朝左領軍、驃騎將軍”，皇朝當爲隋朝之誤（圖二十·5）。史大興爲史射勿之第四子。上騎都尉爲勳官，“勳官者，出於周、齊交戰之際。本以酬戰士，其後漸及朝流，階爵之外，更爲節級”。“武德初，雜用隋制，至七年頒令定用上柱國（略）上騎都尉（略）凡十二等，起正二品，至從七品”〔304〕。上騎都尉依高宗咸亨五年（公元674年）釐革勳級爲六轉，視爲正五品上階。安化府軍頭，前引《唐會要》云：武德元年五月改隋鷹揚郎將爲軍頭，六月十九日改軍頭爲驃騎將軍。史大興所爲軍頭當在武德元年（公元618年）左右，史大興在隋大業五年（公元609年）其父卒時仍未入仕，但從其位軍頭一職看，史大興或爲隋之降將，初唐對於大多數降將初加以利用，然後再授以極低的文武散秩。也有一些保留原來名號，但後並不再予晉陞，如史索巖之流。史大興或如史索巖，衹是早在武德元年便告退。

貞觀廿三年，授右勳衛。要戟紫宸，聳戈丹掖，譽高戎校，聲冠朋儕。

右勳衛，“凡左右衛、親衛、勳衛、翊衛及左右率府親勳翊衛，及諸衛之翊衛，通謂之三衛。擇其資蔭高者爲親衛，其次者爲勳衛及率府之親衛，又次者爲翊衛”，“量遠邇以定其番第”〔305〕。又《唐會要》“用蔭”條，開元四年十二月敕：“諸用蔭出身者，一品子正七品上，二品子正七品下，正三品子從七品上，從三品子從七品下，正四品上，從五品及國子從八品下。三品以上蔭曾孫，五品以上蔭孫，孫降子一等”〔306〕。《唐六典》“兵部郎中”條所載與《唐會要》稍有不同：親衛“取三品已上子、二品已上孫爲之，‘勳衛’四品子、三品孫、二品已上之曾孫爲之”。“凡衛皆限二十一已上，每歲十一月已後，本州申兵部團甲、進甲，盡正月畢。量遠邇以定其番第”〔307〕。《舊唐書·職官志》載：“若以門資入仕，則先授親、勳、翊衛，六番隨文武簡入選例。”〔308〕鐵棒所授右勳衛，爲從七品上，初唐門資高於盛唐。用門資者純屬勢官子孫所爲，三衛是進官爲宦之

〔304〕《舊唐書》卷四十二〈職官志〉，頁1807～1808。

〔305〕《舊唐書》卷四十三〈職官志〉，頁1833。

〔306〕《唐會要》卷八十一“用蔭”條，頁1499。

〔307〕《唐六典》卷五“兵部郎中”條，頁154～155。

〔308〕《舊唐書》卷四十二〈職官志〉，頁1804。

圖二十·5　唐史鐵棒墓志（搨本）

階梯。初唐時，“三衛非權勢子弟輒退番”，擔任三衛者應爲有一定權勢的家族，“柱國子有白首不得進者”〔309〕，便是這種道理。史氏家族在原州經營多年，顯然在當時屬有强大勢力的大家勢族。

顯慶三年，敕授司馭寺右十七監。趣馬名官，駕人司職。荆珍抵鵲，牛鼎烹雞。闕里思於執鞭，蒙邑安於園吏。遂乃觸理宣用，隨事效能。牧養妙盡其方，服習不違其

〔309〕《新唐書》卷四十九〈百官志〉，頁1282。

性。害群斯去，逸足無遺，飛響造天，寧留虞坂，流光曳練，奚止吴門。

司馭寺，《舊唐書·職官志》載：太僕寺“龍朔改爲司馭寺，光宅爲司僕寺，神龍復也”〔310〕。“大唐龍朔二年，改太僕寺爲司馭，咸亨初復舊。光宅元年改爲司僕，神龍初復舊”〔311〕。太僕司之職責，“掌邦國厩牧、車輿之政令，總……諸監牧之官屬”。“凡監、牧所通羊、馬籍帳，則受而會之”〔312〕。鐵棒授右十七監時在顯慶三年（公元658年），此時仍稱太僕寺。鐵棒終於乾封元年（公元666年），葬於咸亨元年（公元670年），其間太僕寺改稱司馭寺。又稱咸亨初復爲太僕寺，鐵棒葬時爲咸亨元年十二月十三日，可知元年不改仍稱司馭寺。

右十七監，《唐六典》“太僕寺”云：“凡馬有左右監以別其粗良，以數紀爲名，而著其簿籍；細馬之監稱左，粗馬之監稱右。”“諸群牧别立南使、北使、西使、東使，以分統之”〔313〕。右十七監是管理粗馬。唐原州爲全國軍馬之中心，隴右群監牧置此。《元和郡縣圖志》“原州”條詳細記載這一情况：“監牧，貞觀中自京師東赤岸澤移馬牧，於秦、渭二州之北，會州之南，蘭州狄道縣之西，置監牧使，以掌其事。仍以原州刺史爲監牧使，以管四使。南使在原州西南一百八十里，西使在臨洮軍西二百二十里，北使寄理原州城内，東宫使寄理原州城内。天寶中，諸使共有五十監：南使管十八監，西使管十六監；北使管七監；東宫使管九監。監牧地東西約六百里，南北約四百里。”〔314〕張説在《大唐開元十三年隴右監牧頌德碑》中描述了初唐隴右馬牧的繁榮景象：“肇自貞觀，成於麟德，四十年間，馬至七十萬，置八使以董之，設四十八監以掌之，跨隴西、金城、平凉、天水四郡之地。幅員千里，猶爲隘狹，更析八監，佈於河西豐曠之野，乃能容之。於斯之時，天下以一縑易一馬，秦漢之盛，未始聞也。”〔315〕其實貞觀至麟德没有四十年的時間，張萬歲主理馬牧時間更短。《唐會要》“群牧使”條云：“貞觀十五年，尚乘奉御張萬歲除太僕寺少卿，勾當群牧，不入官銜，至麟德元年十二月免官。三年正月太僕寺少卿鮮于正俗檢校隴右群牧監，雖入銜，未置使。”〔316〕史鐵棒所任職右十七監當屬隴右群牧監所轄。牧監按照其統領馬匹之多寡分爲上中下三等。《唐六典》“太僕寺”條載：“諸牧監掌群牧孳課之事。凡馬五千匹爲上監，三千匹已上爲中監，已下爲

〔310〕《舊唐書》卷四十四〈職官志〉，頁1881。

〔311〕《通典》卷二十五“太僕寺”條，頁706。

〔312〕《唐六典》卷十七“太僕寺卿”條，頁479。

〔313〕《唐六典》卷十七“太僕寺”條，頁486。

〔314〕《元和郡縣圖志》卷三〈關内道〉“原州”條，頁59。

〔315〕張説《張燕公集》卷十一，上海古籍出版社影印本，1992年，頁85。

〔316〕《唐會要》卷六十六“群牧使”條，頁1145。

下監。”“上牧，監一人，從五品下”。“中監，監一人，正六品下”。“下牧，監一人，從六品下”[317]。史鐵棒統牧監級别不清，即使下牧監也爲從六品下。雖然牧監對朝廷而言十分重要，是甲兵之本，國之大用，但對個人來説並非榮尚之事，所以纔有“荆珍抵鵲，牛鼎烹雞”的感覺。牧馬亦是一項技能很强十分繁雜的工作，有許多具體的規定。“凡馬以季春游牝。其駒、犢在牧，三歲别群。馬牧牝馬四游五課，駝四游六課，牛、驢三游四課，羊三游四課。凡監牧孳生過分則賞，其有死耗者，每歲亦以率除之”。“凡在牧之官馬皆印”。“每年終，監牧使巡按孳課之數，引功過相除。爲之考課焉”[318]。史鐵棒長期牧馬，有着廣博的專業技能。“牧養妙盡其方，服習不違其性。害群斯去，逸足無遺”。

乾封元年八月十三日以疾終於原州平高縣勸善里第，春秋卌有四。粤以咸亨元年歲次庚午十二月庚午朔十三日壬午遷窆於先君之舊塋。

史鐵棒在原州所居與其叔父史訶耽同居勸善里，表明是有一種聚族而居的習慣。附於先君舊塋，説明史大興墓雖未發現，但距此當不遠。

（六）史道德墓志

曾祖度，河、渭、鄯三州諸軍事。

道德曾祖與索巖祖以輩分而論似當爲同一人，但名字有所不同（圖二十·6）。史度爲河、渭、鄯三州諸軍事的年代約在西魏、北周之際，索巖祖史嗣則爲“鎮遠將軍、通直散騎常侍，襲爵西平郡公、鄯、廓二州諸軍事，鄯州刺史”，二者官爵稍有不同，但較爲近似，可能爲一人。

祖多，隋開府儀同、左衛安化府驃騎將軍。出玉塞以鷹揚，下金城贇（暴）逝。

索巖志稱，其父史多“左衛掌設府驃騎將軍”，與道德祖明顯屬一人，其官爵互有補闕。“開府儀同”即開府儀同三司，在隋初已經完全轉爲勳爵，與驃騎將軍雖同屬正四品，但無疑爲分别授受，時間應在開皇中。“開皇中，以開府儀同三司爲四品散實官，至是改爲從一品，同漢、魏之制，位次王公”[319]。煬帝即位後，此職名位提高許多。“掌設府”實際上是領兵開府的一種異稱，以示於和不領兵者有所區分。從志文暗示來

〔317〕《唐六典》卷十七“太僕寺”條，頁485～486。

〔318〕《唐六典》卷十七“太僕寺”條，頁486～488。

〔319〕《隋書》卷二十八〈百官志〉，頁794。

圖二十·6　唐史道德墓志（揭本）

看，史多在煬帝即位後仍在軍中。"出玉塞以鷹揚"，"玉塞"當指玉門關而言。大業初年，煬帝改驃騎府爲鷹揚府，驃騎將軍轉爲鷹揚郎將，雖同爲首長，但品級卻降低一品。一般墓志中對資深驃騎將軍轉授鷹揚郎將都避而不談，仍以前者稱之。"下金城暴逝"，隋末金城一線戰事頻繁，其或亡於戰事，但似不可確指某一役。索巖志中有"經邦體國，樹德立功”之句，或言其事。

考，皇朝正議大夫、平凉縣開國侯。

道德父名不可知，據《舊唐書·職官志》載，武德七年令中所列文散官並無正議大夫，貞觀元年（公元627年）纔以正議大夫爲正四品上階，其任職年代當在貞觀年間。其並無職事，而“散位則一切以門蔭結品，然後勞考進叙”[320]。開國侯爵位，爲從三品。平凉縣，“隋縣，治陽晉川，開元五年，移治古塞城”[321]。百泉縣西至原州九十里，魏孝明帝時，於“今縣西南陽晉川置黄石縣”[322]。以此推知，初唐之平凉縣約在今寧夏彭陽縣紅河鄉附近，開元五年（公元717年）纔移徙今甘肅平凉境内。

起家東宫左勳衛。驅馳銀牓，暉暎銅扉，鋭志端凝，翹誠忠謹。

道德起家爲東宫左勳衛，勳衛爲衛官，東宫十率府由太子掌管，東宫勳衛亦稱太子勳衛，是正八品上階[323]。道德以門蔭入仕，依唐代制度，親、勳、翊三衛由五品以上子孫充任。“若以門蔭入仕，則先授親勳翊衛，六番隨文武簡入選例”。其具體辦法是先從資蔭高者選起，依此類推，“量遠近以定其番第”。

總章二年，拜給事郎，遷玉亭監。

給事郎爲文散職，“武散官，舊謂之散位，不理職務，加官而已”。“貞觀年，又分文武，入仕者皆帶散位，謂之本品”[324]。玉亭，爲牧監監名。據《新唐書·兵志》載：“初用太僕寺少卿張萬歲領群牧。自貞觀至麟德四十年間，馬七十萬六千，置八坊，岐、豳、涇、寧間，地廣千里。”“八坊之田，千二百三十頃”。“八坊之馬爲四十八監，而馬多地狹不能容，又析八監，列佈河西豐曠之野。凡馬五千爲上監，三千爲中監，餘爲下監。監皆有左、右，因地爲之名”[325]。關於牧監的一些監名，《新唐書·兵志》接着寫道：“諸坊若涇川、亭川、闕水、洛、赤城南使統之；清泉、温泉，西使統之；烏氏，北使統之；木硤、萬福，東使統之；它皆失傳。其後益置八監於鹽州，三監於嵐州。鹽州使八，統白馬等坊。嵐州使三，統樓煩、玄池、天池之監。”[326] 玉亭監可能屬“它皆失傳”之列。牧監監正即以下監而論亦當爲從六品，所以稱之爲“遷玉亭監”，是實授。

[320]《舊唐書》卷四十二〈職官志〉，頁1785。
[321]《舊唐書》卷三十八〈地理志〉，頁1407。
[322]《元和郡縣圖志》卷三〈關内道〉“原州百泉縣”條，頁60。
[323]《舊唐書》卷四十二〈職官志〉，頁1804。
[324]《舊唐書》卷四十二〈職官志〉，頁1805。
[325]《新唐書》卷五十〈兵志〉，頁1337。
[326]《新唐書》卷五十〈兵志〉，頁1337～1338。

又龍朔三年，詔除蘭池監。

道德爲蘭池監正當是有所陞遷。蘭池是唐代歷史上一個非常有名的地名。《新唐書·地理志》載：“調露元年，於靈、夏南境以降突厥置魯州、麗州、含州、塞州、依州、契州，以唐人爲刺史，謂之六胡州。長安四年，併爲匡、長二州。神龍三年置蘭池都督府，分六州爲六縣。”[327] 蘭池應屬六胡州轄區，是蘭池都督府的所在地。文獻中在稱及六胡州昭武九姓居民時，冠以“蘭池”地名者甚多，或以“蘭池州”替代“六胡州”。開元“九年四月，蘭池州叛胡顯首，僞稱葉護康待賓、安慕容爲多覽殺大將軍何黑奴、僞將軍石神奴、康鐵頭等據長泉縣攻陷六胡州”。又“五月壬申蘭池州叛胡顯首僞稱葉護康待賓僞稱葉護安慕容以叛，敕曰（略）”[328] 云云。《舊唐書·王晙傳》云：“蘭池州胡苦於賦役，誘降虜餘燼，攻夏州反叛。”[329]《册府元龜》上引卷開元九年誅康待賓詔云：“蘭池胡，久從編附，皆是淳柔百姓，乃同華夏四人。”[330] 六胡州起義被鎮壓以後，蘭池胡人仍然有所行動。《新唐書·玄宗紀》亦云：開元九年八月“蘭池胡康願子寇邊”[331]。六胡州的具體位置，據周偉洲研究當在“夏州與靈州之間，鹽州之北，距安北都護府較遠，今内蒙古鄂托克旗南一帶”[332]。鹽池窨子梁發現的唐代何國人後裔墓群中出土一方《大周□□□都尉何府君墓志銘》，稱其爲“大夏月氏人”，“久視元年九月七日終於魯州如魯縣□□里私第”[333]。對搞清魯州位置很有幫助，魯州在今寧夏鹽池縣境。蘭池應在長泉縣境。據《舊唐書·地理志》“宥州”條載：歸仁，舊蘭池州之長泉縣。開元二十六年，置歸仁縣[334]。康待賓起兵後首先奪取地是長泉縣。這裏是牧馬良地。《舊唐書·張説傳》云：康待賓餘黨慶州方渠降胡康願子自立爲可汗，舉兵反，謀掠監牧馬，西涉河出塞[335]。監牧成爲首先掠奪的對象。開元二年（公元714年）九月，“太常少卿姜晦上疏，請以空名告身於六胡州市馬，率三十匹酬一遊擊將軍”[336]。蘭池監的設立可能是擴充牧監的結果。前引張説《大唐開元十三年隴右監牧頌德碑》云：“肇自貞觀，成於麟德，四十年間，馬至七十萬六千匹。置八使以董之，設四十八監以

[327]《新唐書》卷三十七〈地理志〉，頁974～975。

[328]《册府元龜》卷九百八十六引《實録》，頁11584。

[329]《舊唐書》卷九十三〈王晙傳〉，頁2988。

[330]《册府元龜》卷九百八十六引《實録》，頁11584。

[331]《新唐書》卷五〈玄宗紀〉，頁128。

[332] 周偉洲《唐代六胡州與“康待賓之亂”》，《民族研究》，1988年3期，後收入氏著《西北民族史研究》，中州古籍出版社，1995年，頁395～404。

[333] 寧夏回族自治區博物館《寧夏鹽池唐墓發掘簡報》，附録文，《文物》，1988年9期，頁56。

[334]《舊唐書》卷三十八〈地理志〉，頁1419。

[335]《舊唐書》卷九十七〈張説傳〉，頁3053。

[336]《唐會要》卷七十二，頁1302。

掌之，跨隴西、金城、平凉、天水四郡之地，幅員千里，猶爲隘狹，更析八監，佈於河曲豐曠之野，乃能容之。”此八監皆在鹽州所統轄，《玉海》卷一百四十九注：“末云：其後益置八監於鹽州。”此或爲《唐會要》之佚文，今本《唐會要》則無此段[337]。其置時史書無載，以上文推知在初唐麟德年間以後，道德任蘭池監正在總章二年（公元669年），此時或爲河曲八監置時，或距置時很近。道德調往蘭池監正主要是爲加强牧監管理，由經驗豐富者充任。其在任期間，河曲一帶監牧似乎不太景氣，“永隆二年七月十六日夏州群牧使安元壽奏言：從調露九年九月以後，至二月五日前，死失馬一十八萬四千九百匹，牛一萬一千六百頭”[338]。蘭池監或爲上監，上監正爲從五品。唐時監牧官員多爲昭武九姓粟特人充任，史道德、史鐵棒、史訶耽及安元壽[339]等具有粟特人血統。中亞地區是著名的良馬産區，《隋書·西域傳》《新唐書·西域傳》《大唐西域記》及《慧超往五天竺國傳》等書中均記載昭武諸國盛産良馬、牛、騾、駝、羊等[340]。《唐會要》“馬”條曾特别説明：“康國馬，康居國也，是大宛馬種，形容極大。武德中，康國獻四千匹。今時官馬，猶是其種。”[341]依照對《册府元龜》等書的不完全統計，昭武諸國唐時僅正式貢獻馬匹的記載達十次之多[342]，粟特人在牧馬方面有着特殊的技能，使用他們管理監牧應該説是一種自然選擇。但是否人盡其才則不盡然，由此史鐵棒纔會産生“荆珍抵鵲，牛鼎烹雞”之歎。

以儀鳳三年三月十九日遘疾終於原州平高縣招遠里之私第，春秋六十六。（略）即以其年十一月癸未朔八日庚寅窆於原州百達之原。

道德府第與史索巖之妻安娘第同居一個里坊，亦表明史姓人一種聚族而居的習慣。史訶耽墓志中亦稱其葬於百達原。

玉關秀氣，沙場界避。重構崆峒，疏源積石。

有人以爲其中“崆峒”當指原州平高縣之西崆峒山[343]，其説或許不妥。劉禹錫《唐故史公神道碑》也有“門極之下，崆峒播氣，鍾於侍中”[344]之句。與其以爲此崆峒指原州崆峒，倒不如説爲敦煌鎮酒泉縣之崆峒山更貼切一些。《元和郡縣圖志》卷四十

〔337〕參見唐長孺《唐書兵志箋正》卷四，中華書局，1962年，頁115。

〔338〕《唐會要》卷七十二，頁1302。

〔339〕參見安元壽墓志，昭陵博物館《唐安元壽夫婦墓發掘簡報》，《文物》，1988年12期，頁37～49。

〔340〕參見《隋書》卷八十三〈西域傳〉、《新唐書》卷二百二十一下〈西域傳〉、《大唐西域記》及《慧超往五天竺國傳》等書。

〔341〕《唐會要》卷七十二“馬”條，頁1306。

〔342〕參見蔡鴻生《唐代九姓胡貢品分析》，《文史》，第31輯，1988年，頁101～109。

〔343〕馬馳《史道德的族屬、籍貫及後人》，《文物》，1991年5期，頁38～40。

〔344〕劉禹錫《唐故史公神道碑》，《全唐文》卷六十九，頁6154。

“隴右道酒泉縣”條記載：“崆峒山，在縣東南六十里。”[345]另外一支出於河西亦爲粟特安國人後裔安興貴之孫《安忠敬碑》，在叙述安興貴功績時寫道：“水出渥窪之神，文馬者二千乘。山得崆峒之武，朱輪者四十人”[346]。安興貴世居凉州，是當地胡人望族。在平定凉州李軌割據勢力時，功居衆人之首，深受李唐王朝的特别禮遇。這裏的崆峒山當與原州崆峒山無涉。其從側面顯示曾經祖居河西地區的昭武九姓人，均十分熟知此山，用以崆峒代替河西故地。

（七）史道洛墓志[347]

祖多悉多，周鄯州刺史、摩訶薩寶。父射勿盤陀，隋左十二府驃騎將軍、開府儀同三司。德允群望，聲重二京。

其祖父事蹟與他志有較大的出入（圖二十·7)。《隋史射勿墓志》曰：“父認愁，蹉跎年髮，舛此官途。”《唐史訶耽墓志》載：“祖思，周京薩寶，酒泉縣令。”《唐史鐵棒墓志》亦稱：“曾祖多思，周京師薩寶，酒泉縣令。”根據史道洛墓志可知，其祖父名爲史多悉多，可擬音爲：

Duxi (t) duo [tɑ siĕt tɑ^1]

是粟特語的譯音，類似的粟特語人名在敦煌文書中曾經出現過。天寶十年，差科簿從化鄉的居民中有一人名安烏悉多[348]，其中悉多的音節與史道洛祖父相同。關於史多悉多的職銜，史氏墓地出土的墓志記載不一，令人已生疑端。隋史射勿墓志時間最早，稱其“蹉跎年髮，舛此官途”。那麽就是未仕的可能性很大。至於後出者由縣令至刺史，從薩寶至摩訶薩寶，更無法印證，僞造的成分不言而喻。新出石刻材料雖然十分珍貴，但前賢一再告誡我們在使用這類材料時的缺陷。一般認爲石刻史料在研究官制方面可信度較高，並且也確實取得極大的成績[349]。事情總有例外，史氏墓志則再次提示我們在使用這類材料時所應具有的態度。其父爲史射勿槃陀，也是粟特語的音譯。在隋史射勿墓

〔345〕《元和郡縣圖志》卷四十“隴右道酒泉縣”條，頁1024。

〔346〕張説《河西節度副大使鄯州都督安公神道碑銘並序》，《全唐文》卷二百三十，頁2332。

〔347〕史道洛墓，1996年夏由原州聯合考古隊進行發掘，墓葬的詳盡發掘資料有原州聯合考古隊《唐史道洛墓》（東京勉誠出版，2000年）一書進行報告，祇是由於編輯方面的原因，史道洛墓志的録文未能收入，現補充進來，並略加考釋作爲該文的一部分。

〔348〕池田温《8世紀中葉における敦煌のソグド人聚落》，頁65。

〔349〕參見毛漢光、耿慧玲《唐代石刻史料的教學應用》，《隋唐史教學研討會論文集》，臺灣大學歷史學系，1993年，頁7～14。另見毛氏《石刻分類與石刻集釋》，《漢學研究》，第7卷2期，1989年，頁225～237。

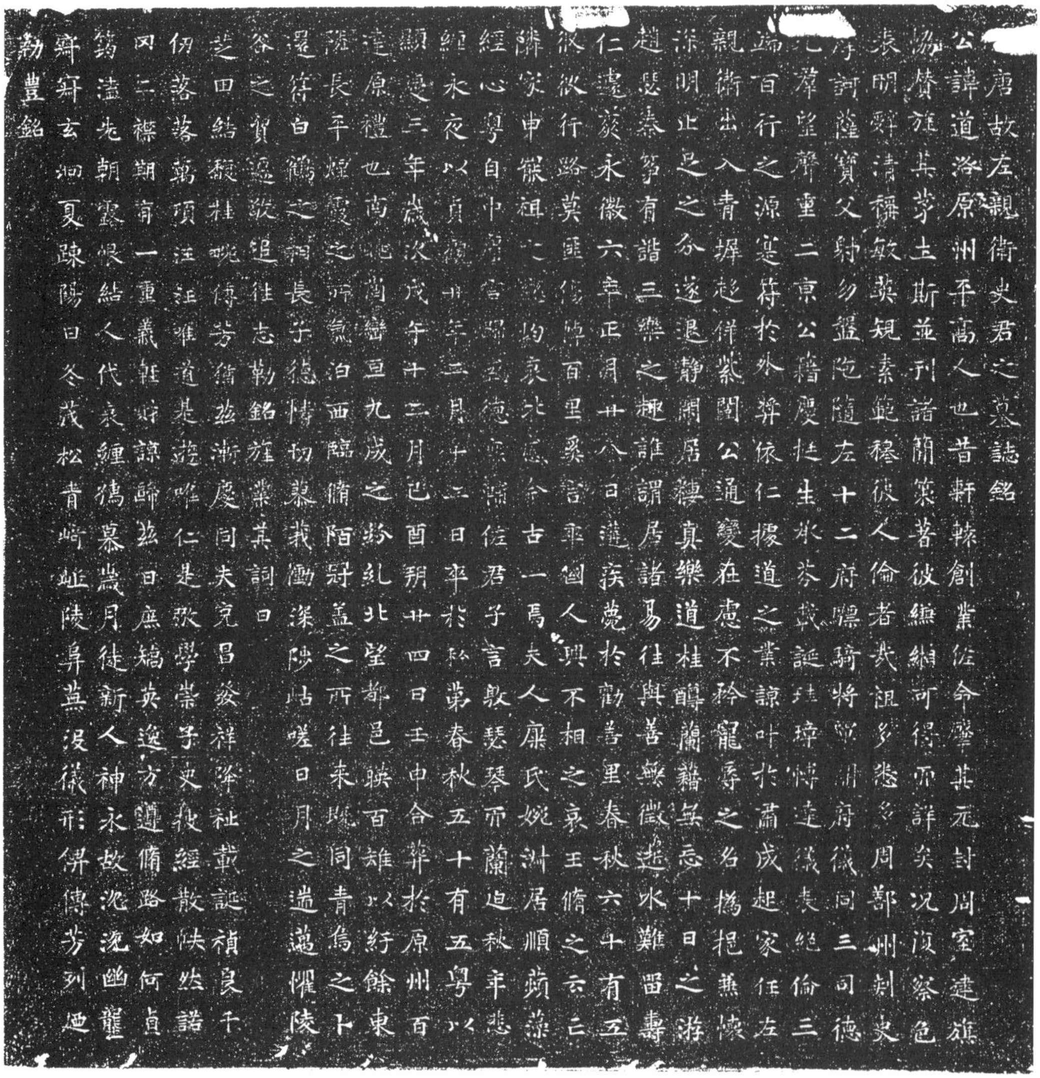

圖二十·7　唐史道洛墓志（搨本）

志中被分解爲名“射勿”，字“槃陀”，當是割裂原名以符合唐朝的習慣。從史射勿一系，其曾祖史妙尼、史波波匿在中亞本國，從其父史多悉多開始或更早一些即流寓中國，名字俱用粟特語原名。從史射勿槃陀開始，其七子，除長子史訶耽名字中含義尚不能確定或帶有粟特語意外，長樂、安樂、長興、道樂（洛）則是完全的漢式名字。胡郎之名可能是由漢人角度稱呼所致，拒達則不能完全肯定是胡式抑漢式名字。在史氏第六代中史訶耽二子中，一名護羅，這是一個典型的非漢式人名。印度有一洛護羅國，“自斯北行近二千里，山路危險至洛護羅國（北印度也）”[350]。這一詞彙也見於人名者出現在佛經之中。《佛説衆許摩訶帝經》載：“耶輸陀羅，生子之時，月有蝕障，名羅護羅。”[351] 史訶耽不但精通胡語，對於佛學也有相當深厚的造詣，取名護羅表示出他在某一方面的希望或傳承某種意志。另一子懷慶則是一典型的漢式名字。史大興之子名鐵棒，這個名字則十分耐人尋味，生活在唐朝的華夏民族，一般很少採用鐵棒、木棒之類作爲正式名字，或者説衹能用於乳名，而他的字善集則爲漢式，這可追尋粟特人進入中國後心理上的一些細微變化，漢化過程中並不忌諱用一些唐人不常用的詞彙作爲名字。其子孝忠、孝義之名完全爲漢式。池田温在研究粟特人名字時有一個十分有趣的觀察：“父親的名字爲胡式時，他的兒子卻大部分取漢式的名字；而當父親爲漢式名字時，他的兒子的名字則都是漢式的。在兄弟之間，用胡式或漢式名字的人超過了半數，但是兄弟之間互不相同，一方取胡式名字，另一方取漢式名字的人也佔總數的三分之一以上，根本没有甚麽明顯的規律。總之，隨着世次向後推移，漢式命名將佔據壓倒性的主導地位，這是一個顯著的趨向”。接下來的問題是從化鄉的粟特人是移居敦煌地區時間很短，還是在當地居住了相當長的時期。池田温的結論，根據居民中胡式人名中有一些使用突厥語詞彙的情況，索格底亞那地區在公元6世紀後半葉以來處於突厥勢力的直接支配下，突厥文化的印跡，也間接地反映出從化鄉居民最早也是公元6世紀後半葉從索格底亞那地區遷徙而來[352]。語言詞彙對於一些民族的影響相當長久，而且情況非常複雜，是否可以構成時代特徵，值得進一步分析。即使以公元6世紀後半葉爲界，至差科簿形成的公元8世紀也有一百多年，以一代（generation）爲二十多年計算至少也有五六代之多。這樣長的時間漢化程度應該非常深，當然，考慮到這是一個集中的粟特人聚落，漢化的進程應該緩慢。但是，直到吐蕃統治下的敦煌粟特人中仍有不少胡風名字的粟特人[353]，這種情況甚至延續到晚唐、歸義軍時代[354]。我們倒可以根據史射勿一系來華後起名情況的變化提供另外一種解釋，即在粟特人流寓中國後，逐漸漢化是一種大的勢態，其中卻也有一些小的變化。在衆多的兒子中有人起胡式名，也有人起漢式名，上代人起漢名，下代人則有意地起胡名，或非漢式名。暗藏在這種胡漢、漢胡模式變化之後的文化背景，起名者或希望通過不斷傳承胡名的形式來寄托作爲不同於主流民族某種程

〔350〕道宣《釋迦方志》卷上，范祥雍點校本，中華書局，2000年，頁53。

〔351〕《佛説衆許摩訶帝經》卷六，《大正藏》，第三册，頁950，總191。

〔352〕池田温《8世紀中葉における敦煌のソグド人聚落》，頁68～69。

〔353〕陸慶夫《唐宋間敦煌粟特人之漢化》，《歷史研究》，1996年6期，頁25～34。

〔354〕鄭炳林《吐蕃統治下的敦煌粟特人》，《敦煌歸義軍史專題研究》，蘭州大學出版社，1997年，頁374～399。

度的延續。這種形式也導致了雖粟特人從公元三百多年始就遷徙中國，但直到公元10世紀人們仍然可以用姓名簡單地判定出其原爲粟特人後裔的可能。

起家任左親衛，出入青墀，趍佯紫闥，公通變在慮。

史道洛“起家任左親衛”當是“用蔭”所致。《舊唐書·職官志》載：“若以門資入仕，則先授親、勳、翊衛，六番隨文武簡入選例。”[355]“凡左右衛、親衛、勳衛、翊衛，及左右率府親勳翊衛，及諸衛之翊衛，通謂三衛。擇其資蔭高者爲親衛”[356]。一個人最初就任的官職，稱之“起家”。初任官有許多專用名稱：“起家”“釋褐”“解褐”“解巾”“初任”“初解”等[357]。史道洛父史射勿爲隋正四品驃騎將軍，親衛則爲正七品上，依《唐六典》所載用蔭制度，親衛“取三品以上子，二品以上孫爲之”[358]，正四品子衹能蔭爲正八品下[359]。史道洛明顯用蔭較前載高，表明史氏家族在當地有相當的勢力。

永徽六年正月廿八日遘疾薨於勸善里。

其兄史訶耽墓志記：“以總章二年九月二十三日遘疾終於原州平高縣勸善里舍。”其侄史鐵棒墓志亦稱：“乾封元年八月十三日以疾終於原州平高勸善里第。”史氏家族在原州相當長的時間内都維持聚族而居的粟特人習俗，即便是史訶耽長期在京爲官，致仕後仍然會回到故鄉與弟、侄同居勸善里。

道洛夫人康氏，亦爲出身於中亞康國人後裔，其内部通婚形態已引起學術界的關注，我們以前也討論過類似的問題。

〔355〕《舊唐書》卷四十二〈職官志〉，頁1804。

〔356〕《舊唐書》卷四十二〈職官志〉，頁1833。

〔357〕參見毛漢光《我國中古大士族之個案研究——琅琊王氏》，中研院《歷史語言研究所集刊》，第三十七本下册，1967年，頁584。

〔358〕《唐六典》卷二〈兵部〉，頁154。

〔359〕《舊唐書》卷四十二〈職官志〉，頁1805。

附録一：

（一）隋史射勿一系世系表

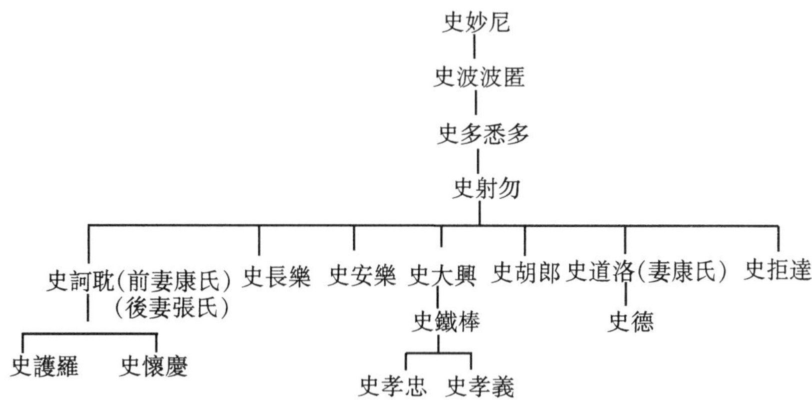

（二）唐史索巖一系世系表

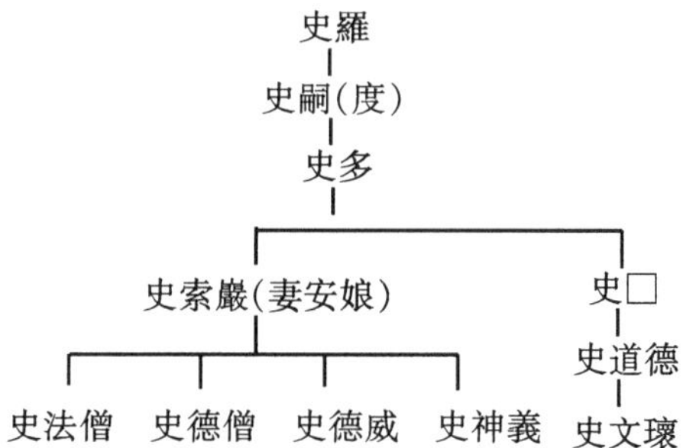

附録二：

（一）隋史射勿墓志

志蓋：

大隋正議大夫、右領軍、驃騎將軍故史府君之墓志

志文：

1. 大隋正議大夫右領軍驃騎將軍故史府君之墓志銘
2. 公諱射勿，字槃陀。平凉平高縣人也，其先出自西國。曾祖妙尼，
3. 祖波波匿，並仕本國，俱爲薩寶。父認愁，蹉跎年髮，舛此宦途。公
4. 幼而明敏，風情爽悟，超悍蓋世，勇力絶人。保定四年，從晉蕩公
5. 東討。天和元年，從平高公於河東作鎮。二年正月，蒙授都督。其
6. 年二月，被使從郯國公征王（玉）壁城。建德五年，又從申國公擊破
7. 軹關，大蒙優賞。宣政元年，從上柱國齊王憲掩討稽胡。開皇二
8. 年，從上開府、岐章公李軌出向凉州，與突厥戰於城北。又隨史
9. 萬歲，羅截奔徙。開皇三年應募，隨上開府姚辯北征，隨方剿撲。
10. 又從安豐公高越，盡鋭攻圍。十年正月，從駕幸并州。十四年，
11. 轉帥都督。十有七年，遷大都督。十九年，又隨越國公素絶幕，大
12. 殲凶黨，噍類無遺。即蒙授開府儀同三司，以旌殊績。其年十一
13. 月，敕授驃騎將軍。廿年，又從齊王入磧。仁壽四年，蒙賜粟
14. 一千石，甲第一區，並奴婢綾絹，前後委積。大業元年，轉授右領
15. 軍、驃騎將軍。又蒙賜物三百段，米二百斛。其年又從駕幸楊
16. 州，蒙賜物四百段，錢六萬文。五年三月廿四日遘疾薨於私第，
17. 時年六十有六。即以六年太歲庚午正月癸亥朔廿二日甲申，
18. 葬於平凉郡之咸陽鄉賢良里。嗚呼哀哉！世子訶耽、次長樂、次
19. 安樂、朝請大夫，次大興、次胡郎、次道樂、次拒達，並有孝性，俱能
20. 追遠，懼兹陵谷，乃作銘云：
21. 洪源峻極，慶緒靈長。祚興石室，族熾金方。維公降誕，家族載昌。
22. 撫劍從驃，挺刃勤王。位以功進，賞以誠來。既登上將，即擬中臺。
23. 驚飆何迅，崦光遽頽，何年何歲，松檟方摧。

（二）唐史索巖墓志

志蓋：

大唐故朝請大夫、平凉郡都尉史公之銘

志文：

1. 唐故平凉郡都尉驃騎將軍史公墓志銘並序
2. 公諱索巖，字元貞，建康飛橋人也。其先從宦，因家原州。蓋聞榮光浮水，波映黄雲之彩；
3. 美玉韜巖，日照白虹之色。况乎韞方圓之大德，懋王者之元勳，豈可鍾鼎無聞，雕戈寂
4. 寞。是以開鴻猷，光啓德音者矣。曾祖羅，後魏寧遠將軍、西平郡公，食邑八百户。識度恢
5. 弘，風神宏邈，早申明略，夙著忠鯁。祖嗣，鎮遠將軍、通直散騎常侍，襲爵西平郡公，鄯、廓
6. 二州諸軍事、鄯州刺史。體道貞固，學業該明。惠化歌棠，空庭息訟。父多，周三命上土（士）、曠
7. 野將軍、殿中司馬、左衛掌設府驃騎將軍。經邦體國，樹德立功。望重搢紳，材標棟幹。唯
8. 公滔滔德宇，類長松之引清風；皎皎鏡凝，若琳瑯之映宵漢。雄圖秀異，雅操著於冠年；
9. 明鑒爽朗，夙成表於學歲。加以芝蘭在佩，跨玄圃以騰芳；琬琰爲心，掩藍田而吐潤。隨
10. 開皇中，解巾爲晉王廣庫真。雖材稱拔萃，而職滯下寮，頓挫於門欄，驅馳於警衛。亦由
11. 陽春之曲，貽誚於鄙里；陵雲之臺，創基於覆簣者也。仁壽四年，乃從輦駕於東宫，即除
12. 大都督、長上宿衛。大業元年，煬帝握圖御曆，先録宫臣，拜公左御衛安丘府鷹楊（揚）郎將。

13. 既司戎律，委以專征，控馬揚旌，除凶滌暴。大業九年，又授公平凉郡都尉。自炎曆數極，
14. 隨紀告終，逐鹿者多瞻烏靡定，縱莽卓之安劉漢室，夷羿之傾覆憂家，未足辟此。奸回
15. 方兹昏亂。由是九州百郡，稱帝稱王，各署衣冠，俱行正朔。公資忠殉節，固守危城，耻面
16. 僞庭，確乎不拔。義寧二年，獻款宸極。
17. 武皇帝拜公朝請大夫，兼授右一軍頭，仍與平凉郡太守張隆，同討薛舉。揚旌節而犬
18. 羊授首，援桴鼓而鯨鯢暴鰓。功冠當時，賞逾前烈。既而蘭山霧卷，隴塞雲撤。美矣哉！斯
19. 實公之勳也。武德四年，詔除左屯衛、立功府驃騎將軍。率兹戴鶡，實日戎昭。三令
20. 五申，軍政肅穆。忠簡紫極，功勒青史。是以極衣錦之榮，兼拖玉之寵，永言盛溢，唯
21. 憂殆辱。貞觀元年，固陳衰疾，抗表辭満，夫好榮惡辱，中人之常道，處盈思冲，上智之雅
22. 操。公深鑒前載，超然拔俗。至如風清月華之夜，招良友以談玄；芳晨麗景之朝，列子孫
23. 而論道。不謂德懋福愆，未卒爲山之業，道悠祚短，忽軫殲良之悼。以顯慶元年五月十
24. 三日氣疾暴增，薨於原州萬福里第，春秋七十有八。罷市之痛，更惆悵於昔時；絶相之
25. 哀，復切凉於兹日。粤以三年十二月遷神窆於原州城南高平之原，禮也。然而，代覆道
26. 規，家傾鴻範，白日沉彩，景山其頹。長子法僧、次子德僧，爰及德威、神義等，感霜草之易
27. 零，悲風樹其何及。刻銘讚以記績，隨陵谷而垂裕。其詞曰：
28. 君子道長，如珪如璋。威儀濟濟，德行堂堂。問望俱美，玉潤珠光。千夫之紀，五拔之綱。智
29. 逾伊霍，策邁陳張。其一。素志克申，厚禮兼備。華轂朱輪，連鑣列騎。方陪瘞玉，翻悲隙駟。悼
30. 切挽夫，哀纏人事。其二。炎運道銷，隨綱告圮。人多逐鹿，英雄鼎峙。

31. 太武撥亂，神威電起。龍躍參墟，鳳翔渭涘。胙土列爵，建封諸子。其三。蒸蒸其孝，惘惘其忠。

32. 其孝奚若？資親愛同。其忠伊何？王臣匪躬。淳深内湛，高明外融。其四。弓彎鉅黍，劍躍純鈞。

33. 截蛟惭勇，落鷹非神。宏圖命代，雄略超倫。邠郊佇德，渭浦懷仁。其五。天沉日落，地隔窮泉。

34. 騰城未曉，隧古長玄。松庭月冷，宰樹凝煙。金石永固，海變成田。其六。

（三）唐安娘墓志

志蓋：

大唐故平凉郡都尉史公夫人安氏墓志

志文：

1. 大唐故平凉郡都尉史公夫人安氏墓志銘並序
2. 夫人諱娘，字白，岐州岐陽人，安息王之苗裔也。夫弈弈仙基，分軒臺
3. 而吐胄；悠悠别派，掩嬀水而疏疆。從層構於天街，族高西域，系芳蕤
4. 於地緒，道映中區。瓜瓞滋綿，羽儀紛藹。斯並焕乎家傳，刊夫國史。祖
5. 顯，周上儀同、掌設府車騎。父石生，隨上開府、本州中正。並岸宇岧嶢，
6. 披重雲而秀起；韶姿爽朗，匹愛景以同歸。澹孤月於襟懷，振懸河於
7. 機辯。夫人陽臺陰婺，積慶集靈，蕙畝芝田，含芬縟禮，四德兼被，百兩
8. 言歸，釋姆初笄，聿嬪史氏。如賓之敬，好合瑟琴；中饋之恭，肅乎蘋藻。
9. 柔情怡色，虔事舅姑；讓逸執勞，穆承娣姒。游心婦德，守母儀以自持；
10. 摛思女工，絢鴛鸞於錦繡。故得莊敬之譽，溢藻澗而流芳；温惠之聲，
11. 入椒風而蘭在。行光雉服，德協雞鳴。潤凝閨閞，潔逾江漢。俄而都尉
12. 長逝，永錮九泉。夫人言撫孤遺，有過三從，所冀攀輦在御，叶嘉慶於
13. 長筵；夜績申規，闡慈風於斷織。遽而龍分雙影，斂騰氣於平津；鸞舞
14. 孤光，沉翠眉於蒿里。以龍朔元年歲次丑正月十二日，遘疾殁於原
15. 州平高縣招遠里，春秋七十有二，時以卜遠未從，權殯於私第。然而
16. 焚荊灼兆，窀穸有期，粤以麟德元年十一月十六日，遷神祔於都尉
17. 之舊塋，禮也。素旌停而薤歌輟，黄鳥吟而松徑幽。嗣子法僧、德僧、德
18. 威等，踳厚載以長號，仰高旻而泣血，悲履霜於宿草，告臣痛於夜臺。
19. 賦深嶐之悠悠，託佳城之鬱鬱。嗚呼哀哉！迺爲銘曰：
20. 猗歟茂緒，遠系靈長。植幹中土，流祉金方。載生淑慎，孤映華光。言歸
21. 杞梓，有契潘楊。其一。行逾萊婦，德邁鴻妻。二庭不踐，一與之齊。實

佐君

22. 子，簪蒿杖藜。繁絲敬業，鳴梭開閨。其二。烏思春塘，花萎芳甸。煙旗舒卷，

23. 雲峰隱見。嘶驂未前，哀笳不轉。悶泉輟曉，松風涕霰。其三。玉液愆徽，金

24. 波墜魄。去茲華宇，長淪幽穸。草宿霜濃，林秋風積。敬刊素範，鐫之翠

25. 石。

(四)唐史訶耽墓志

志蓋:

大唐故史公墓志之銘

志文:

1. 唐故游擊將軍、虢州刺史、直中書省史公墓志銘並序　君諱訶耽，字説，原州平高縣人，史國
2. 王之苗裔也。若夫，弈弈崇基，分軒丘而吐胄；悠悠遠派，掩媯水而疏疆。從層構於天衢，族高河
3. 右，系芳蕤於地緒，道映中區。瓜瓞滋綿，羽儀紛藹。斯並焕乎家牒，刊夫國史。曾祖尼，魏摩訶大
4. 薩寶、張掖縣令。祖思，周京師薩寶、酒泉縣令。父槃陀，隨左領軍、驃騎將軍。岸宇崇邈，冠雲霞而峙
5. 秀；韶姿散朗，潤河漢而澄瀾。化光列邑，聲華制錦。演三略於珠韜，申百中於銀鏑。君濯質五材，
6. 資神六氣。夙成表於學歲，雅操著於冠年。琬琰爲心，掩藍田而玉潤；芝蘭在佩，跨玄圃以騰芳。
7. 是以金城之右，猶潁川之仰叔度；玉關之外，若衛人之宗端木。既而齠年敬業，弱歲騰暉。隋開
8. 皇中，釋褐平原郡中正。晨朝州府，清言激流水之聲；暮還貴里，列騎動浮雲之色。執心貞實，不
9. 用奇譎效能；棲神澹雅，豈以風華馳譽。屬隋祚棟傾。蝟毛俱起，黠賊薛舉，剖斮豳、岐，擁豕突之
10. 奇兵，近窺京輔，假狐鳴以挺禍，充仞王畿。高祖太武皇帝，建旗晉水，鞠旅秦川，三靈之命有
11. 歸，萬葉之基爰肇。君遂間行險阻，獻款宸極。義寧元年，拜上騎都尉，授朝請大夫，並賜名馬
12. 雜綵，特敕北門供奉進馬。武德九年，以公明敏六閑，别敕授左二監。奏

課連最，

13. 簡在屢聞。尋奉敕直中書省翻譯，朝會、禄賜一同京職。貞觀三年，加授宣德郎。七年，又

14. 加授朝請郎。九年，又加授通義郎。十三年，又加授朝議郎。十九年，丁母憂。集蓼崩魂，匪莪纏痛。

15. 同子羔之泣血，類叔山之荒毀。永徽四年，有詔："朝議郎史訶耽，久直中書，勤勞可録，可游擊將

16. 軍、直中書省翻譯如故"。名參省禁卅餘年，寒暑不易。其勤終始彌彰，其恪屬日月休明，天地［貞］

17. 觀。爰及昇中告禪，於是更錫崇班，是用超遷，出臨方岳。乾封元年，除虢州諸軍事、虢州刺史。［寒］

18. 襜望境，威竦百城，揚扇弘風，化行千里。君緬懷古昔，深唯志事。察兩曜之盈虚，寤二儀之消息。

19. 眷言盛滿，深思挹退，固陳衰朽，抗表辭榮，爰降詔曰："游擊將軍史訶耽，久經供奉，年方耆艾，

20. 請就閑養，宜聽致仕，遂其雅志。仍賜物五十段。"至若門馳千駟，既無驕侈之心；家纍萬金，自有

21. 謙撝之譽。享年八十有六，以總章二年九月廿三日遘疾終於原州平高縣勸善里舍。嗚呼哀

22. 哉！夫人康氏，甘州張掖人也。父阿孩，隨上開府、右御衛合黎府鷹揚郎將。夫人陽臺降祉，洛渚

23. 騰華，年甫初笄，作嬪君子。恭薦蘋藻，叶和琴瑟。低春遽迫，逝水不留。永閟玄扃，長歸厚夜，春秋

24. 卌，以貞觀四年九月十日終於雍州長安縣延壽里第。後妻張氏南陽夫人，南陽郡西鄂人也。

25. 父玄，兖州任城縣令。道風素業，振動名流。凝績緗圖，騰哥青史。夫人天姿柔婉，無愆四德之儀，

26. 神賦幽閑，豈待七篇之誡。既備有行之禮，逐紆玄造之澤，於是授南陽郡君。而徒催景，玉樹

27. 驚秋，飄日忽沉，翻霜遽盡。春秋五十有四，以乾封二年正月一日，遘疾終於平高縣勸善里第。

28. 粤以咸亨元年十一月廿七日合葬於原州之平高縣城南百達原。唯君玄情冲素，雅志虚遠。

29. 自怡閭里，罕從犬馬之游；逍遥甲第，未聞聲色之好。不以居高傲物，不以智識凌人。澹情譽毀

30. 之間，灰心名利之境，可謂人英時傑，令德具美者焉。胤子護羅、懷慶等，躃厚載以長號，仰高旻

31. 而雪泣。嗚呼哀哉！天沉去日，地隔窮泉。松庭無風月之賞，蒿里異冠蓋之路。白驥跼於山門，黄

32. 鳥吟於風樹。刊銘頌以紀蹟，隨陵谷而垂裕。迺爲銘曰：蒲海設險，葱山作鎮。地號金方，

33. 人稱王（玉）振。排霜表節，臨風吐韻。履行依仁，抗言必信。其一。天厭火德，運屬大明。重懸七政，再紐八

34. 紘爰披榛梗，謁款天京。藩條衍頌，鴛沼飛名。其二。英淑之媛，高梁之家。芳凝蘭蕙，色茂鉛華。循圖

35. 檢溢，顧禮防奢。蓮披夕霧，日上朝霞。其三。青鳥靡効，白雪空傳。風枝未静，隙馬逾遄。遽遷夜壑，徒

36. 悲逝川。泉扃既掩，隴月空懸。其四。咸亨元年歲次庚午十一月庚子朔廿七日景寅勒。

（五）唐史鐵棒墓志

志蓋：

大唐故史公墓志之銘

志文：

1. 大唐故司馭寺右十七監史君墓志銘並序
2. 君諱鐵棒，字善集，原州平高人也。若夫曾構巍峨，西峙崑崙之阜；遥源
3. 浩森，東演析木之津；雲霏霞佈，騰光華於漢室；葉茂條分，欝蒙密於河
4. 右。曾祖多思，周京師摩訶薩寶、酒泉縣令。祖槃陀，皇朝左領軍、驃
5. 騎將軍。父大興，皇朝上騎都尉、右衛安化府軍頭。並宏量不測，高
6. 峰特秀，英望攸歸，雄豪是屬。冠蓋雲蔭，車馬川流。表三異於一同，曜五
7. 兵於七校。君質勁松筠，材高杞梓。掩芝田而散馥，鼓蘭薄以馳芳。既齒
8. 青襟，爰開緗卷，游精學府，引思文場。剛貞標切玉之奇，雕琢就連城之
9. 器。貞觀廿三年，授右勳衛，要戟紫宸，聳戈丹掖，譽高戎校，聲冠朋儕。
10. 顯慶三年，敕授司馭寺右十七監。趣馬名官，駕人司職。荆珍抵
11. 鵲，牛鼎亨（烹）雞。闕里思於執鞭，蒙邑安於園吏。遂乃觸理宣用，隨事效能。
12. 牧養妙盡其方，服習不違其性。害群斯去，逸足無遺，飛響造天，寧留虞
13. 坂，流光曳練，奚止吴門。秦吞之功，不獨高於往録；魯侯之美，豈孤擅於
14. 前頌。君風神朗俊，器業貞實，義不遺物，信必由衷。忠以奉上，謙以接下。
15. 聰聽察於無響，清明鑒於未形。俯仰規矩，周旋禮則。貶惡或遺纖介，褒
16. 善不棄秋毫。而神理希微，人塗奄忽。一隨運往，千載幽泉。乾封元年八
17. 月十三日以疾終於原州平高縣勸善里第，春秋卌有四。粤以咸亨元
18. 年歲次庚午十二月庚午朔十三日壬午遷窆於先君之舊塋。嗚呼哀

19. 哉！唯君識度淹遠，風格凝正。心之所蓄，無忘於孝友；行之所踐，不虧於
20. 名節。宗族推高，鄉黨懷惠。在窮彌固其操，處涅不渝其色。中和自處，直
21. 道而行，所謂詢美且仁，令終有淑者也。胄子孝忠、孝義等，茹荼飲恨，泣
22. 血疚懷。感霜露以墜心，攀風樹其何及。恭惟令德，方傳不朽。式圖貞琬，
23. 永播清猷。鳴呼哀哉！乃爲銘曰：遥源濬遠，盛緒綿長。天京族茂，
24. 葱瀹分疆。五衢散葉，九畹分芳。繡衣發曜，朱黻斯皇。其一。懿德流慶，高門
25. 積祉。明寔仿生，雄姿碣起。挺拔奇秀，光暉淑美。桂馥蘭芬，川停岳峙。其二。
26. 寢處譽訓，執履忠貞。依仁沐義，戒滿持盈。與人思益，奉上輸誠。有光前
27. 載，克振家聲。其三。人事浮促，神塗忽恍。一旦沉魂，千年長往。隴月宵映，松
28. 風曙響。式紀英猷，永旌幽壤。其四。咸亨元年十二月十三日勒。

（六）唐史道德墓志

志蓋：

大唐故人史府君之銘

志文：

1. 唐故給事郎蘭池正監史府君墓志並序
2. 公諱道德，字萬安，其先建康飛橋人事（仕）。原夫金方列界，控絶地之長城；玉外分
3. 墟，抗垂天之大昴。稜威邊鄙，挺秀河湟。盟會蕃酋，西窮月竁之野；疏瀾太史，東
4. 朝日域之溟。於是族茂中原，名流函夏。正辭直道，史魚謇諤於衛朝；補闕拾遺，
5. 史丹翼亮於漢代。龍光迭襲，龜劍聯華，綿慶締基，斯之謂矣。遠祖因宦來徙平
6. 高，其後子孫家焉，故今爲縣人也。曾祖度，河、渭、鄯三州諸軍事。祖多，隨開府儀
7. 同、左衛安化府驃騎將軍。並横陂萬頃，直峰千仞；宅仁心境，墾義情田。氣逸秦
8. 中，輕良金而重一諾；神交圯上，降禎石而葉三期。闡化六條，決勝千里。旌旗動
9. 而蔽天外，鼓角鳴而振地中。出玉塞以鷹揚，下金城贙（暴）逝。考，皇朝正議
10. 大夫、平凉縣開國侯。陶冶中和，發揮閑氣。壯志陵於寒水，勁節冠於嚴霜。利見
11. 龍飛，績宣鼇極。遇千年之聖祚，應五百之賢人。礪岳帶河，疏封食邑。瑩
12. 銀章而照曜，響玉佩以鏗鏘。光通德之重扃，駭高陽之故里。英靈不絶，何期盛

13. 歟。君扇馥膏腴，嗣華簪黻；貞心冰照，逸調霞軒。起家東宮左勳衛。驅馳銀牓，暉
14. 暎銅扉，鋭志端凝，翹誠忠謹。總章二年，拜給事郎，遷玉亭監。既而嚴肅允着，匪
15. 懈克彰。道洽襄城，雲聚檀溪之駿；術高縉嶺，星繁蒲澤之孳。又龍朔三年，
16. 詔除蘭池監。公深知止足，逾誠宵征，五柳歸來，不屈陶潛之節；三徑長往，還符
17. 蔣詡之遊。抱甕忘機，虚舟任觸。追赤松而高蹈，玩紫芝以清歌。冀保修齡，方悲
18. 大漸。徒贈西山之藥，終飛東岱之魂，以儀鳳三年三月十九日遘疾終於原州
19. 平高縣招遠里之私第。春秋六十六。唯君禮樂怡神，忠孝基性。含春雲而等潤，
20. 孕秋月以齊明。夢鳥摛文，祥鱣表德。墨池横槧，群翔鳳峙之書；紫氣上衝，獨舞
21. 鴻門之劍。嗚呼！倏驚晨露，俄悽夜舟。珠韜接乘之光，璧碎連都之曜。即以其年
22. 十一月癸未朔八日庚寅窆於原州百達之原，禮也。落日下而青松暗，長風起
23. 而白楊悲。嗣子文瓌等痛乾蔭以將傾，恐山移於有力。庶圖玄石，式播清徽。乃作
24. 銘云。其辭曰：
25. 玉關秀氣，沙場界閫。重構崆峒，疏源積石。地靈肹（肸）蠁（蠁），人英舄弈，接乘明珠，分城
26. 曜璧。其一。聯華鼎肅，迭襲公侯。龍媒逸鞚，鳳轄翔妳。襄城術轄，縉巖道優。榮班屢
27. 缛，睿渥頻流。其二。植柳歸來，吟芝獨往。乍清鶴操，時横鳩杖。悦風長嘯，向月
28. 高賞。方挹丹霞，遽悽黄壤。其三。人間擾擾，陌上紛紛。終同逝水，倏若浮雲。寂寥空
29. 隧，簫索荒墳。山移海變，菊茂蘭薰。其四。

（七）唐史道洛墓志

志蓋：

大唐故左親衛史公之墓志銘

志文：

1. 大唐故左親衛史君之墓志銘
2. 公諱道洛，原州平高人也。昔軒轅創業，佐命肇其元封；周室建旗，
3. 協贊旌其茅土。斯並刊諸簡策，着彼縑緗，可得而詳矣。況復察色
4. 表明，辭清稱敏，英規素範，穆彼人倫者哉。祖多悉多，周鄯州刺史、
5. 摩訶薩寶。父射勿盤（槃）陀，隨左十二府驃騎將軍、開府儀同三司。德
6. 充群望，聲重二京。公籍慶挺生，承芬載誕，珪璋博達，儀表絶倫。三
7. 端百行之源，寔符於外奬；依仁據道之業，諒叶於肅成。起家任左
8. 親衛，出入青墀，趍佯紫闥。公通變在慮，不矜寵辱之名，撝挹兼懷，
9. 深明止足之分。遂退静閒居，棲真樂道。桂醇蘭藉，無忘十日之游；
10. 趙瑟秦箏，有諧三樂之趣。誰謂居諸易往，與善無徵。逝水難留，壽
11. 仁遽爽。永徽六年正月廿八日，遘疾薨於勸善里，春秋六十有五。
12. 攸攸行路，莫匪傷悼。百里奚言卒，國人興不相之哀；王修之云亡，
13. 隣家申罷祖之戀。均哀比戚，今古一焉。夫人康氏，婉淑居順，蘋藻
14. 經心。粤自中庸，言歸盛德，庶輔佐君子，言敦瑟琴。而蘭迫秋年，悲
15. 纏永夜，以貞觀廿年二月十二日卒於私第，春秋五十有五。粤以
16. 顯慶三年歲次戊午十二月己酉朔廿四日壬申合葬於原州百
17. 達原，禮也。南眺崗巒，亘九成之紛糺；北望都邑，暎百雉以紆餘。東
18. 鄰長平，煙霞之所氛泊；西臨修陌，冠蓋之所往來。既同青鳥之卜，
19. 還符白鶴之相。長子德，情切蓼莪，慟深陟岵。嗟日月之遄邁，懼陵
20. 谷之貿遷。敬追往志，勒銘旌業。其詞曰：
21. 芝田結馥，桂畹傳芳。猶兹漸慶，同夫克昌。發祥降祉，載誕禎良。千
22. 仞落落，萬頃汪汪。唯道是游，唯仁是弻（弼），學崇子史，披經散帙。然諾

23. 罔（罔）二，褋期有一。重義輕財，諒歸玆日。庶穚英逸，方遵修路。如何貞

24. 筠，溘先朝露。恨結人代，哀纏孺慕。歲月徒新，人神永故。沉沉幽壟，

25. 寂寂玄垌。夏疏陽日，冬茂松青。崎嶇陵阜，蕪没儀形。俾傳芳列，迺

26. 勒豐銘。

索　引

B

C

D

G

H

J

K

L

M

N

O

P

Q

R

S

T

V

W

Y

Z

本書初出一覽

一 《邦國來朝？——臺北故宮藏職貢圖題材的國家排序》,《文物》, 2020年2期。

二 《從山陵爲貴到不封不樹——北朝墓葬封土的轉變》, 榮新江主編《唐研究》, 第二十卷, 北京大學出版社, 2014年。

三 《北周至隋唐時期的原州墓葬》, 寧夏回族自治區固原博物館、中日原州聯合考古隊《原州古墓集成》, 文物出版社, 1999年。

四 《固原漆棺画に見えるペルシヤの風格》,《古代文化》, 44卷8號, 1992年。

五 《北周李賢墓出土的中亞風格鎏金銀瓶——以巴克特里亞金屬製品爲中心》,《考古學報》, 2000年3期。

六 《中國境内發現的東羅馬金幣》, 榮新江、李孝聰主編《中外關係史：新史料與新問題》, 科學出版社, 2004年。

七 《關於西安所出東羅馬金幣仿製品的討論》,《中國錢幣》, 1993年4期。

八 《寧夏固原出土的外國金銀幣考述》,《故宮學術季刊》, 12卷4期, 1995年。

九 《寧夏固原唐墓出土的唐初開元通寶錢》, 中國錢幣學會主編《中國錢幣論文集》第三集, 中國金融出版社, 1998年。

十 《北周史君墓出土的拜占庭金幣仿製品析》,《文物》, 2005年3期。

十一 《流寓中國的中亞史國人》, 袁行霈主編《國學研究》, 第七卷, 北京大學出版社, 2000年。

十二 《薩寶：一個唐代唯一外來官職的再考察》, 榮新江主編《唐研究》, 第四卷, 北京大學出版社, 1998年。

十三 《隋唐間中亞流行中國胡旋舞——以新獲鹽池石門胡舞爲中心》,《傳統文化與現代化》, 1994年2期。

十四 《五代後周馮暉墓出土彩繪樂舞磚雕考》,《考古與文物》, 1998年6期。

十五 《五代宋初靈州與絲綢之路》,《西北民族研究》, 1998年1期。

十六 《北魏負櫥墓志》, 陳星燦、鄧聰主編《桃李成蹊集——慶祝安志敏教授八十壽辰》, 香港中文大學, 2004年。

十七 《田弘墓志疏證》，原州聯合考古隊《北周田弘墓》，東京勉誠出版，2000年。

十八 《北周大利稽墓磚》，《考古與文物》，2003年4期。

十九 《一件新獲柔然民族的重要史料——虞弘墓志》，《文物》，2002年6期。

二十 《固原南郊隋唐中亞史氏墓志考釋》，《大陸雜志》，第95卷5、6期連載，1995年。